Verhandlungen

des

Zwölften deutschen Juristentages.

Herausgegeben

von

dem Schriftführer-Amt der ständigen Deputation.

Dritter Band.

Berlin, 1875.
Commissions-Verlag von J. Guttentag.
(D. Collin.)

Inhaltsverzeichniß.

Stenographische Berichte.

I.

Verzeichniß der Mitglieder

der

ständigen Deputation.

1874/75.

Nr.	Name.	Stand.	Wohnort.
1	Dr. Albrecht	Präses des Handelsgerichts	Hamburg.
2	Becker	Oberappellationsgerichtsrath	Oldenburg.
3	Dr. Borchardt	Geh Justizrath, Minister-Resident	Berlin. **(Kassenführer.)**
4	Dr. Drechsler	Vicepräsident d. Reichsober-handelsgerichts	Leipzig.
5	Dr. Hauser	Appellationsgerichtsrath	München.
6	Dr. Jaques	Hof- und Gerichtsadvocat	Wien.
7	Dr. Jung	Fiscal	Frankfurt a/M.
8	Dr. Ritter v. Kißling	Hof- und Gerichtsadvocat	Linz.
9	v. Köstlin	Obertribunalrath	Stuttgart.
10	Kühne	Appellationsgerichtspräsident	Greifswald.
11	v Kunowski	Appellationsgerichtsvicepräs.	Stettin.
12	Makower	Justizrath	Berlin.
13	Dr. Meyer	Geh. Oberregierungsrath	Berlin.
14	Dr. v. Schwarze	Generalstaatsanwalt	Dresden.
15	Stenglein	Appellationsgerichtsrath	München.
16	v. Stößer	Kreis- u. Hofgerichtsdirektor	Mannheim.
17	Dr. Thomsen	Obergerichtsrath	Hannover.
18	Dr. v. Wächter	Wirkl. Geheimrath, Prof.	Leipzig.
19	v. Wilmowski	Justizrath	Berlin. **(Schriftführer.)**

Professor Dr. Gneist, Berlin, **Präsident.**

II.

Statut

des

Deutschen Juristentages.

§. 1.

Der Zweck des deutschen Juristentages ist: eine Vereinigung für den lebendigen Meinungsaustausch und den persönlichen Verkehr unter den deutschen Juristen zu bilden, auf den Gebieten des Privatrechts, des Prozesses und des Strafrechts den Forderungen nach einheitlicher Entwickelung immer größere Anerkennung zu verschaffen, die Hindernisse, welche dieser Entwickelung entgegenstehen, zu bezeichnen und sich über Vorschläge zu verständigen, welche geeignet sind, die Rechtseinheit zu fördern.

§. 2.

Der deutsche Juristentag tritt in der Regel alljährlich zusammen; doch ist die ständige Deputation ermächtigt, aus Gründen der Zweckmäßigkeit ausnahmsweise die Wiedereinberufung des Juristentages erst in dem auf dessen letzten Zusammentritt folgenden zweiten Kalenderjahre vorzunehmen.

§. 3.

Zur Mitgliedschaft berechtigt sind die deutschen Richter, Staatsanwälte, Advokaten und Notare, die Aspiranten des Richteramtes, der Anwaltschaft und des Notariats, sowie Jeder, der nach seinen Landesgesetzen zum Richteramte, zur Anwaltschaft oder zur Ausübung des Notariats für befähigt erkannt ist, ferner die Lehrer an den deutschen Hochschulen, die Mitglieder der gelehrten Akademieen, die Doktoren der Rechte und die rechtsgelehrten Mitglieder der Verwaltungsbehörden.

§. 4.

Die Mitgliedschaft beginnt mit dem Empfange der Mitgliedskarte. Sie berechtigt zur Theilnahme an den Verhandlungen und an der Abstimmung.

§. 5.

Der Beitrag der Gesellschaftsmitglieder beträgt zwei Thaler jährlich und ist innerhalb vier Wochen nach Beginn des neuen Jahres zu entrichten, widrigenfalls derselbe durch Postvorschuß eingezogen wird. Nimmt ein Mitglied den mit Postvorschuß beschwerten Brief nicht an, so wird dies einer ausdrücklichen Austrittserklärung gleich erachtet. — Für die am Orte des Juristentages selbst zu lösende Anmeldungskarte ist Ein Thaler zu entrichten.

§. 6.

Den Plenarverhandlungen des Deutschen Juristentages gehen der Regel nach Abtheilungsberathungen voraus. Zu diesem Zwecke werden durch freiwellige Einzeichnungen der Mitglieder folgende vier Abtheilungen gebildet:

1) Abtheilung für Privatrecht, insbesondere Obligationen und Pfandrecht, juristisches Studium und praktische Ausbildung.
2) Abtheilung für Handels-, Wechsel-, See- und internationales Recht.
3) Abtheilung für Strafrecht, Strafprozeß und Gefängnißwesen.
4) Abtheilung für Gerichtsverfassung und Civilprozeß.

Die Abtheilungen wählen ihre Vorsitzenden, Schriftführer, Berichterstattet und benachrichtigen den Vorsitzenden der Plenarversammlung (§. 7), sobald ihre Berathungen über einzelne Gegenstände geschlossen sind; ihre Anträge sind schriftlich zu fassen. In jeder Abtheilung stimmen nur Diejenigen mit, welche sich in die betreffende Abtheilung bereits eingezeichnet haben.

Sämmtliche Beschlüsse der Abtheilungen werden in der Plenarversammlung mitgetheilt. Es findet jedoch eine Erörterung und Entscheidung im Plenum nur dann statt, wenn dieselbe von der betreffenden Abtheilung vorgeschlagen, oder wenn sie von mindestens zehn Mitgliedern beantragt und von der Plenarversammlung beschlossen wird. Ueber die Vorfrage, ob dem von mindestens zehn Mitgliedern gestellten Antrage auf Plenar-Entscheidung stattzugeben, wird nur einem der Antragsteller und dem Berichterstatter das Wort ertheilt.

§. 7.

Die Verhandlungen der Plenarversammlung leitet ein Vorsitzender, welcher für die Dauer eines jeden Juristentages in der ersten Plenarversammlung durch Stimmzettel oder Akklamation gewählt wird. Derselbe ernennt zwei bis vier Stellvertreter und vier Schriftführer. Er bestimmt die Tagesordnung und kann einzelne Gegenstände, ohne Vorberathung in den Abtheilungen (§. 6), unmittelbar zur Plenarberathung stellen. Auch ist er befugt, Nichtmitglieder als Zuhörer zuzulassen.

§. 8.

Bei allen Beschlüssen der Plenarversammlung und der Abtheilungen entscheidet einfache Majorität der anwesenden Mitglieder, bei allen Wahlen relative Majorität und im Falle der Stimmengleichheit das Loos.

§. 9.

Wird Schluß der Debatte beantragt, so wird über diesen Antrag sofort abgestimmt. In der Plenarversammlung sind alle Anträge mit Ausnahme des Antrages auf Schluß der Debatte schriftlich zu stellen.

§. 10.

Vor dem Schlusse eines jeden Juristentages wird von der Plenarversammlung durch Akklamation oder in einem einzigen Skrutinium durch Stimmzettel eine aus neunzehn Mitgliedern und dem Präsidenten des letzten Juristentages als Ehrenpräsidenten bestehende ständige Deputation gewählt. Von jenen neunzehn Mitgliedern müssen mindestens drei am Orte des letzten Juristentages und jedenfalls zwölf auswärts wohnen. Die Liste der zur Akklamation vorzuschlagenden Personen wird durch den Präsidenten der Plenarversammlung, seine Stellvertreter und je zehn von jeder Abtheilung gewählte Vertrauensmänner gemeinschaftlich festgestellt.

Die ständige Deputation hat folgende Befugnisse und Obliegenheiten:

1) sie sorgt für die Ausführung der von dem Juristentage gefaßten Beschlüsse, veranlaßt nach eignem Ermessen den Druck der Protokolle und Vorlagen, bewirkt die Vertheilung der Drucksachen an die Mitglieder und verwahrt alle Akten und Schriftstücke des Juristentages;
2) sie bestimmt Zeit und Ort des nächsten Juristentages, trifft die für denselben nöthigen Vorbereitungen, erläßt die Einladungen, stellt die vorläufige Tagesordnung auf, wobei sie in der Regel nur die bis zum 31. Mai des laufenden Jahres eingegangenen Vorlagen zu berücksichtigen hat, und bereitet Abänderungsvorschläge in Betreff der Geschäftsordnung für die Plenarversammlung vor;
3) sie nimmt die Beitrittserklärungen neuer Mitglieder entgegen, fertigt die Mitgliedskarten aus, empfängt die Beiträge, bestreitet die Ausgaben und legt der folgenden Deputation Rechnung;
4) sie ergänzt sich selbst, falls eins oder mehrere Mitglieder während des Geschäftsjahres ausscheiden.

Die Deputation wählt aus ihrer Mitte einen Vorsitzenden, einen Schriftführer, welcher ein von der Deputation festzusetzendes Pauschquantum für baare Auslagen erhält, und einen Kassirer. Der letztere ist verpflichtet der ständigen Deputation bei ihrem jedesmaligen Zusammentritte einen Kassenabschluß vorzulegen. Die Deputation läßt durch eines oder mehrere ihrer Mitglieder die Rechnung prüfen und die Kasse revidiren.

Die Deputation bestimmt Ort und Zeit ihrer Zusammenkunft. Zur Giltigkeit ihrer Beschlüsse ist die Einladung sämmtlicher Mitglieder, sowie die Mitwirkung von wenigstens fünf Mitgliedern erforderlich.

§. 11.

Abänderungen dieses Statuts können zwar von der Plenarversammlung durch einfache Stimmenmehrheit, jedoch nur auf schriftlichen Antrag, der vier Wochen vor dem Zusammentritt des Juristentages der ständigen Deputation (§. 10) überreicht worden, beschlossen werden.

III.

Alphabetisches Verzeichniß

derjenigen

Mitglieder des deutschen Juristentages

welche

dem Verein im Jahre 1875 angehören.

Name.	Stand.	Wohnort.
	Deutsches Reich.	
Abel	Obergerichtsanwalt	Hannover.
Aberle	Rechnungsrath	Freiburg (Baden).
Ackermann	Hofrath u. Rechtsanwalt	Dresden.
Ackermann	Rechtsanwalt	Berlin.
Adams	Advokatanwalt	Coblenz.
Adickes	Referendar	Hannover.
Adler	Rechtsanwalt	Stuttgart.
Dr. Aegidi	Wirklicher Legationsrath	Berlin.
v. Aehrenfeld	Advokat	Löbau (Sachsen).
Ahlemann	Justizrath	Berlin.
Ahlers	Landsyndikus, Advokat	Neubrandenburg.
Albrecht	Stadtsyndikus	Hannover.
Dr. Albrecht	Präses des Handelsgerichts	Hamburg.
Albrecht	Appellationsgerichtspräsident	Wiesbaden.
Aldinger	Rechtsanwalt	Fürth.
Alexander	Aktuar	Frankfurt a. M.
Alexander, Hermann	Rechtsconcipient	Nürnberg.
Alfken	Obergerichtsrath	Oldenburg.
Amann	Oberhofgerichtsrath	Mannheim.
Dr. André	Obergerichtsanwalt	Osnabrück.
Angelbeck	Obergerichtsanwalt	Lüneburg.
v. Anns	Landgerichtsassessor	Lauf (Bayern).
Anschütz	Advokat	Leipzig.

Name.	Stand.	Wohnort.
Anton	Geh. Justizrath	Dresden.
Anton	Stadtgerichtsdirektor	Berlin.
Anz	Justizrath	Essen.
Dr. Apelt	Gerichtsreferendar	Löbau i. Sachsen.
Appelius	Stadtrichter	Berlin.
Dr. Arndt, C.	Advokat	Hamburg.
Arndts	Justizrath	Wesel.
Dr. Aronheim	Obergerichtsadvokat	Braunschweig.
Aschenborn	Rechtsanwalt	Hirschberg i. Schlesien.
v. Auer	Advokat	München.
Aull	Obergerichtsrath	Mainz.
v. Aweyde	Regierungsrath	Hannover.
Bach	Obergerichtsadvokat	Holzminden.
Bachelin	Kreis- u. Hofgerichtsdirektor	Mannheim.
Bacher	Rechtsanwalt	Stuttgart.
Bachmann	Kreisrichter	Lübbecke.
Bachmann	Advokat	Pulsnitz.
Bacmeister	Kreisrichter	Wiedenbrück.
Bader	Kreisgerichtsrath	Heiligenstadt.
Baer, M.	Dr. jur.	Frankfurt a. M.
Dr. Bähr	Obertribunalsrath	Berlin.
Bähr	Kreisgerichtsrath	Mannheim.
Baltheiser	Bezirksgerichtsschreiber	Nürnberg.
Baist	Amtsrichter	Rinteln.
Balz	Advokatanwalt	Alzey.
Dr. Bandmann	Advokat	Hamburg.
Dr. Banks	Advokat	Hamburg.
Dr. v. Bar	Professor	Breslau.
Bardeleben	Kreisgerichtsdirektor	Hagen.
Dr. Barkhausen	Obergerichtsanwalt	Bremen.
Barlet	Rechtsanwalt	Cronach (Bayern).
Dr. Bartels	Advokat	Hamburg.
Barth, Friedr.	Hofgerichtsadvokat	Gießen.
Bartolomäus	Kreisgerichtsdirektor	Schrimm i. Posen
Dr. de Bary, E.	Advokat	Frankfurt a. M.
v. Basse	Justizrath	Dortmund.
Bauer	Advokat	Adorf (Sachsen).
Bauer	Rechtsanwalt	Arolsen.
Bauer	Oberamtsrichter	Buchen (Baden).
Bauer	Rechtsanwalt	Hoechst a. M.
Bauer	Stadtrichter	Berlin.
Dr. Bauerband	Geh. Rath u. Professor	Bonn.

Name.	Stand.	Wohnort.
Dr. Baumeister	Obergerichtsrath	Hamburg.
Baur	Landgerichtsassessor	Offenbach a. M.
Dr. Bauridl	Notar a. D.	Regensburg.
Bayer	Rechtsanwalt	Hirschberg i Schl.
Dr. Bayer	Rechtsanwalt	Mannheim.
Baron v. Beaulieu-Marconnay	Oberappellationspräsident	Oldenburg.
Becher	Justizrath	Berlin.
Becher	Rechtsanwalt	Stuttgart.
Bechthold	Notar	Alzey.
Beck	Rechtsanwalt	Baden-Baden.
Beck	Kreisrichter	Ellwangen.
Beck	Amtsrichter	Heidelberg.
Beck	Notar	Nürnberg.
Beck	Advokat	Leipzig.
Beck	Gerichtsassessor	Leipzig.
Becker	Oberappellationsgerichtsrath	Oldenburg.
Beckh	Advokat	Nürnberg.
Dr. Behaghel	Professor	Freiburg (Baden
Dr. Behr	Rechtsanwalt	Cöthen.
Behringer	Appellationsgerichtsrath	Augsburg.
Beiersdorf	Rechtsanwalt	Sprottau.
Beisert	Kreisgerichtsdirektor	Kosten.
Dr. Belmonte	Advokat	Hamburg.
Belser	Oberamtsrichter	Leonberg (Württemberg).
Benfey	Obergerichtsanwalt	Hannover.
Berckenkamp	Kreisrichter	Bochum.
Berckenkamp	Justizrath	Mülheim a. Ruhr.
Dr. Berend	Advokat	Hannover.
Berentzen	Obergerichtsanwalt	Meppen.
Berger	Justizrath	Berne (Oldenburg).
Berghofer	Advokat	München.
Bergmann	Obergerichtsanwalt	Hannover.
Berlein	Rechtsanwalt und Notar	Rotenburg (Prov. Hessen).
Berlin	Stadtgerichtsassessor	Nürnberg.
Berlin	Rechtsconcipient	Ansbach.
Berndt	Justizrath	Nordhausen.
Berninger	Oberstaatsanwalt	Eisenach.
C. Bernstein	Dr. jur.	Berlin.
v. Bernuth	Staatsminister a. D.	Berlin.
Berolzheimer	Advokat	Fürth.
Dr. Berolzheimer	Advokat	Nürnberg.
Bertram	Staatsanwalt	Berlin.

Name.	Stand.	Wohnort.
Dr. Beschoren	Kreisrichter.	Ziegenrück (Thüringen).
Beschorner	Finanzprokurator	Dresden.
Dr. Beschütz	Advokat	Hamburg.
Beseler	Rechtsanwalt	Wandsbeck bei Hamburg.
Beseler	Stadtrichter	Berlin.
Besserer	Rechtspraktikant	Neustadt a/A. (Bayern).
Bestelmeyer	I. Stadtrichter	Nürnberg.
Biebrach	Advokat	Kamenz i. Sachsen.
Dr. Bielenberg	Advokat	Hamburg.
v. Biema	Referendar	Hannover.
Bierwirth	Obergerichtsrath	Celle.
Billerbeck	Justizrath	Anklam.
v. Binder	Obertribunalrath	Stuttgart.
Dr. Bingnar	Justizministerialrath	Carlsruhe.
Dr. Birkmeyer	Professor	Rostock.
Birkner	Stadtgerichtsassessor	Nürnberg.
v. Blittersdorf	Kreisgerichtsrath	Carlsruhe.
Block	Justizrath	Magdeburg.
Blüher	Advokat	Dresden.
Dr. Blum	Advokat	Frankfurt a. M.
Blumenbach	Obergerichtsrath	Stade.
Dr. Bluntschli	Geh. Rath u. Professor	Heidelberg.
v. Bock	Oberappellationsrath	Celle.
Bockenheimer	Bezirksgerichtsrath	Mainz.
Bockshammer	Kreisrichter	Stuttgart.
Bödcher	Bürgermeister und Gerichtsassessor a. D.	Königshütte i. Schlesien.
Bode	Handelsgerichtsdirektor	Braunschweig.
Bodecker	Obergerichtsrath	Birkenfeld.
Dr. Bodenheimer	Anwalt	Carlsruhe.
Bodstein	Rechtsanwalt	Löwenberg i. Schlesien.
Bogen	Stadtgerichtsassessor	Darmstadt.
Dr. Bohlmann	Justizrath	Berlin.
Böhmer	Advokat	Dannenberg.
Bojunga	Obergerichtsanwalt	Hannover.
Bölte	Advokat	Grevesmühlen i. Mecklenburg-Schwerin.
Bolza	Notar	Landau i. Pfalz.
Bong-Schmidt	Kreisgerichtsrath	Flensburg.
Bönner	Rechtsanwalt	Attendorn.
Bonhard	Bezirksstrafrichter	Michelstadt i. Odenwald.
Dr. v. Bönninghausen	Advokat	Hamburg.

Name.	Stand.	Wohnort.
Dr. Borchardt	Geh. Justizr., Minist.-Resid.	Berlin.
Borchers	Oberappellationsgerichtsanw.	Celle.
Dr. Bornemann	Appellationsgerichtsrath	Naumburg.
Bornemann	Advokat	Schneeberg.
Börner	Gerichtsaktuar	Löbau i. Sachsen.
Borren	Notar	Elberfeld.
Bösche	Advokat	Stickhausen i. Ostfriesland.
Dr. de Boselli	Landjustizamtmann	Frankfurt a. M.
Bossert	Kreisgerichtsrath	Tübingen.
Bossert	Bezirksgerichtsrath	Frankenthal i. Baiern.
Bossert, Friedr.	Justizreferendar	Stuttgart.
Bouneß	Justizrath	Berlin.
Boysen	Kreisgerichtsrath	Bergen auf Rügen.
Brackenhoeft, Ed.	Dr. juris, Advokat	Hamburg.
Braikmann	Obergerichtsanwalt, Syndikus	Stade.
Bramigk II.	Rechtsanwalt	Cöthen.
Bramm	Bürgermeister	Gießen.
Brand	Direktor	Mainz.
Brandenburg	Amtsrichter	Quakenbrück.
Brandt	Bezirksgerichtsrath	Cronach i. Baiern.
Dr. Brandt	Advokat	Leipzig.
Brauer	Kreisrichter	Bockenhain bei Liegnitz.
Brauer	Rechtsanwalt	Deutsch-Crone.
Braun	Advokat	Augsburg.
v. Braun	Bezirksgerichtsrath	Bayreuth.
Braun	Obergerichtsrath	Berlin.
v. Braun	Amtsrichter	Radolfzell i. Baden.
Braunbehrens	Gerichtsassessor	Osnabrück.
Breede	Rechtsanwalt	Trittau i. Holstein.
Bregenzer	Justizassessor	Ulm.
Breithaupt	Obergerichtsanwalt	Göttingen.
Dr. jur. Breithaupt	Assessor	Wolfenbüttel.
Breitling	Kreisgerichtsrath	Stuttgart.
v. Breitschwert	Kreisgerichtsrath	Stuttgart.
Bremig	Advokatanwalt	Coblenz.
v. Brenning	Landgerichtspräsident	Cöln.
Dr. Brie	Professor	Heidelberg.
Briesemann	Advokat	Wismar.
Dr. Brinz	Professor	München.
Brown	Kreisrichter	Posen.
Dr. Bruch	Advokatanwalt	Mainz.
Brügel	Landgerichtsassessor	Roth i. Bayern.
Brüggemann	Justizrath	Hannover.

Name.	Stand.	Wohnort.
Brügmann	Kreisrichter	Essen.
Brümmer	Senator	Rostock.
Brunner, H.	Professor	Berlin.
Brunner	Advokat	Leipzig.
Dr. Brück	Obergerichtsanwalt	Wiesbaden.
Brüstle	Rechtsanwalt	Ludwigsburg.
Brütt	Gerichtsassessor a. D.	Altona.
Buch, H.	Notar	Durlach.
Dr. Buch	Anwalt	Freiburg i. Baden.
Dr. Buchheister	Richter	Hamburg.
Buchholtz	Appellationsgerichtsrath	Hamm i. Westfalen.
Dr. Buchner	Notar	München.
Buchner	Hofgerichtsadvokat	Darmstadt.
Buff	Oberhandelsgerichtsrath	Leipzig.
Bulich	Advokat	Cöln.
Bumiller	Anwalt	Offenburg.
Burchard, Hans	Advokat	Rostock i. M.
Burger	Advokat	Roda i. Altenburg.
v. Bürger	Obertribunalsrath	Calw.
Dr. Bürkel	Professor	Gießen.
Dr. Bürklin, Albert	Oberschulrath	Carlsruhe i. Baden.
Dr. Burmeister	Advokat	Ahrensböck i. Holstein.
Busch	Bürgermeister	Cropelin i. Mecklenburg.
Busch, Ed.	Advokat	M. Gladbach.
Büsch	Referendar	Hannover.
Büsing	Senator	Rostock.
Büsing	Advokat, Senator	Schwerin.
Buttel	Advokat	Neustrelitz.
Buttmann	Kreisrichter	Meseritz.
Büttner	Rechtsconcipient	Nürnberg.
Dr. Cadenbach	Staatsanwalt	Mannheim i. Baden.
Calm	Rechtsanwalt	Leipzig.
Canzler	Advokat	Dippoldiswalde i. Sachsen.
Cappell	Kreisrichter	Essen.
Cartheuser	Kreisgerichtsrath	Kiel.
Cäsar	Rechtsanwalt	Homburg v. d. Höhe.
Cäsar	Obergerichtsanwalt	Varel.
Dr. jur. Caspari, F.	Advokat	Frankfurt a. M.
Castagne, W.	Rechtsanwalt, Justizrath	Kiel.
Dr. v. Chelius	Obergerichtsrath	Mannheim.
Ceßner	Landrichter	Wimpfen.
Christensen	Amtsrichter	Hohenwestedt (Itzehoe).
Clarus	Stadtgerichtsassessor	Nürnberg.

Name.	Stand.	Wohnort.
v. Clausewitz	Amtsrichter	Tondern.
Clauß	Advokat	Glauchau.
Clauß	Advokat	Straßburg im Elsaß.
Cleeves	Obergerichtsanwalt	Hannover.
Clemens	Oberamtsrichter	Backnang i. Württemberg.
Dr. Cnyrim	Advokat	Frankfurt a. M.
Dr. Cohen, J.	Advokat	Hamburg.
Dr. Cohen, M.	Advokat	Hamburg.
Dr. Cohn, G.	Kreisrichter a. D.	Heidelberg.
Cohn	Advokat	Neustrelitz.
v. Cöllen	Advokat	Cöln.
v. Cölln	Amtsrichter	Suhlingen.
Consbruch	Kronoberanwalt	Celle.
Consbruch, Ed.	Kreisgerichtsrath	Mülheim a. Ruhr.
Cöster	Obergerichtsanwalt	Hanau.
Courtin, O.	Kreisgerichtsrath	Freiburg i. Br.
Cremer, E. I.	Rechtsanwalt u. Notar	Bochum.
Cremer	Kreisrichter	Bochum.
v. Cronmüller	Obertribunalspräsident	Stuttgart.
Dr. Cropp	Senatssekretär	Hamburg
Crüll	Ministerialregistrator	Schwerin i M.
Crusen	Gerichtsassessor	Meinersen.
Cucumus, Frz.	Appellationsgerichtsrath	München.
Culemann	Oberamtsrichter	Burgdorf b. Celle.
Cuny	Kaiserl. Regierungsrath	Straßburg.
v. Curi	Oberstaatsanwalt	Darmstadt.
Curtmann	Hofgerichtsadvokat	Friedberg i. d. Wetterau.
Dalcke	Oberstaatsanwalt	Marienwerder.
Damke	Justizrath	Filehne.
Dammer	Bezirksgerichtsrath	Nürnberg.
Dr. Dancker	Advokat	Frankfurt a. M.
Dann, Rud.	Notar	Stuttgart.
Danner	Rechtsanwalt	Mühlhausen i. Th.
Darmstädter	Gerrichtsaccessist	Mannheim.
Daudistel	Advokatanwalt	Alzey.
Dauenhauer	Landgerichtsassessor	Bergzabern i. d. Rheinpfalz.
Daumer	Justizassessor	Ellwangen.
Daeumling	Kreisrichter	Brakel.
David	Advokatanwalt	Frankenthal i. Bayern
Davidsohn, C.,	Hofgerichtsadvokat	Offenbach a. Main.
Decrignis	Oberappellationsgerichtsrath	München.
Deecken	Justizrath	Westerstede.
Deegen	Kammergerichtsrath	Berlin.

Name.	Stand.	Wohnort.
Dr. Degenkolb	Professor	Tübingen.
Dernburg	Chefredacteur d. Nat.-Ztg.	Berlin.
Dr. Dernburg	Professor	Berlin.
Detmold	Referendar	Hanskenbüttel i. Hannover.
Dettmar	Obergerichtsanwalt	Hildesheim.
Deuber	Staatsanwalt	Nürnberg.
v. Dewall	Justizrath	Hagen.
Dr. Diehl, Th.	Advokat u. Consistorialrath	Frankfurt a. M.
Diery	Hofgerichtsadvokat	Gießen.
Dieterich,	Rechtsanwalt	Demmin.
Disse	Rechtsanwalt	Brakel.
Distel, Fr.	Direktor	Stuttgart.
Ditterich	Rechtsconcipient	München.
Dr. Dittmar	Hofgerichtsadvokat	Gießen.
Dr. Dittmar	Rechtsanwalt	Sonneberg (S.-Meining.)
Dr. Doebner	Rechtsconcipient	Aschaffenburg.
Dockhorn.	Rechtsanwalt	Posen.
Dr. Dochow	Professor	Halle a. S.
Dohrn	Amtsrichter	Uetersen.
Dölitzsch	Advokat	Altenburg.
Donle	I. Staatsanwalt	Schweinfurt.
Dr. Donnenberg	Advokat	Hamburg.
Dörffel, Albr. Friedr.	Advokat	Pirna.
Döring	Kreisrichter	Tangermünde.
Dorn	Justizrath	Berlin.
Dornseiff	Hofgerichtsadvokat	Gießen.
Dose	Rechtsanwalt	Neustadt i. Holstein.
Dotterweich	Bez.-Gerichtsschreiber	Kronach.
Dr. Drechsler	Vicepräs. d. Oberhandelsger.	Leipzig.
Drewcke	Advokatanwalt	Cöln.
Drews	Justizrath	Berlin.
Droop	Geh. Justizrath	Berlin.
Dr. Droop	Amtsrichter	Osnabrück.
Dr. Drucker	Advokat	Leipzig.
Dürr	Advokat	München.
Dürre	Justizrath	Magdeburg.
Dursy	Kais. Regierungsrath	Straßburg i. E.
Düsberg, Otto	Justizrath	Bochum.
Ebel, Ludw.	Landgerichts-Assessor	Homburg a. d. Ohm (Großherzogthum Hessen).
Eberhard	Justizrath	Hanau.
Dr. Eberlein	Advokat	Nürnberg.
Eberlein	gepr. Rechtspraktikant	Nürnberg.

Name.	Stand.	Wohnort.
Dr. Eberstein	Advokat	Hamburg.
Dr. Eberty	Stadtgerichtsrath	Berlin.
Ebhardt	Obertribunalsrath	Berlin.
Dr. Ebhardt	Obergerichtsanwalt	Hannover.
Dr. Ebner	Advokat	Frankfurt a. M.
Ebner	Rechtsanwalt	Ulm.
v. Ebner	Staatsanwalt	Nürnberg.
Ebner	Rechtsconcipient	Nürnberg.
v. Eck	Justizrath	Wiesbaden.
Eckels	Obergerichtsanwalt	Göttingen.
v. Eckenbrecher	Kreisgerichtsdirektor	Stralsund.
Dr. Eckhard	Appellationsgerichtsrath	Frankfurt a. M.
Eckhard	Anwalt	Mannheim.
Eckstein	Advokat	Leipzig.
Eding	Obertribunalsrath	Berlin.
Ege	Kreisrichter	Stuttgart.
Ehlers	Advokat	Rostock.
Ehnick	Bezirksgerichtsrath	Dresden.
Ehrensperger	Rechtsconcipient	Nürnberg.
Ehrlenspiel	Kreisgerichtsrath	Ravensburg.
v. Ehrne	Stadtgerichtsassessor	München.
Eigenbrodt	Oberappellationsgerichtsrath	Darmstadt.
Eigenbrot	Sekretär b. Strafger.	Gießen.
Einert	Gerichtsrath	Strehlen bei Dresden.
Eisemann, Nicol.	Notar	Wörrstadt.
Eisenberger	Notar	Tölz in Bayern.
Eisinger	Notar	Baden-Baden.
Eißner	Advokat	Pulsnitz i. Sachsen.
Ekert	Zellgefängnißdirector	Bruchsal.
Dr. Elder	Richter	Lübeck.
Elenz	Friedensrichter	Simmern (R.-B. Coblenz).
Dr. Ellissen	Justizrath	Frankfurt a. M.
Frh. v. Elmendorff	Appellationsgerichtsrath	Magdeburg.
Elven	Advokatanwalt	Cöln.
Dr. Emden, Ed.	Advokat	Frankfurt a. M.
Dr. Endemann	Professor	Bonn.
Enderlein	Bezirksgerichtsassessor	Fürth.
Enderlein	Advokat	Windsheim i. Bayern.
Engel, J.	Rechtsanwalt	Neumünster.
Dr. Engel, E. A.	Gerichtsreferendar	Leipzig.
Engel	Amtsverwalter	Warin i. Mecklenburg-Schw.
Engelbrecht	Obergerichtsadvokat	Braunschweig.
v. Engelbrechten	Obergerichtsanwalt	Hannover.

Name.	Stand.	Wohnort.
Engelhorn	Oberamtmann	Rastatt.
Engelmann	Dr. jur.	Frankfurt a. M.
Engels	Rechtsanwalt	Potsdam.
Enzmann	Dr. jur., Advokat	Chemnitz.
Erhard	Advokat	Nürnberg.
Erhardt	Bürgermeister	München.
Erler	Rechtsanwalt	Leipzig.
Erythropel	Obergerichtsanwalt	Celle.
v. Eschstruth	Kreisrichter	Kammin i. Pommern.
v. Eschwege	Kreisrichter	Braunschweig.
Eschweiler	Landgerichtsrath	Cöln.
Esselen	Rechtsanwalt	Dortmund.
Eßl	K. Obersthofmarschallstabs-Sekretär	München.
Ettlinger	Hofgerichtsadvokat	Carlsruhe.
Euler, Eduard	Notar	St. Goar.
Euler	Notar	Düsseldorf.
Dr. Euler	Justizrath	Frankfurt a. M.
Evelt	Kreisgerichtsdirektor	Hechingen.
Evers	Oberappellationsgerichtsanw.	Celle.
Eyschew, Paul	Advokat	Luxemburg.
Eysoldt	Rechtsanwalt	Pirna.
Faas	Anwalt	Mannheim.
v. Faber	Staatsrath	Stuttgart.
v. Fabiankowski	Rechtsanwalt	Poln. Wartenberg.
Dr. Fabricius	Stadtgerichtsrath	Frankfurt a. M.
Fahr	Bezirksgerichtsrath	Frankenthal, B. Pfalz.
Falco	Bezirksamtmann a. D.	Nürnberg.
Dr. Falker	Advokatanwalt	Mainz.
Falkmann	Archivrath u. Rechtsanwalt	Detmold.
Faller	Notar	Klingenberg i. Bayern.
Dr. Farkas	Advokat	Pest.
Fasoldt	Advokat	Dresden.
Faßbender	Kreisgerichtsrath	Wiesbaden.
Fatken	Rechtsanwalt	Beuthen Ob.-Schl.
Faul	Rechtsanwalt	Aalen.
Dr. v. Fäustle	Staatsminister der Justiz	München.
Fechner	Kreisrichter	Essen.
Fechner	Rechtsanwalt	Hamm.
Fecht	Oberjustizrath	Hall.
v. Feder	Anwalt	Mannheim.
Dr. Feill	Advokat	Hamburg.
Feist	Dr. jur.	Mainz.

Name.	Stand.	Wohnort.
Feldmann	Oberamtsrichter	Itzehoe.
Fellmer	Advokatanwalt	Pulsnitz i. Sachsen.
Felzer	Rechtsanwalt	Freudenstadt i. Württemberg.
Felzer	Rechtsanwalt	Stuttgart.
Fendler	Rechtsanwalt	Myslowitz.
Fenner	Rechtsanwalt	Berlin.
Dr. Fentz	Advokat	Hamburg.
Fertsch	Appellationsgerichtsrath	Nürnberg.
Fest	Rechtskonsulent	Jaxthausen i. Württemberg
Dr. Fester	Justizrath	Frankfurt a. M.
Dr. Fester	Referendar	Frankfurt a. M.
Fetzer	Justizassessor	Stuttgart.
Feuerbach	Oberjustizrath a. D.	Stuttgart.
Feuerlein	Rechtspraktikant	Nürnberg.
Ficker	Advokat	Leisnig i. Sachsen.
Fiebiger	Justizrath	Halle a. S.
Dr. Fiebiger	Rechtsanwalt	Leipzig.
Fieser	Staatsanwalt	Constanz.
Dr. Finger	Ministerialrath	Darmstadt.
Fischer	Oberamtsrichter	Aalen i. Württemberg.
Fischer	Bürgermeister	Augsburg.
Dr. Fischer	Geh. Oberpostrath	Berlin.
Fischer	Justizrath	Breslau.
Fischer	Landrichter	Fürth.
Fischer	Advokatanwalt	Cöln.
Fischer II.	Advokat	Hannover.
Fischer, Ed.	Advokat	Leipzig.
Dr. Fischer	Assessor	Cöln.
Dr. v. Fischer	Staatsrath	München.
Flach	Oberauditeur, Geh. Justizr.	Hannover.
Flechsig	Advokat	Glauchau.
Fleck	Rügerichter	Frankfurt a. M.
Dr. Fleischauer	Reichsoberhandelsgerichtsrath	Leipzig.
v. Flembach	Oberappellationsgerichtsrath	München.
Flierdl	Appellationsgerichtsrath	Cöln.
Forkel	Justizrath	Coburg.
Förster	Kreisrichter	Johannisburg i. Ostpreußen.
Förster	Advokat	Pirna.
Förtsch	Landgerichtsrath	Zabern i. Elsaß.
Dr. jur. Fösser	Advokat	Frankfurt a. M.
Francke	Appellgerichtsvicepräsident	Celle.
Francke	Amtsrichter	Neustadt a. Rübenberge.
Francke	Obergerichtsrath	Göttingen.

Name.	Stand.	Wohnort.
Frank	Kreisgerichtsrath	Crossen a. O.
Frank, Theod.	Stadt- u. Kreisrichter	Danzig.
Franken	Advokatanwalt	Cöln.
Frankenburger	Notar	Heidenheim a. H. (Bayern).
Franz	Appellationsgerichtsrath	Nürnberg.
Franz	Justizrath	Naumburg a. S.
Franz	Rechtspraktikant	Nürnberg.
Fränzel	Advokat	Dresden.
Frauenknecht	Advokat	Fürth.
Frege	Staatsanwaltsgehilfe	Angermünde.
Freisleben	Rechtskonsulent	Heidenheim i. Württemberg.
Frenckel	Advokatanwalt	Kaiserslautern (B. Pfalz).
Frenkel	Advokat	Leipzig.
Frese	Obergerichtsrath	Cassel.
Fresenius	Landrichter-Vicar	Ortenberg i. Großh. Hessen.
Dr. Fretter	Anwalt	Heidelberg.
Fretzdorff	Justizrath	Berlin.
Freund	Rechtsanwalt	Breslau.
Freund	Kreisgerichtsrath	Halle a. S.
Frey	Gerichtsamtmann	Meerane.
v. Freydorf	Präsident des Ministeriums des großherzogl. Hauses	Carlsruhe.
Freytag	Advokat	Leipzig.
Freytag	Advokat	Plauen i. Voigtland.
Dr. Friedberg	Unterstaatssekretär	Berlin.
Dr. Friedberg	Professor	Leipzig.
Friedenthal, H.	Appell.-Referendar	Breslau.
Dr. Friedenthal	Staatsminister	Gießmannsdorf b. Neisse.
Friederichs	Amtshauptmann	Ribnitz i. Mecklenburg.
Friedländer, Emil	Rechtsanwalt	Bielefeld.
Dr. Friedleben	Advokat	Frankfurt a. M.
Friedmann	Rechtsanwalt	Suhl.
Friedrich	Advokat	Pirna.
Friedrichs	Oberamtsrichter	Rotenburg b. Verden.
Frik	Rechtsanwalt	Schwäb. Hall.
Fritsch	Kreisgerichtsrath	Görlitz.
Fritz	Bezirksgerichtsrath	Fürth.
Friz	Justizassessor	Ulm.
Fromme	Kronanwalt	Hameln.
Fromherz	Anwalt	Freiburg i. Baden.
Dr. Fuld, L.	Advokat	Frankfurt a. M.
v. Fumetti	Amtmann	Ovelgönne.
Dr. Funk	Gerichtsaktuar	Lübeck.

Name.	Stand.	Wohnort.
Funke	Handelsgerichtssekretär	Bremen.
Fürst	Anwalt	Heidelberg.
Dr. Fürst	Anwalt	Mannheim.
Dr. Fürst	Notar	Peine i. Hannover.
v. Furtenbach	II. Stadtrichter	Nürnberg.
Fux	Landgerichtsassessor	Brinkenau i. Bayern.
Fuxius	Appellationsgerichtsrath	Cöln a. R.
Dr. Gäbertz	Erster Beamter des Stadt- und Landamts	Lübeck.
Gallus	Gerichtsaccessist	Darmstadt.
Ganzhorn	Oberamtsrichter	Neckarsulm i. Württemberg.
Gaß	Rechtsconcipient	Nürnberg.
Gaßner	Advokat	Amberg.
v. Gärttner	Oberregierungsrath	Stuttgart.
Gaettens	Advokat	Rostock.
Gaupp	Kreisgerichtsrath	Ellwangen.
Gebel	Stadtschultheiß	Biberach.
Gebert	Geh. Justiz- u. Ministerialrath	Dresden.
Dr. Gebhard	Ministerialrath	Berlin (Carlsruhe).
Gebhardt	Landgerichtsassessor	Alsfeld.
Geck	Rechtsanwalt	Hagen.
Geigel	Bezirksgerichtsassessor	Nürnberg.
Geiger, B.	Dr. jur.	Frankfurt a. M.
Geißmar	Anwalt	Mannheim.
v. Gemmingen	Kreisgerichtsrath	Stuttgart.
Dr. Gensel	Sekretär der Handelskammer	Leipzig.
Genz	Milit.-Intendanturrath	Hannover.
Dr. Georgi	Advokat	Leipzig.
Dr. Georgii	Oberamtsrichter	Rottweil.
Geppert	Kreisgerichtsrath	Constanz.
v. Gerhard	Syndikus	Königsberg i. Pr.
v. Gerhard	Advokatanwalt	Helmstedt.
Dr. Gerhard	Advokat	Leipzig.
Gerhard	Advokat	Würzburg.
Gerhardt	Regierungsrath	Carlsruhe.
Dr. Gericke	Handelsgerichtsaktuar	Hamburg.
Gerlach	Advokat	Dresden.
Gerstner	Geh. Regierungsrath	Berlin.
Gerth-Noritzsch	Anwalt	Pirna.
Gesenius	Stadtrath	Berlin.
Dr. v. Geßler	Kultusminister	Stuttgart.
Geßler	Justizrath	Bromberg.
Dr. Getz	Advokat	Frankfurt a. M.

Name.	Stand.	Wohnort.
Dr. Geßner	Notar	Bamberg.
Dr. Geyer	Professor	München.
Geyler	Gerichtsamtmann	Königswarte i. S.
Dr. Gierke	Professor	Breslau.
Gierse	Rechtsanwalt	Münster.
Dr. Gieschen	Advokat	Hamburg.
Dr. Giese.	Senator	Rostock.
Dr. jur. et phil. Gille	Justizrath	Jena.
Giller	Rechtsanwalt	Nikolai.
Gilmer	Landgerichtsassessor	Offenbach.
Gipsone	Dr. jur.	Nürnberg.
Dr. Girau	Hofjustizrath	Berlin.
Dr. Gitzler	Professor	Breslau.
Glaser	Bezirksgerichtsassessor	Frankenthal i. Rheinpfalz.
Glaser	Bezirksgerichtsassessor	Kronach.
Glasewald	Kreisgerichtsrath	Naumburg a. S.
Glasser	Justizrath	Roda i. S.-Altenburg.
Gleim	Rechtsanwalt	Rotenburg a. F.
Dr. Glockner jun.	Advokat	Frankfurt a. M.
Glörckner	Gerichtsrath	Dresden.
Dr. Gloy	Advokat	Hamburg.
Gmelin	Oberamtsrichter	Wangen i. Württemberg.
Gmelin	Oberamtsrichter	Kirchheim unter der Teck.
Dr. Gneist	Professor, Oberv.-Gerichtsr.	Berlin.
Goehde	Regierungsrath	Hannover.
Dr. v. Gohren	Advokat	Schandau.
Goldschmidt	Dr. jur.	Berlin.
Dr. Goldschmidt	Professor, Geh. Justizrath	Berlin.
Gönner	Bezirksamtmann	Neustadt b. Constanz.
Göpfert	Advokat	Werdau i. Voigtlande.
Dr. Gordan, F.	Gerichtsassessor	Frankfurt a. M.
Göring	Rechtsanwalt	Schlawe.
Görlitz	Obergerichtsanwalt	Birkenfeld i. Oldenburg.
Görz	Obergerichtsrath	Mainz.
Goeschen	Regierungsrath	Aachen.
Göschen	Amtsrichter	Dorum i. Ostfriesland.
Gotthard	Obergerichtsadvokat	Braunschweig.
Gotthelf	Advokat	München.
Gotther	Dr. jur.	Ravensburg.
Götting, Karl	Obergerichtsanwalt	Hildesheim.
Dr. Götting, L.	Obergerichtsanwalt	Hildesheim
Gottschalck	Advokat	Dresden.
Gottschalk	Appellationsgerichtsrath	Arnsberg.

Name.	Stand.	Wohnort.
Dr. Götz, O.	Professor	Leipzig.
Dr. Götze	Advokat	Hamburg.
Göz	Justizassessor	Ellwangen.
Göz	Justizassessor	Stuttgart.
Gräbe	Rechtsanwalt	Rinteln.
Grabowski	Bürgermeister	Thum i. Sachsen.
Graf	Gerichtsassessor	Gräfenthal i. Thür.
Graf, Ed.	Notariatsverweser	München.
Gräfe	Kammergerichtsrath	Berlin.
Gräff	Advokatanwalt	Coblenz.
Gräper	Obergerichtsrath	Varel.
Gratwohl	Justizassessor	Ludwigsburg.
v. Grävenitz	Obertribunalsrath	Berlin.
Gravenhorst	Obergerichtsanwalt	Lüneburg.
Greiner	Appellationsgerichtsrath	Nürnberg.
Greiner	Stadtrichter	Ansbach.
Dr. Grimm	Anwalt	Mannheim.
Dr. Grimm	Obergerichtsanwalt	Marburg.
Grimm	Advokat	Reichenbach i. Voigtland.
v. Grießenbeck, Frh.	Bezirksgerichtsaccessist und Hilfsarbeiter beim Oberstaatsanwalt	München.
v. Grodbeck	Justizrath	Bromberg.
Gropp	Geheimer Justizrath	Hannover.
Freih. Dr. v. Groß	Geheimer Staatsrath	Weimar.
Große	Advokat	Hohenstein b. Chemnitz.
Dr. Großmann	Rechtsanwalt	Wiesbaden.
Grote	Advokat	Burgdorf.
Groth	Advokat	Schwerin i. Mecklenburg.
Grotrian	Ministerialrath	Braunschweig.
v. Grundherr	Appellationsgerichtsrath a. D.	Nürnberg.
Grüneklee	Gerichtsassessor	Hannover.
Grünewald	Landesgerichtsrath	Metz.
Gruner	Rechtsanwalt	Dresden.
Grupe	Amtsverwalter	Schwerin i. Mecklenburg.
Gubitz	Notar	Berlin.
Frh. v. Gültlingen	Justizassessor	Stuttgart.
Dr. Gundermann	Rechtsanwalt	München.
Güntzer	Advokat	Trier.
Gunzenhäuser	Advokat	Fürth i. Bayern.
Gutbrod	Justizassessor	Stuttgart.
Dr. Güterbock	Stadtgerichtsrath u. Professor	Königsberg i. Pr.
Gutfleisch	Dr. jur., Hofger.-Advokat	Gießen.

Name.	Stand.	Wohnort.
Guth	Advokat	Hof.
Gutsche	Stadt- u. Kreisrichter	Magdeburg.
Gützloe	Justizrath	Essen.
Haack	Rechtsanwalt	Glogau.
Dr. Haag	Advokat	Frankfurt a. M.
Haarmann	Oberappell.-Gerichtsanwalt	Celle.
Haarmann	Obergerichtsanwalt	Goslar.
Haas	Zweiter Staatsanwalt	Kaiserslautern.
Haas	Rechtsconcipient	Nürnberg.
Haas	Gerichtsassessor	Wiesbaden.
Haaß	Kanzler des Oberhofgerichts	Carlsruhe.
Haberland	Amtsrichter	Holzminden.
Dr. Haeberlin	Referendar	Frankfurt a. M.
Haberwaas	Oberkriegsrath	Stuttgart.
Hackbusch, M. F.	Advokat und Notar	Röbel i. Mecklenburg.
Hackenberg	Friedensrichter	Barmen.
Häcker	Kreisgerichtsrath	Stuttgart.
Hagemann	Kreisrichter	Arolsen.
Hagen	Advokat	München.
Haehmeister	Advokat	Hannover.
Hahn	Advokat	Nürnberg.
Hahn	Gerichtsamtmann	Niederlößnitz b. Kötzschenbroda i. Sachsen.
Hahndorff	Appell.-Gerichtsvicepräsident	Bromberg.
Halberstadt	Oberamtsrichter	Bergen i. Hessen-Nassau.
Hall	Appellationsgerichtsrath	Kiel.
Hallbauer	Finanzprokurator	Meißen.
v. Hallberger	Obertribunalsrath	
Hallwachs	Ministerialrath	Darmstadt.
Haltenhoff	Obergerichtsanwalt	Hameln.
Hambrook, D.	Justizrath	Marienwerder.
Dr. Hamburger	Notar	Frankfurt a. M.
Hamburger	Rechtsanwalt	Hanau.
Hammacher	Dr. jur.	Berlin.
Hammer	Advokat	Chemnitz.
Hammer	Bezirksgerichtsdirektor	Nürnberg.
Hänel, Arth.	Advokat	Dresden.
Haniel	Assessor	Ruhrort.
Hänle	Advokat	Ansbach.
Hanssen	Amtsrichter	Schenefeld i. Holstein.
Hantelmann	Justizrath	Inowraclaw.
Harbordt	Landrichter	Laubach.
v. Harlessem	Obergerichtsanwalt	Hannover.

Name.	Stand.	Wohnort.
Härlin	Oberamtsrichter	Künzelsau i. Württemberg.
Frh. v. Harsdorf	Bezirksgerichtsdirector	München.
Harsein	Gouvernementsauditor	Straßburg i. Elsaß.
v. Hartlieb	Auditeur	Nürnberg.
Hartmann	Advokat	Nürnberg.
Hartmann	Oberamtsrichter	Bruchhausen i. Hannover.
Hartung	Senator	Waren i. Mecklenburg.
Dr. Hase	Geh. Justizrath	Weimar.
Hase, Otto	Advokat	Altenburg.
Hattenbach	Appellationsrath	Oldenburg.
Haubenschmied	Generalstaatsanwalt	München.
Dr. Haubold	Advokat	Leipzig.
Dr. Hauck	Advokat	Frankfurt a. M.
v. Haupt	Bezirksgerichtsrath	Bamberg.
Hausch	Kreisgerichtsrath	Ulm.
Hauschteck	Oberregierungsrath	Stralsund.
Hauser	Bezirksgerichtsassessor u. Handelsgerichtsrath	München.
Häusler	Obergerichtsadvokat	Braunschweig.
Haußmann	Staatsanwalt	Ulm.
Hebting	Stadtdirektor	Mannheim.
Dr. Hecht	Direktor	Mannheim.
Hecht	Gerichtsnotar	Mannheim.
Hecht	Justizrath	Rawicz.
Hecke	Rechtsanwalt	Leobschütz.
Hecker, Georg	Bezirksgerichtsassessor	Dresden.
Hecker	Oberstaatsanwalt	Hamm i. Westfalen.
Hecker	Justizassessor	Stuttgart.
v. Heemskerck	Finanzrath	Wiesbaden.
Hegler, A.	Kreisgerichtsrath	Stuttgart.
Dr. Heidenfeld	Rechtsanwalt	Berlin.
Heidsieck	Rechtsanwalt	Rahden.
Dr. Heilbluth	Advokat	Hamburg.
Heilborn	Rechtsanwalt	Berlin.
Heim	Appellationsgerichtsrath a. D.	Nürnberg.
Heimbrod	Appell.-Gerichtsvicepräsident	Magdeburg.
Heimburg	Bürgermeister	Worms.
Heimerdinger	Kreisgerichtsrath u. Vorsitzender d. Handelsgerichts	Carlsruhe.
Dr. Heimsöth	Geh. Oberjustizrath u. Präs.	Cöln.
Dr. Heine, Georg	Gerichtsreferendar	Dresden.
Heinlein	Stadtgerichtsassessor	Nürnberg.
Heinrichs	Justizamtmann	Blomberg i. Lippe.

Name.	Stand.	Wohnort.
Dr. Heinsen	Advokat	Hamburg.
Heinsheimer	Kreisgerichtsrath	Mannheim.
Heintze	Justizrath	Frankfurt a. O.
Heintzmann	Kreisgerichtsrath	Dortmund.
Heinze	Rathsarchivar u. Referendar	Dresden.
Heinzel	Justizrath	Bunzlau.
Heinzemann	Staatsanwalt	Limburg a. Lahn.
Heinzerling	Bezirksstrafrichter	Darmstadt.
Heiß	Kreisgerichtsrath	Constanz.
Dr. jur. Heldmann	Bürgermeister	Detmold.
Helfer	Advokat	Leipzig.
Heller	Rechtsanwalt	Gotha.
Heller	Bezirksgerichtsrath u. Refer. im Justizministerium	München.
Hellmann	Kreisrichter	Iserlohn i. W.
Hellwig	Amtsrichter	Oldendorf, Regbez. Cassel.
Hempel	Justizrath	Weißenfels.
Hemptenmacher	Rechtsanwalt	Wanzleben.
Dr. Henle, Sigm.	Advokat	München.
Hentschel, Mor.	Advokat	Leipzig.
Heny, Rud.	Justizassessor	Ravensburg.
Heppner	Staatsanwaltsgehilfe	Danzig.
Herborl	Kreisrichter	Stuttgart.
Herbst	Auditeur	Stettin.
Hering	Rechtsanwalt	Eisenach.
Herkner	Rechtsanwalt	Döbeln i. Sachsen.
Hermes	Advokat u. Stadtrichter	Röbel i. Mecklenb.-Schw.
Herrmann	Stadtrichter	Stuttgart.
v. Herrschner	Justizassessor	Schorndorf i. Württemberg.
Dr. Hertel	Bürgermeister	Dresden.
Hertel	Gerichtsamtmann, Hofrath	Leipzig.
Hertlein	Landgerichtsassessor	Zusmarshausen i. Bayern.
Hertz	Geh. Justizrath	Berlin.
Dr. Hertz, Eduard	Advokat	Hamburg.
Dr. Hertz, G.	Advokat	Hamburg.
Dr. Herz	Rechtsanwalt	Mannheim.
Dr. Herz	Rechtsanwalt	Wiesbaden.
Herzbruch	Kreisrichter	Minden.
Herzfeld	Rechtsanwalt	Halle a. S.
Herzfeld	Rechtsanwalt	Insterburg.
Herzog	Obergerichtsrath	Wolfenbüttel.
Dr. Hesdörffer	Advokat	Frankfurt a. M.
Hesekiel, Franz	Stadtrichter	Danzig.

Name.	Stand.	Wohnort.
Heß	Oberjustizprokurator	Ulm.
Hessenberg	Advokat	Frankfurt a. M.
Heßler	Hofgerichtsr. u. Universitätsrichter	Leipzig.
Hetzer	Obergerichtsassessor	Göttingen.
Heubner	Advokat	Zwickau.
Heumann	Hofgerichtsadvokat	Darmstadt.
Heumann	Rechtsanwalt	Laupheim.
Heuser	Rechtsanwalt	Bückeburg.
Heusgen	Gerichtsassessor	Lechenich.
Heydemann	Stadtrichter	Sülz i. Mecklenburg.
Dr. Heyden, W.	Advokat	Hamburg.
Heydenreich	Advokat	Dresden.
Heyder	Kreisgerichtsrath	Templin.
Heydweiler	Kreisgerichtsrath a. D.	Stuttgart.
Dr. Heyl, Prosp.	Obergerichtsrath	Meppen.
Heyland	Kreisrichter	Iserlohn.
Heymann	Advokat	Altona.
Dr. Hierl	Bezirksgerichtsrath	München.
Dr. Hildebrand	Professor	Jena.
Hilf	Rechtsanwalt	Limburg i. Nassau.
Dr. Hillig	Advokat	Leipzig.
Hillmar	Justizrath	Cöslin.
Hilpert	Advokat	Nürnberg.
Dr. Hilse	Dr. jur et phil., Privatdocent	Berlin.
Dr. Hilse	Kreisrichter	Gnesen.
Hingerl	Notar	Straubing.
Dr. Hinschius	Professor	Berlin.
Hintrager	Rechtsanwalt	Hall.
Hirsch	Rechtsanwalt	Cassel.
Dr. Hirsch	Referendar	Frankfurt a. M.
Hirsch	Kreisgerichtsrath	Loslau i. Oberschlesien.
v. Hirschberg, Frh.	Landgerichtsassessor	Nürnberg.
Hirschhorn	Hofgerichtsadvokat	Gießen.
Hirschmann	Rechtsanwalt	Crailsheim i. Württemb.
Hochstetter	Oberstaatsanwalt	Heilbronn.
Hofer	Anwalt	Constanz.
Dr. Hoffmann, E.	Oberappellationsgerichtsrath	Darmstadt.
Hoffmann, M. T.	Dr. jur.	Dresden.
Dr. Hoffmann	Referendar	Frankfurt a. M.
Hoffmann, Konr.	Advokat	Leipzig.
Hoffmann	Oberamtsrichter	Nürtingen i. Württemberg.

Name.	Stand.	Wohnort.
Hoffmann, Theodor	Bezirksgerichtsassessor	Windsheim i. Bayern.
Hoffmann	Landgerichtsassessor	Alsfeld.
Höffner	Advokat	Nossen i. Sachsen.
Hofmann	Advokat	Aschaffenburg.
Hofmann I.	Hofgerichtsadvokat	Darmstadt.
Hofmann, Joseph	Rechtsanwalt	Meiningen.
Hofmann	Advokat	Burgstädt b. Chemnitz.
Hofmann, Nic.	gepr. Rechtspraktikant	Neustadt a. A. (Bayern).
Hofmann, Franz	Rechtsconcipient	Nürnberg.
Hofmann	Rechtsanwalt	Würzburg.
Hofmeister	Advokat	Limbach b. Chemnitz.
Hohenadel	Oberstaatsanwalt	Nürnberg.
Holbein	Rechtsanwalt	Apolda.
Dr. Hölder	Professor	Greifswald.
Holland	Kreisrichter	Ellwangen.
Holthoff	Rechtsanwalt	Berlin.
Dr. v. Holtzendorff	Professor	München.
Holzmann	Kreisgerichtsrath	Cöthen.
Frh. v. Holzschuher	Obertribunalsrath	Stuttgart.
Hommer	Notar	Kirn, Reg.-Bez. Coblenz.
Höniger	Rechtsanwalt	Inowrazlaw.
Dr. Hopf	Rechtsanwalt	Gotha.
Hopmann	Justizrath	Bonn.
Hoppe	Obergerichtsanwalt	Hameln a. Weser.
Hörmann	Bezirksgerichtsrath	Nürnberg.
Hornbostel	Regierungsrath	Gotha.
v. Hörner	Obertribunalsrath und General-Staatsanwalt	Stuttgart.
Hörst	Anwalt	Tauberbischofsheim i. Baden.
Dr. Horwitz	Rechtsanwalt	Berlin.
Dr. Hösler	Advokat	Leipzig.
v. Höß	Ministerialrath	München.
Höß	Stabsauditor	München.
Dr. Hoyer	Obergerichtsanwalt	Oldenburg.
Hübener	Rechtsanwalt	Paderborn.
v. Huber	Kreisgerichtshofdirector	Heilbronn.
Huber	Advokatanwalt	Straßburg i. E.
Hübner	Dr. jur.	Burgdorf b. Hannover.
Huch	Obergerichtsadvokat	Braunschweig.
Huck	Rechtsanwalt	Gleiwitz.
Huffschmid	Oberhofgerichtsrath	Mannheim.
v. Hügel	Kreisrichter	Heilbronn.
Hugenberg I.	Obergerichtsanwalt	Osnabrück.

Name.	Stand.	Wohnort.
Hullmann	Oberappellationsgerichtsrath	Oldenburg (Großh).)
Humbert	Justizrath	Berlin.
Humbert, Th.	Stadtrath	Magdeburg.
Dr. Humser	Advokat	Frankfurt a. M.
Hupfeld	Justizrath	Cassel.
Huther	Stadtgerichtsmitarbeiter	Hagenow.
Hüttlinger	Notariatsverweser	Nürnberg.
Dr. Jacobson	Advokat	Hamburg.
Jaeger, Fr. W.	Landrichter	Vilbel.
Jäger	Oberbürgermeister	Elberfeld.
Dr. Jäger	Advokat	Nürnberg.
Jahn, Anton	Justizamtmann	Hirschberg b. Schleiz.
Dr. Jahrsdörffer	Advokat	München.
Jasper	Kreisgerichtsrath	Flensburg.
Jasper	Staatsanwalt	Zittau.
Jecklin	Regierungsrath	Saarbrücken.
Jelito	Polizeianwalt	Bergzabern, Rheinpfalz.
Jerusalem	Friedensrichter	Lutzerath (Regbz. Coblenz).
Jeschke	Rechtsanwalt	Osterwieck.
Jetter	Oberamtsrichter	Göppingen.
Jeidels	Dr. jur.	Berlin.
Jeuthe	Rechtsanwalt	Oppeln.
Illgner	Rechtsanwalt am Reichsoberhandelsgericht	Leipzig.
Ilsemann	Amtsrichter	Hannover.
Dr. Joachim	Kreisgerichtsrath	Mosbach.
Jöckel	Hofgerichtsadvokat	Friedberg i. d. Wetterau.
Joël	Rechtsanwalt	Greiffenberg in Schlesien.
Johannsen	Rechtsanwalt a. Obertribunal	Berlin.
Dr. John	Oberappellationsgerichtsrath und Professor	Lübeck.
Dr. Jolly	Staatsminister	Carlsruhe.
Jonas	Rechtsanwalt	Marienthal b. Wandsbeck.
Jonas	Staatsanwalt	Helmstedt.
Jordan	Rechtsanwalt	Ragnit.
Jordan	Kollegiumsassessor u. Rechtskonsulent	Stuttgart.
Josephthal, Gust.	Rechtsanwalt	Nürnberg.
Isenbart	Amtsrichter	Celle.
Dr. Israel, John	Advokat	Hamburg.
Dr. Israel, Simon	Advokat	Hamburg.
Juch	Assessor	München.
Dr. Jucho, Wilh.	Advokat	Frankfurt a. M.

Name.	Stand.	Wohnort.
Dr. Jucho, sen.	Justizrath	Frankfurt a. M.
Jüdell, II.	Obergerichtsanwalt	Celle.
Jüdell	Obergerichtsanwalt	Hannover.
Dr. Juncker	Advokat	Frankfurt a. M.
Jung	Geh. Justizrath	Freiburg i. Br.
Dr. Jung	Fiskal	Frankfurt a. M.
Dr. Jung, G. J.	Stadtgerichtsrath	Frankfurt a. M.
Jungher	Justizamtsmann	Kreuzburg i. Sachs.-W.
Jusatz, O.	Stadtgerichtsassessor	Gotha.
Kade	Rechtsanwalt	Breslau.
Kah	Dr. jur.	Heidelberg.
Kahr	Rechtsanwalt	Cronach.
Dr. v. Kalb	Oberappellationsgerichts-Direktor	München.
Kamlah	Amtsrichter	Uslar.
Dr. Karsten	Advokat	Rostock.
Kastner	Appellationsgerichtsrath	München.
Kaetzlmeier	Advokat	Nürnberg.
Kaufmann, Felix	Gerichtsassessor	Driesen i. d. Mark.
Kaufmann	Rechtsconcipient	Nürnberg.
Kaula	Rechtsanwalt	Frankfurt a. M.
Kaulla, Max	Rechtsanwalt	Stuttgart.
Keferstein	Advokat	Lüneburg.
Keibel	Stadtgerichtsrath	Berlin.
Keim	Kreisgerichtsrath	Wiesbaden.
Kekule	Hofgerichtsadvokat	Darmstadt.
Keller	Kreisrichter	Essen.
Keller	Rechtsanwalt	Hagen i. Westfalen.
Keller	Rechtsanwalt	Dillenburg.
Keller	Gerichtsnotar	Stuttgart.
Dr. Kellinghusen, F. H.	Handelsgerichtsaktuar	Hamburg.
Kempff	Ministerialdirektor	Darmstadt.
Kerckhoff	Kronanwalt	Osnabrück.
Kern	Amtsrichter	Hameln.
Kern	Kreisgerichtsrath	Waldshut i. Baden.
v. Kern	Kreisgerichtsdirektor	Stuttgart.
Kerstein	Kreisrichter	Bochum.
Dr. Edler v. Kerstorf	Hofrath	Augsburg.
Keßler	Staatsanwalt	Burg b. Magdeburg.
Kettler	Staatsanwalt	Cöthen.
Keysserlitz	Advokat	Großenhain.
Keyßler	Bezirksamtmann	Nürnberg.
Kiefer	Amtsrichter	Schwetzingen.

Name.	Stand.	Wohnort.
Kielmeyer	Rechtskonsulent	Stuttgart.
Dr. Kierulff	Advokat	Hamburg.
Dr. Kierulff	Oberappellationsgerichts-Präsident	Lübeck.
Dr. Kiesselbach	Advokat	Bremen.
Killinger	Bezirksgerichtsrath a. D.	Nürnberg.
Dr. Kilzer, W.	Advokat	Frankfurt a. M.
Kind	Kanzleirath	Stuttgart.
Kindler	Advokat	Schönberg (Ratzeburg).
Kirch, Eug.	Advokat	M.-Gladbach.
Kircheisen	Advokat	Eisenberg i. S.-Altenbg.
Dr. Kirchner	Stadtgerichtsrath	Frankfurt a. M.
Kirschner	Bezirksgerichtsrath	Traunstein i. Bayern.
Kirsten	Dr. med.	Leipzig.
Dr. Kistemaker	Obergerichtsanwalt	Meppen.
Dr. Klein	Hofgerichtsrath	Gießen.
Kleiner	Appellationsgerichtsrath	Nürnberg.
Kleinknecht	Rechtsanwalt	Göppingen.
Kleinrath	Obergerichtsanwalt	Hannover.
Kleinmann	Kreisgerichtsrath	Ellwangen i. Württemberg.
Kleinschmidt	Hofrath, Advokat	Leipzig.
Dr. Kleinschrod	Professor	Marburg.
Dr. Klemm	Advokat	Leipzig.
Klemm	Appellationsgerichtspräsident	Dresden.
Klemm	Rechtsconcipient	Nürnberg.
Klett	Kreisgerichtsrath	Heilbronn.
Dr. Klett, F. R.	Rechtsanwalt	Heilbronn.
Dr. Kleucker	Staatsanwaltsgehilfe	Tilsit.
Kleybolbt	Obergerichtsanwalt	Oberstein i. Oldenburg.
Klimowicz	Rechtsanwalt	Königsberg i. Pr.
Klingel	Anwalt	Heidelberg.
Klinger	Advokat	Burgstädt i. Sachsen.
Klinkemüller	Kreisgerichtsrath	Luckau.
Dr. Klitzing	Hofrath, Bürgermeister und Stadtrichter	Plau i. Mecklenburg.
Kloeppel	Advokat	Berlin.
Klotz	Kreisgerichtsrath	Berlin.
Klotz	Rechtsconcipient	Nürnberg.
Klüpfel	Eisenbahndirektor u. Sekretär	Stuttgart.
Dr. v. Knappe	Appellationsgerichtsdirektor	Bamberg.
Kneusel	Rechtsanwalt und Notar	Gleiwitz.
Knittel	Obergerichtsvicepräsident	Wolfenbüttel.
Knoth	Assessor	Borna.

Name.	Stand.	Wohnort.
Koch	Rechtsanwalt	Landeck i. Schl.
Koch, Th.	Advokat	Buchholz.
Dr. Koch	Advokat	Chemnitz.
Koch	Stadt- und Kreisgerichtsrath	Magdeburg.
Kochann	Stadtgerichtsrath	Berlin.
Köchling	Rechtsanwalt	Bochum.
Kohl	Geh. Hofrath	Chemnitz.
Köhler II.	Hofgerichtsadvokat	Darmstadt.
Kohlrausch	Advokat	Hannover.
Kohlschütter, Rud.	Justizrath	Dresden.
Köhn	Staatsanwalt	Rottweil.
Köller	Rechtsanwalt	Rietberg i. Westfalen.
König	Justizrath	Cleve.
König	Amtsrichter	Hannover.
Königer	Stadtrichter	Darmstadt.
Koeppel	Sekretär am Merkantil-Friedens- u. Schiedsgericht	Nürnberg.
Korn	Bürgermeister	Insterburg.
Körner	Geh. Rath u. Dep.-Direktor im Ministerium d. Innern	Dresden.
Dr. Körner	Stadtamtmann	Frankfurt a. M.
Körner	Advokat	Lengenfeld im Voigtlande.
Körner	Advokat	Zwickau (K. Sachsen).
Koester	Kreisrichter	Hagen.
Kortum I.	Rechtsanwalt	Halberstadt.
Kortum II.	Rechtsanwalt	Halberstadt.
Koschella	Rechtsanwalt	Habelschwerdt.
Köstlin	Direktor d. Zellengefängnisses	Heilbronn.
Köstlin	Obertribunalsrath	Stuttgart.
Köwer, E.	Sekretär a. Hess. Bez.-Strafg.	Michelstadt im Odenwald.
Kraft	Oberamtsrichter	Wertheim a. M.
Krah, C.	Oberamtsrichter	Braubach a. Rhein.
Krah	Rechtsanwalt	Segeberg.
Kramer	Justizrath	Düsseldorf.
Krämer	Anwalt	Carlsruhe.
Dr. Krätzler	Justizrath	Darmstadt.
Kraus	Rechtsanwalt	Ploen.
v. Kraus	Obertribunalsrath	Stuttgart.
Kraus	Kreisrichter	Ravensburg.
Kraußold	Advokat	Windsheim i. Bayern.
Krauth	Amtsnotar	Rottenburg i. Württemberg.
v. Kräwel	Geh. Justizrath	Naumburg.
Krebs	Kreisgerichtsrath	Mannheim.

Name.	Stand.	Wohnort.
Kremer, L.	Bez.-Ger.-Assessor	Würzburg.
Kremkow	Justizrath	Gleiwitz.
Kremnitz	Justizrath	Berlin.
Kreppel	Notar	Scheßlitz i. Bayern.
Dr. Freih. v. Kreß	Rechtsconcipient	Nürnberg.
Kretschmann	Rechtsanwalt	Burg b. Magdeburg.
Kretschmar II.	Rechtsanwalt	Großenhain.
Dr. Kretschmar	Advokat	Leipzig.
Kretzschmar	Advokat	Dresden.
Krippendorf	Advokat	Dresden.
Kronacher	Advokat	Fürth.
Krug	Hofgerichtsadvokat	Darmstadt.
Dr. v. Kübel	Obertribunalsdirektor	Stuttgart.
Küchendahl	Justizrath	Stettin.
Dr. Kugler	Appellationsgerichtsrath	Frankfurt a. M.
Kugler	Advokat	Freiberg i. Sachsen.
Kuhn, Albert	Advokat	Dresden.
Kuhn	Advokat	Landau.
Dr. Kühn	Landesbankdirektor u. Advokat	Dessau.
Kühn	Justizrath	Pyritz.
Kühnas	Kreisgerichtsrath	Torgau.
Kühne	Appellationsgerichtspräsident	Greifswald.
Kühnemann	Geh. Finanzrath, Hauptbank-Justitiar	Berlin.
Dr. Kulenkamp	Senator	Lübeck.
Kullmann	Landgerichtsassessor	Alsfeld.
Dr. Kunhardt	Richter	Hamburg.
Kunitz	Staatsanwalt	Frankfurt a. M.
v. Kunowski	Appellationsgerichts-Vicepräsident	Stettin.
Kunowski	Kreisgerichtsdirektor	Gardelegen.
Dr. Kuntze	Professor	Leipzig.
Kuntze	Bürgermeister	Plauen.
Kurlbaum, C.	Geh. Justizrath	Berlin.
Kurlbaum, A. F. I.	Geh. Justizrath	Berlin.
Kusel	Anwalt	Carlsruhe.
Küttner	Finanzprokurator	Dresden.
Kyll jun.	Advokat	Cöln.
Laage	Kreisgerichtsrath	Eisleben.
Labroisse, L.	Hofgerichtsadvokat	Gießen.
Lacoste, A.	Kreisgerichtsrath	Carlsruhe.
Dr. Ladenburg	Anwalt	Mannheim
Dr. Lahr	Gerrichtsaccessist	Offenbach a. M.

Name.	Stand.	Wohnort.
Lähr	Kreisgerichtsrath	Marienwerder
Laengenfelder	Landgerichtsassessor a. D.	Nürnberg.
Lambrecht	Kreisgerichtsrath	Burg b. Magdeburg
Dr. Lamey	Staatsrath und Ministerial-Präsident a. D.	Mannheim.
Lamm	Oberappellationsgerichtsrath	Dresden.
Lammfromm	Oberjustizprokurator	Tübingen.
Dr. Lamprecht	Amtsaktuar	Bergedorf.
Landerer	Kreisgerichtsrath	Ulm.
Landgraff	Dr. jur.	Heidelberg.
Landwehr	Notar und Justizrath	Cöln.
Landwehr, P.	Advokat	Cöln.
Dr. Lang	Advokat	Frankfurt a. M.
Lang	Stadtgerichtsassessor	München.
Lang	Obergerichtsanwalt	Wiesbaden.
Lange	Advokat	Güstrow.
Langenbach	Hofgerichtsadvokat	Darmstadt.
Langrock	Kreisgerichtsrath	Frankfurt a. O.
Laport	Obergerichtsanwalt	Hannover.
Dr. Lappenberg	Advokat	Hamburg.
Larenz	Obergerichtsrath	Hameln.
Dr. Lasker	Rechtsanwalt	Berlin.
Laudenheimer	Hofgerichtsadvokat	Darmstadt.
Laué	Justizrath	Berlin.
Lauenstein	Obergerichtsanwalt und Consistorialprokurator	Diepholz i. Hannover.
Lauer	Landgerichtsrath	Barmen.
Lauhn	Polizeiaktuar	Leipzig.
v. Lauhn	Oberstaatsanwalt	Halberstadt.
Dr. Lazarus	Advokat	Hamburg.
Dr. Lebin	Rechtsanwalt	Oranienburg.
Lebrecht	Rechtsanwalt	Ulm.
Legeler	Justizassessor	Leonberg.
Lehmann	Advokat und Notar	Dannenberg.
Lehmann	Advokatanwalt	Cöln.
Dr. Lehmann, Gust.	Advokat	Dresden.
Lehmann, E.	Advokat	Dresden.
Dr. Lehmann	Vicepräs. d. Handelsgerichts	Hamburg.
Lehne	Justizassessor	Rottenburg i. Württemberg.
Leicht	Bezirksgerichtsassessor	Weiden (Bayer. Oberpfalz).
Leidner	Amtsrichter	Wiesbaden.
Leipheimer	Rechtsconsulent	Stuttgart.
Dr. Leisler jun.	Rechtsanwalt	Wiesbaden.

Name.	Stand.	Wohnort.
Lenel, Otto	Dr. jur.	Mannheim.
v. Lengrießer	Stadtgerichtsassessor	München.
v. Lenthe	Obergerichtsrath	Hildesheim.
Lentz	Präsident d. kgl. Finanzdir.	Hannover.
Lentz, A.	Obergerichtsdirektor	Eutin.
Dr. Lenz	Rechtsanwalt	Greifswald.
Dr. Leo	Sekretär d. Bürgerausschusses	Hamburg.
Dr. Leo	Rechtsanwalt	Magdeburg.
Leonhard	Rechtsanwalt	Breslau.
Leonhard	Justizrath	Grünberg i. Schl.
Leonhard	Anwalt	Heidelberg.
Leonhardi	Regierungsrath	Zwickau.
Frh. v. Leonrod	Staatsanwalt	München.
Leske, O. Fr.	Kammergerichtsrath	Berlin.
Lesse	Justizrath	Berlin.
Lesser	Obertribunalsrath	Berlin.
Lettgau	Obergerichtsrath	Hannover.
Dr. jur. Leuthold	Ministerialsekretär	Dresden.
Leuthold	Advokat	Schöneck in Sachsen.
Graf v. Leutrum	Staatsrath	Stuttgart.
Levi	Advokatanwalt	Mainz.
Dr. Levi, B.	Advokatanwalt	Mainz.
Levi	Rechtskonsulent	Stuttgart.
Levin	Rechtsanwalt	Berlin.
Dr. Levita	Advokatanwalt	Mainz.
Levy	Kreisrichter	Beuthen i. Oberschlesien.
Dr. Levy	Advokat	Hamburg.
Lewald	Rechtsanwalt	Breslau.
Lewald, C.	Anwalt	Heidelberg.
Lewald	Amtmann	Pforzheim.
Leykauf	Stadtgerichtsrath	Frankfurt a. M.
Lezius	Rechtsanwalt	Cöthen.
Liba	Stadtgerichtsrath	Berlin.
Libawsky	Rechtsanwalt	Creuzburg i. Oberschlesien.
Lichtschlag	Advokatanwalt	Düsseldorf.
Dr. v. Liebe	Ministerresident, Geh. Rath	Berlin.
Liebisch	Justizrath	Straßburg i. Elsaß.
Liesching	Oberamtsrichter	Schorndorf.
Linckelmann	Obergerichtsanwalt	Hannover.
Graf v. Linden	Justizassessor	Stuttgart.
Dr. Lindenberg	Hypothekenbeamter	Hamburg.
Lindner	Rechtsanwalt	Danzig.
Dr. v. Lingen	Obergerichtsanwalt	Bremen.

Name.	Stand.	Wohnort.
Lipke	Rechtsanwalt	Berlin.
Graf zur Lippe	Staatsminister a. D.	Berlin.
Lippold	Advokat	Altenburg.
Listmayr	Advokat	München.
Loeb.	Referendar	Hamm.
Löbell	Kreisgerichtsrath	Luckau.
Dr. Loebell, Georg	Rechtsanwalt	Marburg (Prov. Hessen).
v. Löben	Assessor	Großenhain.
Lobenhofer	Staatsanwaltssubstitut	Kaiserslautern.
Dr. Lochte	Rechtsanwalt	Magdeburg.
Lodemann	Obergerichtsrath	Hannover.
Frh. v. Löffelholz-Colberg	Landrichter	Kadolzburg i. Mittelfranken.
Löhmann	Gerichtsassessor	Düsseldorf.
Löhr	Bürgermeister	Bautzen.
Lömmle	Rechtsanwalt	Laupheim.
Loreck	Rechtsanwalt	Berlin.
Lorenz	Finanzprokurator	Großenhain.
Lorenz	Advokat	Dresden.
Dr. Lorey, W.	Advokat	Frankfurt a. M.
Löschbrand	Justiz-u.Verwaltungsbeamter	Wernigerode a. Harz.
Lother	Rechtsanwalt	Eppingen i. Baden.
Lottermoser	Rechtsanwalt	Festenberg i. Schl.
Loew	Stadtrichter	Fürth.
Löwenberg	Regierungsrath	Berlin.
Löwenstein	Prokurator	Ellwangen i. Württemberg.
Löwenthal, M.	Advokat	Schwerin i. Mecklenburg.
Lubowsky	Rechtsanwalt	Breslau.
Lübbes	Rechtsanwalt	Altona.
Lucanus	Regierungsassessor	Minden i. Westfalen.
Lucas	Appellationsgerichtsrath	München.
Lüdicke	Justizrath	Berlin.
Dr. Ludolph, E.	Obergerichtssekretär	Detmold.
Ludwig	Stadtrath	Chemnitz.
Ludwig	Königliche Hoheit, Prinz von Bayern	München.
Dr. Ludwig	Advokat	Lüchow i. Hannover.
Dr. Lüntzel, Alfr.	Rechtsanwalt	Berlin.
Frh. v. Lupin	I. Staatsanwalt	Weiden i. Bayern.
Dr. Lürmann	Senator	Bremen.
Lutteroth	Dr. jur.	Hannover.
Macco	Staatsanwalt	Flensburg.
Magnus	Justizrath	Königsberg.

Name.	Stand.	Wohnort.
Dr. Magnus	Advokat	Braunschweig.
Mahlstedt	Kreisrichter	Schleswig.
Dr. Maier, Herm.	Bezirksgerichtsrath	München.
Maier	Amtsrichter	Großenlüder b. Fulda.
Maiß	Staatsanwalt	Gleiwitz.
Makower	Justizrath	Berlin.
Malblanc	Oberstaatsanwalt und Kreisgerichtsrath	Tübingen.
Mallebrein	Oberamtsrichter	Baden-Baden.
Mallison	Rechtsanwalt	Carthaus.
Mandel	Bezirksgerichtsaccessist und Hilfsarbeiter beim Oberstaatsanwalt	Nürnberg.
Dr. Mandry	Professor	Tübingen.
Mangold	Obergerichtsanwalt	Celle.
Dr. Manheyn sen.	Advokat	Frankfurt a. M.
Mansfeld	Staatsanwalt	Wolfenbüttel.
Marbach	Advokat	Leipzig.
Marcard, Carl	Advokat	Hoya i. Hannover.
Dr. Marck	Stadtrath	Breslau.
Marckhoff	Justizrath	Bochum.
Dr. Marquardsen	Professor	Erlangen.
Dr. Marquier	Anwalt	Constanz.
v. Martens	Justizassessor	Gaildorf i. Württemberg.
Dr. Martin	Richter am Niedergericht	Hamburg.
Martin	Rechtsconcipient	Nürnberg.
Martini	Advokat	Meerane.
Martins	Landgerichtsrath	Elberfeld.
Martins	Oberbürgermeister	Glogau.
Martins	Staatsanwalt	Hamm
Martiny	Rechtsanwalt	Danzig.
Marx	Rechtsrath	Nürnberg.
Maßmann	Advokat	Rostock.
Massot	Hofgerichtsadvokat	Darmstadt.
Dr. Matsen	Advokat, Bibliothekar der Commerz-Bibliothek	Hamburg.
Matthiä	Obergerichtsrath	Wolfenbüttel.
Matthiesen	Amtsrichter	Cismar.
Dr. Matti, A.	Advokat	Frankfurt a. M.
Dr. Matty	Advokatanwalt	Alzey.
Maurer	Assessor	Herbstein i. Oberhessen.
Dr. May	Advokat	Frankfurt a. M.
Dr. May	Advokat	Hamburg.

Name.	Stand.	Wohnort.
May, L.	Justizrath	Hörde.
Dr. Mayer, F. P.	Gerichtsaccessist	Mainz.
Mayer, Ph.	Staatsanwalt	Eichstädt i. Bayern.
Mayer, F.	Staatsanwalt	Lohr a. Main.
Dr. Mayersohn	Advokat	Aschaffenburg.
Mayr	Staatsanwalt	Fürth.
Mays	Anwalt	Heidelberg.
Mays	Oberhofgerichtsrath	Mannheim.
Mecke	Justizrath, Rechtsanwalt beim Obertribunal	Berlin.
Dr. van d. Meeden	Richter am Handelsgericht	Hamburg.
Mehling	Bezirksgerichtsdirektor	Aschaffenburg.
Meibauer	Rechtsanwalt	Conitz.
Dr. v. Meibom	Professor, Reichsoberhandelsgerichtsrath	Leipzig.
Meier, Henry	Rechtsanwalt	Kiel.
Meischner	Advokat und Notar	Penig.
Dr. Meisner	Kreisrichter	Thorn.
Meißen	Notar	Wipperfürth.
Meister	Amtshauptmann	Hannover.
Meister	Stadtgerichtsassessor	Nürnberg.
Melchers	Kreisrichter	Haigerloch.
Melchior	Justizrath	Dortmund.
Melssen	Coogsinspektor	Christian-Albrechts-Coog in Schleswig.
Mellien	Rechtsanwalt und Notar	Berlin.
Mengin	Rechtsconcipient	Nürnberg.
Mensching	Obergerichtsanwalt	Hannover.
Merckle	Advokatanwalt	Frankenthal i. Pfalz.
Dr. Merkel	Professor	Straßburg i. Elsaß.
Merkel	Appellationsgerichtsrath	Nürnberg.
Merkel	Rechtsconcipient	Nürnberg.
Merz	Notar	Nürnberg.
v. Merz	Regierungsrath und Bezirks-Amtmann	Dinkelsbühl i. Bayern
Dr. v. Merz	Rechtsconcipient	Nürnberg.
Metz	Notar	Straßburg i. Elsaß.
Metz	Rechtsanwalt	Pr. Minden.
v. Metzsch	Rechtsanwalt	Leipzig.
Meurer	Oberamtsrichter	Weinsberg.
Meurer	Advokatanwalt	Cöln.
Meyen	Justizrath	Berlin.

Name.	Stand.	Wohnort.
Meyer, Adolph	Advokat	Altona.
Dr. Meyer, Julius	Bezirksgerichtsassessor	Ansbach.
Dr. Meyer, Eduard	Rechtsconcipient	Nürnberg.
Meyer, Sigmund	Rechtsanwalt	Berlin.
Meyer	Obergerichtsassessor	Celle.
Meyer, G.	Professor	Jena.
Meyer, C.	Rechtsanwalt	Pyrmont.
Meyer, H.	Advokat und Notar	Rabingen b. Melle.
Dr. Meyer, Al.	Generalsekretär des deutschen Handelstages	Berlin.
Dr. Meyer, Aug.	Notar	Hamburg.
Dr. Meyer	Geh. Oberregierungsrath	Berlin.
Meyerhöfer	Stadtgerichtsassessor	Fürth.
Meyersburg	Oberappellationsgerichtsanw.	Celle.
Meyn, Ludw.	Rechtsanwalt und Notar	Berlin.
Mezger	Justizassessor	Mergentheim (Württemb.).
Michal	Rechtsconcipient	Nürnberg.
Michaelis	Kreisgerichtsrath	Bunzlau.
Dr. Michaelis	Rechtsanwalt	Hildburghausen.
Michel, H.	Bezirksgerichtsdirektor a. D.	München.
Dr. v. Michels	Amtsrichter	Norden in Ostfriesland.
Milch	Gerichtsassessor	Breslau.
Miller	Justizassessor	Minsingen (Württemberg).
Milz	Kreisgerichtsrath	Heilbronn.
Dr. Minckwitz	Rittergutsbesitzer	Thun bei Chemnitz.
Minsberg	Justizrath	Bunzlau.
Dr. Mirus	Advokat	Leisnig.
v. Mittnacht	Justizminister	Stuttgart.
v. Mittelstädt	Kreisrichter	Altenkirchen (Coblenz).
v. Mittelstädt	Justizrath	Neuwied.
Dr. Mittelstrauß	Advokat	Hamburg.
Mittermaier, Franz	Dr. juris.	Heidelberg.
Model	Stadtgerichtsrath	Berlin.
Dr. Mohr, Ed.	Obergerichtssekretär	Hamburg.
Mohr, O.	Rechtsanwalt	Rudolstadt.
Dr. Mohrmann, J.	Rechtsanwalt	Hamburg.
Dr. Mohrmann	Reichsoberhandelsgerichtsrath	Leipzig.
Möller, G.	Obergerichtsrath	Stade.
Möller	Kreisrichter	Guben.
Dr. Momberger	Kreisassessor	Darmstadt.
Dr. Mönckeberg, J. G.	Advokat	Hamburg.
v. Monschaw	Justizrath	Bonn.
Morgenroth	Rechtsanwalt	Beuthen in Oberschlesien.

Name.	Stand.	Wohnort.
Mosse	Gerichtsassessor	Berlin.
Dr. Moßner	Rechtsanwalt	Luckenwalde.
Muhl	Amtsrichter	Nortorf.
Müldner	Rechtsanwalt	Rotenburg (Prov. Hessem).
Müller	Justizrath	Berlin.
Müller, Ferd.	Kreisgerichtsrath	Bochum.
Müller, L.	Obergerichtsanwalt	Celle.
Müller, Franz	Landgerichtsrath	Cöln.
Müller	Advokatanwalt	Cöln a. R.
Müller	Hofgerichtsadvocat	Darmstadt.
Müller, Ottmar	Advokatanwalt	Frankenthal.
Dr. Müller, Karl	Bezirksamtsfunktionär	Fürth.
Müller	Rechtsanwalt	Gotha.
Müller, C. H.	Schatzrath	Hannover.
Müller, August	Bezirksgerichtsrath	Hof.
Müller	Oberhofgerichtsrath	Mannheim.
Müller	Stadtrichter	Neu-Strelitz.
Müller, C. H.	Advokat	Rostock.
Müller	Rechtsanwalt	Schweinfurt.
v. Müller	Obergerichtsdirektor	Stade.
Müller, Joseph	gepr. Rechtspraktikant	Würzbnrg.
Müller, H. E.	Advokat	Zwickau.
Dr. Mumm v. Schwarzenstein	Oberbürgermeister	Frankfurt a. M.
Mürmann	Kreisgerichtsrath	Bielefeld.
Nake	Advokat	Dresden.
Nake	Advokat	Leisnig.
Naudé	Rechtsanwalt	Potsdam.
Dr. Naumann I.	Oberappellationsgerichtsanw.	Celle.
Naumann II.	Obergerichtsanwalt	Celle.
Nebenius	Oberamtsrichter	Carlsruhe.
Neidhardt	Geh. Justizrath	Dresden.
Neidhardt	Obertribunalsrath	Stuttgart.
Nessel	Oberstaatsanwalt	Königsberg i. Pr.
Neuhaus	Kreisgerichtsdirektor	Freistadt i. Schl.
Dr. Neukirch, A.	Referendar	Frankfurt a. M.
Dr. Neukirch, W.	Notar	Frankfurt a. M.
Neumann	Staatsanwalt	Lauban.
Neumayer	Advokatanwalt	Kaiserslautern.
v. Neumayr	Oberappellationsger.-Präs.	München.
Neumeier	Rechtsanwalt	Heilbronn.
Nick	Vorst. d. Landesgefängnisses	Rottenburg i. Württemberg.
Nick	Kreisgerichtsrath	Ellwangen i. Württemberg.

Name.	Stand.	Wohnort.
Nick	Kanzleirath	Ravensburg.
Dr. Nicol	Justizrath	Hannover.
Niedermeier	Advokat	Nürnberg.
Niederstadt	Amtsrichter	Gifhorn.
Niemand	Landpfennigmeister	Heide.
Niemeyer	Rechtsanwalt	Warburg.
Niethammer	Rechtskonsulent	Stuttgart.
Niewandt	Justizrath	Halle a. S.
Nieß, L.	Gerichtsaccessist	Offenbach a. M.
Dr. Nissen	Professor	Straßburg i. Elsaß.
Nitze	Referendar bei der Polizei-Direktion	Dresden.
Nokk	Ministerialrath	Carlsruhe.
Nokk, Rud.	Oberstaatsanwalt	Carlsruhe.
Noeldecke	Oberappellationsrath	Celle.
Nolden	Advokatanwalt	Düsseldorf.
Noltemeier	Obergerichtsanwalt	Hannover.
Nöthig	Staatsanwalt	Aschaffenburg.
Dr. Obermeyer	Advokat	Nürnberg.
Obermiller	Rechtskonsulent	Stuttgart.
Oberniedermaier	Staatsanwalt a. Appellations-Gericht	Nürnberg.
Obkircher	Oberhofgerichtsrath	Mannheim.
Obrock	Obergerichtsanwalt	Hannover.
Oehl	Anwalt	Constanz.
Dr. Ohlenschlager	Advokat und Direktor	Frankfurt a. M.
Oehr	Rechtsanwalt	Breslau.
Oldenburg, H.	Dr. jur., Advokat	Hamburg.
v. Oelhafen	Stadtgerichtsassessor	Dinkelsbühl.
Oelschläger	Geh. Justizrath	Berlin.
Dr. Olshausen	Obergerichtsassessor	Celle.
Oelzen	Kreisgerichtsrath	Erfurt.
Omeis	Notar	Nürnberg.
Oppe	Dr. jur., Rechtsanwalt	Chemnitz.
Oppenheim	Obertribunalsrath	Berlin.
Oppenheim, Ludw.	Dr. jur., Gerichtsaccessist	Mainz.
Dr. Oppenheimer, C.	Advokat	Hamburg.
Oppert	Staatsanwalt	Berlin.
Orb	Advokat	Königstein i. Sachsen.
Ordolf	Domänenkanzleidirektor	Castell i. Bayern.
Dr. Orthenberger	Advokat	Frankfurt a. M.
Osius	Amtsrichter	Hanau.
Oßwald	Rechtsanwalt	Ulm.

Name.	Stand.	Wohnort.
v. d. Osten	Regierungsrath	Hannover.
Oesten	Hofrath, Stadt- u. Amtsrichter	Stargard i. Mecklbg.-Str.
Oesterlen	Rechtskonsulent	Stuttgart.
Dr. Osterloh	Hofrath u. Professor	Leipzig.
Ostermann	Senator	Hannover.
Dr. Oswalt	Referendar	Frankfurt a. M.
Ottendorf	Oberhofgerichtsrath	Mannheim.
Dr. Otto	Rechtsanwalt	Heilbronn.
Otto, Karl	Amtsrichter	Königstein, Regbz. Wiesbaden.
Otto	Notar	Prien i. Bayern a. Chiemsee.
Dr. v. Oven	Senator	Frankfurt a. M.
Pahl	Anwalt	Lahr i. Baden.
Panse	Rechtsanwalt	Erfurt.
Pape	Landgerichtsass. u. Friedensr.	Düsseldorf.
Papellier	Bezirksgerichtsassessor	Nürnberg.
Paus	Advokat	Chemnitz.
v. Pawel	Kreisgerichtsdirektor	Braunschweig.
Peacock	Advokat	Lübeck.
v. Pestel	Obergerichtsrath	Celle.
Peter	Kreisrichter	Zeitz.
Peters	Rechtsanwalt	Cassel.
v. Petersen	Appell.-Gerichtspräsident a. D.	München.
Petersen	Appellationsgerichtsrath	München.
Petersen	Kammerpräsident	Straßburg i. Elsaß.
Petri	Advokatanwalt	Alzey.
Petri, Rich.	Staatsanwalt	Bautzen.
v. Petrikowsky	Gerichtsamtmann	Leipzig.
Dr. Petschke	Advokat	Leipzig.
Petzoldt	Advokat	Leipzig.
Pfaff	Oberstaatsanwalt	Ulm.
Pfaffenzeller	Notar	Dachau i. Bayern.
Pfannenstiel	Advokatanwalt	Saargemünd.
Dr. Pfefferkorn, R.	Advokat	Frankfurt a. M.
Dr. Pfeiffer	Senator	Bremen.
Pfeiffer	Rechtsanwalt	Wiesbaden.
Dr. Pfeffinger	Hofgerichtsadvocat	Offenbach a. M.
Pfeufer, Joseph	Appellationsgerichtsrath	Passau.
Pfeufer, Christian	gepr. Rechtspraktikant	Nürnberg.
Pfeufer, Eduard	Rechtspraktikant	Nürnberg.
Pfister	Kreisrichter	Haigerloch (Hohenzollern).
Pfitzer	Kreisrichter	Ulm.
Pflesser	Kreisgerichtsrath	Görlitz.
Pflug	Advokat	Penig.

Name.	Stand.	Wohnort.
v. d. Pfordten	I. Staatsanwalt	Bayreuth.
v. Pfretzschner	Finanzminister	München.
Pheifer	Advokatanwalt u. Justizrath	Cöln a. Rh.
Philipp	Rechtsanwalt	Altona.
Dr. Philippi	Geh. Oberjustizrath	Elberfeld.
Pietsch	Appellationsgerichtsrath und Bezirksgerichtsdirektor a. D.	Dresden.
Pietzker	Justizrath	Naumburg a. S.
Dr. Pilling	Advokat	Dresden.
Piloty	Notar	Erding in Bayern.
Pinckert	Justizrath	Erfurt.
Pitzschky	Justizrath	Stettin.
Planck	Appellationsgerichtsrath	Berlin.
Dr. v. Planck	Professor	München.
Dr. Plath	Advokat	Hamburg.
Plathner	Obertribunalsrath	Berlin.
Dr. Platner	Professor	Marburg.
Plato	Justizrath	Colberg.
Dr. Plessing	Senator	Lübeck.
Plessing	Rechtsanwalt	Lübeck.
v. Plieninger	Obertribunalsdirektor	Stuttgart.
Plitt	Rechtsanwalt	Borken.
Dr. Plitt	Senator	Lübeck.
Pohl	Advokat	Frohburg.
Pohle	I. Bürgermeister und Geh. Hofrath	Schwerin i. Mecklenburg.
Pohlentz	Advokat	Leipzig.
Dr. Polchau	Consistorialrath	Hannover.
Polenz	Justizrath	Naumburg a. S.
Pollack	Justizreferendar	Berlin.
Pollack, H.	Dr. jur.	Berlin.
Pöschmann	Advokat	Pirna.
Dr. v. Pözl	Professor, Reichsrath	München.
v. Praun, Eberhard	Advokat	Nürnberg.
v. Praun, Sigmund	Staatsanwaltssubstitut	Nürnberg.
v. Praun	Obergerichtsrath	Wolfenbüttel.
Prechtl	Advokat	Weiden i. Bayern.
Preller, G. A. D.	Rechtsanwalt	Chemnitz.
Preußer	Amtsrichter	Dietz a. d. Lahn.
Dr. Preußer	Appellationsgerichtspräsident a. D.	Kiel.
Priber	Advokat	Frankenberg i. Sachsen.
Primker	Justizrath	Berlin.

Name.	Stand.	Wohnort.
Probst	Geh. Kommerzienrath u. Handelsgerichtspräsident	Mainz.
Probst	Kreisgerichtsrath	Ravensburg.
Probst	Rechtskonsulent	Stuttgart.
Dr. Puchelt	Reichsoberhandelsgerichtsrath	Leipzig.
Pürckhauer	Notar	Leutershausen b. Ansbach.
Pürkhauser	Bezirksgerichtsrath	Nürnberg.
v. Puttkammer	Appellationsgerichtsrath	Naumburg a. S. (Sachsen).
Quaet-Fastem	Dr. jur.	Melle i. Hannover.
Quedenfeldt	Kreisrichter	Conitz i. W.-Pr.
Quenstedt, M.	Rechtsanwalt	Berlin.
Quoadt	Kammerpräsident	Elberfeld.
Rabe, C.	Staatsanwaltsgehilfe	Rotenburg a. F.
Rackow	Advokat	Schönberg i. Fstth. Ratzeburg.
v. Radecke	Justizrath	Halle a. Saale.
Rademacher	Kreisgerichtsrath	Soest i. Westfalen.
Radlkofer	Stadtgerichtsassessor	München.
Raht	Justizrath	Weilburg.
Rambke	Bürgermeister	Elze.
Dr. Rapantz	Advokat	Hamburg.
Rasch	Amtsrichter	Weener i. Ostfriesland.
Rath	Advokatanwalt	Bonn.
Rau	Anwalt	Hof.
Dr. Rau	Advokat	München.
Rau	Kreisrichter	Ulm.
Rautenberg	Oberregierungsrath	Hannover.
Dr. Rautenberg, C. F.	Advokat	Hamburg.
Rautenberg, W.	Obergerichtsanwalt	Hannover.
Dr. Ravit	Richter	Hamburg.
Rayß	Hypothekenbewahrer	Colmar i. Elsaß.
Dr. Reatz	Privatdocent u. Hofgerichts-Advokat	Gießen.
v. Reden	Obergerichtsassessor	Lüneburg.
Dr. Regensburger	Rechtsanwalt	Mannheim.
Rehm	Bezirksgerichtsassessor	Fürth.
Reich	Appellationsgerichtsrath	Magdeburg.
Reichardt	Kreisgerichtsrath	Ulm.
Reiche-Eisenstuck	Staatsanwalt	Dresden.
Frh. v. Reichenau	Hofgerichtsrath	Wiesbaden.
Reiffel	Bezirksgerichtsrath	Frankenthal i. Pfalz.
Reimers	Regierungsrath	Altona.
Reimerdes	Amtsrichter	Cassel.
Reimkasten	Advokat	Schwerin i. Mecklenburg.

Name.	Stand.	Wohnort.
Reinach	Advokatanwalt	Mainz.
Reincke	Kreisrichter	Reichenbach i. Schl.
Reiner	Bürgermeister	Bernstadt i. Sachsen.
Dr. Reinganum	Justizrath	Frankfurt a. M.
Reinhard	Kreisgerichtsdirektor	Carlsruhe.
Reinhold	Advokat	Regensburg.
Reinholdt	Advokat	Frankenberg i. Sachsen.
Reinking	Oberamtsrichter	Celle.
Reinking	Gerichtsassessor	Neuhaus a. Elbe
Rembold	Rechtsanwalt	Oehringen i. Württemberg.
Dr. Reiß, P.	Referendar	Frankfurt a. M.
Renner	Hilfsrichter	Stuttgart.
Reul, J.	Kreisgerichtsrath	Hanau.
Dr. Reuling	Rechtsanwalt	Leipzig.
v. Reuß	Kreisgerichtsrath	Hall i. Württemberg.
Reuter	Bezirksgerichtsrath	Aschaffenburg.
Rhamm	Assessor	Schöppenstedt.
Rheder	Klostersyndicus	Preetz i. Holstein.
Rheinwald	Kreisgerichtsrath	Heilbronn.
Richter	Advokat	Leipzig.
Richter	Stadtrath u. Domsyndicus	Naumburg a. S.
Richter	Rechtsanwalt	Osterburg i. d. Altmark.
Dr. Riecke, Gustav	Actuar am Niedergericht	Hamburg.
Riedel	Kreisrichter	Limburg a. d. Lahn.
Riedel	Advokat	Pomßen b. Grimma.
Rieß	Rechtsanwalt	Spandau.
Rieth	Advok. b. Appell.-Gerichtshofe	Cöln.
Riffart, J.	Advokatanwalt	Cöln.
Dr. Risch	Professor	Würzburg.
Ritter	Divisionsauditeur	Hannover.
Ritter	Notar	Stuttgart.
Rittler	Justizrath	Torgau.
Rittmayer	rechtsgel. Stadtrath	Braunschweig.
Rittscher	Advokat	Lübeck.
Rizi	Anwalt	Constanz.
Robert	Justizrath	Berlin.
Roch	Advokat	Zwickau.
Rocholl	Kreisrichter	Bochum.
Dr. Rockinger, Ludw.	Professor	München.
Röder	Rechtsanwalt	Driesen.
Fhr. v. Röder	Oberregierungsrath	Stuttgart.
Dr. Rödler	Landgerichtsrath	Colmar i. Elsaß.
Romberg	Justizrath	Berlin.

Name.	Stand.	Wohnort.
Romberg	Rechtsanwalt	Meiningen.
Dr. Römer	Advokat	Frankfurt a. M.
Römer	Oberamtsrichter	Gmünd i. Württemberg.
Römer	Oberamtsrichter	Neuenburg i. Württemberg.
Römer, M.	Rechtskonsulent	Stuttgart.
Römhold	Landgerichtsassessor	Butzbach i. Hessen.
Dr. Rommel	Advokat	Flensburg.
Roos	Kreisgerichtsrath	Constanz.
Röpcke	Obergerichtsadvokat	Braunschweig.
Roepell	Kreisrichter	Pr. Stargard.
Dr. Roscher	Oberappellationsger.-Präs.	Celle.
Rose	Regierungsrath	Hannover.
Dr, Rosenberg II.	Hofgerichtsadvokat	Gießen.
Rosenkranz	Justizrath	Bromberg.
Dr. Rosenthal, F.	Rechtsconcipient	Nürnberg.
Roser	Justizassessor	Böblingen.
Dr. Rösler, H.	Professor d. Staatswissenschaft	Rostock.
Roßbach	Advokat	Leipzig.
Dr. Roßhirt	Oberhofgerichtsvicekanzler	Mannheim.
Rospatt	Landgerichtsrath	Elberfeld.
Roßtäuscher	Staatsanwalt	Bautzen.
Dr. v. Roth, P.	Professor u. Oberbibliothekar	München.
v. Rotteck	Oberamtsrichter	Emmendingen.
Dr. Roux	Advokat	Leipzig.
Dr. Rubo	Stadtrichter	Berlin.
v. Rücker	Bezirksgerichtsassessor	Fürth.
Rüdel	Appellationsgerichtsrath	Nürnberg.
Rüdorff	Geh. Finanzrath	Berlin.
Rudorff	Amtsrichter	Lüchow.
Rüger	Advokat	Dresden.
Rühl	Notar	Nürnberg.
Dr. Ruhle	Advokat	Hamburg.
Dr. Ruhwandl	Advokat	München.
Rumpelt	Bürgermeister	Radeberg b. Dresden.
Dr. Rumpf, E.	Stadtamtmann	Frankfurt a. M.
Runnenberg	Rath	Detmold.
Saaßen, J. H.	Notar	Wittlich.
Sachs	Notar	Heidelberg.
Sander	Rechtsanwalt	Guben.
Sänger	Rechtsanwalt	Ulm.
Sartig	Justizrath	Eilenburg.
Sauerhering	Geh. Oberregierungsrath	Hannover.
v. Schab	Appellationsgerichtspräsident	Nürnberg.

Name.	Stand.	Wohnort.
Schad v. Mittelbiberach, M.	Kreisgerichtsrath	Ulm.
Schäfer	Notar	Ansbach.
Schäfer	Landgerichtsassessor	Langen b. Darmstadt.
Schäfer	Stadt- u. Kreisgerichtsrath	Magdeburg.
Schäffer	Amtshauptmann	Kamenz i. Sachsen.
Schaffert	Notar	Ochsenhausen.
Schaffrath	Rechtsanwalt	Dresden.
Schaffrath	Dr. jur., Referendar	Dresden.
Schall	Rechtsanwalt	Hall.
Schall	Rechtsanwaltsprokurator	Ulm.
Schamberger	Generaldirektionsrath	München.
Dr. Scharff	Appellationsgerichtsrath	Frankfurt a. M.
Dr. Scharlach	Advokat	Hamburg.
Scharmann	Hofgerichtssekretär	Gießen.
Schaum	Rath	Lauterbach i. Oberhessen.
v. Schauß	Advokat	München.
Schätzler	Notar	Scheinfeld i. Bayern.
Scheele	Advokat	Dresden.
Schelcher	Advokat	Dresden.
Dr. Schenck	Advokat	Altenburg.
Schenck I.	Hofgerichtsadvokat	Darmstadt.
Schenck	Rechtsanwalt	Wiesbaden.
Dr. Schenkel, Carl	Ministerialsekretär	Carlsruhe.
Scherer	Rechtsanwalt	Aschaffenburg.
Dr. Scherlensky	Advokat	Frankfurt a. M.
Scheuffler II.	Advokat	Meißen.
Scheurich	Rechtsanwalt	Crossen a. O.
v. Scheurl	gepr. Rechtspraktikant	Nürnberg.
Scheurlen	Staatsanwalt	Tübingen.
Schick, Ed.	Rechtsanwalt	Wiesbaden.
Schilling	Oberamtsrichter	Freudenstadt i. Württemberg.
Dr. Schilling	Gerichtsrath	Leipzig.
v. Schimmelpfennig	Justizrath	Gerdauen i. Ostpreußen.
Schindling	Rechtsanwalt	Limburg a. d. L.
Schlegel	Advokat	Dresden.
Dr. Schlemmer	Advokat	Frankfurt a. M.
Schlenk	Notar	Münchberg i. Bayern.
Schlick, Georg	Rechtsanwalt	Schleiz (Reuß j. L.).
Schloß	Rechtsanwalt	Heilbronn a. N.
Schlotter	Obergerichtsadvokat	Schleiz.
Schlüter	Appellationsgerichtsrath	Wiesbaden.
Schlüter	Rechtsanwalt	Witten.

Name.	Stand.	Wohnort.
v. Schmalzigaug	Obertribunalsrath	Ravensburg i. Württemberg.
Schmauß	Bezirksgerichtsdirektor	Nürnberg.
Schmedes	Appellationsgerichtsrath	Posen.
Schmid, Gustav B.	Advokat	Dresden.
Schmidlin	Justizassessor	Stuttgart.
Dr. Schmieder	Oberamtmann	Tauberbischofsheim.
Schmidt, Ad.	Advokat	Altona.
Schmidt	Oberappellationsrath	Celle.
Dr. Schmidt, Carl	Landgerichtsrath	Colmar.
Schmidt, Anton	Kreisgerichtsrath	Constanz.
Schmidt, Innocenz	Kreisgerichtsrath	Constanz.
Schmidt, F. Chr.	Advokat	Dresden.
Dr. Schmidt	Finanzprokurator	Dresden.
Schmidt, Ernst	Bürgermeister	Eisenach.
Schmidt	Amtsrichter	Jork a. d. Elbe.
Schmidt	Kreisrichter	Flatow.
Schmidt, Hugo	Referendar	Frankfurt a. M.
Dr. Schmidt	Rechtsconcipient	Fürth.
Schmidt	Obergerichtsrath	Hameln.
Schmidt, A.	Appellationsgerichtsrath	Kiel.
Schmidt, C. Th.	Assessor	Leipzig.
Schmidt	Geh. Justizrath	Marienwerder.
Schmidt, Carl	Gerichtsschreiber	Nürnberg.
Schmidt	Kreisgerichtsrath	Offenburg i. Baden.
Schmidt	Ministerialrath	Schwerin i. Mecklenburg.
Schmidt	Vicepräsident	Wolfenbüttel.
Dr. Schmidtlein	Anwalt	Ansbach i. Bayern.
Schmidtmüller	Advokatanwalt	Zabern.
Schmitz, C.	Advokat	Thann i. Elsaß.
Schmitz	Appellationsgerichtsrath	Hamm.
Schmitz-Pranghe, C.	Advokat	Cöln.
Schmoller	Oberstaatsanwalt	Ellwangen.
Schmolze	Oberprokurator	Colmar.
Schmorl, Alf.	Advokat	Leipzig.
Dr. Schnapper	Advokat	Frankfurt a. M.
Dr. Schneider	Bezirksgerichtsrath	München.
Schneider	Notariatsconcipient	Nürnberg.
Dr. Schnell	Advokat	Zittau i. Sachsen.
Schnitzer	Rechtsanwalt	Biberach.
Schoch	Oberamtsrichter	Ehingen i. Württemberg.
Schoedler	Gerichtsaccessist	Darmstadt.
Scholler	Intendanturassistent	Würzburg.
Schöneseiffen	Advokat	M.-Gladbach.

Name.	Stand.	Wohnort.
Schönhardt	Rechtsconsulent	Stuttgart.
Schönlin	Regierungsrath	Stuttgart.
Schoppe	Bezirksgerichtsassessor	Windsheim i. Bayern.
Schorcht	Obergerichtsanwalt	Hameln.
Schorndorf	Advokat	Röbel i. Mecklenburg-Schw.
Schott	Justizassessor	Welzheim.
Schott, C.	Rechtsconsulent	Stuttgart.
Schott	Justizassessor	Ulm.
Dr. Schrader	Stadtgerichtsrath	Frankfurt a. M.
Schrader	Obergerichtsassessor	Stade.
Dr. Schramm, W. C.	Advokat	Hamburg.
Dr. Schreiner	Advokatanwalt	Cöln.
Schrey	Advokat	Leipzig.
Dr. Schrod	Referendar	Trier.
Schröder	Rechtsanwalt	Berlin.
Schröder	Kreisgerichtsdirektor	Gandersheim.
Schröder	Rechtsanwalt	Altona.
Dr. Schroeder	Professor	Würzburg.
Schrodt	Stadtgerichtsassessor	Fürth b. Nürnberg.
Schrodt	Regierungsdirektor a. D.	Nürnberg.
Schubarth	Advokat	Markneukirchen.
Schubert	Bezirksgerichtsrath	Bamberg.
Schuberth	Bezirksgerichtsrath	Pfarrkirchen i. Bayern.
Schülein	Landrichter	Kirchenlamitz i. Bayern.
Dr. Schulen, Paul	Advokat	Frankfurt a. M.
Schuler	Oberappellationsgerichtsrath	München.
Dr. Schultz, Ludw.	Rechtsanwalt	Hagen.
Schultz	Rechtsanwalt	Magdeburg.
Schultze, Gustav	Rechtsanwalt	Torgau.
Schulz	Kreisgerichtsdirektor	Dorsten.
Dr. Schulz, H.	Notar	Frankfurt a. M.
Dr. Schulze	Hofrath und Professor	Breslau.
Schumann	Rechtsanwalt	Apolda.
Schurig	Gerichtsreferendar	Borna.
Schüßler	Obergerichtsrath	Birkenfeld i. Oldenburg.
Schuster	Justizrath	Eisleben.
Schuster	Justizassessor	Heilbronn i. Württemberg.
Schuster	Regierungsaccessist u. Bezirksamtsfunktionär	Nürnberg.
Dr. Schütze	Professor	Kiel.
Dr. Schwabe	Advokat	Leipzig.
Dr. Schwartze	Obergerichtsrath	Hamburg.
Schwarz	Obertribunalsrath	Berlin.

Name.	Stand.	Wohnort.
Schwarz	Rechtsanwalt	Wasserburg i. Bayern.
Dr. v. Schwarze	Generalstaatsanwalt	Dresden.
Schwarze, Ottm.	Dr. jur., Assessor	Bautzen.
Schwarzmann	Vorsitzender Rath des Verwaltungsgerichtshofes	Carlsruhe.
Schwauß	Polizeidirektor	Dresden.
Schwenger	Kreisrichter	Duisburg.
Schwerin	Kreisrichter	Friedeberg N. M.
Schwing, O.	Gerichtsassessor	Wiesbaden.
Seger	Rechtsanwalt	Stuttgart.
Dr. Seeger	Professor	Tübingen.
Seeger	Oberamtsrichter	Urach (Württemberg).
v. Seel	Appellationsgerichtsdirektor a. D.	Würzburg.
Dr. Seelemann	Advokat	Hamburg.
Seelig, Fr. W.	Oberamtsrichter	Cassel
Sehlmacher	Rechtsanwalt	Stettin.
Seibert	Gerichtsaccessist	Darmstadt.
Dr. Seibert	Hofgerichtsadvokat	Darmstadt.
Seiferling	Staatsanwalt	Traunstein.
Seiferling, Georg	Bezirksgerichtsrath	Weiden i. d. Oberpfalz.
Seiler	Bürgermeister	Nürnberg.
Seitz	Bezirksgerichtsrath	Lohr a. M.
Selb, G.	Anwalt	Mannheim.
Seligmann	Advokatanwalt, Justizrath	Coblenz.
Selkmann	Ministerialrath	Oldenburg.
Semann	Kreisgerichtsdirektor	Spremberg.
Sertürner	Obergerichtsanwalt	Hameln.
Dr. Seuffert, H.	Professor	Gießen.
Seume	Advokat	Crimmitschau i. Sachsen.
Sevin, Jul.	Notar	Carlsruhe.
Seyd	Hofgerichtsadvokat	Friedberg i. Hess.-Darmstadt.
v. Seydewitz	Kammergerichtsrath	Berlin.
Dr. v. Sicherer	Professor	München.
Dr. v. Sick	Staatsminister	Stuttgart.
Siebdrat	Gerichtsrath	Dresden.
Siebert	Dr. jur.	Frankfurt a. M.
Siebert	Landgerichtsassessor	Fürth in Hessen.
Siegel	Advokat	Glauchau.
Siegel	Rechtspraktikant	Würzburg.
Sieger	Advokatanwalt	Cöln.
Siegert	Stadtgerichtsrath	Breslau.
Siegfried	Oberlandesgerichtspräsident	Dessau.

Name.	Stand.	Wohnort.
Siemens	Obergerichtsassessor	Aurich.
Sieveking	Rechtsanwalt	Altona.
Dr. Sieveking, Fr.	Advokat	Hamburg.
Dr. Sieveking, J. H.	Senatssekretär	Hamburg.
Sievert	Obergerichtsadvokat	Wiesbaden.
Dr. Silberschlag	Stadt- u. Kreisgerichtsrath	Magdeburg.
Silcher	Oberkriegssekretär	Stuttgart.
Dr. Simon	Obergerichtsanwalt	Hannover.
Dr. Simonis	Senator	Rostock.
Simonson	Justizrath	Berlin.
Dr. Simson	Appell.-Gerichts-Chef-Präs.	Frankfurt a. O.
Sinz	Kreisrichter	Laasphe.
Skutsch	Notar	Bayreuth.
Sommer	Rechtsanwalt	Grottkau.
Sommer	Advokat	Parchim.
Sommer	Justizamtmann	Stuttgart.
Sommer-Dierßen	Bürgermeister	Parchim.
Dr. Sontag, Rich.	Professor	Freiburg i. Baden.
Spangenberg	Kammerdirektor	Carolath.
Speck	Advokat	Meerane (K. Sachsen).
Spickhoff	Advokatanwalt	Düsseldorf.
Spiegelthal	Rechtsanwalt	Calbe a. S.
Spieß, W.	Dr. jur.	Frankfurt a. M.
Spiller	Stadtgerichtsrath	Berlin.
Spohr	Rechtsanwalt	Cassel.
Dr. v. Stabel	Staatsminister a. D.	Carlsruhe.
Staehler	Rechtsanwalt	Hadamar.
Ständer	Justizrath	Essen.
Stebel	Rechtsanwalt	Freiburg i. Baden.
Steffani	Regierungsrath	Hannover.
Stegemann	Justizrath und Anwalt am Reichsoberhandelsgericht	Leipzig.
Dr. Stein, W.	Kreisgerichtsrath	Constanz.
Dr. Stein, I.	Rechtsanwalt	Dresden.
Steinbach	Justizrath und Notar	Magdeburg.
Steinberger	Hofgerichtsadvokat	Gießen.
Steinberger	Rechtsanwalt	Neustadt a. d. Orla.
Steinbrüchel	Bezirksgerichtsrath	Ansbach.
Steineck	Kreisgerichtsdirektor	Arolsen.
Steinhard	Gerichtsassessor	Hildburghausen.
Steinhausen	Kammergerichtsrath	Berlin.
Steinheil	Kreisrichter	Stuttgart.
Dr. Steinle	Referendar	Frankfurt a. M.

Name.	Stand.	Wohnort.
v. Stemann	Rechtsanwalt	Husum.
v. Stemann	Regierungsrath a. D.	Kiel.
Stemann	Advokat	Segeberg.
Frh. v. Stengel	kaiserl. Landgerichtsrath	Mühlhausen i. Elsaß.
Stenglein	Rechtsanwalt	München.
Frh. v. Sternenfels	Rechtsanwalt	Ravensburg.
Frh. v. Sternenfels, E.	Regierungsrath	Stuttgart.
Frh. v. Sternenfels	Vicepräsident	Stuttgart.
Stettin	Rechtsanwalt	Belgard.
v. Stettner-Garbenhofen	Stadt- u. Landrichter	Weißenburg i. Mittelfranken.
Stettner	Bezirksgerichtsassessor	Amberg.
v. Steudel	Kreisgerichtsdirektor	Rottweil.
v. Steyrer, K.	Appellationsgerichtspräsident	Passau.
Dr. Stickel, Oscar	Kgl. preuß. Divisionsauditeur	Carlsruhe.
Stifft	Amtsrichter	Höchst a. M.
Stimmel	Advokat	Plauen in Sachsen.
Stinner	Rechtsanwalt	Schlochau
Stöckel	Bezirksgerichtsassessor	Cronach in Bayern.
v. Stockhausen	Obergerichtsrath	Osnabrück.
Stolz	Amtsrichter	Burgwedel in Hannover.
Stöpel	Justizrath	Potsdam.
Storr	Kreisrichter	Stuttgart.
v. Stößer	Kreis- u. Hofgerichtsdirektor	Mannheim.
Stramer	Appellationsgerichtsrath	Nürnberg.
Strauß, Adolf	Anwalt	Carlsruhe.
Strauß, C.	Rechtsanwalt	Heilbronn.
Strecker	Hofgerichtsadvokat	Offenbach a. M.
Streit	Oberbürgermeister	Zwickau in Sachsen.
Stremel	Advokat	Zittau.
Strempel	Senator	Wismar.
Streng	Zellengefängnißdirektor	Nürnberg.
Ströbel	Advokat	Dresden.
Frh. v. Stromer	I. Bürgermeister	Nürnberg.
Struck	Kreisgerichtsrath	Landsberg a. d. W.
Struckmann	Obertribunalsrath	Berlin.
Struckmann	Obergerichtsassessor	Göttingen.
Struckmann	Advokat	Osnabrück.
Dr. Strümpel II.	Advokatanwalt	Wolfenbüttel.
Strupp	Rechtsanwalt	Hildburghausen.
Dr. Strupp	Bankier	Meiningen.
Struve	Advokat	Heide.
v. Stubenrauch	Staatsanw. a. Appell.-Gericht	München.

Name.	Stand.	Wohnort.
Stumpf	Finanzassessor bei der königl. Forstdirektion	Stuttgart.
Stumpf	Rechtsanwalt	Stuttgart.
Stumpff	Kreisgerichtsrath	Wiesbaden.
Süpfle	Oberamtsrichter	Heidelberg.
Süpfle	Anwalt	Carlsruhe.
Susemihl, C.	Advokat	Rostock.
Süskind	Kreisrichter	Stuttgart.
Ritter v. Taeuffenbach	Appellationsgerichtsrath	Nürnberg.
Tafel	Rechtsanwalt	Oehringen.
Tafel, Herm.	Rechtsanwalt	Stuttgart.
Tamms	Anwalt	Stralsund.
Tamsen	Amtsrichter	Altona.
Teichen	Syndikus der Discontogesellschaft	Berlin.
Teichmann	Eisenbahndirektor	Erfurt.
Teichs	Amtsrichter	Harzburg in Braunschweig.
Teucher	Stadtrath	Dresden.
Thalmann	Advokatanwalt	Frankenthal in Bayern.
Then	Bezirksgerichtsassessor	Schweinfurt in Bayern.
Theremin	Kreisgerichtsrath	Landeshut in Schlesien.
Thewald	Oberamtsrichter	Königstein (R.-B. Wiesbaden)
Thiel	Advokat	Bautzen.
Thiemann	Bürgermeister	Bielefeld i. W.
Thiemer sen.	Advokat	Zittau.
Dr. Thöl	Referendar	Göttingen.
Thomsen	Amtsrichter	Emden.
Thomsen	Obergerichtsrath	Hannover.
Thon	Rechtsconsulent	Nürnberg.
Thönnessen	Not.-Candidat	Cöln.
Throner	Rechtsanwalt	Schweinfurt.
Dr. Thudichum	Professor	Tübingen.
Thumb	Appellationsgerichtsrath	Cöln.
Thürauf	III. Stadtrichter	Nürnberg.
Thurm	Advokat	Ronneburg (Sachs. Altbg.).
Thurn, Jos.	Advokatanwalt	Cöln.
Tietz	Advokat	Leipzig.
Dr. Timm	Advokat	Hamburg.
zum Tobel	Rechtsanwalt	Ulm.
Tornau	Rechtsanwalt	Bitterfeld.
Dr. Trabert	Landrichter	Mellrichstadt (Unterfrk.).
Traub, Berth.	Staatsanwalt	Offenburg.
Trefurt	Ministerialrath	Carlsruhe.

D

Name.	Stand.	Wohnort.
Treplin	Kronanwalt	Celle.
Triebsies	Advokat	Rostock.
Dr. Trieps	Geheimrath	Wolfenbüttel.
Trimborn	Advokatanwalt	Cöln.
Trump	Kreisrichter	Gleiwitz.
Tscharmann	Advokat	Leipzig.
Turban	Ministerialrath	Carlsruhe.
Ubbelohde	Obergerichtsrath	Lüneburg.
Ufer	Appellationsgerichtsrath	Zwickau.
Ukert	Stadt- u. Kreisgerichtspräs.	Posen.
Dr. Ullrich	Richter am Niedergericht	Hamburg.
Dr. Ulrichs	Obergerichtsanwalt	Bremen.
Dr. Ulrici	Sekretär	Frankfurt a. M.
v. Ungern-Sternberg	Geh. Legationsrath	Carlsruhe.
Untersee	Rechtsanwalt	Gmünd.
Urban	Advokat	Zwickau.
Dr. v. Uttenhofen	Staatsrath	Meiningen.
v. Vahl	Rechtsanwalt	Greifswald.
Vaillant	Landrichter	Obermoschel (Rheinbayern).
Valz	Advokat	Oschatz.
Veiel	Justizassessor	Tuttlingen.
Velde	Rechtsanwalt	Diez a. d. L.
Venzmer	Advokat	Ribnitz (Mecklenburg).
Dr. Versmann	Senator	Hamburg.
Vette	Rechtsanwalt	Wittenberg.
Vielvoye	Appellationsgerichtsrath	Cöln.
Dr. Viereck	Advokat	Schwerin in Mecklenburg.
Vïetor	Amtsrichter	Neuenhaus in Hannover.
v. Vincenti	Notar	München.
Vocke	Bezirksgerichtsrath	Donauwörth.
Vogel	Justizrath	Berlin.
Dr. Vogel	Privatdocent	Erlangen.
Vogel	Justizrath	Strehlen i. M.
Vohsen	Dr. jur.	Mainz.
Dr. Voigt, J. F.	Verwaltungsbeamter	Hamburg.
Dr. Voigt sen, J. F.	Reichsoberhandelsgerichtsrath	Leipzig.
Voigt	Appellationsgerichtsrath und Oberstaatsanwalt	Hildburghausen.
Dr. Völk	Advokat	Augsburg.
Volland	Kreisgerichtsrath	Suhl.
Dr. Vollert	Oberappellationsgerichtsrath	Jena.
Völter	Oberamtsrichter	Tuttlingen.
Vorbeck	Advokat	Wittenburg (M.-Schw.).

Name.	Stand.	Wohnort.
Dr. Wach	Professor	Bonn.
Wachenhusen	Advokat	Boizenburg i. Mecklenburg.
Wachs	Advokat	Leipzig.
Wachsmuth	Advokat	Leipzig.
Dr. Wachtel		Leipzig.
v. Wachter	Landgerichtsassessor	Dillingen in Bayern.
Dr. Wächter, L.	Notar	Hamburg.
Dr. v. Wächter	Wirkl. Geh. Rath u. Prof.	Leipzig.
Wächter	Amtsrichter	Geestemünde.
Wagemann	Steuerinspector	Nürnberg.
Wagner, Aug.	Anwalt	Heidelberg.
Wagner	Rechtsconcipient	Nürnberg.
Wagner, H.	Landrichter	Tegernsee (Oberbayern).
Walcher	Rechtsanwalt	Stuttgart.
Dr. Waldeck, R.	Amtsrichter	Arolsen.
Wallau	Oberamtmann	Donaueschingen.
Wallersteiner	Rechtsanwalt	Ravensburg.
Walter	Advokat	Meerane.
Walter	Justizrath	Beuthen (O.-Schlesien).
Warburg	Advokat	Altona.
Warmuth	Stadtgerichtsassessor	Augsburg.
Graf Dr. v. Wartensleben	Stadtgerichtsrath	Berlin.
Wassermeyer	Advokatanwalt	Bonn.
Dr. Wasserschleben	Geh. Justizrath u. Professor	Gießen.
Weber	Advokatanwalt	Aachen.
Weber	Advokat	Elberfeld.
Weber	Notar	Illertissen.
Dr. Weber	Hofgerichtsadvokat	Offenbach a. M.
Wedekind	Obergerichtsassessor	Hameln.
Wedekind	Rechtsanwalt	Altona.
Dr. v. Wedekind	Hofgerichtsadvokat	Darmstadt.
Dr. Wedekind	Advokat und Notar	Uslar.
Wegelin	Landgerichtsassessor	Nidda (Hessen-Darmst.).
Wegner	Rechtsanwalt	Wittstock.
Wegner	Kreisgerichtsrath	Stolp (Cöslin).
Weibezahn	Gerichtsassessor	Celle.
Weichsel	Stadt- und Kreisgerichtsrath	Magdeburg.
Weicker	Rechtsanwalt	Biedenkopf.
Weidinger	Obergerichtsanwalt	Greiz.
Dr. Weigel	Rechtsanwalt	Cassel.
Weigelt	Justizrath	Burgk bei Schleiz.
Weingärtner	Notar	Lauf in Bayern.

Name.	Stand.	Wohnort.
v. Weinschenk	Kreisgerichtshofdirector	Hall.
Dr. Weiske	Professor	Leipzig.
Weismann	Rechtsanwalt	Coburg.
Weiß	Obertribunalssekretär	Stuttgart.
Weissen, P.	Kreisrichter	Stuttgart.
Weißleder	Kreisrichter	Grätz.
Weizsäcker	Oberamtsrichter	Oehringen.
Weizsäcker	Finanzrath	Stuttgart.
Dr. v. Welling	Appell.-Ger.-Sekr.	Frankfurt a. M.
Weninger	Bez.-Ger.-Assessor	Fürth.
Wentzel	Obertribunalsrath	Berlin.
Dr. Werenberg	Rechtsanwalt	Berlin.
Werner	Rechtsanwalt	Stettin.
Werner	Rechtsanwalt	Vaihingen a. E.
Werner	Obergerichtsanwalt	Hannover.
Westedt	Amtsrichter	Albersdorf in Holstein.
Dr. Westerkamp	Professor d. Rechte	Marburg i. Hessen-Nassau.
Westphal	Staatsanwaltsgehilfe	Oppeln.
Wettke	Kreisgerichtsdirektor	Elbing.
Wetzlich	Bezirksgerichtsassessor	Pirna.
Weuste	Rechtsanwalt und Notar	Mülheim a. d. Ruhr.
Dr. Wex	Advokat	Hamburg.
Wiarda	Obergerichtsdirektor	Aurich.
Wichmann	Rechtsanwalt	Cöthen.
Widemann	Justizassessor	Ulm.
Wider	Justizassessor	Langenburg.
Wiedemann	Oberkriegsrath	Stuttgart.
Dr. Wieding	Professor	Kiel.
Wielandt, Frdr.	Verwalt.-Ger.-Rath	Carlsruhe.
Wielandt, K.	Oberhofgerichtsrath	Mannheim.
Dr. Wiener	Oberhandelsgerichtsrath	Leipzig.
Wiener	Rechtsanwalt	Breslau.
Wiener	Landgerichtsassessor	Gießen.
Wiester	Rechtsanwalt	Hirschberg i. Schles.
Wiethaus	Kreisrichter	Werl.
Wiggers	Rechtsanwalt	Rendsburg.
Dr. Wilckens, Joh.	Obergerichtsanwalt	Bremen.
Dr. Wilckens	Jüd. Prokurator	Hamburg.
Wilhelm	Notar	Lichtenfels.
Wilhelmi, W.	Staatsanwalt	Cassel.
Wilke	Justizrath	Berlin.
Wilckens	Oberamtsrichter	Lahr.
Will	Bürgermeister	Aschaffenburg.

Name.	Stand.	Wohnort.
v. Wilmowski	Justizrath	Berlin.
Windhorst	Kreisrichter	Herford.
Windscheid	Hypothekenbewahrer	Elberfeld.
Dr. Windscheid	Professor, Geh. Rath	Leipzig.
Winter	Anwalt	Heilbronn.
Winter	Prokurator a. D.	Höchst a. M.
Wintterlin	Obersteuerrath	Stuttgart.
Frh. v. Wirsing	Regierungsassessor	Meißen.
Wirth	Oberamtsrichter	Oberndorf a. Neckar (Württ.).
Wißmann	Kreisgerichtsrath	Wiesbaden.
Witschel	Advokat	Dresden.
Witschel	Rechtsconcipient	Nürnberg.
Witte, E.	Stadtgerichtsrath	Breslau.
Wittelshöfer	Rechtsconcipient	Fürth.
Wittgenstein, Jos.	Advokat	Bonn.
Wittko	Postrath	Hannover.
Wittmann	Bezirksgerichtsschreiber	Nürnberg.
v. Witzleben	Regierungsrath	Leipzig.
Wohlfahrt	Finanzrath	Rudolstadt.
Wöhrnitz	Bezirksgerichtsrath a. D.	München.
Woide	Gerichtsrath	Rawicz.
Wolbach	Rechtsanwalt	Stuttgart.
Dr. Wolf	Advokat	Dresden.
Wolf, A.	Rechtsanwalt	Hagen.
v. Wolf, A.	Oberappellationsgerichtsdirek.	München.
Wolf	Landgerichtsrath	Mühlhausen i. Els.
Wolf	Oberamtsrichter	Wehen in Nassau.
Wölfel	Rechtsanwalt	Lützen b. Merseburg.
Wolff	Justizrath u. Rechtsanwalt	Berlin.
Wolff	Rechtsanwalt	Berlin.
Wolff, Hugo	Anwalt	Carlsruhe.
Wolff	Rechtsanwalt	Frankfurt a. O.
Wolff	Obergerichtsrath	Wolfenbüttel.
Dr. Wolffson, S.	Advokat	Hamburg.
Dr. Wolfskehl	Advokatanwalt	Mainz.
Wolleib	Kreisgerichtsrath	Ulm.
Wollenschläger	Appellationsgerichtsrath	Marienwerder.
Wollner	Bezirksgerichtsrath	Fürth.
Wörner	Rechtsanwalt	Stuttgart.
Woerrlein	Notar	Herzogenaurach in Bayern.
Woyand	Advokat	Dresden.
v. Wulffen	Kammergerichtsrath	Berlin.
Wulfert	Appellationsgerichtsrath	Cöln.

Name.	Stand.	Wohnort.
Wulff	Amtsrichter	Segeberg.
Wunder	Rechtsconcipient	Nürnberg.
Wundt	Oberhofgerichtsrath	Mannheim.
Wüst	Stadtschultheiß	Heilbronn.
Wüstefeld	Oberamtsrichter	Wöltingerode b. Vienenburg in Hannover.
Wüstenfeld	Kreisgerichtsrath	Mannheim.
Wuthmann	Amtsrichter	Tostedt.
Dr. Zachariä	Staatsrath, Professor	Göttingen.
Zachariä	Kreisrichter	Pasewalk.
Zacke	Kreisrichter	Suhl.
Zaeuner	Bezirksgerichtsdirector a. D.	Nürnberg.
Zander, P.	Advokat	Neu-Strelitz.
Graf v. Zech	Bezirksgerichtsrath	Straubing.
Zedelius	Assessor	Westerstede.
Zegelin	Bürgermeister	Wittenburg i. Mecklb.-Str.
Zeitler	Advokat	Nürnberg.
Dr. Zeller	Assessor	Oppenheim.
Zeller	Rechtsanwalt	Stuttgart.
Zenker	Rechtsanwalt	Breslau.
Zenthöfer	Rechtsanwalt und Notar	Myslowitz.
v. Zerbst	Geh. Justizrath	Greifswald.
Dr. Zerbst	Rechtsanwalt	Jena.
Zickermann	Advokat	Schwerin.
Ziehl, Fr.	Advokat und Notar	Wismar.
Ziegler	Kreisgerichtsrath	Gotha.
Zimmermann	Hofgerichtsadvokat	Darmstadt.
Dr. Zimmermann	Kammergerichtsassessor a. D. und Engl. Rechtsanwalt	Berlin.
Dr. Zimmermann	Advokat	Hamburg.
Zirkler	Oberjustizrath	Tübingen.
Zöller	Bezirksgerichtsdirector	Frankenthal (B. Pfalz).
Zumpe I.	Advokat	Dresden.
Zumpe II.	Advokat	Dresden.
Zündorf	Advokat	Cöln.
Zürn	Stadtgerichtsassessor	München.
Zutt	Anwalt	Mosbach a. N.

Name.	Stand.	Wohnort.

Kaiserreich Oesterreich.

Dr. Adam	Advokat	Wien.
Dr. Adensamer	Advokat	Wien.
Dr. Alexy	Advokat	Salzburg.
Dr. Altmann	Advokat	Graz.
Dr. Anthofer	Landgerichtsrath	Wien.
Dr. Apáthy	Advokat	Budapest.
Dr. Ritter v. Kremer-Auenrode, H.	Professor	Prag.
Ritter v. Aull	Staatsanwalt	Jitschin.
Dr. Bach, J.	Advokat	Wien.
Dr. Bahr	Advokat	Linz.
Dr. Bareuther	Adv.-Cand.	Wien.
Dr. Barth	Advokat	Wien.
Dr. Ritter v. Bauer	Advokat	Wien.
Dr. Becziczka	Magistratssekretär	Wien.
Dr. v. Benak	Advokat	Linz.
Dr. Berg	Advokat	Wien.
Dr. Berggrün	Advokat	Wien.
Dr. Berthold	Advokat	Wien.
Dr. Bezecny	Rechtsconsulent	Wien.
Dr. Biach	Advokat	Wien.
Dr. Blitzfeld	Advokat	Brünn.
Dr. Ritter v. Boschan	Oberlandesgerichtspräsident	Wien.
Dr. v. Bozoki	Professor	Großwardein.
Breinreich	Notar	St. Pölten.
Dr. Bresnig	Advokat	Pettau.
Dr. Brezina, Jos.	Advokat	Wien.
Dr. Brezina	Notar	Wien.
Dr. Brichta	Advokat	Wien.
Dr. Bruck	Notar	Wien.
Dr. Burian	Advokat	Wien.
Dr. v. Busbach	Advokat	Budapest.
Dr. Chiari	Oberfinanzrath	Wien.
Dr. Chornitzer	Hofrath	Wien.
Dr. Crobath	Advokat	Wien.
v. Csemegi, Carl	Staatssekretär im K. ung. Just.-Min.	Budapest.
Csuka, Edmund	Advokat	S. a. Ujhely.
Czedler	Advokat	Zombor.

Name.	Stand.	Wohnort.
Dr. Demel jun.	Notar	Teschen.
Dr. Diebl	Advokat	Brünn.
Dr. Dietrich	Landeshauptm.-Stellvertr.	Troppau.
Dr. Dinstl	Advokat	Krems.
Dr. Dolleuz	Advokat	Wien.
Dosch	Gerichtsadjunkt	Steyr.
Dr. Dostal, Frz.	Advokat	Wien.
Dr. Dürnberger	Advokat	Linz.
Dr. Ebermann	Advokat	Wien.
Dr. Egger	Advokat	Wien.
Dr. Ehrenfest	Advokat	Temesvár.
Dr. Eltz	Advokat	Wien.
Frh. v. D'Elvert	Landesgerichtspräsident	Brünn.
Dr. Erwein	Advokat	Klagenfurt.
Dr. Exner	Professor	Wien.
Dr. Ritt. v. Feistmantel	Advokat	Wien.
Dr. Ritter v. Mündel-Feldberg	Advokat	Wien.
Feld	Advokat	Darda (Barany'er Comitat).
v. Fischer	Advokat	Budapest
Dr. Flechh	Advokat	Graz.
Dr. Ritter v. Floch	Finanzrath	Budapest.
Dr. Flögel	Advokat	Prag.
Dr. Foltanek	Notar	Wien.
Forstner	Bezirksgerichtsadjunkt	Mahrenberg.
Dr. Frantz	Advokat	Wien.
Dr. Fried	Advokat	Wien.
Friedmann	Advokat	Budapest.
Landgraf zu Fürstenberg	Wirkl. Geh. Rath u. Senatspräs. des obst. Gerichtsh.	Wien.
Fürth	Notar	Steyr.
Funke	Landesgerichtsrath	Leitmeritz.
Dr. Ganzwohl	Advokat	Wien.
Dr. Geißler	Advokat	Krakau
Dr. Gerloczy	Advokat	Budapest.
Ritter v. Glanz	Landesgerichtsrathssekretär	Linz.
Dr. Ritter v. Glanz	Advokat	Linz.
Dr. Glaser	Wirkl. Geh. Rath u. Justizminister	Wien.
Dr. Frhr. v. Hye-Glunek	Wirkl. Geh. Rath	Wien.
Dr. Frhr. v. Hye-Glunek	Gerichtsadjunkt	Wien.

Name.	Stand.	Wohnort.
Dr. Goldschmid	Advokaturkandidat	Prag.
Dr. Ritter v. Görner	Advokat	Prag.
Dr. Graf	Advokat	Elbogen.
Dr. Groß	Notar	Wels.
Dr. Groß	Advokat	Wien.
Dr. Grünhut	Professor	Wien.
Dr. Grysar	Advokat	Wien.
Dr. Edler von Gschmeidler	Advokat	Ober-Hollabrunn.
Dr. Guln	Advokat	M.-Theresiopel.
Dr. v. Györy	Advokat	Pest.
Dr. Haas	Rechtsconsulent	Wien.
Dr. Ritter v. Haberler	Advokat	Wien.
Dr. Frh. v. Härdtl sen.	Advokat	Wien.
Frh. v. Handel	Landesgerichtspräsident	Linz.
Dr. Hanel	Notar	Wagstadt.
Dr. Hanisch	Advokat	Wien.
Hanisch	Bezirksrichter	Aigen.
Dr. Ritter v. Harrasowsky	Ministerialrath im Just.-Min.	Wien.
Dr. Hauschild	Advokat	Prag.
Heinrich	Gerichtsadjunkt	Leitmeritz.
Dr. Heinz	Advokat	Troppau.
Heiß	Bezirksrichter	Ottenschlag.
Dr. Held	Advokat	Budapest.
Dr. Heller	Professor	Wien.
Ritter v. Scharfen-Hennedorf	Min.-Sekretär	Wien.
Dr. Herbst	Wirklicher Geh. Rath	Wien.
Dr. Hermann	Advokat	Wien.
Hiekel	Magistratsadjunkt	Teplitz.
Dr. Hiller	K. Professor	Czernowitz.
Dr. Hochhauser	Advokat	Steyr.
Dr. Höchsmann	Advokat	Urfahr bei Linz.
Dr. Hönig	Advokat	Wien.
Dr. Hoffmann	Professor	Budapest.
Dr. Hoke	Advokat	Linz.
Dr. Homann	Notariatskandidat	Knittelfeld.
Horovitz, Leo	Dr. der Rechte	Krakau.
Horrak	Oberlandesgerichtsrath	Wien.
Dr. Huber	Advokat	Wien.
Dr. Hugelmann	Privatdocent	Wien.

Name.	Stand.	Wohnort.
Dr. Illek	Advokat	Brünn.
Dr. Jaques	Advokat	Wien.
Dr. Johanny	Advokat	Wien.
Dr. Kaiser	Notar	Wien.
Dr. Kaiser	Advokat	Ung. Hradisch.
Dr. v. Kaltenegger	Finanzrath	Laibach.
Dr. Kaserer	Min.-Sekretär d. Justizministerium	Wien.
Dr. Katz	Advokat	Teplitz.
Dr. Kaufmann	Advokat	Znaim.
Dr. Ritter v. Keller	Hofrath des obersten Gerichts- und Cassationshofes	Wien.
Dr. Kerschner	Advokat	Wels.
Dr. Ritter v. Kindinger	Landesgerichtsrath	Wien.
Dr. v. Kis	Apellationsgerichtsrath	Békés-Gyula.
Dr. Kirsch	Advokat	Wien.
Dr. Ritter v. Kißling	Advokat	Linz.
Dr. Klein	Advokat	Prag.
Dr. Kleiner	Notar	Marchegg.
Dr. Klier	Advokat	Tetschen.
Dr. Klob	Advokat	Brünn.
Koch	Stadt-Ob. Notär	Groß-Kanizsa.
Konrad	Notar	Tachau.
Dr. Környei	Advokat	Budapest.
Dr. Kokoschinegg	Advokat	Graz.
Dr. Kolbe, Dom.	Advokat	Wien.
Kopfinger	Landesgerichtsadjunkt	Linz.
Dr Kopp, Eduard	Advokat	Wien.
Dr. Koreff	Advokat	Prag.
v. Kovács, Jul.	Concipist der königl. Tafel	Budapest.
Dr. Kral	Referent der a. ö. Boden-Credit-Anstalt	Wien.
Dr. Kratky, Th. jun.	Advokat und Vorstand des Wiener Büreau d. deutschen Juristentages	Wien.
Dr. Kratky, Jos. sen.	Advokat	Wien.
Freiherr v. Krauß	Wirkl. Geh. Rath, Präsident des Reichsgerichtes	Wien.
Dr. Ritt. v. Krumhaar	Ministerialrath	Wien.
Dr. Ritter v. Kuh	Generaldirektor d. böhmischen Westbahn	Wien.
Dr. Kunwald	Advokat	Wien.
Laaber	Bezirksrichter	Gloggnitz.

Name.	Stand.	Wohnort.
Lasch	Advokat	Prag.
Dr. Ritter v. Lechner	Notar	Wien.
Ritter v. Leeder	Ministerialrath	Wien.
Dr. Leidesdorf	Notar	Wien.
Dr. Leyrer	Advokat	Wien.
Dr. Libitzky	Advokat	Wien.
Dr. Lichtenstern, Ludw.	Advokat	Wien.
Dr. Lichtenstern, Wilh.	Advokat	Wien.
Dr. Ritter v. Liszt	Hofrath, General-Advokat u. Gen.-Prok.-Stellvertreter am obersten Gerichtshof	Wien.
Dr. Löw	Notar	Wien.
Dr. Loewy	Advokatur-Kandidat	Wien.
Dr. Ludwig	Advokat	Retz.
Dr. Lukats von Borosnyo	Advokat	Wien.
Dr. Machanek	Advokat	Auspitz.
Dr. Machek	Advokat	Chrudim.
Mahler	Notar	Korneuburg.
Dr. Major	Advokat	Eger.
Dr. Mannheimer	Advokat	Budapest.
Dr. Markbreiter	Advokat	Wien.
Dr. Mauthner	Advokat	Wien.
Dr. Mayer, Ferd.	Notar	Wien.
Dr. Mayer	Professor	Wien.
Dr. Mayerhofer	Notar	Wien.
Dr. v. Menger, Max	Advokat	Wien.
Dr. Ritter v. Merkl	Präsident des Handelsgerichts	Wien.
Dr. Merta	Advokat und Notar	Iglau.
G. C. Meyer	Doktor der Rechte	Wien.
Mikschiczek	Notar	Brünn.
Dr. Milanisch	Advokat	Wien.
Frh. v. Mitis	Wirklicher Geheimer Rath u. Sektionschef	Wien.
Dr. Mitlacher	Advokat	Wien.
Dr. Ritter v. Mitscha	Bankvereinsdirektor	Wien.
Dr. Moosmann	Advokat	Ravelsbach.
Dr. Mükisch	Notar	Gloggnitz
Dr. Neumann	Advokat	Stuhlweißenburg.
Dr. Neusser	Advokat	Troppau.
Dr. Ritter v. Newald	Bürgermeister-Stellvertreter	Wien.
Dr. Newald	Advokat	Wiener Neustadt.
Dr. Pann	Advokat	Wien.

Name.	Stand.	Wohnort.
Paravicini	Notar	Hainburg a. Donau.
Dr. Peter	Advokat	Falkenau a. Eger.
Dr. Pfaff	Professor	Wien.
Dr. Pfob	Advokat	Wien.
Pick	Bezirksrichter	Königsberg k. k. Schlesien.
Dr. Pieta	Advokat	Brünn.
Dr. Pisko	Advokat	Wien.
Dr. Plattner	Advokat	Steyr.
Pleskott	Advokat	Ofen.
Dr. Pobeheim	Notar	Wien.
Dr. Pöschl	Advokaturcandidat	Ried.
Dr. Poglies	Oberlandesgerichtsrath	Wien.
Dr. Pohl	Advokat	Eger.
Dr. Pokorny, Ed.	Advokat	Wien.
Dr. Pollak	Advokat	Hohenstadt.
Dr. Pozorny	Landeskoncipist	Brünn.
Dr. Preisenhammer	Advokat	Neutitschein.
Preiß	Bezirksrichter	Schwechat.
Dr. Prix	Notar	Baden b. Wien.
Dr. Pröll	Notar	Linz.
Dr. Ptaczek	Advokat und Notar	Boskowitz.
Dr. Purtscher	Advokat	Ried.
Dr. Frh. v. Vesque-Püttlingen	Sektionschef	Wien.
Dr. Ritter v. Raimann	Landesgerichtsrath	Wien.
Ratoliska	Bezirksrichter	Prägarten.
Dr. Raudnitz	Advokat	Prag.
Dr. Rechbauer	Advokat	Graz.
Dr. Reif	Advokat	Wien.
Dr. Reif	Advokat	Kaaden.
Reindl	Notar	Urfahr.
Dr. Reiser	Advokat	Wien.
Dr. Reiser	Notar	Marburg.
Dr. Reissig	Advokat	Zwittau.
Dr. Renger	Advokat und Notar	Tetschen.
Dr. Renner	Advokat	Komotau.
Dr. Richter	Advokat	Wien.
Dr. Richter	Landesgerichtsrath	Prag.
Dr. Riehl	Advokat	Wiener-Neustadt.
Dr. Frh. v. Rizy	Wirkl. Geh. Rath, Senats-präs. d. oberst. Gerichtsh.	Wien.
Rizy	Bezirksrichter	Neuhofen.
Rosenbacher	Doktor der Rechte	Prag.

Name.	Stand.	Wohnort.
Dr. Rosenblatt	Advokatcandidat	Krakau.
Dr. Rossi	Advokat	Troppau.
Dr. Rösler	Advokat	Zistersdorf.
Dr. Rosenfeld	Advokat	Wien.
Dr. Rottensteiner	Advokat	Mürzzuschlag.
Dr. Ruß	Rath	Wien.
Dr. Rziha	Advokat	Budweis.
Dr. Salomon	Advokat	Wien.
Dr. Samuely	Advokat	Brünn.
Scheitz	Staatsanwaltssubstitut	St. Pölten.
Dr. Schick	Notar	Wien.
Dr. Schinhann	Notar	Wolkersdorf.
Ritter v. Schinnern	Notar	Windischgarsten.
Schloß	Verwaltungsrath	Wien.
Dr. Schmelkes	Advokat	Nikolsburg.
Dr. Ritt. v. Schmerling	W. Geh. Rath, Erster Präsident d. obst. Gerichtshofes	Wien.
Dr. Schmettau	Advokat	Freiwaldau.
Dr. Frhr. v. Schmeykal	Advokat	Prag.
Dr. Schmidt	Advokat	Elbogen.
Dr. Schmitt	Advokat	Wien.
Dr. Schneider	Advokat	Teplitz.
Dr. Schneider	Advokat	Mauerkirchen.
Ritter v. Schöbl	Ministerialrath	Wien.
Dr. Schönborn	Advokat	Krakau.
Dr. Schranzhofer	Notar	Schwechat.
Dr. Schreiter	Fin.-Proc.-Con.-Prakt.	Komotau.
Schubert	Notar	Böhm. Kamnitz.
Dr. Schüßler	Advokat	Wien.
Dr. Schuloff	Advokat	Wien.
Schuster	Kreisgerichtsadjunkt	Ried.
Schustler	Notar	Neutitschein.
Dr. Schwach	Advokat	Baden.
Dr. Singer, Jac.	Advokat	Wien.
Dr. Freiherr von Sommaruga	Advokat	Wien.
Dr. Spanner	Advokat	Wien.
Dr. Ritter v. Spaun	Ministerialsekretär	Wien.
Dr. Spitzer	Advokat	Wien.
Ritter v. Stahl	Ministerialsekretär	Wien.
Dr. Stall	Advokat	Wien.
Dr. Stampfer	Advokat	Brünn.
Dr. Stella	Advokat	Hietzing.

Name.	Stand.	Wohnort.
Dr. Stern, Alfred	Advokat	Wien.
Dr. Sterzinger	Notar	Wien.
Stiepanek	Notar	Wien-Neustadt.
Still	Landesgerichtsrathssekretär	Wien.
Dr. Stingl	Advokat	Krems.
Dr. Stöhr	Advokat	Wien.
Dr. Stradal	Advokat	Teplitz.
Dr. van der Straß-v. Hochstraeten	Advokat	Brünn.
Dr. Strauß	Advokat	Wien.
Ritter v. Streeruvitz	Bürgermeister	Mies.
Dr. Sturm	Advokat	Wien.
Dr. Suchanek	Verwaltungsrath	Wien.
Dr. Süß	Notar	Wildstein.
Dr. Taußig	Advokat	Prag.
Theumer	Notar	Elbogen.
Theumer	Oberlandesgerichtsrath	Prag.
Dr. Theumer	Advokat	Aussig.
Dr. Tobisch	Advokat	Bilin.
Dr. Tremel	Advokat	Wien.
Dr. Tripold	Advokaturkandidat	Graz.
Dr. Turteltaub	Advokaturkandidat	Wien.
Dr. Ullmann	Professor	Innsbruck.
Dr. Unger	W. Geh. Rath u. Minister	Wien.
Dr. Urban	Gerichtsadjunkt	Prag.
Dr. v. Vaszary	Advokat	Kaposvár.
Dr. Vergeiner	Advokat u. Notar	Freistadt.
Vogel	Notar	Kaplitz.
Volkelt	Notar	Prag.
Dr. Wahlberg	Hofrath u. Professor	Wien.
Wallaschek	Notar	Brünn.
v. Walter	Min.-Rath (Just.-M.)	Wien.
Dr. Ritter v. Waser	Oberlandesgerichtspräsident	Graz.
Dr. Weber	Advokat u. Notar	Leitmeritz.
Dr. Weeber	Advokat	Olmütz.
Dr. Ritter v. Weil	Hof- u. Ministerialrath	Wien.
Weinert	Bezirksgerichtsadjunkt	Meseritz.
Dr. Weissel sen.	Advokat	Wien.
Dr. Weißmann	Sektionschef	Wien.
Dr. Weitlof	Advokat	Wien.
Dr. Werner	Professor	Fünfkirchen.
Dr. Ritter v. Wiedenfeld	Advokat	Wien.

Name.	Stand.	Wohnort.
Dr. Ritter v. Wiener	Advokat	Prag.
Dr. Willfort	Advokat	Wien.
Dr. Willner	Advokat	Wien.
Dr. Wiser	Advokat	Linz.
Dr. Wittek	Advokat	Znaim.
Ritter v. Wolff	Hofrath	Wien.
Dr. Zahn	Advokat	Prag.
Dr. Zailner	Advokat	Proßnitz.
Dr. Zapletal	Advokaturkandidat	Rudolfsheim.
Dr. Zatecky	Advokat	Wien.
Dr. Zimmer	Advokat	Wiegstadtl.
Dr. Zimmermann	Advokaturkandidat	Wien.
Dr. Zloch	Notar	Carlsbad.
Dr. Zoll	Professor	Krakau.
Dr. Zucker	Privatdozent	Prag.

Königreich Belgien.

Dr. Levy	Advokat	Amsterdam.

Kaiserreich Rußland.

Swetschinsky	Beamter des Petersburger Handelsgerichts	Petersburg.

Amerika.

Eller, Max	Rechtsanwalt	New-York.
Dr. jur. utr. Stammann	Generalconsul	Caracas.

Verzeichniß der Redner.*)

I. **Vorsitzende:**

v. Fäustle, Justizminister Dr., aus München, Ehrenpräsident, 4.
Gneist, Professor Dr., aus Berlin, in den Plenarversammlungen, 3, 4, 7—9, 31, 301, 306, 307, 308, 312. 313, 323, 331, 339, 340—344.
Drechsler, Vicepräsident des Reichsoberhandelsgerichts Dr., aus Leipzig, in der vereinigten I. und II. Abth., 33, 64, 73, 78—81, 102, 106, 109, 111, 114.
v. Schwarze, Generalstaatsanwalt Dr., aus Dresden, in der III. Abth., 116, 133, 137, 143, 154, 167, 168, 171—174, 179, 188, 190, 211, 212, 217, 219.
v. Stößer, Hof- und Kreisgerichtsdirector, aus Mannheim, in der IV. Abth., 221, 241, 244. 245, 248, 252, 258, 264, 265, 280, 285, 292, 293, 294, 295, 296, 299.

II. **Stellvertreter der Vorsitzenden:**

Drechsler, Vicepräsident des Reichsoberhandelsgerichts Dr., aus Leipzig, in der Plenarvers., 318, 325
Jaques, Hof- und Gerichtsadvokat Dr. aus Wien, in der Plenarvers., 6.
v. Seel, Appellationsgerichtsdirector, aus Würzburg, in der I. und II. Abth., 82, 86.
v. Kunowski, Appell.-Ger.-Präsident, aus Stettin, in der III. Abth., 116.
Becker, Oberappell.-Gerichtsrath Dr., aus Oldenburg, in der VI. Abth., 221.

III. **An den Discussionen haben Theil genommen:**

Albrecht, Präses Dr., aus Hamburg, 47—58 (Correferat), 76, 258—259 (Correferat).
Becker, Oberappellationsgerichtsrath Dr., aus Oldenburg, 286, 287, 295, 297, 300.
Beckh, Rechtsanwalt, aus Nürnberg, 73.
Drechsler, Vicepräsident des Reichsoberhandelsgerichts, aus Leipzig, 253—258 (Referat), 264, 307, 331 - 332 (Referat), 339.
Drewke, Advokatanwalt Dr., aus Cöln, 291, 298.
Donle, Staatsanwalt I., aus Schweinfurt, 59.
Euler, Justizrath, Advokat, aus Frankfurt a. M., 75.
Frankenburger, Advokat, aus Nürnberg, 183.
Gneist, Professor Dr., aus Berlin, 190—206 (Referat), 210, 221—241 (Referat), 249—251, 318—323 (Referat), 325—331 (Referat).
Gordan, Staatsanwalt, aus Frankfurt a. M., 179—181.
Hauser, Appellationsgerichtsrath Dr., aus München, 87—102, 110 (Referat).
Heinsen, Advokat Dr., aus Hamburg, 262—264.

*) Die Zahlen bezeichnen die Seiten des vorliegenden Bandes der Verhandlungen.

Abschluß der Kasse des Deutschen

Einnahme.

Mai 1875.	1. Bestand laut Abschluß vom 5. Mai 1875 a) 1000 Thlr. Bayersche 4 % Präm.-Anl. b) 800 „ Badische 4 % Präm.-Anl. c) 4000 „ Preuß. Central-Boden-Cred. $4^1/_2$ % Hypothek.-Pfdbrf. d) 2200 „ Preuß. $4^1/_2$ % Conf.-Anl. e) Baarbestand . . . . Thlr.	3573	25
Juni 1875.	2. Zinsen auf 1000 Thlr. Bayersche 4% Präm.-Anl.	40	—
Juli 1875.	3. Zinsen auf 4000 Thlr. Preuß. Central-Boden-Credit $4^1/_2$ % Hypothek.-Pfdbrf. .	90	—
	Thlr.	3703	25

Das Vermögen des Juristentages ist somit gegenwärtig:

1) 1000 Thlr. Bayersche 4 % Präm.-Anl.
2) 800 „ Badische 4 % Präm.-Anl.
3) 4000 „ Preuß. Central-Bod.-Cred. $4^1/_2$ % Hypothek.-Anl.
4) 2200 „ Preuß. $4^1/_2$ % Conf.-Anl.
5) 1003 „ 12 Sgr. Baarbestand.

Juristentages. August 1875.

Ausgabe.

Mai 1875.	1. Diäten und Reisekosten an die Mitglieder der ständigen Deputation behufs der Conferenz in Nürnberg	496	16
Juni 1875.	2. Druckkosten an Trowitzsch	3	27
	3. Vorschuß an das Local-Comitee in Nürnberg zur Bestreitung der Kosten des dortigen Juristentages	2000	—
Juli 1875.	4. An das Schriftführeramt zu Händen des Herrn Justizrath von Wilmowski, Pauschquantum pro 1875	200	—
		2700	13
	Baarbestand	1003	12
	Thlr.	3703	25

Berlin, den 1. August 1875.

S. Borchardt.

Stenographische Berichte.

Erste Plenarsitzung

des

Zwölften Deutschen Juristentages

im Saale des Rathhauses zu Nürnberg

am 26. August 1875.

(Beginn: Vormittags 9 Uhr.)

(Auf Vorschlag des General-Staats-Anwalts Dr. **von Schwarze** wird Herr Professor Dr. **Gneist** durch Acclamation zum Vorsitzenden gewählt.)

Präsident Professor Dr. **Gneist**: Meine hochverehrten Herren Collegen! Die hohe Ehre, die Sie mir wiederholt zuwenden, kann mich dem Scheine aussetzen, als ob ich einen Vorzug beanspruche, der mir um meiner Verdienste willen nicht zukommt. Es hat fast etwas Beschämendes, sich sagen zu müssen, daß die Versammlung mir eine Bevorzugung zuwendet, für die in ihrem Kreise so viele verdientere und geeignetere Mitglieder vorhanden sind. Ich gestehe Ihnen, daß ich dieses Uebermaß der Ehren mir nur erklären kann durch die alte Neigung der Rechtsverständigen, Präcedenzfällen zu folgen, und ich muß wie der römische Jurist sagen: Non omnium quae a majoribus tradita sunt, ratio reddi potest. In dieser Erwägung nehme ich die mir zugedachte Ehre mit herzlichem Danke an und füge die Bitte hinzu, daß Sie mit derselben Nachsicht die formelle Leitung der Geschäfte beurtheilen und unterstützen wollen, die mir bei früheren Juristentagen zu Theil geworden ist.

Meine Herren! Ich muß schon im Eingange unserer Geschäfte dem Danke Ausdruck geben, daß es uns vergönnt ist, den Herrn Justiz-Minister Dr. von Fäustle in unserer Mitte zu begrüßen, — dem Danke dafür, daß der Chef der Bayerischen Justiz die Bedeutung unserer Verhandlungen durch seine Gegenwart zu ehren und zu erhöhen sich entschlossen hat. Wir haben gestern die Vorfeier unserer Versammlung verbinden können mit dem Ausdruck der Ehrerbietung, der aufrichtigen Sympathie, des Dankes der deutschen Juristen für den deutschen König dieses Landes, für Se. Majestät den König Ludwig. Wir fügen heute den Dank hinzu für seinen Justiz-Minister. Aus den Verhandlungen des Reichstages und der Reichsregierung wissen wir, welchen hervorragenden Antheil der Bayerische Justiz-Minister an der segensreichen und erfolgreichen Gestaltung unserer Gesetzgebung genommen hat. Ich glaube aber auch den Bayern kein Geheimniß zu verrathen, wenn ich hinzufüge, daß, je höheren Werth dieses Land auf eine gebührende Vertretung in der deutschen Reichsregierung legt, die der hervorragenden Stellung des größten deutschen Bundesstaates entspricht, und auf Bewahrung der vertragsmäßigen, in Vertragstreue zu wahrenden Rechte dieses Landes, eine wirksamere Vertretung Bayerns durch einen anderen Staatsmann als diesen Justiz-Minister in seiner wohlerworbenen Stellung sicherlich nicht zu finden sein wird. Und wenn ich vom Standpunkt der Deputation aus, mit Genugthuung daran zurückdenke, wie wir die Ehre gehabt haben, Herrn Dr. von Fäustle als Mitglied unserm Vorstand zurechnen zu dürfen, so darf ich auch wohl der sympathischen Anerkennung und Freude Ausdruck geben, daß unsere deutschen Verhältnisse soweit fortgeschritten sind, daß ein Mann von so hohen geistigen Gaben, von einer so tiefen juristischen Durchbildung, verbunden mit dem patriotischen und echt deutschen Sinne, die höchste Stelle der Justiz unter heutigen Umständen zu erringen vermag. Wollen Sie mir gestatten, daß ich als Ausdruck unserer allseitigen Anerkennung und unseres Dankes den Herrn Justiz-Minister Dr. von Fäustle, Excellenz, ersuche, das Ehren-Präsidium unserer Versammlung zu übernehmen.

(Lebhafter Beifall! Die Versammlung erhebt sich zum Zeichen der Zustimmung von den Plätzen.)

Ich darf meinen Antrag als von der Versammlung einstimmig angenommen betrachten und habe nun den Herrn Justiz-Minister Dr. von Fäustle zu bitten, die Stelle des Ehrenpräsidenten annehmen zu wollen.

Staatsminister der Justiz Dr. **von Fäustle**: Meine hochzuverehrenden Herren! Se. Majestät der König von Bayern, mein allergnädigster Herr, hat mir den ehrenvollen Auftrag ertheilt, die Versammlung des deutschen Juristentages in Nürnberg willkommen zu heißen und Sie der vollen

Theilnahme Sr. Königlichen Majestät an Ihren Zielen und Ihren Arbeiten zu versichern. Se. Majestät wünschen, daß Ihnen der Aufenthalt in Bayern und ganz besonders in Nürnberg, wo Sie viele Jahrhunderte deutscher Culturgeschichte verkörpert finden und wo Ihnen Schritt für Schritt die Spuren deutschen Fleißes und Gemeinsinnes begegnen, einen freudigen Eindruck, eine angenehme Erinnerung zurücklassen möge.

Mir persönlich, meine Herren, war es eine große Freude, diesen Auftrag erfüllen zu dürfen. Sie haben, meine Herren, Sich die verdienstvolle Aufgabe vorgesetzt, die Entwickelung des vaterländischen Rechtes zu fördern; Sie thun dies getreu den bewährten Maximen des Civilprozesses nach vorbereitenden Schriftsätzen in freier Rede und Gegenrede; Sie bringen nicht blos die Meinungen, sondern auch die Personen aneinander, Sie eröffnen dem deutschen Geiste die Möglichkeit, sich an dem Wettstreite der Meinungen, ohne alle Rücksicht auf die politische Staatsangehörigkeit, zu betheiligen; Sie bringen aus ihrer praktischen Thätigkeit eine lebensfrische Auffassung der Dinge mit, welche uns allein befähigt, das zu erkennen, was den Juristen wie den Staatsmännern gleichmäßig Noth thut, ob wir uns wirklich im Einklange mit der Zeit befinden, in der wir leben, für die wir Recht sprechen und für die wir Gesetze vermitteln.

Dank Ihrer vortrefflichen Organisation und Ihrer umsichtigen Leitung hat sich der deutsche Juristentag das unleugbare Verdienst erworben, daß seit mehr als zehn Jahren keine große gesetzgeberische Aufgabe in den deutschen Landen gelöst worden ist, ohne daß der Juristentag bahnbrechend gewirkt, oder doch die auftauchenden Fragen in seinen Versammlungen vorbereitet und einer gründlichen Erörterung unterzogen hat.

Meine Herren! Sie sind mit Ihrer Aufgabe gewachsen, aber die Aufgabe ist auch mit Ihnen gewachsen! Die deutsche Nation steht augenblicklich vor einem Riesenwerke. Abgesehen davon, daß die ganze Procedur in Civil- und Strafsachen durchgreifenden Veränderungen und Umbildungen unterworfen ist, soll nunmehr auch das ganze bürgerliche Recht in den mannigfaltigsten Gestaltungen, die es unter der früheren deutschen Zerrissenheit erfahren hat, neu revidirt, das Abgestorbene von dem Lebensfähigen abgeschieden, es soll ein bürgerliches Gesetzbuch geschaffen, das deutsche Recht in einer einheitlichen Form, übersetzt in die Sprache und Sitte unserer Zeit, dem deutschen Volke dargeboten werden. Meine Herren! Unterstützen Sie die Organe, in deren Hände die Erwerbung dieses kostbarsten und idealsten Gutes der deutschen Einigung gelegt ist, auch künftig mit Ihrem bewährten Rath; möge auch fernerhin dasjenige, was Sie als communis opinio bezeichnen, in der That der Ausdruck einer gefunden, dem wahren praktischen Bedürfniß unserer Zeit entsprechenden Rechtsüberzeugung sein!

Mit diesem angelegentlichen Wunsche auf dem Herzen wiederhole ich den huldreichen Willkomm meines allergnädigsten Herrn, danke ich Ihnen für die nachsichtige Beurtheilung, welche Sie meinem bescheidenen Wirken haben angedeihen lassen, und rufe ich Ihnen ein freudiges Glück auf! zu Ihren Arbeiten zu.

(Lebhafter Beifall!)

Präsident: Wir haben gestern die Gelegenheit gefunden, unsern Dank für das, was Se. Majestät der König Ludwig II. für Deutschland gethan hat, auszusprechen. In den immer schwieriger gewordenen Verhältnissen Deutschlands sind wir seit lange gewohnt, aus dem Hause Wittelsbach die Namen Max und Ludwig als die Repräsentanten einer festen deutschen Gesinnung und eines für Deutschland warm schlagenden Herzens zu verehren. Wir sind heute Sr. Majestät zu erneutem Danke verpflichtet, daß er seinem Justiz-Minister einen uns so hoch ehrenden Auftrag ertheilt hat.

(Hierauf erfolgt die Constituirung des Bureaus mit den Vice-Präsidenten: Reichs-Ober-Handelsgerichts-Präsident Dr. Drechsler aus Leipzig, Ober-Staatsanwalt Hohenadel und I. Bürgermeister, Freiherr v. Stromer aus Nürnberg, Hof- und Gerichts-Advocat Dr. Jaques aus Wien und den Schriftführern: Bezirks-Gerichts-Assessor Dr. Geigel aus Nürnberg, Advocat Dr. Geiger aus Frankfurt a. M., Advocat Dr. Josephthal aus Nürnberg und Bürgermeister Heydemann aus Sülze.)

Hof- und Gerichts-Advocat Dr. **Jaques** aus Wien: Hochgeehrte Herren! Ich bin mir dessen sehr wohl bewußt, daß das außerordentlich Geringe, das verschwindend Kleine, was ich bisher auf dem Gebiete unserer Wissenschaft und auf den Juristentagen habe thun können, mir kein Anrecht auf die hohe Ehre giebt, die mir eben ertheilt worden ist. Wenn ich das mit aufrichtigem Herzen sage, so muß ich davon durchdrungen sein — und ich bin es in innerster Seele —, daß diese Ehre nicht mir, nicht meiner Person, daß sie meinem Vaterlande, daß sie Oesterreich gilt! Gestatten Sie mir aber dann hinzuzufügen, daß ich auch wirklich glaube und daß ich mit gehobenem Muthe sagen kann, daß Oesterreich, daß mein Vaterland, die Ehre, die Sie ihm damit erweisen, verdient. Oesterreich verdient diese Ehre, weil es in den großen Tagen des Jahres 70 mit seiner Unterstützung Ihnen zur Seite gestanden ist, weil es, vergessend die früheren Tage, der Sache mit warmem Herzen gefolgt ist, welche die Sache Deutschlands war; Oesterreich verdient diese Ehre, weil wir seit zwei Decennien, wie ich glaube, redlich bemüht gewesen sind, auf dem Gebiete der Rechtswissenschaft das Unsrige zu leisten, und es verdient sie endlich, wie ich hoffen darf, deshalb, weil ja die Ziele, die wir verfolgen, gemeinsame sind — sowohl rücksichtlich der politischen wie rücksichtlich der wissenschaftlichen Aufgaben — und weil ich denke, daß beide, Deutschland und Oesterreich, erst dann recht stark, recht kräftig sind, erst dann einer gedeihlichen Zukunft entgegengehen, wenn wir Hand in Hand daran arbeiten, diese politischen und wissenschaftlichen Aufgaben zu lösen.

In diesem Sinne, meine verehrte Herren! fasse ich die Ehre auf, die mir zu Theil geworden ist, und Sie werden mir und meinem Lande eine große Freude erweisen, wenn Sie einer Mittheilung aus Oesterreich, die Ihnen unser verehrter Herr Präsident demnächst zu machen in der Lage sein wird, eine freudige und sympathische Aufnahme zukommen lassen.

Präsident Professor Dr. **Gneist**: Ich werde die Ehre haben, diese Mittheilung demnächst zu machen.

Zunächst habe ich noch, was die ständige Deputation betrifft, mitzutheilen, daß unser hochverehrter Senior und erster Präsident des Juristentages, Herr Wirklicher Geheimerath Professor von Wächter uns schriftlich anzeigt, daß er mit Rücksicht auf seine Gesundheit an der diesmaligen Versammlung nicht theilnehmen könne, dem Juristentage aber seine besten Wünsche für den Erfolg seiner Wirksamkeit übersende. So müssen wir denn zu unsrem tiefen Bedauern die Leitung des so hoch hervorragenden Mitgliedes unsrer Versammlung auch diesmal entbehren.

Ebenso ist Hr. Rechtsanwalt Dr. Stenglein durch nicht unerhebliche Erkrankung verhindert an der Versammlung theilzunehmen. Auch zeigt der Herr Stadtgerichtsdirector Anton aus Berlin an, daß geschäftliche Rücksichten ihn hindern an den Verhandlungen über das Vormundschaftsrecht, für das wir ihm ein so tief eingehendes Gutachten verdanken, theilzunehmen.

Indem wir nunmehr zur Erörterung der Berathungsgegenstände übergehen, ist die ständige Deputation der Versammlung noch eine kurze Rechenschaft schuldig über die Aussetzung des letztjährigen Juristentages. Nach längerer Erwägung haben wir mit Rücksicht auf den Wunsch der glaubhaft bezeugten überwiegenden Mehrheit der juristischen Kreise beschlossen, ein Jahr Pause zu machen. Infolge dessen ist der Stoff der neu promulgirten Gesetze so angewachsen, daß der zunächst folgende Jahresbericht Schwierigkeiten finden wird, die Gesetzeswerke der letzten zwei Jahre auch nur in kurzer Skizze zu charakterisiren. Wir sehen — und das wollen wir mit Genugthuung constatiren —, wie unser großes Ziel die „Wiederherstellung des gemeinen Rechtes in Deutschland" mächtig vorschreitet. Das, was Jahrhunderte hindurch das mächtigste Vereinigungsband, der Stolz und der Gegenstand aufrichtiger Anhänglichkeit aller Deutschen gewesen, unser „gemeines Recht" kehrt in zeitgemäßer Weise, lebensfähig und kräftig wieder, und das Ziel unsres deutschen Juristentages, die Sehnsucht unsrer Jugend, die Genugthuung unsres Alters, das Ideal des wieder gemeinsamen deutschen Rechts wird vor aller Welt unbestreitbar zur Wirklichkeit.

Mit diesem Vorrücken der Gesetzgebung sehen wir aber, daß die Gesetzentwürfe und ihre Vorberathungen immer weiter vorrücken in das Gebiet des öffentlichen Rechts. Sie gestatten mir darüber eine kurze Vorbemerkung. Das „öffentliche Recht" ist unter den Gegenständen unserer Berathung in den Statuten nicht ausdrücklich genannt. Vor mehreren Jahren wurde der Antrag gestellt, diese scheinbare Omission durch ausdrückliche Worte zu ergänzen. Die Deputation hat damals längere Zeit darüber berathen und schließlich geglaubt, Ihnen diesen Antrag nicht zu empfehlen, und zwar aus dem Grunde, weil man Selbstverständliches nicht zu sagen brauche. Die Deputation ging damals von folgender Ansicht aus: der deutsche Juristentag verdankt seine als wohlthätig anerkannte Wirksamkeit unzweifelhaft dem Umstande, daß er sich von Anfang an zur Aufgabe gestellt hat, nur unmittelbar vorliegende praktische Fragen der Gesetzgebung zum Gegenstand seiner Berathung zu machen. Man sagte sich nun aber: Verfolgt er dies Ziel, so wird unzweifelhaft die Stunde kommen, wo das öffentliche Recht sich von selbst als Gegenstand unmittelbar praktisch werdender Gesetzgebung darstellt. Diese Voraussetzung ist unverkennbar heute eingetreten.

Wir haben in nächster Nähe zu erörtern die Hauptfragen der Gerichtsverfassung, die Stellung des Reichsgerichts, die Competenz der Gerichte, und wir sind damit mitten im öffentlichen Recht; denn die Gerichtsverfassung jedes Volkes ist nichts weiter, als ein präciser Ausdruck der Grundgedanken seines Staatsrechts. Seit dem letzten Juristentage sind aber Preußen und Oesterreich auch mit großen grundlegenden Gesetzen für die innere Verwaltung vorgegangen, mit Gesetzen zur Regelung und Sicherung der Rechtsprechung für das öffentliche Recht. Baden und andere Mittelstaaten waren schon früher in dieser Beziehung vorgegangen. Bayern und andert Staaten haben bedeutungsvolle Gesetzentwürfe in dieser Richtung bereits berathen. Es wird jetzt die Zeit kommen, daß wir auch in diesen Fragen der Rechtsprechung über das öffentliche Recht Stellung nehmen. Die Deputation hat Ihnen mit Rücksicht darauf aus ihrer Mitte das Thema der „Verwaltungsjurisdiction" für eine erste grundlegende Berathung in diesem Juristentage in Vorschlag gebracht. Von demselben Gesichtspunkte aus wird sich, wie ich vermuthe, ergeben, daß auch das Thema der Privatanklage einen rein staatsrechtlichen Hintergrund hat.

(Hierauf erfolgt die Vertheilung der Berathungs-Gegenstände an die Abtheilungen.)

Den Bericht über den Gang der Rechtsgesetzgebung im deutschen Reiche, den Einzelstaaten und in Oesterreich hat für dieses Jahr Herr Justizrath von Wilmowski zu erstatten übernommen.

Justizrath **von Wilmowski**: Meine Herren! Die, im Auftrage Ihrer ständigen Deputation an mich herantretende Aufgabe, Ihnen ein Bild der Rechtsentwickelung seit dem vorigen Juristentage zu entwerfen, gewinnt diesmal durch die Reichhaltigkeit des Stoffes ihre besondere Schwierigkeit. Wenn bei frühern Berichten oft darüber zu klagen war, daß fragmentarische Gesetze ohne ausführliche Rückblicke schwer in die allgemeine Rechtsentwickelung einzureihen seien, so ist jetzt die Schwierigkeit die entgegengesetzte: die Fülle der Rechtsbildungen, welche theils schon ins Leben getreten, theils im Werden begriffen sind, vollständig zu umfassen. Wir kennen kaum einen gleich kurzen Zeitabschnitt, in welchem die gesetzgeberische Thätigkeit so eingreifend wirksam war, wie die letzten zwei Jahre vor dem jetzigen Beginne des letzten Viertels unseres Jahrhunderts. Die Saat, welche wesentlich der deutsche Juristentag zur Herstellung eines einheitlichen deutschen Rechtszustandes zu pflegen geholfen hat, ist herrlich aufgegangen; und ich bitte daher um Ihre gütige Nachsicht, wenn ich von dem reichen legislatorischen Blüthenflor einige Gesetzgebungsblumen veilchenartig blühen lasse. Für den Inhalt des Berichts habe ich ohnehin die Verantwortlichkeit allein zu übernehmen, ohne sie auf die Deputation übertragen zu dürfen.

Die Hauptquelle unsrer Gesetzgebung ist das verjüngte deutsche Reich. Nachdem es unter Kämpfen entstanden, seine Berechtigung und Selbstständigkeit nach Außen festgestellt und seine Verfassung im Innern begründet hat, beginnt es den, seit Jahrhunderten gehegten Wunsch der Deutschen: die Gründung eines einheitlichen deutschen Rechtszustandes zu verwirklichen. Die Waffeneinheit gegen das Ausland war für die Dauer nur durch eine größere staatliche Einigung zu sichern; und diese mußte zur Rechtseinheit führen. Der wesentlichste Schritt zur Rechtseinheit geschah durch das Verfassungsgesetz vom 20. December 1873. Dasselbe unterwarf der Competenz der Reichsgesetzgebung unter Aufhebung der frühern Beschränkungen „das gesammte bürgerliche Recht, das Strafrecht und das gerichtliche Verfahren.“

Dem Beschlusse folgte sofort der Beginn der Ausführung in der umfassendsten Weise. Es ist vom deutschen Reiche eine Commission aus 11 der angesehensten Juristen der verschiedenen deutschen Stämme bestehend eingesetzt, um den Entwurf einer Codification des gesammten bürgerlichen Rechts auszuarbeiten und demnächst dem Reichstage und Bundesrathe zu unterbreiten.

Die Commission hat sich bereits seit etwa Jahresfrist in Berlin constituirt und befindet sich in vollster Thätigkeit.

Es muß an diesem Orte anerkannt werden, daß für die Codification bei freudiger Theilnahme aller deutschen Stämme namentlich der deutsche Sinn von Bayern mitgewirkt hat, welches vor einem fragmentarischen Eingreifen in einzelne Rechtsgebiete die gründliche Neuschaffung des gesammten bürgerlichen Rechts in den Vordergrund stellte.

Die Frage nach dem Berufe unsrer Zeit zur Gesetzgebung ist durch die Nothwendigkeit des Verkehrs längst siegreich entschieden. Was lebendig ist, hat auch das Recht und die Pflicht zu leben und sich seine nothwendigen Lebensbedingungen zu schaffen und zu regeln. Die Schwierigkeit des Werks wird Niemand verkennen, aber deutscher Fleiß und der Ruf der Mitglieder der Commission geben uns die gegründete Hoffnung, daß das Werk ein tüchtiges und echt deutsches sein wird, und die Segenswünsche aller deutschen Juristen werden die Arbeit begleiten.

In einem weitern Stadium befinden sich bereits die Codificationen der übrigen Gegenstände der Competenz der Reichsgesetzgebung. Bekanntlich sind schon in den 2 ersten Jahren des deutschen Reichs das Strafgesetzbuch vom 15. Mai 1871 und das Militärstrafgesetzbuch vom 20. Juni 1872 vollendet und in Geltung getreten. Im vergangenen Winter sind sodann dem Reichstage die Entwürfe eines Gerichtsverfassungsgesetzes, einer Strafprozeßordnung und einer Civilprozeßordnung nebst Einführungsgesetzen dazu vorgelegt. Vom Reichstage ist zur Vorberathung der Entwürfe eine Commission gewählt; und da die Berathung und Beschließung über die umfangreichen Entwürfe während der Reichstagssitzung nicht thunlich war, so ist durch das Reichsgesetz vom 23. December 1874 diese Commission ermächtigt, ihre Verhandlungen nach dem Schlusse der vergangenen Reichstagssession fortzusetzen, damit in einer der folgenden Sessionen der Reichstag in die weitere Berathung der Entwürfe eintreten kann. Die Commission hat bekanntlich schon eingehend ihre Arbeit gefördert.

Demnächst ist dem Reichstage noch der Entwurf einer Concursordnung vorgelegt.

Der Inhalt der Entwürfe wird erst dann, wenn und soweit sie Gesetzeskraft erhalten, der nähern Besprechung zu unterbreiten sein. Schon jetzt aber können wir als gesichert annehmen, daß die Grundsätze, wie sie die langjährige stetige Arbeit des deutschen Juristentags als das Gemeingut des heutigen deutschen Verkehrs- und Rechtslebens aufgestellt hat, im Wesentlichen als Grundzüge des gerichtlichen Verfahrens gewonnen werden. Ein Reichsgericht höchster Instanz, welches wir für jetzt nur für Handelssachen haben, wird künftig für alle Rechtsfragen, welche die Verletzung von Reichsgesetzen betreffen, die practische Einheit des Reichsrechts sichern, und für die Zeit also, in welcher die Codification des gesammten bürgerlichen Rechts Gesetzeskraft erlangt haben wird, jedenfalls in vollem Maaße dem Begriffe eines höchsten deutschen Reichsgerichtshofes entsprechen; wenngleich für die Zeit bis zu dieser, hoffentlich nicht mehr fernen, Zukunft die vielfach ventilirte Frage der Competenz des höchsten Gerichtshofes in Betreff der particularen Rechtssysteme noch ihrer definitiven Lösung entgegensieht. Für die untern Instanzen sind collegialische Landgerichte und neben ihnen mit beschränkterer Competenz Einzelnrichter, sowie für die Berufungs-Instanz Oberlandesgerichte in Aussicht genommen.

Für das gerichtliche Verfahren ist den Grundsätzen der Oeffentlichkeit, der freien Beweiswürdigung und der unmittelbaren Unterbreitung des Sachmaterials vor dem erkennenden Richter, der s. g. Mündlichkeit, sowohl im Strafprozeß- als im Civilprozeß-Verfahren Rechnung getragen. Die wesentlich vom Juristentage angeregte Zulässigkeit der Privatanklage auf Bestrafung ist im Entwurfe aufgenommen; die Beschränkung auf Antragsverbrechen wird hoffentlich noch beseitigt. In Strafsachen will der Entwurf die Uebertretungen und die leichtern Vergehen durch Schöffengerichte entscheiden lassen, welche aus je einem Rechtsverständigen als Vorsitzenden und 2 Laien, Schöffen, bestehen sollen. Die Vergehen und Verbrechen, welche mit einer Strafe bis zu 5 Jahren Zuchthaus bedroht sind, sollen nur durch gelehrte Richter entschieden werden und für die schwereren Verbrechen sollen Geschworenen-Gerichte eingerichtet werden. Die Entscheidung über diese, am meisten angegriffenen, Bestimmungen sowie überhaupt über Art und Umfang der Betheiligung des Laienelements an der Rechtsprechung wird die nächste Zeit bringen. Selbst wenn die Lösung, wie sie erfolgen wird, nicht allen Wünschen entspräche, müssen wir uns gegenwärtig halten, daß schon das als ein großer Gewinn zu betrachten ist, daß ein einheitliches Verfahren den Rechtsverkehr in allen deutschen Gauen regeln wird, und daß die Musterkarte von Gerichtseinrichtungen aufhört, welche bei der Unmöglichkeit allgemeiner Kenntniß in unsrer Zeit um so unerträglicher geworden ist, in welcher Eisenbahnen und Telegraphen auch die entferntesten Orte in tägliche nahe Berührungen bringen.

Durch diese wachsende Thätigkeit für das deutsche Reichsrecht ist die Einrichtung eines Reichsjustizamts als einer besonderen Abtheilung des Reichskanzleramts nöthig geworden und im laufenden Jahre erfolgt.

Unter den Gesetzen, welche für das deutsche Reich schon in Geltung getreten sind, müssen wir zunächst von einer Reihe von Gesetzen summarisch Kenntniß nehmen, welche die Organisation des Reichs und das öffentliche Recht betreffen, und zwar auch auf Privatrechte entscheidenden Einfluß haben, aber hier keiner eingehenden sachlichen Darstellung unterworfen werden können, weil der knappe Raum es unmöglich macht. Das Reich hat die Organisation seiner Behörden vervollständigt. Nachdem das Gesetz vom 31. März 1873 die allgemeinen Verhältnisse der Reichsbeamten geregelt hatte, ordnet das Gesetz vom 6. Juli 1874 die Cautionen derselben, das Gesetz vom 2. November 1874 die Beurlaubungen und Stellvertretungen, das Gesetz vom 23. November 1874 die Subordination und Competenz der Reichsbehörden, sowie die Anstellungsformen und ein Gesetz vom 5. Juli 1875 die Reisekosten von Eisenbahn- und Postbeamten. Die Organisation des Reichsheeres andererseits ist durch das Reichsmilitärgesetz vom 2. Mai 1874, durch das Gesetz vom 12. Februar 1875 über den Landsturm und durch das Gesetz vom 15. Februar 1875 die Verhältnisse der Beurlaubten betreffend geordnet. Die Bestimmungen über Pensionirung und Versorgung von Militärpersonen sind durch das Gesetz vom 4. April 1874 neben der schon durch das Gesetz vom 23. Mai 1873 erfolgten Schaffung des Reichsinvalidenfonds modificirt und ergänzt. Ferner sind durch das Gesetz vom 13. Juni 1873 die Kriegsleistungen normirt, welche von Bezirken, Gemeinden und Einzelnen dem Reiche geleistet werden müssen, sowie durch Gesetz vom 12. Februar 1875 die Naturalleistungen für die bewaffnete Macht im Frieden.

Im Gebiete des allgemeinen Verkehrs ist durch das Münzgesetz vom 9. Juli 1873 die Reichsgoldwährung mit der Reichsmark als Rechnungseinheit unter besonderen Bestimmungen hinsichtlich der Umrechnung der bisherigen Münzen und der Erfüllung früherer Zahlungsverpflichtungen eingeführt. Das System der Verkehrsmittel ist sodann durch das Gesetz vom 30. April 1874 betreffend die Ausgabe von Reichskassenscheinen, das Gesetz vom 21. December 1874 über die Ausgabe von Banknoten und durch das Bankgesetz vom 14. März 1875 und die darin normirte Einrichtung der Reichsbank vervollständigt.

Zu erwähnen sind ferner die Postordnung vom 18. December 1874, das Eisenbahn-Betriebs-Reglement vom 11 Mai 1874 und das Eisenbahn-Polizei-Reglement vom 4. Januar 1875.

Das Impfgesetz vom 8. April 1874 hat den Impfzwang für Kinder und Lehranstalts-Zöglinge allgemein geordnet.

Die Strandungsordnung vom 17. Mai 1874 hat die Verwaltung von Strandungs-Angelegenheiten Strandämtern und den, denselben untergeordneten Strandvögten übertragen, und specielle Bestimmungen über Bergung und Hülfsleistung in Seenoth, und über den See-Auswurf, versunkene, strand- und see-triftige Gegenstände getroffen.

Näher müssen die Bestimmungen des Gesetzes vom 4. Mai 1874 hervorgehoben werden. Nach demselben kann einem Geistlichen oder Religionsdiener, welcher durch gerichtliches Urtheil aus seinem Amte entlassen ist, und hierauf Handlungen vornimmt, aus welchen hervorgeht, daß er die Fortdauer des entzogenen Amtes beansprucht, durch die Landespolizeibehörden der Aufenthalt an bestimmten Bezirken oder Orten versagt oder angewiesen, unter Umständen auch derselbe seiner Staatsangehörigkeit verlustig erklärt und aus dem Bundesgebiete ausgewiesen werden. Diese Vorschriften finden auch auf diejenigen Anwendung, welche wegen Vornahme von Amtshandlungen in einem Kirchenamte, das gegen die Vorschrift der Staatsgesetze ihnen übertragen oder von ihnen ausgeübt ist, rechtskräftig zur Strafe verurtheilt sind. Den Betroffenen steht gegen die Verfügung die Berufung auf richterliches Gehör an den ständigen Landesgerichtshof für kirchliche Angelegenheiten, und wo ein solcher nicht eingerichtet ist, an das höchste Strafgericht offen.

Für das gesammte Familien- und Erbrecht tief eingreifend sind das Reichsgesetz vom 17. Februar 1875, wonach vom 1. Januar 1876 an das Alter der Großjährigkeit im ganzen Umfange des deutschen Reichs mit dem vollendeten 21sten Lebensjahre beginnt, und noch mehr das, ebenfalls mit dem 1. Januar 1876 in Kraft tretende Reichsgesetz vom 6. Februar 1875 über die Beurkundung des Personenstandes und die Eheschließung. Nach diesem Gesetze erfolgt die Beurkundung der Geburten, Heirathen und Sterbefälle, sowie die Eingehung der Ehe ausschließlich durch die, vom Staate bestellten Standesbeamten. Die Bestellung der Letzteren erfolgt widerruflich durch die höhere Verwaltungsbehörde. Geistlichen darf das Amt nicht übertragen werden. Gemeinde-Vorsteher und -Beamte sind zur Uebernahme verpflichtet. Die Aufsicht über die Standesbeamten wird von den Verwaltungsbehörden geübt. Bei Ablehnung einer Amtshandlung kann der Standesbeamte dazu auf den Antrag der Betheiligten durch das Gericht des Amtsitzes oder im Beschwerdewege durch das vorgesetzte Gericht nach den, für die nicht streitige Gerichtsbarkeit geltenden, Vorschriften angewiesen werden. Die Berichtigung einer Eintragung im Standesregister kann nur auf Grund gerichtlicher Anordnung erfolgen.

Die Anzeige von Geburts- und Sterbefällen an die Standesbeamten ist den Nächstbetheiligten bei Strafe vorgeschrieben.

Eine Ehe kann im deutschen Reiche rechtsgültig nur vor dem Standesbeamten geschlossen werden. Ein öffentliches Aufgebot durch den Standesbeamten soll vorangehen, vor dessen Anordnung demselben die gesetzlichen Erfordernisse nachgewiesen werden müssen. Die Eheschließung erfolgt in Gegenwart von 2 Zeugen durch die Frage des Standesbeamten an die Verlobten, ob sie die Ehe eingehen wollen, durch ihre bejahende Antwort und den Ausspruch des Standesbeamten, daß er sie kraft des Gesetzes für Eheleute erkläre. Geistliche und Religionsdiener, welche zu den religiösen Feierlichkeiten einer Eheschließung schreiten, bevor ihnen die vor dem Standesbeamten erfolgte Eheschließung nachgewiesen ist, werden mit Geldstrafen oder Gefängniß bestraft.

Zur Eheschließung ist die Ehemündigkeit der Verlobten, die Vollendung des 20sten Lebensjahres beim männlichen und des 16ten beim weiblichen Geschlechte nöthig; staatliche Dispensation ist zuläßig. Bis nach Vollendung des 25sten Lebensjahres für Söhne und des 24sten für Töchter ist die Einwilligung des ehelichen Vaters, und nach dem Tode oder in Ermangelung eines solchen der Mutter nöthig; für Minderjährige außerdem des Vormundes. Bei Versagung dieser Einwilligungen haben Großjährige die Klage auf richterliche Ergänzung.

Eheverbote sind wegen Verwandtschaft, wegen früherer Ehen und wegen Ehebruchs festgesetzt. Für die rechtlichen Folgen einer, gegen diese Gebote geschlossenen Ehe, sowie hinsichtlich des Einflusses von Zwang, Irrthum und Betrug sind die Vorschriften des Landesrechts maßgebend. Die Vorschriften über die erforderliche Erlaubniß für Militärpersonen, Beamten und Ausländer, desgleichen über vorgängige Nachweisung, Auseinandersetzung oder Sicherung des Vermögens werden durch das Gesetz nicht berührt; die Verletzung dieser Vorschriften macht aber geschlossene Ehen nicht ungültig. Alle Vorschriften, welche das Recht zur Eheschließung noch weiter beschränken, sind aufgehoben; damit also auch die Beschränkungen durch Religionsverschiedenheit beseitigt.

In streitigen Ehe- und Verlöbnißsachen sind die bürgerlichen Gerichte ausschließlich zuständig; eine geistliche oder von einem Glaubensbekenntnisse abhängige Gerichtsbarkeit findet nicht statt. Wenn nach bisherigem Rechte auf beständige Trennung von Tisch und Bett zu erkennen wäre, ist fortan die Auflösung des Bandes der Ehe auszusprechen; wenn vorher, ehe das Gesetz in Kraft tritt, auf beständige Trennung von Tisch und Bett erkannt ist, so kann auf Grund dieses Erkenntnisses jeder Ehegatte die Auflösung des Ehebundes im ordentlichen Prozeßverfahren beantragen.

Für Preußen war schon vor diesem Gesetze durch Gesetz vom 9. März 1874 die obligatorische Civilehe eingeführt, und sind dann durch Verordnung vom 14. Februar 1875 die Bestimmungen des Reichsgesetzes vom 9. Februar 1875 über die Erfordernisse der Eheschließung und über die Wirkung der beständigen Trennung von Tisch und Bett bereits mit dem 1. März d. J. eingeführt, was im Reichsgesetze den Landesregierungen überlassen war.

Es wird gestattet sein, daran zu erinnern, daß die Plenarversammlung des 8. deutschen Juristentages auf den Vorschlag unseres verehrten Präsidenten Prof. Gneist mit allen gegen eine Stimme die Ueberzeugung ausgesprochen hat:

1) Die Civilehe ist als die dem Verhältnisse von Staat und Kirche in Deutschland entsprechende nothwendige Form der Eheschließung anzuerkennen;

2) mit allgemeiner Einführung der Civilehe ist auch das Ehehinderniß wegen Religionsverschiedenheit aufzuheben. Nachdem das Reichsgesetz vom 6. Februar d. J. in beiden Beziehungen die einstimmige Ueberzeugung des Juristentags nebst deren Consequenzen sanctionirt hat, wird das Gesetz hier wohl keines kräftigeren Gesundheits-Attestes bedürfen.

Ein anderes Reichsgesetz, welchem wir näher treten müssen, ist das vom 7. Mai 1874 über die Presse. Eine Entziehung der Befugniß zum Betriebe eines Preßgewerbes soll nicht stattfinden; im Uebrigen sind die Bestimmungen der allgemeinen Gewerbeordnung maßgebend.

Handlungen, deren Strafbarkeit durch den Inhalt einer Druckschrift begründet wird, sind nach den allgemeinen Strafgesetzen zu beurtheilen. Der verantwortliche Redacteur periodischer Druckschriften ist jedoch als Thäter zu bestrafen, wenn nicht die Annahme seiner Thäterschaft durch besondere Umstände ausgeschlossen ist. Wegen Fahrlässigkeit bei Verbreitung solcher materiell strafbaren Druckschriften sind der Redakteur, der Verleger, der Drucker und der Verbreiter strafbar, wenn sie nicht die Anwendung pflichtgemäßer Sorgfalt oder deren Unmöglichkeit nachweisen. Die Bestrafung bleibt ausgeschlossen, wenn sie als Verfasser, Einsender, Herausgeber oder als einen der vorbezeichneten Schuldbaren in der angegebenen Reihenfolge eine Person benennen, welche sich im Bereiche der richterlichen Gewalt eines deutschen Bundesstaates befindet.

Behufs der Ordnung der Presse sind Vorschriften über Benennung des Druckers oder Verlegers, über Ablieferung von Exemplaren an die Polizeibehörden, über die Verpflichtung zur Aufnahme von Berichtigungen, zeitweilige Verbote bestrafter periodischer Blätter, Verbote von Veröffentlichungen in Zeiten der Kriegsgefahr oder des Krieges, sowie von Veröffentlichungen betreffs Aufbringung von Strafen und von Schriftstücken eines Strafprozesses vor dessen öffentlicher Verhandlung erlassen.

Die Beschlagnahme findet nur in einzelnen besonders normirten Fällen statt. Ueber die Bestätigung oder Aufhebung vorläufiger Beschlagnahmen hat das Gericht zu entscheiden. Die Beschlagnahme erlischt, wenn sie nicht binnen 5 Tagen durch Gerichtsbeschluß bestätigt ist, und ist im Falle der Bestätigung wieder aufzuheben, wenn nicht binnen 2 Wochen die Strafverfolgung in der Hauptsache eingeleitet ist.

Die gesetzlichen Bestimmungen für Zeiten der Kriegsgefahr, des Krieges oder innerer Unruhen bleiben in Kraft. Der Landesgesetzgebung bleibt vorbehalten, über Colportage und über das Anheften von Plakaten Vorschriften zu erlassen. Eine besondere Besteuerung der Presse und der Preßerzeugnisse findet nicht mehr statt.

Abgesehen von der formalen Wohlthat einer gleichmäßigen deutschen Gesetzgebung über die Presse entspricht auch dies wichtige Gesetz im Allgemeinen den Rechtsanschauungen, welche im 10. deutschen Juristentage ihren Ausdruck gefunden haben. Die Bestimmungen über die Beschlagnahme, welche auch in den Verhandlungen des Juristentags bedeutende Meinungsverschiedenheiten hervorgerufen hatten, sind ein Compromiß zwischen den Ansprüchen der Presse auf Freiheit ihrer Bewegung und der Staatsgewalt auf Wahrung der staatlichen Ordnung. Ich denke, daß der Friede unter Bedingungen geschlossen ist, welche die gerechten Ansprüche beider Theile berücksichtigen.

Das Reichsgesetz vom 30. November 1874 über den Markenschutz ist noch zu erwähnen. Gewerbtreibende können Zeichen, welche auf ihren Waaren oder deren Verpackung zur Unterscheidung angebracht werden sollen, im Handelsregister eintragen lassen und dadurch die Benutzung derselben Waarenzeichen seitens Anderer untersagen. Die Eintragung und Löschung solcher Zeichen werden im deutschen Reichsanzeiger bekannt gemacht. Die berechtigten Producenten oder Handeltreibenden haben das Recht, durch Civilklage ihr Recht auf ausschließliche Benutzung geltend zu machen und bei wissentlicher Zuwiderhandlung auch die Strafverfolgung deshalb zu beantragen. Das Gesetz erfüllt einen schon lange geltend gemachten Wunsch des Fabrik- und Handelsstandes; und seine Wirksamkeit ist durch Verträge mit mehreren ausländischen Staaten dahin erweitert, daß gegenseitig die Angehörigen der contrahirenden Staaten denselben Schutz genießen sollen, wie die Inländer.

In internationaler Beziehung sind noch schließlich die Verträge vom 24. Juni 1874 mit der Schweiz und vom 24. December 1874 mit Belgien über Auslieferung von Verbrechern, ferner vom 12. November 1874 mit Rußland über Regulirung von Hinterlassenschaften zu erwähnen; desgleichen das Gesetz vom 30. März 1874 über die Consulargerichtsbarkeit in Egypten, welches mit Rücksicht auf die kürzlich dort eingeführten internationalen Gerichtshöfe erlassen ist.

In den einzelnen Staaten des deutschen Reichs ist die Gesetzgebung in den letzten 2 Jahren so fruchtbar gewesen, daß es hier nur möglich ist, in knappen Umrissen die Resultate zu skizziren. In Preußen haben sich die Organisation der kirchlichen Verhältnisse einerseits und der Verwaltungsbehörden andererseits in den Vordergrund gestellt. In Betreff der kirchlichen Organisation ist für die evangelische Kirche durch die Kirchengemeinde- und Synodal-Ordnung vom 10. September 1873, das Gesetz vom 25. Mai 1874 und die Ausführungs-Verordnung vom 2. December 1874 die Vertretung der Kirchengemeinden und die Verwaltung des Kirchenvermögens geregelt. Die Kirchengemeinden verwalten ihre Angelegenheiten durch Gemeindekirchenräthe, bestehend aus dem Pfarrer als geborenem Vorsitzenden und aus Kirchenältesten, welche die Gemeinde wählt. Der Gemeindekirchenrath bedarf in einzelnen Fällen außergewöhnlicher Verwaltungsdispositionen der Zustimmung der Gemeindeversammlung oder in größeren Gemeinden einer gewählten Gemeindevertretung. Der Patron hat das Recht, als Mitglied des Kirchenraths einzutreten oder ein solches zu wählen; ferner wo er Patronatslasten trägt, die Aufsicht über die Verwaltung der Kirchenkasse zu führen, und das Recht der Zustimmung zu Verwaltungsacten, welche nach bisherigen Gesetzen seiner Genehmigung unterliegen. Sein Widerspruch kann auf Recurs des Gemeindekirchenraths durch Entscheidung der vorgesetzten Aufsichtsbehörde beseitigt werden, außer wenn einer Kirchenkasse, für deren Unzulänglichkeit er eintreten müßte, Ausgaben neuer Art aufgelegt werden sollen. Die staatsgesetzliche Regelung der Rechte für die Kreissynoden als Vereinigung der Kirchengemeinden einer Diöcese, sowie für die Provinzialsynoden ist noch vorbehalten.

Die Vermögensverwaltung katholischer Kirchengemeinden ist durch das Gesetz vom 20. Juni 1875 geordnet. Das Vermögen verwaltet ein Kirchenvorstand, bestehend aus dem Pfarrer und aus gewählten Kirchenvorstehern, welche ihren Vorsitzenden wählen. In bestimmten Fällen ist die Zustimmung einer gewählten Gemeindevertretung nöthig. Die Rechte der Patrone sind in analoger Weise geordnet, wie bei evangelischen Kirchengemeinden. Die Genehmigung der staatlichen Aufsichtsbehörden ist für bestimmte Arten von Beschlüssen nöthig erklärt; ebenso unter besonderen Bestimmungen die Genehmigung der bischöflichen Behörden. Die Rechte der bischöflichen Behörden ruhen jedoch, so lange das Amt nicht gesetzmäßig besetzt oder verwaltet wird, und ebenso wenn die bischöfliche Behörde auf die Aufforderung des Oberpräsidenten nicht in 30 Tagen dem Gesetze Folge zu leisten verspricht. Wenn die Wahlen für den Kirchenvorstand und die Gemeindevertretung nicht zu Stande kommen, so kann durch den Regierungs-Präsidenten die commissarische Verwaltung ihrer Aemter angeordnet werden.

Durch ein Gesetz vom 12. Juni 1874 und vom 7. Juli 1875 ist ferner für Mennoniten- und Baptisten-Gemeinden, deren Statut mit den allgemeinen gesetzlichen Bestimmungen nicht im Widerspruche steht, die ministerielle Ertheilung von Corporationsrechten geregelt.

Das Verhältniß der römisch-katholischen Kirche zum Staate ist im Anschlusse an die Gesetze vom Mai 1873 von dem durchgreifenden Gesichtspunkte aus geordnet, daß eine staatlich berechtigte Vertretung der Kirche, die Besetzung ihrer Aemter und die Verwaltung ihres Vermögens nur zulässig sein darf, wenn und soweit ihre Organe den Staatsgesetzen Gehorsam leisten und verheißen, damit die bürgerliche Gesellschaft nicht durch Mächte, welche sich außerhalb der staatlichen Ordnung stellen, bestimmt wird. Durch die Verordnung vom 6. Dezember 1873 ist die Vereidigung katholischer Bischöfe zum Gehorsam gegen die Staatsgesetze angeordnet. Das Gesetz vom 20. Mai 1874 über die Verwaltung erledigter katholischer Bisthümer verbietet bei Strafe die Ausübung bischöflicher Rechte oder Verrichtungen, bevor der Bischof oder Bisthumsverweser die Absicht seines Amtsantritts dem Oberpräsidenten angezeigt, den Nachweis seiner Befähigung zu geistlichen Aemtern nach den allgemeinen Vorschriften des Staatsgesetzes vom 11. Mai 1873 geführt hat, und bevor derselbe die eidliche Verpflichtung übernommen hat, dem Könige treu und gehorsam zu sein und die Gesetze des Staats zu befolgen. Die Uebernahme der Functionen ist unzulässig, wenn schon in Folge eines Einspruchs des Oberpräsidenten vom Gerichtshofe für kirchliche Angelegenheiten die Uebernahme des Amts für unzulässig erklärt ist. Den Kirchendienern ist die Vornahme von Amtshandlungen auf Anordnung eines staatlich nicht anerkannten Bischofs oder Bisthumsvertreters bei Strafe verboten. Wenn nach Erledigung eines Bisthums in Folge gerichtlichen Urtheils oder unter sonstigen speciell normirten Umständen nicht innerhalb der bestimmten Fristen eine Besetzung unter staatlicher Anerkennung erfolgt, so wird einem Staatscommissarius die Verwaltung des, dem bischöflichen Stuhle gehörigen oder unterworfenen Vermögens übertragen. Während der commissarischen Verwaltung kann derjenige, welcher durch Patronat oder sonstige Rechtstitel zur Besetzung eines erledigten geistlichen Amts berechtigt ist, dies Recht ausüben. Andernfalls kann die Pfarrgemeinde durch Beschluß der absoluten Majorität der Erschienenen die Wiederbesetzung oder Stellvertretung anordnen.

Durch das Gesetz vom 21. Mai 1874 ist declarirt, daß eine strafbare

Uebertragung eines geistlichen Amtes sowie die Genehmigung einer solchen Uebertragung gegen das Gesetz vom 11. Mai 1873 über Anstellung von Geistlichen auch dann vorliegt, wenn die anzustellenden Candidaten dem Oberpräsidenten gar nicht benannt sind, oder wenn die Amtsübertragung vor der Benennung oder vor Ablauf der Einspruchsfrist erfolgen. Für den Fall der Erledigung eines geistlichen Amts sind die Beschlagnahme des Vermögens der Stelle, die Verwaltung desselben durch einen Staatscommissarius und die Stellvertretung und Wiederbesetzung der Stelle durch Ernennungs- oder Vorschlagsberechtigte oder sonst durch die Pfarrgemeinde im Wesentlichen ebenso normirt, wie dies für den Fall einer Bisthumserledigung durch das Gesetz vom 20. Mai 1874 geschehen ist.

Durch Gesetz vom 22. April 1875 wurden für die römisch-katholischen Bisthümer und Geistlichen alle Leistungen aus Staatsmitteln eingestellt und deren Wiederaufnahme davon abhängig gemacht, daß der Empfangsberechtigte durch schriftliche Erklärung sich verpflichtet, die Gesetze des Staats zu befolgen, auch für dieselbe Zeit die executorische Beitreibung im Verwaltungswege für Abgaben und Leistungen, und deren Erhebung durch Staats- und Gemeinde-Steuererheber inhibirt. Verletzung oder Widerruf des Gehorsamkeits-Gelöbnisses haben die Entlassung aus dem Amte zur Folge: zur Verhandlung und Entscheidung ist der Gerichtshof für kirchliche Angelegenheiten zuständig.

Ferner sind durch Gesetz vom 31. Mai 1875 alle Orden und ordensähnliche Congregationen ausgeschlossen, ihre bisherigen Niederlassungen sind binnen 6 Monaten aufzulösen, welche Frist vom Ministerium für diejenigen, welche sich mit Unterricht und Erziehung der Jugend beschäftigen, bis auf 4 Jahre verlängert werden kann. Nur Niederlassungen, welche sich ausschließlich der Krankenpflege widmen, bleiben unter Staatsaufsicht fortbestehen, können aber durch Königliche Verordnung aufgehoben werden. Das Vermögen der aufgelösten Niederlassungen wird einstweilen vom Staate verwaltet; die Mitglieder der aufgelösten Niederlassungen werden davon unterhalten; die weitere Verwendung bleibt gesetzlicher Bestimmung vorbehalten.

Das Gesetz vom 18. Juni 1875 hat sodann die Art. 15, 16 und 18 der preußischen Verfassung aufgehoben, welche in Betreff der Selbstständigkeit der Religionsgesellschaften, ihres Verkehrs mit den geistlichen Oberen und der Besetzung kirchlicher Stellen disponirten. Diese Gegenstände sollen künftig der Bestimmung durch die gewöhnliche Gesetzgebung unterworfen werden.

Durch das Gesetz vom 4. Juli 1875 endlich ist für diejenigen katholischen Kirchengemeinden, aus welchen eine erhebliche Zahl von Mitgliedern einer altkatholischen Gemeinschaft beigetreten ist, die Benutzung des kirchlichen Vermögens bis auf Weiteres dergestalt geordnet, daß der altkatholischen Gemeinschaft der Mitgebrauch der Kirche, des Kirchhofs, der kirchlichen Geräthschaften und an dem übrigen zu kirchlichen Zwecken bestimmten Vermögen nach dem Zahlenverhältnisse beider Theile der Mitgenuß eingeräumt wird. Ueber Art und Umfang der einzuräumenden Rechte entscheidet der Oberpräsident, und auf Berufung der Minister der geistlichen Angelegenheiten. Die Entscheidungen sind im Verwaltungswege zu erlassen und zu vollstrecken.

Diese gesammte Gesetzgebung beruht darauf, daß der Staat, um die Verkehrsverhältnisse aller Staatsbürger unter gleicher Berechtigung der religiösen Glaubensbekenntnisse zu ordnen und dem Staatszwecke der nationalen Entwickelung zu entsprechen, selbstständig die Grenzen seiner staatlichen Wirksamkeit zu bestimmen hat, und keiner Macht außer dem Staate das Recht einräumen darf, die Grenzen des Gehorsams gegen den Staat zu definiren. So wie der Einzelne die freie Lebens- und Entwickelungs-Befähigung, soweit sie den gleichen Rechten Anderer nicht entgegentritt, zu seinen Grundrechten zählt, so ist es noch im höhern Grade ein Grundrecht für den Staat, seine Existenzbedingungen von sich aus zu regeln. Auf die durchgreifende Weise, in welcher von diesem Standpunkte aus die preußische Regierung die Stellung des Staates zur Kirche auffaßt, hat kürzlich der Triumphzug des Cultusministers durch die Rheinprovinz eine deutliche Antwort gegeben.

Zur Organisation der Verwaltung in Preußen ist im Anschlusse an die Kreisordnung vom 13. December 1872 die Provinzialordnuug vom 29. Juni 1875 für die östlichen Provinzen erlassen. Sie beruht auf dem Bestreben, durch Decentralisation den einzelnen Provinzen und Bezirken die Ordnung ihrer Verkehrsverhältnisse zu überlassen, soweit diese den allgemeinen Staatszwecken nicht widerspricht; und zugleich für die Entscheidung dieser Verhältnisse durch Heranziehung sachkundiger Laien eine, den provinziellen und regionalen Eigenthümlichkeiten entsprechende Grundlage zu gewinnen. Die Provinz, als besonderer Communalverband mit den Rechten einer Corporation zur Selbstverwaltung ihrer Angelegenheiten ausgestattet, wird durch den Provinziallandtag, bestehend aus den Abgeordneten der Land- und Stadt-Kreise der Provinz vertreten. Der Provinziallandtag wählt einen Provinzialausschuß. Dieser hat in Ausführung der Beschlüsse des Landtags die Angelegenheiten, das Vermögen und die Anstalten des Provinzialverbandes zu verwalten, und wirkt durch einen, mit Königlicher Bestätigung vom Landtage zu wählenden Landesdirector, welcher als Mitglied und Organ des Ausschusses dessen Beschlüsse vorbereitet, ausführt, die laufende Verwaltung leitet, und den Provinzialverband nach außen vertritt. Zur Beaufsichtigung in höherer Instanz für Communal-, Schul- und Wege-Angelegenheiten soll für die Provinz ein Provinzialrath gebildet werden, bestehend aus dem Oberpräsidenten, aus einem zum Richteramte befähigten höhern Verwaltungsbeamten und 5 vom Provinzialausschusse aus seiner Mitte gewählten Mitgliedern; ebenso für jeden Regierungsbezirk ein ähnlich zusammengesetzter Bezirksrath. Zur Wahrung der staatlichen Aufsicht kann der Oberpräsident als Organ des Staats Beschlüsse der Landtage, Ausschüsse, Provinz- oder Bezirksräthe, welche ihre Befugnisse überschreiten oder Gesetze verletzen, beanstanden und behufs der Entscheidung durch das Oberverwaltungsgericht anfechten. Zu Beschlüssen über besonders normirte Belastungen, Anleihen, Statuten und Reglements ist die Nothwendigkeit ministerieller und unter Umständen landesherrlicher Genehmigung vorbehalten.

Den einzelnen Provinzen sind von der Staatseinnahme fixirte Jahresrenten zum Zwecke der Selbstverwaltung überwiesen.

Ferner ordnet ein Gesetz vom 3. Juli 1875 die Einrichtung von Verwaltungsgerichten zur Entscheidung streitiger Verwaltungssachen an. Für jeden Kreis bildet der Ausschuß, welcher an der Spitze der Verwaltung des Kreises steht, zugleich das Kreisverwaltungsgericht. Für jeden Regierungsbezirk wird ein Bezirksverwaltungsgericht eingerichtet, welches auf Berufung gegen die Entscheidungen der Kreisverwaltungsgerichte erkennt. Dasselbe besteht aus 5 Mitgliedern, von welchen ein zum Richteramte befähigtes und ein für höhere Verwaltungsämter befähigtes vom Könige ernannt und die 3 andern durch die Provinzialvertretung erwählt werden. In höchster Instanz entscheidet über streitige Verwaltungssachen ein Oberverwaltungsgericht, dessen Mitglieder zur Hälfte zum Richteramte und zur Hälfte zu höhern Verwaltungsämtern befähigt vom Könige auf Lebenszeit ernannt werden und den Charakter ständiger Richter haben. Das Verfahren vor den Verwaltungsgerichten ist auf der Grundlage einer mündlichen und öffentlichen Verhandlung unter den interessirten streitenden Theilen, und der Entscheidung nach einer, an die Beweisantretung der Parteien nicht gebundenen, thatsächlichen Ermittelung und nach freier Ueberzeugung geordnet. Gegen die Entscheidungen stehen nicht nur den Parteien, sondern aus Gründen des öffentlichen Interesses auch dem Vorsitzenden des Kreisausschusses beziehungsweise dem Regierungs-Präsidenten Rechtsmittel der Berufung und Revision an die höhern Instanzen zu.

Im Großen und Ganzen sind diese Gesetze als wichtige Reformen begrüßt. Es ist zu hoffen, daß die gewählte Verbindung staatlicher Behörden und gewählter Laien eine glückliche ist, um die Theilnahme der

Bürger an der Verwaltung und Entscheidung communaler Interessen zu bethätigen, und die Centralregierungsbehörden zu entlasten, und dabei doch dem Staate die Wahrung der allgemeinen Interessen zu ermöglichen. Seine volle Bedeutung gewinnt das System erst durch die noch ausstehenden Gesetze über die Behörden-Organisation und über den sachlichen Stoff, welcher in Betreff der Schul-, Wege- und anderer allgemeiner Angelegenheiten den Organen unterbreitet wird. Die wahre Lebenskräftigkeit den Einrichtungen einzuflößen, wird Sache der Persönlichkeiten sein, welche berufen werden, als Theilnehmer an der Selbstverwaltung und als Richter der Administrativjustiz zu wirken.

Das wichtigste Gesetz für das Civilrecht ist die Vormundschafts-Ordnung vom 5. Juli 1875, welche vom 1. Januar 1876 ab in Kraft treten soll. Sie ordnet das Vormundschaftswesen für den ganzen Umfang der Monarchie, also für die Gebiete des gemeinen, des französischen und des preußischen Landrechts. Die staatliche Beaufsichtigung ist Einzelnrichtern übertragen, gegen deren Anordnungen auf Beschwerde ein Collegialgericht endgültig entscheidet. Den Vormundschaftsrichtern sind Gemeindemitglieder als Waisenräthe zur Seite gestellt, deren Amt ein unentgeldliches Gemeindeamt ist. Der Waisenrath hat die Aufsicht über das persönliche Wohl und die Erziehung des Mündels, und hat Vormünder zur Bestellung vorzuschlagen.

Außer den gesetzlichen Vormündern: dem Vater, dem mütterlichen Großvater unehelicher Kinder, und dem Vorstande von Staats- und Communal-Pflegeanstalten, sind zunächst die vom Vater oder von der Mutter (als Vormünderin) Benannten und die Ascendenten in bestimmter Folge berufen, berechtigt und verpflichtet, als Vormünder bestellt zu werden. Das Amt eines Vormundes ist als allgemeine Bürgerpflicht zu übernehmen, soweit nicht bestimmte Ablehnungsgründe vorliegen. Der Vormund verwaltet das Vermögen, muß jährlich Rechnung legen und kann nach richterlichem Ermessen zur Sicherstellung angehalten werden.

Neben dem Vormunde muß ein Gegenvormund bestellt werden, wenn mit der Vormundschaft eine Vermögensverwaltung verbunden ist. Der Gegenvormund muß die ordnungsmäßige Verwaltung beaufsichtigen und Pflichtwidrigkeiten dem Richter anzeigen. Beide haften für die Sorgfalt eines ordentlichen Hausvaters. Gelder sind, außer gegen Hypotheken oder Grundschulden innerhalb bestimmter Werthgrenzen, nur in Schuldverschreibungen anzulegen, welche vom deutschen Reiche oder einem deutschen Bundesstaate ausgestellt oder garantirt sind, oder in Schuldverschreibungen communaler Corporationen, welche für die Inhaber kündbar oder zu amortisiren sind; andernfalls bei der Reichsbank oder bei staatlich bestätigten Sparkassen.

Die Genehmigung des Gegenvormundes ist nöthig zur Veräußerung von Werthpapieren, zur Einziehung von Capitalien und zur Verminderung der Sicherheit. Die Genehmigung des Vormundschaftsgerichts ist in mehreren andern bestimmten Fällen nöthig, namentlich zu Erbauseinandersetzungen, zur Veräußerung, Erwerbung und Belastung von Immobilien, zur Verpachtung oder Vermiethung über die Großjährigkeit hinaus, zu Vergleichen über mehr als 300 Mark, zu Wechsel- und Darlehnsschulden, Intercessionen und Erbschaftsentsagungen. Der Vater des Mündels kann die von ihm benannten Vormünder von diesen Vermögensverwaltungs-Beschränkungen befreien.

Auf Antrag eines Vormundes oder Verwandten hat das Gericht vor seinen Anordnungen drei nähere Verwandte, sofern sie ohne Verzug erreichbar sind, gutachtlich zu hören. Das Gericht muß auf Antrag des Vormundes und kann auch ohne Antrag die Verwahrung von Inhaber-Werthpapieren und Kostbarkeiten bei der Reichsbank oder andern Kassen anordnen.

Die Bildung eines Familienraths soll erfolgen, wenn der Vater oder die Mutter als bisherige Vormünder dies angeordnet haben, desgleichen wenn Vormund oder Gegenvormund oder 3 nähere Verwandte dies verlangen und Vater oder Mutter es nicht untersagt haben. Der Familienrath wird aus dem Vormundschaftsrichter als Vorsitzenden und aus höchstens 6 Mitgliedern, nemlich Verwandten oder Verschwägerten (aus Andern nur auf Bestimmung der Eltern oder des Familienraths) gebildet. Der Familienrath, welcher nur bei Anwesenheit des Richters und mindestens zweier Mitglieder beschlußfähig und vom Richter zu berufen ist, beschließt nach Mehrheit, und hat die Rechte und Pflichten des Vormundschaftsgerichts.

Diese Codification des Vormundschaftsrechts schafft auf ihrem Gebiete gleiches Recht für die verschiedenen Rechtssysteme und läßt unter möglichster Vermeidung der Casuistik für die Verschiedenheit der concreten Verhältnisse freien Raum zur Entwickelung ohne übermäßige Beengung durch staatliche Organe. Es hat sich freilich mehrfach die Besorgniß geregt, daß die Einrichtung eines Gegenvormundes bei jeder Vermögensverwaltung zu einer übermäßigen Erschwerung für die Uebernahme und Verwaltung von Vormundschaften werde. Indeß mit souverainer Willkür kann Niemand prätendiren, den Interessen derjenigen welche sie selbst nicht bewachen können, als Vormund vorzustehen; und es ist zu hoffen, daß jeder Vormund sich lieber der nur beaufsichtigenden Controle seines

Mitbürgers unterwirft, als der Nothwendigkeit, bei den meisten Anordnungen die Genehmigung einer weniger zugänglichen staatlichen Behörde zu erfordern. Die Nothwendigkeit der Genehmigung des Gegenvormundes ist ohnehin auf Fälle beschränkt, in welchem eine Verminderung des Vermögens zu besorgen scheint. Der Deutsche, welcher ja friedfertiger Natur ist und nur auf Herausforderungen mit Streit antwortet, wird auch auf diesem Gebiete eine sachliche Selbstverwaltung lernen, ohne in den Mitbürgern, welche als Nebenorgane mit berufen sind, nur Gensd'armen zu erblicken.

Für die Verhältnisse der Beamten sind noch zu erwähnen die Gesetze vom 24. und 25. März 1873 und vom 28. Juni 1875 über Tagegelder und Reisekosten, und über Cautionen von Staatsbeamten, vom 24. December 1873 über Tagegelder und Reisekosten von Justizbeamten, vom 6. Februar 1874 über die erfolgte Vereinigung des Köngl. Oberapellationsgerichts mit dem Königl. Obertribunal, vom 1. Juni 1874 zur Ergänzung der Vorschriften über juristische Prüfungen und Vorbereitung zum höhern Justizdienst, und das Gesetz vom 10. Juni 1874, welches den unmittelbaren Staatsbeamten untersagt, Mitglieder des Vorstandes, Aufsichts- oder Verwaltungsraths von Aktien- Commandit- oder Bergwerks-Gesellschaften zu sein, wenn diese Mitgliedschaft mit Vermögensvortheilen verbunden ist, und auch bei Abwesenheit von Vortheilen die Genehmigung des vorgesetzten Ressortministers erfordert.

Durch Gesetz vom 28. Mai 1874 ist die Leistung des Homagialeides behufs Erwerbung von Rittergütern und behufs der Ausübung von provinzial- communal- und kreisständischen Rechten aufgehoben.

Das Gesetz vom 6. Februar 1874 läßt für die gesammte Monarchie die verbindliche Kraft der Gesetze mit dem 14 ten Tage nach Ablauf desjenigen Tages beginnen, an welchem das publicirende Blatt der Gesetzsammlung in Berlin ausgegeben ist.

Das Fischereigesetz vom 30. Mai 1874 hat die Erwerbung, Ausübung und Beaufsichtigung der Fischereiberechtigung nach allen Richtungen codificirend für die gesammte Monarchie geordnet. Ebenso hat das Gesetz vom 11. Juni 1874 für die gesammte Monarchie die Enteignung von Grundeigenthum aus Gründen des öffentlichen Wohls geregelt, die Competenz der Behörden zur Entscheidung über die Zuläßigkeit in concreten Fällen, die Grundsätze über die Entschädigung, das Enteignungsverfahren, die Vollziehung und die Wirkungen der Enteignung festgestellt, und die Entnahme von Materialien zum Bau und zur Unterhaltung öffentlicher Wege geordnet.

Als erhebliche Gesetze auf particularem Gebiete sind endlich noch zu erwähnen die Gesetze vom Mai 1873 über das Grundbuchwesen in Neuvorpommern, Schleswig-Holstein, Hannover, Hessen-Nassau, Hohenzollern und im gemeinrechtlichen rechtsrheinischen Gebiete; und das Gesetz vom 2. Juni 1874 betreffend das Höferecht in der Provinz Hannover zur Regulirung der dortigen Grundbesitz-Anrechte und Erbfolge.

Im deutschen Reichslande Elsaß-Lothringen ist seit dem 1. Januar 1874 die deutsche Reichsverfassung eingeführt, sowie demnächst durch Gesetz vom 15. November 1874 die Reichsmünzgesetze. Der mit berathender Stimme gebildete Landesausschuß ist im Begriffe, zur Ordnung der particularen Bedürfnisse den Grund zu bahnen.

Aus der Gesetzgebung von Bayern sind zu erwähnen: die Gesetze vom 29. December 1873 und 27. Juli 1874 behufs der Erleichterung der Todeserklärung von Personen, welche in Folge der Kriege von 1866 und 1870 — 71 vermißt werden; das Gesetz vom 25. Januar 1874, welches die Zuständigkeit der Gerichte in Strafsachen zur Verminderung der Ueberlastung der Schwurgerichte dahin änderte, daß es den letzteren einen Theil der früheren Competenz entzog; ein Gesetz vom 27. Juli 1874, welches die Nichtigkeitsbeschwerde in Handels-Registersachen für zuläßig erklärt; und ein Gesetz, vom 27. Juli 1874, welches die Vollstreckung von Gefängnißstrafen, deren Dauer nicht über 8 Tage ist, in Polizeigerichtsgefängnissen zuläßt.

Eingreifender war die Gesetzgebung im Königreiche Sachsen thätig. Ein Gesetz vom 12. October 1874 änderte mehrere Bestimmungen der Verfassung vom 4. September 1831, übertrug der zweiten Kammer die eigene Wahl ihrer Präsidenten, und erklärte die Vertagung des Landtags über 6 Monate ohne ständische Zustimmung für unzuläßig. — Durch eine Reihe von Gesetzen wurde eine neue Behörden-Organisation unter vollständiger Trennung der Justiz von der Verwaltung eingeführt. Es sind neue Gemeinde-Ordnungen für Stadt- und Landgemeinden, Gesetze über die Organisation der Verwaltungsbehörden, über Bildung von Bezirksvertretungen, und über den Uebergang von Polizei- und Verwaltungsstrafsachen auf die Gerichte erlassen. Den Amtshauptmannschaften ist ein weiterer Wirkungskreis in Verwaltungssachen überwiesen; zugleich ist die Competenz der örtlichen Organe der Gemeindeverwaltung wesentlich ausgedehnt. Statt der Provinzial-Regierungen (Kreisdirectionen), welche aufgehoben wurden, sind Kreishauptmannschaften als amtliche Verwaltungsorgane und neben denselben gewählte Bezirks- und Kreis-Vertretungen (Bezirks- und Kreisausschüsse) organisirt, welche theils berathend theils beschließend an der Thätigkeit der Amts- und Kreishauptmannschaften theilnehmen und in Bezirksversammlungen gewählt werden, welche ihrerseits gleichfalls in Bezirksangelegenheiten beschließend mitwirken.

Das Kirchengesetz vom 15. April 1873 verfügt die Errichtung eines evangelisch-lutherischen Landesconsistoriums. Letzteres übernimmt das Kirchenregiment und die Aufsicht über den Religionsunterricht unter Oberaufsicht der in Evangelicis beauftragten Staatsminister in Bezug auf das kirchliche Regiment (jus in sacra) und unter Oberaufsicht des Cultusministerii in Bezug auf das staatliche Regiment (jus circa sacra). Das ausschließliche Recht des Staats auf die Leitung des gesammten Schulwesens soll durch die Ueberwachung des Religionswesens seitens des Consistorii nicht beschränkt sein. Zur gutachtlichen Unterstützung des Consistorii dient ein Ausschuß von 3 geistlichen und 3 weltlichen Mitgliedern, welche die Landessynode aus ihrer Mitte wählt. — Ein besonderes Gesetz regelt die Collatur bei evangelischen Pfarreien; der Collator präsentirt 3 Candidaten, aus welchen der Kirchenvorstand — ein Ausschuß der Kirchengemeinde — den Pfarrer wählt. Bei Versäumung der Fristen wählt das Consistorium.

Ein umfassendes Gesetz vom 26. April 1873 ordnet das Volksschulwesen. Die Verwaltung desselben liegt wesentlich dem Schulvorstande ob, einem aus Gemeindemitgliedern bestehenden Ausschusse. Die staatliche Aufsicht wird durch Schulinspectoren, welche vom Staate bestellt und Staatsbeamte sind, und in höchster Instanz vom Cultusministerium geübt.

Zur Ausführung des deutschen Strafgesetzbuches waren von der Regierung auf Grund des § 88 der Verfassung Nothverordnungen erlassen. Die gesammte Angelegenheit, insbesondere auch die Competenz der Gerichte, Vertheidigung, Privatanklage, Bestrafung des Banquerotts von Nichtkaufleuten und Bestrafung von Forstcontraventionen ist demnächst im Wege der Gesetzgebung geregelt.

Zu erwähnen sind noch: ein Gesetz vom 25. Juni 1874 betreffend die Todeserklärung der in Folge des Krieges von 1870—71 vermißten Personen und ein Gesetz vom 16. August 1874 über Fischerei in fließenden Gewässern. Durch Gesetz vom 19. Februar 1874 sind mehrere proceßrechtliche Bestimmungen getroffen, darunter die Aufhebung der 4. Instanz. Ein Gesetz vom 30. April 1873 ordnet die Liquidation der Advocatenkosten nach Maßgabe einer Taxordnung dergestalt, daß eine Feststellung der Taxmäßigkeit nur auf Antrag eines Betheiligten erfolgt und daß die Taxordnung gegenüber dem Auftraggeber nur dann maßgebend sein soll, wenn nicht wegen der Höhe der Vergütung besondere Vereinbarung getroffen ist, — ein Grundsatz, welcher bei der Einführung der deutschen Proceßordnung wohl allgemein angenommen zu werden verdiente. —

In Württemberg trifft das Gesetz vom 27. Juni 1874 zur Ausführung des Reichspreßgesetzes vom 7. Mai 1874 Bestimmungen über das Plakatwesen, über Ablieferung von Pflichtexemplaren an die Polizeibehörden und über die Verweisung von Preßübertretungen an die Oberamtsgerichte und von Preßvergehen an die Strafkammern der Kreisgerichtshöfe.

Das Gesetz vom 8. October 1874 hat das Obereigenthum an Ritterlehen aufgehoben, soweit es das Rechtsverhältniß zwischen dem Lehnsherrn und der Vasallenfamilie betrifft, unbeschadet aller andern aus dem Lehnsverbande begründeten Rechtsverhältnisse; und bestimmt die vom Lehnsbesitzer dem Lehnsherrn dafür zu leistende Entschädigung, zu deren Tilgung das Lehn auch ohne Zustimmung der Lehnfolgeberechtigten belastet oder angegriffen werden kann. Die Errichtung neuer und die Wiederverleihung heimgefallener Lehne ist mit Ausnahme der kronlehnbaren Erbämter für ungültig erklärt.

Durch das Berggesetz vom 7. October 1874 ist das preußische Berggesetz vom 24. Juni 1865 eingeführt, soweit dessen Bestimmungen für Württemberg anwendbar sind. So wie für Bayern, Braunschweig und die sächsischen Herzogthümer ist hierdurch auch für Württemberg die Grundlage eines gemeinen deutschen Bergrechts wieder hergestellt. Das Bergamt, ein Oberbergamt und das Ministerium des Innern bilden den Instanzenzug.

Eine Königliche Verordnung vom 23. Juli 1874 führt neue Hausordnungen für die Zuchthäuser in Stuttgart, Ludwigsburg, für das Zellengefängniß in Heilbronn, in welchem Zuchthaus- und Gefängnißstrafen unter besonderen Bestimmungen an männlichen Verurtheilten vollzogen werden, für die Landesgefängnisse in Hall und Rothenburg, und für die Weiberstrafanstalt in Gotteszell ein. Die Verwaltung dieser Strafanstalten, zu welchen noch die Strafanstalten für jugendliche Verbrecher in Hall und Gotteszell und die Festungsstrafanstalt Hohenasberg hinzukommt, steht unter der Aufsicht des, dem Justizministerium untergebenen Strafanstalten-Collegium, welches aus einem rechtsgelehrten Vorstande, 4 Justiz- und 2 Verwaltungsbeamten besteht. Die neuen Hausordnungen beruhen auf den Vorschlägen dieses Collegiums, für welche die Wissenschaft und Praxis, wie sie sich in der Literatur und bei den Versammlungen des Vereins der deutschen Strafanstaltsbeamten durchgebildet hat, maßgebend waren.

In Oldenburg ist die Gesetzgebung seit dem letzten Juristentage nicht thätig gewesen.

Im Großherzogthum Baden sind mehrere Verordnungen zur Ausführung des Rechtshilfsgesetzes vom 21. Juni 1869, ferner der mit anderen Staaten abgeschlossenen Auslieferungsverträge, sowie des Reichspreßgesetzes vom 7. Mai 1874 unter Normirung der Competenz der Gerichte, desgleichen zur Einführung der Reichsmarkrechnung auf allen Verkehrsgebieten, insbesondere auch auf Strafen, Kosten und Gebühren erlassen.

Aus dem particularen Rechte sind Verordnungen vom 31. Januar und 16. April 1874 über Vereinigung der Unterstandsbücher und vom 18. und 28. Juli 1873 über Organisation der Handelsgerichte zu erwähnen; ferner das Gesetz vom 22. Januar 1874 über die Zuständigkeit der Amtsgerichte als Vormundschaftsbehörden; das Gesetz vom 24. Juni 1874 über die Führung der Grund- und Pfandbücher in einigen Städten unter Haftbarkeit der Gemeinden für den, durch die Beamten verursachten Schaden; und ein Gesetz vom 31. December 1873 über Zuwiderhandlungen gegen ortspolizeiliche Vorschriften. Das Gesetz vom 19. Februar 1874 hat unter Modificirung des Gesetzes vom 9. November 1860, die rechtliche Stellung der Kirchen und der kirchlichen Vereine im Staate betreffend, eine wirksame Ausübung der staatshoheitlichen Rechte zum Ausdrucke gebracht, und die Strafbestimmungen ergänzt. Endlich sind die Rechtsverhältnisse der Altkatholiken durch ein Gesetz vom 15. Juni 1874 ähnlich wie in Preußen geordnet.

In Sachsen-Weimar ist die kirchliche Verfassung durch eine neue Synodalordnung, ein Gesetz über Beitreibung von Umlagen zu kirchlichen Zwecken, und eine Verordnung über Einrichtung und Geschäftskreis der obersten kirchlichen Behörde, des Kirchenraths, zum Abschluß gekommen. Das Volksschulwesen ist durch ein umfassendes Gesetz vom 24. Juni 1874 geordnet und die Aufsicht über die Schule dem Ortsschulvorstande unter Schulinspectoren als höherer Instanz übertragen. — Eine neue Gemeindeordnung vom 24. Juni 1874 hat unter Beibehaltung des bisherigen Princips der Selbstverwaltung der Gemeinde nur die durch die Reichsgesetzgebung nöthigen Aenderungen getroffen, und Ergänzungen mit Rücksicht auf die fortgeschrittene Entwicklung des Gemeindelebens aufgenommen. — Durch Gesetz vom 9. Mai 1875 sind nach dem wiederholten Wunsche der Landesvertretung Friedensrichter zur Schlichtung von bürgerlichen Rechtsstreiten und zur Sühne für Beleidigungen bestellt.

In Coburg-Gotha ist die schwerfällige und kostspielige Einrichtung zweier Einzellandtage und eines gemeinschaftlichen Landtags noch nicht beseitigt, aber durch Gesetz vom 31. Januar 1874 ist wenigstens der Geschäftsgang vereinfacht. — Das Volksschulwesen ist auch hier durch ein Gesetz vom 27. October 1874 neu geordnet.

Für Sachsen-Altenburg sind zu erwähnen das Gesetz vom 29. April 1874, durch welches vom Domänenvermögen $^2/_3$ dem herzoglichen Hause und $^1/_3$ dem Lande zum ausschließlichen Eigenthum überwiesen sind, und ein Gesetz vom 23. December 1873 über Erhöhung der Gebühren für Sachwalter und Notare.

In Sachsen-Meiningen ist durch Gesetz vom 24. April 1873 der Landtag geordnet, und zwar aus 24 Abgeordneten, wovon 16 aus allgemeinen Wahlen, 4 von den höchstbesteuerten Grundbesitzern und 4 von den mit den höchsten Personalsteuern Betheiligten gewählt werden. Außer einer Synodalordnung ist noch ein Gesetz vom 23. December 1874 über Bestrafung von Forst- und Feldpolizei-Delicten zu erwähnen.

Für das Herzogthum Anhalt sind Gesetze vom 30. December 1873 über Reisekosten in Parteisachen, und vom 11. Februar 1874 über Liquidationen von Rechtsanwälten, welche nur noch auf Antrag von Betheiligten richterlich festgestellt werden sollen, zu erwähnen; sowie eine Kirchengemeinde- und Synodal-Ordnung vom 6. Februar 1875.

Im Fürstenthum Reuß älterer Linie sind Ablösungsgesetze vom 24. Juni und 30. December 1873, Gesetze vom 24. Januar 1874 über Mobilien-Pfandrechte, Vorrechte und Rangordnung im Concurse und vom 3. März 1875 über Einführung einer Erbschaftssteuer erlassen; im Fürstenthum Reuß jüngerer Linie eine Gemeindeordnung vom 17. Juni 1873.

Ein Gesetz vom 10. Mai 1874 über Bildung von Schiedsgerichten für Gewerbestreitigkeiten in Hamburg, eine Wegeordnung in Lübeck, und Beamten- und Steuer-Gesetze in Bremen mögen noch erwähnt sein.

Von hervorragendem Interesse ist die Gesetzgebung in Oesterreich. Die Strafproceßordnung vom 23. Mai 1873, seit Neujahr 1874 wirksam, ist ein allseitig rühmlichst anerkanntes Werk, an welchem vorzüglich der gegenwärtige Justizminister Dr. Glaser Antheil hat. Hervorzuheben sind: Die strenge Durchführung des Anklageprincips in Verbindung mit der Subsidiarklage, die Zurückführung der Voruntersuchung auf das nöthige Maß zur Wahrung der Mündlichkeit und Unmittelbarkeit der Hauptverhandlung; die Erleichterung der Lage des Betheiligten durch Erweiterung der Befugnisse der Vertheidigung namentlich in der Voruntersuchung; und die Beseitigung der Berufung gegen die Entscheidung der Schuldfrage mit Ausnahme der einzelnrichterlichen Urtheile. Das Verfahren vor Geschworenen, welchen die politischen und die schwersten gemeinen Verbrechen zugewiesen wurden, ist den Anforderungen der Praxis und Wissenschaft entsprechend gestaltet; insbesondere sind die Bestimmungen über die Fragestellung hervorzuheben, welche nicht mehr auf die That, sondern auf die Schuldfrage gerichtet ist und sich unmittelbar an das Beweisverfahren anschließt.

Durch die Gesetze vom 7. und 20. Mai 1874 werden die äußern

Rechtsverhältnisse der katholischen Kirche geregelt und die Bedingungen der Anerkennung von Religionsgesellschaften festgestellt.

Besonderes volkswirthschaftliches Interesse erregen die Gesetze vom 24. April 1874, welche die Rechte der Besitzer von Pfandbriefen und von den auf Inhaber lautenden oder durch Indossement übertragbaren Theilschuldverschreibungen, speciell die Hypothekenrechte für dieselben normiren.

Auf dem Gebiete des Civilprocesses wurde nach zwei Richtungen den drückendsten Uebelständen noch vor Einführung des in Aussicht stehenden, aber jedenfalls nicht nahen mündlichen Civilverfahrens abzuhelfen gesucht. Die Prozeßnovelle vom 16. Mai 1874 bezweckt, durch Bestimmungen über Fristen und Beseitigung von Rechtsmitteln die Proceßbeschleunigung, durch Gestattung der Intervention und Fragen der Partei bei Zeugenvernehmungen die richtige Feststellung des Thatbestandes und durch die Bestimmung des ausnahmslosen Kostenersatzes an die siegende Partei die Beseitigung der laxen Praxis der Kostencompensation. Die vielfachen Klagen über die Gesetze und die Praxis bei Executionen sollte eine Executions-Novelle beenden; dieselbe ist aber vom Abgeordnetenhause nicht angenommen.

Ferner ist das Vagabundengesetz vom 10. Mai 1874 zu erwähnen, welches strafrechtliche Bestimmungen enthält und die ordentlichen Gerichte zur Entscheidung beruft. Die in allen Ländern Oesterreichs nothwendige Regulirung des Grundbuchwesens ist durch mehrere Gesetze über Anlegung und Eintragung der Grundbücher eingeleitet, während das Gesetz vom 18. März 1875 die Löschung der Familienstandsrechte regelt und durch die, im Gesetze vom 31. März 1875 zugestandene Gebührenfreiheit die Löschung kleiner Satzposten erleichtert. Das Gesetz vom 19. Mai 1874 trifft Bestimmungen über Anlegung von Eisenbahnbüchern, über die Wirkung von Hypothekenrechten, welche an einer Eisenbahn eingeräumt sind, und über die bürgerliche Sicherung der Pfandrechte der Besitzer von Eisenbahn-Prioritäts-Obligationen.

Die handelsrechtliche Gesetzgebung ist durch das Börsengesetz vom 1. April 1875 und das Gesetz über Handelsmäkler vom 4. April 1875 ergänzt worden.

Dem Herrenhause des Reichsraths liegt noch ein, vom Abgeordnetenhause beschlossenes Gesetz über die Reform des Actienwesens vor. Der am Schlusse der letzten Sitzung eingebrachte Entwurf eines Strafgesetzbuchs und die, im kommenden Winter erwartete, Regierungs-Vorlage der Civilproceßordnung und des Gerichtsverfassungsgesetzes werden die Justizreform zum Abschluß zu bringen haben, während das von beiden Häusern angenommene Gesetz über den Verwaltungsgerichtshof, dessen Publication zu erwarten ist, die Einrichtungen zur Ausübung der Rechtscontrole auf dem Gebiete des öffentlichen Rechts vollendet.

In Oesterreich und im neuen deutschen Reiche finden wir, wie im Rechtsleben gleichzeitig die gleichen Aufgaben gestellt und im Wesentlichen aus gleichen Anschauungen gelöst werden. Es zeigt sich im Großen, wie das Recht, welches in der Einzelnanwendung so häufig entzweit, seine ausgleichende einigende Kraft bewährt, wo es auf demselben Grunde beruht. Der Grund ist hüben und drüben deutsche Sitte und deutsches Rechtsbewußtsein. Wir Alle, die ja auch der deutsche Juristentag eint, hoffen gewiß freudig, daß die Früchte der kräftigen Entwickelung, welche das jetzige Rechtsleben zeigt, segensreich reifen mögen. Es ist jedoch Sache jedes Einzelnen, das Seinige dazu beizutragen; und von dem stetigen Entschlusse hierzu werden wir Alle uns durchdringen lassen müssen, um unsere Hoffnungen zu realisiren.

(Lebhafter Beifall.)

Präsident: Meine Herren! Es ist keine leichte Aufgabe, die Gesetzgebung der letzten zwei Jahre in compresser Gestalt soweit zu characterisiren, wie es die Aufgabe des Juristentages bedingt. Wir sind unserm verehrten Collegen von Wilmowski zu großem Danke verpflichtet für die Uebernahme dieser mühevollen Arbeit. Ich kann dabei der geehrten Versammlung gleich jetzt die Mittheilung machen, daß wir nach dem Vorgange des letzten Juristentages den Bericht bereits durch den Druck vervielfältigt haben und daß er in 600 Exemplaren noch am Schlusse der heutigen Sitzung zur Vertheilung kommt.

Es bleibt uns nur noch der kurze Finanz-Bericht unsers Collegen, des Herrn Minister-Residenten Dr. Borchardt übrig. Ich bitte diesen Vortrag zu erstatten.

(Geschieht.)

Präsident: Wir sind unserm Finanz-Minister

(Heiterkeit.)

jederzeit zu großem Danke verpflichtet, denn seine Stellung ist eine schwierige wie die eines jeden Finanz-Ministers. Hat er viel Geld, so soll er es herausgeben und hat er wenig Geld, so soll er das Fehlende schaffen. Außerdem hat er — wie gewöhnlich die Finanz-Minister des Reiches — auch leicht mancherlei Meinungsdifferenzen mit den Finanz-Ministern der Einzelstaaten. Diese schwierigen Dinge ruhen seit Jahren in der Hand unsers verehrten Herrn Collegen sicher und in bestem Gedeihen.

)Es folgen geschäftliche Mittheilungen, sowie die Verlesung mehrerer Zuschriften, darunter das Einladungsschreiben des Gemeinderathes der Stadt Salzburg, die nächste Versammlung des Juristentages daselbst abzuhalten.)

Uns liegt für die Plenarsitzung kein weiterer Gegenstand vor und habe ich nur den Vorschlag zu machen, eine halbe Stunde Pause eintreten zu lassen und dann sofort die Sitzungen der Abtheilungen zu beginnen.

Ich schließe die erste Plenarsitzung in der Hoffnung, uns in den Abtheilungen bald thätig wiederzusehen.

(Schluß der Sitzung $^1/_2$11 Uhr Vormittags.)

Erste Sitzung der ersten und zweiten Abtheilung am 26. August 1875.

Auf den Vorschlag des Handelsgerichts-Präses Dr. Albrecht aus Hamburg, Beauftragten der ständigen Deputation, welcher die Sitzung um 11 Uhr eröffnet, wird der Reichsoberhandelsgerichts-Vicepräsident Dr. Drechsler durch Acclamation zum Vorsitzenden gewählt. Derselbe nimmt die Wahl dankend an. Auf seinen Vorschlag werden, ebenfalls durch Acclamation, gewählt: zum Vicepräsidenten Appellationsgerichts-Director von Seel aus Würzburg, zu Schriftführern Stadtrichter Thürauf von Nürnberg und Rechtsconcipient Dr. Schmidt aus Fürth.

Präsident: Der ersten und zweiten Abtheilung sind zugewiesen: die Fragen, betreffend die Vormundschaft, das eheliche Güterrecht, die väterliche Gewalt. Ich schlage vor, mit der Frage das eheliche Güterrecht betreffend zu beginnen, da es geschäftlich wünschenswerth ist, wie schon Herr Professor Gneist in der heutigen Plenarsitzung bemerkt hat, diese Frage heute zu erledigen. Das Referat über diesen Gegenstand hat, da Herr Ober-Appellationsgerichts-Rath Becker aus Oldenburg abgelehnt hat, Herr Professor Dr. Schröder aus Würzburg übernommen. Ich nehme an, daß wir gleich in die Verhandlung über die zweite Frage eintreten können und ersuche den Herrn Referenten, den Bericht gütigst zu erstatten.

Referent Professor Dr. **Schröder** aus Würzburg: Meine Herren! Die Frage des ehelichen Güterrechts tritt heute nicht zum ersten Mal an den deutschen Juristentag heran. Schon vor einer Reihe von Jahren war von Westfalen aus an den deutschen Juristentag der Antrag gestellt worden:

Es möge der deutsche Juristentag die allgemeine Gütergemeinschaft für dasjenige System erklären, welches am meisten geeignet sei, einer zukünftigen einheitlichen Gesetzgebung Deutschlands zu Grund gelegt zu werden.

Der Juristentag hat die gestellte Frage damals negativ beantwortet, er hat die ganze Sache für noch nicht reif erklärt. Eingehender ist dann der Juristentag mit dem ehelichen Güterrecht beschäftigt worden seit der X. Versammlung. Auf jener war die Frage aufgestellt worden:

Ist es wünschenswerth und ausführbar, das eheliche Güterrecht für ganz Deutschland durch ein einheitliches Gesetz auf der Grundlage der „Güterverbindung" zu codificiren?

„Güterverbindung" nannte man in dieser Fragstellung dasjenige System, das, so verständlich an sich, doch Vielen wenigstens unverständlich geworden ist durch die große Menge von Ausdrücken, mit denen man dieses System bezeichnet hat. Es ist das System der deutschrechtlichen Gütertrennung, wonach während der Ehe zwar die beiderseitigen Vermögensmassen, in der Hand des Mannes vereinigt, vom Manne verwaltet werden, mit Veräußerungsrecht in Bezug auf die fahrende Habe, wonach aber innerlich Gütertrennung besteht, sodaß nach Auflösung der Ehe die beiderseitigen Vermögensmassen nach der ursprünglichen Zuständigkeit wieder auseinanderfallen. Man hat für dieses System eine Reihe von verschiedenen Ausdrücken gebraucht. In der Theorie hatte sich längere Zeit ein besonderer Ausdruck eingebürgert, der eigentlich so unglücklich wie möglich gewählt war. Der Sachsenspiegel, der dieses System hat, sagt nämlich an einer Stelle: „Mann und Weib haben kein gezweit Gut zu ihrem Leib", d. h. sie haben bei ihrem Leben kein gezweit Gut; daraus deducirte Gerber: wenn sie kein gezweit Gut haben, dann haben sie geeint Gut, und schlug in Folge dessen den Ausdruck „Gütereinheit" vor, der sich längere Zeit eingebürgert hat. Er ist so unpassend wie möglich — denn Gütereinheit kann man logisch von Gütergemeinschaft doch nicht unterscheiden — der Ausdruck wurde deshalb in der Fragstellung bei dem X. Juristentag auch vermieden, man bediente sich dafür des Ausdruckes „Güterverbindung". Auch dieser Ausdruck ist nicht bezeichnend, weil ja auch die allgemeine Gütergemeinschaft eine Güterverbindung ist. Es ist deshalb von mir vor einigen Jahren der Vorschlag gemacht worden dafür zu sagen „eheliche Verwaltungsgemeinschaft"; denn das Vermögen der Ehegatten wird während der Ehe in der Hand des Mannes zu Verwaltungszwecken vereinigt. Daß der Mann, wo das Bedürfniß es erheischt, die Fahrniß auch veräußern kann, ist eine Befugniß, wie sie nach deutschem Recht dem Verwalter fremden Gutes sehr häufig eingeräumt wird. Der Ausdruck „Verwaltungsgemeinschaft" läßt die Eigenthumsverhältnisse unberührt. Es scheint, als wenn dieser Ausdruck neuerdings Beifall gefunden hätte. Ich werde mich deshalb bei den weiteren Erörterungen des Ausdrucks „Verwaltungsgemeinschaft" für dieses System bedienen, welches also auf folgenden Gedanken beruht: während der Ehe ist das beiderseitige Vermögen in der Hand des Mannes vereinigt, der Mann verwaltet, der Mann zieht die Nutzungen daraus, der Mann verfügt über sein Vermögen und über das Mobiliarvermögen der Frau auch ohne ihre Zustimmung, über ihr Immobiliarvermögen nur mit Zustimmung der Frau.

Die Frage lautete also dahin, ob dieses System der Verwaltungsgemeinschaft als Grundsystem für die Codification in Deutschland zu empfehlen sei. Es war ein umfangreiches vortreffliches Gutachten des Herrn von Beaulieu-Marconnay aus Oldenburg eingegangen, ein Gutachten, welches diese Frage bejaht, welches ausführlich entwickelt, daß alle anderen Systeme, insbesondere das System der allgemeinen Gütergemeinschaft und das der particulären Gütergemeinschaft, nicht empfehlenswerth seien, es müsse vielmehr einzig und allein dieses System der Verwaltungsgemeinschaft ins Auge gefaßt werden. Der Juristentag hatte damals ein anderes Gutachten nicht extrahirt, es lag aber ein zweites Gutachten vor, welches im „Archiv für civilistische Praxis" Bd. 56 und mit einem Nachtrag Bd. 57 von Herrn Appellationsgerichtsrath Dr. Binding in Frankfurt publicirt war. Dieses letztere Gutachten ging nun gerade entgegengesetzt dem Gutachten des Herrn von Beaulieu-Marconnay darauf aus, daß die particuläre Gütergemeinschaft, und zwar in der Gestalt der Errungenschaftsgemeinschaft, das allein berechtigte System sei. Gerade diese Errungenschaftsgemeinschaft hatte Herr von Beaulieu-Marconnay am meisten zurückgewiesen, vorzugsweise sich stützend auf die Gründe, die von Gerber früher in verschiedenen Aufsätzen publicirt worden waren. Binding empfiehlt also das System der particulären, das System der Errungenschaftsgemeinschaft, Herr von Beaulieu-Marconnay das der Verwaltungsgemeinschaft.

Diesen beiden sich schnurstraks entgegenstehenden Gutachten gegenüber entschied sich nun der XI. deutsche Juristentag, auf welchem Herr Rath Becker Bericht erstattete, dahin, daß die Frage noch nicht schlußreif sei, daß insbesondere die allgemeine Gütergemeinschaft noch nicht genug berücksichtigt erscheine, daß auch auf die territoriale Ausbreitung der verschiedenen Systeme in Deutschland selbst größere Rücksicht zu nehmen sei. Es wurde deshalb der Antrag auf Vertagung gestellt und der Juristentag beschloß, die Frage für den XII. Juristentag offen zu halten, inzwischen noch weitere Rechtsgutachten über die Frage einzufordern. Solche Gutachten sind dann eingefordet und eingegangen von Herrn Justizrath Dr.

Euler in Frankfurt a. M., von Herrn Appellationsrath Dr. Agricola in Eisenach, von Herrn Professor Dr. von Roth in München und von mir.

Es ist für mich in gewissem Sinne ja eine etwas delicate Aufgabe, hier als Referent aufzutreten in einer Sache, in welcher ich gleichzeitig ein Gutachten gegeben habe; indessen ich habe keinen Augenblick mich bedacht, auf das ehrenvolle Ansinnen der ständigen Deputation, hier das Referat zu übernehmen, einzugehen, weil ich meinem Gutachten selber objectiv gegenüberstehe; objectiv insofern als ich in der Zwischenzeit in einer Kardinalfrage meine Ansicht, wenn auch nicht geändert, so doch bedeutend modificirt habe. Ich werde also in der Lage sein, Ihnen eine Resolution vorzuschlagen, die von dem, worauf mein früheres Gutachten hinauskommt, wesentlich verschieden ist.

Was diese vier Gutachten, des Herrn Dr. Euler, Dr. Agricola, Paul Roth und das von mir angeht, so gestatten Sie mir, zunächst das des Herrn Dr. Euler kurz zu characterisiren.

Herr Dr. Euler schließt sich dem Gutachten des Herrn von Beaulieu-Marconnay insoweit an, als er ebenfalls das System der ehelichen Verwaltungsgemeinschaft für dasjenige erklärt, welches unserem wirthschaftlichen Bedürfniß und unserer Rechtsanschauung am angemessensten sei, unterscheidet sich aber von Herrn von Beaulieu-Marconnay sehr bedeutend dadurch, daß, während der letztere neben der Verwaltungsgemeinschaft nur noch die allgemeine Gütergemeinschaft einigermaßen in Betracht zieht, Herr Dr. Euler auf das große Gewicht hinweist, welches auch insbesondere der particulären Gütergemeinschaft, namentlich der Errungenschaftsgemeinschaft beizulegen sei. Herr von Beaulieu-Marconnay hatte das Recht des Ehevertrags nicht ganz freigeben wollen; er hatte die Befugniß der Ehegatten, ihre Vermögensverhältnisse zunächst den individuellen Ansprüchen gemäß durch Vertrag zu regeln, anerkannt, aber nicht in absoluter Freiheit; er hatte für die Fälle, wo die Ehegatten allgemeine Gütergemeinschaft beliebt haben, die Aufstellung eines besonderen Systems der allgemeinen Gütergemeinschaft empfohlen, das dann für diese Fälle subsidiär eingreifen solle, aber ein System, das keine vollständig durchgeführte allgemeine Gütergemeinschaft enthält; er hatte von einer gesetzlichen, wenn auch nur subsidiär gesetzlichen Regelung der particulären Gütergemeinschaft ganz abgesehen.

Dem gegenüber sagt Herr Dr. Euler: Es sind in Deutschland die drei Systeme der allgemeinen Gütergemeinschaft, der particulären Gütergemeinschaft und der Verwaltungsgemeinschaft dermaßen in verschiedenen Gegenden eingewurzelt, daß mit Sicherheit vorauszusehen ist, daß, wenn ein deutsches Gesetzbuch ein einheitliches System aufstellt — und daß dieſes abſolut zu empfehlen ſei, darüber hat Herr Dr. Euler keinen Augenblick geſchwankt — in ſehr vielen Gegenden vorausſichtlich die Leute ſuchen werden, durch Ehevertrag ihr altes Recht feſtzuhalten. Wird alſo die Verwaltungsgemeinſchaft als geſetzliches Syſtem aufgeſtellt für alle Fälle, wo ein Ehevertrag nicht vorliegt, ſo werden vorausſichtlich in ſehr vielen Gegenden, wo jetzt allgemeine Gütergemeinſchaft gilt, die Ehegatten auch fernerhin allgemeine Gütergemeinſchaft vereinbaren, und in denjenigen Gegenden, wo jetzt particuläre Gütergemeinſchaft gilt, werden vorausſichtlich auch zukünftig die Ehegatten ſehr häufig einen Ehevertrag ſchließen, worin ſie particuläre Gütergemeinſchaft feſtſetzen. Es iſt deshalb unentbehrlich, daß das Geſetzbuch alle drei Syſteme codificirt.

Das iſt alſo der charakteriſtiſche Unterſchied zwiſchen dem, was Herr Dr. Euler empfohlen, und dem was Herr von Beaulieu-Marconnay auf der einen Seite, was Herr Dr. Binding auf der anderen Seite empfohlen haben. Beide Herren wollten nur ein Syſtem, nur eventuell Herr von Beaulieu-Marconnay noch ein zweites daneben. Herr Dr. Euler ſagt: drei Syſteme müſſen codificirt werden, eines davon, die Verwaltungsgemeinſchaft, ſoll geſetzliches Recht werden, die anderen Syſteme müſſen aber geſetzlich geregelt ſein für den Fall, daß die Ehegatten durch Ehevertrag darauf hingewieſen haben.

Die drei anderen Gutachten von Roth, Agricola und mir nehmen einen anderen Standpunkt wie Dr. Euler ein, einen anderen Standpunkt wenigſtens auf der einen Seite, während ſie in einer anderen Richtung mit ihm übereinſtimmen.

Sie ſtimmen alle drei mit Herrn Dr. Euler darin überein, daß das deutſche bürgerliche Geſetzbuch, dem wir entgegen ſehen, ſich nicht auf ein Syſtem beſchränken darf, ſondern daß daſſelbe mehrere Syſteme in den Bereich der Codification hineinziehen müſſe: allein über die Art, wie dieſe dieſe drei Syſteme geſetzliche Geltung erlangen ſollen, weichen ſie, unter ſich übereinſtimmend, von dem was Herr Dr. Euler beabſichtigt, ſehr weſentlich ab. Geſtatten Sie mir zunächſt etwas unbeſcheiden den Anfang mit meinem Gutachten zu machen, einfach deshalb, weil es der Zeit nach das ältere iſt.

Ich habe, um über die Frage, wie die verſchiedenen Syſteme des ehelichen Güterrechts in Deutſchland vertheilt ſind, Klarheit zu erlangen, zunächſt ſtatiſtiſche Erhebungen angeſtellt. Es kam zunächſt darauf an zu erfahren: wo gelten die verſchiedenen Syſteme? Es herrſchte in dieſer Beziehung früher eine ziemliche Unklarheit. Es war nothwendig, zunächſt einmal über die Ausbreitungsverhältniſſe ſich klar zu werden. Ich geſtehe, daß, wie ich an dieſe Arbeit ging, ich keine Ahnung hatte, wie ſich das

Verhältniß herausstellen würde. Es hat sich nun Folgendes herausgestellt.

Zunächst die particuläre Gütergemeinschaft, die wir wieder trennen müssen in das System der Mobiliar- und Errungenschafts-Gemeinschaft und in das System der reinen Errungenschafts-Gemeinschaft, hat folgendes Gebiet. Das System der Mobiliar- und Errungenschafts-Gemeinschaft, wonach also das gesammte Mobiliarvermögen der Ehegatten eine Masse bildet, gleichviel woher es kommt, und ferner sämmtliche Immobilien, die während der Ehe unter onerosem Titel erworben werden oder aus den Ersparnissen der Ehegatten angeschafft sind, Gemeingut sind — dieses System ist, wie Ihnen allen bekannt, das System des französischen Rechts, ebenfalls das System des mit dem französischen Recht in der Hauptsache übereinstimmenden badischen Landrechts. Das Geltungsgebiet des französischen Systems umfaßt Elsaß-Lothringen, Rheinbayern, Rheinhessen, das oldenburgische Fürstenthum Birkenfeld, die ganze linksrheinische preußische Rheinprovinz und einen großen Theil auch rechts des Rheins, nämlich das ganze Gebiet rechts des Rheins mit Ausnahme des gemeinrechtlichen Districts von Ehrenbreitstein, Regierungsbezirk Coblenz, und mit Ausnahme der Kreise Essen, Rees und Duisburg; ferner gehört dazu das Großherzogthum Baden. Dieses ganze Gebiet umfaßt ungefähr 7,000,000 Seelen. Dazu kommt Mobiliar- und Errungenschafts-Gemeinschaft in einzelnen Particularrechten, die im Gebiet von Ehrenbreitstein vorzugsweise Geltung haben, aber von geringer Bedeutung in Bezug auf die räumliche Ausdehnung sind; und in Schleswig auf dem Lande gilt das Jütische Low, das seit dem 13. Jahrhundert dort die particuläre Gütergemeinschaft in der Gestalt der Mobiliar- und Errungenschafts-Gemeinschaft vertritt. Außerdem haben wir dann in einem großen Theile Deutschlands die reine Errungenschafts-Gemeinschaft. Es ergiebt sich, daß diesem Systeme angehören: das Königreich Württemberg auf Grund des Württembergischen Landrechts, fast das ganze Großherzogthum Hessen mit ganz geringen Ausnahmen, das ganze zur preußischen Rheinprovinz gehörige Justizdepartement Ehrenbreitstein, soweit nicht auf Grund weniger Particularrechte dort Mobiliar- und Errungenschafts-Gemeinschaft in Geltung ist, das ganze Hessen-Nassau mit Frankfurt, kleine Gebiete in Hannover (die Aemter Uchten und Freudenberg, die früher zu Hessen gehört haben), in Holstein Dietmarschen und einige kleine Districte wie die Insel Fehmarn u. a., endlich große Theile von Bayern, in Bayern von besonders hervorragender Bedeutung das Gebiet des bayerischen Landrechts (aus einem Grunde, den ich nachher hervorzuheben haben werde). Das gesammte Gebiet der particulären Gütergemeinschaft, dem sich noch einige kleinere Gebiete zugesellen, wie das Herzogthum Koburg — nicht Gotha —, dann eine Reihe von Statutarrechten, die in Thüringen gelten, ferner das Fürstenthum Hohenzollern-Hechingen und einige andere, umfaßt ungefähr 14,000,000 Seelen. Es ergab sich also bei dieser Untersuchung, die ich zunächst für die particuläre Gütergemeinschaft angestellt hatte, das überraschende Resultat, daß gerade $^1/_3$ der Bevölkerung Deutschlands nach particulärer Gütergemeinschaft lebt.

Was sodann die allgemeine Gütergemeinschaft angeht, wonach hinsichtlich der Vermögensobjecte überhaupt nicht unterschieden wird, wo sie herkommen, sondern alles für die Dauer der Ehe und nach Auflösung der Ehe in eine Masse zusammenfließt, so ergiebt sich Folgendes. Dasselbe gilt zunächst in einem großen Theile des nordöstlichen Deutschlands, in ganz Ost- und Westpreußen, in Posen, fast in ganz Pommern mit geringen Ausnahmen, in ganz Westfalen und in den drei niederrheinischen Kreisen der preußischen Rheinprovinz Essen, Rees und Duisburg, ferner in Theilen der Provinz Brandenburg, in Theilen von Hannover, in großen Gebieten von Schleswig-Holstein und in sämmtlichen mecklenburgischen Städten, sie gilt in einzelnen Theilen des ehemaligen Kurfürstenthums Hessen (in den Kreisen Rinteln, Fulda und Hünfeld), in Schaumburg-Lippe, in Lippe, in Hamburg, in Bremen, im Fürstenthum Hildburghausen und endlich in einem großen Theil von Bayern, vorzugsweise hier gerade in den main-fränkischen Landen. Im Ganzen ergiebt sich für das System der allgemeinen Gütergemeinschaft, der auch Hohenzollern-Sigmaringen angehört, ein Geltungsbereich von etwas über 11,000,000 Seelen.

Endlich das System der Verwaltungsgemeinschaft. Dasselbe ist als principales System im preußischen allgemeinen Landrecht aufgestellt. Das letztere hat aber bekanntlich nur subsidiäre Geltung gegenüber den Particularrechten, und zufällig gilt in den meisten Provinzen particularrechtlich die allgemeine Gütergemeinschaft, so daß dieses principale Recht des preußischen allgemeinen Landrechts ein geringeres Geltungsgebiet hat als das System der allgemeinen Gütergemeinschaft. Es gilt in Schlesien, in der Provinz Sachsen, in einzelnen Kreisen der Provinz Brandenburg, in einigen Gebieten von Hannover, wo das preußische Landrecht gilt, nämlich in Ostfriesland und einigen kleinen Gebieten — das Einzelne können wir hier bei Seite lassen —; es gilt ferner im Großherzogthum Oldenburg auf Grund eines neuen 1873 publicirten Gesetzes, dessen Verfasser Herr v. Beaulieu-Marconnay ist; es gilt, mit einigen Modificationen, im Königreich Sachsen auf Grund des bürgerlichen Gesetzbuchs; es gilt ferner in einer Reihe von Gebieten, wo noch der

Sachsenspiegel als geltendes Gewohnheitsrecht sich erhalten hat. Alle diese Gebiete der Verwaltungsgemeinschaft beschränken sich auf Norddeutschland, sie umfassen im Ganzen etwa 10,000,000 Seelen.

Außer diesen Gebieten, die sich nach den drei Systemen unterbringen ließen, giebt es noch etwa 5,000,000 Seelen, welche überwiegend nach römischem Dotalrecht leben. Allerdings ganz reines römisches Recht gilt in Deutschland auf dem Gebiet des ehelichen Güterrechts nirgends. Das römische Dotalrecht ist ein absolutes Recht, das römische Recht läßt ja keinen Ehevertrag zu, weil ein Ehevertrag nichts anderes sein könnte als ein Societätsvertrag und es nach römischem Recht keine Societätsverträge auf Lebenszeit giebt. Das römische Recht kennt nur einen Ehevertrag, das ist die Bestellung der dos, im Uebrigen ist das römische eheliche Güterrecht ein absolutes, das den Ehegatten keine vertragsmäßige Regelung gestattet. So gilt das römische Recht nirgends in Deutschland.

Der uralte deutsche Grundsatz: „Willkür bricht Landrecht", d. h. es ist den Ehegatten erlaubt, ihre ehelichen Güterverhältnisse ihren persönlichen Bedürfnissen entsprechend zu regeln, gilt auch noch heute in ganz Deutschland. Wenn wir von dieser Modification absehen, finden wir allerdings das reine römische Dotalrecht in einem großen Theil der bayerischen Provinz Schwaben, in Mecklenburg auf dem Lande, in Waldeck, ferner, allerdings mit sehr bedeutenden Modificationen, in einem großen Theil der Mark Brandenburg auf Grund der im vorigen Jahrhundert mißverständlich authentisch interpretirten Joachimica, wonach während der Dauer der Ehe das römische Dotalrecht gilt, während bei Auflösung der Ehe der überlebende Ehegatte das Recht hat, sein Vermögen in die gesammte Masse einzuwerfen und dann die Hälfte vom ganzen Vermögen zu nehmen. In ähnlicher Weise finden wir in Hannover und in Braunschweig in großen Gebieten das römische Recht, aber durch eine ganze Reihe von deutschrechtlichen Sätzen modificirt. Dieses System mit etwa 5,000,000 Seelen neigt bald mehr zu dem System der Gütertrennung, bald mehr zu dem System der allgemeinen Gütergemeinschaft, so daß, wenn man eine statistische Berechnung anstellen will, man nichts Besseres thun kann, als von diesen 5,000,000 die Hälfte dem System der deutschrechtlichen Gütertrennung und die Hälfte dem System der allgemeinen Gütergemeinschaft zuzuzählen; es wird dies mehr oder weniger genau den thatsächlichen Verhältnissen entsprechen. Thun wir dies, so ergiebt sich zu den 14,000,000 Seelen, die nach particulärer Gütergemeinschaft leben, eine Seelenzahl von etwa 13,000,000 nach dem System der Verwaltungsgemeinschaft, von etwa 13,000,000 nach dem System der allgemeinen Gütergemeinschaft. In Deutschland lebt also genau je ein Drittel der Bevölkerung nach je einem der drei Systeme.

Es entsteht nun für den Gesetzgeber die große Frage: ist man berechtigt, ein System, das bis jetzt nur bei einem Drittel gilt, zwei Dritteln der Bevölkerung zu octroyiren?, zwei Dritteln, die an ihrem alten angestammten Rechte festhalten wollen? Denn diese Gebiete, über welche sich die drei Systeme so eigenthümlich vertheilen, sind nicht willkürlich gemacht, sondern das sind dieselben Systeme wie schon vor 6 oder 700 Jahren. Zum Theil schon im 12., ausführlicher im 13. Jahrhundert läßt sich genau in denselben Gebieten die entsprechende Verbreitung nachweisen. Es ist also uralte Rechtsüberzeugung der betreffenden Theile: so muß es sein! Aus diesem Grunde habe ich nach diesen statistischen Erhebungen vorgeschlagen: Das deutsche Bürgerliche Gesetzbuch hat alle drei Systeme zu codificiren und es ist dann, sei es im Wege der Reichsgesetzgebung, sei es im Wege der Landesgesetzgebung oder durch Verordnung des Bundesrathes, das geographische Geltungsgebiet jedes einzelnen Systems festzustellen.

In derselben Weise wie ich, also eine territoriale Abgrenzung der verschiedenen Geltungsgebiete empfehlend, äußern sich die Gutachten der Herren Prof. v. Roth und Dr. Agricola. Roth empfiehlt eine Abgrenzung dieser territorialen Gebiete durch die Reichsgesetzgebung und unterscheidet sich in seinen Resultaten von den meinigen im Wesentlichen nur dadurch, daß er mit Rücksicht auf die heute besonders hervortretende Bedeutung des Mobiliarvermögens, mit Rücksicht darauf, daß heutzutage das Immobiliarvermögen gegenüber dem Mobiliarvermögen an Werth zurückgetreten ist, das System der Mobiliar- und Errungenschaftsgemeinschaft des französischen Rechts zu beseitigen und überall dort, wo dasselbe jetzt gilt, allgemeine Gütergemeinschaft eintreten zu lassen empfiehlt. So erlangt er für die allgemeine Gütergemeinschaft ein Geltungsgebiet von ungefähr 17,000,000 Seelen; das Gebiet der particulären Gütergemeinschaft wird entsprechend verengert, während das Gebiet der Verwaltungsgemeinschaft im Wesentlichen dasselbe bleibt.

Agricola hält die Codification von drei Systemen nicht für genügend, sondern empfiehlt vier Systeme:

1) die eheliche Verwaltungsgemeinschaft,
2) die particuläre Gütergemeinschaft,
3) die allgemeine Gütergemeinschaft mit Veräußerungsbefugniß des Mannes,
4) die allgemeine Gütergemeinschaft mit gesammter Hand der Ehegatten,

d. h. allgemeine Gütergemeinschaft, wobei bei jeder Veräußerung eines Grundstücks oder einer den Grundstücken gleichgestellten Sache beide Ehegatten zusammenhandeln. Also vier Systeme, wobei innerhalb der allgemeinen Gütergemeinschaft wieder unterschieden wird zwischen allgemeiner Gütergemeinschaft, die mit der Auflösung der Ehe endigt, und zwischen allgemeiner Gütergemeinschaft, die nach Auflösung der Ehe wenigstens mit den Kindern fortgesetzt wird, s. g. communio bonorum prorogata. Die Vertheilung dieser verschiedenen Gebiete über Deutschland denkt sich Agricola in der Weise, daß es der Autonomie der Einzelstaaten oder vielleicht auch der Autonomie einzelner Provinzen überlassen sein solle, festzustellen, wo dieses, wo jenes Recht gelte.

Das sind in den Grundzügen die Ergebnisse dieser verschiedenen Gutachten. Alle stimmen darin überein, daß das römische Dotalrecht für uns unanwendbar ist, weil es eben nur ganz vereinzelt und da, wo es gilt, doch nur halb und halb in Geltung gekommen ist. Die Mehrzahl der Gutachten stimmt auch darin überein, daß das Gesetzbuch sich mit einem Systeme nicht begnügen kann, sondern mehrere Systeme aufstellen muß. Der Unterschied besteht nur darin: Sollen diese Systeme einander coordinirt werden, sodaß sie in geographisch abgegrenzten Gebieten je ein selbständiges gesetzliches Leben führen? oder soll ein System als gesetzliches Recht aufgestellt werden und den anderen Systemen nur eine subsidiäre Geltung eingeräumt werden, sobald durch Ehevertrag ein anderes als das gesetzliche System vereinbart ist? Ich habe vorhin schon gesagt, daß ich in dieser Kardinalfrage meine Ansicht wenn auch nicht vollständig geändert, so doch wesentlich modificirt habe. Es läßt sich nicht leugnen, haben wir geographisch abgegrenzte Gebiete, so fehlt uns immer noch die so lange und heiß ersehnte Rechtseinheit; vom politischen Standpunkt aus läßt sich ein solches System gewiß nicht empfehlen, und in der Praxis werden wir auch fernerhin unzählige Male zu entscheiden haben: wie soll es werden, wenn die Ehegatten während der Ehe ihren Wohnsitz von diesem Gebiet in ein anderes Gebiet verlegt haben? Ferner, wie soll der praktische Jurist in der Lage sein, die geographischen Grenzen immer genau zu kennen? da müßte er stets einen Atlas neben sich liegen haben. Das geht nicht. Bekommen wir einmal ein einheitliches Gesetzbuch, so soll dieses auch einheitliches Recht machen. Aber wie machen wir es, um den wohlberechtigten Rechtsanschauungen derjenigen $^2/_3$ unserer deutschen Bevölkerung gerecht zu werden, deren System nicht das gesetzliche System ist? Es scheint mir nicht genug mit dem Gutachten des Herrn Dr. Euler, den Gegenden, in welchen ein anderes als das zukünftige gesetzliche System heute gilt, den Weg des Ehevertrags allein offen zu lassen. Eheverträge sind ja einmal kostspielig für die Parteien, Eheverträge müssen doch unter allen Umständen spezialisirt sein, denn darüber sind wir alle einig, daß es nicht geht wie heutzutage im Großherzogthum Hessen, daß die Ehegatten sagen: „wir wollen nach Solmser Landrecht leben" und da soll der Richter aus uralten Büchern das erst studiren. Das geht nicht. Die Berufung der Ehegatten auf irgend ein Particularrecht muß ausgeschlossen werden. Wollen wir also die Ehegatten auf den Ehevertrag hinweisen, so müssen wir von ihnen spezialisirte Angaben im Ehevertrag verlangen, und damit erschweren wir die Sache außerordentlich. Ich meine, das ist nicht die Rücksicht, die wir den particularrechtlichen Eigenthümlichkeiten müssen zu Theil werden lassen. Aber es empfiehlt sich vielleicht ein anderes System. Da wir von Neujahr ab in ganz Deutschland die Civilehe haben, so kann man mit Leichtigkeit für die Eheverträge in dieser Richtung die Civilstandsbeamten verwenden. Man gestatte den Ehegatten, die die Ehe schließen wollen, bei den Civilstandsbeamten gleichzeitig mit der Eheschließung zu erklären: wir schließen die Gütergemeinschaft aus. Dann tritt das System ein, welches im Gesetzbuch als System der Verwaltungsgemeinschaft geregelt ist. Sie brauchen weiter gar nichts zu sagen als: wir schließen die Gütergemeinschaft aus; dann haben wir das gesetzlich geregelte System, es bleiben den Eheleuten die Kosten eines Ehevertrags erspart und es ist der betreffenden Bevölkerung leicht gemacht, das ihr lieb gewordene Recht festzuhalten. Oder sie sagen vor dem Civilstadsbeamten: wir wollen allgemeine Gütergemeinschaft; dann tritt zwischen ihnen das System ein, welches im Gesetzbuch als allgemeine Gütergemeinschaft codificirt ist. Oder sie erklären: wir wollen particuläre Gütergemeinschaft haben; dann tritt dieses System ein Es muß selbstverständlich den Ehegatten ebenso überlassen sein, eine derartige Erklärung vor dem Notar abzugeben. Ferner müssen wir unter allen Umständen verlangen, daß Eheverträge, welche andere als im Gesetzbuch aufgenommene Bestimmungen festsetzen wollen, specialisirt notariell aufgenommen werden. Wenn wir diesen Weg einschlagen, ist selbstverständlich ein Mittel nothwendig, um die Sache auch öffentlich zu machen, die einfache Erklärung vor dem Civilstandsbeamten kann uns nicht genügen. Es empfiehlt sich deshalb nach dem Vorgang des Oldenburgischen Gesetzes von 1873 eine dem Handelsregister nachgebildete Einrichtung eherechtlicher Register. Man kann z. B. den Grundbuchämtern, den Vormundschaftsgerichten oder irgend einer anderen Gerichtsbehörde die Führung eherechtlicher Register übertragen. Vielfach wird ja jetzt schon das Handelsregister zu solchen Zwecken benutzt. Da muß dann der Ehevertrag, der etwas anderes bestimmt als das Gesetz, in den Hauptrichtungen eingetragen werden, und bei Angehörigen des Handelsstandes empfiehlt sich weiter eine Bekanntmachung durch öffentliche Blätter. Ich meine, auf diesem Wege wird es am leichtesten sein, auf der einen Seite dem öffentlichen Vertrauen eine Grundlage zu geben — denn wir müssen den Satz aufstellen: Eheverträge, die nicht in das Register eingetragen und nicht öffentlich bekannt gemacht sind, gelten nur als Internum zwischen den Ehegatten, eine Wirkung Dritten gegenüber haben sie nicht, dazu ist nothwendig die Eintragung in das eherechtliche Register — auf der andern Seite den Ehegatten es zu ermöglichen, durch eine einfache Erklärung vor dem Standesbeamten ein System, das im Gesetzbuch geregelt ist, sich auszuwählen. Dann erreichen wir, was uns noththut: auf der einen Seite eine einheitliche Gesetzgebung, auf der anderen Seite nehmen wir die nöthige Rücksicht auf die in den einzelnen Gebieten Deutschlands verbreiteten besonderen Rechtsanschauungen.

Es fragt sich nur: wie soll in dieser Beziehung bei der Codification vorgegangen werden? welche Systeme sollen codificirt werden? welches System empfiehlt sich als das principale System, das überall da eintritt, wo die Ehegatten keinen Ehevertrag und auch keine vertragsmäßige Hinweisung auf ein im Gesetz subsidiär geregeltes System festgestellt haben?

Was zunächst die Frage nach den zu codificirenden Systemen angeht, so kann ja über die Codification der Verwaltungsgemeinschaft mit innerlicher Gütertrennung und über das System der allgemeinen Gütergemeinschaft kein Zweifel sein. Zweifelhafter müssen wir gegenüberstehen dem System der particulären Gütergemeinschaft. Sollen wir da für das Gesetzbuch die Mobiliar- und Errungenschaftsgemeinschaft wählen, oder sollen wir die reine Errungenschaftsgemeinschaft wählen? Beide Systeme entsprechen den wirthschaftlichen Bedürfnissen nicht und auch nicht dem ursprünglichen Rechtsgedanken, der zu Grunde gelegen hat. Das System der Mobiliar- und Errungenschaftsgemeinschaft ist das herrschende System des fränkischen Rechts seit dem 7. Jahrhundert, allerdings in der ältesten Zeit im Wesentlichen nach den Bestimmungen der lex Ripuaria erst bei Auflösung der Ehe eintretend, dann aber seit dem 9. Jahrhundert auch schon während der Ehe geltend. Dieses System der Mobiliar- und Errungenschaftsgemeinschaft beruht auf dem Gedanken, daß Alles, was während der Ehe erworben wird, Gemeingut sein soll, und daß weiter Gemeingut sein sollen die unerheblichen Vermögensobjecte, daß dagegen gesondertes Eigenthum der Ehegatten sein soll das, worin sie ihre dauernden Vermögensanlagen gemacht haben, wie sie die Ehe schlossen, resp. wenn sie solche Güter während der Ehe durch Schenkung oder Erbschaft erwerben. Ein Object zur dauernden Vermögensanlage geeignet war in älterer Zeit aber ausschließlich der Grundbesitz. Dem Gedanken allein verdankt die Mobiliar- und Errungenschaftsgemeinschaft ihre Entstehung. Die bedeutenderen Vermögensobjecte, die vor der Ehe vorhanden waren oder während der Ehe durch Erbschaft oder Schenkung erworben wurden, sollen Sondergut bleiben, dagegen die geringeren Vermögensobjecte und ferner alles bedeutendere Vermögen, was während der Ehe sub titulo oneroso erworben wird, sollen Gemeingut sein. Entspricht nun dieses System noch heutzutage diesem Gedanken, heutzutage wo Actien, Staatspapiere, Hypotheken, Pfandbriefe u. s. w. eine Vermögensanlage gewähren, vielleicht viel bedeutender als Grundbesitz? Die Mobiliar- und Errungenschaftsgemeinschaft ist heutzutage ein wirthschaftlich verwerfliches Zwitterding. Entweder man verwandle sie in allgemeine Gütergemeinschaft, oder man scheide diejenigen Mobilien aus, die als dauernde Vermögensanlage dienen, diese Mobilien, nicht die anderen; denn der Fehler der reinen Errungenschaftsgemeinschaft besteht darin, daß die reine Errungenschaftsgemeinschaft bei jedem Stuhl, bei jedem Tisch, bei jedem Unterrock fragt: ist er während der Ehe angeschafft, oder ist er durch Erbschaft oder Schenkung während der Ehe erworben oder ist er eingebracht? Der richtige Gedanke ist allein der im bayerischen Landrecht ausgesprochene, d. h. es gilt eine Gemeinschaft der Errungenschaft, gleichviel was für Objecte es sind, und Gemeinschaft dessen, was im bayerischen Landrecht „gemeine Ausfahrniß" genannt wird, was wir besser bezeichnen: alle Mobilien mit Ausnahme derjenigen, die aus dauernden Vermögensanlagen bestehen, also aller Kapitalien die auf Hypothek, Grundschuld oder Rente ausgethan sind, ferner der Staatspapiere, der Prioritätsobligationen, der Actien u. s. w., u. s. w., der Werthpapiere mit einem Wort; weiter mit Ausnahme des gewerblichen Betriebsvermögens in Fabriken, der Handwerkszeuge bei Handwerkern, mit Ausnahme der Schiffe. Diese Alle stellen wir den Immobilien gleich. Die sind Gemeingut, wenn sie Errungenschaft sind, Sondergut, wenn sie eingebracht oder während der Ehe durch Erbschaft oder Schenkung erworben sind. Es empfiehlt sich also in dieser Beziehung das System der particulären Gütergemeinschaft zu codificiren als System der Errungenschafts- und beschränkten Mobiliargemeinschaft. Dieser Gedanke ist zuerst aufgestellt worden von Dr. Euler in früheren Aufsätzen über eheliches Güterrecht, er ist dann von Agricola und mir auch in den Gutachten verfochten worden, es scheint, als ob zwischen den beiden Systemen der particulären Gütergemeinschaft nicht besser vermittelt werden kann.

Ich würde also eine Resolution empfehlen dahin gehend, daß in dem deutschen bürgerlichen Gesetzbuch zu codificiren sind drei Systeme:

1) das System der allgemeinen Gütergemeinschaft,

2) das System der Errungenschafts- und beschränkten Mobiliarge-

meinschaft in dem Sinne, wie ich es eben entwickelt,

3) Das System der Verwaltungsgemeinschaft.

Eins dieser Systeme ist für das gesetzliche zu erklären, die anderen Systeme dagegen den Ehegatten in der Weise zur Verfügung zu halten, daß sie durch eine allgemeine Erklärung sich auf diese Systeme beziehen können, eins derselben zu dem maßgebenden machen können. Ich schlage Ihnen ferner vor auszusprechen, daß diese Erklärung vor dem Civilstandsbeamten abgegeben werden dürfe, daß für solche Fälle ein eherechtliches Register auszulegen sei, wo die betreffenden Einträge zu machen.

Welches der drei Systeme als principales System, als eigentlich gesetzliches System sich eignet, das ist eine Frage, die vielleicht noch nicht ganz reif zur Beantwortung ist. Am wenigsten geeignet scheint mir die Verwaltungs-Gemeinschaft mit vollständiger Gütertrennung und vollständigem Nutzungsrecht des Mannes am Vermögen der Frau. Dieses System beruht auf einem Gedanken, der heutzutage unser Rechtsbewußtsein nicht mehr beherrscht, auf dem Gedanken der nutzungsberechtigten Vormundschaft. Die Vormundschaft im alten deutschen Recht bis zum 13. Jahrhundert war eine nutzungsberechtigte, der Vormund hatte keine Rechnung zu legen, der Vormund war nur verpflichtet von den Erträgen das Mündel zu unterhalten, und wenn diese nicht hinreichten, konnte er eventuell die Substanz angreifen. Diese nießbräuchliche Vormundschaft war dann abgekommen, hat sich aber unter Ehegatten erhalten im Gebiet der Verwaltungsgemeinschaft. So ist das System der Verwaltungsgemeinschaft allein zu denken. Heutzutage können wir den Gedanken, daß der Mann Vogt und Meister seiner Frau sei, nicht mehr festhalten, der Mann ist nicht mehr Vormund und gar nutzungsberechtigter Vormund seiner Frau, sondern der Mann ist das Haupt der ehelichen Genossenschaft, des Hauses; deswegen gebührt ihm die Verwaltung, die Leitung, weil die Frau ohne seine Zustimmung nichts veräußern, keine Schulden machen kann — das sind Dinge, die wir bei Seite lassen können. Heutzutage, wo bei der fortschreitenden Emancipation des weiblichen Geschlechts eine ganze Reihe von Erwerbszweigen sich demselben öffnet, wo es außerordentlich häufig vorkommt, daß das, was während der Ehe erworben wird, viel mehr der Frau als dem Manne zu verdanken ist, erscheint ein System, welches allen Erwerb der Frau und alle Erträge ihres Vermögens zum Eigenthum des Mannes macht, als ungerechtfertigt, sobald wir es als das alleinige System aufstellen; als gerechtfertigt durch und durch, wenn die Ehegatten ihren individuellen Verhältnissen entsprechend das für sich gewählt haben; in Fällen also, wo das ganze Einkommen auf der Stellung des Mannes beruht, auf dem Gewerbe, auf dem Amt des Mannes, da ist es selbstverständlich durch und durch gerechtfertigt, wenn ein solches System eintritt. In diesem Falle mögen die Ehegatten einfach erklären: wir machen Gütertrennung, dann tritt das gesetzlich geregelte System zwischen ihnen ein. Ich meine also, von der Verwaltungsgemeinschaft, die nur in einem Drittel von Deutschland gilt und zwei Dritteln von Deutschland eine fremdartige Erscheinung ist, als principalem System muß durchaus abgesehen werden. Es kann sich also nur handeln um die Frage: allgemeine Gütergemeinschaft oder particuläre Gütergemeinschaft in der Gestalt, die ich vorhin Ihnen vorzuführen die Ehre hatte. Die allgemeine Gütergemeinschaft hat ja außerordentlich viel für sich, sie ist einfach, bequem, leicht zu handhaben, nicht leicht zu zweifelhaften Fragen Anlaß gebend, namentlich dann, wenn wir die fortgesetzte Gütergemeinschaft bei Seite lassen. Die particuläre Gütergemeinschaft ist wesentlich verwickelter, viel schwieriger zu handhaben, man wird in den Gegenden, wo sie bis dahin unbekannt war, namentlich in dem größten Theil von Norddeutschland, sehr viel Mühe haben, sich daran zu gewöhnen, und auch bei der sorgfältigsten gesetzlichen Regelung wird sie eine Menge von Punkten bieten, die nicht genügend geregelt sind. Immerhin aber scheint mir die particuläre Gütergemeinschaft als Errungenschafts- und beschränkte Mobiliargemeinschaft am geeignetsten für das gesetzliche System, weil sie zwischen den beiden einander schnurstracks gegenüberstehenden Systemen der Verwaltungsgemeinschaft und der allgemeinen Gütergemeinschaft vermittelt; man wird sich eher mit diesem vermittelnden System befreunden als mit dem schnurstracks entgegenstehenden. Wie gesagt aber, ich halte diese Frage noch nicht für reif, ich enthalte mich deshalb eines Antrags dahin gehend, daß nur ein bestimmtes dieser drei Systeme an die Spitze zu stellen sei.

Correferent Handelsgerichts-Präses Dr. **Albrecht** aus Hamburg: Die Mehrzahl von Ihnen, meine geehrten Herren, wird sich gewiß wundern, daß man mich, das Mitglied eines Handelsgerichts, zum Correferenten für die vorliegende Frage bestellt hat. Was haben eheliches Güterrecht und Handelsrecht miteinander gemein? Ich weiß nicht, m. H., ob der Herr Vorsitzende unseres Vereins, als er an mich die Aufforderung ergehen ließ, dieses Correferat zu übernehmen, der Meinung war, die Handelsgerichte würden doch nun bald aufgehoben und es würde ganz zweckmäßig sein, wenn ich mich zur Vorbereitung auf eine anderweite richterliche Thätigkeit auch einmal mit dem ehelichen Güterrecht beschäftigte. (Heiterkeit.) Ist das der Fall, so hat er jedenfalls besser für mein Bestes, als für das Ihrige gesorgt. (Oho! und Heiterkeit.) Uebernommen habe ich den Auftrag aus dem Grunde, weil meiner Meinung nach das eheliche Güterrecht doch nicht so ganz außerhalb der Competenz eines Handelsrichters liegt, als es auf den ersten Blick scheinen möchte. Wer es nicht wüßte, könnte es aus dem Vortrag meines Herrn Vorredners erfahren haben, daß eine Cardinalfrage für das eheliche Güterrecht die Frage von der Schuldverhaftung sei, die Frage, inwieweit das Vermögen des einen Ehegatten für die Schulden des anderen Ehegatten haftet, oder richtiger, inwieweit das Vermögen der Frau für die Schulden des Mannes haftet; denn in Bezug auf diese letztere Frage herrscht mannigfache Verschiedenheit, während die andere Frage, inwieweit das Vermögen des Mannes für die Schulden der Frau haftet, eher einheitlich regulirt ist. Nun hat zwar mein Herr Vorredner in seinem bekannten Werk nachgewiesen, daß die Annahme eine irrige, als ob die Gütergemeinschaft, also das eheliche Güterrechtssystem, nach welchem allgemeine Schuldverhaftung eintritt, in Folge des Creditbedürfnisses des Handels in den Handelsstädten aufgekommen sei; man wird jedoch, wie ich glaube, zugeben müssen, daß nach dieser Richtung hin der Handelsrichter Gelegenheit gehabt habe, sich ein Urtheil zu bilden, namentlich dann, wenn er, wie es bei mir der Fall ist, einem Gerichte angehört, das zu gleicher Zeit Concursgericht ist.

Gehe ich auf die Frage selbst ein, die wir zu beantworten haben, die Frage also:

> ob es wünschenswerth und ausführbar ist, das eheliche Güterrecht für ganz Deutschland durch ein einheitliches Gesetz zu codificire? und auf welcher Grundlage? —,

so stimme ich mit dem Herrn Vorredner vollkommen darin überein: das „Wünschenswerth" ist zweifellos zu bejahen. Wenn wir ein einheitliches Gesetzbuch haben wollen, diese Materie können wir unmöglich ausschließen, falls es nur ausführbar ist, sie gleichmäßig für ganz Deutschland zu reguliren. Man beruft sich auf die Vertragsfreiheit, die den Ehegatten zustehe, um diesen Wunsch als einen weniger dringenden erscheinen zu lassen; die meisten Eheleute schließen jedoch ihre Ehe ohne Ehevertrag, und, meine Herren, wir werden doch deshalb nicht auf ein einheitliches Intestaterbrecht verzichten, weil man testamenti factio, weil man die Freiheit zu testiren hat? Unser Grundsatz muß also der sein: wenn es überhaupt ausführbar ist, so müssen wir einheitlich unser Eherecht codificiren.

Was nun die Ausführbarkeit betrifft, so kommt in dieser Beziehung allerdings die Vertragsfreiheit in Betracht, denn wenn man dem Einzelnen die Freiheit läßt, von einer gesetzlichen Bestimmung abzuweichen, so kann man um so eher eine solche Bestimmung treffen und es muß daher dieser Gesichtspunkt dahin führen, die Erlassung gemeinsamer Bestimmungen für das ganze Reichsgebiet weniger bedenklich erscheinen zu lassen. Aber, meine Herren, ich glaube, daß man mit dem Herrn Vorredner — von dem ich mich freue, ihn auf diesem Gebiete als einen Verbündeten begrüßen zu können — sagen muß: Das System der Districte in Deutschland mit verschiedenen Güterrechten als gesetzliche Grundlage ist zu verwerfen. Es ist richtig und dem gelehrten Herrn Vorredner, der sich diese Frage fast zur Lebensaufgabe gemacht hat, muß man es ohne Weiteres zugestehn, daß die verschiedenen ehelichen Güterrechte in den verschiedenen Gegenden Deutschlands sich historisch erklären, daß sie Stammesrechte sind; aber, meine Herren, das kann uns jetzt nicht bestimmen, diese Rechte aufrecht zu erhalten. Bei uns kann es sich nur darum handeln: verlangt die Eigenart dieser verschiedenen Stämme jetzt noch eine verschiedene Codification der ehelichen Güterrechte? Und, meine Herren, nirgends ist es nachgewiesen, daß solche Eigenart der verschiedenen Stämme in Deutschland jetzt noch existirt. Ich wüßte nicht, warum ein anderes eheliches Güterrecht in meiner Vaterstadt Hamburg, als in Leipzig, und wiederum ein drittes in Frankfurt gelten sollte. (Bravo!) Ich glaube, die Einheit des ehelichen Güterrechts müssen wir a priori annehmen, es fragt sich nur, ob wir sie a posteriori construiren können.

Nun, meine Herren, stimme ich mit dem Herrn Vorredner zwar auch darin überein, daß es möglich ist, mehrere Güterrechte in dem Gesetzbuch zu codificiren, principaliter das eine, eventualiter, zum Gebrauch der Ehegatten, die anderen; aber das scheint mir durchaus Nebenfrage. Die Hauptfrage ist die: welches Güterrechtssystem sollen wir dem Gesetzbuch principaliter zu Grunde legen? Ob dann unser Gesetz aus practischen Rücksichten eventuell noch andere Güterrechte codificirt, die die Eheleute durch Vertrag zu den ihrigen machen können, scheint mir so ziemlich gleichgiltig. Und so ist zu meinem Bedauern diejenige Frage, die der Herr Vorredner nur schwach berührt hat, eigentlich diejenige, die uns hauptsächlich beschäftigen müßte. Freilich haben wir schon ein Großes erreicht, wenn wir nur erst die Ueberzeugung gewinnen: ein einheitliches Güterrecht in Deutschland ist möglich, und wenn wir nicht dem System folgen, das in einem Theil der Gutachten vorgeschlagen wird, des der Theilung unseres Vaterlandes in verschiedene Districte. Aber die Frage läßt sich nicht abweisen, und wenn möglich, lassen Sie uns dieselbe beantworten, die Frage, nach welchem System das Güterrecht zu codificiren sei. Die Schwierigkeit der Frage ist nicht zu verkennen und sie ist um so größer, als wir nicht nur die bestehenden Güterrechte zu berücksichtigen haben, sondern auch zu fragen haben: ist man denn an den Orten, wo dieses oder jenes Güterrecht besteht, auch mit dem Güterrecht zufrieden? und daß wir ferner fragen müssen: würde man nicht eventuell bereit sein, sich auch ein anderes Güterrecht gefallen zu lassen? Es mag sein, daß der Herr Vorredner darin Recht hat, daß in dieser Beziehung die Frage noch nicht gehörig vorbereitet ist, aber, meine Herren erlauben Sie mir mein Scherflein, so gering es ist, zur Beantwortung dieser Frage beizutragen.

Da wende ich mich zuerst zur allgemeinen Gütergemeinschaft. Mir steht kein Urtheil darüber zu, ob man in den ländlichen Districten einen Unterschied machen muß zwischen der Verfügung über die Grundstücke und der Verfügung über das Mobiliarvermögen. Ich kann nur über die städtischen Verhältnisse urtheilen, und da muß ich sagen: ein solcher Unterschied ist meiner Ueberzeugung nach nicht zu machen. In den Städten sind die Immobilien vollständig mobil geworden; man verkauft in ihnen eher sein Grundstück als seine Taschenuhr. Nach den Ausführungen des Herrn Vorredners bedarf es auch für die ländlichen Grundstücke keiner Ausnahme von der Regel. Ist das der Fall, desto besser, es würde sich alsdann das Princip der Gütergemeinschaft rein zur Ausführung bringen lassen. Diesem Princip liegt nun auch ohne Zweifel ein gesunder Gedanke zu Grunde. Ein solcher ist es gewiß, daß die Eheleute auch in ihren vermögensrechtlichen Beziehungen als Genossen gelten, daß Frau und Mann kein gesondertes Interesse haben sollen, daß der Vortheil des einen der Vortheil des anderen, der Nachtheil des einen der Nachtheil des anderen sein soll; so richtig nun aber auch dieser Grundgedanke erscheinen muß, das System leidet an einzelnen Mängeln und diese werden jedenfalls beseitigt werden müssen, wenn dasselbe zur Grundlage gewählt werden soll.

Was zunächst diesem System wesentlich Eintrag gethan hat, ist der Gedanke gewesen, daß es sich juristisch nicht construiren lasse; eine communio pro indiviso wollte man nicht anerkennen. Ich glaube, meine Herren, das ist nachgerade ein überwundener Standpunkt. Ich meines Theils trete wenigstens der Ansicht Stobbe's vollkommen bei, der in seinem Privatrecht sich dahin ausdrückt: „ein Miteigenthum ohne ideelle Quoten ist kein Widerspruch gegen die juristische Logik.“ Und wenn man darüber noch Zweifel haben könnte, so würde ich darauf hinweisen, daß wir bereits ein Reichsgesetz haben, in welchem sich dieses angebliche Monstrum anerkannt findet. Das Vermögen der Handelsgesellschaft ist gerade so eine communio pro indiviso, wie bei der ehelichen Gütergemeinschaft das Vermögen der beiden Ehegatten.

Unser Reichsoberhandelsgericht hat sich — ich hoffe richtig zu referiren — wiederholt dahin ausgesprochen: die Handelsgesellschaft ist keine juristische Person, aber ihr Vermögen ist ein juristisches Ganze. So steht es auch mit den Eheleuten, die in allgemeiner ehelicher Gütergemeinschaft verbunden sind. Man hat darum auch nicht nöthig, ohne weiteres anzunehmen, daß mit dem Augenblick des Abschlusses der Ehe die Hälfte des

Vermögens des einen Ehegatten dem anderen zufällt und somit das eheliche Vermögen von Anfang an in zwei Theile getheilt ist. Ich sehe es aber auch als einen Fehler an, wenn man — wie es regelmäßig bei den auf diesem System basirenden Rechten der Fall ist — die Trennung des Vermögens bei Auflösung der Ehe nach dem Princip der Theilung in zwei gleiche Quoten geschehen läßt. Um ein Beispiel aus dem Leben zu wählen: denken Sie sich, wie es häufig vorkommt, daß ein Mann, der in guten Verhältnissen lebt, eine Frau reichlich ernähren kann, ein armes Mädchen heirathet; schon im ersten Jahr der Ehe wird die Ehe aus natürlichen Gründen aufgelöst, die Frau stirbt im Kindbette. Die Folge der Theilung des Vermögens ist alsdann, daß der Mann nicht nur die Frau verloren hat, sondern auch die Hälfte seines Vermögens! Es scheint mir das Princip schon nach diesem Beispiel unrichtig. Nun ein anderer Fall. Denken Sie sich, daß der Mann ein Vermögen von 30,000 Mark in die Ehe bringt, die Frau 10,000 Mark, beide zusammen 40,000 Mark. Bei Auflösung der Ehe sind 50,000 Mark vorhanden. Die Theilung fällt dahin aus, daß jeder der Ehegatten 25,000 Mark bekommt; der Ehemann, der 30,000 Mark eingebracht hat, erhält also, obschon 10,000 Mark Errungenschaft da sind, 5000 Mark weniger, als er eingebracht hat.

Es scheint mir dies sehr deutlich darauf hinzuweisen, daß, wenn man das System der allgemeinen Gütergemeinschaft der Gesetzgebung zu Grund legen will, jedenfalls eine Abänderung erfolgen muß. Ich würde in diesem Fall vorziehen zu sagen: jeder der beiden Ehegatten nimmt vorher den Betrag seines Vermögens aus dem gemeinsamen Vermögen heraus und was übrig bleibt, wird zu gleichen Theilen getheilt. Es ist das das Princip der offenen Handelsgesellschaft. Nehmen Sie diese Modifikation an, so nähert sich dieses System einigermaßen demjenigen der Errungenschaftsgemeinschaft. Bei dieser letzteren wird ja in ähnlicher Weise getheilt. Der Unterschied ist nur der: bei der Errungenschaftsgemeinschaft bleiben während der Ehe die Güter der einzelnen Ehegatten getrennt, sie haben eine Gütermasse des Mannes, eine Gütermasse der Frau und eine gemeinschaftliche Gütermasse, und bei Auflösung der Ehe fällt jedem Theil seine Gütermasse und die Hälfte der gemeinschaftlichen zu. Nach meinem Vorschlag würden nicht die einzelnen Gütermassen während der Ehe getrennt gehalten werden und nicht bei Auflösung der Ehe jedem Ehegatten sein Eingebrachtes herausgegeben werden, sondern es würde nur eine Schätzung des Eingebrachten stattfinden und dann würde jedem Ehegatten der Schätzungsbetrag seines Eingebrachten in Rechnung gestellt werden. Dabei würde natürlich immer eine Bestimmung vorbehalten bleiben können, daß einzelne Theile des eingebrachten Vermögens, soweit noch vorhanden, den Ueberlebenden, falls er es wünscht, verbleiben sollen; ich übergehe das als einen weniger erheblichen Punkt.

In einer anderen Beziehung muß dieses System aber noch einer Verbesserung unterzogen werden. Denken Sie sich den ganz gewöhnlichen Fall, daß der Mann in schlechte Verhältnisse geräth und alsdann die Frau ihre Eltern beerbt; bei der allgemeinen Gütergemeinschaft fällt das dergestalt von der Frau ererbte Vermögen ohne Weiteres in die Verfügungsgewalt des Mannes, kann von ihm mit Schulden belastet werden, ja es fällt seinen vorher schon entstandenen Gläubigern zu. Das, meine Herren, scheint mir doch nicht zu billigen. Auch hier bedarf das System einer Nachhilfe, und diese Nachhilfe müßte in der einen oder anderen Weise durch positive gesetzliche Bestimmungen herbeigeführt werden. Daß, wenn der Mann in Concurs gerathen ist und dann die Eltern der Frau sterben, den Gläubigern ein Anspruch auf das neu erworbene Vermögen der Frau nicht zustehen sollte, scheint mir völlig klar zu sein.

Das System, welches der allgemeinen Gütergemeinschaft am nächsten liegt, ist das System der Errungenschafts-Gemeinschaft. Wenn ich meinen Herrn Vorredner richtig verstanden, ist er mit mir darin einig, daß dieses System sich nicht empfehle. Ich bin ganz seiner Meinung, daß es unrichtig ist, die einzelnen Vermögensmassen während der Ehe getrennt zu halten und gewissermaßen ein Contocurrent zwischen diesen Massen bestehen zu lassen. Ich halte das praktisch mit großen Schwierigkeiten verknüpft und ich glaube, daß diese Schwierigkeiten nur beseitigt werden können, wenn Sie diese Errungenschafts-Gemeinschaft so gestalten, wie die allgemeine Gütergemeinschaft, wenn sie nach meinen obigen Ausführungen modificirt wird, aussehen muß. Uebrigens läßt sich über ein solches System schwer urtheilen, wenn man nicht ein auf Grundlage desselben ausgearbeitetes Gesetz klar vor sich hat. Denn wenn ich frage: wie ist es mit den Schulden des Mannes bei der Errungenschaftsgemeinschaft? so erhalte ich von den verschiedenen diesem System angehörigen Rechten die verschiedensten Antworten. Das eine Recht sagt: die Frau haftet subsidiär; das andere: die Frau haftet zur Hälfte; das dritte: die Frau haftet ganz, und das vierte: die Frau haftet gar nicht. Alle diese Systeme findet man, wenn ich nicht irre, hier in Bayern vertreten. Es würde hiernach, wenn man dieses System nicht ohne Weiteres wegen seines komplicirten Charakters verwerfen will, jedenfalls zunächst einer Verständigung über die Detailbestimmungen bedürfen.

Es bleibt noch die Verwaltungsgemeinschaft. Meine Herren, ich bedauere, daß der Herr Vorredner sie nicht mit günstigen Augen angesehen hat, denn meiner Meinung nach kann man auch von diesem System sagen: demselben liegt ein gesunder Gedanke zu Grunde. Es läßt sich bei der allgemeinen Gütergemeinschaft nicht verkennen, daß die Frau, was das Vermögen anlangt, mehr oder weniger in die Gewalt des Mannes gegeben ist, und gerade aus diesem Grunde hat man dieses System als verwerflich bezeichnet; so Gerber, so Förster in seinem Preußischen Privatrecht. Um so mehr muß ich mich wundern, daß der Herr Vorredner gerade der Verwaltungsgemeinschaft diesen Fehler zur Last legt. Ich meine, die Verwaltungsgemeinschaft giebt dem Manne weniger Rechte als die allgemeine Gütergemeinschaft nach dem gewöhnlichen System. Es ist richtig, daß die Verwaltungsgemeinschaft sich aus dem Mundium des Mannes, also aus der Vormundschaft desselben über die Frau entwickelt hat, aber dieses System giebt doch darum dem Mann noch nicht größere Rechte an dem Vermögen der Frau, als der Mann sie nach dem System der Allgemeinen Gütergemeinschaft hat. Und lassen Sie mich das anführen — die Vormundschaft hat denn doch das eine sicher für sich, daß es bei ihr wesentlich darauf ankommt, das Vermögen des Minderjährigen zu erhalten. So denke ich mir auch die Verwaltungsgemeinschaft als auf einem gesunden Princip beruhend. Der Mann sagt nach diesem System zur Frau: „Du bringst dein Vermögen mit in die Ehe, ob die Erträgnisse desselben zusammengenommen mit den Erträgnissen meines Vermögens und denjenigen meiner Arbeit ausreichen, die ehelichen Lasten zu tragen, ist meine Sache, ich führe die Verwaltung, ich muß dafür aufkommen, reichen die Erträgnisse nicht aus, dann muß ich aus meinem Capitalvermögen den Rest zugeben, Du bleibst mit Deinem Vermögen unversehrt, bis mein ganzes Vermögen erschöpft ist." Es hat dieses System wie ich glaube etwas Nobles, was die Vertrauensstellung, die die Frau dem Manne giebt, anerkennt und man sollte nicht so ohne Weiteres über das System weggehen. Aber, meine Herren, ich kann nicht helfen, ich muß auch für dieses System eine Modification vorschlagen, wenn es angenommen werden soll, und eine solche, von der ich fast im Zweifel bin, ob sie nicht ohne weiteres von Ihnen als principlos zurückgewiesen werden wird. Ich muß deshalb etwas vorsichtig vorbauen, damit Sie nicht von vornherein sagen: Das geht unmöglich! Ich meine nämlich, daß bei diesem System in gewissem Maße die Frau für die Schulden des Mannes haften muß. Gerber hat in seinem Deutschen Privatrecht noch in der 8., vielleicht noch in der 9. Auflage — ich bin nicht ganz sicher — bei dem von ihm als „Gütereinheit" bezeichneten System, also bei dem System, das wir hier „Verwaltungsgemeinschaft" nennen, angeführt, daß nach den auf diesem System beruhenden Statuten „regelmäßig" das Frauenvermögen für die Schulden des Mannes haftet.

So hat er sich geäußert, nachdem er bereits die Abhandlung in den „Jahrbüchern für Dogmatik“ geschrieben, worin er das System der „Gütereinheit“ befürwortet und zugleich ausgeführt hat, daß rationell mit diesem System die Schuldverhaftung nicht vereinbar sei. Freilich, hat er das in den späteren Auflagen zurückgenommen und das, was ihm früher als Regel erschien, als Ausnahme hingestellt. Aber ich meine, daß es sich hier doch um eine Ausnahme handelt, die man sehr leicht mit der Regel verwechseln kann. Ich mache ferner darauf aufmerksam, daß ein Schriftsteller dieses Landes, Bocke, in seiner „Geschichte des ehelichen Güterrechts“, nach der Darstellung des geschichtlichen Ganges seine Ansicht über das zu codificirende Güterrecht ausspricht und dabei einerseits die eheliche Gütergemeinschaft verwirft, auf der anderen Seite aber eine unbedingte Verhaftung des Frauenvermögens für die Schulden des Mannes verlangt. Er muß also Beides für vereinbar halten. Nun, meine Herren, soweit will ich nicht gehen; ich glaube aber, daß man, ohne inconsequent zu sein, den Satz aufstellen kann, daß insoweit die Frau dem Manne ihr Vermögen zur freien Verfügung anvertraut hat, das Frauenvermögen für die Schulden des Mannes haftet. Hat die Frau ihr Vermögen, ihre Grundstücke, ihre Hypotheken, ihre Forderungen auf ihrem Namen stehen lassen, ist, was flüssig geworden ist, wiederum auf ihren Namen belegt worden, hat eine Umschreibung auf den Namen des Mannes, eine Vermischung mit dessen Vermögen nicht stattgefunden, so finde ich keinen Grund zur Verhaftung des Frauenvermögens. Wenn aber die Frau dem Manne ihr Vermögen zur freien Verfügung gegeben hat, dann meine ich, liegt die Sache so, daß der Mann, der diese freie Verfügung hat, dieses Vermögen auch mit Schulden belasten kann. Es ist geradeso, als wenn der Eigenthümer einer speciellen Sache einem Dritten erlaubt, die Sache zu verpfänden. Dem Pfandgläubiger gegenüber muß er das Pfandrecht anerkennen, er hat nur einen Anspruch gegen den Verpfänder. So, meine ich, ist es auch mit dem Vermögen der Frau, das sie dem Manne anvertraut hat. Der Satz: Frauenvermögen vermehrt und vermindert sich nicht — ist aufgekommen zu der Zeit, als man den Concurs der Gläubiger noch nicht kannte, damals bezog er sich naturgemäß nur auf das Verhältniß zwischen Mann und Frau, und ich glaube, man sollte ihn in dieser Beschränkung bestehen lassen, so daß Alles, was die Frau verliert, ihr aus dem Vermögen des Mannes zu ersetzen ist, sie aber mit den Gläubigern des Mannes nicht concurrirt. Im Concurs des Mannes könnte sie dann als Vindicantin verlangen, daß das auf ihren Namen stehende Vermögen aus der gemeinschaftlichen Masse ausgesondert werde, sie würde aber nicht als Gläubigerin auftreten neben den anderen Gläubigern des Mannes. Vollkommen unrichtig erscheint es mir, wenn man die Frau im Concurs des Mannes auf einer Bank mit den Gläubigern des Mannes sitzen und mit ihnen theilen läßt. Denken Sie sich: Mann und Frau haben je 10000 Mark in die Ehe eingebracht, die 20000 sind verhandelt, nun nimmt der Mann Darlehnsweise 10000 auf, er kann sie nicht rechtzeitig zurückzahlen, der Concurs wird eröffnet, da soll die Frau mit diesem Gläubiger concurriren, sie soll mit ihm das theilen, was noch in der Vermögensmasse des Mannes vorhanden ist und vielleicht gar mit dem Dotalprivilegium versehen, ihm vorgehen. Ich glaube, daß das der Ueberzeugung unseres Volkes in keinem Theile Deutschlands entspricht.

Man thut auch der Frau kein Unrecht, wenn man, obschon sie keinen Theil an der Errungenschaft hat, sie doch mit dem dem Manne anvertrauten Vermögen dessen Gläubigern haften läßt. Das Frauenvermögen mag so groß oder so gering sein wie es will, der Mann hat nicht nur die Chance des Verlustes der Frau gegenüber zu tragen, sondern er trägt auch die Chance, daß der Ertrag des beiderseitigen Vermögens ausreicht zur Bestreitung der ehelichen Kosten; reicht der Ertrag nicht aus, so hat der Mann das Fehlende aus seinem Vermögen herzugeben. Die Frau ist vor jeder Vermögensverringerung geschützt, so lange das Vermögen des Mannes nicht aufgezehrt ist. — Man übersehe dann aber auch nicht, daß wenn die Frau aus dem Concurs des Mannes keine Dividende erhalten soll, sie anderer Seits auch sobald er zum Zwangsakkord kommt, durch diesen nicht betroffen wird. Ihre Forderung bleibt ihr und erwirbt der Mann neues Vermögen, so erwirbt er es zunächst für sie, um die Schuld, die er gegen sie contrahirt hat, wieder abzutragen; und wird die Ehe aufgelöst, so nimmt sie zunächst, was noch da ist.

Ich glaube, daß mein Vorschlag auch in einer anderen Beziehung nicht ungerecht ist. Die Frau giebt ihr Vermögen dem Manne, um es zu Zwecken der Ehe möglichst hoch auszubringen. Hat der Mann in seinen Unternehmungen Glück, so hat die Frau immer in Folge des intimen Verhältnisses zu ihm an diesem Glück ihren Antheil; sie kann, wenn die Unternehmungen günstig verlaufen, die Ansprüche an das Leben, die materiellen wie die geistigen, in höherem Grade befriedigt sehen, sie kann ihre Kinder besser erziehen u. s. w., indirekt hat sie daher immer einen Vortheil davon, wenn dem Manne die mit dem beiderseitigen Vermögen unternommenen Spekulationen glücken und das ist ein Grund mehr, weshalb mein Gedanke nicht so exorbitant erscheinen wird.

Auch nach der Auflösung der Ehe bietet das Verwaltungssystem mit der von mir vorgeschlagenen Modifikation keine Schwierigkeit. Der Mann bleibt, wenn Kinder vorhanden sind, ihnen gegenüber ganz in derselben Stellung, in der er der Frau gegenüber war; die Frau ihrerseits tritt wie bei der communio bonorum prorogata an die Stelle des Mannes, in ihrer Verwaltung von den Kindern resp. deren Vormündern überwacht. Bei unbeerbter Ehe erhält der Ueberlebende — wie es bei diesem System die Regel ist — einen Erbtheil an dem Nachlaß des Verstorbenen, desto größer, je entfernter die Verwandten des Verstorbenen sind.

So hätten wir denn Behufs der Codification des ehelichen Güterrechts nach meiner Meinung die Wahl zwischen der Gütergemeinschaft und der Verwaltungsgemeinschaft, beide mit Modificationen — Modificationen sind es ja auch, die der Herr Vorredner für das von ihm besonders befürwortete System der Mobiliar- und Errungenschaftsgemeinschaft vorschlägt. Wenn ich gefragt werde, welches von den beiden Systemen ich principaliter in dem allgemeinen Gesetzbuch zu Grunde legen würde, ob die Gütergemeinschaft oder die Verwaltungsgemeinschaft, beide in meinem Sinne aufgefaßt — so sage ich Ihnen ganz aufrichtig: das ist eine Gewissensfrage und ich sehe sie ebensowohl als ein heißes Eisen an, wie der Herr Vorredner. Aber ich will Farbe bekennen, ich will sagen: wenn Sie das System der Verwaltungsgemeinschaft mit der Modification, die ich für nöthig halte, annehmen, so würde ich es aus einem practischen Grunde für vorzüglicher halten. Meine Herren, ich glaube, der Gesetzgeber thut vorsichtig, wenn er bei Feststellung der ehelichen Güterrechte von dem Minus ausgeht, wenn er nicht zu viel Gewalt dem einen oder anderen Ehegatten einräumt. Die Ehegatten können sich ja selbst die größere Gewalt durch Ehecontracte, durch Concessionen während der Ehe geben. Nimmt man die Verwaltungsgemeinschaft an und läßt man das Vermögen der Frau, welches nicht auf ihrem Namen steht, mit für die Schulden des Mannes haften, so hängt es von der Frau ab, wieviel sie von ihrem Vermögen zu den Geschäften des Mannes geben will, inwieweit sie sich in dem angegebenen Sinn an den Unternehmungen des Mannes betheiligen will. Wenn Sie die Gütergemeinschaft vorschreiben, so haben Sie von vornherein das System aufgestellt, daß die Frau an den Speculationen des Mannes betheiligt ist, an Speculationen, die sie ihrerseits nicht controliren kann, bei denen ihr das melior est conditio prohibentis nicht zur Seite steht. — Das, meine Herren, sind Erwägungen, die auch einem Meister unserer Wissenschaft, Ihering, bei den Verhandlungen auf einem früheren Juristentage vorgeschwebt haben, bei denjenigen Verhandlungen, die schon der Herr Vorredner in Bezug genommen hat. Damals hat derselbe sich dahin ausgesprochen: „Ist der rechte Geist in der Ehe, so ist das Vermögen der Ehegatten von selbst Eins, es mag Dotalsystem oder Gütergemeinschaft gelten. Die Frage, ob Dotalsystem oder Gütergemeinschaft, ist nicht sowohl eine

Frage für die Ehegatten, als für die Gläubiger." In diesem Sinne sage auch ich: man soll das Minus bestimmen, die Eheleute können das majus wählen. Und derselbe Grund macht sich auch in einer anderen Richtung geltend. Ich glaube, die Gläubiger des Mannes werden nicht leicht angeführt werden, wenn man die Verwaltungsgemeinschaft dem gesetzlichen Güterrecht zu Grunde legt, sie können von vornherein nicht auf mehr rechnen, als dieses System giebt, und wenn sie dann finden, daß das weitergehende System, das für sie günstigere, das System der ehelichen Gütergemeinschaft zu Grunde gelegt ist, so können sie sich nicht beklagen. Anders aber im umgekehrten Fall, wenn Sie das System der ehelichen Gütergemeinschaft zu Grund legen und wollen den Eheleuten gestatten, daß sie dasselbe auf die Verwaltungsgemeinschaft reduciren, sei es selbst in meinem Sinne; ich glaube, da könnten die Gläubiger leicht irre geführt werden. Und da tröstet mich dasjenige nicht, was der Herr Vorredner ausgesprochen hat. Er meint, es könnte ein Register für das eheliche Güterrecht angelegt und in diesem, sowie in dem Handelsregister beinotirt werden, sobald die Eheleute von der allgemeinen Gütergemeinschaft abgegangen sind und eine beschränktere Haftung der Ehefrau für die Schulden des Mannes statuirt haben. Meine Herren, das ist nach meiner Ueberzeugung ein trostloser Gedanke. Ich möchte nicht der Mann sein, dem bei Eröffnung der Ehe dieses öffentliche Zeugniß ausgestellt wird, daß die Frau ihm kein volles Vertrauen schenkt. Etwas ganz anderes ist es, wenn man die Sache umdreht, wenn man sagt: das Gesetz verlangt nur das geringere Vertrauen, es bleibt den Betheiligten überlassen ein größeres zu statuiren. Wer die allgemeine Gütergemeinschaft will, der wird sich nicht darüber beklagen können, wenn es auch noch so weit veröffentlicht wird, daß die allgemeine Gütergemeinschaft für seine Ehe bestehen soll. Umgekehrt aber scheint mir die Sache außerordentlich bedenklich.

Nun, meine Herren, ich komme zum Schluß. Ich theile die Ansicht meines Herrn Vorredners, daß wir wahrscheinlich die Meinungen dieser Versammlung nicht in der Art festgestellt finden, daß dieselbe mit großer Majorität sich für das eine oder andere System erklären wird. Ich erlaube mir daher einen principalen und einen eventuellen Antrag zu stellen. Der principale spricht hinsichtlich des zu Grunde zu legenden Systems meine Meinung aus, die ich Ihnen weiter begründet habe; der eventuelle läßt in dieser Richtung den Meinungen freien Raum. Mein principaler Antrag geht dahin:

> Das eheliche Güterrecht ist für das ganze Reichsgebiet auf *einheitlicher* Grundlage zu kodificiren und zwar nach dem System der *Verwaltungsgemeinschaft*.

> Es ist jedoch zugleich festzusetzen, daß das Vermögen der Frau, insoweit dasselbe nicht auf deren Namen angelegt ist und beständig angelegt bleibt, für die Schulden des Mannes haftet.

Der eventuelle Antrag geht dahin:

> Das eheliche Güterrecht ist für das ganze Reichsgebiet auf einheitlicher Grundlage zu codificiren und zwar nach den, soweit erforderlich, zu modificirenden Grundsätzen eines der am meisten verbreiteten Systeme.

Dieser letztere Antrag läßt die Frage: nach welchem System? offen, aber, meine Herren, er spricht etwas aus, was ich für wichtig halte, nämlich, daß wir auf einem einheitlichen System das eheliche Güterrecht codificirt sehen wollen. Ich glaube, unser Juristentag hat die Frage schon wesentlich gefördert, wenn er sich auf diese Ueberzeugung beschränkt, meinestheils würde ich allerdings es wünschen, daß man die eventuelle Frage ebenfalls entscheidet. Für den Fall, daß Sie solche Entscheidung nicht fällen wollen, habe ich mir erlaubt, vorsorglich den zweiten Antrag zu stellen.

Das ist meine Meinung.

Ich komme nun nur noch auf das zurück, was ich anfänglich gesagt habe: ich arbeite heute auf einem Felde, das sonst mein Acker nicht zu sein pflegt; es ist die Arbeit eines Dilettanten, ein Streifzug auf fremdes Gebiet. Behandeln Sie denselben mit Nachsicht!

(Lebhafter Beifall!)

Nach eröffneter Berathung erhält das Wort Appellations-Gerichts-Director **von Scel** aus Würzburg:

Wenn ich die hohe Versammlung für wenige Augenblicke um Gehör bitte, so geschieht es, um mich für eine einheitliche Gestaltung des ehelichen Güterrechts auszusprechen. Diese Rechtsmaterie ist eine der wichtigsten und verdient daher zunächst der Einheit zugeführt zu werden. Hier werden nicht vorübergehende, sondern bleibende Verhältnisse geschaffen, für die ganze Lebensdauer der Eheleute, für deren Kinder und für die rechtlichen Beziehungen der Familie nach Außen gegen dritte Personen. Aber auf diesem Gebiete ist auch das Bedürfniß nach einheitlicher Gestaltung am dringendsten, da hier die größte Zerfahrenheit obwaltet. Ich könnte Ihnen eine Provinz nennen, wo auf 600,000 Einwohner 32 Partikularrechte treffen, unter diesen eines mit einem Geltungsgebiet von zwei Dörfern, das nicht einmal eine schriftliche Quelle hat und wo man auf Treu und Glauben mit Hilfe der Privatarbeit eines Darmstädter Rechtsanwaltes judizirt. Das in den gedruckt vorliegenden Gutachten vorgeschlagene System, mehrfache eheliche Güterrechte nach Zonen einzuführen, ist in den heutigen Vorträgen der Herren Referenten schon nicht mehr aufrecht erhalten, und besonders der eventuelle Antrag des Herrn Dr. Albrecht führt zu der angestrebten Rechtseinheit, indem daselbst die Schaffung eines einheitlichen Güterrechts an die Spitze gestellt und sodann bemerkt ist, daß hierbei eines der in Deutschland meist verbreiteten Systeme zu Grunde zu legen sei. Dem Bedenken, daß durch die Schaffung eines einheitlichen Güterrechts viele materielle Interesse empfindlich berührt werden, läßt sich dadurch begegnen, daß das neue Recht seine Wirksamkeit nicht auf die bereits geschlossenen, sondern nur auf die erst zu schließenden Ehen erstreckt und daß die Freiheit der Vertragsschließung überall da Aushilfe giebt, wo die concreten Verhältnisse sich mit den Normen des gemeinen Rechts nicht vereinigen lassen. Welches Gütersystem aber eben als Grundlage der zu schaffenden Einheit gewählt werden soll, darüber wird sich erst dann schlüssig zu machen sein, wenn die von den noch angemeldeten Rednern abzugebenden Aeußerungen und Vorschläge vernommen worden sind.

Staatsanwalt I. **Donle** aus Schweinfurt: Meine Herren! Ich stehe hier als Staatsanwalt vor Ihrer Versammlung und Sie werden vielleicht fragen, wie ich in dieser Eigenschaft das besondere Interesse habe, über eheliches Güterrecht zu sprechen. Ich kann Ihnen übrigens auch sagen, daß ich vor meiner jetzigen Stellung als Staatsanwalt in früheren Jahren lange Anwaltsconcipient und lange Richter gewesen bin, insbesondere in dem bayerischen Kreise Mittelfranken, wo das dichteste Conglomerat von allen möglichen ehelichen Güterrechten besteht. Ich war unter Anderem Landgerichtsassessor in Markt-Bibart. Dort hatte ich ein Amtsgebiet von 10,000 Seelen und hatte dort namentlich mit der freiwilligen Rechtspflege zu thun. Auf diese 10,000 Menschen sind 9 verschiedene Particularrechte getroffen und darin waren die Gütersysteme der allgemeinen Gütergemeinschaft, der Errungenschaftsgemeinschaft und das Dotalsystem vertreten. Ich habe dort besonders die Bedürfnisse der Amtseingesessenen fühlen gelernt und wahrgenommen, daß die Eingesessenen der Bezirke, in denen das Dotalsystem, in denen die Errungenschaftsgemeinschaft bestand, einen wirklichen Neid hatten auf die Bezirke, in denen die allgemeine Gütergemeinschaft bestand. Die Leute kamen so oft an mich und fragten: Herr Assessor, wie können Sie denn jetzt in der Weise verfahren, bei der Familie so und bei uns so? Ich mußte ihnen erwidern: Ja, da ist eine andere Hausnummer, da gilt allgemeine Gütergemeinschaft, hier gilt Dotalsystem; ihr müßt's euch gefallen lassen, euch dem Rechte zu unterwerfen, dem ihr untergeben seid. Die Leute gingen betrübten Herzens fort.

Wir hören nun aus Professor Dr. Roths statistischer Berechnung, daß in Deutschland ein Seelengebiet von nahezu 16 Millionen besteht, das der allgemeinen Gütergemeinschaft angehört oder wenigstens dahin neigt. Unter diesen Umständen ist es mir wirklich bang ums Herz geworden, als ich die Gutachten zu unseren Verhandlungen las, — über die Möglichkeit, daß nach einem Regionalsystem unser Güterrecht bestimmt werden könnte. Ich habe deswegen vorausgehend mich mit der Frage befaßt und in der Presse Vorschläge erscheinen lassen, die am 18. August im „Correspondenten von und für Deutschland" abgedruckt sind. Ich könnte Ihnen darüber mündlich vortragen, allein Sie werden in diesen Vorschlägen viele Anklänge finden, die mit dem Gutachten von Professor Schröder vollständig übereinstimmen. Damit ich also wenigstens das Recht der Originalität insofern für mich habe, daß ich nicht etwa nur sage, was ich erst hier in dieser Versammlung gehört hätte, so erlaube ich mir, diese meine Vorschläge, die nur sehr kurzen Inhalts sind, Ihnen vorzulesen, wie sie hier im Blatt stehen. Ich sagte hier:

(Redner beginnt den betreffenden Artikel, von dem Abschrift zu den Protokollsbeilagen übergeben wurde, zu verlesen, wird aber von dem Präsidenten mit der Bemerkung unterbrochen, daß nach der Geschäftsordnung die Verlesung von Gutachten nicht statthaft sei, ihm daher anheimzustellen sei, den wesentlichen Inhalt seines Erachtens zu referiren.)

Ich sagte ausgehend von einem 3fachen Systeme:
der allgemeinen Gütergemeinschaft,
der Errungenschafts- und Mobiliargemeinschaft,
der Gütereinheit

mit freiem Wahlrechte der Verlobten; bezüglich des Familienrechts könnte sich diese freie Wahl dahin gestalten, daß die Eheleute unter sich ein Recht bestimmen können, wie sie wollen; bezüglich des Verhältnisses zu Dritten wäre es jedoch ein ganz Anderes. Hier müßte das Eherecht in der Weise aufgebaut werden, daß die Ehegatten dritten Personen gegenüber auch mit einer gewissen Oeffentlichkeit ihres Güterstandes auftreten, so daß jeder Dritte, der mit ihnen contrahiren will, vollständig klar ist, welchen Güterstand dieselben eingegangen haben.

In dieser Beziehung dürfte nach meiner Anschauung zum Schutz des Dritten insbesondere der Stand der allgemeinen Gütergemeinschaft der vorzugsweise zu bestimmende sein und zwar in der Weise, daß, wenn die Eheverlobten sich dagegen wahren wollen, daß sie den Consequenzen der allgemeinen Gütergemeinschaft unterliegen, — sie in einer bestimmten voraus abzugebenden Erklärung sich dahin zu äußern hätten, daß sie einen anderen Güterstand unter sich einführen wollen. Nachdem nun aber in dieser Weise eine Art Präjudiz sich schaffen ließe, so würden, da ich vorhin sagte, daß ein Seelengebiet von nahezu 16,000,000 der allgemeinen Gütergemeinschaft angehört, die Angehörigen dieses großen Seelengebiets vollständig überhoben sein, bei Eingehung der Ehe irgend eine Erklärung über den Güterstand abzugeben. Einfach dadurch, daß sie nichts sagen, würden sie sich dem System der allgemeinen Gütergemeinschaft unterwerfen. Diese Erklärungen, ob allgemeine Gütergemeinschaft und Schuldengemeinschaft, weiter ob bloße Errungenschaftsgemeinschaft oder ob Gütereinheit einzugehen, wären nunmehr in einem öffentlichen Register, wie Professor Schröder auch vorgeschlagen, einzutragen und zwar in der Weise, daß dieses öffentliche Register nach meiner Anschauung nicht von dem Standesbeamten zu führen sei, sondern daß die Führung des Registers dem Einzelrichteramt obzuliegen hätte. Ich würde in dieser Beziehung dem Einzelrichteramt den besonderen Vorzug deshalb geben, weil ich immerhin annehme, daß man nicht dem Landbürgermeister zu bestimmen überlassen darf, welcher Güterstand der erwählte sein mag, sondern daß hier mit einer gewissen richterlichen Cognition verfahren werden muß. Wenn nun der Eintrag in das Register gemacht wäre, so stünde jedem Dritten, der in rechtlichen Verkehr mit den Eheleuten tritt, die Befugniß zu, dieses Register einzusehen. Steht ein Eintrag in dem Register nicht, so sind die Eheleute nach dem Stand der allgemeinen Gütergemeinschaft zu beurtheilen; enthält das Register einen Eintrag, nun so sieht der Gläubiger sofort, in welchem Güterstande die Eheleute leben. Nach meiner Meinung ist diese Art und Weise auch dann sehr zweckmäßig, wenn die Eheleute ihren Wohnort oder ihren Güterstand wechseln. Bei Wohnsitzwechsel hätte dann weiter nichts zu geschehen, als daß die Eheleute bei dem Einzelrichter ihres neuen Wohnorts ihre Erklärung abgeben. Es würde an dem neuen Wohnort immer dasjenige System als bindend gelten, dem die Eheleute nach der Wahl des neuen Wohnorts sich unterworfen haben, d. h. wenn sie eine Erklärung abgegeben, daß sie nach einem anderen System als dem der Gütergemeinschaft leben wollen, so würde dieses System für sie gelten; wenn sie aber eine Erklärung nicht abgegeben, so würden sie als solche anzusehen sein, die nach der allgemeinen Gütergemeinschaft leben. Das eheliche Güterrecht bezüglich der Interna der Ehe würde selbstverständlich durch dieses Präjudiz nicht berührt, sondern bliebe das ursprünglich gewählte. Wenn das Eherecht durch die Codification so gestaltet würde, so hätten die Eheleute vollständig freie Wahl, in Begründung ihrer Güterrechtsverhältnisse zu thun, was sie wollen. Ich bin auch fest überzeugt, daß, nachdem der bei weitem größte Theil der Einwohnerschaft Deutschlands überhaupt zur allgemeinen Gütergemeinschaft hinneigt, nachdem insbesondere die Errungenschaftsgemeinschaft in gewisser Weise schon verwandt ist mit der allgemeinen Gütergemeinschaft, daß wir ein außerordentlich großes Gebiet gerade für die allgemeine Gütergemeinschaft erhalten würden und daß in Folge dessen sich die Heirathenden mehr und mehr daran gewöhnen würden, wenn das System der allgemeinen Gütergemeinschaft in dem Gesetze ausgebaut ist, besonders mit diesem Systeme vertraut zu werden.

Ich gehe noch auf die Gebiete ein, wo die allgemeine Gütergemeinschaft nicht besteht. Hier ist besonders das Bestreben der Eheleute, daß, wenn sie auch das System der allgemeinen Gütergemeinschaft als solches gesetzlich nicht zu eigen haben, sie wenigstens durch Eheverträge und wechselseitige Testamente sich die Vortheile dieses Systems zu eigen zu machen suchen. Meine Anschauung bei meinen Vorschlägen ginge nun dahin, daß mit dem Ausbau dreier Systeme allmählich die Uebung, daß noch Eheverträge nothwendig sind, ganz und gar wegfallen würde. Diese Vertragsschließungen, die mit großen Kosten verbunden sind, würden in der Hauptsache vielleicht nach Decennien schon überflüssig werden, und bringen dann Eheleute ein so bedeutendes Vermögen zusammen, daß sie darüber gleichwohl besonders pactiren wollen, nun so mögen sie noch zum Notar gehen und sich einen theueren Vertrag machen lassen. Außerdem aber würde dieses Vertragsbedürfniß nach meinen Vorschlägen fast als überflüssig hinwegfallen, denn es wäre nunmehr nichts weiter zu thun, als daß die Nupturienten einfach beim Einzelrichter zu Protocoll geben: wir wollen den oder den oder den Güterstand haben. Das kann man nach meiner Meinung ohne große Belästigung auch von denjenigen verlangen, die nicht unter allgemeiner Gütergemeinschaft leben wollen. Vor der Heirath sind die Verlobten auch zu diesem Schritte noch bereit. Unter diesen Umständen würde ich in meinem Verlangen auch keine Belästigung sehen für die Gebiete, in welchen die allgemeine Gütergemeinschaft bisher nicht herkömmlich gewesen ist.

Es ist noch ein Punkt von mir zu erwähnen bezüglich der Ehe Minderjähriger. Da lassen uns insbesondere die bisherigen Rechte vollständig im Stich, es ist meines Wissens lediglich im Bamberger und im Preußischen Rechte eine specielle Vorschrift dafür vorhanden, wie es mit der Ehe Minderjähriger zu halten sei. In diesen beiden Rechten ist bestimmt, daß auf die Dauer der Minderjährigkeit die allgemeine Gütergemeinschaft ausgeschlossen sein soll; übereinstimmend damit wäre ich der Ansicht, daß die Sache so zu regeln wäre, daß minderjährige Ehegatten auf die Dauer der Minderjährigkeit nach dem Güterstande der Gütereinheit zu beurtheilen wären und daß erst, wenn sie 3 Monate nach erlangter Großjährigkeit hinter sich haben, ohne eine andere Wahl erklärt zu haben, — der Güterstand der ehelichen Gütergemeinschaft für sie maßgebend wäre.

Was den Güterstand bei Kauf- und Gewerbsleuten betrifft, so ist die Haftung der Handelsfrauen in dem Handelsgesetzbuche regulirt.

Wir haben insbesondere im Würzburger Rechte die Vorschrift, daß Eheleute, die einen gemeinsamen Kram oder Gewerbe besitzen, gemeinschaftlich für die Gewerbsschulden haften. Eine derartige Bestimmung wäre wohl in der Concursordnung zu reguliren, abgesehen also von der eben erwähnten Verpflichtung, wie sie schon im Handelsgesetzbuche in Bezug auf Handelsfrauen besteht.

Einige Punkte hätte ich noch zu erwähnen in Bezug auf die Bestimmung, daß gerade die eheliche Gütergemeinschaft die vorwiegende Bedeutung unter den sonst gleich berechtigten Systemen haben soll. Nach meiner Meinung ist für gut geartete Ehen die Intention der Eheleute die, daß sie Gut und Blut zusammenheirathen; factisch wenigstens ist dieses Verhältniß als bestehend anzunehmen, wenn auch particularrechtlich wegen des Vermögens sich da und dort einer anderen Beurtheilung zu unterwerfen ist. Wenn nun eine solche Vermuthung an und für sich besteht, daß die Eheleute Alles mit einander haben wollen, so ist klar, daß bei ehrlichen Leuten vorauszusetzen ist, daß sie auch die Schulden gemeinsam haben wollen wie das Vermögen. Ein besonderes Bindemittel würde ich, nachdem die Civilehe bei uns zur Einführung gelangen wird, gerade auch in der ehelichen Gütergemeinschaft für das Eheband erkennen. Ich glaube, daß die in der Gütergemeinschaft liegende Gemeinsamkeit aller Interessen den Bestand der Ehe wesentlich sichern würde, ebenso glaube ich, daß, wenn auch die Vermögensinteressen das Eheband mit befestigen, dies immerhin mehr im Interesse des Staates wäre, als wenn die Ehe dadurch, daß diese Interessengemeinschaft eine geringere ist, leichter auseinanderginge. Ich habe deshalb auch noch einen besonderen moralischen Grund dafür, daß man das System der ehelichen Gütergemeinschaft an die Spitze stellt. Im Allgemeinen kann ich wiederholen, daß unter dem System der ehelichen Gütergemeinschaft jeder ehrliche Mann und Frau auch gerne leben will. Ich will nicht sagen, daß unter dem System der Gütereinheit solche Ehrlichkeit nicht auch bestehen könnte, allein wer in der Ehe sich sonst wohl befindet, der muß doch auch das auf sich nehmen, daß er allen Verpflichtungen Dritten gegenüber rechtlich nachkommt und bei dem Systeme der Gütereinheit gerade haben wir nur zu viele Beispiele, daß Unterschleife vorkommen, um den Gläubiger zu benachtheiligen in Bezug auf die Ansprüche, die er mit vollem Recht gegen beide Ehegatten anzusprechen haben sollte. Ein Hauptvortheil der Gütergemeinschaft liegt endlich in der Beschränkung oder dem gänzlichen Unterbleiben behördlicher Einschreitung in Todesfällen, da der überlebende Ehetheil die Gütergemeinschaft mit den Kindern lediglich fortsetzt.

Mein Antrag geht nunmehr auf Annahme eines dreifachen gesetzlichen Systems mit freiem Wahlrechte der Verlobten, jedoch mit vorwiegender Bedeutung des Systems der allgemeinen Gütergemeinschaft, so daß die erklärte Wahl in einem vom Einzelrichter (Amtsgerichte) zu führenden öffentlichen Register einzuschreiben wäre.

Präsident: Die uns zugemessene Zeit macht dringend nothwendig, daß die folgenden Redner uns ihre Gedanken in wesentlicher Kürze mittheilen; denn wenn in dieser Weise fortgefahren würde, würden wenige zum Wort kommen können.

Advokat Dr. **Rau** aus München: Meine Herren! Ich werde die wenigen Bemerkungen, welche ich Ihnen zu machen die Ehre habe, in möglichst kurzer Weise vortragen.

Die frühere Frage, die etwas Präoccupirendes hatte:

> Ist es wünschenswerth und ausführbar, das eheliche Güterrecht für ganz Deutschland durch ein einheitliches Gesetz auf der Grundlage der „Güterverbindung" zu codificiren?

und welche dann durch das vortreffliche Gutachten des Herrn von Beaulieu-Marconnay beantwortet wurde, lautet jetzt:

> Ist es wünschenswerth und ausführbar, das eheliche Güterrecht für ganz Deutschland durch ein einheitliches Gesetz zu codificiren? und auf welcher Grundlage?

Es ist also jetzt gefragt worden: welches von den Systemen verdient, wenn die Codificirung beliebt wird, den Vorzug?

Die Frage, ob zu codificiren sei und welches System den Vorzug verdiene, hat eine Vorfrage, die auch theilweise von den Herren Rednern berührt worden ist, die aber in sehr bemerkenswerther Weise namentlich in dem Gutachten des Herrn von Beaulieu-Marconnay hervorgehoben worden ist — die Frage nämlich danach: besteht ein bestimmtes Rechtsbewußtsein bei den einzelnen Stämmen des Volks, die Aufrechthaltung der einzelnen ehelichen Güterrechte oder nicht? Und diese Frage hat Herr von Beaulieu-Marconnay in schlagender Weise, wie ich glaube, verneint. Es besteht ein solches Rechtsbewußtsein meines Erachtens — und auch ich habe als Diener der Praxis viele Jahre gerade mit diesem Gegenstande vorzugsweise mich zu beschäftigen gehabt — nicht, und es ist hier für sogenannte particularistische Eigenthümlichkeiten ebensowenig eine Veranlassung gegeben als auf irgend einem anderen Rechtsgebiet. Die Gründe, warum ein bestimmter Stamm ja sogar die Einwohner eines bestimmten Hauses in Bayern — ein bestimmtes Rechtsbewußtsein in Sachen des ehelichen Güterrechts sich angeeignet haben sollten, sind unerfindlich; die Entstehungsgründe des Rechtsbewußtseins liegen anderswo, sie liegen in der Verbindung des ehelichen Güterrechts mit den verschiedenen anderen Zweigen der Gesetzgebung, mit dem Erbrecht, mit der Frage der Schuldenhaftung, mit den Bestimmungen, wie die Schuldenhaftung bei Handelsleuten gehandhabt werden soll, mit der Verfügungsgewalt des Ehemannes und der Grenze derselben Da liegen die Hauptfragen, nicht etwa in einem bestimmten Rechtsbewußtsein, dafür, daß z. B. unser Altbayern das Dotalrecht mit Errungenschaftsgemeinschaft erhalten hat. In diesen und anderen Beziehungen, die hier von Bedeutung sind, kann ich auf das Gutachten verweisen.

Erlauben Sie mir hier dem sehr geehrten Herrn Professor Schröder nur eine Bemerkung zu machen. Für uns in Altbayern ist das Dotalrecht nicht so fremd wie er meint. In Altbayern ist dasselbe förmlich codificirt worden, und nur die Bestimmung Kreitmayrs, daß die Eheverträge notariell errichtet werden müssen, daß ohne notariellen Vertrag eine dos nicht bestehen kann, ist die Veranlassung dazu, daß die Eheleute in vielen Fällen das Dotalrecht factisch ausschließen, resp. dos und contrados nicht einführen, aber es gilt gesetzlich in Bezug auf das paraphernum, und das paraphernum ist doch auch ein Stück römischen Dotalrechts.

Ich wollte damit nur einen Belag bringen, daß das Dotalrecht statistisch nicht ein so kleines Rechtsgebiet hat, wie in dem Gutachten gesagt ist.

Zur Sache! Es ist wie gesagt, eine berechtigte Eigenthümlichkeit in diesen Dingen nicht zu suchen, und deshalb ist es höchst wünschenswerth, daß eine Codification vorgenommen wird, weil dann ein Rechtsbewußtsein sich bildet, und weil dann das Volk das hat was es will, ein bestimmtes einheitliches Recht, weil es die Gerichte nicht zu quälen und die Anwälte nicht zu überlaufen hat mit Fragen: was gilt bei uns? was geschieht, wenn der Mann stirbt? wenn die Frau stirbt? u. s. w. Ich kann auch in dieser Beziehung auf die trefflichen Ausführungen von Beaulieu-Marconnay's hinweisen.

Das die erste Frage.

Ich gehe zu der zweiten Frage über, die sich der Juristentag gestellt hat: welchem System ist der Vorzug zu geben? Naturgemäß hat jeder der Herren ein System ganz besonders als das hervorgehoben, welches den Vorzug verdiene. Ich weiß nicht, in welchem der verschiedenen Gutachten die Bemerkung sich findet, aber ich glaube, sie ist eine sehr richtige: jeder der Herren preist namentlich das System, was ihm am nächsten liegt.

Meines Erachtens geht daraus hervor, daß gerade die Codificirung nothwendig ist. Die einheitliche Legislatur ist hier am Platze.

Ich bin ebenfalls der Meinung, daß der erste Antrag des Herrn Referenten Präses Albrecht im Wesentlichen übereinstimmend mit dem Antrage des Herrn von Beaulieu-Marconnay, die sogenannte Güterverbindung oder wie Sie sie besser nennen wollen, Gütertrennung, den Vorzug verdiene und nehme deshalb den Antrag des Herrn von Beaulieu-Marconnay und beziehungsweise den Antrag des Herrn Referenten Albrecht mit seiner Modification an. Denn auch mir ist es darum zu thun, daß die Schuldenverhaftungs-Frage so geregelt wird, daß die Frau nicht im Stande ist durch trügliche Verträge, die dazu oft erst lange nach Abschluß der Ehe abgeschlossen werden und ganz offen die Intention haben, die Gläubiger zu verkürzen, die Rechte Dritter zu beeinträchtigen. Es soll die Schuldhaftung geregelt werden. Dann aber kann das Verhältniß zwischen Mann und Frau, insoweit es sich also nicht um die Verletzung Dritter handelt, ganz gut auf dem Gebiete der Verwaltungsgemeinschaft geordnet und geregelt werden. Einen speciellen Antrag stelle ich nicht, weil ich den ersten Antrag unseres verehrten Herrn Präses Albrecht unterstütze.

Dr. **Alexander Meyer** aus Berlin: Meine Herren! Die Herren Vorredner haben fast sämmtlich damit begonnen, den Nachweis ihrer juristischen Gelehrsamkeit zu führen. Es stünde schlecht um mich, wenn dieser Nachweis hier obligatorisch wäre. Ich gestehe Ihnen ganz offen, meine Legitimation, in dieser Sache mitzusprechen, will ich nicht daher entnehmen, daß ich Jura studirt habe, sondern daher, daß ich ein verheiratheter Mann bin. Ich wünsche ganz ausschließlich diejenigen Anschauungen zur Geltung zu bringen, die sich aus der Betrachtung des practischen Lebens mir entwickelt haben. Die juristische Gelehrsamkeit hat uns glücklich ein detaillirtes Bild von dem entworfen, wie es bisher in Deutschland gewesen ist und wie es bis zu diesem Augenblicke ist; die Frage aber: wie es sein soll, läßt sich nur entscheiden, wenn man die Folgen der einzelnen Bestimmungen, wie sie vorgeschlagen worden, scharf ins Auge faßt.

Ich bin in jahrelangem Nachdenken zu einer sehr bestimmten Meinung gekommen und bin in dieses Zimmer eingetreten mit dem festen Entschluß, diese Meinung hier zu verfechten auf die Gefahr, mit derselben allein zu stehen. Diese Gefahr hat sich nicht verwirklicht, zu meiner großen Freude hat Herr Präses Albrecht und demnächst der Herr Vorredner die Gedanken, zu denen ich gekommen, im Wesentlichen bereits ausgeführt.

Der Hauptgedanke, auf den mir alles ankommt, ist folgender. Ein Dritter, der sich mit einem Ehemanne in geschäftliche Transactionen einläßt, soll in keiner Weise weder berechtigt noch verpflichtet sein, sich darum irgendwie zu bekümmern, was dieser Mann mit seiner Frau über das gemeinschaftliche Vermögen verabredet hat. Er soll nicht dazu berechtigt sein, er soll auch nicht dazu verpflichtet sein. Das Vermögen, von dem er auf den ersten Blick sieht, es gehört der Familie, soll ihm haften, wenn er sich mit dem Haupt der Familie einläßt. Jede Verletzung dieses Grundsatzes führt zu ungesunden Kreditverhältnissen. Wir haben leider sehr viele Beispiele, daß ein Mann ein Geschäft begründet mit dem frisch erheiratheten Gelde der Frau, daß das Geschäft schlecht geht, es zur Liquidation, vielleicht zum Concurs kommt und daß alsdann die Frau ihr Vermögen zurückfordert. Ich glaube nicht zu viel zu sagen, wenn ich behaupte, ein sehr großer Theil der kleineren Bankerots gründet sich ganz allein auf diese Möglichkeit, mit dem Gelde der Frau ohne Gefahr zu speculiren.

(Sehr richtig!)

Der Mann, der mit dem Vermögen seiner Frau speculirt ohne die Gefahr, dieses Vermögen im Falle einer unglücklichen Speculation einzubüßen, gleicht einem Spieler, der falsche Marken vor sich hat, der im Falle des Gewinns den Gewinn einstreicht und im Falle des Verlustes nichts verliert. Das ist die Möglichkeit, der entgegengearbeitet werden müßte. Ihr entgegenzuarbeiten liegt nicht allein im Interesse des benachtheiligten Gläubigers des Mannes, der einen solchen Vertrag eingeht, sondern liegt auch im Interesse der Allgemeinheit, liegt im Interesse der reellen Concurrenten, die nicht geschädigt werden sollen dadurch, daß unreelle Concurrenten Chancen des Gewinnes haben, die ihnen entzogen sind. Ich habe nichts dagegen, daß Mann und Frau Verträge über ihr Vermögen schließen über die Art und Weise, wie das Vermögen verwaltet werden soll, aber diese Verträge sollen unpräjudicirlich sein für jeden Dritten. Ich will mich darein ergeben, daß das Immobiliargut der Frau mit Einschluß der Hypothekenforderungen, daß Vermögenstheile der Frau, die als ihr Vermögen ganz unzweifelhaft erkennbar gemacht werden können, etwa außer Cours gesetzte Staatspapiere, der Haftung für die Schulden des Mannes entzogen werden: dasjenige Vermögen aber, von dem der Contrahent voraussetzen muß, der Ehemann hat die vollständige Verfügung darüber, muß im äußersten Falle auch haften. Das also ist ein Grundsatz, den ich zur Durchführung gebracht sehen möchte ohne irgend welche Toleranz für Particularrechte oder Vertragswillkür. Und wenn dieser Grundsatz zur Durchführung gelangt ist, dann glaube ich, werden sehr schnell auch die übrigen Interessen schwinden, die für den Particularismus in dieser Beziehung geltend gemacht werden können. Wir werden dann ein codificirtes einheitliches Eherecht haben und für diesen Theil des Rechtssystems dieselbe

Gleichförmigkeit erhalten, die für alle übrigen Theile so wünschenswerth und in glücklicher Aussicht ist.

(Bravo!)

Justizrath von **Wilmowski** von Berlin: Ich will von vornherein erklären, daß ich mit der größten Entschiedenheit dem Antrage des Herrn Präses Albrecht meinerseits beistimme und will nur kurz Zeugniß davon ablegen, daß sowohl für Juristen als auch für Nichtjuristen in Ländern, in welchen die Gütergemeinschaft gilt, nicht eine so außerordentliche Vorliebe für die Gütergemeinschaft existirt, sondern daß sie ganz im Gegentheil gescheut wird wie das Feuer. Ganze Stände, namentlich die Kaufleute und gerade diejenigen, bei welchen das Vermögen einen Unterschied zwischen den Eheleuten begründet, schließen massenhaft die Gütergemeinschaft aus. Die Härten, die die Gütergemeinschaft mit sich führt, kommen gerade da zur Sprache. Aus einer mehr als zwanzigjährigen Praxis sind mir im Gebiet der Gütergemeinschaft, speciell allerdings der allgemeinen, diese Härten sehr lebhaft vor Augen getreten. Sie liegen wesentlich dann vor, wenn eine Ehe ohne Kinder bleibt. Sobald die Ehe Kinder bekommt, regulirt sich durchschnittlich Alles ganz von selbst. Anders in kinderlosen Ehen. Die Eheleute erfahren die Folgen erst nach Eingehung der Ehe und nach dem regelmäßigen Eintritt des Zeitpunktes, wenn vertragsmäßig zu bestimmen wäre, und meistens lernen sie ihr Eherecht erst dann, wenn sie nicht mehr so verträglich miteinander leben, daß sie Verträge darüber schließen können oder wollen.

Darin trete ich dem Herrn Präses Albrecht bei, daß sowohl die Eheleute untereinander als auch Dritte den Eheleuten gegenüber davon ausgehen und ausgehen müssen: das Gesetz muß regeln, was mindestens die Frau dem Manne anvertraut hat, indem sie in die Ehe tritt, und der Vertragsfreiheit der Interessenten bleibt vorbehalten zu bestimmen, ob etwas darüber hinaus anvertraut sein oder als anvertraut gelten soll. Mit der Modification des Präses Albrecht bin ich vollständig einverstanden. Ich würde es für bedauerlich halten, wenn nicht das System der Verwaltungsgemeinschaft mit dieser Modification als Grundlage angenommen würde. Es ist im Ganzen die geschichtliche Grundlage unseres Eherechts, entspricht im Durchschnitt unsern Verkehrsverhältnissen und ist elastisch für Vereinbarungen.

Für noch bedauerlicher würde ich es halten, wenn statt eines Systems drei Systeme codificirt werden sollten mit einer Auswahl für die Interessenten, welches ihnen am meisten convenirt. Die Verhältnisse werden concret oft so sein, daß keines vollständig convenirt. Wenn man aber wirklich eine Unification haben will, ein einheitliches eheliches Güterrecht, dann treten wir diesem Zwecke dadurch nicht näher, daß wir drei Systeme aufbauen, sondern wir schaden ihm gerade durch den Aufbau von mehreren Systemen positiv. (Bravo!) Jedes der Systeme ist der Feind der andern; und es kommt mir vor, als ob man durch die Freistellung mehrerer Systeme gewissermaßen dem Feinde eine goldene Brücke bauen will, damit er seinen geordneten Rückzug darauf nehmen kann. Dadurch, meine Herren, bringen wir keine Einheit zu Wege, die Einheit kommt nur, wenn wir ein ganz bestimmtes System gesetzlich vorschreiben, vorbehaltlich der Vertragsfreiheit der Eheleute. Ich würde sogar so weit gehen, daß mir selbst das schlechteste System in dieser Hinsicht recht ist, wenn es eben nur eins ist.

Nicht entfernt ist anzunehmen, daß im Rechtsbewußtsein des Volkes die bestimmten einzelnen Systeme und noch weniger bestimmte einzelne Modificationen eine Basis hätten. Das haben wir historisch gemerkt in allen Gegenden, wo wirklich provinciell oder staatlich unificirt worden ist. Innerhalb Preußens verweise ich auf das Großherzogthum Posen, wo bekanntlich früher der Code Napoléon eingeführt wurde und wo schon im Anfang der vierziger Jahre Niemand mehr eine Ahnung hatte, was vor dem C. N. Rechtens war. Aus eigener Erfahrung weiß ich, daß in Schlesien, wo im Jahre 1845 das landrechtliche Dotalrecht, die Verwaltungsgemeinschaft, eingeführt wurde, schon nach nicht 30 Jahren Niemand mehr weiß, was vorher in den einzelnen Gegenden Rechtens gewesen war, noch weniger eine Sehnsucht danach hat. Es war positiv eine crux für die Richter, wenn eine Ehe noch vor dem Jahre 1845 entstanden war und man das frühere Recht nachsuchen mußte. Das Rechtsbewußtsein in Betreff der geltenden Rechte beruht zum guten Theile auf der Bequemlichkeit, bei dem zu bleiben, was dem Einzelnen am nächsten liegt und was er kennt. Gerade diese Bequemlichkeit hat aber zu unendlichen Zersplitterungen geführt. Sowohl für unsere preußischen patrimonialrechtlichen früheren Verhältnisse kann es als notorisch gelten, und auch für Bayern ist es mir von competenter Seite versichert, daß viele Particularrechte nur durch den Richter entstanden sind, welcher, von auswärts kommend, statt des, ihm vielleicht unbekannten Particularrechts das ausgeführt hat, was er kannte und auf diese Weise als Einzelner das Recht für Viele auf lange Zeit geschaffen hat. Meine Herren! Machen wir ein gutes Recht! Jeder von den Herren giebt zu: Modificationen sind nöthig. Sie mögen eingefügt werden. Sicherlich aber werden wir dem Rechts- und Volksbewußtsein und den Interessen Aller am meisten genügen, wenn wir ein einheitliches Recht, unsern Verkehrsverhältnissen entsprechend codificiren und nicht mehrere Systeme. Ich wiederhole, daß ich mich dem Antrag des Herrn Correferenten Albrecht lediglich anschließe. (Bravo!)

Appellations-Gerichts-Director **von Seel** aus Würzburg: Nachdem nunmehr die Verhandlung soweit vorgeschritten ist, um einen größeren Ueberblick über die einzelnen Anschauungen zu gewähren, so dürfte sich als Ergebniß herausstellen, daß über die Schaffung eines einheitlichen Güterrechts Einmüthigkeit vorliegt, wogegen es annoch eine offene Frage bildet, welches System dabei als dispositiv zu adoptiren sei. Schon hiermit glaube ich, ist ein nicht zu unterschätzendes Resultat erzielt und dürfte eben die Lösung der bezeichneten offenen Frage der Reichsgesetzgebung unvorgreiflich anheimzugeben sein, womit ich dem eventuellen Antrag des Herrn Dr. Albrecht beipflichte.

Appellationsgerichtsrath **Vielvoye** aus Cöln: Meine Herren! Ich wollte mir nur einzelne kurze Bemerkungen zu der gegenwärtigen Debatte gestatten von meinem Standpunkt als rheinpreußischer Richter; ich gehöre dem Appellationsgerichtshof zu Cöln an.

Von vornherein will ich mich, was die Anträge, die gestellt worden sind, betrifft, dahin erklären, daß ich dem Eventualantrag des Herrn Referenten Dr. Albrecht zustimme. Die Bemerkungen, die ich machen will, beziehen sich auf die vorwiegend theoretische Tendenz, die die Debatte bis dahin genommen hat. Dieser Tendenz gegenüber mache ich darauf aufmerksam, daß die Aufgabe, die uns heute in Deutschland gestellt ist, am Ende des vorigen und am Anfang dieses Jahrhunderts dem französischen Volke gestellt war, nämlich ein einheitliches Civilrecht zu schaffen und namentlich auch ein einheitliches Recht in Bezug auf das eheliche Gütersystem. Und ich glaube, die Franzosen haben diese Aufgabe in einer Weise gelöst, die es vollkommen rechtfertigt, unser Augenmerk entschieden darauf zu richten. Wenn ich in der Weise hier für die französische Gesetzgebung eintrete, so glaube ich nicht in den Verdacht antinationaler Tendenzen gerathen zu können, denn das Recht hat ja neben dem nationalen Charakter auch einen rein rationellen, kosmopolitischen, sonst wäre es keine Wissenschaft.

Um mich nun kurz zu fassen, skizzire ich die Methode, in welcher das Französische — auch in Rheinpreußen und mehrern andern deutschen Ländern im Wesentlichen noch in Kraft stehende — Gesetzbuch das eheliche Güterrecht behandelt hat, dahin, daß ein bestimmtes Güterrechtssystem als die gesetzliche Regel für ganz Frankreich aufgestellt wird, von welcher abzuweichen den Eheleuten nur durch entgegenstehende ausdrückliche Bestimmungen im Ehevertrage gestattet ist.

Zugleich hat die französische Gesetzgebung es aber für nöthig gehalten, neben diesem gesetzlichen Güterrechtssystem sämmtliche in den verschiedenen Territorien Frankreichs vorhandene und practisch geübte eheliche Güterrechtssysteme ebenfalls zu codificiren, um damit bei Abfassung der Eheverträge den betreffenden Personen eine Anleitung zu geben, wie sie das, was sie wünschen, am besten erreichen können und um Streitfragen über die Auslegung der Eheverträge möglichst vorzubeugen.

Ich habe den Eventualantrag des Herrn Referenten so aufgefaßt, daß auch er neben dem als einheitliches Recht in das deutsche Civilgesetzbuch aufzunehmenden gesetzlichen Gütersystem eine Codificirung der sonstigen in Deutschland in Uebung stehenden ehelichen Gütersysteme aus ähnlichen praktischen Gründen wie die eben angedeuteten herbeiführen will und kann aus meiner eigenen amtlichen Erfahrung noch anführen, daß diese Methode der Behandlung des ehelichen Güterrechts sich in Rheinpreußen vollkommen bewährt hat. Praktischer Sinn besonders auf dem Gebiete der Gesetzgebung ist der französischen Nation gewiß nicht abzusprechen, und in der Organisirung der staatlichen Centralisation, für die ja auch das allgemeine deutsche Civilgesetzbuch als Mittel dienen soll, kann Frankreich uns in vielfacher Beziehung als Muster gelten.

Was nun das eheliche Gütersystem, welches als allgemeines Landesrecht durch die französische Gesetzgebung adoptirt worden ist, betrifft, nämlich die Mobiliar- und Errungenschaftsgemeinschaft, so ist dieses System hier sehr stark angegriffen worden, größtentheils aber doch wohl mit Unrecht. Zum Theil waren diese Angriffe, wie mir scheint, mehr gegen die allgemeine Gütergemeinschaft gerichtet und treffen daher auf das hier in Frage stehende System nicht zu. Die Mobiliar- und Errungenschaftsgemeinschaft des rheinisch-französischen Rechtes ist keine absolute Gütergemeinschaft, es ist eine mit verschiedenen andern ehelichen Güterrechtssystemen verbundene und dadurch beschränkte und modificirte Gemeinschaft. Sogar die von neueren Germanisten als das vorzugsweise deutsch-nationale Güterrechtssystem hingestellte Gütereinheit oder die Verwaltungsgemeinschaft, wie der Herr Referent in seinem Hauptantrage dieses System bezeichnet hat, kommt darin vor, als das Nießbrauchs- und Verwaltungsrecht, welches der Ehemann an dem dem Eigenthume nach nicht in die Gemeinschaft fallenden Sondergute der Ehefrau ausübt und ist auch durch das französische Gesetzbuch als der Ehevertrag mit der Klausel „daß die Ehegatten ohne Gütergemeinschaft heirathen", besonders codificirt worden. Nicht rein, sondern in modificirter Formel, besonders was die Haftbarkeit der Frau für die Schulden des Mannes angeht, will ja auch Herr Dr. Albrecht seinem Hauptantrage gemäß die sogenannte Verwaltungsgemeinschaft als das künftige allgemeine eheliche Güterrechtssystem für Deutschland nur festhalten.

Den speciell gegen die Gemeinschaft der ehelichen Errungenschaften als solche gerichteten Angriffen kann ich auch nicht zustimmen. Es ist ganz rationell, daß die Ehefrau an dem ehelichen Erwerb mitbetheiligt wird, wenn dieselbe auch manchmal nur mittelbar dabei mitwirkt, indem sie dem Manne die Sorge für die häuslichen Lasten, Kindererziehung und dergleichen größtentheils abnimmt.

Außerdem würde ein Theil der gegen die Errungenschaftsgemeinschaft vorgebrachten Einwürfe nur unter der Voraussetzung gerechtfertigt sein, daß dieselbe nicht wie dies in dem allgemeinen ehelichen Güterrechtssystem des rheinisch-französischen Gesetzbuchs geschieht, mit der Gemeinschaft der Mobilien verbunden wird. — Es ist ferner, was die Mobiliargemeinschaft insbesondere angeht, vorgebracht worden, daß es sich nicht rechtfertige, in der jetzigen Zeit, wo das Immobiliarvermögen alle Tage mehr mobilisirt werde, auf die Mobilien die Gütergemeinschaft anzuwenden und auf die Immobilien nicht. Aber warum hat man denn das Immobiliarvermögen von der Gütergemeinschaft ausgeschlossen? Wegen des dauerhaften Werthes, den dasselbe hat, und durch die Mobilisirung hört eben diese Dauerhaftigkeit auf, wie ja bei der Geschäftscrisis der jüngsten Zeit sehr drastisch zum Vorschein gekommen ist, indem manche Actie nicht mehr Werth behielt wie ein alter Stuhl. — Ich stimme für den Eventualantrag des Herrn Referenten, nicht für seinen Hauptantrag, weil ich die Frage des bestimmten Systems noch nicht für ganz spruchreif halte.

Der Zweck meiner Bemerkungen sollte hauptsächlich der sein, darauf hinzudeuten, daß für die Schaffung eines einheitlichen Civilgesetzbuches für Deutschland wir ein großartiges praktisches Beispiel an Frankreich vor uns haben. Und um dieses Beispiel speciell für das eheliche Güterrecht auch vom nationalen Gesichtspunkte aus uns näher zu bringen, hebe ich noch hervor, daß gerade in dieser Frage in Frankreich das droit coutumier, das germanische Element, den Sieg über das römische davon getragen hat. Das Dotalsystem ist nicht das allgemeine gesetzliche Recht des Landes geworden, sondern das altgermanische System, was die Coutume de Paris hatte und welches überhaupt in dem größten Theile des französischen Territoriums, das die germanische Einwanderung in Besitz genommen hatte, üblich war.

(Schluß.)

Ich bin vielleicht etwas zu ausführlich geworden, allein die Sache hat so viele Seiten, daß sie sich in wenig Worten nicht erschöpfend behandeln läßt, und ich glaubte, da ich vielleicht der einzige rheinpreußische

Jurist bin, der in der Abtheilung anwesend ist, auch diesen Standpunkt durch einige Worte hier geltend machen zu müssen, um meinestheils dazu beizutragen, daß unser deutsches Reich dasjenige eheliche Güterrecht erhält, welches dem gegenwärtigen Standpunkte der Wissenschaft und dem nationalen Charakter des Deutschen Volkes entspricht. Ist der nationale Standpunkt auch in gewisser Beziehung nur ein subjectiver, so hängt doch die richtige Praxis davon ab, daß mit der begriffsmäßigen Versenkung in die Sache die Rücksicht auf das berechtigte subjective Interesse verbunden wird.

Präsident: Die Versammlung hat mit nicht zu verkennender Geduld den bisherigen Verhandlungen zugehört, es ist zum ersten Male das Wort: Schluß! erschallt, aber ich möchte die Herren bitten, daß sie noch die drei angemeldeten Redner hören.

(Zustimmung!)

Bei der uns zugemessenen Zeit aber wiederhole ich die Bitte, sich recht kurz zu fassen.

Rechtsanwalt **Hermann Beckh** aus Nürnberg: Meine Herren! In dem Vortrage des Herrn Referenten ist darauf hingewiesen worden, daß eine gewisse historische Rechtsüberzeugung bezüglich des ehelichen Güterrechts in unserem Volke in manchen Regionen noch bestehe.

Aus meiner Praxis muß ich dies entschieden bestreiten. Ich bin in einer Provinz Bayerns gewesen, die sehr viele eheliche Güterrechte hatte, in Schwaben, und ich bin jetzt in einer Provinz, in Mittelfranken, die den gleichen Vortheil genießt, und nirgends habe ich ein solches historisches Bedürfniß erkannt, nirgends ist es mir von den Parteien entgegengebracht worden; sondern die Parteien haben sich in der Regel erst bei den Rechtsanwälten erkundigt, in welchem Rechte sie denn leben.

Nun halte ich es aber gerade für die Aufgabe der deutschen Juristen, eine solche Rechtsüberzeugung im Volke zu schaffen und speciell der ehelichen Güterrechte, die so tief in die gesammten Verhältnisse unseres Rechtslebens eingreifen. Dann, meine Herren, glaube ich aber, wären wir auf vollkommen unrichtigem Wege, wenn wir wieder in die alte Zerrissenheit zurückgreifen würden und solchen Bestimmungen in einem künftigen Ehevertrage wieder Raum geben wollten, wie der Herr Referent sie uns vorführte: „wir haben nach Solmser Landrecht geheirathet, oder nach Ansbacher Recht, oder nach Bayreuther Recht" u. s. w. Ganz derselbe Erfolg würde aber eintreten, wenn wir nicht regional, sondern wenn wir etwa electiv verschiedene Systeme in unsere Gesetzgebung aufnehmen würden. Wie würde sich ein Rechtsbewußtsein im Volke geltend machen können, wenn den Leuten gesagt würde: ja ihr könnt heirathen nach dem Systeme I, II oder III unserer Gesetzgebung. Dadurch würde sich ganz gewiß eine

Rechtsüberzeugung im Volke in keiner Weise ausbilden können; unsere Aufgabe, dem Volke eine Rechtsüberzeugung beizubringen, unser Recht zu einem Volksrecht werden zu lassen, würde eine vergebliche sein. Ich glaube, daß wir aus diesem höchst practischen Grunde nur ein einheitliches Güterrecht in unsere Gesetzgebung aufnehmen dürfen und daß wir außerdem nur dem Pactiren der Parteien besondere Abweichungen gestatten dürfen. Meine Herren! Wir müssen hauptsächlich für diejenigen Leute sorgen, welche sich nicht so sehr um ihre Vermögensverhältnisse bekümmern, welche nicht so sehr darauf sehen: wie wird es in Zukunft mit unseren Vermögensverhältnissen gehen, sondern die in Treu und Glauben auf das gegebene Gesetz im deutschen Rechte bauen, indem sie denken: wenn wir heirathen, wird die Gesetzgebung in solcher Weise gesorgt haben, daß keiner von uns beiden zu sehr benachtheiligt wird; für diese müssen wir zunächst sorgen. Diejenigen, welche sich weitere Gedanken darüber machen: wie wird es gehen? die haben ja die Möglichkeit, ihre ehelichen Vermögensrechte auf dem Wege des Pactes anders zu ordnen.

Ich will nicht des Weiteren eingehen auf den ersten Antrag des Herrn Correferenten Dr. Albrecht, dem ich für mein Theil am liebsten zustimmen würde, wenn auch vielleicht noch mit einem weiteren Zusatz bezüglich der Verwaltungsbefugniß des Mannes, aber, meine Herren, unter allen Umständen würde ich Ihnen empfehlen, den eventuellen Antrag desselben anzunehmen. Nur auf diese Weise, glaube ich, können wir es dahin bringen, daß wir bezüglich des ehelichen Güterrechts es durchsetzen, daß wirklich ein Volksbewußtsein in dieser Richtung geschaffen wird, daß wir wirklich ein volksthümliches eheliches Güterrecht erhalten.

Landgerichts-Assessor **Römheld** aus Butzbach: Ich habe mich zum Worte gemeldet, um zur Unterstützung desjenigen, was Herr Dr. Meyer vorgetragen hat, der mir den wunden Punkt getroffen zu haben scheint, eine Thatsache aus meinem Heimathlande, dem Großherzogthum Hessen, anzuführen. Dort ist eins der mehreren geltenden ehelichen Güterrechte das Solmser Landrecht. Wir haben nun die eigenthümliche Erscheinung, daß in wesentlichen Punkten dieses Solmser Landrecht durch ein in dem letzten Jahrhundert gebildetes Gewohnheitsrecht über den Haufen geworfen worden ist. Das Recht, wie es sich nach diesem Gewohnheitsrecht gestaltet hat, ist einfach dieses: Das Vermögen der Ehegatten wird durch den Eheabschluß nicht geändert, der Mann hat die volle alleinige Dispositionsbefugniß; die Errungenschaft wird für Mann und Frau erworben, unbeschadet der alleinigen Dispositionsbefugniß des Mannes, so lange die Ehe dauert; die Eheschulden, welche der Mann macht, werden gedeckt durch die Errungenschaft, durch des Mannes Vermögen und eventuell durch der Frau

Vermögen, jedoch nur bis zur Hälfte. Hier ist eine bestimmte Grenze gezogen. Nach der Trennung der Ehe durch den Tod werden die Rechte gleich. Der Mann sowohl wie die Frau erben (außer daß einem Jeden die Hälfte der Errungenschaft gehört) den lebenslänglichen Nießbrauch an dem Nachlaß des Vorverstorbenen, beide haben die volle Verwaltung, sind activ und passiv legitimirt. Doch das nebenbei. Ich wollte mir nur erlauben Ihnen mitzutheilen, daß das Solmser Landrecht gerade in dem Punkte der Haftbarkeit der Ehefrau für die Eheschulden durch ein Gewohnheitsrecht, was im ganzen Geltungsbereich des Solmser Landrechts bis auf einen Ort sich Bahn gebrochen hat, abgeändert ist.

Bezirksgerichtsrath **Vocke** aus Donauwörth: Ich habe nur einige Worte beizufügen, indem ich mich vollständig den Ausführungen des Herrn Präses Dr. Albrecht anschließe, jedoch einen anderen primären Vorschlag mache. Wenn man nämlich die Gutachten als richtig annimmt, gilt die Verwaltungsgemeinschaft in einem Gebiete von 13,000,000 Seelen und die Gütergemeinschaft und die Errungenschaftsgemeinschaft in einem Gebiet von 26,000,000. Ich glaube also, wenn man anerkennen muß, daß die Verwaltungsgemeinschaft auf der bisherigen Grundlage ohne Schuldenhaftung der Ehefrau sich nicht so ausgebildet hat, daß man sie so fortbestehen lassen kann, wie sie bisher bestanden hat; so soll man zu Gunsten dieser Verwaltungsgemeinschaft nicht die übrigen 26,000,000 zu Eheverträgen zwingen. Ich glaube vielmehr gerade auf Grundlage der Ausführungen des Herrn Präses Albrecht empfehlen zu sollen, auf Grundlage der allgemeinen Gütergemeinschaft zu codificiren und zwar der allgemeinen Gütergemeinschaft, wie sie Herr Dr. Albrecht ausgeführt hat.

Advocat Justizrath Dr. **Euler** aus Frankfurt a. M.: Meine Herren! Meine Ansicht in dieser Frage kennen Sie, da Ihnen ja mein Gutachten bekannt ist, und ich bin nicht veranlaßt worden, von dem, was ich dort gesagt habe, abzugehen. In einem Punkte nur bin ich wohl geneigt, den davon abweichenden Anträgen des Herrn Präses Albrecht meine Zustimmung zu geben. Ich glaube, daß nicht drei Systeme nebeneinander codificirt werden können, die coordinirt sind, sondern es muß e i n System als dasjenige genommen werden, was dann das allgemeine Landrecht ist, und ich bin noch immer der Meinung, daß sich dazu das Recht der Verwaltungsgemeinschaft am meisten eignet. Es ist gesagt worden, Jeder vertheidige das Recht, was er am besten kenne. Ich bin nicht in dem Falle. Vierzig Jahre habe ich bis jetzt unter dem System der Errungenschaftsgemeinschaft gearbeitet und diese vierzig Jahre haben mich dahin gebracht, daß ich sage: ich stimme für die Verwaltungsgemeinschaft. Die weitere Frage war die: in wieweit eine Schuldenhaftung mit dem Vermögen der Frau bei dem

System der Verwaltungsgemeinschaft sollte geltend gemacht werden, da doch eigentlich gerade bei diesem System die Frau immer ein Recht hatte, ihr Vermögen bei Endigung der Gemeinschaft ungeschmälert wieder herauszuziehen. Ich bekenne, daß ich mich in dieser Beziehung aus den angeführten praktischen Gründen der Anschauung des Herrn Präses Dr. Albrecht für eine beschränkte Haftung anschließe, und ich würde bitten, bei der Abstimmung nicht blos nach dem eventuellen Antrag des Herrn Präses Dr. Albrecht zu erklären, daß man ein principales Reichsrecht bestimmen solle, sondern auch bereits zu sagen, es solle dies auf der Grundlage der Verwaltungsgemeinschaft geschehen.

(Bravo!)

Correferent Handelsgerichts-Präses Dr. **Albrecht** (zum Schluß): Meine Herren! Das Schlußwort soll ein sehr kurzes sein.

Ich bemerke zunächst, daß ich nicht das Recht meiner Heimath vertheidigt habe. In meiner Heimath gilt ein Recht, das Herr Professor Schröder als ein System, welches der allgemeinen Gütergemeinschaft angehört, nachgewiesen hat.

Ich bemerke sodann gegen den einen Herrn Redner, der uns auf Frankreich verwiesen hat, daß in Frankreich zu der Zeit, als man den Code civil beschlossen hat, die Sache anders lag als im heutigen Deutschland. Dort hatte man ein seit Jahrhunderten geeinigtes Reich vor sich, und da konnte man das Wagniß machen, verschiedene Rechte in verschiedenen Gebieten gelten zu lassen. Aber, meine Herren, in Deutschland steht es zum Theil anders. Es kann uns gar nichts schaden, wenn der Kitt, der uns glücklicherweise verbindet, noch eine kleine Verstärkung erhält.

(Sehr gut!)

Wenn wir ferner, meine Herren, — darauf komme ich zurück — die Wahl haben zwischen allgemeiner Gütergemeinschaft und Verwaltungsgemeinschaft, so ist für mich das Entscheidende, daß ich es für klüger und dem Standpunkte des Gesetzgebers gemäßer halte, das Minus zu wählen, das Minus den Rechten der Frau gegenüber, das Minus den Rechten der Gläubiger gegenüber, denn alle diese Rechte können vertragsmäßig schwer beschränkt werden.

Schließlich, meine Herren, noch ein paar Worte über das Verhältniß meiner beiden Anträge zu einander.

Ich wünsche aufrichtig, daß Sie meinem principalen Antrag sich zustimmend erklären, weil ich ihn für einen richtigen halte. Thun Sie das nicht, nun so muß ich mich darin finden, daß Sie mit dem eventuellen stimmen. Keiner meiner beiden Anträge, weder der principale, noch der eventuelle, präjudicirt der — meiner Meinung nach durchaus untergeordneten — Frage, ob in dem Gesetzbuch neben dem einen Güterrecht, zur Auswahl für die Betheiligten noch andere Güterrechte Platz finden sollen; ich will Dieses hier in Folge einer an mich gerichteten Anfrage ausdrücklich aussprechen.

Referent Professor Dr. **Schröder** (zum Schluß): Meine Herren! Die Debatte hat sich wesentlich um zwei Punkte gedreht: um die Frage, ob das Gesetzbuch nun ein System aufstellen solle, oder drei Systeme; und sodann um die Frage, welches System als das gesetzliche aufgenommen werden solle.

Darüber sind wir heute alle einig, daß wir ein System haben müssen; das Regionalsystem hat keine Stimme für sich gehabt. Ebenso herrscht Uebereinstimmung darin, daß den Ehegatten die vertragsmäßige Regelung nach wie vor in erster Reihe gestattet sein soll; Meinungsverschiedenheit nur darüber, ob das Gesetz dieser Vertragsfähigkeit der Ehegatten insoweit zu Hilfe kommen solle, daß es in subsidio dafür auch Codificationen aufstelle. Meine Herren! Der Vorschlag, den ich Ihnen gemacht habe, drei Systeme zu codificiren, wovon eins gesetzlich, die beiden anderen facultativ als Ergänzung für die Eheverträge, ist das System des französischen Rechts, dessen Centralisationstendenzen gewiß groß genug sind. Die Franzosen sind Einheitsmacher im strengsten Sinne, und doch haben sie für nöthig gehalten, für Eheverträge subsidiäre Normen aufzustellen. Aus diesem Grunde halte ich die Frage, ob wir ein System, oder daneben noch zwei andere facultativ codificiren, für eine ganz außerordentlich wichtige, für eine Frage, die wir nicht, wie Herr Präses Albrecht sagte, in suspenso lassen dürfen, sondern die wir besser sofort entscheiden.

Was die Frage angeht: welches System an die Spitze gestellt werden solle, so sind mit Ausnahme des Herrn Staatsanwalt Donle, welcher die allgemeine Gütergemeinschaft als dieses System empfiehlt, fast sämmtliche Herren Redner der Meinung gewesen, die in dem Principalantrag des Herrn Präses Albrecht zum Ausdruck gekommen ist: daß angenommen werden solle, eine Verwaltungsgemeinschaft mit einer beschränkten Mithaftung der Frau für die Schulden des Mannes; beschränkt insofern, als sie nicht haften soll mit den Immobilien, Grundschulden u. s. w., die auf ihren Namen eingetragen sind. Dieses System ist in den Consequenzen im Wesentlichen dasselbe wie das, welches ich Ihnen als particuläre Gütergemeinschaft empfohlen habe, ich habe dem Kinde nur einen andern Namen gegeben; denn es kommt darauf an, daß die Frau bis zu einem gewissen Grade gesetzlich mithaftet für die Schulden des Mannes, daß ein gewisser Bestandtheil des Vermögens der Frau von der Mithaftung befreit bleibt; es ist genau dasselbe, mögen wir es Verwaltungsgemeinschaft mit Mithaftung der Frau nennen, oder mögen wir es particuläre Gütergemeinschaft nennen. Ich bin der Meinung: wir sind hier kein wissenschaftliches Collegium; dem Kinde einen Namen zu geben, wollen wir der Zukunft, der Theorie überlassen; für uns kommt es darauf an, als Princip festzustellen: es ist wünschenswerth, daß das gesetzliche System eine Mithaftung der Frau für die Schulden des Mannes in beschränktem Maße sanctionire. Das ist, wenn ich richtig verstanden habe, auch der Sinn des Antrags des Herrn Präses Dr. Albrecht, für den ich also eventuell nur eine formelle Aenderung in Vorschlag bringen würde. Denn ich beantrage, den ersten Antrag des Herrn Präses Dr. Albrecht als Zusatz zu meinem Antrag zur Abstimmung zu bringen, d. h. also zunächst abstimmen zu lassen über meinen Antrag und, falls dieser angenommen werden sollte, alsdann über den Antrag des Herrn Präses Albrecht: welches System soll das gesetzliche sein? Und da möchte ich mir eine etwas andere Formulirung erlauben, nämlich dahin:

Das gesetzliche System hat eine beschränkte Mithaftung der Frau für die Schulden des Mannes ins Auge zu fassen.

Ich glaube, damit ist dem, was die Herren Vorredner beabsichtigen, vollständig Genüge geleistet und wir vermeiden, eine falsche theoretische Auffassung in unsere Resolution zu bringen; denn eine Verwaltungsgemeinschaft mit Mithaftung der Frau für die Schulden des Mannes ist eben keine Verwaltungsgemeinschaft.

Präsident: Die Debatte ist geschlossen.

Ich bringe die gestellten Anträge in Erinnerung.

Herr Rechtsanwalt Donle beantragt:

Einführung dreier gleichberechtigter Systeme des ehelichen Güterstandes:

1) der allgemeinen Güter- und Schuldengemeinschaft;
2) der Errungenschaftsgemeinschaft (mit Mobiliargemeinschaft);
3) der Gütereinheit;

mit vollständig freier Wahl des einen oder anderen Güterstandes durch die Nupturienten, jedoch so, daß im Falle der Nichterklärung die allgemeine Gütergemeinschaft als der gewählte Güterstand zu präsumiren wäre.

Die erklärte Wahl wäre in ein öffentliches, vom Einzelrichter (Amtsgericht) zu führendes Register einzutragen.

Der Antrag des Herrn Bezirksgerichtsrath Bocke lautet:

Zu empfehlen die Codification auf Grund der Gütergemeinschaft, communio pro indiviso, wobei die Theilung nach Auflösung der Ehe auf Grundlage der Herausnahme des Vermögens der Ueberlebenden erfolgen möge.

Diese beiden Anträge wollen das System der allgemeinen Gütergemeinschaft empfehlen. Entgegengesetzte Anträge sind die Anträge der beiden Herren Referenten.

Der Antrag des Herrn Referenten Professor Schroeder, wie er jetzt modificirt ist, lautet:

„Das bürgerliche Gesetzbuch darf sich nicht auf die Regelung eines Systems des ehelichen Güterrechts beschränken, vielmehr ist die Codification auf drei Systeme auszudehnen, auf das der Verwaltungsgemeinschaft, der allgemeinen Gütergemeinschaft, welche als Errungenschafts- und beschränkte Mobiliargemeinschaft zu fassen ist.

Nur einem dieser Systeme ist gesetzliche Geltung in der Weise, daß es in Ermangelung eines Ehevertrags überall eintritt, beizulegen; dagegen muß es den Ehegatten gestattet sein, sich durch einfache Erklärung vor dem Notar oder vor dem Standesbeamten einem der beiden anderen Systeme zu unterwerfen.

Das gesetzliche System hat eine beschränkte Mithaftung der Frau für die Schulden des Mannes ins Auge zu fassen."

Die Anträge des Herrn Correferenten Präses Dr. Albrecht gehen dahin:

Principalantrag:

Das eheliche Güterrecht ist für das ganze Reichsgebiet auf einheitlicher Grundlage zu codificiren und zwar nach dem System der Verwaltungsgemeinschaft.

Es ist jedoch zugleich festzusetzen, daß das Vermögen der Frau, insoweit dasselbe nicht auf deren Namen angelegt ist und beständig angelegt bleibt, für die Schulden des Mannes haftet.

Eventueller Antrag:

Das eheliche Güterrecht ist für das ganze Reichsgebiet auf einheitlicher Grundlage zu codificiren und zwar nach den, soweit erforderlich, zu modificirenden Grundsätzen eines der am meisten verbreiteten Systeme.

Ich fasse diese vier Anträge in dem Sinne auf, daß jeder der Anträge ein selbständiges Ganze bildet und einheitlich zur Abstimmung zu bringen ist, sodaß also mit der Annahme eines der Anträge alle übrigen erledigt sind. Eine Theilung würde dem ganzen Sinne dieser Anträge meiner Ansicht nach nicht entsprechen.

Wenn ich aus der Debatte denjenigen Antrag herausgreifen darf, der vielleicht die Aussicht hat, eine Majorität für sich zu gewinnen und unser Abstimmungswerk abzukürzen, so nehme ich den Principal-Antrag des Herrn Präses Dr. Albrecht, (Heiterkeit) bemerke aber, daß wir den Grundsatz dabei beobachten können: in verbis simus faciles, daß es also nicht darauf ankommt, ob das System in diesem Antrage als Verwaltungsgemeinschaft bezeichnet ist oder ob Errungenschafts- oder beschränkte Mobiliargemeinschaft genannt wird. Es wird immer für diejenigen, die sich für unsere Debatten interessiren und aus denselben einen Gewinn ziehen wollen, nothwendig sein, daß sie die Antragsteller als die Interpreten ihrer Anträge betrachten, daß sie die Begründung der Anträge lesen und sich nicht an die Formulirung derselben, sondern an ihren Sinn halten.

Der erste Antrag, den ich hiernach zur Abstimmung bringe, lautet:

> Das eheliche Güterrecht ist für das ganze Reichsgebiet auf einheitlicher Grundlage zu codificiren und zwar nach dem System der Verwaltungsgemeinschaft; es ist jedoch zugleich festzusetzen, daß das Vermögen der Frau, insoweit dasselbe nicht auf deren Namen angelegt ist und beständig angelegt bleibt, für die Schulden des Mannes haftet.

Ich ersuche nun diejenigen Herren, welche diesem Antrage ihre Zustimmung geben wollen, sich zu erheben:

(Geschieht.)

Das ist die Majorität. Wir wollen nun aber die Gegenprobe machen.

Diejenigen Herren, welche dem Antrage nicht zustimmen, bitte ich, sich zu erheben.

(Geschieht.)

Das ist die Minorität. Damit ist dieser Antrag zum Beschluß der Abtheilung des Juristentages erhoben und sind die übrigen Anträge als gefallen anzusehen.

Advocat Dr. **Rau** aus München: Ich erlaube mir eine Bemerkung zu Protokoll constatiren zu lassen.

Ich bitte zu constatiren, was Herr Präses Dr. Albrecht anläßlich des Wilmowski'schen Vortrags bemerkte: daß die Frage, ob eine subsidiäre Codification der andern Systeme, insbesondere des Systems der allgemeinen Güter- und der Errungenschaftsgemeinschaft nothwendig sei, eine **offene** bleibe.

Präsident: Gewiß.

Die Abtheilung erklärt sich auf Vorschlag des Präsidenten damit einverstanden, den gefaßten Beschluß dem Plenum zur Kenntnißnahme mitzutheilen. Zum Referenten für dasselbe wird Herr Professor Dr. Schröder bestellt.

Nachdem noch die vom Präsidenten vorgetragene Liste der Vertrauensmänner für die Wahl der ständigen Deputation von der Versammlung durch Acclamation genehmigt worden, wird die Sitzung geschlossen.

(Schluß der Sitzung 2½ Uhr.)

Zweite Sitzung der ersten und zweiten Abtheilung am 27. August 1875.

Die Sitzung wird um 9 1/4 Uhr durch den Reichsoberhandelsgerichts-Vicepräsidenten Dr. Drechsler eröffnet und zunächst die Frage, die väterliche Gewalt betreffend, zur Verhandlung gestellt.

Vicepräsident Appellationsgerichts-Director von Seel (Würzburg) übernimmt zunächst den Vorsitz und ertheilt das Wort dem

Referenten Advocat Dr. Ritter **von Kißling** aus Linz:

> Soll die väterliche Gewalt, insbesondere als Grund der Beschränkung der Handlungsfähigkeit, kraft des Gesetzes mit der Großjährigkeit des Hauskindes erlöschen?

Das ist die Frage, über welche ich auf Grund der beiden Gutachten, die erstattet worden, referiren soll. Dieselbe Frage ist eigentlich schon auf dem zweiten Juristentag bejaht worden, und sie scheint nur deshalb wieder auf die Tagesordnung gesetzt zu sein, weil sie jetzt bei verschiedenen legislativen Arbeiten von größerer Wichtigkeit ist und daher die Meinung des Juristentags eingeholt werden soll. Es besteht eben in den geltenden Gesetzgebungen eine große Differenz. Während das französische und österreichische Recht und alle denselben nachgebildete Gesetzgebungen die väterliche Gewalt mit dem Eintritt der Großjährigkeit erlöschen lassen, lassen andere, z. B. die preußische, sächsische, bayerische u. s. w. sie so lange fortdauern, bis der Vater zu deren Auflassung entweder ausdrücklich oder durch Gestattung eines selbständigen Haushalts seine Zustimmung ertheilt.

Die beiden Herren, welche in ausführlicher Weise Gutachten erstattet haben, nämlich Professor Dr. Pfaff von Wien (S. 158 der Verhandlungen des XII. Juristentages) und Ober-Tribunalsrath Struckmann von Berlin (S. 268 dieser Verhandlungen), sprechen sich für die Bejahung der Frage, also dafür aus, daß die Handlungsfähigkeit nicht beschränkt werden darf, und mit der Großjährigkeit des Hauskindes die väterliche Gewalt erlöschen soll. Im Großen und Ganzen werden rechtliche, wirthschaftliche und sittliche Gründe dafür angeführt.

Die rechtlichen Gründe liegen vor allem darin, daß die väterliche Gewalt als eine Pflicht aufgefaßt wird, als ein Schutzverhältniß, welches von selbst dahin führt, daß, wenn der Grund dieses Schutzverhältnisses nicht mehr vorhanden ist, es aufhören muß. Wenn also das Kind in dem Alter ist, in welchem es nach der Annahme des Gesetzes seine Angelegenheiten sich selbst verwalten kann, so entfällt der Grund des Schutzverhältnisses und damit also auch die väterliche Gewalt. Es ist das der Unterschied von der römischen patria potestas, welche bekanntlich als ein Recht des Vaters, und nicht als eine Pflicht desselben aufgefaßt wurde. Die Bejahung des Satzes — führen die Gutachten weiter aus — sei auch im alten deutschen Recht begründet und würde überall nur Zustände hervorrufen, welche den altdeutschen Rechtsanschauungen entsprächen.

Wirthschaftlich sei die Bejahung der Frage deshalb geboten, weil der Verkehr in große Schwierigkeiten gerathen würde, wenn bei dem Vertragsabschluß mit einer volljährigen Person auch noch der Umstand erhoben werden müßte, ob diese Person unter väterlicher Gewalt steht oder nicht, welche Erhebung gewöhnlich sehr schwierig ist und um so schwieriger, als bei jenen Gesetzgebungen, nach denen durch Eingehung eines selbständigen Verhältnisses oder durch Gestaltung eines selbständigen Haushaltes die väterliche Gewalt von selbst erlischt, geprüft werden müßte, ob ein solches Verhältniß vorhanden sei.

Vom sittlichen Standpunkte aus empfiehlt sich die Aufhebung der väterlichen Gewalt deshalb, weil die Abhängigkeit des volljährigen Sohnes von dem Willen des Vaters, das Bestreben zur Auflassung der väterlichen Gewalt gegen diesen Willen, oft zu Conflicten führen muß und daher, was sonst für die Aufrechthaltung angeführt wird, eigentlich gegen dieselbe spricht.

Das österreichische Recht hat diesen Satz bejahend aufgenommen, und es wird Ihnen jeder österreichische Jurist, jeder Praktiker in Oesterreich bestätigen, daß dies in gar keiner Weise bedenklich gewirkt hat. Es ist auch ein langer Zeitraum, seit 1811, also seit mehr als 60 Jahren, daß dieses Verhältniß bei uns besteht, und wir können Sie versichern, daß durchaus nicht irgend welche Schwierigkeiten dadurch entstanden sind, im Gegentheil, daß wir uns nicht denken können, in welche Lage der Verkehr kommen müßte, wenn es gegentheilig wäre.

Der § 172 des österreichischen allgemeinen Civil-Gesetzbuchs lautet nämlich:

> Die väterliche Gewalt hört mit der Großjährigkeit des Kindes sogleich auf, wofern nicht aus specieller Ursache die Fortdauer derselben auf Ansuchen des Vaters vom Gericht verfügt und öffentlich bekannt gemacht worden ist.

Und das ist selbstverständlich. Denn sowie das Abhängigkeitsverhältniß eines Menschen, welcher nicht in der väterlichen Gewalt, sondern unter Vormundschaft steht, verlängert werden kann, wenn die Verhältnisse so liegen, daß ihm die Verwaltung des Vermögens nicht anvertraut werden kann, so muß das auch möglich sein bei solchen, die unter väterlicher Gewalt stehen. Und das ist keine Beschränkung des Satzes, sondern nur eine, ich möchte sagen, selbstverständliche Voraussetzung des Verhältnisses.

Mit dieser Beschränkung also, und mit der Voraussetzung, daß für solche Fälle, in welchen die Großjährigkeit nicht ausgesprochen werden darf, die väterliche Gewalt, natürlich erst in Folge eines gerichtlichen Beschlusses fortdauern kann, kann die Bejahung der Frage empfohlen werden und ich stelle daher den Antrag, daß der Juristentag seine Ueberzeugung dahin aussprechen möge,

> daß die väterliche Gewalt, insbesondere als Grund der Beschränkung der Handlungsfähigkeit, kraft des Gesetzes mit der Großjährigkeit des Hauskindes erlöschen soll.

Correferent Rechtsanwalt **Leonhard** aus Breslau: Meine Herren! Ich befinde mich in vollständiger Uebereinstimmung sowohl mit den Resultaten der beiden Gutachten, welche die vorliegende Frage behandeln, als auch mit dem Herrn Referenten. Ich habe deshalb seinem Referate wenig hinzuzufügen, zumal seine, wie ich glaube, ausführliche und erschöpfende Erörterung alle die Gründe vorgebracht hat, welche sich für die Bejahung der Frage im Wesentlichen anführen lassen. Was ich ergänzend hinzufügen will, beschränkt sich auf die Widerlegung einiger Zweifelsgründe, die gegen die Bejahung der Frage vorgebracht worden sind.

Während nämlich die Natur des Verhältnisses der väterlichen Gewalt, welches nach der heutigen Rechtsanschauung nicht mehr ein Verhältniß der Gewalt im Interesse des Vaters, sondern vielmehr ein Schutzverhältniß im Interesse des Kindes ist, es mit sich zu bringen scheint, daß diese geborene oder natürliche Vormundschaft des Vaters über das Kind eben so ende, wie die vom Staate geordnete Vormundschaft über elternlose Pflegebefohlene, hat ein berühmter preußischer Rechtslehrer, Dr. Bornemann, das Bedenken erhoben, daß es in dem Verhältniß zwischen Vater und Kind zu Unzuträglichkeiten führen müsse, wenn das Kind die vollständige Selbständigkeit eingeräumt erhalte, während es noch im Hause des Vaters lebe oder in seinen Bedürfnissen noch von ihm abhängig sei. Deshalb ist er für die landrechtliche Theorie, nach welcher erst nach Begründung der separata oeconomia resp. mit der Verheirathung der Tochter die väterliche Gewalt aufhören soll. Indessen, meine Herren, ich kann das Bedenken dieser Autorität nicht theilen. Solche Unzuträglichkeiten, denen allerdings das Gesetz im Interesse des Verhältnisses zwischen Vater und Kind möglichst vorbeugen muß, werden sich nicht weniger zeigen, wenn die väterliche Gewalt gesetzlich erst erlischt mit der Begründung eines eigenen Hausstandes seitens des majorennen Haussohnes, — nämlich im Falle eines Dissenses zwischen Vater und Kind darüber, ob die Möglichkeit und Fähigkeit für das Kind vorhanden ist, sich einen eigenen Hausstand zu gründen. Das preußische Landrecht hat die Vorschrift und muß die Vorschrift haben, daß, wenn ein majorenner Haussohn ohne weitere Unterstützung des Vaters ein eigenes Gewerbe anzustellen fähig ist, der Vater verbunden ist, ihm diese Anstellung zu gestatten und ihn dadurch aus der väterlichen Gewalt zu entlassen. Wenn nun zwischen Vater und Sohn darüber Streit entsteht, ob die Bedingungen dieser Vorschrift vorhanden sind, dann bleibt für das Kind, welches sich benachtheiligt glaubt, nichts anderes übrig als die Hilfe des Vormundschaftsgerichts anzurufen, und es tritt dann meines Erachtens in noch verschärfter Weise derjenige Conflict in dem Verhältniß hervor, den Bornemann vermieden wissen will. Deshalb glaube ich, kann der angeführte Grund möglicher Unzuträglichkeiten, die aus der Aufhebung der väterlichen Gewalt mit dem Majorennitätstermin entstehen, nicht als schwerwiegend betrachtet werden. Und dann, meine Herren, fassen wir das Practische ins Auge! Ist es nicht natürlicher und jedenfalls den Interessen des Kindes förderlicher, wenn das Gesetz mit dem bestimmten Termin dem Kinde das Recht der Selbständigkeit verleiht und folglich das damit verbundene Recht gewährt, sein Vermögen, welches sich in der Verwaltung des Vaters befindet, aus dessen Verwaltung heraus zu verlangen, — ihm also die Möglichkeit giebt, sich die Mittel zu verschaffen, um seiner neubegründeten Existenz eine sichere Basis zu geben, als wenn das Gesetz dem Kinde die Verpflichtung auferlegt, sich erst selbständig zu machen durch die Begründung eines besonderen Haushalts, ehe es zu dem Rechte gelangt, das ihm eigenthümlich gehörende Vermögen von dem Vater zu verlangen! Ich meine, diese practische Auffassung muß dahin führen, daß es zweckmäßiger ist, die natürliche Vormundschaft enden zu lassen mit dem Majorennitätstermin.

In dem einen der beiden Gutachten sind die Aussprüche zweier rechtsphilosophischen Schriftsteller erwähnt, welche principiell auch der Meinung sind, daß die Vormundschaft des Vaters über sein Kind ihre natürliche Grenze findet in dem Zeitpunkte, mit welchem das Kind die Fähigkeit erlangt, den eigenen Angelegenheiten vorzustehen, welche aber dennoch sagen: die väterliche Gewalt kann erst endigen, wenn das Hauskind diese Fähigkeit erlangt und wenn es sie thatsächlich bewährt hat durch Errichtung eines eigenen Gewerbes, durch Uebernahme einer Bedienstung u. s. w. Ich finde indessen, meine Herren, keinen Grund, aus welchem in Beziehung auf die Aufhebung der Vormundschaft anders behandelt werden sollten die unter der doch größtentheils umsichtigeren und sorgfältigeren Pflege und Erziehung des eigenen Vaters stehenden Pflegebefohlenen, als die elternlosen Pflegebefohlenen, denen ein Vormund vom Staate gesetzt ist. Ich sehe nicht ein, warum jene gewissermaßen erst eine Prüfung ablegen sollen, ehe ihnen die Selbständigkeit vom Gesetz zugestanden wird, — eine Prüfung, die übrigens, genauer betrachtet, bedeutungslos ist; denn der Beginn eines eigenen Gewerbes ist auch nicht im Entferntesten geeignet, die Ueberzeugung zu gewähren, daß das Kind auf eignen Füßen stehen kann; und doch ist nach dem Gesetz der Beginn eines eigenen Gewerbes der Zeitpunkt, mit dem das Kind aus der väterlichen Gewalt scheidet. — Vor Allem aber sind maßgebend für die Bejahung der vorliegenden Frage die schon von dem verehrten Herrn Vorredner hervorgehobenen Rücksichten auf die Sicherheit des Verkehrs. Die Sicherheit des Verkehrs fordert dringend, daß die väterliche Gewalt als Beschränkung der Handlungsfähigkeit mit dem gesetzlich fixirten Majorennitäts-Termin endige. Für den Dritten, der sich mit einem Hauskinde in Verhandlungen einläßt, ist es nahezu unmöglich, alle Thatsachen festzustellen, aus denen folgt, daß das Kind seinen eigenen Haushalt hat, namentlich bei den jetzigen vielgestaltigen wirthschaftlichen und socialen Verhältnissen. Selbst wenn man aber das Thatsächliche ergründen kann, so ist es bekanntlich eine recht sehr schwierige und zweifelhafte Frage, ob das Kind in der That eine separata oeconomia begründet hat oder nicht. Es rühren daher die vielfachen Prozesse auf diesem Gebiete, welchen auch die Casuistik des Preußischen Landrechts nicht hat vorbeugen können, und welchen keine Casuistik vorbeugen kann.

Aus allen diesen Erwägungen erkläre ich mich mit dem Herrn Vorredner für die Bejahung der gestellten Frage.

Vicepräsident **von Seel**: Wenn Niemand weiter das Wort begehrt, erkläre ich die Debatte für geschlossen. Es ist nur Anlaß gegeben zu einer einzigen Frage und die richtet sich genau nach der Formel, welche hier aufgestellt ist:

„Soll die väterliche Gewalt, insbesondere als Grund der Beschränkung der Handlungsfähigheit, kraft des Gesetzes mit der Großjährigkeit des Hauskindes erlöschen?“

Ich bitte diejenigen Herren, welche sich für Bejahung der Frage aussprechen wollen, sich gefälligst zu erheben. Es ist, glaube ich, Einstimmigkeit vorhanden und damit die Frage zum Beschluß erhoben.

(Referent Dr. von Kißling wird von der Versammlung dazu ausersehen, den Beschluß dem Plenum zur Kenntnißnahme mitzutheilen.)

Die Tagesordnung schreitet zum nächsten Gegenstand, die Gesetzgebungsfragen, betreffend die Vormundschaft. Es liegen die gedruckten Gutachten auf dem Bureau aus. Als Referent ist bestellt worden Herr Appellationsgerichtsrath Dr. Hauser aus München. Ich bitte denselben den Bericht zu erstatten.

Appellationsgerichtsrath Dr. **Hauser** aus München: Hochgeehrte Versammlung! Die Gesetzgebungsfragen, mit welchen wir uns zu befassen haben, enthalten wohl die wesentlichsten Grundfragen des Vormundschaftsrechts. Ein Theil war bereits früher Gegenstand der Verhandlungen des Juristentages: Die Betheiligung der Familie und der Gemeinde bei der Vormundschaft; im V. Juristentag ist auch ein Beschluß zu Stande gekommen bezüglich der Mitwirkung der Familie. Inzwischen hat sich die gesetzgeberische Thätigkeit mehr und mehr entfaltet, namentlich in Preußen, und der preußische Entwurf einer Vormundschaftsordnung hat den Anstoß zu den vorliegenden Fragen gegeben. Die Materie, welche wir zu behandeln haben, ist eine sehr umfangreiche; es ist aber dieselbe sehr vorbereitet und eingehend bearbeitet worden durch die vortrefflichen Gutachten, die Sie durch die Veröffentlichung der Verhandlungen des Juristentages kennen; es wird mir daher gestattet sein, mich auf die entscheidendsten Gesichtspunkte und Erwägungen zu beschränken, um die geehrte Versammlung nicht zu sehr durch die Fülle des Stoffs zu ermüden. In meiner Bezugnahme auf die Begutachtungen werde ich die Arbeit von Herrn Stadtgerichts-Director Anton zu Berlin als Gutachten I. und jene von Herrn Rechtsanwalt Leonhard zu Breslau als Gutachten II. bezeichnen.

Unsere I. Frage geht nun dahin:

„Soll die Obervormundschaft, soweit sie dem Staate obliegt, durch Einzelrichter oder durch Collegialgerichte ausgeübt werden?“

Die Stellung dieser Frage enthält zwei Voraussetzungen: einmal eine staatliche Verpflichtung zur aufsichtlichen Fürsorge für zu bevormundende Personen, sodann die gerichtliche Zuständigkeit zur Ausübung dieser staatlichen Fürsorge. Beide Gutachten sind mit diesen Voraussetzungen einverstanden; insbesondere erklärt sich Gutachten II. gegen eine Uebertragung der Obervormundschaft an die Gemeindebehörden. Die bezeichneten Voraussetzungen werden wir einigermaßen zu begränzen haben.

Soweit eine öffentliche Fürsorge für handlungsunfähige Statt zu finden hat, kommt sie dem Staate zu; denn vom Staate geht jede Gewährung eines öffentlichen Rechtsschutzes aus. Es ist aber diese Verpflichtung nicht eine unbedingte. Nicht veranlaßt ist eine Fürsorge, wenn der Vater als der natürliche Vertreter und Gewalthaber noch am Leben ist; nach einzelnen Rechten gilt dies auch für die Mutter mit einigen Einschränkungen. Wohl zu weit geht die staatliche Fürsorge im Gebiet des französischen Rechts, nach welchem eine Vormundschaft beim Ableben der Mutter bestellt wird, auch wenn der Vater noch lebt.

Nicht beschränkt dagegen ist diese staatliche Fürsorge auf Staatsangehörige; sie darf aus internationalen Rücksichten und insbesondere im eigenen Interesse der Staatsangehörigen zur Sicherung ihres Rechtsverkehrs den im Staate befindlichen fremden Personen, welche einer Vertretung wegen Handlungsunfähigkeit bedürfen, nicht entzogen werden.

Die angeregten Verhältnisse gehören nun nicht weiter zu unserer Gesetzgebungsfrage, sie mußten jedoch berührt werden zur Klarstellung der staatlichen Pflicht, für die rechtliche Vertretung handlungsunfähiger Personen zu sorgen.

Die staatliche Fürsorge bezüglich der Vertretung handlungsunfähiger Personen und ihrer privatrechtlichen insbesondere vermögensrechtlichen Beziehungen fällt in das Gebiet der freiwilligen Rechtspflege. Den Gerichten ist die Privatrechtspflege im Allgemeinen zugewiesen; die Gerichte sind daher die regelmäßigen Staatsorgane für die Ausübung jener staatlichen Fürsorge. Erstreckt sich die vormundschaftliche Sorge auch auf die Unterhaltung und Erziehung, so tritt dieselbe doch neben der Familie oder verpflichteten Gemeinde zurück und trägt die Vormundschaft vorwiegend durch die Vertretung handlungsunfähiger Personen in ihren staats- und vermögensrechtlichen Verhältnissen einen privatrechtlichen Charakter an sich. Die Bestellung der Vormundschaft, die Aufsicht und Genehmigung ist freilich kein Gegenstand richterlicher Rechtsentscheidung, sondern mehr einer Rechtsverwaltung; allein eine rechtsverwaltende Thätigkeit läßt sich überhaupt nicht vollständig von der Aufgabe der Gerichte trennen und bildet gerade das Wesen der sogenannten freiwilligen Gerichtsbarkeit, im Hypotheken-, Grundbuch- und Verlassenschaftswesen wie in der Vormundschaft. Es kann daher die obervormundschaftliche Aufsicht nicht dem Verwaltungsbehörden oder den Gemeindeämtern als solchen zukommen. Wo die Obervormundschaft den Gemeinden übertragen ist, üben dieselben nicht eine gemeindeamtliche, nicht eine verwaltungsamtliche Thätigkeit, sondern einen ihnen staatlich übertragenen Act der freiwilligen Gerichtsbarkeit aus.

Grundsätzlich haben wir in der obervormundschaftlichen Aufsicht und Fürsorge eine Thätigkeit im Gebiete der freiwilligen Gerichtsbarkeit zu erkennen und deshalb hierin eine Aufgabe der Gerichte anzunehmen. Die Gerichte eignen sich auch für die Ausübung der Obervormundschaft, wenn dieselbe auf ihre eigentliche Aufgabe der Beaufsichtigung der Geschäftsführung des Vormunds zurückgeführt, insbesondere ein Eingreifen in die vormundschaftliche Verwaltung ausgeschlossen wird. Die obervormundschaftliche Thätigkeit setzt eine genaue Kenntniß des Vormundschaftsrechts und allgemeine Rechtskenntnisse voraus, wie sie vom Richter verlangt werden können. Das rechtskundige Element ist unentbehrlich in der obervormundschaftlichen Thätigkeit, wie gerade solche Einrichtungen in Deutschland zeigen, welche die obervormundschaftliche Aufsicht in den Gemeinderath verlegen. Dieselben fordern wie in Hamburg und in Lübeck unter den Gemeinderathsmitgliedern Rechtsgelehrte, oder bringen den Gemeindewaisenrath in Verbindung mit Gerichtsnotaren und dem Gerichte selbst, wie in Württemberg. Wo derartige Einrichtungen unter einfacheren Staatsverhältnissen, vielleicht auch unterm Einflusse eines früheren Systems, welches Rechtspflege und Verwaltung des öffentlichen Rechts durcheinander mengte, sich im Volke eingelebt haben, mag man damit zufrieden sein. Allein derartige Institute lassen sich nicht einfach auf andere Staaten übertragen. Wir können z. B. nicht mit der Obervormundschaft der Gemeinde von Hamburg oder Lübeck auch die dort erforderliche Zahl von Graduirten oder Rechtsgelehrten auf Landgemeinden oder kleinere und mittlere Städte herübernehmen; wir können nicht die Württembergischen Gerichtsnotare, eigentliche Staats- und Gerichtsbeamte, als Rathgeber für Gemeindewaisenräthe einführen. — Dasselbe gilt noch mehr von den Einrichtungen in der Schweiz; es kann von denselben, bei den dortigen einfachen cantonalen Verhältnissen in eigengearteten Aemterverfassungen, für Deutschland ganz abgesehen werden. Selbst in ihrem Heimathlande wird von der gemeinderäthlichen Obervormundschaft zugestanden, daß die Erfahrungen in den ländlichen Gemeinden nicht vollkommen befriedigend seien.

Heutzutage, wo größere Anforderungen von Rechtskenntnissen und Rechtserfahrung an die Obervormundschaftsorgane gemacht werden, wo die verschiedenartigen Funktionen der Rechtspflege und des Verwaltungsrechts nach einer naturgemäßen Arbeitstheilung ausgeschieden werden, wäre es ein Mißgriff und ein Anachronismus, in Deutschland die Obervormundschaft allgemein an Gemeindeämter zu übertragen. Wie weit aber die

Gemeinde zur Mitwirkung bei der Aufsicht über Vormundschaften herbeizuziehen sei, hierauf werden wir bei der II. Frage zurückkommen.

Wir können jetzt unmittelbar an unsere Gerichtsverfassungsfrage herantreten, welche Gerichte nämlich am zweckmäßigsten mit der Obervormundschaft sich befassen können. Beide Gutachten erklären sich für die einzelrichterliche und gegen die collegialgerichtliche Ausübung der Obervormundschaft und ist ihnen hierin vollkommen beizustimmen. Fordert man mit Recht von dem Vormundschaftsrichter eine besondere Vertrautheit mit den Anschauungen und Bedürfnissen der Gerichtsuntergebenen zur Berücksichtigung der indibuellen Verhältnisse, fordert man einen unmittelbaren Verkehr mit den Betheiligten und den Vormündern behufs eines möglichst raschen Eingreifens, so sind diese Anforderungen leichter durch das einzelrichterliche, als durch das collegialgerichtliche System zu erfüllen. Das Collegium hat keinen unmittelbaren Verkehr mit den Personen, erlangt seine Anschauungen erst aus dem Vortrag des Referenten, welcher seinerseits sich hierbei auf protokollarische Aufnahme zu stützen hat. Hierdurch erhalten die concreten Verhältnisse eine andere Färbung; in der Aufnahme finden sich Unvollkommenheiten und Lücken; es werden Aufklärungen, Ersetzungen verlangt. Dies Verfahren führt zu Verzögerungen in dringlichen Sachen, zu schiefer Beurtheilung der individuellen Sachlage, somit zu Beschädigungen durch Zeitversäumniß, zu Benachtheiligung berechtigter Interessen. Der Einzelrichter dagegen setzt sich in unmittelbaren Verkehr mit dem Vormund und anderen Personen, gewinnt dadurch eine richtigere Anschauung der concreten Verhältnisse, kann sich unmittelbar Aufklärung verschaffen und sofort den erforderlichen Beschluß fassen. Der Vormund kann sich bei dem Einzelrichter leichter Rath erholen als bei einem Collegialreferenten, welcher die Ansicht des Collegiums nicht im Voraus ermessen kann.

In Bayern hat man das collegialgerichtliche System, das früher bei den vormaligen Kreis- und Stadtgerichten bestand, aufgehoben und allgemein das einzelrichterliche Verfahren eingeführt; man hat dies als eine sehr große Wohlthat empfunden und keine Stimme erhebt sich mehr für das Collegialsystem. Auch in der neuen preußischen Vormundschaftsordnung ist das einzelrichterliche System angenommen worden. Die Amtsrichter der künftigen deutschen Gerichtsverfassung sollen sich mit der Official-Behandlung der Entmündigungssachen befassen. Diese stehen in engstem Zusammenhange mit der Obervormundschaft. Die künftigen Amtsrichter werden eine umfassende Vertrauensstellung erlangen nach der ihnen zugemessenen Zuständigkeit. Man wird deshalb auf tüchtige Personen bei Besetzung dieser Aemter das Auge zu richten haben und wird dafür forgen müssen, daß nicht zu häufig ein Wechsel der Personen eintritt. Ich glaube daher, man darf den künftigen Amtsrichtern das Vormundschaftsamt mit gutem Bewußtsein anvertrauen.

Die zweite Frage lautet:

> „Soll die Obervormundschaft dem Staate allein vorbehalten werden, oder eine Mitwirkung der Familie oder Gemeinde stattfinden?"

Wenn auch die Unentbehrlichkeit des Richters wegen des nothwendigen rechtskundigen Elements bei der Obervormundschaft anzuerkennen ist, so ist doch eine Ergänzung der vormundschaftsrichterlichen Aufgabe nothwendig, weil der Vormundschaftsrichter den Personen und Angelegenheiten, worüber er die Aufsicht zu führen hat, meist zu fern steht. Die Ergänzung der Aufsicht wird nun gesucht in einer Mitwirkung der Familie, in einer Mitwirkung der Gemeinde. Eine Mitwirkung der Familie wird mehr aus privatrechtlichen Rücksichten, die der Gemeinde mehr aus einem öffentlichen Interesse begründet.

Die wichtigste Grundlage für die gesetzgeberische Behandlung des Vormundschaftswesens ist wohl die Frage, in welcher Weise die Mitwirkung der Familie bei der Beaufsichtigung der Vormundschaft zu gestalten sei?

Beide Gutachten sprechen sich für eine Mitwirkung der Familie *nur berathender* Natur aus.

Beide Gutachten erklären sich gegen die, einigermaßen der Familienbevogtigung des Züricher Gesetzbuchs nachgebildete, Familienaufsicht des preußischen Entwurfs einer Vormundschaftsordnung, weil dieselbe regelmäßig an die Stelle der staatlichen Aufsicht mit Ausschließung des Vormundschaftsrichters treten soll. Es wird von beiden Gutachten ein Widerspruch darin gefunden, daß die staatliche Pflicht der Beaufsichtigung anerkannt, gleichwohl aber auf die Familie übertragen wird. Man könnte diesem Entwurf entgegenhalten, daß der Familienrath als Surrogat der väterlichen Gewalt erscheine, nach dieser Auffassung daher für eine obrigkeitliche Aufsicht überhaupt kein Raum gegeben sei. Allein diese Auffassung liegt weder dem preußischen Entwurf noch seinem Vorbild, dem Züricher Rechte, zu Grunde, weil nach beiden eine Vormundschaft obrigkeitlich bestellt und die Aufsicht hierüber der Familie übertragen wird. Der Vorwurf des innerlichen Widerspruchs in dieser Einrichtung muß daher als begründet erachtet werden. Dazu kommt, daß dieser Organisation das juristische Element fehlt, welches bei der Beaufsichtigung der Vormundschaft, wie ich bereits dargelegt habe, nicht entbehrt werden kann. Mit Recht hat diese Gestaltung des Familienraths in den preußischen Kammern keine

Annahme, in der neuen preußischen Vormundschaftsordnung keine Verwirklichung gefunden.

In beiden Gutachten wird auch der Familienrath in der Gestalt des französischen Rechts für unannehmbar erklärt. Unverkennbar trägt die Organisation, welche der Familienrath im französischen Civilgesetzbuche erhalten hat, Gebrechen an sich. Der Familienrath des französischen Rechts bewegt sich mit großer Schwerfälligkeit, insofern er bei jeder einzelnen Veranlassung seiner Thätigkeit neu gebildet werden muß. Es liegt in der französischen Organisation ein Widerspruch, insofern der Familienrath auch dann, wenn keine Verwandte, also keine Familienglieder vorhanden sind, gebildet werden muß aus anderen Personen. Die große Zahl von sechs Mitgliedern, welche für Bildung des Familienrathes nach französischem Rechte mindestens nothwendig ist, bringt für die Bevölkerung eine übermäßige Belästigung mit sich. Zudem wird für gewisse Beschlüsse des Familienraths noch eine Bestätigung des vorgesetzten Collegialgerichts verlangt, was wohl seinen Grund in der ursprünglichen Idee hat, daß die Friedensrichter einfache, nicht juristisch gebildete Vertrauensmänner der Gemeinde sein sollen.

In dieser Gestaltung ist der Familienrath für die deutsche Gesetzgebung offenbar unannehmbar. Allein diese Mängel lassen sich leicht beseitigen und von deutscher Seite wird auch eine richtige Idee im Institute des Familienraths anerkannt und diese Idee ist nicht französischen, sondern bekanntlich deutschen Ursprungs. Der berechtigte Gedanke beruht in der natürlichen Pflicht und in dem natürlichen Recht der Familie, bei der Vormundschaft mitzuwirken. Soll nun dem Vormund die ungeschmälerte geschäftsführende Stellung zugewiesen werden, so kann eine Mitwirkung der Familie sich nur in der Beaufsichtigung dieser Geschäftsführung geltend machen. Die Frage ist also nur die: soll die Familie auf eine Begutachtung beschränkt werden, oder soll sie zu einer Mitbeschließung mit dem Vormundschaftsrichter befugt sein? Eine Beschränkung der Familie auf bloße Begutachtung hat ganz wesentliche Bedenken gegen sich: Soweit es von dem Ermessen des Richters oder Vormundes abhängen soll, den gutachtlichen Rath der Familie einzuholen, ist schon keine Gewähr vorhanden für die Einvernehmung der Familie überhaupt. Der eine Richter oder Vormund wird einen Räth derselben wünschenswerth erachten, der andere nicht, und ihn umgehn. Soweit aber die Begutachtung der Familie als ein gesetzliches Erforderniß aufgestellt wird, ist eine Behandlung dieser Einvernehmung zweckmäßig ohne Organisation eines Familienraths gar nicht zu gestalten. Wählt der Richter die protokollarische Form für Einvernehmung der Verwandten bezüglich ihrer Anschauungen in einer

Frage, so führt dies zu einem zeitraubenden, umständlichen und zu kostspieligen Verfahren. Verlangt er von den Verwandten die schriftliche Abgabe ihrer Begutachtung, so wird eine schriftliche, bestimmte, ins Einzelne gehende Fragstellung des Vormundschaftsrichters vorausgehn müssen, und dessen ungeachtet wird bei der Verschiedenartigkeit im Bildungsgrad der Verwandten, insbesondere bei der Verschiedenartigkeit der Befähigung zu einem klaren und genauen Gedankenausdruck Unvollständigkeit, Ungenauigkeit und Unbeholfenheit in den schriftlichen Gutachten, daher eine ungenaue Behandlung oder die Nothwendigkeit von Ersetzungen die Folge sein. Ueberall wird also die Abgabe des Gutachtens von Seiten der Verwandten eine zweckwidrige, schriftliche Vielgeschäftigkeit mit sich führen, in dringenden Fällen einen nachtheiligen Aufschub veranlassen, oder man wird in die Lage kommen, ein Gutachten gar nicht einholen zu können. Und all der umständliche Geschäftsapparat soll nur dazu dienen, um endlich die staatliche Aufsichtsbehörde allein und ausschließlich entscheiden zu lassen.

Eine Organisation des Familienraths erscheint unvermeidlich; es muß für die Regel eine gegenseitige Berathung, eine unmittelbare Besprechung zwischen den Familienmitgliedern und dem Vormundschaftsrichter bei vollkommen mündlicher Behandlung ermöglicht werden; nur das Ergebniß der Berathungen, die Beschlüsse bedürfen einer Aufzeichnung. Die Beschlüsse können im einzelnen Fall gefaßt, oder im voraus und allgemein für die vormundschaftliche Geschäftsführung maßgebende Ermächtigungen enthalten; um hiedurch ein zu häufiges Zusammentreten der Familienmitglieder zu vermeiden. Bei dieser Behandlung ist es nicht nur unbedenklich, sondern völlig consequent, auch den Familienmitgliedern eine beschließende Stimme mit dem Vormundschaftsrichter unter dessen Vorsitz zu geben. Die Familienmitglieder sind ja bei der Vormundschaft als einer Familienangelegenheit sehr tief berührt. Wer anders als die Familienmitglieder hat das meiste Interesse an einer dem Mündel günstigen Behandlung seiner wichtigsten Angelegenheiten, wie bezüglich der Erziehung, Berufswahl, Fortführung oder Aufgebung eines Geschäfts u. s. w.?

Unser Zeitalter ist gewohnt zu sehn, wie über Rechts- und Verwaltungsangelegenheiten der Gemeinden, der Kreise, des Landes Körperschaften, welche ohne das Erforderniß der Rechtskunde gewählt werden, berathen und beschließen, ja in den Kammern und Parlamenten über die wichtigsten und schwierigsten Gegenstände der Rechts- und Verwaltungs-Gesetzgebung entscheiden. Wir lassen uns in der Strafrechtspflege gefallen, daß Laien mitbeschließen, ja in den Schwurgerichten über die für Freiheit und Leben entscheidenden That- und Rechtsfragen ausschließlich urtheilen; warum soll man sich dagegen sträuben, daß Familienmitglieder da, wo es sich um eine Verwaltung auf dem Gebiete des Familienrechts, um Familienangelegenheiten handelt, daß die Verwandten, welchen die Stimme der Natur, das Band des Bluts, die Sorge für das Wohl der Mündel an das Herz gelegt, daß so eng verbundene Personen, welche mit den individuellen Lebensverhältnissen des Mündels aus der nächsten Umgebung und eignen Erfahrung am meisten vertraut sind, mit dem Vormundschaftsrichter unter dessen Vorsitz mitbeschließen bei Beaufsichtigung der Verwaltung des Vormundes?

Der Vormundschaftsrichter hat wahrlich durch das Uebergewicht seiner juristischen Qualification, durch seine staatliche Autorisation, durch die Vertrauensstellung in der Bevölkerung das Mitbeschließungsrecht der Familienmitglieder am allerwenigsten zu fürchten, um so weniger, als ihm auch noch ein Beschwerderecht zugestanden werden kann, wenn er einen Mehrheitsbeschluß, der nicht in seinem Sinne gefaßt ist, dem Interesse des Mündels als offenbar nachtheilig erachtet. Die eigentliche Abneigung gegen den Familienrath liegt mehr auf Seiten der Vormünder und diese Abneigung würde dann gegründet sein, wenn der Familienrath eine die vormundschaftliche Verwaltung beherrschende Beschließungsbefugniß hätte und dadurch der Vormund gewissermaßen zu einem bloßen Executionsorgan des Familienraths herabgedrückt würde. Allein jene Abneigung ist nicht begründet, wenn der Familienrath auf die Beaufsichtigung der vormundschaftlichen Verwaltung beschränkt ist und nur in höchst wichtigen, vom Gesetz bestimmten Angelegenheiten Genehmigung zu ertheilen hat.

Die Bildung eines Familienraths findet eine naturmäßige Grenze in dem Mangel an Verwandten. Wenn nicht wenigstens zwei geeignete Verwandte vorhanden sind, so läßt sich ein Familienrath unter Vorsitz des Vormundschaftsrichters nicht bilden. Eine Ausnahme von der Verwandteneigenschaft rechtfertigt sich nur dann, wenn von elterlicher Seite eine Berufung anderer Personen in den Familienrath angeordnet ist. Am V. Juristentag wurde in der betreffenden Abtheilung beschlossen, daß in jeder Vormundschaft ein Familienrath, unter dem Vorsitz des Einzelrichters, theils berathend, theils beschlußfassend, einzuführen sei. Wo geeignete Verwandte vorhanden sind, wäre an und für sich ein gesetzliches Gebot zur Bildung eines Familienrathes gerechtfertigt vermöge des Bedürfnisses einer Ergänzung der vormundschaftlichen Aufsicht. Allein die Familienmitwirkung bei der Obervormundschaft läßt sich nicht durch Gesetze gegen die Neigung der Bevölkerung erzwingen; die Mitwirkung der Familie ist eine Thätigkeit, welche nur bei freier Hingebung ersprießlich wirken kann. Selbst in den linksrheinischen Gebieten, wo das französische Recht den Familienrath obligatorisch aufstellt, hat man die Erfahrung gemacht, daß derselbe nur bei einem ganz lebendigen Familienzusammenhange, bei einem thätigen Familiensinne ersprießlich wirke. Einen ganz richtigen Weg hat daher die neue preußische Vormundschaftsordnung eingeschlagen, indem sie die Bildung des Familienraths von dem Willen der Nächstbetheiligten abhängig macht. Ein Familienrath soll gebildet werden, wenn es von Vater oder Mutter rechtsförmlich angeordnet wird, oder wenn nähere Verwandte es verlangen, oder wenn der Vormund es beantragt. Eine derartige Freistellung in der Gesetzgebung empfiehlt sich als ein rücksichtsvolles Verfahren, welches da, wo der Familienrath besteht, nicht verletzten kann, und da, wo die richtige Einsicht in die Wirksamkeit des Familienraths noch nicht vorhanden ist, keinen Zwang auflegt.

Ich komme nun zur Mitwirkung der Gemeinde.

Nicht von so eingreifender Natur als wie die Mitwirkung der Familie, aber immerhin für die Vormundschaftsverwaltung recht gut zu verwerthen, ist der Gedanke einer Herbeiziehung der Gemeinde zur Mitwirkung bei der obervormundschaftlichen Aufsicht. Es soll nicht ein Gemeindewaisenrath statt des Gerichts die staatliche Fürsorge in Vormundschaften ausüben. Hiergegen habe ich die Gründe bereits dargelegt. Hier kommt nur eine Unterstützung des Vormundschaftsrichters durch ein besonderes Gemeindeorgan in Frage. Die Gemeinde eignet sich dafür, die Aufsicht des Vormundschaftsrichters, welcher als solcher nicht in der Lage ist, in den verschiedenen Theilen seines Amtsbezirks sämmtliche Vormundschaftsverhältnisse mit eignem Auge zu überschauen und näher zu beobachten, durch die Thätigkeit eines Gemeindeorgans zu ergänzen, welches für die Gemeinde, oder Theile der Gemeinde aufgestellt ist mit der Aufgabe, über das persönliche Wohl und die Erziehung der Mündel zu wachen, die hierbei wahrgenommenen Mängel oder Pflichtwidrigkeiten zunächst dem Vormund, sofern dieser nicht selbst Kenntniß davon hat, mitzutheilen, erforderlichenfalls dem Vormundschaftsgericht Kenntniß davon zu geben, auf Verlangen über die Person der Mündel Auskunft dem Vormundschaftsrichter zu ertheilen, bei der Unterbringung vermögensloser Waisen dem Vormund unter die Arme zu greifen, dem Vormund auf Verlangen Rath zu ertheilen und dergleichen. Es liegt unverkennbar auch im Interesse der Gemeinden, welche ja bei Verarmungsfällen die Pflicht der Unterstützung haben, durch ihre Mitwirkung bei der Vormundschaftsverwaltung einen fruchtbaren Einfluß zu üben auf Erziehung und Unterkommen der Mündel, wobei nicht ausgeschlossen ist, auf eine wirthschaftliche Vermögensverwaltung der Vormünder rechtzeitig ein Augenmerk zu richten.

Beide Gutachten sprechen sich höchst günstig für eine Mitwirkung der Gemeinden aus; beide wollen sie aber erst in zweiter Reihe, nämlich erst dann, wenn keine Verwandte vorhanden sind, oder, wie Gutachten II etwas vorbehaltsvoller sich ausdrückt, wo die Familie, oder doch der Schutz der Familie fehlt, insbesondere bei vermögenslosen Mündeln und bei außerehelichen Kindern. Letzteres Gutachten stellt daher eine Mitwirkung der Gemeinde auch da als Forderung auf, wo zwar Verwandte vorhanden seien, aber der Familienzusammenhang fehlt, insofern die Angehörigen armer, verlassener Waisen selbst mit dem Kampf ums Dasein vollauf zu thun haben. Es würde hiernach wohl etwas schwierig sein, für Vormundschaften im Allgemeinen die Kriterien bestimmt und zweifellos aufzustellen, nach welchen die Gemeindemitwirkung einzutreten hätte. Competenzzweifel in dieser Beziehung wären aber ganz mißlich, insofern zuweilen sehr rasch zu handeln ist und Vormundschaftsgericht und Gemeindebehörde nicht einmal unter einer gemeinsamen Oberbehörde stehen.

Mag bei vermögenslosen oder außerehelichen Mündeln die Mitwirkung der Gemeinde am meisten Bedürfniß sein, so ist dieselbe doch überhaupt bei Vormundschaften ohne Ausnahme als Ergänzung der obrigkeitlichen Aufsicht zu fordern, auch dann, wenn Verwandte vorhanden sind oder ein Familienrath besteht. Es können Mißstände vorkommen auch bei der Erziehung vermöglicher Mündel, wie bei der Vermögensverwaltung, auch bei Verwandten und bei Regelung der Familienaufsicht, bei letzterer allerdings in weit geringerem Maße; es giebt minder eifrige oder nachlässige Verwandte wie Vormünder. Der Vormundschaftsrichter hat aber in seiner amtlichen Stellung weder ein so weit reichendes Auge, welches bis in die einzelnen Gemeinden seines Bezirkes hinein etwaige Mißstände erblicken kann, noch hat er die Gelegenheit einer unmittelbaren Beobachtung wie die Gemeindemitglieder. Die Gemeinde hat auch überall ein Interesse an einer guten Erziehung der Mündel, wie an einer gedeihlichen Verwaltung ihres Vermögens, folglich auch an einer Abhülfe, wenn der Vormund oder die Familie Vernachlässigungen sich zu Schulden kommen lassen. Es ist auch, wenn einmal zur Ueberwachung der Vormundschaften bei vermögenslosen oder unehelichen oder verwandtelosen Mündeln eine Mitwirkung der Gemeinde organisirt werden muß, kein Grund vorhanden, diese Mitwirkung der Gemeinde bei anderen Vormundschaften auszuschließen, sofern da oder dort Mängel oder Mißstände sich ergeben.

Ich gehe nun über zur dritten Frage, deren Lösung mir für den Juristen besondere Schwierigkeiten zu enthalten scheint:

> „Soll das Institut eines beaufsichtigenden Gegen- (Ehren-) Vormundes überhaupt — für alle, oder nur für einzelne Fälle eingeführt werden?"

Die Aufstellung eines beaufsichtigenden Gegenvormundes wird gefordert zur unmittelbaren, persönlichen Controle des Vormunds, und diese Controle wird für nothwendig erachtet in Folge der vollständigen Ueberlassung der Geschäftsführung an den Vormund. Das Gutachten I. anerkennt diese Nothwendigkeit, beschränkt aber die Aufstellung eines Gegenvormundes auf geeignete Fälle wirklicher Vermögensverwaltung, worüber das Ermessen des Vormundschaftsrichters entscheiden soll. Dasselbe verkennt jedoch nicht die Bedenken gegen die Einrichtung: einmal das hierin liegende Mißtrauen gegen den Vormund, dann die Schwierigkeit einer Beaufsichtigung für den Gegenvormund. Das Gutachten II. erklärt sich gegen einen beaufsichtigenden Gegenvormund, wegen überwiegender Bedenken. Manche Gegenvormünder würden der gesetzlichen Aufgabe nicht gewachsen sein und dann nur schädlich wirken, indem sie die Verwaltung des Vormundes lahm legen, oder ihr Schwierigkeiten bereiten. Die Setzung eines Gegenvormundes sei der stärkste Ausdruck des Mißtrauens und erzeuge daher Widerwillen gegen das Amt des Vormundes gerade bei den besseren Vormündern.

Bei der vorliegenden Frage kommt nicht das Verhältniß mehrerer geschäftsführenden Vormünder, sei es mit getheilter, sei es mit gemeinsamer Verwaltung, in Betracht; auch ist hierbei abzusehn von der Aufstellung eines Gegenvormundes in Folge elterlicher Anordnung. Es fragt sich hier allein, ob von Gesetzeswegen einem Vormund ein beaufsichtigender Gegenvormund gegenüber gestellt werden soll? Vor Allem wird zuzugeben sein, daß ein beaufsichtigender Gegenvormund dann entbehrlich ist, wenn keine Vermögensverwaltung besteht; denn die Aufsicht bezüglich der Erziehung des Mündels wird von der Gemeinde in der Person des als Waisenrath aufzustellenden Gemeindegliedes weit wirksamer geführt, als durch Aufstellung eines Gegenvormundes. Aber auch bei einer Vermögensverwaltung ist ein Gegenvormund zur Beaufsichtigung im Allgemeinen überflüssig, wenn ein Familienrath besteht, weil die Familienmitglieder über die Vermögensverwaltung Aufsicht zu führen, den Vormund hierin zu überwachen haben. Soweit es sich aber — und hierin liegt nun der Schwerpunkt der Frage — für die einzelnen Geschäfte des Vormundes, wie Capitalerhebungen, Veräußerungen von Werthpapieren, Verpfändungen und dergleichen, um eine besondere Zustimmung oder Genehmigung handelt, welche nicht dem Familienrath als solchem, sondern der Geschäftsvereinfachung wegen einer einzelnen Person übertragen werden soll, kann beim Bestehen eines Familienraths mit dieser Verrichtung ein einzelnes Mitglied des Familienraths ebensogut betraut werden, wie ein Gegenvormund. Es bleibt somit nur noch das Bedürfniß einer Controlperson bei Vermögensverwaltungen der Vormünder, wenn ein Familienrath nicht besteht und auch der Vormund nicht durch freiwillige Cautionsleistung die Controle überflüssig macht. Am meisten tritt das Controlbedürfniß gerade bezüglich der vorher bezeichneten Geldgeschäfte des Vormundes in der Genehmigung einer zweiten Person in den Vordergrund. Solche Geschäfte können auf mancherlei Art, oft zur Befriedigung der geringsten Bedürfnisse des Mündels vorkommen, wie die Einziehung einer Forderung oder Veräußerung einer Obligation zur Bezahlung von Rechnungen, zur Anschaffung nothwendiger Kleidungsstücke und dergleichen in Ermangelung einer eben vorhandenen Baarschaft. Mit der Genehmigung solcher wiederkehrenden Geschäfte darf nun der Vormundschaftsrichter nicht zu jeder Zeit in Anspruch genommen werden, sondern es muß eine einfachere Beaufsichtigung hier gefunden werden. Es fragt sich nun, ob diese Verrichtung, statt einen Gegenvormund aufzustellen, nicht füglich dem Gemeindemitglied, welcher als Waisenrath in der Gemeinde zur Beaufsichtigung der Vormundschaften aufgestellt wird, ebenfalls anzuvertrauen wäre. An und für sich ist dieses Gemeindemitglied gewiß nicht minder hierfür geeignet als ein Gegenvormund, der ja auch aus den Gemeindegliedern entnommen wird; ja der Gemeindewaisenrath wird dem Vormund gegenüber eine wirksamere, einflußreichere Stellung einnehmen als die Privatperson eines Gegenvormundes. Es besteht auch ein Gemeindeinteresse an einer gedeihlichen und redlichen Vermögensverwaltung der Vormünder mit Rücksicht auf die gemeindliche subsidiäre Unterstützungspflicht, also auch ein Zusammenhang zwischen Gemeindeaufsicht und Vermögensverwaltung. Bei dem Mangel einer Uebereinstimmung zwischen Vormund und Gegenvormund müßte, wie auch im neuen preußischen Vormundschaftsgesetz vorgesehen ist, die erforderliche Genehmigung des Vormundschaftsrichters eintreten; es würde dadurch der Vormundschaftsrichter wieder zu einer unmittelbaren Einmischung in die Geschäftsführung veranlaßt werden. Dies mißliche Verhältniß würde vermieden werden, wenn an den Gemeindewaisenrath diese besondere Genehmigungsbefugniß übertragen würde. Die neue Einrichtung eines Gemeindewaisenrathes würde sich durch Ausdehnung seiner Zuständigkeit auf diese besonderen Genehmigungsverhältnisse und die hiedurch veranlaßten häufigeren Berührungen mit dem Vormund vielleicht praktischer gestalten und leichter ins Leben einführen. Die Stellung eines Gegenvormundes als beaufsichtigendes Organ ist nicht naturgemäß, indem es der Volksanschauung widerstrebt, daß eine Privatperson Controle übt über das Amt eines Vormundes. Die Einrichtung erscheint auch nicht zweckmäßig; entweder besteht ein Mißtrauen und in Folge davon Mißhelligkeit in der Vermögensverwaltung, gewiß nicht zum Vortheil derselben und mit häufiger Provokation zur Einmischung des Vormundschaftsrichters; oder es stellen sich Vormund und Gegenvormund gut mit einander, dann wird die Beaufsichtigung des Gegenvormundes wohl nicht von großer Bedeutung sein. Man hört schon häufig klagen über den Mangel an tüchtigen Vormündern, woher sollen nun noch die tüchtigen Gegenvormünder kommen! Ueberhaupt darf der Apparat der Vormundschaft nicht zu vielfältig gestaltet werden: man schafft zur Unterstützung des Vormundschaftsrichters in seiner Aufsichtsthätigkeit einen Gemeindewaisenrath, man läßt nach dem Willen der Nächstbetheiligten zur Beaufsichtigung der Verwaltung des Vormundes einen Familienrath zu; dazu noch ein weiteres Beaufsichtigungs-Organ in der Person des Gegenvormundes, das möchte des Guten doch zu viel werden!

Aus diesen Erwägungen schien die vorgeschlagene Anknüpfung an den Familienrath, oder, wo solcher nicht besteht, an den Gemeindewaisenrath, der Aufstellung eines Gegenvormundes wohl vorzuziehen zu sein.

Wir kommen nun zur letzten Frage:

> „Empfiehlt sich die Beibehaltung der Depositalverwaltung für Mündelgelder? und welche Grundsätze rechtfertigen sich hinsichtlich der Cautionsbestellung der Vormünder?"

Beide Gutachten sprechen sich gegen die Depositalverwaltung aus als unvereinbar mit der dem Vormund allein obliegenden Aufgabe der Geschäftsführung und der beaufsichtigenden Stellung des Vormundschaftsrichters. Das Gutachten I. findet Ersatz in dem Beirath der Familie und dem Institut des Gegenvormundes, den dieses Gutachten zuläßt, ausnahmsweise in der Bestellung einer Caution nach Ermessen des Richters; dagegen läßt es eine vom Richter anzuordnende bloße Verwahrung von Werthgegenständen, zwar nicht bei Gericht, aber bei anderen Behörden und Cassen zu. Das Gutachten II. ist für bloße Depositalverwahrung bezüglich des Substanzvermögens bei Gericht und läßt eine Ausnahme bei Bestellung einer Caution zu, welche als regelmäßige Maßregel praktisch als undurchführbar bezeichnet wird.

Eine vormundschaftsgerichtliche Verwaltung des Vermögens, wie sie in der Depositalverwaltung liegt, widerspricht der Aufgabe und Stellung der Vormundschaftsorgane. In der Depositalverwahrung nimmt das Organ der Obervormundschaft, statt sich auf die Beaufsichtigung der Verwaltung zu beschränken, dem Vormund die Geschäftsführung, für welche dieser amtlich bestellt ist, bezüglich des gerichtlich übernommenen Vermögens ab und macht den Vormund in dieser Beziehung zu einer bloßen Figur eines Strohmannes, welcher nur Anträge zu stellen hat, die ihm der geschäftsführende Obervormund in den Mund dictirt. Dieses Verfahren, welches die Thätigkeit und den Eifer der Vormünder lähmt und die Gerichte mit einem für sie ungeeigneten Geschäftsbetriebe belastet, läßt sich nicht aufrecht erhalten. Geschäftsführung und Aufsicht sind ihrem Wesen nach in der Organisation der Vormundschaft vollständig auseinander zu halten. Dem Vormund obliegt die Geschäftsführung als seine Pflicht, diese Pflicht kann ihm daher nicht abgenommen werden. Die Obervormundschaft besteht in der Beaufsichtigung der Verwaltung, sie darf sich also nicht selbst mit der Verwaltung als einer ihr nicht zukommenden Aufgabe befassen, wodurch sie nur die nothwendige Unbefangenheit in der Beaufsichtigung verlieren und sich Verantwortlichkeiten aufbürden würde.

Die Möglichkeit einer sichern Verwahrung von Werthgegenständen, besonders von Geld bis zur Wiederanlage und von Werthpapieren muß dagegen unter allen Umständen, jedoch ohne eine Verwaltungspflicht des Vormundschaftsrichters, zugelassen werden, sei es auf Anordnung des Vormundschaftsrichters, sei es auf Antrag des Vormundes. Es ist dies schon zur Sicherheit, sowie zur Entlastung des Vormundes selbst nothwendig. Zur Aufbewahrung der fraglichen Werthgegenstände würden sich wohl am besten Behörden, welche eine Cassaverwaltung führen, und die staatlicher Seits als hierfür geeignet bezeichneten Bankanstalten empfehlen. Am wenigstens sind die Gerichte hierfür geeignet. Vollständig, glaube ich aber, wird sich eine Hinterlegung bei dem Vormundschaftsgerichte oder Amtsgerichte nicht beseitigen lassen, z. B. auf dem Lande, wenn eine andere Behörde oder Anstalt zur Hinterlegung zu fern liegt.

Endlich ist noch die Frage nach der Sicherheitsleistung des Vormundes zu betrachten. Eine allgemeine Verpflichtung der Vormünder zur Sicherheitsleistung scheitert schon an dem häufigen Unvermögen hierzu; aber auch eine Cautionspflicht gegenüber leistungsfähigen Vormündern hat eine große Härte, indem sie die vermögensrechtliche Verfügungsfreiheit auf Seiten des Vormundes wesentlich beschränkt, und diese Härte ist nicht zu rechtfertigen, weil es nicht im Ermessen des Vormundes liegt, eine Vormundschaft anzunehmen oder abzulehnen. Es würde auch die gemeinschädliche Folge eintreten, daß sich geeignete Personen der Uebernahme von Vormundschaften soweit möglich entziehen würden. Aus diesen Gründen empfiehlt sich auch nicht, die Verpflichtung zur Cautionsleistung dem Ermessen des Richters anheimzustellen. Der preußische Entwurf einer Vormundschafts-Ordnung hat versucht, einen derartigen Grundsatz aufzustellen; allein dieser Grundsatz ist durch Bestimmungen, die in das Gesetz in Folge der Beschlüsse des Herrenhauses gebracht wurden, geradezu wieder umgestoßen worden, indem die Vormundschaft abgelehnt oder die Enthebung verlangt werden kann, wenn der Vormund zur Cautionsleistung angehalten wird. Das wird nur die Folge haben, daß in der Regel die Sicherheitsleistung unterbleiben wird, indem man selten einen Vormund erhält oder behält, der Sicherheit leisten will. Demgemäß wird es richtiger sein, die Sicherheitsleistung dem Vormunde frei zu stellen als ein Mittel, sich von anderen Sicherheitsmaßregeln, die seine Geschäftsführung beschränken, zu befreien. Als eine derartige Beschränkung erscheint, wie bereits gedacht, die für gewisse Geschäfte des Vormundes geforderte Genehmigung von weiteren Personen, nämlich nach dem preußischen Gesetze von Seiten eines Gegenvormundes, nach meinen Vorschlägen eines Familienrathsmitgliedes und in Ermangelung dessen des Gemeindewaisenraths; eine weitere Beschränkung ist die oben berührte Hinterlegung von Geld und anderer Werthgegenstände. Diese Maßregeln können recht wohl unterbleiben, wenn der Vormund genügende Sicherheit bestellt.

Fasse ich nun das Ergebniß der Beantwortung der Gesetzgebungsfragen über das Vormundschaftsrecht zusammen, so komme ich zu folgenden Sätzen:

I. „Die Obervormundschaft ist durch Einzelrichter auszüben."

II. „Hierbei empfiehlt sich zur Beaufsichtigung der vormundschaftlichen Geschäftsführung eine Mitwirkung der Familie in der Art, daß auf Anordnung der Eltern, oder auf Verlangen der Verwandten, oder auf Antrag des Vormundes ein Familienrath gebildet wird, welcher unter dem Vorsitze des Vormundschaftsrichters, in wichtigen, vom Gesetze zu bestimmenden Angelegenheiten entscheidet.

Ferner ist in allen Vormundschaften eine Unterstützung des Vormundschaftsrichters durch die Gemeindebehörde wünschenswerth und zu diesem Zwecke für jede Gemeinde oder für Theile derselben ein Gemeindewaisenrath zu bestellen, welcher über das persönliche Wohl und die Erziehung der Mündel Aufsicht zu führen, die hierbei wahrgenommenen Mängel oder Pflichtwidrigkeiten anzuzeigen, sowie auf Verlangen über die Person eines Mündels Auskunft zu ertheilen hat."

III. „Die Aufstellung eines Gegenvormundes von Gesetzeswegen ist nicht zu empfehlen, vielmehr erscheint es angemessen, soweit für gewisse Geschäfte der Vermögensverwaltung neben dem Vormund eine Mitwirkung (Genehmigung) einer weiteren Person erfordert wird, hiermit ein Mitglied des Familienrathes, in Ermangelung eines Familienrathes das als Waisenrath bestellte Gemeindeglied zu betrauen."

IV. „Die Depositalverwaltung von Mündelvermögen ist nicht beizubehalten; dagegen eine bloße Verwahrung besonderer Werthgegenstände bei einer hierfür bestimmten Casse nicht auszuschließen.

Ein Zwang zur Sicherheitsleistung der Vormünder ist nicht zu rechtfertigen, sondern dieselbe dem Vormund als Mittel freizustellen, sich von andern Sicherheitsmaßregeln zu befreien."

Präsident **Drechsler**. Sie haben die Anträge des Referenten gehört, und stelle ich den ersten derselben zur Debatte:

„Die Obervormundschaft ist durch Einzelrichter auszuüben."

Es meldet sich Niemand zum Wort, ich bitte daher die Herren, welche dafür stimmen wollen, sich zu erheben.

Der Antrag ist einstimmig angenommen.

Ich eröffne die Discussion über die 2. Frage:

„Soll die Obervormundschaft dem Staate allein vorbehalten werden, oder eine Mitwirkung der Familie oder Gemeinde stattfinden?" —

Der Herr Referent empfiehlt:

a) „Mitwirkung der Familie in der Art, daß auf Anordnung der Eltern oder auf Verlangen der Verwandten oder auf Antrag des Vormunds ein Familienrath gewählt werde, welcher unter dem Vorsitz des Vormundschaftsrichters in wichtigen vom Gesetz zu bestimmenden Angelegenheiten entscheidet."

Es ist diese Frage zu trennen von der zweiten.

Bezirksgerichtsrath Dr. **Hierl** (München). Meine Herren, ich stimme für die Schaffung eines Familienraths — nicht aus Idealismus, sondern aus rein practischen Gründen. Wer von uns Vormundschaftsrichter gewesen ist, wird sich bewußt sein, daß er beim besten Willen seiner Aufgabe nicht zu genügen vermochte. In der Regel hat ein Vormundschaftsbeamter die Amtsführung mehrerer Hundert Vormünder zu überwachen und zu beaufsichtigen. Eine wirksame Aufsicht setzt voraus, daß man die zu Beaufsichtigenden unmittelbar vor Augen hat und jederzeit in der Lage ist, sich von ihrem Thun und Treiben mit eigenen Augen zu überzeugen. Das ist nun beim Vormundschaftsrichter ganz und gar nicht der Fall. In der Abgeschiedenheit seines Geschäftszimmers erfährt er nichts — weder von der Erziehung der ihm gänzlich unbekannten Pflegebefohlenen noch von der Verwaltung ihres Vermögens, außer was ihm vom Vormunde selbst darüber berichtet wird. Um diesem Uebelstande einigermaßen abzuhelfen, ist es nach dem bisherigen Vormundschaftsrecht den Vormündern zur Pflicht gemacht, zu allen Handlungen von irgend welchem Belang die obervormundschaftliche Zustimmung zu erholen und ist die Gültigkeit aller irgendwie erheblichen Rechtsgeschäfte von der obervormundschaftlichen Genehmigung abhängig gemacht. Damit wurde nun allerdings der eine Zweck erreicht, daß der Vormundschaftsbeamte regelmäßig von allen wichtigen Vorgängen Kenntniß erhielt; es bleibt aber immer noch der andere Uebelstand, daß diese Kenntniß nicht auf eigener Anschauung beruht. Der Vormundschaftsbeamte ist auf den einseitigen Bericht des Vormundes angewiesen, und es fehlen ihm die Mittel, sich von der Zuverlässigkeit desselben zu vergewissern und die Zweckmäßigkeit seiner Anträge zu beurtheilen. Diesem Uebelstande sucht man nun dadurch abzuhelfen, daß man den Vormundschaftsrichter anweist, sich bei dem einen oder andern Familiengliede Raths zu erholen.

Ja, meine Herren, das konnte er bisher auch schon; es ist aber meines Wissens von dieser Befugniß nur höchst selten Gebrauch gemacht worden, wohl aus dem einfachen Grunde, weil der Vormundschaftsbeamte, der ja die Verwandten der Pflegebefohlenen kaum dem Namen nach kennt, nicht weiß, an wen er sich wenden soll und ob derjenige, an den er sich wendet, auch die Fähigkeit und den guten Willen besitzt, ihm den rechten Rath zu ertheilen. Den bloßen Beirath der Familie halte ich daher für ein sehr ungenügendes Auskunftsmittel; dagegen gewährt ein organisirter Familienrath bei sorgfältiger Zusammensetzung und unter der Voraussetzung der Beständigkeit und der Verantwortlichkeit seiner Mitglieder die höchstmögliche Garantie einer richtigen Entscheidung im einzelnen Falle und bietet zugleich die Möglichkeit einer ständigen Aufsicht über den Vormund. Der Familienrath ist nach der trefflichen Bezeichnung eines rheinischen Collegen an einem früheren Juristentage gleichsam eine Vormundschaftsbehörde ad hoc; er bietet das Mittel, für jede einzelne Vormundschaft eine eigene Behörde zu bilden, welche mit den individuellen Verhältnissen dieser Vormundschaft aufs innigste vertraut ist, und zugleich dem Vormund und Pflegebefohlenen so nahe steht, daß ihr nicht leicht etwas entgehen kann, was den Pflegebefohlenen möglicherweise zum Nachtheil gereichen könnte.

Die meisten Einwendungen, welche gegen den Familienrath erhoben worden sind, treffen nicht den Familienrath im Princip, sondern nur den rheinisch-französischen Familienrath in seiner gegenwärtigen mangelhaften Einrichtung. Auch der scheinbar principielle Einwand, welcher in den Motiven zur preußischen Vormundschaftsordnung erhoben worden ist, daß die Einschiebung eines besonderen Organes zwischen Staat und Vormund diejenige Einfachheit und Uebersichtlichkeit gefährde, welche für jede Verwaltung unbedingt nothwendig sei, hat nur eine Berechtigung gegenüber dem französischen Familienrath. Bei der Vielköpfigkeit und mangelnden Stabilität des französischen Familienraths besteht allerdings die Gefahr, daß die vormundschafliche Verwaltung einer consequenten, einheitlichen Leitung entbehre und nachtheiligen Schwankungen ausgesetzt sei. Auch erscheint dort der Familienrath in der That als ein Einschiebsel zwischen Vormund und Obervormundschaft, weil diese nach rheinisch-französischem Rechte in das Collegialgericht verlegt ist. Allein der Familienrath, wie er im bayerischen Entwurf und auch in die neue preußische Vormundschaftsordnung, wenigstens als facultatives Institut, Aufnahme gefunden hat, ist eine ständige Behörde, welche alle Befugnisse der Obervormundschaft in sich vereinigt und unabhängig von jeder andern Behörde ausübt. Er ist kein die vormundschaftliche Verwaltung erschwerendes Zwischenglied zwischen Vormund und Obervormundschaft, — er ist die Obervormundschaft selbst. Gerade deswegen aber dürfen seine beisitzenden Mitglieder auch nicht auf Abgabe bloßer Gutachten beschränkt werden, sondern es muß ihnen eine entscheidende Stimme eingeräumt werden. Ein hervorragendes Mitglied des Juristentages, Herr Oberappellationsgerichtsrath Becker aus Oldenburg, hat bei einer früheren Gelegenheit geäußert: „Ich hasse jede das Selbstbewußtsein des Mannes verletzende blos berathende Stimmgebung; sie verletzt die Manneswürde, schwächt das Interesse an der Sache und das Gefühl der Verantwortlichkeit."

Ich will nicht in Abrede stellen, daß die Mehrheits-Beschlüsse des Familienraths das Interesse der Mündel möglicher Weise gefährden können — denn ich gebe zu, es giebt Familieninteressen, welche denen der Pflegebefohlenen manchmal zuwiderlaufen — oder daß manche Beschlüsse gefaßt werden können, die gegen die Gesetze verstoßen —; für diese aber gewiß seltenen Fälle bietet das Beschwerderecht, welches dem vorsitzenden Einzelrichter im bayerischen Entwurfe eingeräumt ist und das ihm auch vom Herrn Referenten eingeräumt werden will, gewiß genügenden Schutz. Es wäre nun noch die Frage zu erörtern, ob der Familienrath blos in facultativer oder in obligatorischer Weise einzuführen sei — und in dieser Beziehung weiche ich von der Ansicht des Herrn Referenten ab. Ich bin für dessen obligatorische Einführung! Meine Herren! Ich bin ein Gegner jeder Rechtsungleichheit; was man als gut und zweckmäßig erkannt hat, soll Gemeingut der ganzen Nation werden. Ist es in Frankreich möglich, für jede einzelne Vormundschaft einen sechsköpfigen Familienrath zu bestellen, so wird man bei uns in Deutschland wohl auch einen zweiköpfigen zu Stande bringen! Mein Hauptgrund aber für obligatorische Einführung des Familienraths ist, daß nur der obligatorische Familienrath den Gegenvormund entbehrlich macht, wie Sie schon aus dem Vortrag des Herrn Referenten selbst werden entnommen haben; und der Gegenvormund, meine Herren, — gestatten Sie mir es offen zu gestehen — gegen diesen sträubt sich mein Gefühl. In den Erläuterungen zur preußischen Vormundschaftsordnung ist gegen die allgemeine Cautionsverbindlichkeit geltend gemacht, daß die Berufung des Vormundes auf einem besondern Vertrauen beruhe, daß man aber an Stelle dieses Vertrauens Mißtrauen setze, wenn man von vornherein von der Vertrauensperson eine Caution verlange; daß diese Maßregel auch wenig geeignet sei, das ohnehin schon lästige Amt des Vormundes im Lichte eines Ehrenamts erscheinen zu lassen und den guten Willen der Berufenen zu gewinnen. Diese Beweisführung, meine Herren, glaube ich, kann mit ebensoviel, wenn nicht weit mehr Fug und Recht auf den Gegenvormund angewendet werden; denn meinem Gefühl nach ist das Verlangen einer Caution bei weitem weniger gehässig und verletzend, als die Bestellung eines beständigen Aufpassers. Mein Antrag geht daher dahin, es möge Ihnen gefallen zu beschließen:

„Die Obervormundschaft soll nicht dem Staate allein vorbehalten, sondern auch der Familie eine Mitwirkung eingeräumt werden durch obligatorische Einführung eines beschließenden Familienraths unter dem Vorsitz des Einzelrichters.“

Appellationsgerichtsdirector **v. Seel** (Würzburg): Ich ergreife das Wort nur aus Anlaß des Antrags des Herrn Dr. Hierl zur Aufklärung darüber, daß in Bayern allerdings im Jahre 1872 eine Vormundschaftsordnung vom Justiz-Ministerium entworfen, in Druck gelegt und der wissenschaftlichen Beurtheilung unterbreitet wurde. Hierin lag das Princip des obligatorischen Familienraths aufgestellt. Weil aber seitdem dieser Gegenstand nicht weiter betrieben wurde, so wäre wohl zu schließen, daß das Justiz-Ministerium das System des obligatorischen Familienraths selbst fallen ließ, ein Umstand, welcher vielleicht bei der Abstimmung nicht ganz ohne Eindruck bleiben wird.

Notar **Metz** (Straßburg): Ich bin, meine Herren, im rheinischen Rechte aufgewachsen, kenne also, wie ich glaube, das Institut des Familienraths aus Erfahrung. Würde, meine Herren, es facultativ gelassen, ob man den Familenrath anruft und anwendet, oder eine andere nebenbei existirende Vormundschaftsbehörde, so würde das etwa sein, als wenn man Pfeffer- und Salzfaß zu beliebigem Gebrauch hinstellte. Es kann nur Eins sein, entweder der Familienrath obligatorisch, oder er muß ganz wegfallen.

Würde man Beides, Familienrath und staatliche Vormundschaft, beibehalten, so würde es einen ewigen Zwist geben, würde die Lauferei zur staatlichen Vormundschaftsbehörde und von dieser zum Familienrath und umgekehrt, nicht aufhören. Recht und Ansehen beider würden darunter leiden; also entweder das Eine oder das Andere.

Die Vorzüge des Familienraths hat Herr Dr. Hierl und der Herr Referent bereits auseinandergesetzt, und auch ich kann nach meiner Erfahrung nur beistimmen, wenn man dem Familienrath, falls er eingeführt wird, eine etwas weitere Competenz giebt und ihn zu einer selbständigern Behörde macht und nicht zu einem bloßen Einschiebsel, wie es allerdings in Elsaß-Lothringen früher der Fall war, heute aber, zur Befriedigung der Bevölkerung, nicht mehr ist. Man hat nämlich jetzt in Elsaß-Lothringen nur vier Familienrathsmitglieder statt sechs nöthig; außerdem hat der Vormundschaftsrath eine viel größere Competenz als früher: es brauchen z. B. seine Gutachten in den meisten Fällen nicht mehr vom Gericht bestätigt zu werden, und ich empfehle Ihnen beiläufig, meine Herren, das neue reichsländische Gesetz „über Theilungen und Veräußerungen von Mündel-Gütern" zu lesen.

Ich will mich nun nicht weiter ausbreiten, glaube Ihnen aber empfehlen zu müssen: nehmen Sie den obligatorischen Familienrath an.

Präsident **Drechsler**: Es liegen zwei Anträge vor; der Antrag des Herrn Referenten:

> „Es empfiehlt sich zur Beaufsichtigung der vormundschaftlichen Geschäftsführung eine Mitwirkung der Familie in der Art, daß auf Anordnung der Eltern, oder auf Verlangen der Verwandten, oder auf Antrag des Vormundes ein Familienrath gewählt werde, welcher unter dem Vorsitz des Vormundschaftsrichters in wichtigen, vom Gesetz zu bestimmenden Angelegenheiten entscheidet,"

und der des Herrn Dr. Hierl:

> „daß eine Mitwirkung der Familie eingeräumt werde durch obligatorische Einführung eines beschließenden Familienraths unter Vorsitz des Einzelrichters".

Ich ersuche die Herren, welche für den Antrag des Herrn Dr. Hierl stimmen wollen, sich zu erheben.

Es ist die Minorität.

Uebrig bleibt der Antrag des Herrn Referenten, der den Familienrath auf Antrag des Vormundes, der Verwandten u. s. w. facultativ zulässig erklärt. Ich ersuche die Herren, die dafür sind, sich zu erheben. —

Es ist die große Majorität.

Nun handelt es sich noch um die Frage, ob eine Mitwirkung der Gemeinde bei der Obervormundschaft stattfinden soll. Der Herr Referent schlägt vor:

b) „Ferner ist in allen Vormundschaften eine Unterstützung des Vormundschaftsrichters durch die Gemeindebehörde wünschenswerth und zu diesem Zwecke für jede Gemeinde oder für Theile derselben ein Gemeindewaisenrath zu bestellen, welcher über das persönliche Wohl und die Erziehung der Mündel Aufsicht zu führen, die hierbei etwa wahrgenommenen Mängel oder Pflichtwidrigkeiten anzuzeigen, sowie auf Verlangen über die Person eines Mündels Auskunft zu ertheilen hat."

Ich eröffne die Discussion über diesen Antrag. Da Niemand das Wort wünscht, bitte ich diejenigen Herren, welche dem Antrag zustimmen, sich zu erheben.

Auch dieser Antrag ist angenommen.

Wir kommen zum 3. Punkt:

„Die Aufstellung eines Gegenvormundes von Gesetz wegen ist nicht zu empfehlen, vielmehr erscheint es angemessen, soweit für gewisse Geschäfte der Vermögensverwaltung neben dem Vormund eine Mitwirkung (Genehmigung) einer weiteren Person erfordert wird, hiemit ein Mitglied des Familienraths, in Ermangelung eines solchen das als Waisenrath bestellte Gemeindeglied zu betrauen.

Ich eröffne hierüber die Discussion.

Rechtsanwalt S. **Meyer** (Berlin): Meine Herren! Die Commission hat den Antrag dahin gestellt: Soll das Institut eines beaufsichtigenden Gegenvormundes überhaupt eingeführt werden? ich gestehe, daß der Ausdruck „beaufsichtigend" mich im Augenblick stutzig gemacht hat. Es schien mir auch, als ob der Herr Referent an diesem Worte Anstoß nähme, indem er sagte, es würde für den Vormund etwas sehr Verletzendes, ein Mißtrauensvotum sein, wenn vorweg Jemand hingestellt würde, der ihn beaufsichtigen sollte. Ich halte auch den Ausdruck „Gegenvormund" für keinen glücklichen; es spricht sich vorweg ein Zwiespalt in diesem Worte aus, der an und für sich gar nicht beabsichtigt ist. Nicht um ein Mißtrauensvotum handelt es sich, sondern um die Beantwortung der Vorfrage: soll zu gewissen Handlungen des Vormunds — etwa bei größeren Vermögensverwaltungen zu Verfügungen über die Substanz zur Fortsetzung eines kaufmännischen Geschäfts u. s. w. — der Konsens einer zweiten Person nothwendig sein?

Im Bejahungsfall wird es sich dann weiter fragen: wer soll diese zweite Person sein? Das Mißtrauen, von dem der Herr Referent spricht, erblicke ich nicht darin, daß zwei Personen bestellt werden, sondern höchstens darin, daß man für gewisse Acte den Consens einer zweiten Person fordert. Der Herr Referent giebt nun selbst zu: allerdings giebt es gewisse Handlungen, die einem einzelnen Vormund, die größte Ehrenhaftigkeit vorausgesetzt, nicht überlassen werden können, wo eine Besprechung, eine geschäftliche Berathung nothwendig ist. Ist dies der Fall, so muß gesetzlich Vorsorge getroffen werden, daß eine solche Person gewählt werde und zwar gleich bei Beginn der Vormundschaft. Der Herr Referent schlägt Ihnen vor, entweder solle es ein Mitglied des Familienraths oder ein Mitglied des Waisenraths sein. Nun hat mir bei seiner ganzen Deduction jeder Anhalt gefehlt, warum gerade aus diesen beiden Körperschaften der Gegen- oder Ehrenvormund gewählt werden soll. Es ist gesagt, es sei der Familienrath sehr wesentlich, er sei von ganz außerordentlicher Bedeutung, weil er ja die einzelnen Beziehungen des Mündels kennt, weil er über die Erziehung, über die Persönlichkeit u. s. w. das letzte Urtheil fällen kann; ja gewiß ist das der Fall! ich bin aber der Meinung, daß er sehr wohl ganz unfähig sein kann, über die Vermögensverwaltung zu judiciren; handelt es sich beispielsweise um Fortsetzung eines Bankiergeschäfts, so mag man ja aus dem Familienrath einen Gegenvormund wählen, falls sich in demselben eine geeignete Persönlichkeit findet, aber zwangsweise dem Familienrath die Mitberathung über Vermögensverwaltung zu übertragen, während vielleicht kein einziges Mitglied die Fähigkeit hat, das Geschäft zu verwalten, das scheint mir doch gar nicht glücklich. Noch unglücklicher scheint mir allerdings die Idee, den Waisenrath allemal als den soufflirenden Vormund einzusetzen. Es würde alsdann nichts weiter geschehen, als daß man die Machtbefugniß, die heut das Vormundschaftsgericht hat, auf eine Person des Magistrats überträgt. Ich halte das für unpractisch. Hier ist als Aufgabe des Waisenraths angenommen, er solle allgemein controliren, er solle sich überzeugen, wie und wo in der Erziehung sich Mängel herausstellen u. s. w. Nun wird man aber doch zugeben müssen, daß dies ganz wesentlich verschieden ist von dem, was wir von dem Ehrenvormund wollen; wir wollen bei allen wichtigen Vermögensangelenheiten sachkundige Männer. Ich glaube der Gedanke des Herrn Referenten ist aber auch nicht ausführbar. Wenn ein solcher Waisencommissarius in seinem Bezirk hundert Waisen hat und soll überall sein Gutachten, seinen Consens geben, so bietet das auch nicht die mindeste Gewähr dafür, daß auch die Verhältnisse richtig gewürdigt werden. Ich bin also der Meinung, es empfiehlt sich, wie das preußische Gesetz es will, falls nicht mehrere Vormünder zu ungetrennter Verwaltung berufen sind, einen Ehrenvormund zu ernennen (und zwar für alle wirklichen Vermögensverwaltungen), der in allen den Fällen einzutreten hat, wo es sich um wichtige Dispositionen über das Vermögen handelt. Der Absicht des Herrn

Referenten würde genügt sein, falls man hinzufügte: „wählbar ist auch ein Mitglied des Familienraths oder ein Mitglied des von der Gemeinde bestellten Waisenraths."

Notar **Metz** (Straßburg): Wo der Familienrath eingeführt ist, muß nach meiner Ansicht ein Gegenvormund bestellt sein, und zwar nicht sowohl der Controle wegen, als um überall die Funktionen des Vormunds zu übernehmen und in dessen Stelle einzutreten, wo die Interessen des Vormundes mit denen des Mündels collidiren.

Nehmen Sie an, es wäre zwischen Vormund und Mündel eine Theilung zu machen; hier muß Jemand sein, der die Interessen des Mündels gegenüber dem Vormund, auch dem Vater-Vormund, vertritt; ebenso in dem Falle, wenn etwa bei gerichtlicher Versteigerung oder auf sonstige Weise der Vormund Mündelgut erwerben will. Für solche Fälle hat das französische Recht den subrogé-tuteur gemacht; die Bezeichnung Nebenvormund dafür ist kein richtiger; er ist hauptsächlich stellvertretender Vormund; der Nebenvormund hat nach französischem Recht nur ein minimum von Aufsichtsbefugniß.

Auch ich möchte die Aufsicht in andere Hände, als die des Nebenvormundes gelegt wissen; aber ich wünsche, daß Jemand von vornherein bezeichnet werde, der überall, wo die Interessen von Mündel und Vormund collidiren, die Mündel vertritt.

Ich stelle also den Antrag, daß ein Nebenvormund für die Fälle erwählt wird, in denen die Interessen von Mündel und Vormund in Widerstreit sind, Fälle die in der Praxis viel öfter eintreten, als man sich in der Regel vorstellt.

Präsident **Drechsler**: Meine Herren, es ist ein schriftlicher Antrag von dem Herrn Vorredner nicht formulirt worden; ich nehme aber an, daß es nicht nöthig ist, die einzelnen Fälle, in denen Zuziehung eines Nebenvormundes gewünscht wird, zu specialisiren; es würde genügen, wenn der Antrag angenommen wird, daß ein Nebenvormund für wichtige Angelegenheiten bestellt werde.

Notar **Metz** (Straßburg): Mein Antrag geht dahin, daß ein Nebenvormund als ein ständiger gewählt wird, und nicht als eine außerordentliche Vormundsperson, die nur im einzelnen Fall mit Zeit- und Kostenaufwand berufen werden müßte.

Präsident **Drechsler**: Sie würden also mit dem Antrag des Dr. Meyer wesentlich übereinstimmen:

> „Das Institut eines Gegenvormundes ist bei allen Vormundschaften, mit welchen eine Vermögensverwaltung verbunden ist,

einzuführen, es sei denn, daß mehrere Vormünder zur gemeinschaftlichen Verwaltung berufen sind."

Referent Dr. **Hauser** (München) [Schlußwort]: Herr Dr. Meyer (Berlin) erklärt sich die Bedenken gegen einen Nebenvormund daraus, daß man hierbei das Moment der Beaufsichtigung zu sehr betone; er meint wohl, ich hätte mich daran gestoßen, daß es heißt „beaufsichtigender" Gegenvormund. Ja, es ist eben das Entscheidende, Characteristische in dem Institut des Gegenvormundes, daß ein Organ geschaffen werden soll zur Beaufsichtigung, zur persönlichen unmittelbaren Controle des Vormundes, und nach dem preußischen Gesetz über die Vormundschaft ist ausdrücklich und allgemein als Recht des Gegenvormunds die Beaufsichtigung der Verwaltung des Vormunds ausgesprochen. Die Genehmigung, die Dr. Meyer im Auge hat für gewisse Geschäfte, ist ja nicht eine selbständige Geschäftsführung, sondern auch ein Recht der Beaufsichtigung; dieselbe macht sich eben darin geltend, daß der Gegenvormund in seiner Aufsichtsthätigkeit bei gewissen Geschäften ein Veto einlegen kann.

Herr Dr. Meyer hat wohl mehr die Fälle von größeren Geschäften oder verschiedenartigen Unternehmungen im Auge gehabt, bei welchen mehrere Vormünder zur Geschäftsführung nöthig sind. Aber es bleibt der Obervormundschaft jedenfalls, auch ohne des Institut des Gegenvormunds, vorbehalten, wenn nothwendig, mehrere geschäftsführende Vormünder aufzustellen; ich habe ausdrücklich hervorgehoben, daß es sich nicht um dieses Verhältniß bei der Frage des Gegenvormundes handelt. Jene sind wirkliche geschäftsführende Vormünder, keiner ist Gegenvormund, mögen sie eine gemeinsame Verwaltung haben, oder mag die Geschäftsführung getrennt sein.

Ich habe auch nicht vorgeschlagen, einen Gegenvormund aus dem Familienrath oder Gemeindewaisenrath zu wählen, sondern ich wollte wegen der Complicirtheit im Organismus des Vormundschaftswesen dieses dritte Aufsichts-Organ, da schon zwei solche Organe, Familienrath und Gemeindewaisenrath, bestehen, überhaupt vermieden wissen, insbesondere auch deshalb, weil wir keinen Ueberfluß an tüchtigen Personen schon für die Vormundschaft, geschweige denn für Gegenvormünder haben. Darum wollte ich anknüpfen an die bestehenden Organe, nämlich an den Familienrath, in Ermangelung eines solchen an den Gemeindewaisenrath, und zwar in der Art, daß hinsichtlich derjenigen Geschäfte, für welche die Genehmigung eines Gegenvormunds gefordert wird, diese Genehmigungsbefugniß einem Mitgliede des Familienraths, beziehentlich des Waisenraths zugewiesen wird.

Es ist nun weiter eingewendet worden, der Gemeindewaisenrath würde zu viel beschäftigt werden; es wäre nicht möglich, daß er die Function der

Genehmigung für gewisse Geschäfte in so vielen Vormundschaften allein vollziehen könnte. Dagegen ist zu bemerken, es handelt sich nur um ganz bestimmte einzelne Geschäfte, die ja nicht jeden Tag vorkommen; zudem wird für größere Gemeinden vorgesehen, daß in abzugränzenden Theilen nach Bedürfniß je ein Gemeindewaisenrath bestehen soll. Ich möchte auch darauf hinweisen, daß zur Zeit die Vormundschaftsrichter für einen ganzen Amtsbezirk die fraglichen Genehmigungen zu ertheilen pflegen, wie bei uns in Bayern der Einzelrichter in seinem Zuständigkeitsbereiche. Wird nun diese Aufgabe vertheilt an die Gemeindewaisenräthe in den verschiedenen Gemeinden des vormundschaftsrichterlichen Amtsbezirks und selbst in einzelnen Theilen größerer Gemeinden, so kann von Ueberhäufung oder Belastung des Waisenraths mit Genehmigungsgeschäften nicht die Rede sein.

Ein weiterer Redner hat den Gegenvormund als ein durchaus nothwendiges Institut erklärt wegen der Fälle collidirender Interessen zwischen Vormund und Mündel. Das ist aber ein ganz anderes Verhältniß. Während dem Gegenvormund die Beaufsichtigung der Geschäftsführung obliegt, haben wir bei collidirenden Interessen einen besondern Vormund zur Geschäftsführung an Stelle des rechtlich verhinderten Vormunds, einen sogenannten Special-Curator, der nur ad hoc aufgestellt und verpflichtet wird, um die Interessen des Mündels in den betreffenden Angelegenheiten zu vertreten oder zu wahren. Das ist ein durchaus nothwendiges Institut in der Vormundschaft, aber betrifft ein ganz anderes Verhältniß als das Institut des Gegenvormunds.

Präsident **Drechsler**: Herr Metz hat noch einen Antrag überreicht:

> „Es wird ein Nebenvormund (Gegen-Ehren-Vormund) bei Eröffnung der Vormundschaft erwählt, welcher den Mündel nur in Fällen vertritt, in welchen die Interessen des Mündel mit denen des Vormunds collidiren, sofern nicht mehrere Vormünder ernannt sind."

Meine Herren! Wir haben drei Anträge, den Antrag des Herrn Referenten, den des Herrn Dr. Meyer aus Berlin und den des Herrn Advocat Metz. Ich bringe zunächst den Antrag des Dr. Meyer zur Abstimmung, weil er am weitesten geht; dann würde der Antrag des Herrn Metz kommen und endlich der des Herrn Referenten.

Der Antrag des Herrn Dr. Meyer lautet:

> „Das Institut eines Ehrenvormundes ist bei allen Vormundschaften, mit welchen eine Vermögensverwaltung verbunden ist, einzuführen, es sei denn, daß mehrere Vormünder zur gemeinschaftlichen Verwaltung berufen sind."

Diejenigen Herren, welche zustimmen, bitte ich sich zu erheben. — Es ist die Minorität.

Der Antrag des Herrn Advocaten **Metz** lautet:

„Es wird ein Nebenvormund (Gegen-Ehren-Vormund) bei Eröffnung der Vormundschaft ernannt, welcher den Mündel nur in Fällen vertritt, in welchen die Interessen des Mündel mit denen des Vormunds collidiren, sofern nicht mehrere Vormünder ernannt sind."

Ich bitte die Herren, sich zu erheben, welche dafür stimmen. Auch dies ist die Minorität. — Es bleibt also noch der Antrag des Herrn Referenten übrig.

„Die Aufstellung eines Gegenvormundes von Gesetzwegen ist nicht zu empfehlen."

Diejenigen Herren, welche das Institut des Gegenvormundes nicht wollen, mögen sich erheben. Es ist die Majorität und würde also damit das Institut des Gegenvormundes beseitigt sein.

Wir kommen jetzt zum vierten Punkt:

„Die Depositalverwaltung von Mündelvermögen ist nicht beizubehalten, dagegen eine bloße Verwahrung besonderer Werthgegenstände bei einer hierfür bestimmten Kasse nicht auszuschließen. Ein Zwang zur Sicherheitsleistung der Vormünder ist nicht zu rechtfertigen, sondern dieselbe dem Vormund als Mittel frei zu stellen, sich von anderen Sicherheitsmaßregeln zu befreien."

Professor Dr. **Meyer** (Jena): Meine Herren, ich will eigentlich genau genommen, nicht über die beiden uns vorliegenden Fragen sprechen, sondern über einen Gegenstand, der damit in sehr enger Verbindung steht, nämlich über die Anlegung von Mündelgeldern; dieser steht mit den beiden vorliegenden Fragen deshalb in enger Verbindung, weil auch sie die Verwaltung des Mündelvermögens betreffen. Ich weiß nicht, ob Sie mir gestatten wollen, über diesen Gegenstand zu sprechen.

(Zustimmung der Versammlung.)

Es ist das ein Gegenstand, der gesetzgeberisch von großer Bedeutung ist, und ich bin namentlich durch eine in neuerer Zeit erschienene Schrift, die von sehr kundiger Seite herrührt, darauf aufmerksam gemacht worden. Es sind nämlich die Bestimmungen, die über Anlegung von Mündelgeldern existiren, zum Theil unsern wirthschaftlichen Verhältnissen nicht mehr entsprechend. Im römischen Recht war vorgeschrieben, der Vormund solle für das Mündelgeld Grundstücke kaufen, eventuell soll er geeignete Titel suchen, und als solche wurden namentlich Hypotheken angesehen. Diese Bestimmungen sind in einzelnen Ländern, wo besondere Verordnungen nicht erlassen worden sind, geradezu noch das jetzt geltende Recht. In den übrigen haben sie wenigstens die wesentliche Grundlage der äußeren gesetzlichen Bestimmungen über die Anlage von Mündelgeldern gebildet. Man hat sich im Allgemeinen an sie angeschlossen und in der Regel als geeignete Anlagewerthe nur noch zugefügt die Staatspapiere des betreffenden Einzelstaats, eine Bestimmung, die mehr vom finanziellen als wirthschaftlichen Standpunkt gegeben ist. Es ist nicht zu leugnen, daß diese Bestimmungen entschieden einer vergangenen Wirthschaftsepoche angehören und unsern heutigen Wirthschaftsverhältnissen nicht mehr entsprechen. Es würde bei den jetzigen Grundbesitzverhältnissen, namentlich bei den oft bedeutenden Schwankungen des Werthes im Ganzen und Großen wohl kaum empfehlenswerth sein, Mündelgelder in Grundstücken anzulegen und womöglich den Vormündern geradezu die Erlaubniß zu geben, in Grundstücken zu speculiren. Die Hypotheken sind ja im Allgemeinen wohl als Anlage zuläßig, aber jedenfalls nicht die allein geeignete Anlage; denn wir haben jetzt Gelegenheit genug, in Werthpapieren ebenso sicher anzulegen, wie in Hypotheken, und selbst dem Grundbesitzer ist in vielen Fällen mit einer derartigen Hypothek nicht so sehr gedient, er wird es vorziehen, sein Geld von Boden-Credit-Instituten zu beziehen, welche ihm die Vortheile allmählicher Amortisation gewähren. Deshalb scheint es mir entsprechend, daß man auch andere Werthe als Hypotheken zur Anlage von Mündelgeldern für zuläßig erklärt. Namentlich würden sich in dieser Beziehung empfehlen Pfandbriefe, sowohl von Creditgesellschaften als auch von Hypothekenbanken, insofern diese nur auf Hypotheken beleihen, nicht etwa auch andere Bankgeschäfte nebenbei betreiben und ihren Pfandbriefgläubigern die von ihnen erworbenen Hypotheken als Sicherheit haften lassen. — Außerdem würden wesentlich noch die Staats- und Communalpapiere als geeignete Anlage in Betracht kommen und da möchte an den jetzt bestehenden Bestimmungen nur insofern zu ändern sein, als nicht blos die Staatspapiere des betreffenden Einzelstaats, sondern vielmehr die Staatspapiere jedes Staats des deutschen Reichs für fähig erklärt werden müßten, zur Anlage von Mündelgeldern verwendet zu werden, denn es ist ja Deutschland nicht nur politisch geeinigt, sondern auch ein einheitliches Wirthschaftsgebiet geworden. Es ist kein Grund abzusehen, warum man einem Bayern nicht erlauben soll, sein Vermögen in preußischen, und umgekehrt einem Preußen, das seinige in bayerischen Staatspapieren anzulegen. Vielleicht ließe sich auch die Frage erwägen, ob gute Eisenbahnprioritäten eine geeignete Anlage für Mündelgelder wären. Jedenfalls kommen wir mit den Bestimmungen, die sich jetzt noch größtentheils in den Vormundschaftsordnungen finden, nicht aus. Die neue preußische Vormundschaftsordnung hat die Frage wesentlich auch in diesem Sinne entschieden, und, wie ich glaube, im Großen und Ganzen das Richtige getroffen. Es fällt mir natürlich nicht ein, in dieser Beziehung einen besonderen Antrag zu stellen, da ja die Frage eigentlich heute nicht zur Discussion steht, indeß schien mir der Gegenstand doch wichtig genug, um die Aufmerksamkeit des Juristentages darauf hinzulenken, und ich hoffe, daß Sie mir von diesem Standpunkt aus die Abschweifung vom eigentlichen Thema verzeihen werden.

Präsident **Drechsler**: Herr Professor Meyer wird sich jedenfalls ein Verdienst um den Juristentag erwerben, wenn er die Güte hat, diese Frage als eine der Discussion im Juristentag bedürftige und zeitgemäße der Deputation des Juristentages zu überreichen, um die Vorarbeiten für die Discussion bis zum nächsten Juristentag veranlassen zu können. Wir haben ja über die Anlage von Mündelgeldern im großen Maßstab das Gesetz, betreffend die Anlage des großen Invalidenfonds und da sind manche Papiere, die Herr Professor Meyer bezeichnet hat, als solche hervorgehoben, die von besonderer Sicherheit sind.

Wir kehren also zur eigentlichen Frage zurück und ich ersuche die Herren, welche darüber zu sprechen wünschen, sich zu melden.

Es meldet sich Niemand, wir gehen zur Abstimmung über.

Zunächst die Frage:

> „Die Depositalverwaltung von Mündelvermögen ist nicht beizubehalten."

Ich bitte die Herren, welche dem zustimmen, sich zu erheben.

Einstimmig angenommen.

> „Dagegen eine Verwahrung besonderer Werthgegenstände bei einer hierfür bestimmten Kasse nicht auszuschließen."

Ist angenommen.

Wir kommen zum letzten selbständigen Punkt:

> „Ein Zwang zur Sicherheitsleistung der Vormünder ist nicht zu rechtfertigen."

Einstimmig angenommen.

Soll nun daneben ausgesprochen werden:

> „Sondern dieselbe dem Vormund als Mittel freizustellen, sich von anderen Sicherheitsmaßregeln zu befreien."

Mit Probe und Gegenprobe abgeworfen.

Damit sind die uns zugewiesenen Berathungsgegenstände erschöpft, wenn wir uns noch schlüssig gemacht haben werden, wie die heutigen Beschlüsse der Plenarversammlung mitzutheilen sind. Die Beschlüsse über das Vormundschaftswesen würden sich nicht zu einer Nachberathung in pleno eignen, da sehr viele Details in denselben vorkommen; wir würden uns daher damit begnügen können, den Herrn Referenten zu ersuchen, diese Beschlüsse dem Plenum zur Kenntnißnahme vorzutragen. Darf ich dies als Ihre Meinung ansehen?

(Ja!)

Damit wären die Gegenstände erschöpft.

Ich danke den Anwesenden für die bewiesene Ausdauer und große Aufmerksamkeit. Nach meiner Erfahrung ist bisher in keinem bisherigen Juristentag in den Abtheilungssitzungen mit solcher Geduld und Stille zugehört worden. Ich danke Ihnen nochmals dafür.

Die Sitzung ist geschlossen!

(Schluß der Sitzung 11½ Uhr Mittags.)

Erste Sitzung der dritten Abtheilung am 26. August Vormittags 11 Uhr.

Auf Vorschlag des Obertribunalsrath von Köstlin wird der General-Staatsanwalt Dr. von Schwarze durch Acclamation zum Präsidenten gewählt, welcher die Wahl dankend annimmt. Zum Vicepräsidenten wird Appellationsgerichtspräsident von Kunowsky ernannt, während das Schriftführeramt die Herren Stadtrichter Dr. Rubo aus Berlin und Hofgerichtsadvocat Dr. Berggrün aus Wien übernehmen.

Der Präsident stellt unter kurzer Motivirung die unter Nr. 6 der allgemeinen Tagesordnung angegebene Frage

> „Soll im Falle der Freisprechung (oder der Nichterhebung der Anklage) für die Untersuchungshaft eine Entschädigung gewährt werden?"

an erster Stelle zur Discussion und ersucht den Referenten, Herrn Hofadvocat Dr. Jaques aus Wien, um den Vortrag über diese Frage.

Hof- und Gerichtsadvocat Dr. **Jaques**: Meine verehrten Herren! Es ist mir wahrhaft erfreulich, daß ich durch das Vertrauen der ständigen Deputation dazu berufen worden bin, Ihnen über eine Frage das Referat zu erstatten, welche nach meinem Erachten wohl zu den interessantesten gehört, denen wir im Criminalrecht und im Criminalprozeß begegnen können; eine Frage, so interessant deshalb, weil sie überhaupt nur dann und erst dann auftauchen wird und kann, wenn der Staat im Begriff ist, sich wirklich zum Rechtsstaate zu entfalten. Denn nur in diesem Stadium der staatlichen Entwickelung legt man sich in gewissenhafter Weise die Frage vor, wie die bürgerliche Freiheit des Einzelnen auszugleichen sei mit dem Interesse der Gesammtheit und geht davon aus, daß das Interesse der Gesammtheit eben nur so viel von der bürgerlichen Freiheit des Einzelnen fordern soll, als absolut unerläßlich und nothwendig ist, um die Aufgabe des Staates zu erfüllen. Dieser neue Character der Frage, welchen ja auch mein verehrter früherer College im Referat, Geheimer Justizrath Meyer hervorgehoben hatte, als das Thema vor zwei Jahren zum ersten Mal erörtert wurde, verleiht ihr jenes besondere Interesse; man geräth mitten in eine bewegte literarische Strömung, mitten in die Bewegung der Gesetzgebung hinein, die zum Abschluß noch nicht gekommen ist und bezüglich deren ich wünschen würde, daß der Beschluß des Juristentages ein Ferment zu ihrer weitern Entwickelung geben möge.

Ich werde mir nun erlauben, wie es die Sitte mit sich bringt und im Interesse einer gründlichen Erörterung wünschenswerth ist, Ihnen so kurz als möglich zunächst den Inhalt der einzelnen Gutachten zu skizziren, dann auf den eigentlichen Rechtsgrund der Frage der Entschädigung einzugehen. Schließlich möchte ich noch rasch den Blick auf den Stand der Gesetzgebung und der Literatur richten.

Was die Gutachten anbelangt, so will ich sie kurz rangiren: wir haben ein Gutachten (für den XI. Juristentag) von unserem verehrten Mitglied Oberappellationsrath Vollert, welches, wenn ich so sagen darf, auf der äußersten Rechten in der Frage steht, denn Vollert hat den Bestand einer Entschädigungspflicht im Falle der Freisprechung nach erlittener Untersuchungshaft vollständig abgelehnt. Wir haben eine weitere Erörterung, die im Centrum steht, weil sie zwar Rechtsgründe für die Leistung einer Entschädigung negirt, aber vom Standpunkt der Billigkeit und des arbiträren Ermessens dennoch eine Entschädigungspflicht statuirt. Das ist das Gutachten von Ullmann in Innsbruck, welches eine Ergänzung und Erweiterung gefunden hat in dem Referat unseres verehrten Collegen Meyer. Es liegt ferner vor eine kurze Erörterung von unserem verehrten Mitglied Köstlin, welche sich wesentlich damit beschäftigt, was die Strafproceßordnung von Württemberg aus dem Jahre 1868 in der Frage geleistet hat, und wir haben endlich zwei Gutachten, die sozusagen auf der linken Seite stehen, das ist das Gutachten von Hofrath Wahlberg in Wien und von Professor Nissen in Straßburg. Hierbei möchte ich gleich im Voraus erwähnen, daß der Standpunkt dieses letzteren Gutachtens in der Hauptsache derjenige sein wird, den ich mir erlauben werde, vor Ihnen zu vertreten. Wir haben außerdem noch eine dritte Arbeit verwandten Sinnes, zwar nicht für den Juristentag erstattet, bezüglich deren ich aber wohl glaube sagen zu dürfen, daß sie die Basis für die wissenschaftliche Bearbeitung dieses Gegenstandes in Deutschland gebildet hat und daß auch die beiden letzterwähnten Gutachten auf ihren Schultern stehen und das ist der selbständig publicirte Vortrag von Professor Dr. Heinze, gegenwärtig in Heidelberg, betitelt „Die Untersuchungshaft“ und abgehalten bei Antritt seiner Professur in Leipzig. Dies wäre das literarische Material, das uns unmittelbar zur Betrachtung vorliegt. Wir werden dann noch manches Weitere zu berücksichtigen haben.

Ich will nun zunächst kurz erwähnen, auf welchen Standpunkt sich unser Mitglied und College, der Redacteur des „Neuen Pitaval“, Vollert, gestellt hat. Er hat zuerst hervorgehoben, daß ihm die ganze Frage in bedenklicher Hinsicht neu erscheine und daß sie auch in einer halben Form vor den Juristentag gebracht sei, indem man nicht die Frage gestellt hat, wie es mit der Wirkung der Klagezurückziehung steht, wenn eine Untersuchungshaft schon stattgefunden hat. Ich will beiläufig erwähnen, daß dieses letztere Bedenken schon sanirt ist durch die Form, welche die ständige Deputation der zu erörternden Frage nunmehr gegeben hat. Der Cardinalpunkt der Auseinandersetzung Vollerts besteht nun darin, daß er sagt: aus der Losprechung folge nicht die Unschuld Desjenigen, der zur Untersuchung gezogen worden ist. Die Frage der nicht erwiesenen Schuld stehe in dieser Richtung auf einer Stufe mit der Frage der bewiesenen Unschuld; es sei also immer ein ungelöstes Problem, ob im einzelnen Falle Jemand deshalb freigesprochen worden ist, weil er unschuldig ist, oder deshalb, weil seine Schuld nicht erwiesen wurde, aber auch seine Unschuld nicht, weil also der Fall eingetreten ist, den wir kennen als die Grundlage der ehemaligen absolutio ab instantia; es sei demnach ungerechtfertigt, von einer Entschädigung überhaupt zu sprechen. Vollert sagt weiter, man müßte also, wenn man die Sache praktisch machen wollte, damit anfangen, die Fragestellung oder die Form der Sentenz zu ändern, damit in palpabler Weise zu Tage trete, was das Motiv des lossprechenden Erkenntnisses gewesen ist und damit kein Zweifel darüber sei, daß in denjenigen Fällen, wo die Schuld nicht erwiesen war, man nicht in derselben Weise und in demselben Sinne losgesprochen habe, wie in dem Falle, wo wirklich die erwiesene Unschuld vorlag. Vollert begründet seine Ansicht weiter auch für diejenigen Fälle, wo Jemand verurtheilt worden ist und Strafhaft erleidet, also über die Untersuchungshaft hinaus, und wo später im Wege der Wiederaufnahme der Untersuchung die Unschuld oder im Sinne der früheren Unterscheidung wenigstens die Ungerechtigkeit des früheren Urtheils zu Tage tritt. Auch in diesen Fällen soll von einer Entschädigung nicht die Rede sein, denn der Staat hat nur seine Gesetze gehandhabt, indem er die beschuldigte Person zur Untersuchung gezogen und in Untersuchungshaft genommen hat und es gebe keinen Rechtsgrund, um gegenüber dieser correcten Handhabung der staatlichen Gesetze Jemand eine Entschädigung zu verschaffen. Er sagt, und das ist ein Argument, das wir häufig wiederfinden, das ist ein casus, ein Zufall, der den Einzelnen betroffen hat; die Sache ist damit abgethan. Man wird sein Bedauern aussprechen, daß man dem Betreffenden das Leid zugefügt hat; aber einen Rechtsgrund, um von dem Staate Entschädigung zu verlangen, hat er nicht. Kommt ein eclatanter Fall vor, so könne man ausnahmsweise eine Entschädigung statuiren; das aber zum Gegenstande der Gesetzgebung zu machen, wäre um so weniger rathsam, als man damit den geriebensten Verbrechern, die sich herauszulügen verstehen, in der späteren Entschädigung eine Prämie geben würde. — So Vollert.

Daran reiht sich das Gutachten von Ullmann. Derselbe sagt: Einen Rechtsgrund für die Entschädigung kann man nicht auffinden, und zwar deshalb nicht — und das ist wieder ein sehr entscheidendes Moment bei mehreren Darstellern — weil der Staat, indem er Verdächtige inhaftirt, eben nur seine Justizhoheit ausübt, weil eine solche Verhaftung ein nothwendiger Act der staatlichen Justizhoheit ist, und man sich solchen nothwendigen Acten einfach zu fügen habe, ohne daß man den Staat irgendwie wegen einer Entschädigung in Anspruch nehmen könne. Diese Ansicht bildet den Kernpunkt der Erörterungen Ullmann's im Gutachten und in der Abhandlung, die sich im neuesten Bande des „Gerichtssaals" befindet; in beiden gipfelt die Ausführung Ullmann's darin, daß er sagt: Man kann aus Billigkeitsgründen — und dafür spricht er sich aus mit einer der Sache günstigen Wendung in der letzten Erörterung im Gerichtssaale — man kann aus Billigkeitsgründen in eclatanten Fällen eine Entschädigung geben, aber von einem Rechtsgrunde in dieser Richtung kann nicht die Rede sein.

Angeschlossen im Detail, aber nicht im Princip an die Ausführungen von Ullmann hat sich unser hochverehrter College Meyer in dem Referat, welches er vor zwei Jahren dem XI. deutschen Juristentag erstattet hat. Er hat damals im Grundsatz die Ausführung Wahlbergs acceptirt, wonach es einen Rechtsgrund für die Leistung einer solchen Entschädigung im Falle der Freisprechung gäbe. Meyer hat aber dann eine weitere Unterscheidung versucht, indem er sich die Ausführungen Ullmanns im praktischen Resultat angeeignet und gesagt hat, wenn es sich herausstellt, daß die Handlung, bezüglich deren die Untersuchung eingeleitet war, überhaupt keine strafbare sei, oder daß der Beschuldigte die strafbare That gar nicht begangen haben konnte, dann soll eine Entschädigung geleistet werden. In dem Gutachten Ullmann's und im „Gerichtssaale", in den

Verhandlungen des früheren Juristentages und im Referat unsers verehrten Collegen Meyer ist noch die weitere Frage berührt, wie es gehalten werden soll bei gesetzwidrig verhängter Untersuchungshaft, eine Frage, die ich nach dem Inhalt unserer These und aus anderen Gründen gar nicht zum Gegenstande meiner Erörterung zu machen beabsichtige. Ich meine nämlich, es ist für uns, speciell für die Mitglieder des Juristentages, ein fait accompli, ganz abgesehen davon, daß m. E. die Wissenschaft in der Hinsicht längst entschieden und ihr letztes Wort gesprochen hat, daß für eine widerrechtliche Verhaftung, sei sie dolos oder culpos von Seiten des Richters ausgeführt, der Staat unbedingt zur Entschädigung verpflichtet sei. Wir haben insbesondere schon längst Beschlüsse in Bezug auf die Haftung des Staates für Beamtendelicte überhaupt gefaßt, auf Grund eines Antrages von Zachariä, der auf dem IX. Juristentag zur definitiven Erledigung gekommen ist. Ich erwähne diese Frage deshalb gar nicht weiter, sondern sage nur, daß auch College Meyer die Entschädigungspflicht des Staates in Bezug auf widerrechtliche Verhaftungen unbedingt anerkannt hat.

Das wären also diejenigen Gutachten, meine Herren, welche in ihren Schlußresultaten versuchen, im Wege von Billigkeitsgründen oder sonstigen dem strengen Recht nicht ganz homogenen Auskunftsmitteln über die Schwierigkeit der Frage hinüberzukommen und ich wende mich damit denjenigen Gutachten zu, welche ex professo sich an die Erörterung des Princips gewendet haben, ob es im Falle der Freisprechung bei nicht widerrechtlich erlittener Untersuchungshaft eine Entschädigungspflicht für den Staat geben soll oder nicht, ob ein Rechtsgrund vorhanden ist, daß eine solche Entschädigungspflicht geschaffen werden müsse.

Wir treffen im Hauptprincipe zusammen, sowohl mein verehrter Landsmann Wahlberg in Wien als Nissen in Straßburg als auch Heinze, dessen Abhandlung die erste ist. Die Herren gehen in der Wesenheit von dem Gedanken aus, die Untersuchungshaft selbst sei eigentlich eine Sache der Zweckmäßigkeit; sie hänge mit der Durchsetzung des Rechts wohl zusammen in Folge einer materiellen, einer physischen Nothwendigkeit — wenn ich so sagen darf — sie hänge aber mit der Rechtsprechung und mit dem Rechte nicht zusammen, im Sinne der Postulate der Rechtsidee, im Sinne des Rechts selbst. Denn, sagen sie, das Recht bedingt, daß derjenige, welcher schuldig ist, verurtheilt wird, aber auch, daß er erst dann irgend ein Leid in Folge seiner That zu bestehen habe, wenn eine Verurtheilung erfolgt ist. Hat nun der Staat es für nothwendig erachtet und muß die Nothwendigkeit anerkannt werden, daß im Wege einer Zweckmäßigkeitsmaßregel man sich schon vor einem Erkenntniß und ehe die

Frage entschieden ist, ob ein verurtheilendes Erkenntniß gerechtfertigt sei oder nicht, einer bestimmten Person versichere, so thut das der Staat um seinetwillen, um seines Interesses willen; und wenn es sich herausgestellt hat, daß er da auf einer irrigen Fährte war, so hat nun der Einzelne wegen dieses Irrthums der Staatsgewalt auf Entschädigung Anspruch. Das ist so ziemlich der Kernpunkt dessen, was die Herren Wahlberg, Heinze, Nissen auseinandergesetzt haben. Sie sind entgegengetreten dem Grundsatz, den ich früher erwähnt in Bezug auf den casus und haben gesagt: das ist nicht ein Zufall, den der Einzelne erleidet, indem man ihn ohne genügenden Grund und ohne daß es sich später durchführen läßt, in Untersuchungshaft gebracht hat, da gilt nicht der Satz casus nocet domino; sondern es ist der Fall so, daß man von dem Einzelnen im staatlichen Interesse ein Opfer seiner persönlichen Freiheit in dem Momente verlangt, wo man sich dessen noch nicht bewußt ist, ob man berechtigt sei, ihm seine Freiheit zu entziehen. Hat man das gethan und hat sich später herausgestellt, daß man geirrt hat, dann besteht eine Verpflichtung, dann besteht ein Rechtsgrund, Entschädigung zu leisten. Die Herren weisen hin auf die naheliegende Analogie der Expropriation und sagen, wenn im öffentlichen Interesse — und das ist hier der Fall — eine solche Entziehung des Gutes der Freiheit des Einzelnen stattgefunden hat, soll die Schädigung, wenn sie unbegründet war, ganz ebenso Substrat eines Entschädigungsanspruchs sein, wie man nie gezweifelt hat, so lange die Rechtswissenschaft besteht, daß, wenn dem Einzelnen das Opfer der Entäußerung seines materiellen Besitzthums zu Gunsten der Gesammtheit auferlegt wird, eine Entschädigung geleistet werden muß. Das ideale Besitzthum der Freiheit stehe nicht zurück hinter dem materiellen, hinter dem Besitz von Grundstücken, und wenn der Staat in jenem Falle für das Opfer, das er von dem Einzelnen im Interesse der Gesammtheit fordert, entschädige, und sich seiner Entschädigungspflicht bewußt sei, so müsse an der Stelle, wo der Staat das Opfer idealer Güter von dem Einzelnen verlangt, ebenfalls eine solche Entschädigung geleistet werden. Die Herren weisen endlich sammt und sonders auf den Grundsatz hin, der mir sehr wichtig scheint, daß die moderne Gesetzgebung überwiegend dem Verurtheilten die Untersuchungshaft in Anrechnung bringt und damit anerkennt, daß die Untersuchungshaft kein Recht des Staates gegenüber dem Einzelnen und daß man also verpflichtet sei, auch dem Verurtheilten gegenüber, dem man einen Schaden zugefügt hat zu einer Zeit, wo nicht festgestellt war, ob man berechtigt sei, dies zu thun oder nicht, — daß man also auch dem Verurtheilten gegenüber, wie im Reichsstrafgesetzbuch Artikel 60 zugelassen, verpflichtet sei, die Untersuchungshaft in Anrechnung zu bringen, das heißt dafür zu entschädigen. Die Begutachter finden nun einen klaffenden Widerspruch darin, wenn man den Verurtheilten in einem solchen Falle besser stellt, als denjenigen, der in Untersuchungshaft gezogen und später freigesprochen wird, indem man dem Verurtheilten das entzogene Gut seiner Freiheit gleichsam durch die Anrechnung ersetzt, während man sich dem Andern gegenüber einfach damit begnügen will, ihm mit schmerzlichem und vertraulichem Lächeln zu sagen: Wir haben Dich so und soviel Monate in Untersuchungshaft gehalten, aber der Staat hat das gethan im Dienste seiner Justizhoheit; jetzt geh' und siehe nach, ob die Verhältnisse in Deinem Hause, in Deinem Erwerb sich nicht mittlerweile in einer Weise geändert haben, daß der Schade für Dich irreparabel geworden ist.

Alle Bearbeiter der Frage, meine Herren, die auf dem Standpunkt stehen, von dem ich erwähnt habe, daß er der meinige ist, haben sich gegenwärtig halten müssen, ob es nun nicht weiter auch Fälle giebt, in denen die Entschädigungspflicht des Staates entfallen muß. Da hat nun Heinze zuerst und haben nach ihm Wahlberg und Nissen für nöthig erachtet, eine Unterscheidung zu machen, die, wie mir scheint, eine sehr präcise, juristisch sehr scharfe und nicht zu widerlegende ist. Sie haben gesagt: Wenn ein prozessualisches Verschulden von Seiten des Angeklagten vorliegt, wenn er die Untersuchungshaft selbst durch sein Verschulden herbeigeführt hat, dann ist von einer Entschädigungspflicht nicht die Rede. Ich bitte also, meine verehrten Herren, Ihre Aufmerksamkeit darauf zu lenken. Es wird unterschieden zwischen derjenigen Untersuchungshaft, welche eine Vorsichtsmaßregel, eine Zweckmäßigkeitsmaßregel auf Seiten des Staates ist und zwischen derjenigen Untersuchungshaft, welche zu einer Zwangsmaßregel wird deshalb, weil der in Untersuchungshaft Gezogene renitent ist, weil er etwa Fluchtversuche, Collusionsversuche macht u. s. w., weil er so selbst dazu beiträgt, daß der Richter nothwendig dahin gebracht werden muß, eine Untersuchungshaft über ihn zu verhängen. Ich möchte den Gedanken in scharfer Form dahin zusammenfassen: Wenn der Angeklagte blos leidet, wenn er blos etwas über sich ergehen läßt, weil der Staat ihn dazu nöthigt, und er die Sache nicht ändern kann, dann ist eine Entschädigung zu leisten; wenn aber der Angeklagte selbst etwas thut, wenn in seinem Verhalten selbst etwas gelegen ist, was den Richter zur Annahme einer hohen Wahrscheinlichkeit seiner Schuld bringen muß, dann erkennen diese Bearbeiter kein Recht auf Entschädigung.

Das ist nun der Inhalt aller Gutachten, mit denen wir uns zu befassen haben. Ich erwähne noch kurz: Als vor zwei Jahren in Hannover die Frage discutirt wurde, wurden eine Anzahl Propositionen gestellt, die theilweise mit dem Princip zusammentrafen. Zu Beschlüssen ist es nicht gekommen. Denn während das Princip selbst — nach dem zu schließen, was bezüglich der Abstimmung angegeben wird — Anerkennung fand, hat man sich über die Modalitäten nicht einigen können, und schließlich wurde der Beschluß gefaßt, die Frage einem späteren Juristentage vorzulegen. Unsere Aufgabe soll also sein, eine Entscheidung zu treffen, wenn wir die Frage entscheidungsreif finden. Nach meiner Ueberzeugung ist sie es und ich will versuchen zu zeigen, warum sie es ist. Wenn sie es aber ist, so wäre es mein lebhafter Wunsch, daß von Seiten der III. Abtheilung des Juristentages ein klarer und präziser Beschluß gefaßt werde.

Nun, meine Herren, wenn es sich um eine Gesetzgebungsfrage handelt, so muß man vor allen Dingen sich klar werden, ob irgend ein Rechtsgrund für einen bestimmten Ausspruch der Gesetzgebung besteht. Die allererste Frage, über die wir uns schlüssig machen müssen, ist die:

> Besteht ein Recht für den Einzelnen, der in Untersuchung gezogen worden ist, wenn später seine Freisprechung erfolgt, eine Entschädigung von Seiten des Staates in Anspruch zu nehmen, oder giebt es da etwa nur Billigkeitsrücksichten? Hat man mit einem Wort ein Rechtsprincip der Entschädigung oder hat man keines?

Meine innerste Ueberzeugung ist es, meine Herren, man hat ein Rechtsprincip und der Kernpunkt desselben liegt im Folgenden: Wenn man behauptet, die Verhängung der Untersuchungshaft über Verdächtige gehe aus der Ausübung der staatlichen Justizhoheit hervor als eine rechtliche Nothwendigkeit, so sagt man etwas, was man nach meiner Ueberzeugung niemals begründen kann. Nimmermehr läßt sich behaupten, daraus, daß der Staat das Recht und die Pflicht hat, strafbare Handlungen zu bestrafen und daß das im innigsten Zusammenhange mit der staatlichen Justizhoheit ist, geht das Recht hervor, eine Untersuchungshaft zu verhängen, solange man nicht weiß, ob Jemand eine strafbare Handlung begangen hat oder nicht. Ein Recht im strengen Sinne des Worts, Jemand in Untersuchungshaft zu bringen, dessen Schuld zweifelhaft ist, kann kein Mensch, der scharf denkt, deduziren. Was kann, was muß man deduziren? Der Staat ist selbstverständlich berechtigt und verpflichtet, dem Verbrecher seine Freiheit zu entziehen; aber keine Minute früher ist er dazu berechtigt und verpflichtet, als der Beweis der Schuld erbracht ist. Aus der Justizhoheit des Staates geht die Verhängung der Haft eine Minute früher, — ich will mich so scharf als möglich ausdrücken — als der Beweis geführt ist, nicht hervor. Was thut man also, indem man dem Staat dieses Recht vindizirt? Man nennt das, was wir anerkennen müssen als eine praktische Nothwendigkeit, als eine Nothwendigkeit, die in der praktischen Zweckmäßigkeit ihren vollkommenen Rechtfertigungsgrund hat, ein Recht! Meine Herren! Als Correlat, als Consequenz aus dem Princip der Justizhoheit bringt das nach meinem Erachten Niemand heraus; es folgt aus Gründen der Zweckmäßigkeit, der Opportunität, aus Gründen der materiellen Nothwendigkeit. Nun stehen die Dinge so, daß das Schicksal, welches die spätere Anklage findet, jenachdem es entweder zur Verurtheilung oder Freisprechung kommt, erst den Maßstab an sich enthalten kann, ob vom Rechtsstandpunkt dasjenige, was verfügt worden ist, jemals zu rechtfertigen ist oder nicht. Auch in dieser Formulirung liegt eine Concession, d. h. wenn man erkennt, daß der Betreffende einer strafbaren Handlung schuldig ist, so wird die verhängte Untersuchungshaft sich ex post, auch wieder als eine Zweckmäßigkeitsmaßregel, vollständig rechtfertigen. Wenn man aber erkennt, der Betreffende hat die That nicht gethan, so ist es sonnenklar, daß der Staat in seinem Interesse aus seinen Zweckmäßigkeitsrücksichten zum Behufe seiner später zur Geltung zu bringenden Rechtsidee dem Einzelnen einen Schaden zugefügt hat, und ich sollte meinen, daß er dann auch verpflichtet sei, eine Entschädigung zu leisten. Könnte die Untersuchungshaft aufgefaßt werden als ein Act der staatlichen Justizhoheit, als ein Recht des Staates qua höchste Justizbehörde, so käme man zu der sonderbaren Consequenz sagen zu müssen: Es besteht eine allgemeine Bürgerpflicht, sich eventuell verhaften zu lassen. Ich glaube, das wird Niemand behaupten wollen. Es ist eine Zweckmäßigkeitsmaßregel des Staates, die unvermeidlich ist, man muß dem Staat ein Opfer bringen und es über sich ergehen lassen; aber niemals kann man sagen, der Staat hat ein Recht, der Einzelne hat die Bürgerpflicht sich als unschuldiger Mensch verhaften zu lassen. Das ist keine Bürgerpflicht, es ist die dira necessitas, die bei der Schwäche der menschlichen Zustände nicht zu beseitigen ist. Weil aber die menschliche Schwäche hier die Rechtsverletzung unvermeidlich macht, so liegt auf Seite des Staates die Verpflichtung, wenn es sich herausstellt, daß kein Rechtsgrund vorlag, zu entschädigen.

Sehen Sie, meine Herren, so ändert sich also die Argumentation der ersterwähnten Gutachten. Man hat nämlich die gewöhnlichen privatrechtlichen Analogien angewendet und gemeint, auf solchem Wege mit dieser theils staatsrechtlichen, theils strafprocessualischen Frage fertig zu werden. Man hat gesagt: es ist ein casus für den Einzelnen, ein gewöhnlicher Zufall. Ich meine, die Sache steht anders; der Zufall ist auf Seiten des Staates; der Staat hat sich zufälligerweise geirrt, weil man in diesen Dingen eben leicht irren kann und weil das mit der menschlichen Natur untrennbar verbunden ist; dieser traurige Zufall, der eine nachtheilige, die persönliche Freiheit, mitunter sogar die Gesundheit und das Leben bedrohende Wirkung für den Einzelnen gehabt hat; das trifft nun in seinen Folgen den Staat; er ist derjenige, von dem man sagen kann, casus nocet domino, nicht der Einzelne, der durch eine Zweckmäßigkeitsmaßregel von Seiten des Staates hat leiden müssen, ohne daß ein Recht dazu vorhanden war. Der Staat hat demnach die Pflicht für den Zufall, der sich bei ihm ereignet hat, Entschädigung zu leisten. Der Staat sagt gleichsam zu dem Einzelnen, den er in Untersuchungshaft zieht: „Nach meiner Ansicht über die Sachlage hast Du die That gethan — Nummer 1 — und Nummer 2: Ich werde Dir es beweisen können.“ Auf dieser Grundlage wird die Untersuchungshaft verhängt, und darauf basirt der Staat sein Recht — Sie wissen, in welchem Sinne ich dieses Recht auffasse — den Einzelnen zu verhaften. Nun stellt sich aber heraus, der Staat hat sich mit dieser seiner Annahme geirrt; der betreffende Beschuldigte hat entweder die That gar nicht begangen oder er hat sie vielleicht gar nicht begehen können, oder die That war gar nicht einmal eine strafbare Handlung, mit einem Wort: Der Staat hat sich geirrt. Dann ist auf seiner Seite Irrthum, casus, nennen Sie es, wenn Sie wollen, vis major; es hat viel für sich, wenn man diese letztere Bezeichnung wählt, diese vis major hat der Staat zu tragen. Man hat nun ferner Bezug genommen auf den Grundsatz im Privatrecht: Qui jure suo utitur neminem laedit, also: Der Staat verletzt Niemand, indem er von seinem Rechte Gebrauch macht. Auch diese privatrechtliche Analogie ist nach meiner Ansicht auf den vorliegenden Fall nicht anwendbar. Denn ob es ein Recht oder kein Recht war, was der Staat anwendet, wird sich erst herausstellen, wenn man mit Bestimmtheit weiß, ob der Betreffende die That begangen hat oder nicht. Alles Andere außer der Bestrafung des Schuldigen ist lediglich Sache der Zweckmäßigkeit; da verlangt der Staat Opfer von Einzelnen im Interesse der Gesammtheit und wie bei Expropriationen ist hier im Interesse der Gesammtheit Entschädigung zu leisten. Ich halte also die Hinweisung auf die Expropriationen für durchschlagend, für unwiderleglich. Ich halte auch noch eine zweite Hinweisung, welche ebenfalls von unserm verehrten Collegen Meyer gelegentlich seines Referates ausgegangen ist, für zutreffend; es ist dies die Hinweisung auf die Analogie, der Haftpflicht der Eisenbahnen und Bergwerke. Auch da gilt der Satz: Wenn eine Beschädigung stattgefunden hat, so hat die Unternehmung Entschädigung zu leisten. Hat dieselbe durch Verschulden der betreffenden Person stattgefunden, so hört natürlich die Entschädigungspflicht auf. Hat aber kein Verschulden stattgefunden, ist durch den nothwendigen Betrieb der Unternehmung und durch die Gefahr, die damit verbunden ist, Jemand ein Schaden zugefügt worden, so hat der Einzelne zu Gunsten der Gesammtheit ein Opfer bringen müssen und muß dafür entschädigt werden. Man kann getrost, wenn es auch paradox klingen mag, aussprechen: Die Verhängung der Untersuchungshaft in denjenigen Fällen, wo es schließlich zu einer Freisprechung kommt, ist eine Art Entgleisung der Justiz; diese ist aus ihrer Bahn gerissen, vom graden Wege abgelenkt worden. Bei einer solchen Aberration der Justiz ist Entschädigung zu leisten. — Professor Heinze hat einen andern Ausdruck gebraucht, der vielleicht die Grundidee der ganzen Sache nach klarer darlegt. Er sagt, es handelt sich hier um eine gegenseitige Versicherung zur Beseitigung derjenigen Schäden, die durch Verhängung einer unbegründeten Untersuchungshaft für den Einzelnen erwachsen. Es ist gerade wie bei den Versicherungen, wo die Einzelnen zusammentreten und Opfer bringen, damit der etwaige Schaden für den Einzelnen sich weniger fühlbar macht. Leistet der Staat im Falle einer ohne Grund verhängten Untersuchung Entschädigung, so thut er nichts anderes, als daß er einen solchen Versicherungsvertrag gewissermaßen zur praktischen Geltung bringt.

Meine Herren! Wir gelangen nunmehr zu der Argumentation, die namentlich bei dem verehrten Collegen Vollert eine sehr große Rolle spielt, nämlich daß es doch darauf ankommen müsse, ob die Unschuld erwiesen ist, und daß man nicht sagen könne, man erkennt auf Entschädigung, wenn nur die Schuld nicht erwiesen ist. Ich halte es nun für unrichtig, hierauf ein maßgebendes Gewicht zu legen, denn für die Justiz, für das Recht ist entscheidend nur die Frage: Ist Jemand unschuldig oder ist er schuldig? Die ethische Frage, welche über das Rechtsprincip hinausgeht, ob Jemand im einzelnen Falle nicht doch möglicherweise der Thäter war, ob nicht zu vermuthen ist, er sei es gewesen, — diese Frage der absolutio ab instantia, die wir jetzt, Gott sei Dank! längst los geworden sind, hat nicht mitzuspielen. Denn ungerecht und ohne Grund verhängt war die Haft ebenso, wenn Jemand die That begangen hatte und man sie ihm nicht beweisen konnte, wie wenn er die That gar nicht begangen hat. Das Recht des Staates geht immer nur darauf, die Freiheit zu entziehen, wenn Jemand eine strafbare Handlung begangen hat und man es ihm beweisen kann und nicht wegen Vermuthungen, auf Grund deren vom streng wissenschaftlichen Standpunkt aus ein solches Recht des Staates nicht zu begründen ist. Aber, meine Herren, zu welchem Resultat gelangt denn jene Argumentation? Man sagt: eine Anzahl von Leuten, die in Untersuchung kommen, ist gewöhnlich unschuldig und von einer Anzahl von Leuten nehme ich an, sie sind nicht unschuldig, aber man hat nur ihre Schuld nicht beweisen könen. Während man nun verpflichtet wäre, diejenigen zu entschädigen, welche unschuldig sind, selbst nach der Anerkennung der Herren, die das erwähnte Princip aussprechen, soll diese Verpflichtung deshalb aufhören, weil unter dieser Reihe der Verhafteten es auch solche giebt, denen man die Schuld nicht hat nachweisen können. Das erinnert geradezu an die alte biblische Erzählung von Sodom und Gomorra. Nur wird die Sache umgekehrt und dadurch juristisch noch schlechter. Dort wäre Sodom und Gomorra gerettet worden, wenn auch nur einige wenige Gerechte da gewesen wären; hier aber sollen Sodom und Gomorra zerstört werden, weil einige Ungerechte da sind. Man will die Schicksale der Ungerechten zurückwirken lassen auf die Gerechten. Das halte ich nicht für juristisch gerechtfertigt. Im Civilrecht wird in analogen Fällen immer der günstigere Grundsatz auch in Bezug auf den angewendet, der sich in ungünstiger Lage befindet. So beispielsweise bei der Verjährung. Auf die entgegengesetzte Logik kann ich mich wenigstens niemals einlassen.

Das wäre also der Grundgedanke der ganzen Sache und nun haben wir uns die Frage zu stellen, die natürlich, wo es sich um ein legislatives Princip handelt, von höchster Wichtigkeit ist: in welchen Fällen dasselbe etwa nicht gilt. Ich habe nun schon ausgesprochen, dort, wo der Angeklagte nicht blos gelitten hat, sondern er selbst in irgend einer Weise thätig war, die auf den Gang der Justiz einen für ihn nachtheiligen Einfluß ausüben mußte, da kann vor einer Entschädigung nicht die Rede sein.

Ich glaube, meine Herren, diese Frage kann in dem ersten Augenblick fremd erscheinen, geht man aber der Sache näher auf den Grund, so scheint mir, daß sie sehr einfach ist. Wenn Jemand z. B. in der Untersuchungshaft lügenhafte Angaben gemacht hat, so ist es selbstverständlich, daß der Richter ihn für den Thäter halten muß; er hat etwas gethan, wodurch er den Verdacht der Justiz nothwendig auf sich gelenkt hat. Das Verdächtigsein an sich, d. h. durch eine zufällige Lage der Umstände verdächtig sein, welches die Untersuchungshaft gewöhnlich rechtfertigt, hat mit dieser Frage nichts zu schaffen. Wurde Jemand z. B. bei einem Mord an einer Stelle gesehen, die in der Nähe des Thatortes liegt, und hatte er zufällig, weil er auf der Jagd war, ein Gewehr in Händen, so hat er sich verdächtig gemacht, aber ohne sein Verschulden. In diesem Falle gehört die über ihn verhängte Untersuchungshaft natürlich in diejenige Kategorie, wo eine Entschädigung Platz zu greifen hat. Wenn aber der Betreffende lügenhafte Angaben, wenn er Collussionsversuche, Fluchtversuche macht oder wenn überhaupt sein Verhalten sich einzig und allein aus dem Bestreben, aus der Absicht erklären ließe, die Untersuchungshaft herbeizuführen oder sie zu verlängern, dann kann von einer Entschädigung nicht die Rede sein.

In dem Momente also, wo der Angeklagte handelndes Subject und in schuldbarer Weise handelndes Subject gegenüber der Justiz wird, in dem Moment hört die Verpflichtung der Justiz ihm gegenüber auf; so lange er aber nur ein Object der Vollziehung der staatlichen Justiz bleibt, ein Object, welches zu einem solchen geworden ist, weil es die menschlichen Verhältnisse unvermeidlich machen, daß es so sei, so lange hat der Staat ihm gegenüber die Verpflichtung Entschädigung zu leisten; so lange ist diese Rechtspflicht des Staates begründet.

Nun, meine Herren, die Frage scheint mir auch im Rechtsbewußtsein eigentlich längst gelöst zu sein; denn wenn ein solcher Fall vorkommt, und Sie werden Alle, die Sie die Criminalpraxis kennen, zugeben, daß es vorkommt, daß man Jemand durch eine traurige Verkettung der Verhältnisse irrigerweise für den Thäter hält, und wenn dann die Untersuchungshaft verhängt wird, glauben Sie, meine Herren, daß das Rechtsbewußtsein dann jemals darüber schwanken wird, daß dem Betreffenden schweres Unrecht geschehen ist? Glauben Sie, daß dann der von einem Begutachter dem Staate vindicirte Grundsatz: Qui jure suo utitur neminem laedit, vor dem Rechtsbewußtsein des Volkes auch nur für einen Augenblick gelten wird? Ein Schrei der Entrüstung wird ertönen, wenn ein solcher Fall größere Dimensionen annimmt, und wenn die Gesetzgebung des Staates nichts gethan hat, um den Schaden gut zu machen Gewöhnlich hilft man dann noch mit Billigkeitsgründen und mit Gnadenacten; ich erinnere Sie z. B. an den famosen Fall Lesurque in Frankreich, oder an den Fall des Dr. Hessel in London. Bei solchen Anlässen heißt es dann freilich, es müsse etwas geschehen, um eine fürchterliche Ungerechtigkeit zu salviren. Für uns, meine Herren, wenigstens für die Auffassung, die ich Ihnen auseinanderzusetzen mir erlaubt habe, hört die Billigkeitsfrage vollständig auf. Wir stehen auf dem Standpunkte strengen Rechts; wo es vorliegt, wird entschädigt, wo nicht, hört die Entschädigungspflicht vollständig auf.

Von den Wirkungen, die solche unbegründete Untersuchungshaften haben können, zu reden, will ich Ihnen und mir vollständig ersparen; das wäre ein Gebiet, wo man aus der kalten und nüchternen Ruhe des forschenden Juristen in eine leidenschaftliche Bewegung hinein gerathen könnte; und das liegt mir und Ihnen vollständig fern. Erwähnt sei nur beiläufig, daß in manchen Fällen z. B. bei dem Ihnen wohlbekannten, vortrefflichen Fritz Reuter oder bei Wiggers die langwierigen Untersuchungshaften, mit denen man in früheren Zeiten sehr freigebig war, eine furchtbar nachhaltige Wirkung geübt haben auf das ganze Leben, so daß diejenigen, denen der Rechtsstaat am Herzen liegt, ganz besondere Veranlassung haben, gewissenhaft zu prüfen, wie weit jenes Recht des Staates reicht.

Damit gelange ich zur Frage, ob die Anerkennung der Entschädigungspflicht auch zweckmäßig sei. Ich glaube, auch darüber kann kein Zweifel sein. Wir Alle und auch die Gesetzgebung haben gearbeitet, ja, ich möchte fast sagen, die Gesetzgebung hat sich oft zerarbeitet an dem Bestreben, die Untersuchungshaft in möglichst enge Grenzen zu schließen, Garantien gegen unbegründete Haftverhängung zu finden u. s. w. Wer die Praxis kennt, wird sagen: Niemals erlangt man eine wirkliche Garantie, daß nicht unbegründete Untersuchungshaft verhängt werde. Denken Sie nur an eclatante Fälle, die z. B. in großen Städten Sensation erregen und sowohl die Phantasie der Bevölkerung als der Gerichte — denn auch die Gerichte haben in solchen Fällen eine lebhafte Phantasie — erhitzen. Da wird nun über Kreuz und Quer mit Untersuchungshaften vorgegangen und man hat kein Mittel, die richtige Grenze zu ziehen, die Untersuchungshaft in die Schranken zu schließen, innerhalb deren sie allein gerechtfertigt ist. Die Entschädigungspflicht allein bietet ein solches Mittel. Wenn der Richter weiß, in all' denjenigen Fällen, wo Jemand seiner Freiheit ohne Grund beraubt wird, ist der Staat verpflichtet, Entschädigung zu leisten, wenn auf ihn das schöne Wort des Horaz Anwendung findet: post equitem sedet atra cura — hinter dem Reiter sitzt die schwarze Sorge, — dann wird er die nothwendige Umsicht walten lassen, die man mit den geltenden gesetzlichen Bestimmungen und Vorschriften niemals hat erzielen können. Dazu kommt noch die in der bisherigen Praxis begründete große Bequemlichkeit für den Richter, die im Verhaften liegt. Dazu kommen noch obendrein die Traditionen des Inquisitionsprozesses, bei dem Alles auf die Erzielung von Geständnissen hinauslief und wovon man so unendlich schwer abläßt. Man verhängt also zu leicht die Untersuchungshaft, weil man die Hoffnung auf ein Geständniß daran knüpft. Es fällt mir gewiß nicht ein, mit diesen Worten irgend einem der deutschen Richter zu nahe treten zu wollen. Aber ich rede von einer gewissen force des choses, die wir nicht wegbringen können, von der objectiven Macht, die in den Dingen gelegen ist und der gegenüber der Gesetzgebung zehnfache Rücksicht auf die bürgerliche Freiheit auferlegt ist. Das ist es, was mich veranlaßt, so zu Ihnen zu sprechen.

Nun, meine Herren, noch die finanzielle Seite. Der Gutachter, der auf dem gegnerischen Standpunkt steht, mein verehrter Freund Vollert, den ich übrigens als ausgezeichneten, geistreichen Juristen schätze und achte, er hat auch hervorgehoben, die finanzielle Sache spreche gegen die Sache. In Bezug auf den Unschuldigen sei gegenüber der entzogenen Freiheit, welche ja incommensurabel ist, die im besten Fall geringe materielle Entschädigung ohne Bedeutung; dagegen demjenigen gegenüber, der die That begangen hat, dem man sie aber nicht hat nachweisen könne, weil er ein abgefeimter Spitzbube ist, sei jeder Kreuzer zu viel. Das hört sich sehr gut an, ist aber juristisch und national-ökonomisch doch nicht zutreffend. Denn ich meine, derjenige, der unschuldig in Untersuchungshaft gebracht ist, hat eine so schwere, so fürchterliche Schädigung in materiellen und idealen Gütern erfahren, daß, wenn man ihn nicht für das Alles schadlos halten kann, man doch wenigstens für einen Theil die Entschädigung leisten soll. Und wenn Sie bedenken, daß dahinter Familien stehen, die vielleicht, weil ihnen der Versorger gefehlt hat, ins Elend gestürzt werden, so bekommt die Sache eine sehr praktische Seite. Und wenn Sie vollends den nationalökonomischen Standpunkt ins Auge fassen, daß man eine productiv thätige, eine erwerbende Kraft ohne allen Grund und ohne alle Basis aus ihrer Wirksamkeit gerissen hat, so werden Sie mit mir zugeben, es lägen da sehr schwer wiegende Gründe vor, schwerer wiegend, als daß man sie mit den obigen Betrachtungen aus dem Felde schlagen könnte. Was aber die Vagabunden, die Spitzbuben anlangt, so weiß ich nicht, ob nicht Vollert selbst, wenn er hier wäre, sich mit meiner Fassung der Resolutionen zufrieden erklären würde. Denn in allen Fällen, wo lügenhafte Angaben, Fluchtversuche, Collusionsversuche vorliegen, wo die Absicht vorhanden ist, die Untersuchungshaft herbeiführen oder zu verlängern, soll ohnehin nicht entschädigt werden Es ist nun doch gewiß nicht denkbar, daß Jemand sich lammfromm gegenüber der Justiz verhalten werde, der in die Kategorie jener Vagabunden gehört. Hat er aber dem Richter gegenüber irgend eine der angegebenen Praktiken versucht, so hat er seinen Anspruch auf Entschädigung verwirkt. Wir haben keine abgefeimten Verbrecher, die entschädigt werden, wir haben nur solche, denen das Unglück arrivirt ist, durch einen leidigen, traurigen, aber unvermeidlichen Irrthum des Staates ohne Rechtsgrund in Untersuchungshaft gebracht zu werden.

Meine Herren! Ein letzter Gegengrund, — Sie hoffen wahrscheinlich mit mir, es sei wirklich der letzte, — soll darin liegen, daß die Lehre so neu ist. Nun, meine Herren, das ist nicht richtig; die Lehre ist nicht neu! Nicht nur, daß sie es nicht ist, sie hat vielmehr bereits in ihrem ganzen Umfange gegolten. Aber noch mehr. Die Strömung in der Wissenschaft und Gesetzgebung zu ihren Juristen ist sogar eine solche, daß der Beschluß des Juristentages, möge er wie immer ausfallen, den Fortschritt der Lehre in dem Sinne, wie ich ihn vertrete, nicht aufhalten wird. Die Sache liegt so, was das Historische und den heutigen Stand anlangt: In Rom, bei der calumnia stand es so, daß der calumniator schadenersatzpflichtig war, wenn er mit seiner Anklage nicht durchdrang. Im alten deutschen Recht war es ebenso; diejenigen, welche das Gutachten von Vollert gelesen haben, werden wissen, was im Sachsenspiegel galt. Dasselbe galt auch im Thüringischen Strafprozeß. Ueberall hat dort die Entschädigung stattgefunden, falls die Untersuchungshaft ohne hinreichenden Grund verhängt war, wenn auch nicht in dem Umfange, wie ich sie hier vertrete. In der Carolina ist in Bezug auf die Begründung derjenigen Fälle, in welchen allein die Tortur angewendet werden konnte, etwas Aehnliches bestimmt; war es nicht einmal gelungen, den Beweis des Verbrechens soweit zu führen, um die Tortur anwenden zu können, so war der Ankläger zur Entschädigung verpflichtet, so daß Nissen, der vortreffliche Begutachter, dessen ich wiederholt Erwähnung gethan habe, sagt: Was wir heute vertreten, war vor 300 Jahren in Deutschland geltendes Recht. Nur, meine Herren, dürfen wir uns nicht mißverstehen. Natürlich hat man damals nicht, wie wir heute sagen, den Staat und die staatliche Action als solche im Auge gehabt, weil man nach der ganzen Richtung der Zeit nur den Privatankläger vor sich hatte. Wie nun die Wendung in der Entwickelung des deutschen Prozesses stattgefunden hat, das Inquisitionsprincip zur Geltung gekommen war und Richter und Ankläger in eine Person zusammenfielen, da ist dadurch, daß man sie eben nicht trennen konnte, der Entschädigungsgedanke in Wegfall gekommen; man hat aufgehört, die Grundsätze anzuwenden, die früher angewendet wurden. In Frankreich, wo auch jenes alte Entschädigungsrecht historisch feststeht, — ich habe eine Reihe von Stellen aus der älteren französischen Gesetzgebung notirt — geht seit dem Ende des vorigen Jahrhunderts eine starke Agitation dahin, nicht nur bei widerrechtlich verhängter Untersuchungshaft, sondern auch bei unbegründeter par erreur verhängter Untersuchungshaft zu entschädigen. Es ist z. B. schon im Jahre 1781 und dann wieder 1823 — letztere wohl hauptsächlich durch die Verhandlungen über den berühmten Fall Lesurques provocirt — eine Preisausschreibung von der Gesellschaft für Künste und Wissenschaften zu Chalons erfolgt, dahin gehend, daß man die besten Mittel auffinde um die Frage zu lösen. Das erzählt ausführlich Bonneville de Marsangy in seinem höchst interessanten Werk über die Reform des Criminalrechts und nennt diejenigen, die wie z. B. Brissot de Warwille und Philippon de la Madeleine Preise erhalten haben. In England hat man sich ebenfalls mit dieser Frage beschäftigt und habe ich hier namentlich Bentham zu nennen, von dem folgendes schöne Wort herrührt, das ich in französischer Uebertragung wiedergebe: Une erreur de la justice est dejà par elle-même une cause de deuil, mais que cette erreur une fois reconnue ne soit pas reparée par des dédommagements proportionnels, c'est un renversement de l'ordre social. Ein Irrthum der Justiz also ungesühnt, unentschädigt ist ein Umsturz aller socialen Ordnung. Im englischen Parlament ist unser Thema zur Sprache gekommen im Jahre 1864 aus Anlaß des Umstandes, daß ein Mann Namens Bewicke unschuldig verurtheilt worden war. Das Parlamentsmitglied Berkeley sprach damals die treffenden Worte: How was it possible that a man could be pardoned for being innocent. Ein Comité ward beauftragt über etwaige Entschädigungsansprüche zu referiren.

Ich eile zum Schlusse. In Italien ist eine starke Bewegung zu Gunsten unserer Lehre, an deren Spitze namentlich der hervorragende italienische Jurist Carrara steht. Wichtig ist ferner das Werk Lucchini's, welches die Untersuchungshaft einer umfassenden Erörterung unterzogen hat. In der Schweiz ist man noch viel weiter. Ich habe zwei Gesetzbücher von Freiburg und Bern vor mir, wo unser Grundsatz bereits vollständig zur Geltung gekommen ist. Ich behalte mir vor, die betreffenden Stellen noch zur Verlesung zu bringen. Das Prinzip ist das unsere: Wenn die Untersuchungshaft ohne Grund verhängt worden ist, ist dem dadurch Betroffenen Entschädigung zu leisten.

Meine Herren! Ein Theil dieses Princips — ich habe mir schon früher erlaubt, das zu bemerken — gilt übrigens auch bei uns heute schon, denn wenn wir bei einer Privatklage nicht durchdringen, z. B. bei einer Ehrenbeleidigungsklage, müssen wir Entschädigung leisten, müssen die Kosten dem Gegner vollständig vergüten, und wird da nicht untersucht, ob eine Freisprechung stattgefunden hat wegen vollkommener Unschuld oder aus einem Grunde, der auf gleicher Stufe steht mit der absolutio ab instantia.

Meine Herren! Ich bin zu Ende. Der Grundsatz, den ich mir erlauben werde, Ihnen zu proponiren, bringt in ganz kurzen Worten das zum Ausdruck, was ich Ihnen darzulegen die Ehre hatte. Der Grundsatz, das Rechtsprincip der Entschädigung gilt und ebenso das Princip, daß es bestimmte Ausnahmefälle giebt, in denen diese Entschädigung nicht Platz greifen kann. Die Resolution, die ich mir erlauben werde zu proponiren, lautet folgendermaßen:

> „Im Falle der Nichterhebung oder Zurückziehung der Anklage oder der Freisprechung, hat der Staat für die erlittene Untersuchungshaft Entschädigung zu leisten.
>
> Der Entschädigungsanspruch entfällt, wenn der Beschuldigte erweislich lügenhafte Angaben, Collusions- oder Fluchtversuche gemacht hat, oder wenn sein Verhalten vor dem Richter aus der erweislichen Absicht hervorgegangen ist, die Untersuchungshaft herbeizuführen oder zu verlängern."

Eine nothwendige Consequenz des Grundprincips endlich, die auch schon College Meyer vor zwei Jahren hervorgehoben hat und von der wir uns schon aus Gründen der juristischen Logik nicht los machen können, ist es, daß auch für den Fall der erlittenen Strafhaft, d. h. einer erlittenen Verurtheilung, die später aufgehoben wird, entschädigt werde, deshalb füge ich noch hinzu:

„Für die erlittene Strafhaft ist Entschädigung zu leisten, wenn auf Grund einer Wiederaufnahme des Verfahrens Freisprechung erfolgt."

Endlich ist in Betreff der Bemessung des Schadenersatzes der Grundsatz zu reproduziren, von dem man bei der Frage des Schadenersatzes immer ausgehen sollte und den schon der VI. Juristentag aufgestellt hat, daß die Höhe desselben bestimmt werde nach freiem richterlichen Ermessen unter Berücksichtigung aller Thatumstände. Deshalb lautet der letzte Passus:

„Die Höhe der Entschädigung bestimmt der Richter unter Würdigung aller Umstände nach seinem freien Ermessen."

Meine Herren! Ich habe Ihnen im Eingange gesagt, es handelt sich um eine Frage, die mitten in der Strömung einer großen literarischen und gesetzgeberischen Bewegung steht, und ich habe Ihnen das Material, wenn auch nur in flüchtigsten Umrissen, angeführt. Ich darf sagen, es giebt kaum ein Land in Europa, in welchem man sich nicht mit dem Gegenstande beschäftigt, der heute dem Juristentage vorliegt. Es ist demnach seine schöne Aufgabe, voranzuschreiten, die Initiative zu ergreifen, damit dasjenige, was ein instinctives Bedürfniß des Rechtsbewußtseins aller Orten ist, was aber noch nicht seine plastische Formulirung erhalten hat, endlich in klaren und präcisen Worten ausgesprochen wird. Deshalb empfehle ich Ihnen die Resolution und wir werden ein Werk der Zukunft gefördert haben, wenn wir sie annehmen.

(Lebhaftes Bravo!)

Präsident **von Schwarze** schlägt vor, daß über die Frage: ob und inwieweit Entschädigung zu leisten sei, wenn späterhin auf Grund einer Wiederaufnahme der Verhandlung Freisprechung erfolgt? vorläufig nicht mit discutirt werde, um nicht durch Hineinziehung dieser Frage, welche nicht in dem Rahmen der gestellten These liege, die Discussion möglicherweise zu verdunkeln. Dagegen, daß die Discussion gleichzeitig auch auf die Ausnahmen des Hauptsatzes, welche der Referent vorgeschlagen, miterstreckt werde und es von dem Gange der Discussion abhängen zu lassen, ob und welche Ausnahmen besonders zur Abstimmung zu bringen sind.

Die Versammlung erklärt sich mit diesen Vorschlägen stillschweigend einverstanden.

Professor Dr. **Schütze** aus Kiel: Meine Herren! Es bedurfte der Mahnung des Herrn Präsidenten, sich der Kürze zu befleißigen, für mich in keiner Weise, denn ich bin überhaupt kein Freund von langen Reden, selbst wenn sie so interessant und geistreich sind, wie die meines Herrn Vorredners. Ich wollte Ihnen nur mit zwei Worten einen Vorschlag unterbreiten, mit welchem Sie diese Frage in hinreichender Weise erledigen ohne viele Discussion.

Meine Herren! Wir haben auf dem vorigen Juristentage die Erfahrung gemacht, daß der Juristentag über das Für und Wider in dieser Frage nicht schlüssig werden konnte. Es waren nach der Ansicht des Juristentages die Gründe, welche für die Entschädigungspflicht in gewissen Fällen sprechen, ungefähr eben so stark wie diejenigen, welche einer Entschädigungspflicht im Allgemeinen widersprechen. Es fällt mir nicht ein, dies pro et contra hier wiederholen zu wollen; ich könnte die neu von dem Herrn Referenten vorgebrachten Argumente hier näher durchgehen; ich glaube das aber andern Herren überlassen zu müssen. Ich will nur auf Einen Punkt aufmerksam machen, weil der Herr Referent ihn meines Erachtens vielleicht hätte erwähnen dürfen. Das neuerdings erstattete Gutachten von Professor Nissen in Straßburg, dessen hier erwähnt ist und dessen Vorzüge ich vollkommen anerkenne, hat in keiner Weise sich dahin erklärt, daß eine Entschädigungspflicht immer dann stattfinden solle, wenn kein prozessualisches Verschulden des Freigesprochenen 2c. vorliege; sondern es hat sich dieses Gutachten dahin erklärt, daß auch dann, wenn der Freigesprochene oder außer Verfolgung Gesetzte ganz ohne alles Verschulden gewesen, eine Entschädigungspflicht vollkommen wegfalle: Erstens hinsichtlich der Untersuchungshaft, die dem ersten Angriff angehört. Es könne vielmehr nur die Rede sein von der gerichtlich bestätigten Untersuchungshaft; erst von dem Augenblick an könne eine Entschädigungspflicht des Staates begründet sein. Denn es muß der Staat durchaus in der Lage sein, vorläufig den Befund durch Verhaftung irgend eines Verdächtigen feststellen zu lassen. Darauf geht das Gutachten von Nissen ausdrücklich hinaus. Also, die vorläufige Festnahme, oder wie man sie nennen mag, ist selbst dann, wenn gar kein Verschulden des Festgenommenen vorliegt, der Entschädigungspflicht von ihm entnommen worden. Ferner: Es soll selbst bei der gerichtlich bestätigten Untersuchungshaft ein tempus modicum gewährt werden, eine Frist von so und sovielmal 24 Stunden, mit Bezug auf welche ein Entschädigungsanspruch überhaupt wegzufallen habe. Sie sehen also, daß es sich doch etwas bedenklich ausnimmt mit der Behauptung, es habe dieses neuerdings erstattete Gutachten so unbedingt sich für die Grundsätze des Referenten erklärt. Ich will es damit bewenden lassen und einfach vortragen, was ich Ihnen vorschlage. Die Sache wird mir ungemein erleichtert durch den Vortrag des Herrn Referenten selbst und durch das Gutachten von Nissen. In den Ausführungen des Letzteren wird, wie ich schon in meinem Vortrage auf dem vorigen Juristentage auseinandergesetzt hatte, auf den Zusammenhang hingewiesen, welcher zwischen dem Civilrecht und zwischen der Untersuchungshaft offenbar vorliege. Es hat auch der Referent hier beispielsweise auf andere Schaden und Uebel der Untersuchungshaft hingewiesen und analoger Weise Fragen herbeigezogen, die nicht der Untersuchungshaft, sondern andern Uebeln und Nachtheilen der Untersuchung und Bestrafung angehören. Sie werden daraus schon ersehen haben, daß die Frage, die uns vorliegt, in untrennbarem Zusammenhang steht mit einer ganzen Reihe anderer Fragen, und nur im Zusammenhange mit diesen ihre Erledigung wird finden können. Ich werde Ihnen nun ganz kurz meine Ansicht darüber andeuten, welches die andern Fragen sind, welche gleichzeitig mit würden erledigt werden müssen. Zuerst ist es die Frage, welche schon der eine Gutachter — nämlich von Köstlin — angedeutet hat und welche der Referent anerkennt: Wenn Jemand nach erlittener Strafhaft bei Wiederaufnahme der Untersuchung für unschuldig erklärt oder vielmehr das rechtskräftige Urtheil wieder aufgehoben wird, so ist die Frage wegen der etwaigen Entschädigung desselben ganz untrennbar von der Frage, ob für die Untersuchungshaft des Freigesprochenen entschädigt werden muß. Die Frage der Tagesordnung, wie sie uns vorgelegt ist, sagt aber keine Silbe darüber; sie lautet ganz einfach so: „Soll im Falle der Freisprechung (oder der Nichterhebung der Anklage) für die Untersuchungshaft eine Entschädigung gewährt werden?" Es hätte nothwendig hinzugefügt werden müssen: „Beziehungsweise auch im Falle einer wiederaufgehobenen rechtskräftigen Verurtheilung bei verbüßter Strafhaft." Dazu kommt noch Folgendes. Ganz von diesem formellen Grunde abgesehen, besteht darüber wohl kein Zweifel, daß die Frage der Criminalkosten, wenn irgend eine, im Argen liegt. Wenn man sich die Parteien gegenübergestellt denkt, liegt die Frage doch auf der Hand, ob der Grundsatz: victus fert expensas, der unterliegende Theil hat dem andern die Kosten der Untersuchung, die Kosten des Verfahrens zu ersetzen, auch auf den Strafprozeß anwendbar erscheint. Hält man diese Regel für selbstverständlich, so würde sie auch für den Strafprozeß bei dem jetzigen Anklageverfahren mit Bezug auf die Hauptverhandlung eine selbstverständliche sein. Was steht aber in unsern Entwürfen einer Strafprozeßordnung? Es giebt nur zwei Fälle: entweder es wird Jemand kostenlos freigesprochen oder er wird verurtheilt in Strafe und Kosten. Der dritte Fall aber, daß der Betreffende freigesprochen wird und der Staat in die Kosten verurtheilt wird, die er dem Anderen veranlaßt hat, ist gar nicht erledigt. Er muß aber nothwendig erledigt werden. Ich werde Ihnen einen ganz einfachen Rechtsfall vortragen, der mir vorgekommen ist: Es sind 5 Personen in Eine Untersuchung verwickelt; dieselben sind der Mitthäterschaft oder der Betheiligung in irgend einer Weise verdächtig. Der A ist verhaftet worden; B ist nicht verhaftet worden, weil er angesessen war, man hat aber bei ihm gewisse Gegenstände mit Beschlag belegt; bei dem C ist nichts von beiden geschehen, aber er hat sich in der Lage gesehen, gegenüber den starken Verdachtsgründen, die vorzuliegen schienen, einen Vertheidiger anzunehmen; der Vierte D hat besondere Zeugen vorgeladen, welche entschädigt werden mußten. Der endliche Ausfall der Sache ist aber der gewesen, daß der Fünfte E allein rechtskräftig verurtheilt worden ist, während die andern vier theils freigesprochen wurden, theils von der Anklage gegen sie abgestanden wurde. Nun lag die Sache folgendermaßen: Der Fünfte, allein Verurtheilte, hatte gar keine Untersuchungsübel erlitten, gar keine Kosten zu tragen gehabt; aber bei der Wiederaufnahme der Untersuchung erwies er sich ebenfalls als unschuldig Nun, wenn ich Ihnen die Frage so vorlegen sollte: Soll A wegen der erlittenen Untersuchungshaft entschädigt werden? so würden Sie höchst verwundert fragen: Warum wird nicht allgemein die Frage bezüglich der fünf Betheiligten gestellt? So liegt die Sache, meine Herren! — Die Justiz-Commission wird bei Erwägung des Entwurfs einer Strafprozeßordnung zu untersuchen haben, ob nicht die ganze Lehre von den Kosten im Criminalverfahren in Verbindung mit den Schäden und Nachtheilen, welche die Untersuchung für die Freigesprochenen oder für den außer Verfolgung Gesetzten, endlich die Strafverbüßung für den mit Unrecht rechtskräftig Verurtheilten haben kann, einer vollständigen Revision zu unterziehen sei. Das ist die Frage, die meines Erachtens vorliegt und deshalb erlaube ich mir einige Anträge zu stellen, zu deren Erläuterung ich nur noch ein kurzes Wort bemerke. Wenn ich in diesen Anträgen auch von der gesetzwidrigen Untersuchungshaft ein Wort gesagt habe, so ist das nur geschehen, um das zu bemerken, was der Referent mir vorweg genommen hat, nämlich, daß auch meines Erachtens — und zu dem Resultat mußte ich natürlich ganz selbständig kommen, wie Sie aus dem Antrage ersehen — der IX. Juristentag bereits die Frage der gesetzwidrig erlittenen Untersuchungshaft principiell erledigt hat und zwar zu Ungunsten des Staates.

Nach diesen Einleitungsworten will ich meinen Vorschlag einfach verlesen:

„Die Abtheilung beschließt über die Frage: Soll im Falle der Freisprechung ꝛc." zur Tagesordnung überzugehen und zwar in Erwägung

a. daß, was die gesetzwidrig erlittene Untersuchungshaft, sowie die anderweiten Untersuchungsübel betrifft, bereits der IX. Deutsche Juristentag für den Grundsatz einer Haftungsverbindlichkeit des Staates für die Schadenszufügung durch seinen Beamten sich ausgesprochen hat;

b. daß die Frage, inwieweit bei gesetzmäßig erlittener Untersuchungshaft im Falle der Freisprechung (bezüglich Nichterhebung der Anklage) Entschädigung zu gewähren sei, nicht isolirt, sondern nur bei Gelegenheit einer Revision der heute geltenden Grundsätze über den Ersatz der Criminalkosten im engeren Sinne, sowie des anderweiten durch die Strafverfolgung für den Beschuldigten und durch die Strafverbüßung für den mit Unrecht Verurtheilten erwachsenen schätzbaren Schadens ihre Lösung finden kann; und

diesen Beschluß dem Plenum lediglich zur Kenntnißnahme mitzutheilen.

Ich erwähne nur noch bezüglich dieses Antrages, daß hinsichtlich des zweiten Theiles desselben eine Wiederholung des Antrags erforderlich sein wird, damit es den Herren ganz klar wird, was ich darunter verstehe. Ich meine, daß die Frage, inwieweit bei gesetzmäßig erlittener Untersuchungshaft im Falle der Freisprechung, bezüglich Nichterhebung der Anklage, Entschädigung zu gewähren sei, nicht isolirt ihre Lösung finden kann, sondern nur in Verbindung mit einer gründlichen Revision, erstens der Frage der Criminalkosten überhaupt, und zweitens aller der übrigen Untersuchungs- resp. Strafübel, welche Jemand unverschuldeterweise bei dem Strafverfahren erlitten hat.

Auch die Geschichte, meine Herren, — und damit schließe ich — weist auf denselben Weg hin, — und das ist für mich das entscheidendste aller Argumente — die Geschichte zeigt uns, daß niemals eine Scheidung vorgenommen worden ist zwischen den Criminalkosten auf der einen Seite und zwischen der sogenannten Untersuchungshaft auf der andern Seite und all' den übrigen Schäden, Uebeln, Kosten, der Schmach u. s. w., welche die Untersuchung oder ungerechte Bestrafung für irgend Jemand zur Folge gehabt hat.

Ich schließe hiermit, um dem Wunsche möglichster Abkürzung nachzukommen, und glaube meinen Antrag wenigstens für Sie hinreichend verdeutlicht zu haben.

Der **Präsident** motivirt, daß er über diesen präjudiziellen Antrag, vorbehaltlich der Abstimmung über denselben an erster Stelle, eine besondere Discussion nicht eröffnen werde, daß vielmehr die Discussion über ihn mit der Discussion in der Hauptsache verbunden werden möge, und daß endlich die Frage über die Entschädigungspflicht im Falle widerrechtlicher Verhaftung, welche der Redner berührt habe, weder Gegenstand der These, noch des Referats gewesen sei und daher auszuscheiden habe.

Oberstaatsanwalt **von Lauhn** aus Halberstadt: Gegen den Vertagungsantrag des geehrten Vorredners, meine Herren, würde ich mich erklären, wenn uns auch die Hoffnung bliebe, daß auf dem nächsten oder übernächsten Juristentage diese Frage wieder auf der Tagesordnung stehen könnte. Ich bin nämlich der Ansicht, daß, nachdem diese Frage in Hannover bereits einmal erörtert und heute von dem Herrn Referenten ein so gründliches Referat gegeben worden ist, wir uns über die Frage selbst ein Urtheil bilden können, und ich beantrage daher, diesen Antrag auf Vertagung abzulehnen.

Was die Sache selbst anlangt, so unterscheide ich mich in meinen Ansichten ganz wesentlich von denen des Herrn Referenten. Ich bin zunächst nämlich der Ansicht, daß, wie es meine Bürgerpflicht ist, mir gefallen zu lassen, daß gegen mich eine Anklage erhoben wird — denn das wird der Herr Referent nicht bestreiten, — daß es auch meine Bürgerpflicht ist, wenn es auch ein Unglück ist, mich verhaften zu lassen. Ich bin also der Ansicht, daß der Staat nicht nur die Verpflichtung, sondern auch ein Recht hat, zur Verhaftung zu schreiten. Alle diese Momente hat der Herr Referent geleugnet. Er hat geradezu gesagt, der Staat habe kein Recht, habe keine Pflicht. Er hat, um uns das klar zu machen, sich darauf bezogen, daß im deutschen Strafrecht dem Richter die Möglichkeit gelassen wird, auf erkannte Strafen die Untersuchungshaft anzurechnen. Ja, meine Herren, daraus folgt nicht, daß der Staat damit anererkennt und sagt, „ich habe kein Recht, Jemand zu verhaften." Es soll aber nachgelassen sein, wenn durch Umstände die Untersuchung länger gedauert hat, als es erwünscht war, die Untersuchungshaft anzurechnen, wenn später auf Strafe erkannt wird. Durch das, was der Herr Referent ferner sagt, kommt man zu dem Resultat: „Man dürfe eigentlich nicht Jemand eher verhaften, als bis er verurtheilt ist." Das habe ich wenigstens aus seinen Aeußerungen entnommen. Auch das bestreite ich. Ich glaube, es würde der Oeffentlichkeit in die Augen geschlagen werden, wenn man z. B. einen Mörder frei herumlaufen ließe und man mit der Verhaftung so lange warten wollte, bis er überführt, bis er verurtheilt ist.

Wenn ich dies nun Alles vorausschicke, so unterscheide ich mich ferner auch darin von dem Herrn Referenten, daß ich keinen Unterschied mache, ob der Angeklagte „Object" oder ob er „Subject" gewesen ist, wie der Herr Referent sich ausdrückt. Ich würde es ihm nicht anrechnen, wenn er zu seiner Vertheidigung im Gefühle seiner Unschuld Lügen macht; wenn er einen Fluchtversuch macht. Das ist nach meinem Dafürhalten dem Unschuldigen viel weniger anzurechnen, als dem Schuldigen. Wenn also der Herr Referent sagt: In diesem Falle, wenn der Angeschuldigte als Subject aufgetreten ist und diese Sachen macht, da kann von einer Entschädigung nicht die Rede sein; das könnte doch nur dann von Gewicht sein, wenn es zu Anfang der Untersuchung, vor oder bei der Verhaftung selbst erfolgt wäre. Aber, wie gesagt, wenn der unschuldige Angeschuldigte lügt, um so weniger kann man ihm dies anrechnen; denn es ist ganz gerechtfertigt, daß er in seiner Verzweiflung alles Mögliche thut, um seine Unschuld nachzuweisen, wenn er auch Lügen gemacht hat.

Diese Betrachtung führt mich nun dahin, daß ich die Sätze des Referenten in keiner Weise anerkennen kann, sondern ich würde den Satz aufstellen: Von einer Entschädigung für Untersuchungshaft im Falle einer Freisprechung kann nur die Rede sein, wenn der Freigesprochene seine Unschuld dargethan hat. Das ist, wenn ich das Princip der Entschädigung anerkennen will, meine Herren, das einzige Princip, was anerkannt werden kann: wenn die Unschuld nachgewiesen ist! Es kann die Freisprechung allein, nach meiner Ansicht, nun und nimmermehr Veranlassung sein, daß der Staat entschädigt. Berücksichtigen Sie, wie häufig Freisprechungen erfolgen, nicht deshalb, weil der Mann unschuldig gewesen, sondern weil der Richter sagt: Non liquet! und weil er es dann vorzieht freizusprechen, statt möglicherweise einen Unschuldigen zu verurtheilen.

Es ist hier in unserer Frage der zweite Fall, der Nichterhebung der Anklage. Da, meine Herren, habe ich früher schon einmal darauf aufmerksam gemacht, daß es bei der Nichterhebung einer Anklage abhängt von dem Antrage des Angeschuldigten, die Untersuchung fortzusetzen. Da erkennen wir ein Princip an, meine Herren, was sehr bedenklich ist Wir haben bis jetzt in der Gesetzgebung noch nicht das Princip aufgestellt, daß ein Mann oder eine Person das Recht hat den Antrag zu stellen, daß er in Untersuchung genommen werde. Und dieses Princip würde anerkannt, sobald wir erklären, Jeder, der verhaftet worden war, hat das Recht aufzutreten und zu sagen: ich will meine Unschuld nachweisen, damit ich nachher für die erlittene Haft entschädigt werde. Ich glaube, meine Herren, es ist vollständig genügend, wenn wir den Satz, wie ich ihn aufgestellt habe, als Ansicht des Juristentages aussprechen; denn in eine Casuistik können wir uns nicht einlassen und auf die einzelnen Fälle können wir keine Rücksicht nehmen. Das Princip wäre also, meine Herren, um es noch einmal zu wiederholen:

Eine Entschädigung für die Untersuchungshaft kann nur beansprucht werden, wenn im Falle der erfolgten Freisprechung die Unschuld des Angeklagten nachgewiesen ist.

Dahin geht mein Antrag.

Geheimer Oberregierungsrath Dr. **Meyer** aus Berlin: Meine Herren! Der Juristentag beschäftigt sich heute zum zweiten Mal mit einer Frage, welche in der deutschen Gesetzgebung so gut wie gar nicht berührt worden ist. Nun ist es von vornherein und seit der Gründung des Juristentages sein Verdienst gewesen, Fragen anzuregen und in gewissen Grenzen die communis opinio jurisconsultorum darüber auszusprechen, so daß nachher die Gesetzgebung, darauf bauend, sich der weiteren Ausarbeitung des Materials im Detail unterziehen konnte. Von diesem Standpunkt aus betrachtet, ist die vorliegende Frage eine außerordentlich wichtige und dankbare. Ich glaube, daß eine Anzahl von Fällen jedem Juristen die Erwägung nahe gelegt haben muß, ob nicht die rechtliche Möglichkeit existiren soll, daß im Falle der wirklichen Kränkung des Rechts des Einzelnen auf seine Freiheit, ihm ein Schadenersatzanspruch zusteht. Der vorige Juristentag war auf die Frage in seiner großen Mehrheit, wie ich glaube, nicht vorbereitet und er hat mit richtiger Zurückhaltung das Aussprechen eines Satzes über diese Frage vermieden; er hat alle Anträge abgelehnt. Ich wage nicht zu entscheiden, inwieweit die Lage des Juristentages diesmal, nach zwei Jahren, eine andere ist; ich würde es an und für sich auch für kein Unglück halten, wenn auch der gegenwärtige Juristentag noch der Meinung wäre, er könne über die Frage nichts als communis opinio jurisconsultorum aussprechen; denn, meine Herren, was der Juristentag darüber im Wege der Abstimmung mit einer kleinen Majorität zum Ausdruck bringt, das — und darüber werden Sie mit mir einverstanden sein — wird eine entscheidende Bedeutung kaum in Anspruch nehmen können. Wenn ich von diesem Standpunkt aus frage, was der Juristentag heute über die Frage sagen soll, so muß ich von vornherein bekennen, daß ich es aufs Tiefste beklagen würde, wenn Sie nach dem Antrage Schütze über die Frage zur Tagesordnung übergehen sollten; denn dazu ist sie meines Erachtens nicht angethan. Es ist schon von dem Herrn Referenten der Fall Hessel in England angeführt, einer der eclatantesten Fälle, in welchem erwiesenermaßen ein Unschuldiger nicht durch einen meineidigen Zeugen, sondern durch einen Zeugen, der sich entschuldbarer Weise in der Person irrte, in einer Weise belastet wurde, daß die Organe der Justiz den Beschuldigten ganz mit Recht vorübergehend seiner Freiheit beraubten, worauf es ihm erst nach einiger Zeit gelang, sein Alibi und seine Unschuld nachzuweisen. Nun, meine Herren, können wir uns mit einem Zustande der Gesetzgebung befriedigt erklären, welche in einem solchen Falle dem erwiesenermaßen Unschuldigen absolut keinen Anspruch auf Entschädigung gewährt? Ich glaube, meine Herren, das ist unmöglich; es ist ein Mangel der Gesetzgebung, der noch besteht, und ihn zu heben wird nicht ganz leicht sein. Aber, meine Herren, dann würde ich nicht durch Annahme des Antrags auf Uebergang zur Tagesordnung aussprechen: es lohne nicht, daß wir uns mit dieser Frage weiter beschäftigen. Ich bin der Meinung, meine Herren, es lohnt! und wenn wir heute nicht damit zu Ende kommen, mögen wir es später nachholen. Auch die Gründe, die angeführt worden sind, halte ich nicht für durchschlagend. Ich will auf den ersten Erwägungsgrund mit einer bescheidenen Reserve eingehen. Ich meine: Die Frage, wie es zu halten ist bei einer gesetzwidrig verhängten Untersuchungshaft, ist noch nicht entschieden; denn wenn auch frühere Juristentage sich damit beschäftigt und eine Antwort darauf gegeben haben, so ist mir doch nicht bekannt, daß die Beschlüsse des Juristentages ohne Weiteres Reichsgesetze sind. Ich will darauf nicht weiter eingehen. Aber der zweite Grund überzeugt mich noch weniger. Weil diese Frage mit andern Fragen in einem gewissen Zusammenhange steht, darum soll der Juristentag sich erst mit dieser Frage beschäftigen, wenn das ganze Material über alle diese Fragen vorliegt! Das heißt meines Erachtens soviel: Da wir diese Frage heute zu entscheiden nicht im Stande sind, wollen wir sie mit einer Anzahl anderer Fragen combiniren auf die Gefahr hin, daß, wenn wir alle anderen damit im Zusammenhange stehenden Fragen auch vor uns haben, wir ganz gewiß nicht im Stande sind, diese einzelne Frage zu entscheiden. Ich möchte Ihnen also den Uebergang zur Tagesordnung widerrathen.

Wenn auch nicht mit der Begründung, so möchte ich mich doch mit der Fassung des zuletzt gestellten Antrags von Herrn Lauhn am ersten einverstanden erklären. Es kommt nur darauf an, daß wir uns über den Begriff des Wortes „Unschuld" ins Reine setzen. Sie gestatten mir, daß ich in dieser Beziehung mit einigen Worten das wiederhole, was ich als Referent über die Frage vor zwei Jahren in Hannover gesagt habe.

Ich erkenne an, daß unter Umständen ein Anspruch auf Entschädigung wirklich besteht, aber nur, wenn die Unschuld erwiesen ist. Dies ist noch nicht der Fall, wenn eine Freisprechung erfolgt, auch nicht, wenn eine Anklage nicht erhoben ist, auch nicht, wenn eine erhobene Anklage zurückgezogen wird, sondern nur, wenn das Gegentheil der Schuld erwiesen wird. Diesen Fall kann ich nur denken, wenn entweder feststeht, daß die für strafbar erachtete That in Wirklichkeit durch Strafgesetze nicht vorgesehen ist, daß also ein Verstoß gegen den Satz: „nulla poena sine lege" vorliegt, oder daß, wenn die That an sich auch strafbar, und die That auch begangen ist, doch festgestellt ist, daß der Angeklagte sie nicht begangen hat. Es giebt, Gott sei Dank, nicht viel Fälle, in welchen die deutsche Justiz sich geirrt hat, so daß erwiesen Unschuldige mit Strafen belegt sind. Indessen denkbar sind solche Fälle. Ich verstehe also unter dem Beweise der Unschuld den Nachweis des Gegentheils der Schuld. In diesem Sinne, meine Herren, kann ich dem Antrag des Herrn Oberstaatsanwalts Lauhn zustimmen.

Dem Herrn Referenten bedaure ich in keiner Weise zustimmen zu können. Ich will mich nicht in eine Discussion über die mehr rechtsphilosophische Frage einlassen, ob der Staat das Recht hat, vor gefälltem Erkenntniß eine Untersuchungshaft zu verhängen. Ich nenne die Frage eine rechtsphilosophische; das praktische Recht giebt uns bei allen Nationen die Antwort darauf, daß es zulässig ist; ganz einfach deswegen, weil eine Ausübung der Criminaljustiz ohne dieses Recht ein vollständiges Ding der Unmöglichkeit sein würde. Indessen der Herr Referent ist ja einverstanden, daß aus Gründen der Zweckmäßigkeit das Institut der Untersuchungshaft bestehen bleiben müsse, und unsere Meinungsdifferenz könnte also nur die weiter zurückliegenden gesetzgeberischen Motive betreffen. Aber, meine Herren, das ist doch klar: Die bloße Freisprechung, der Ausspruch Nichtschuldig! kann doch unmöglich eine Entschädigungspflicht des Staates begründen, wenn wir damit nicht eine wahre Prämiirung für alle diejenigen, in der That gefährlichen Verbrecher aussprechen wollen, denen es, vermöge ihrer, in einer vielleicht langen verbrecherischen Laufbahn angeeigneten Praxis möglich ist, den Richter hinters Licht zu führen; und es giebt bekanntlich solcher Subjecte recht viele. Eine bloße Freisprechung kann mich nicht bewegen, eine Entschädigungspflicht anzuerkennen. Ich würde darum nur den Antrag des Herrn Oberstaatsanwalts Lauhn empfehlen können, aber mit einer kleinen Ausdehnung, denn in einem Punkt kann ich ihm nicht zustimmen. Ich nehme eine solche Entschädigungspflicht als wünschenswerth an, nicht blos, wenn eine Freisprechung erfolgt, sondern auch wenn eine Anklage nicht erhoben ist. Der Fall Hessel war gerade der, daß die Anklage nicht erhoben wurde, weil es noch in der Voruntersuchung gelang, die Unschuld des Betroffenen festzustellen. Wollen Sie in einem ähnlichen Falle, wie den Fall Hessel, die Entschädigung absprechen? Das Argument, welches er für dieses Abschneiden des von mir erwähnten Falles angeführt hat, hatte er bereits die Güte vor zwei Jahren anzuführen. Er sagte, wir erkennten ja kein Recht des Angeklagten an, dergestalt, daß er sagen könne: Führt gegen mich die Untersuchung; ich will ein Erkenntniß (natürlich ein freisprechendes Erkenntniß) haben. Ganz Recht, ein solches Recht des Angeklagten kennt die Gesetzgebung nicht, und wenn dasjenige, was ich für wünschenswerth halte, nur dann ausführbar wäre, wenn wir ein solches Recht ihm geben, so müßte ich Bedenken tragen, einer derartigen Erweiterung des Antrags das Wort zu reden. Ich glaube aber, daß diese Voraussetzung nicht zutrifft. Ich nehme an, daß die Frage, ob die Unschuld eines Menschen erwiesen ist (in dem Sinne, wie ich es mir auszuführen erlaubt habe), gar nicht im Strafverfahren zum Austrage gebracht werden soll, und am allerwenigsten von denselben Organen der Justiz, welche in diesem Strafverfahren thätig gewesen sind. Denn es gehört immer ein gewisser Grad von Unbefangenheit dazu, um zu beurtheilen, ob man sich geirrt hat, und ich glaube, ohne den deutschen Juristen zu nahe treten zu wollen, daß dieser Grad von Unbefangenheit am wenigsten bei Denen gefunden werden wird, welche in der Sache thätig gewesen sind und dabei geirrt haben. Ich hätte also kein Bedenken, dem Antrage Lauhn zuzustimmen, möchte aber den Zusatz machen:

„oder im Falle der Nichterhebung der Anklage."

Mit dieser Modification würde ich den Antrag des Herrn Oberstaatsanwalt Lauhn unterstützen und würde, wenn dies als die gemeinsame Ueberzeugung des Juristentages ausgesprochen würde, der Annahme des Antrags eine Bedeutung beizulegen kein Bedenken tragen.

(Bravo!)

Oberstaatsanwalt **von Lauhn**: Ich würde mich damit einverstanden erklären, daß der Zusatz, den der Herr Vorredner gewünscht hat, in meinem Antrage Aufnahme fände.

Präsident: Der Antrag des Herrn Oberstaatsanwalt Lauhn würde in Verbindung mit dem von dem Herrn Collegen Meyer gewünschten Zusatze demnach lauten:

„Eine Entschädigung für die Untersuchungshaft kann nur beansprucht werden, wenn im Falle der nicht erhobenen Anklage oder der erfolgten Freisprechung die Unschuld des Angeklagten nachgewiesen ist."

Stadtrichter Dr. **Kubo** aus Berlin: Meine Herren! Die Frage, welche uns hier beschäftigt, ist eine solche, die hauptsächlich darum an uns gelangt ist, weil die staatliche Verpflichtung, Denjenigen zu entschädigen, noch nicht von der Gesetzgebung anerkannt ist, der widerrechtlich — möchte ich sagen — zur Untersuchungshaft gezogen worden. Halten wir diesen Gesichtspunkt scharf fest, so glaube ich, bietet sich die Entschädigung von selbst.

Gegen den Antrag des Herrn Referenten erkläre ich mich aus einem einfachen Grunde, indem ich an Ihr eigenes Gedächtniß appellire, darum, weil er zu casuistisch ist. Ich glaube nicht, meine Herren, daß bei der angestrengtesten Aufmerksamkeit, die das Referat mit Recht beanspruchen konnte und wir auch beobachtet haben, unsererseits auch nur die Möglichkeit gewahrt worden ist, die einzelnen Fälle zu beurtheilen und festzuhalten, die er als solche Fälle anerkannt wissen will, in denen die Entschädigung nicht zu gewähren sei. Ist das aber nicht möglich gewesen und wollen Sie andererseits wiederum, daß der Ausspruch des Juristentages eine Unterlage biete, die möglichst an und für sich und ohne Weiteres der Gesetzgebung einverleibt werden soll, so werden Sie mir den Ausdruck nicht verübeln, daß es leichtfertig sei, just einen Satz anzunehmen, dessen Folgerichtigkeit und Bedeutung hier wenigstens im Augenblick zu ermessen, Niemand im Stande ist Und aus diesem Grunde, so richtig vielleicht eine spätere gründliche Erwägung den Antrag des Referenten finden würde, ist gegenwärtig der Antrag für mich nicht so faßbar, um, Angesichts der Verantwortlichkeit, die einem Mitgliede des Juristentages im Allgemeinen geziemt, ihn anzunehmen.

Meine Herren! Die Frage, die uns hier entgegentritt, ist eine scharfe, ganz speciell gegliederte: „Soll die Schadenersatzpflicht für den Staat bestehen?" und ich glaube nicht zu irren: für gewisse Fälle ist sie gewiß zu bejahen; und für welche Fälle wiederum? frage ich. Ich wage nicht in dem Augenblick, wo eine Commission des Reichs zusammengetreten ist und zusammen arbeitet, um ein Civilgesetzbuch herzustellen, in welchem auch die Pflicht über Schadenersatz geregelt wird, hier die Frage zu entscheiden. Es ist in der That keine criminalistische Frage mehr, ob eine Schadenersatzpflicht von Seiten des Staates beobachtet werden muß. Die Frage, ob man Jemanden in Untersuchungshaft bringen kann, ist eine criminalprozessualische; die Frage, ob man Jemanden zu entschädigen hat, wenn er widerrechtlich in Untersuchungshaft gebracht worden, ist eine civilrechtliche. Und gehen Sie davon aus, meine Herren, dann geziemt es dem Juristentage nach Maßgabe der Bescheidenheit, die von dem Vorredner Herrn Geheimrath Meyer gerühmt worden ist, in ganz strikten, allgemeinen Grundsätzen sich zu bewegen. Wem bekannt ist, ja wer die Erfahrung hat, mit welchen Schwierigkeiten die Gesetzgebung kämpfen muß, um überhaupt der Casuistik Herr zu werden, der wird mir beistimmen, wenn ich sage: wir müssen uns in allgemeinen, aber in scharfen Principien bewegen, und dieses Princip, glaube ich — die Frage, ob auf schuldig oder ob auf nichtschuldig erkannt worden, ist gleichgiltig, ich lasse sie dahingestellt — ist in folgendem Antrage zu finden, dessen Annahme ich Ihnen empfehle:

> „Im Falle der Nichterhebung oder Zurückziehung der Anklage oder der Freisprechung, hat der Staat für die erlittene Untersuchungshaft Entschädigung zu leisten, insofern eine solche

nach den allgemeinen Vorschriften über die Schadenersatzpflicht begründet ist."

Mine Herren! Diese letzten Worte bilden den Kernpunkt und darum ist der Antrag nicht überflüssig. Der Staat hatte zum Schadenersatz bisher keine Pflicht; der Juristentag möge durch seinen Spruch anerkennen, daß dem Staat diese Pflicht aufzuerlegen sei. Darum ist der Antrag nicht selbstverständlich, sondern verschafft uns die Anerkennung des Satzes: Der Staat steht hier wie jeder Privatmann; aber die Frage, ob und unter welchen Umständen diese Pflicht begründet sei, regelt sich nach den allgemeinen Civilgesetzen, die überhaupt bezüglich der Schadensersatzpflicht maßgebend sind. Wollen wir in die Casuistik verfallen, und wie der Herr Referent beispielsweise annehmen, daß Jemand einen Schadenersatzanspruch selbst dann nicht habe, wenn er unschuldig verfolgt die Flucht ergreift, und man ihn deshalb in Untersuchungshaft nimmt, meine Herren, so laufen wir Gefahr, einen Satz auszusprechen, der, wenn er angenommen wird, geradezu dem Princip ins Gesicht schlägt, das wir hier annehmen und sanctionirt wissen wollen. Darum aber gerade Scheidung der criminalrechtlichen und der civilrechtlichen Fragen, und Anerkennung des allgemeinen, durch das künftige Civilgesetzbuch im Einzelnen zu regelnden Princips: Die Schadenersatzpflicht ist anzunehmen, insoweit nach den allgemeinen Grundsätzen eine solche begründet ist. Und ich bitte darum sowohl den Antrag des Referenten, sowie den combinirten von Lauhn und Meyer abzulehnen.

Daß ich, meine Herren, nicht ein Wort darüber verliere, den Schützeschen Antrag anzunehmen oder abzulehnen, werden Sie, als durch die Natur der Dinge geboten, ohne Weiteres für gerechtfertigt erachten.

Kreisgerichtsrath **Heinsheimer** aus Mannheim: Meine Herren! Als ich gestern Mittag auf der Burg die Folterkammer sah und da eine Menge von Einrichtungen zur Erforschung der Wahrheit, zur Bestrafung des Verbrechers fand, vor denen jetzt das Rechtsbewußtsein jedes gefühlvollen Menschen zusammenschauert, da brachte ich sofort diese Einrichtungen in Zusammenhang mit der Frage, die uns heute beschäftigt. Ich finde, daß in den sämmtlichen Ausführungen der Herren ein sehr starkes Festhalten an den überlieferten Rechtsanschauungen sich kund giebt; allein es fehlt meines Erachtens, nehmen Sie das nicht übel, wenn ich es gerade heraussage, an der Anerkennung des Princips unserer gegenwärtigen humaneren Rechtsanschauung.

Ich erkenne mit dem Herrn Referenten Jaques durchaus an, der Staat hat ein Recht, die Untersuchungshaft zu verhängen; allein ich glaube, diesem Recht steht auf dem Standpunkt der heutigen Gesittung ein Correlat

10

entgegen: Der Staat hat neben diesem Recht die Pflicht, in allen denjenigen Fällen Entschädigung zu leisten, in denen ein solcher, von Seiten der Gerichte unternommener Eingriff ohne Erfolg geblieben ist. Ich kann die Unterscheidung der Herren Meyer und Lauhn, ob der Angeklagte als unschuldig freigesprochen worden ist oder wegen eines non liquet, nicht anerkennen. Ich war manchmal in der Lage, auf Grund von Verdicten der Geschworenen frei sprechen zu müssen, habe aber nie dem Verdict ansehen können, ob der Betreffende von den Geschworenen als unschuldig erklärt oder aber wegen eines non liquet freigesprochen werden wollte. Er galt mir durch das Verdict als nichtschuldig freigesprochen und ich glaube, die Anschauung unseres heutigen Rechtsbewußtseins sollte dahin gehen, daß wir sagen: Der Staat soll zwar das Recht haben — er kann sonst schließlich nicht gehörig die Verbrecher verfolgen und zur Bestrafung bringen — er soll das Recht haben, gegen das einzelne Individuum mit der Maßregel der Untersuchungshaft vorzugehen, auch auf die Gefahr hin, daß die betreffende Person ihrer Freiheit unschuldig beraubt werde Aber in allen Fällen, in denen nach dieser Maßregel eine Verurtheilung nicht erfolgt, sei es durch Nichterhebung der Anklage oder durch Freisprechung des Angeklagten, hat der Staat die seinem Recht entsprechende Pflicht der Entschädigung.

Der finanzielle Punkt darf uns nicht geniren. Soweit ich das Ergebniß der deutschen Rechtsprechung verfolgt habe, trägt noch immer die peinliche Gerichtsbarkeit den verschiedenen Staaten etwas Erkleckliches ein; also die Mittel, die unschuldig Eingesperrten zu entschädigen, hat der Staat schon in den Einnahmen aus seinem Strafverfahren.

Nur Eins möchte ich dem Antrage des Herrn Referenten entgegenhalten, was schon in meinen bisherigen Ausführungen liegt. Ich würde sehr gern dem Antrag Jaques beistimmen, wenn Absatz 2 und 3 wegfielen, wenn wir uns lediglich heute dahin aussprechen im Anschluß an den ersten und letzten der Sätze, die Herr Jaques entworfen hat:

> Erster Absatz: Der Staat hat die Verpflichtung, für die erlittene Untersuchungshaft in allen Fällen, wenn keine Verurtheilung eintritt, zu entschädigen. Zweiter Absatz: Die Entschädigung wird von dem Richter nach seinem Ermessen zugebilligt.

In letzterer Beziehung möchte ich auch nicht mit dem Redner vor mir auf die Civilentscheidung verweisen. Das ist ein dornenvoller Pfad, auf den wir den vom Criminalrichter Freigesprochenen beschränken, wenn er vor dem Civilrichter erst nachweisen soll, wieviel er zu beanspruchen hat. Ich glaube, daß an der Hand des öffentlich-mündlichen Verfahrens, wie wir es in Deutschland haben, sofort die urtheilenden Gerichte in der Lage sein werden, mit ihrem freisprechenden Urtheil oder mit dem Beschlusse, nach welchem die Anklage als nicht erhoben zu den Acten gewiesen wird, auszusprechen, für die erlittene Untersuchungshaft wird so und soviel Entschädigung zugebilligt. Ich möchte also, daß wir den Jaques'schen Antrag ad 1 und 4 annehmen, ad 2 und 3 aber streichen, will aber darauf keinen besonderen Antrag richten, wünsche vielmehr, daß der Herr Referent eine Modification seines Antrags eintreten lasse.

Professor Dr. **Bucker** aus Prag: Ich werde mich, meine Herren, für den Antrag des Referenten und gegen alle dawiderlaufenden Anträge erklären und zwar aus folgenden Gründen: Was zuerst die formellen Anträge betrifft, welche der Sache oder der Form nach mehr dahin abzielen, die Frage heute wieder unerledigt zu lassen, so glaube ich, meine Herren, dürfte dies wohl nicht angehen. Ich glaube, was den Antrag Schütze betrifft, so geht er zu weit, wenn er den Juristentag gewissermaßen sich auf den Standpunkt einer Gesetzgebungscommission stellen lassen will und wenn er verlangt, daß wir sagen sollen, wir werden diese Frage nicht eher zum Austrage bringen, als bis die anderen Fragen, die doch rein technische sind, aber mit ihr im Zusammenhange stehen, zum Austrage gebracht sind. Ich glaube, der Juristentag hat allgemeine Principien festzustellen, und ein allgemeines Princip ist es, wenn er sagt, daß dem in Untersuchungshaft Befindlichen bei erfolgter Freisprechung oder beim Ablassen von der Anklage Entschädigung gewährt werden soll. Ich muß mich aber auch gegen die Anträge, daß nur dem wegen seiner Unschuld Freigesprochenen eine Entschädigung geleistet werden soll, auf das Entschiedenste aussprechen und zwar zunächst aus dem Grunde, weil es mir unbegreiflich erscheint, in welcher Weise die Unschuld, die totale Unschuld, wie wir sie meinen und wie sie auch Lauhn und Meyer meinen, dargethan werden soll, wenn nach einem sorgsam durchgeführten Strafverfahren das Erkenntniß lautet: Non liquet! Die Art und Weise der Durchführung ist mir unfaßbar. Meine Herren! Sollen wir unserem bestehenden Verfahren unser Mißtrauen aussprechen, indem wir sagen: Im Strafverfahren kann sich die Unschuld nicht richtig ergeben, jetzt kommt noch ein neues Verfahren über die Herstellung des verlangten Beweises der völligen Unschuld. Wo wird man das Verfahren hernehmen? Man muß einfach das frühere erneuern. Ich kann mir nicht ein Forum denken, vor dem die völlige Schuldlosigkeit des Beschuldigten erwiesen werden soll, wenn nach durchgeführtem gewissenhaften Strafverfahren der Erfolg war: non liquet. Ferner, meine Herren, es nützt nichts, wir müssen der Wahrheit ins Gesicht sehen, wenn wir diese Art der Schuldlossprechung prämiiren, so führen wir eine neue Art Verdachtsstrafe ein, wir können ihr nicht ausweichen. Wenn wir sagen, wir prämiiren einen schuldlos Freigesprochenen, so haben wir wieder die ganzen Folgen der absolutio ab instantia. Denn wem es nicht gelungen ist, seine Schuldlosigkeit darzustellen, der wird mit Achselzucken angesehen werden. Ich glaube, das ist nicht nothwendig. So großherzig kann man immer sein, daß, wenn Jemand freigesprochen ist, man nicht wieder zu ihm sagt: Nun, Beschuldigter, komme her und beweise Deine vollständige Schuldlosigkeit! sondern daß man sagt: Deine Nichtschuld ist anerkannt, wir zahlen Dir die in arbiträrer Weise festgestellte Entschädigungssumme aus.

Ich möchte noch auf einen Punkt aufmerksam machen, der von dem Herrn Referenten meines Erachtens nur gestreift aber nicht genügend betont worden ist. Ich glaube, wir stehen an der Seite der Rechtsüberzeugung des Volkes, wenn wir dem Antrage, wie der Herr Referent ihn darstellt, Folge leisten. Aus meiner zwiefachen Thätigkeit als academischer Lehrer und Vertheidiger kann ich die allerdings nur subjective Ueberzeugung aussprechen und hoffe, meine Collegen im Vertheidigeramt werden mir zugestehen, daß nach einer Freisprechung nicht der Beschuldigte allein, nein, die Geschworenen und das Publicum oft mit Bangen und Zagen kommen und fragen, was wird man entschädigen für die Untersuchungshaft, nachdem die Untersuchungshaft den Beschuldigten ruinirt hat? Wir antworten mit Achselzucken, wir geben dem, der Brod verlangt, nur Steine; wir sagen, er ist nach dem Gesetz behandelt worden. Weiter ist der Fall Hessel so oft betont, und da hat ein Herr auf dem letzten Juristentag die Bemerkung gemacht, wozu brauchen wir die Entschädigungspflicht zu statuiren, der englische Staat hat ja selbst in dem betreffenden Falle die Entschädigungspflicht anerkannt und hat sie großartig ausgeführt. Nun, das müßte mich sehr verstimmen, wenn nur in eclatanten, d. h. eine gewisse Wichtigkeit an sich tragenden Fällen eine Entschädigung zu Theil würde. Bei Hessel stand meines unmaßgeblichen Erachtens auf dem Spiele eine gewissermaßen nationale Frage. Die Sache machte Lärm, und deshalb wurde Hessel bezahlt. Nicht Jeder, meine Herren, nimmt eine Stellung ein, wie damals sie Hessel einnahm, nicht um Jedermann kümmert sich die Publizistik in der Weise wie um Hessel; es giebt arme Leute, nach denen kein Hahn kräht, die Wochen und Monate lang in Untersuchungshaft sich befinden, und die nicht auf die Barmherzigkeit, auf die Großmuth der Regierung Anspruch machen können, weil ihr Fall gerade unbedeutend ist. Gerade weil im Falle Hessel man für gut befunden hat, soweit ich die Zeitungsberichte kenne, mit klingender Münze Entschädigung zu leisten, und weil es das allgemeine Rechtsgefühl gut hieß, gerade aus diesem Grunde glaube ich annehmen zu können, daß auch gegen die armen Leute, denen nicht die öffentliche Theilnahme des Publicums zur Seite steht, einer allgemeinen Entschädigungspflicht genügt werden muß.

Und endlich zum Schluß. Wenn Rubo uns darauf verweist, die Sache müßte entschieden werden im Wege des civilrechtlichen Anspruchs, so muß ich wenigstens von meinem engeren Vaterlande, von Oesterreich aus sagen, daß es mir viel willkommener, wenn die Zahlung des Entschädigungsanspruchs oder die Entscheidung über die Entschädigung in die Hände des Strafrichters gelegt ist als in die des Civilrichters. Wenn der Beschuldigte von dem Strafrichter an den Civilrichter gewiesen wird, so wird der Letztere sich doch wieder in schwierigen Fällen an den Ersteren wenden und fragen müssen: Du Criminalist, wann und in welchen Fällen kann ich die Entschädigung gewähren?

Ich glaube, der Juristentag ist im Stande, nach so vielen Schriften und Gutachten sich über die Frage auszusprechen. Der Herr Referent hat in klarer und überzeugender Weise seine Gründe dargethan, ich habe nichts weiter hinzuzufügen. Ich würde nur das Lügen nicht als Exemtion von der statuirten Entschädigungspflicht gelten lassen, weil wir sonst ein System der Lügen- und Ungehorsamsstrafen schaffen würden. Im Allgemeinen aber bin ich mit dem Antrage des Herrn Referenten einverstanden und werde nur für diesen stimmen.

Der **Präsident** schließt die Discussion und giebt dem Referenten das Schlußwort.

Referent Dr. **Jaques**: Meine Herren! Ich habe früher ein wenig gesündigt; mein Referat war etwas zu lang. Sie müssen es mir aber zu Gute halten, weil die Frage von solcher Wichtigkeit und Bedeutung ist, daß man unwillkürlich dazu gedrängt wird, Vieles von dem zu sagen, was man auf dem Herzen hat. Seltsamerweise ist aber auf der andern Seite dem Referat indirect auch wieder der Vorwurf gemacht, daß es nicht lang genug gewesen, denn es haben einige Herren Punkte hervorgehoben, von denen sie sagten, der Referent habe sie übergangen.

Was den Antrag von Schütze anbetrifft, so glaube ich, Sie werden wohl Alle damit einverstanden sein, daß wir nicht noch einmal die Frage abweisen, um sie immer wieder von Neuem zu stellen. Wir haben, wie die Sache liegt, sechs Gutachten, und das umfassendste anderweitige Material vor uns, Jeder von uns hat außerdem in seiner Praxis die mannigfachsten Erfahrungen: welches Novum wollen wir von der Vertagung noch erwarten? Es ist, als habe man noch eine gewisse Scheu, sich in die Sache energisch hineinzudenken. Wenn wir nun aber unser Thema noch compliciren, wenn wir die Kosten in Untersuchungssachen und dergleichen noch hineinziehen wollten, so kämen wir dazu, daß wir die eigentliche Frage gar nicht mehr beherrschen würden. Ein solcher modus procedendi kann nicht im Interesse der Sache liegen. Ich bitte den Antrag Schütze abzulehnen.

Was den Antrag von Lauhn und Meyer anlangt, so bitte ich das zu würdigen, was mein Vorredner geäußert hat in Betreff der Frage des wirklichen Nachweises der Unschuld. Das Begehren der Herren ist in einer juristisch scharfen, faßbaren Weise nicht zu begründen. Wäre es zu begründen, so hätten wir die absolutio ab instantia nicht aufgehoben; denn es soll ja nun nichts anders geschehen, als daß man sie auf Umwegen wieder hereinführt. Man ist zweifelhaft über den eigentlichen Inhalt des Erkenntnisses und nun will man, daß im Wege eines weiteren Verfahrens wieder eine neue Entscheidung getroffen werden soll, ob der Spruch, der gefällt worden ist, nur eine absolutio ab instantia oder eine Lossprechung war; hierüber soll Klarheit durch das neue Verfahren zu Tage gefördert werden. Das ist es, was die Herren Lauhn und Meyer wollen. Wie soll nun das Verfahren beschaffen sein? Wo ist das neue competente Forum, woher nehmen wir die Beweismittel? Darüber geben die Antragsteller keine Auskunft. Gäbe es nun aber überhaupt solche Beweismittel, so wären sie ja schon im ersten Verfahren zu Tage getreten. Weil man sie eben gar nicht hat, entstand ja der Zweifel. Aber noch Eins bitte ich zu bedenken. Gerade in denjenigen Fällen, in welchen Justizmorde begangen worden sind, geschahen dieselben, weil es unmöglich war, die Unschuld zu beweisen; alle die eclatanten Fälle, die der Pitaval erzählt, gehören in diese Kategorie. Grade dort also, wo die Sache am grellsten ist, wo man sich am schwersten an der Gerechtigkeit versündigt hat, da soll nach Lauhn und Meyer eine Entschädigung nicht geleistet werden. Verkennen Sie also nicht, daß, wenn Sie den Antrag Lauhn-Meyer annehmen, wir mit nothwendiger Consequenz dahin kommen, das verworfene Princip wieder aufzunehmen, respective daß wir dann zu einer Entschädigung thatsächlich gar nicht mehr gelangen?

Ich gelange zu dem Antrag Rubo. Mein geehrter College Rubo hat das Wort fallen lassen, das er natürlich nur in der harmlosesten Weise gemeint haben mag, daß es leichtfertig wäre, vor den Juristentag mit einem solchen Antrage zu treten. Nun den Vorwurf der Leichtfertigkeit werden Sie mir gewiß nicht machen; viel eher vielleicht den zu weit getriebener Gründlichkeit. Ich meinerseits fühle mich aber in der That ein wenig versucht, so ungern ich eine Art von justalionis anwende, diesen Ausspruch auf den Antrag Rubo anzuwenden. Was will derselbe mit dem Antrage? Er sagt: Es soll Entschädigung geleistet werden, insofern in den allgemeinen Vorschriften über Schadenersatz diese Entschädigung begründet ist. Nun, das ist ja wohl sonnenklar, nach den allgemeinen criminal- und civilrechtlichen Vorschriften ist der Schadenersatz wegen verhängter Untersuchungshaft nicht begründet; denn hätten die Gesetze sich bereits dafür ausgesprochen, so wäre die Sache hier nicht ein Gegenstand der Erörterung geworden. Weil wir aber gerade auf criminal- und civilrechtlichem Boden keine Erörterung dieser Schadenersatzpflicht bei Untersuchungen finden, deshalb wird das Problem behandelt. Und wenn nun Jemand kommt und sagt: wir wollen sie nach den allgemeinen Grundsätzen, die im Civilrecht über Schadenersatzpflicht bestehen, so ist das eben nur ein inhaltloses Wort. Wäre es anders, so müßte man ja doch im Civilrecht der Bestimmung begegnen, daß der Staat als Staat und nicht als Privatperson den Schaden zu ersetzen habe für das, was er durch seine Justiz in ungerechter Weise gethan hat. Davon ist aber im Civilrecht nicht eine Silbe zu finden. Denn das Civilrecht behandelt eben auch den Staat nur insoweit er als Privatperson anzusehen ist und nicht in seinen öffentlichen Functionen.

Wie wenig zutreffend und wie wenig scharf durchdacht der erhobene Einwand ist, geht aber auch noch aus einer anderen Erwägung hervor. College Rubo weist darauf hin, das Erkenntniß über civilrechtliche Ansprüche sei nur eine Folge des Urtheils über die strafbare Handlung, und gelangt von da aus zu dem Satze, daß unsere Frage ins Civilrecht gehöre. Nun finden Sie wohl in allen Systemen und Gesetzen über den Strafprozeß die bekannte Lehre von der Adhäsion, Bestimmungen darüber, daß der Strafrichter, wenn die Frage der civilrechtlichen Ansprüche klar liegt, gleich über dieselben miterkennt. Niemals aber werden Sie im Civilrecht einen Satz finden, womit man den Spieß umkehrt und den Civilrichter über Ansprüche urtheilen ließe, die von öffentlichrechtlicher Natur sind, die ausschließlich aus der staatlichen Strafrechtspflege und nie und nimmer aus einem civilrechtlichen Titel hervorgehen. Deshalb wird kein scharfdenkender Jurist mit Rubo behaupten wollen, die Frage bezüglich der Untersuchungshaft sei eine rein criminalprozessualische, die der Entschädigung für widerrechtlich erlittene Untersuchungshaft aber eine rein civilrechtliche, und hier solle der Criminalist sagen, das geht uns nichts an. Es handelt sich gerade umgekehrt um die Frage des öffentlichen Rechts, um Staats- und Criminalrecht im scharfen Gegensatz zu dem Privatrecht, da ja der Staat als Staat gegenüber dem Einzelnen wegen bestimmter Acte Schadenersatz leisten soll. Das gehört, so lange die Welt steht und so weit wir überhaupt wissenschaftliche Eintheilungen haben, nicht in das Civilrecht, sondern in das Strafrecht und in den Strafprozeß.

Das sind die Anträge, so weit ich sie habe übersehen können. Den Antrag des verehrten Collegen Heinsheimer würde ich sehr gern begrüßen, wenn ich nicht sagen müßte, es war ja mein Wunsch und ist mein Wunsch, etwas Praktisches in der Sache zu thun. Ich möchte nicht den Juristentag dem Vorwurfe aussetzen, daß er um eines auch noch so bedeutenden allgemeinen Princips willen sich nicht selbst die Begrenzung klar gemacht hat, innerhalb welcher das Prinzip im concreten Leben zur Geltung kommen soll. Ich gestehe, ich bin in der That davon durchdrungen: Wenn Jemand sich dem Richter gegenüber in einer Weise benommen hat, daß er nothwendig den Verdacht der Schuld auf sich lenken muß — die einzelnen Momente, die ich hineingenommen habe, sind denn doch wahrhaftig noch nicht casuistisch zu nennen: lügenhafte Angaben durch Flucht- oder Collusionsversuche — so soll er eine Entschädigung nicht erhalten. Ich glaube, wir werden besser thun, uns damit zu begnügen. Sprechen wir einfach aus: Der Staat hat im Falle der Nichterhebung oder Zurückziehung einer Klage oder der Freisprechung Entschädigung zu leisten und sagen wir weiter nichts, so wird das Princip, wie es so oft bei allgemeinen Begriffen geht, practisch unbrauchbar. Dem entgegen wird immer gesagt werden: das ist nicht klar durchdacht; es muß Ausnahmefälle geben. Nun denn, formuliren wir sie, sie liegen ja nahe genug, und mit dem Mehr, das wir, ohne sie, verlangen würden, hätten wir weniger gethan als wir, um die Sache zu fördern, thun sollten. Ich würde glauben, wenn Sie, um die Frage so kurz als möglich zu präzisiren, vielleicht die beiden letzten Positionen fallen ließen, so meine ich, könnten Sie mit Beruhigung aussprechen, daß in den bezeichneten drei Fällen die Entschädigungsleistung Grundsatz ist und daß dieser Grundsatz nur dann keine Anwendung findet, wenn ein prozessualisches Verschulden besteht. Ich gebe übrigens anheim, ob man etwa an Stelle des zweiten Passus sagen wollte, „der Entschädigungsanspruch entfällt, wenn der von der Untersuchungshaft Betroffene durch ein prozessualisches Verschulden die Untersuchungshaft selbst, oder die Verlängerung derselben herbeigeführt hat.“ Wir könnten dann die einzelnen Fälle streichen und wenn wir die Formulirung, so wie es eben geschehen, vornehmen, so soll es der Gesetzgebung überlassen bleiben, die Sache eingehend zu begründen. Das Princip aber in abstracto aussprechen, ohne es klar zu machen, daß man sich seines wahren Inhalts und Umfanges bewußt ist, das eignet sich nicht für den Juristentag, das bedeutet vom Standpunkt der Gesetzgebung aus ebensoviel als die Sache umgehen, aber nicht selbst tangiren. Das zu thun würde ich wenigstens Ihnen niemals anrathen wollen.

Präsident: Ich gebe dem Herrn Stadtrichter Rubo zu einer persönlichen Bemerkung das Wort.

Stadtrichter **Rubo:** Es ist ein Ueberhören oder ein Mißverstehen des Referenten die Veranlassung dazu gewesen, daß mir imputirt wurde, ich hätte ihn für leichtfertig erachtet in Stellung seiner Anträge. Es ist das nicht der Fall gewesen, sondern ich habe blos erklärt, ich würde den Juristentag für leichtfertig erachten, wenn derselbe den Antrag mit der darin enthaltenen Casuistik annehmen würde.

Nach dieser persönlichen Bemerkung wird zur Abstimmung in der von dem Präsidenten vorgeschlagenen und von der Versammlung gebilligten Reihenfolge geschritten. — Es werden sämmtliche Anträge (die Resolution des Referenten mit 38 gegen 37 Stimmen) abgelehnt und wird beschlossen, hiervon dem Plenum Mittheilung zu machen.

(Schluß der Sitzung 2 Uhr 20 Minuten Nachmittag.)

Zweite Sitzung der dritten Abtheilung am 27. August 1875.

Präsident Generalstaatsanwalt Dr. **von Schwarze** eröffnet die Sitzung um 9¼ Uhr.

Nach Verlesung und Genehmigung des Protokolls der ersten Sitzung acceptirt die Abtheilung die von dem Präsidenten und dem Vicepräsidenten vorgeschlagenen Vertrauensmänner für die Wahl der ständigen Deputation:

1. Oberstaatsanwalt Dr. von Bury aus Darmstadt,
2. Geheimer Oberregierungsrath Dr. Meyer aus Berlin,
3. Professor Dr. Schütze aus Kiel,
4. Obertribunalsrath von Köstlin aus Stuttgart,
5. Oberstaatsanwalt von Lauhn aus Halberstadt,
6. Oberstaatsanwalt Hohenadel aus Nürnberg,
7. Professor Dr. Zucker aus Prag,
8. Kanzler Dr. Roßhirt aus Mannheim.

Man einigt sich sodann dahin, in der gegenwärtigen Sitzung die Frage des Zeugnißzwanges zu berathen und in einer Mittagssitzung die Frage wegen Ausdehnung der Privatanklage zu erörtern. Das Wort zu der erstgenannten Frage, welche lautet:

> „Soll die Zeugnißpflicht in Criminalsachen so lange nicht anerkannt werden, bis die Untersuchung die Richtung gegen eine bestimmte Person genommen hat?"

erhält, nachdem der Präsident den Wunsch ausgesprochen hat, daß die Verhandlung über die Frage bis spätestens um 12 Uhr zu Ende geführt werden möge, zunächst

Referent Hof- und Gerichtsadvocat Dr. **Jaques** aus Wien. Meine verehrten Herren! Der Wunsch, der soeben von unserm hochverehrten Herrn Präsidenten ausgesprochen worden ist, wird natürlich für mich ein Gebot sein, mich bei meinem Referat der möglichsten Kürze zu befleißigen. Den einen Grundsatz werden Sie mir aber gewiß dabei gestatten, im Auge zu behalten, daß nämlich die Gründlichkeit der Behandlung unseres Stoffes darunter keinen Eintrag erleide. Unter diesen beiden Gesichtspunkten werde ich ganz gewiß das, was ich Ihnen vorzutragen habe, betrachten.

Wie die Herren in unserm Programm finden, lautet die Frage, über die ich zu referiren habe, wie sie die ständige Deputation formulirt hat, ganz kurz dahin:

„Soll die Zeugnißpflicht in Criminalsachen so lange nicht anerkannt werden, bis die Untersuchung die Richtung gegen eine bestimmte Person genommen hat?"

Diese Frage sieht sich in dieser Fassung außerordentlich harmlos an, und doch hat sie eine umfassende Geschichte, auch schon eine Geschichte in Bezug auf den Juristentag selbst. Ich will ganz kurz erwähnen, wie es sich damit verhält. Schon auf dem V. Juristentage wurde die Frage der Zeugnißpflicht erörtert. Die Gesetzgebungsfrage lautete damals:

„In welchem Umfange sind Maßregeln zur Erzwingung eines Zeugnisses in Strafsachen zulässig?"

Auf Grund der Gutachten der Herren Geyer, von Tippelskirch und des Referates von John wurde damals folgende Resolution beschlossen:

„1. Die Zwangsmittel, welche zur Erlangung eines Zeugnisses anzuwenden sind, müssen begrenzt sein.

2. Der Umfang der in jedem Falle überhaupt zulässigen Maßregeln darf eine mäßige Geldstrafe oder Freiheitsentziehung nicht übersteigen.

3. Niemand darf gezwungen werden, ein Zeugniß abzugeben, außer vor dem mit der Untersuchung des Delicts befaßten Richter."

Damals schon aber ist, jetzt vor acht oder neun Jahren, ein weiterer Antrag von Herrn Rechtsanwalt Calm in Bernburg gestellt worden, der dahin lautet:

„Niemand soll gezwungen werden, in einer Untersuchungssache zeugeneidlich Auskunft zu geben, so lange die Untersuchung nicht gegen eine bestimmte Person eröffnet ist."

In dieser Form hat der Antrag keine Annahme gefunden. Von dem damaligen Präsidenten, von unserm hochverehrten, trefflichen Wächter, den wir leider heute hier vermissen, wurde dem Punkte 3, den ich eben vorgelesen habe, die Interpretation gegeben, die Abtheilung habe aussprechen wollen, daß nur ein Gericht über Anwendung des Zwanges befinden könne, daß indeß andererseits das Gericht denselben anwenden könne nicht blos dann, wenn die Untersuchung schon gegen eine bestimmte Person gerichtet sei, sondern auch in jedem Stadium der vorbereitenden Untersuchung, selbst wenn es sich erst um die Gewinnung eines objectiven Thatbestands handle. Diese Interpretation wurde von der Versammlung damals einstimmig acceptirt, sie ist also gewissermaßen die Auslegungsquelle für den erwähnten Passus 3, wonach Niemand gezwungen werden dürfe, Zeugniß abzulegen, außer vor dem mit der Untersuchung betrauten Richter.

Wir hätten also damals unsere Frage eigentlich schon vollständig gelöst und würden demnach, wenn nichts Anderes zu thun wäre, als sie so zu erörtern, wie sie in unserm Büchlein steht, nur auf das zurückzukommen haben, was der V. Juristentag beschlossen hat. Wenn dessenungeachtet die ständige Deputation sich schon vor ein paar Jahren veranlaßt gesehen hat, das Thema neuerdings auf die Tagesordnung zu setzen, so glaube ich sagen zu dürfen — ich hatte zwar damals noch nicht die Ehre, der ständigen Deputation anzugehören, habe aber guten Grund zur Annahme — daß wohl die Ihnen Allen bekannte eigenthümliche Praxis des preußischen Obertribunals in Betreff des Zeugnißzwanges namentlich in Preßfällen Ihre ständige Deputation bewogen hat, die neuerliche Begutachtung und Erörterung des Gegenstandes anzuregen. Es ist nun eine Omission, daß unter den Gutachten dasjenige, welches schon zum X. Juristentage von Lewald erstattet wurde, nicht erwähnt ist. Wir haben also zwei Gutachten, das des zu früh verstorbenen Lewald und das aus den Verhandlungen des XI. Juristentags wohl Allen bekannte Gutachten von Professor Dr. Ullmann. Ich will nun nur kurz sagen, wie es die Referentenpflicht erheischt, was der Succus dieser beiden Gutachten ist. Die eigentliche Pointe geht dahin, daß beide Herren einverstanden sind, man müsse den Satz, sowie er hingestellt ist, verneinen, man dürfe nicht behaupten, der Zeugnißzwang solle erst dann statthaben, wenn die Untersuchung schon gegen eine bestimmte Person gerichtet sei. Sie sagen ferner, daß selbstverständlich der Zeugnißzwang von dem Richter ausgeübt werden müsse, daß er sich ferner zu beziehen habe auf Criminalsachen, daß aber unter diesen beiden Voraussetzungen der Zeugnißzwang auch anzuwenden sei, wenn die Untersuchung die Richtung gegen eine bestimmte Person noch nicht genommen habe. Der Begutachter Lewald hebt noch speziell hervor, daß die wichtige Frage mitspielt, die seit einer Reihe von Jahren bezüglich der Presse auf das Tapet gekommen war, wie es in Betreff der Disciplinaruntersuchungen zu halten sei, und daß es deshalb wünschenswerth wäre, wenn durch die Gesetzgebung bestimmt würde, daß Niemand zum Zeugniß gezwungen werden könne, so lange es sich nicht um ein im Reichsstrafgesetzbuche nominirtes Verbrechen oder Vergehen handle.

Das, meine Herren, ist der Inhalt der Gutachten, und ich will gleich sagen, daß, wenn es sich um nichts Andres handeln würde und könnte, als um die Frage, wie sie hier steht, ich das Referat damit beenden könnte, daß ich mich dieser Anschauung auch anschließen muß, weil ich die Durchführung der Strafjustiz für unmöglich erachten würde, wenn man den Grundsatz aufstellen wollte, es müsse die Untersuchung schon die Richtung gegen eine bestimmte Person genommen haben, wenn man den Zeugnißzwang anwendet. Es muß uns ja klar sein, daß in vielen hundert Fällen erst durch Vernehmung von Zeugen der objective Thatbestand festgestellt wird, daß dadurch erst ausreichende Indicien gegen eine bestimmte Person gewonnen werden, daß wir also der Strafjustiz die Lebensadern unterbinden würden, wenn wir den Grundsatz aufstellen wollten, die Untersuchung müsse die Richtung gegen eine bestimmte Person genommen haben, ehe die Zeugnißpflicht eintrete. Vergegenwärtigen wir uns die einzelnen Stadien, welche die Untersuchung auch nach dem Entwurfe der Reichsstrafprozeßordnung durchzumachen hat, so zeigt sichs, daß wir die Verhältnisse in einer undurchführbaren Weise verschieben würden, wenn wir jenem Grundsatze Raum geben wollten.

Es nun aber hiermit bewenden zu lassen, entspricht nicht unsern Anschauungen, und mit Einem Wort nicht der Würde des Juristentags. Der Juristentag ist mit der Frage befaßt in einem Augenblicke, da aus Anlaß begangener Preßdelicte, eine sehr bedenkliche Anwendung des Preßgesetzes und der Strafprozeßordnungen stattgefunden hat; wenn der Juristentag eine solche Frage unter solchen Umständen berührt, so ist es für ihn eine absolute Nothwendigkeit, sie wissenschaftlich zu lösen, und nicht etwa an ihr vorbeizuschleichen, wodurch er ja Mißdeutungen der allerärgsten Art ausgesetzt sein würde. Gestatten Sie mir dabei noch zu erwähnen, daß auch die Gutachter Lewald und Ullmann nicht unterlassen haben hervorzuheben, der Schwerpunkt der Frage liege darin, wie es mit den Preßdelicten zu halten sei. Sie selbst aber haben hierüber nicht in eingehender Weise gehandelt, da die Frage einer selbständigen Erörterung vorbehalten bleiben solle.

Ehe ich mir nunmehr erlaube, die Sätze zu formuliren, die ich Ihnen zur Annahme proponiren möchte, gestatten Sie mir, mich über den Zeugnißzwang selbst einmal offen auszusprechen. Ich habe gefunden, daß keine Lehre in unseren Strafprozeßordnungen so wenig reif, so wenig zu einer wissenschaftlichen Lösung gekommen ist, als diese Frage des Zeugnißzwanges, dies aber aus dem einen Grunde, weil — soweit meine Untersuchung hat reichen können — man nie darüber vollkommen klar war, ob der Zeugnißzwang als ein Executionsmittel, als eine executio ad faciendum anzusehen sei, oder ob es sich um eine Strafe gegen den renitenten Zeugen handelt, die mittelst des Zeugnißzwanges zur Anwendung kommt. Da spielt nun das alte Inquisitionsverfahren in einer auffälligen Weise herein. Den Untersuchungsrichter läßt man in Bezug auf den Zeugnißzwang vollkommen frei schalten, als ob es sich hier wirklich um einen formalen Gegenstand des Untersuchungsverfahrens handelte, und man betrachtet in der Mehrzahl der Bearbeitungen den Zeugnißzwang entweder als eine executio ad faciendum oder wenigstens als eine executio ad faciendum vermischt mit einer Strafe. Es ist nun meine innerste Ueberzeugung, daß, wenn man nicht in das Inquisitionsverfahren zurückkehren will, der Zeugnißzwang als nichts Anderes aufgefaßt werden kann und darf, denn als eine Strafe, und nimmermehr als Executionsmittel, und zwar aus einem, wie mir scheint, schlagenden Grunde. Jedermann erkennt an, daß es eine ganze Reihe von Motiven giebt, die eine berechtigte Ursache bilden, die Zeugenaussage zu verweigern. Gehen wir rasch vorüber an der Frage der Selbstanklage, an der Frage der Begünstigung, nehmen wir nur diejenigen Momente in Betracht, welche als Befreiungsgründe in den Strafprozeßordnungen selbst vorkommen, so giebt es eine ganze Reihe von Fällen — wie z. B. bei Sachwaltern, Medicinalpersonen — wo anerkannt wird, daß es gewisse ethische Motive giebt, welche berechtigen das Zeugniß zu verweigern, ethische Motive, die stärker sind als die Pflicht, welche der Staat aufzustellen berechtigt ist, daß die Wahrheit ausgesagt, ihm mitgetheilt werde. Dies wird von allen Seiten zugestanden. Es wird in dieser Richtung geradezu von einer Ehrenpflicht gesprochen: zu schweigen, wie z. B. in einer Rede von Waldeck, auf die ich später noch mit einem Wort zurückkomme. Wenn man nun den Zeugen befragt, kann man niemals wissen, welches Motiv eigentlich den Betreffenden, auf den man den Zeugnißzwang anwendet, veranlaßt, die Aussage nicht zu machen. Wie kann man nun da von einer executio ad faciendum sprechen, wo die Möglichkeit besteht, daß Motive den Betreffenden abhalten, das Zeugniß zu leisten, welche so stark sind, daß sie der Staat selbst anerkennt, indem er ihre ethische Bedeutung würdigt, während er ja denn doch nur, soweit ihm gegenüber Rechtspflichten bestehen, den Zwang auszuüben berechtigt sein kann?

Ich halte es also für vollkommen unlogisch und unwissenschaftlich, bei dem Zeugnißzwange von einer executio ad faciendum zu sprechen, aus dem Motive, das ich, wie ich glaube, scharf hervorgehoben habe. Ich halte es vielmehr für allein wissenschaftlich begründet, zu sagen: es handelt sich um ein Delict, welches gegen den Staat begangen wird, und infolge dessen um eine Strafe. Dieses Delict gegen den Staat wird ja auch in den Fällen begangen, wo ethische Gründe es rechtfertigen, das Zeugniß nicht zu leisten.

Darauf kann nun aber der Staat nicht eingehen, weil ihm die Mittel gänzlich fehlen, um auf den letzten Grund zu kommen, er hält also an der Pflicht, daß ihm gegenüber die Zeugenaussage Platz greife, fest, und vollkommen consequent muß er dann sagen: wenn, aus welchen Gründen immer — außer aus gewissen, ganz objectiv erkennbaren — die Pflicht nicht erfüllt wird, so hat man ein Delict gegen ihn begangen und er bestraft nun dieses Delict. Er kann aber logisch nicht sagen: man muß Zwangsmittel anwenden, um ein Zeugniß zu erlangen, bezüglich dessen er selbst berechtigte Gründe annimmt, daß die Zeugenaussage verweigert werde. Ich glaube, wenn wir dies scharf durchdringen, so fällt ein Licht auf die in einem traurigen Zustande befindliche Lehre vom Zeugnißzwang, und wir können dann auch weiter ganz bestimmt sagen: diese Lehre gehört nicht in die Strafprozeßordnung hinein, sondern in das Strafgesetz, und nicht der Untersuchungsrichter ist der Richter für den Zeugnißzwang, sondern der Erkenntnißrichter, und nicht das geheime inquisitorische Verfahren hat stattzufinden, sondern das öffentliche, das accusatorische, ebensowie in Bezug auf jedes andere Delict. Es ist mir fast unglaublich erschienen, daß das deutsche Reichsstrafgesetzbuch, welches doch hart angestreift hat an diese Frage, wenn es im § 138 das Delict der unter Angabe einer unwahren Entschuldigung verweigerten Zeugenschaft normirt, nicht dazu gekommen ist, die Zeugnißpflicht selbst festzustellen, sondern die Lehre nach der Tradition des alten Inquisitionsprozesses wieder der Strafprozeßordnung, dem Untersuchungsrichter und dem Strafverfahren überlassen hat. Es würde mir ein Herzenswunsch erfüllt, wenn diese meine hoffentlich wissenschaftlich begründete Aeußerung Veranlassung bieten könnte, daß, wenn es zu einer Revision des Strafgesetzbuchs kommt, die Lehre in das Strafgesetzbuch aufgenommen und an die Stelle gesetzt wird, wo sie hingehört. Ich will nur kurz hinzufügen: Die Verkennung dieser Sätze hat zu merkwürdigen Consequenzen geführt. Sie hat dazu geführt, daß die alte preußische Strafprozeßordnung von einer Zeugnißpflicht gesprochen hat, die durch das ganze Leben dauert; sie hat dahin geführt, daß man von einer wiederholten Anwendung des Zeugnißzwanges spricht, im Vorverfahren und im Hauptverfahren; sie hat endlich dahin geführt, daß man gefragt hat, ob nicht der Meineid unter gewissen Umständen straflos sein müsse, wenn man einen Betheiligten zur Zeugenaussage zwingen kann, und daß so ausgezeichnete Juristen wie Mittermaier und Heffter in der That die Straflosigkeit des Meineides unter solchen Umständen verlangt haben als das letzte refugium, die ultima ratio, zu der man sich retten könne, um der durch den Zeugenzwang herbeigeführten Nothwendigkeit, gegen sich selbst auszusagen, zu entgehen.

Ich habe geglaubt dies sagen zu müssen, weil es nothwendig ist, bezüglich des Zeugnißzwanges endlich zu einer wissenschaftlichen Klarheit zu kommen, und die endlosen Controversen zu überwinden, die auf diesem Gebiet den Fortbestand des alten Inquisitionsverfahrens und Inquisitionsprincips zur Folge gehabt haben.

Ich komme nun zu dem eigentlichen Sitze unserer Frage. Ich wiederhole, in Bezug auf die erste These betrachte ich die Sache als abgethan und glaube, Jeder von uns wird darüber im Reinen sein: wenn die Untersuchung begonnen hat, wenn der Richter fungirt, so kann man nicht erst verlangen, daß die Untersuchung schon die Richtung gegen eine bestimmte Person genommen habe, man muß ihm das Recht geben, den Zeugnißzwang auch früher anzuwenden. —

Die weitere Frage ist nun: wie steht es in Bezug auf die Presse? Hier, meine Herren, müssen wir uns auf den Boden des gegebenen Gesetzes stellen und fragen: wie ist der Zeugnißzwang anzuwenden auf Grund des Reichspreßgesetzes? Gestatten Sie mir also, Ihnen die zwei einschlägigen Paragraphen vorzutragen, und in Kürze darauf hinzuweisen, was von Seiten des Reichstags bei der Sache gewollt wurde. § 20 des Reichspreßgesetzes lautet:

> „Die Verantwortlichkeit für Handlungen, deren Strafbarkeit durch den Inhalt einer Druckschrift begründet wird, bestimmt sich nach den bestehenden allgemeinen Strafgesetzen.
>
> Ist die Druckschrift eine periodische, so ist der verantwortliche Redacteur als Thäter zu bestrafen, wenn nicht durch besondere Umstände die Annahme seiner Thäterschaft ausgeschlossen wird."

§ 21 lautet:

> „Begründet der Inhalt einer Druckschrift den Thatbestand einer strafbaren Handlung, so sind
>
> der verantwortliche Redacteur,
> der Verleger,
> der Drucker,
> Derjenige, welcher die Druckschrift gewerbsmäßig vertrieben oder sonst öffentlich verbreitet hat (Verbreiter),
>
> soweit sie nicht nach § 20 als Thäter oder Theilnehmer zu bestrafen sind, wegen Fahrlässigkeit mit Geldstrafe bis zu Eintausend Mark oder mit Haft oder mit Festungshaft oder Gefängniß bis

zu Einem Jahr zu belegen, wenn sie nicht die Anwendung der pflichtgemäßen Sorgfalt oder Umstände nachweisen, welche diese Anwendung unmöglich gemacht haben."

Es folgen dann Fälle, die ich übergehen kann, weil sie uns nicht unmittelbar berühren, in welchen die Bestrafung ausgeschlossen wird, wenn man zurückgreift auf den Vormann.

Nun, meine Herren, der Gedanke, von welchem der Reichstag bei Aufstellung dieses Paragraphen geleitet war, und der ganz bestimmt in den Reichstagsverhandlungen ausgesprochen ist, ist: Wahrung der als nothwendig anerkannten Anonymität der Presse und Anerkennung des Umstandes, daß bei der periodischen Presse der verantwortliche Redacteur wirklich verantwortlich sein müsse als der Herr der Zeitung, als derjenige, der den Inhalt der Zeitung bestimmt, als der Thäter des Delicts, weil von ihm die strafbare Veröffentlichung ausgeht, weil er als der eigentliche Verbreiter anzusehen ist, und weil in der Verbreitung die Wesenheit des Preßdelicts liegt. Der Reichstag war davon durchdrungen, daß es die Aufgabe sei, dies zu fixiren. Deshalb hat man — wie insbesondere den Herren, die den Frankfurter Juristentag mitgemacht haben, bekannt sein wird — den John'schen Grundsatz angenommen bezüglich der Verantwortlichkeit und abgelehnt dasjenige, was wir und auch ich als Referent in Frankfurt als wünschenswerth erachtet hatten, daß nämlich Fahrlässigkeitsstrafen sollen verhängt werden dort, wo der Thäter nicht erweislich ist. Der Reichstag hat davon abgesehen, er hat den Redacteur kategorisch als Thäter hingestellt, nur mit der Einschränkung, daß, wenn besondere Umstände dargethan werden, die seine Thäterschaft ausschließen, diese Thäterschaft nicht anerkannt werden soll. In allen Reden ist dieser Gedanke zur Geltung gekommen, unser Herr Abtheilungspräsident, der in den Verhandlungen eine bedeutende Rolle gespielt hat, hat den leitenden Gesichtspunkt ganz besonders scharf hervorgehoben. Man hat nun weiter gesagt, es bedürfe einer klaren Norm über den Zeugnißzwang, man müsse ihn in ganz bestimmte Grenzen einschließen, und deshalb wurde ein § 23 proponirt, der dahin gelautet hat:

„Der Redacteur, Verleger und Drucker sind berechtigt, das Zeugniß über die Person des Verfassers, Herausgebers und Einsenders zu verweigern."

Das war also Beschluß des Reichstags, und besser als ich, meine verehrten Herren, kennen Sie ja die Motive, die später dazu geführt haben, daß dieser Passus in das Reichspreßgesetz nicht Aufnahme gefunden, daß man ihn bei der dritten Berathung aus politischen und Opportunitätsrücksichten fallen lassen zu müssen geglaubt hat. Die Reichsjustizcommission, welche heute damit beschäftigt ist, Deutschland eine neue Strafprozeßordnung zu geben, ist auf die Sache zurückgekommen: der Berichterstatter Dr. Marquardsen hat es als eine Verpflichtung erklärt, die Sache wieder zur Sprache zu bringen, und es ist von der Reichsjustizcommission als Zusatz zu § 43 der Strafprozeßordnung der Grundsatz acceptirt worden:

> „Bildet der Inhalt eines veröffentlichten Preßerzeugnisses den Gegenstand einer Strafverfolgung, so sind der Redacteur, der Verleger und Drucker berechtigt, das Zeugniß über die Person des Verfassers, Herausgebers und Einsenders zu verweigern.“

Nun, meine Herren, politische Motive sind für uns keine maßgebenden. Wir haben das öffentliche Recht glücklicherweise (weil hierin eine Bedingung lag für die praktische Wirksamkeit unserer Action) ausgeschlossen aus unserm Programm. Darin liegt doch wohl die directe Hinweisung darauf, daß wir hier nichts Anderes zu vertreten haben als die Grundsätze der Wissenschaft, daß also auch Opportunitätsrücksichten mich als Referenten nicht entfernt beeinflussen sollen. Ich habe nur zu untersuchen: welche Grundsätze sind vom Standpunkte einer wissenschaftlich strengen und richtigen Anwendung des Reichspreßgesetzes nothwendig? Was nun aber die nothwendigen sind, meine Herren, darüber kann nach meinem Erachten ein Zweifel nicht bestehen. In dem Momente, da der Reichstag den Grundsatz aufgestellt hat: der Redacteur einer Zeitung ist der Thäter des durch die Zeitung begangenen Preßdelicts, hat er die Frage der Thäterschaft vollständig erledigen wollen. Er hat den Grundsatz aufgestellt zur Wahrung der Anonymität der Presse und hat demnach damit aussprechen wollen, so lange ich den Thäter habe — und ich habe ihn, so lange der Redacteur nicht besondere Umstände nachweist — habe ich mich um andere Personen, die mit thätig gewesen sein sollen, nicht zu kümmern. Ich anerkenne, ich thue damit den thatsächlichen Verhältnissen in gewisser Beziehung Gewalt an, indem ich apodictisch den Satz hinstelle, daß der verantwortliche Redacteur als Thäter anzusehen ist, ich spreche damit beinahe eine praesumtio juris et de jure aus; thue ich es aber, so habe ich damit aufgehört, mich um weitere Thäterschaft zu bekümmern. Ein Exceptionsbeweis — so sagen die Commentatoren des Preßgesetzes, so sagt auch unser hochverehrter Dr. v. Schwarze — ein Exceptionsbeweis ist dem Redacteur nachgelassen. Wenn er nachweist, er sei nicht der Thäter, dann fängt eine neue Situation an, dann kehre ich zu den allgemeinen Strafgesetzen und zu § 21 des Preßgesetzes zurück. So lange aber der Redacteur den Nachweis nicht geführt hat, ist er der Thäter und Niemand hat nach einem Thäter außer ihm zu fragen. Es wäre auch höchst sonderbar und höchst unjuristisch, wenn es anders wäre. Denn hätte der Richter die Aufgabe, nach dem Detail der Umstände, wie sie wirklich liegen, zu forschen, wie wäre man dann dahin gekommen, die Präsumtion aufzustellen? Dann wäre der Gesetzgeber denn doch wohl bei den allgemeinen Strafgesetzen stehen geblieben, die man ja aufgestellt hat als die der Anforderung der Wissenschaft und des Lebens entsprechenden. Nun hat man sich davon losgelöst; man hat gesagt: in Bezug auf periodische Druckschriften sollen die allgemeinen Strafgesetze nicht gelten, wollen wir den objectiven und den subjectiven Thatbestand nicht zur Grundlage der Entscheidung machen, sondern wir wollen zur Grundlage der Entscheidung machen die Präsumtion: der verantwortliche Redacteur ist der Thäter, eine Präsumtion, die nur dann aufgehoben wird, wenn er den Beweis der besonderen Umstände führt. Daneben hat nun die Absicht, Mitschuldige, Begünstiger zu suchen, jede Basis verloren, ist gegenstandslos geworden, und es kann von einer Zeugnißpflicht, so lange der Redacteur die Verantwortlichkeit trägt, demnach auch von einem Zeugnißzwange vernünftiger Weise gar nicht die Rede sein.

Nun, meine Herren, ich glaube wohl, ich habe das Princip so klar hinzustellen versucht, daß ich auf eine noch nähere Erörterung nicht mehr einzugehen brauche. Ich wiederhole nur: das war der Gedanke, der in den Reden aller Abgeordneten hervorgetreten ist. So ausgezeichnete Juristen, wie deren im deutschen Reichstage sind, hätten sich nicht zu einem solchen Einbruch in die allgemeinen Strafgesetze verstanden, wenn sie nicht ein erhebliches Motiv gehabt hätten, das zu thun; das erhebliche Motiv aber war, den Zeugnißzwang abzuschneiden, die Anonymität der Presse zu wahren, und nur in exceptionellen Fällen, wenn der Redacteur nachweist, er sei nicht der Thäter, eine weitere Untersuchung durch Zeugen, durch Beweismittel überhaupt vorzunehmen. Ich werde also den zweiten Satz, den ich Ihnen zu proponiren habe, dahin formuliren:

> „Wenn bei einem durch eine periodische Druckschrift begangenen Delicte der verantwortliche Redacteur als Thäter haftet, entfällt jede Zeugnißpflicht.“

Ich komme nun zu einem weiteren Punkte, wo es sich darum handelt, wie es mit den andern Personen stehe, welche nach dem Reichspreßgesetze auch eventuell die Verantwortlichkeit tragen? Nun, meine verehrten Herren, auch da, glaube ich, ist die Sache einfach genug, wenn man sich nur durchdringen läßt von den Rechtsgrundsätzen, an denen wir bisher immer festgehalten haben. Es sind im § 21, wie gesagt, vier Personen nominirt, welche, im Falle der Inhalt einer Druckschrift den Thatbestand einer strafbaren Handlung begründet, eventuell die haftbaren Personen sind: der verantwortliche Redacteur, der Verleger, der Drucker, der Verbreiter, welche, sofern sie nicht als Thäter oder Theilnehmer zu bestrafen sind, wegen

Fahrlässigkeit bestraft werden. Diese Personen erscheinen in den angegebenen Fällen entweder als die Thäter des in Frage stehenden Delicts oder als die, welche ein culposes Delict sich haben zu Schulden kommen lassen. Es ist also klar, daß bei Untersuchungen über Preßdelicte in den Fällen, wo der Redacteur seine Haftung ablehnt bei periodischen Druckschriften, oder bei Druckschriften, die nicht periodisch sind, — wo also die allgemeinen strafprozessualischen Grundsätze platzgreifen — diese vier Personen nicht können zum Zeugnißzwang verhalten werden, weil sie selbst an dem Resultate der Untersuchung betheiligt sind. Ich glaube, dieser Satz ist für uns ein so naheliegender und klarer, hängt so enge zusammen mit den Fundamentalprincipien, die man bei der Lehre vom Zeugnißzwange immer hat gelten lassen, daß ich der Mühe überhoben sein könnte, ihn noch ausführlicher zu begründen. Es haben sich allerdings gewisse Zweifel erhoben, und man hat versucht zu sagen: diese Personen sind, wenn ein Preßdelict in Frage ist, in Bezug auf dieses specielle Preßdelict nicht betheiligt, sondern nur rücksichtlich des eventuellen Fahrlässigkeitsdelicts, das sie trifft. Ich gestehe, meine Herren, ich halte das für eine haarspaltende Distinction, welche der Natur der Sache nicht entspricht, und ich glaube vielmehr, es ist absolut nothwendig, sich an den Grundsatz zu halten, daß man von denjenigen Personen, welche eventuell entweder als Thäter oder als fahrlässig strafbar sein können, die Leistung eines Zeugnisses unmöglich verlangen kann. Wenn Sie sich erinnern an § 356, 8. Absatz der alten preußischen Criminalordnung, welcher von denjenigen spricht, welche wissentlich mittelbar oder unmittelbar an dem Delicte Antheil genommen haben, so finden Sie selbst, da dem Entschlagungsgrund eine solche Fassung gegeben, daß nach meinem Erachten darüber gar kein Zweifel sein kann, derselbe müsse auf die Personen Anwendung finden, welche als die eventuell haftenden angesehen werden. Was ich hier sage, hätte schon in das allgemeine Rechtsbewußtsein als etwas Feststehendes, vollständig Klares aufgenommen werden sollen, namentlich wenn man bedenkt, daß schon 1862 im preußischen Abgeordnetenhause die Frage erörtert worden ist. Damals hatte insbesondere Waldeck, den ich sehr gern nenne, weil er eine so bedeutende Persönlichkeit war und noch in den letzten Jahren seines Lebens in der hervorragendsten Weise auf dem Juristentage thätig gewesen ist, hervorgehoben, daß, wo die Betheiligung auch nur aus Fahrlässigkeit ins Spiel komme, auch nach dem alten preußischen Preßgesetze von 1851 von der Anwendung der Zeugnißpflicht nicht die Rede sein könne. Der letzte Satz, den ich Ihnen also zu proponiren haben werde, muß dahin lauten, im Zusammenhange mit dem ersten, wo es heißt:

„Wenn bei einem durch eine periodische Druckschrift begangenen Delicte der verantwortliche Redacteur als Thäter haftet, entfällt jede Zeugnißpflicht."

„Ist dies nicht der Fall —"

hat nämlich der Redacteur nicht die Haftung,

„— oder ist ein durch eine nicht periodische Druckschrift begangenes Delict in Frage, so sind der verantwortliche Redacteur, beziehungsweise der Verleger, Drucker, Verbreiter berechtigt, das Zeugniß zu verweigern."

Es wäre vielleicht einfacher gewesen zu sagen: „Diejenigen Personen, welche in § 21 des Reichspreßgesetzes genannt sind;" da es aber unserer Stellung nicht ganz entspricht, direct auf ein Gesetz hinzuweisen, da es unsere Aufgabe sein muß, wissenschaftliche Grundsätze selbständig hinzustellen, so halte ich es für nothwendig, dem Satze diejenige Fassung zu geben, die ich ihm zu geben mir erlaubt habe.

Dies, vorbehältlich desjenigen, was ich in der Discussion etwa zu sagen haben werde, erscheint mir bezüglich des Hauptpunktes, der Begehung von Preßdelicten, genügend. Ich habe vorhin den § 356 der alten preußischen Criminalordnung citirt, der auch die mittelbare Antheilnahme von dem Zeugnißzwange befreit. Die mittelbare Antheilnahme ist ganz gewiß dasjenige, was in § 21 vorkommt. Ich behaupte also, daß bei einer wissenschaftlichen Anwendung des § 21 des Reichspreßgesetzes auch im Sinne der in dieser Beziehung so traurigen alten preußischen Criminalordnung die Zeugnißpflicht nicht hätte zur Anwendung gebracht werden sollen.

Es erübrigt ein letzter Punkt, welcher die Disciplinaruntersuchungen in Bezug auf den Bruch des Amtsgeheimnisses betrifft. Ich gestehe, meine verehrten Herren, es ist mir einigermaßen peinlich, über diese Frage überhaupt zu sprechen, denn man hat da ein getheiltes Herz. Ebenso wie Lasker im deutschen Reichstage muß ich aussprechen: eine Schwärmerei für diesen Bruch des Amtsgeheimnisses habe ich in gar keiner Weise, und es verursacht mir keinen besonderen Schmerz, wenn man damit scharf ins Gericht geht. Es liegt denn doch eine schwere Verletzung von Grundsätzen, deren Aufrechthaltung zum Bestande und zur gedeihlichen Entwickelung unserer öffentlichen Verhältnisse nothwendig ist, darin, wenn ein Beamter, um Sensation zu erregen, um eine pikante Nachricht zu geben, sich dazu versteht, einen Bruch des Amtsgeheimnisses zu begehen. Aber wir müssen uns an das halten, was unsere Aufgabe ist, und da steht und fällt für mich die Frage damit, ob es sich um eine Criminalsache handelt oder nicht. Den Zeugnißzwang in der Form, wie er im Gesetze normirt wird, kann ich nur anerkennen in Bezug auf den Strafrichter und auf Strafdelicte; in Bezug auf Disciplinardelicte kenne ich den Zeugenzwang als solchen in seiner dermaligen Fassung nicht. Indem ich es nun ganz anheimgebe, ob es vielleicht zweckmäßig, ja selbst wünschenswerth wäre, daß darüber bestimmte Verfügungen getroffen würden, welche auch die Zeugnißpflicht in Betreff des Bruches des Amtsgeheimnisses betreffen, wo ja, wie Sie wissen, dem Redacteur, der nur das ihm schon Anvertraute verbreitet, kein strafbares Delict zur Last zu legen ist, wo seine Haftbarkeit wegfällt, halte ich doch dafür, wir haben unsere Resolution nur so zu fassen, daß man klar und bestimmt wisse: wir kennen und anerkennen die Zeugnißpflicht nur in Bezug auf Strafsachen, in Bezug auf strafgesetzlich normirte Delicte. Das ist das Einzige, was in dieser Richtung von uns zu sagen ist. In die weiteren Ausläufe der Frage hätten wir nicht mehr einzugehen. Es beschränkt sich demnach das, was ich zu proponiren habe, auf die drei erwähnten Sätze, von denen der erste auch die Disciplinarfrage, soweit sie uns angeht, erledigt. Ich beantrage also zu beschließen:

„Die vor dem Richter in Strafsachen bestehende Zeugnißpflicht wird wirksam, auch ehe die Untersuchung die Richtung gegen eine bestimmte Person genommen hat.

Wenn bei einem durch eine periodische Druckschrift begangenen Delicte der verantwortliche Redacteur als Thäter haftet, entfällt jede Zeugnißpflicht.

Ist dies nicht der Fall, oder ist ein durch eine nicht periodische Druckschrift begangenes Delict in Frage, so sind der verantwortliche Redacteur, beziehungsweise der Verleger, Drucker, Verbreiter berechtigt, das Zeugniß zu verweigern."

Daß hier noch andere Personen übrig bleiben, denen gegenüber man die Zeugnißpflicht geltend machen kann, weil sie gar nicht betheiligt sind und im Reichspreßgesetze nicht vorkommen, versteht sich ohnehin von selbst.

Ich hätte nun etwa noch die Aufgabe, zu erwähnen, da wir ja gestern von Seiten des Journalistentages eine Zuschrift erhalten haben, wie sich die hier beantragten Beschlüsse zu den Beschlüssen des Journalistentages verhalten. Ich denke, Sie werden mir das erlassen; nur das will ich erwähnen, daß, wenn der Journalistentag den Wunsch ausgesprochen hat, es möge von Seiten des Juristentags ein directer Schritt bei den Regierungen geschehen, ich dies von vornherein ablehnen muß. Wir müssen die Traditionen des Juristentages und seine Würde in der Richtung festhalten, daß wir nie bei den Regierungen petitioniren, nie mit den Regierungen in directen Contact treten, sondern nur wissenschaftliche Aussprüche thun in der Erwartung, daß die Zukunft ihnen die Anerkennung bringen werde, deren sie ihrem inneren Gehalte nach würdig sind.

(Lebhafter Beifall.)

Der **Präsident** macht Ausstellungen gegen die Fassung der Fragen und bezweifelt, ob sie den Sinn der Vorschläge des Referenten klar darstellen. Insbesondere erhebt er die Frage, ob in dem zweiten Satze unter der vorgeschlagenen allgemeinen Bestimmung auch der Verbreiter mitbegriffen sei, da dieser weder unmittelbar noch mittelbar bei der Herstellung des Preßerzeugnisses betheiligt sei, indem er zugleich anführt, daß in der in Berlin tagenden Reichstagscommission die Befreiung des Verbreiters um deswillen nicht angenommen worden sei, weil in der Regel in der Verbreitung der verbrecherischen Druckschrift, deren Inhalt dem Verbreiter bekannt ist, ein selbständiges Reat liegt, die Zeugnißpflicht bei einem durch die Presse begangenen Delict sich beschränken müßte auf die Personen, die bei der geistigen beziehentlich mechanischen Herstellung betheiligt sind. Der Referent bejaht, daß der Verbreiter in der aufgestellten These mit begriffen sei.

Ferner macht der Präsident Ausstellungen gegen die Fassung des dritten Satzes, der in sich selbst und mit Satz 2 nicht völlig harmonire. Er hebt insbesondere noch hervor, daß das Reichspreßgesetz den Begriff des „verantwortlichen Redacteurs" nur bei periodischen Druckschriften kenne.

Referent Dr. **Jaques**: Das ist ganz in demselben Sinne gesagt, wie im § 21 des Preßgesetzes, wo es heißt:

> „Begründet der Inhalt einer Druckschrift den Thatbestand einer strafbaren Handlung, so sind der verantwortliche Redacteur, der Verleger, der Drucker u. s. w. mit Strafe zu belegen" ꝛc.

Präsident: Da bitte ich dem Herrn Referenten erwidern zu dürfen, daß in § 21 unter der Bezeichnung „verantwortlicher Redacteur" nie etwas Anderes verstanden wird, als der Redacteur einer periodischen Druckschrift.

Referent: Ich wollte nur erwähnen: das ist vielleicht ein kleines Mißverständniß von Seiten unseres verehrten Herrn Präsidenten, welches daher rührt, daß er meiner Ausführung nicht hat folgen können. Es ist in diesem Satze zuerst von den Fällen die Rede, wo der verantwortliche Redacteur nicht haftet, weil besondere Umstände eintreten; da muß ich also natürlich den verantwortlichen Redacteur wieder nennen, weil es sich ja da um periodische Druckschriften handelt und um Preßdelicte, für welche der Redacteur eben unter den besonderen Umständen nicht haftet. Tritt dieser specielle Fall ein, so findet die Ausschließung des Zeugnißzwanges statt aus den Gründen, welche ich in dem Referate auseinander gesetzt habe.

Natürlich konnte es mir ebensowenig, wie dem Reichspreßgesetze in § 21, einfallen, mir unter einem verantwortlichen Redacteur etwas Anderes vorzustellen, als den Redacteur einer periodischen Druckschrift.

Präsident: Da habe ich dem Herrn Referenten zu erwidern, daß die Fassung des Satzes mit seiner Anschauung nicht übereinstimmt. Der Herr Referent sagt in seinem dritten Satz:

„Ist dies nicht der Fall, oder ist ein durch eine nicht periodische Druckschrift begangenes Delict in Frage, so sind der verantwortliche Redacteur, beziehungsweise" ꝛc.

Referent: Das bezieht sich auf den ersten Fall, das „beziehungsweise" auf den zweiten Fall.

Präsident: So bitte ich, daß im Protokolle die Bemerkung des Herrn Referenten speciell hervorgehoben werde. Nach der gewöhnlichen grammatischen Interpretation kann ich die Worte „verantwortlicher Redacteur" nicht anders verstehen als so, daß sie sich auf beide Positionen beziehen, auf ein durch eine periodische Druckschrift oder ein durch eine nicht periodische Druckschrift begangenes Delict, und kann nur mein Bedenken gegen die Fassung selbst wiederholen, deren Abänderung mir allerdings nicht zusteht.

Referent: Der verantwortliche Redacteur, beziehungsweise die Andern: der Redacteur, wenn § 20 nicht anwendbar ist, und beziehungsweise, wenn keine periodische Druckschrift in Frage ist, die Andern. Es ist möglich, daß mir ein kleiner Austriacismus in die Feder gekommen ist; denn wir in Oesterreich mindestens würden über diese Fassung nie den Schatten eines Zweifels haben. Es sind zwei Fälle zu unterscheiden: wo der verantwortliche Redacteur nicht haftet, weil besondere Umstände vorliegen, die ihn von der Verantwortlichkeit befreien, und der zweite Fall, wo es sich um eine nichtperiodische Druckschrift handelt. Ich fasse nun die beiden Fälle in den einen Satz zusammen, indem ich anknüpfe an den vorhergehenden Satz. „Ist dies nicht der Fall", d. h. haftet der verantwortliche Redacteur nicht für das Preßdelict, „oder" — zweiter Fall — „ist ein durch eine nicht periodische Druckschrift begangenes Delict in Frage, so sind der verantwortliche Redacteur" — das bezieht sich wieder auf die erste Alternative — „beziehungsweise" — das drückt deutlich aus, daß nunmehr die zweite Alternative erruirt wird — „der Verleger, Drucker, Verbreiter berechtigt, das Zeugniß zu verweigern." Damit sind die Zweifel gehoben.

Präsident: Die Deductionen des Herrn Referenten müssen uns natürlicherweise genügen, um den Sinn seines Antrags festzustellen. Ich bitte nur, daß bei der Discussion dieser Sinn, den der Herr Referent jetzt erläutert hat, zu Grunde gelegt wird.

Stadtrichter Dr. **Rubo** aus Berlin: Meine Herren! Die Gründe, welche der Herr Referent vorgebracht hat dafür, daß der Redacteur in gewissen Fällen von der Zeugnißpflicht befreit sein solle, glaube ich, müssen anerkannt werden. Aber ich glaube, sie sind anzuerkennen nicht sowohl als Ausnahmegründe, als vielmehr als Gründe der Regel. Alle diejenigen Gründe der Ethik, der Ehrenhaftigkeit, welche von dem Herrn Referenten für den Redacteur geltend gemacht worden sind, sind nicht blos bei den sogenannten Preßvergehen möglich, sie können bei jeder Missethat gedacht werden, sie können bei jeder Missethat vorkommen. Aus diesem Grunde bitte ich Sie, ganz allgemein den Satz, der uns hier gestellt worden ist, zu verneinen. Die Zeugnißpflicht ist überhaupt nicht anzuerkennen, so lange nicht gegen eine bestimmte Person die Untersuchung gerichtet ist. Denn, meine Herren, wie kommt der Richter, frage ich Sie, überhaupt dazu, eine Untersuchung schon zu führen, wie kommt der Richter dazu, Jemanden als Zeugen zu vernehmen, wenn nicht gegen eine bestimmte Person die Untersuchung gerichtet ist? Sollen die Richter etwa die Handlanger der Polizeibehörden, der Staatsanwaltschaften sein? Das wollen wir nicht; und wenn es nicht geschieht, um das sogenannte Scrutinialverfahren zu heiligen, so haben Sie überhaupt keine Möglichkeit, den Richter schon auftreten zu sehen da, wo nicht gegen eine bestimmte Person die Untersuchung gerichtet ist. Es wird mit anderen Worten die sonst nicht anerkannte Denunciationspflicht hier mit einem Male sanctionirt. Alle diejenigen Gründe, die hier für die Ausnahme geltend gemacht worden sind, sind Gründe der Regel. Ich bitte Sie aber vor Allem: bleiben wir bei der streng juristischen Frage, bleiben wir bei der Missethat an und für sich und lassen wir die Ausnahmefälle hier unberücksichtigt. Wer weiß zumal, welche Stellung ein Redacteur inne hat? Der Ausdruck „Redacteur" ist zumal ein technischer, nur für periodische Schriften eingeführter. An die allgemeine Regel wollen wir uns halten, indem wir den ersten Satz annehmen und die beiden andern Sätze fallen lassen. Wir wollen nicht nur Missethaten einer bestimmten Art berühren. Preßvergehen sind nichts Anderes als Missethaten überhaupt, und eine besondere Begeisterung dafür, daß durch die Presse Missethaten verübt werden, ist ja nicht von Seiten des Juristentags geltend zu machen. Ich glaube auch, es wird allen denjenigen Gründen, welche der Herr Referent für die Ausnahme angeführt hat, Rechnung getragen, wenn ich Sie bitte, den Antrag anzunehmen:

> „Die Zeugnißpflicht besteht nicht, so lange nicht gegen eine bestimmte Person die Untersuchung gerichtet ist."

Oberstaatsanwalt **von Lauhn** aus Halberstadt: Die Worte des Herrn Vorredners veranlassen mich, auch einige Worte über diese Frage zu sprechen.

Ich ernnerie zunächst daran, meine Herren, daß wir über diese Frage auf dem V. Juristentage in Braunschweig lange verhandelt haben, daß diese Frage nicht allein in der Abtheilung, sondern auch im Plenum sehr genau erwogen worden ist, und daß da der V. Juristentag — der sehr zahlreich besucht war, viel zahlreicher, als der hiesige Juristentag — mit einer ganz entschiedenen Majorität den Satz ausgesprochen hat, daß die Zeugenpflicht besteht, wenn auch gegen eine bestimmte Person die Untersuchung noch nicht eingeleitet worden ist. Es hat nach meinem Dafürhalten, meine Herren, etwas sehr Bedenkliches, wenn wir nach zehn Jahren dieselbe Frage ventiliren, und wenn wir dann die Frage in der entgegengesetzten Richtung entscheiden, wie sie vom Juristentag früher entschieden worden ist. Sie werden mir zwar sagen: die höchsten Gerichtshöfe ändern mitunter ihre Ansicht auch. Das ist aber eine ganz andere Sache, das ist eine ganz andere Frage. Hier kommt es immer auf die Majorität hinaus, die Majorität aber muß sehr groß sein, wenn unser Ausspruch irgend einige Geltung haben soll. Der geehrte Herr Vorredner sprach von Handlangern der Staatsanwaltschaft und der Polizei, wenn in dem Falle, daß gegen eine bestimmte Person eine Untersuchung noch nicht eingeleitet ist, der Richter Zeugen vernehmen sollte. Meine Herren! Ich trete dieser Behauptung ganz entschieden entgegen. Ich mache Sie darauf aufmerksam, daß nach meiner Ueberzeugung es gar nicht möglich ist, den Satz anzunehmen; denn wie soll da eine Untersuchung geführt werden? Sehen Sie einmal ganz von der Presse ab, beschäftigen Sie sich nicht mit den Fragen der Presse, so werden Sie mir darin beistimmen. Wenn irgend ein Mord begangen ist, wo noch gar keine Spur ist, da ist es ganz natürlich, daß Zeugenvernehmungen stattfinden müssen, um die Spur zu ermitteln. Wenn Sie diese Basis der Untersuchung entziehen, dem Antrag des geehrten Herrn Vorredners gemäß, so behaupte ich, wird der Boden unserm ganzen Untersuchungsverfahren entzogen.

(Sehr wahr! Bravo!)

Ich bin daher der Ansicht, meine Herren, halten wir fest an dem frühern Beschlusse des Juristentags und sprechen wir den Satz aus, wie er auf dem Juristentag in Braunschweig ausgesprochen worden ist, und zwar im Gegensatze zu dem Antrage des Herrn Dr. Rubo dahingehend, daß der Zeugnißzwang stattfindet, selbst wenn gegen eine bestimmte Person eine Untersuchung noch nicht eingeleitet ist. Wir sind das dem Criminalverfahren schuldig, meine Herren, und ich wiederhole nochmals: von Handlangern kann nun und nimmer die Rede sein; denn Staatsanwälte und Richter erstreben nur ein und dasselbe Ziel: die Wahrheit zu ermitteln.

(Bravo!)

Bei dieser Gelegenheit, meine Herren, noch ein Wort in Bezug auf das, was der Herr Referent geäußert hat. Der Herr Referent will in seinem ersten Satze den Zeugnißzwang abschaffen und aufgeben, wenn es sich um eine Disciplinaruntersuchung handelt. Sie können nicht leugnen, meine Herren, wir haben Verordnungen, wir haben Gesetze, nach denen die Disciplinaruntersuchungen stattfinden, und da, meine Herren, werden Sie doch nicht der Disciplinaruntersuchung, wenn Sie die Gesetze anerkennen, den Boden dadurch entziehen wollen, daß Jeder, der als Zeuge vorgeladen wird, sagt: ich bedanke mich, ich will hier kein Zeugniß ablegen, und ich befinde mich in meinem Rechte, weil der Juristentag den Ausspruch gethan hat, daß nur dann, wenn es sich um eine Criminalsache handelt, der Zeuge verpflichtet ist, seiner bürgerlichen Pflicht zu genügen. Dabei ist noch Eins zu berücksichtigen, meine Herren, das ist die Frage, ob man denn schon im Voraus weiß, wenn eine Disciplinarsuchung eingeleitet wird, ob es da bei dem Disciplinarverfahren überhaupt bewendet oder ob diese Disciplinaruntersuchung sich nicht in ein Criminalverfahren umwandelt? Auch dieser Grund, meine Herren, ist nach meinem Dafürhalten schlagend genug, um an dem Satze festzuhalten, daß auch in Disciplinarsachen der Zeuge verpflichtet ist, eine Aussage zu thun.

In Bezug auf die Presse, meine Herren, will ich mich nicht weiter verbreiten. Unsere Zeit ist sehr kurz uns zugemessen; da überlasse ich Ihnen, wie Sie die Fragen und die Sätze, die der Herr Referent aufgestellt hat, beantworten wollen. Es sind meines Erachtens immer Ausnahmebestimmungen, und ich trete in der Beziehung Herrn Dr. Rubo auch entgegen, wenn er sagt, wir wollten keine Ausnahmebestimmungen machen, wir wollten die Regel aufstellen, daß wir überhaupt einen Zeugenzwang, so lange gegen eine bestimmte Person noch eine Untersuchung nicht eingeleitet ist, nicht haben wollen. Mein Antrag geht also dahin, im Allgemeinen die Frage zu bejahen und namentlich nicht die Worte aufzunehmen, die der Herr Referent aufgenommen hat: „in Strafsachen", sondern überhaupt auszusprechen: vor dem Untersuchungsrichter ist Jeder verpflichtet, Zeugniß abzulegen, selbst wenn gegen eine bestimmte Person eine Untersuchung nicht eingeleitet ist. Dahin, meine Herrn, geht mein Antrag.

(Bravo!)

Präsident, Generalstaatsanwalt Dr. **von Schwarze**: Meine Herren! Gestatten Sie mir, ohne daß ich mich natürlicherweise in die Discussion mische, solange ich die Ehre habe, auf diesem Stuhle zu sitzen, zur Klarstellung der Frage noch einige Mittheilungen aus den Verhandlungen der Preßgesetzcommission des Reichstags und der jetzt tagenden Justizgesetzcommission des Reichtags zu machen.

Ich weiß sehr wohl, daß ich einigermaßen aus meiner Function heraustrete; ich erkläre aber im Voraus, daß ich nicht pro und contra sprechen, sondern einfach die Thatsachen referiren werde. Wenn Sie mir das gestatten, wird es mir sehr lieb sein; es wird vielleicht die Relation zur Klarstellung der Fragen dienen.

Ich erlaube mir zunächst aus den Verhandlungen der Preßgesetzcommission des Reichstages zu referiren, daß damals die überwiegende Majorität der Commission von der Ansicht ausgegangen ist, daß auch in Bezug auf die Haftung des Redacteurs einer periodischen Druckschrift die allgemeinen strafrechtlichen Grundsätze maßgebend sein sollen, daß aber bei der eigenthümlichen Gestaltung der Verhältnisse einer periodischen Druckschrift die juristische und thatsächliche Nothwendigkeit dahin führt, den Redacteur im Zweifel als den Thäter anzusehen, weil nach der Sachlage anzunehmen ist, daß der Redacteur der Disponent, der Herr über den Inhalt der Zeitung, gleichsam sein Eigenthümer ist, da es von ihm abhängt, ob ein Artikel aufgenommen werden soll, den ein Mitarbeiter ihm zugesendet, und er also durch Aufnahme des Artikels denselben zu dem seinigen macht, und ihn seinem Publikum mittheilt. Auf der andern Seite wurde es als eine Nothwendigkeit anerkannt, den außerordentlichen Ausnahmefall mit in Betracht zu ziehen, in welchem es dem Redacteur geradezu unmöglich gewesen ist, entweder von dem Inhalte des Artikels überhaupt Kenntniß zu nehmen — wenn z. B. hinter seinem Rücken ein Artikel in das Redactionsbureau gebracht und in die Zeitung aufgenommen wird — oder den strafbaren Inhalt des Artikels zu erkennen, z. B. wenn eine Injurie gegen eine Privatperson darin enthalten ist, wobei nur diejenigen, die von den speciellen factischen Verhältnissen Kenntniß haben, in der Lage sich befinden, zu erkennen, daß in dem Artikel eine Beleidigung liegt. Solche Fälle können vorkommen, und weil sie vorkommen können, hat der Reichstag beschlossen, daß der verantwortliche Redacteur einer periodischen Druckschrift als Thäter haftet, ihm jedoch ausnahmsweise nachgelassen werden soll, besondere Umstände, wie das Gesetz sich ausdrückt, anzuführen und nachzuweisen, durch welche seine Schuldlosigkeit festgestellt wird. Wir sind damals in der Commission mit überwiegender Majorität der Ansicht gewesen, daß dieser Satz, wie er jetzt im Reichspreßgesetz Aufnahme gefunden hat, die nothwendige juristische Consequenz der Verhältnisse sei, also eine Ausnahmestellung der Presse in dieser Beziehung, sei es pro, sei es contra, nicht eingeführt werde. Es ist ferner damals ausdrücklich gesagt worden, daß es nothwendig sei, die staatliche Ordnung aufrecht zu erhalten und zu schützen selbst in denjenigen Fällen, wo eine strafrechtliche Verantwortlichkeit der betreffenden

Person nach den allgemeinen strafrechtlichen Grundsätzen nicht nachgewiesen werden kann. Man hat daher die Fahrlässigkeitsdelicte etablirt, wie sie § 21 des Reichspreßgesetzes aufstellt. Man ist dabei von der Ansicht ausgegangen, daß derjenige, welcher an der Herstellung einer Druckschrift betheiligt ist und unterläßt, von dem Inhalte der Schrift nähere Kenntniß zu nehmen, dadurch eine Fahrlässigkeit begeht. Man hat bei dem bedeutenden Einflusse, welchen eine Druckschrift in ihrem Leserkreise äußern kann, die Verpflichtung für die bei ihrer Herstellung betheiligten Personen etablirt, daß sie von dem Inhalte derselbe genaue Kenntniß nehmen und die Verletzung dieser Verpflichtung mit besonderer Strafe geahndet.

Gestatten Sie mir noch an zweiter Stelle in Bezug auf die Aeußerung meines geehrten Nachbars, des Herrn Dr. Rubo, und die Anschauungen, die er Ihnen in Bezug auf den Zeugnißzwang dargelegt hat, aus der Justizgesetzcommission zu berichten, deren Mitglied zu sein ich die Ehre habe. Die Ansicht, die Herr Dr. Rubo uns entwickelt hat, hat auch Ausdruck in der Reichstagscommission in einem Antrage gefunden, der speziell von den Motiven dictirt war, die Herr Dr. Rubo uns darlegte. Die überwiegende Majorität in der Commission hat diesen Antrag abgelehnt, und ist hierbei vorzugsweise von folgenden Erwägungen ausgegangen. Man sagte sich, daß, wenn der Zeugnißzwang in dem Maße in Bezug auf den Zeitpunkt beschränkt ist, wie Herr Dr. Rubo es Ihnen empfohlen hat, in vielen Fällen, wie der Herr Vorredner ja bereits anerkannt hat, die Criminaljustiz geradezu brach gelegt werden würde. Ich will statt einer Deduction zwei Beispiele anführen, die auch damals in den Verhandlungen der Commission angeführt worden sind. Meine Herren! Nehmen Sie den Fall, daß ein Todter gefunden wird, daß die Aerzte entschieden erklären: der Tod dieses Menschen ist durch fremde Hand herbeigeführt. Meine Herren, wollen Sie nunmehr die ganze Ermittelung auf den guten Willen der Zeugen stellen, die über die Sache, über die Auffindung des Leichnams, über die vor und nachher vorgekommenen Umstände Auskunft geben können? ich brauche Ihnen gegenüber nicht weiter auszuführen, wohin solches Verfahren in der Praxis führen würde. Ich nehme einen zweiten Fall, der in der Berathung geltend gemacht worden ist. Es ist Jemand von dritter Hand tödtlich verwundet worden. Der Arzt erklärt, daß der Mann nur wenige Stunden zu leben habe, daß er aber wohl in der Lage sei, geistig und körperlich, noch Aussage über die gegen ihn verübte That zu geben. Meine Herren! Wollen Sie darüber diesen Mann, der doch immerhin als Zeuge anzusehen ist, wenn er auch der Verletzte ist, nicht hören, weil die Untersuchung gegen eine bestimmte Person ihre Richtung noch nicht genommen hat?

Meine Herren! Erlauben Sie mir zum Schlusse noch hinzuzufügen: was würde der praktische Erfolg sein von den Grundsätzen, die Herr Dr. Rubo entwickelt hat? Das können wir ganz einfach uns vorstellen. Man würde Seiten der Staatsanwaltschaft oder Seiten des Untersuchungsrichters, wie Sie wollen, um sich die Möglichkeit der Zeugenabhörung zu verschaffen, auf gut Glück 10, 12, 14 Personen, die verdächtig scheinen könnten, in Untersuchung nehmen, und man hätte dann unter den 10—12 Personen möglicherweise den Thäter, möglicherweise nicht. Das waren die Momente, welche für die Commission des Reichstags ausschlaggebend gewesen sind und die Majorität bewogen haben, jenen von mir erwähnten Antrag abzulehnen. Gerade durch den Satz, welchen Herr Dr. Rubo entwickelt hat, würde man eine Menge von Personen beschädigen, die auf gut Glück eingezogen würden, und auf der andern Seite die Untersuchung selbst verlangsamen und erschweren. Ein Motiv wurde geltend gemacht für den Antrag, das Herr Dr. Rubo nicht angeführt hat: man sagte, es lasse sich doch denken, daß die Person, die als Zeuge vorgeladen werde, in einem solchen Verhältnisse zu dem Thäter stehe, das die Person berechtigen würde, das Zeugniß abzulehnen; auf diese Weise würde das Beneficium dieser Person, das Zeugniß abzulehnen, illusorisch gemacht werden, wenn man sie eher zum Zeugniß veranlassen wollte, ehe die Untersuchung die Richtung gegen eine bestimmte Person genommen habe. Es ist damals die Möglichkeit eines solchen Falles zugegeben, aber andererseits geltend gemacht worden, daß diese Möglichkeit gegenüber den großen Gefahren, die das Princip in seinen Consequenzen nach sich ziehen würde, nicht von so großer Bedeutung sei, um diese Gefahren für die Justizpflege heraufzubeschwören. — Entschuldigen Sie, daß ich mich in die Debatte gemischt habe; ich habe Thatsachen referirt.

(Bravo!)

Kreisgerichtsdirector **Kunowski** aus Gardelegen: Meine Herren! Es veranlaßt mich der ganz bestimmte Antrag, wie er vom Herrn Stadtrichter Dr. Rubo gestellt worden ist, ein paar Worte zu sprechen. Wir sind hier die Abtheilung für Criminalsachen und, wie man also annehmen kann, Richter, die großentheils durch langjährige Erfahrung von Criminalverhandlungen Kenntniß genommen oder vielmehr daran Antheil genommen haben, ich meine nicht als Handlanger der Polizei oder der höheren Polizei, wie hier bemerkt worden ist, der Staatsanwaltschaft, sondern als unparteiische Richter, die nach beiden Seiten hin wägen. Wenn solchen Richtern, meine Herren, mit ihrer langjährigen Erfahrung ein solcher Satz entgegentritt, wie er hier in der gedruckten Frage eigentlich insinuirt worden ist, und wie er bestimmt gegenwärtig aufgenommen und beantragt ist und jedenfalls auch von einer gewissen Partei unterstützt wird, so glaube ich, meine Herren, man wird als Criminaljurist einigermaßen — nicht stutzig — sondern man wird aufs Höchste verwundert darüber, wenn man nicht etwa durch vielfache Ventilationen in der Presse und an anderen Orten darauf schon vorbereitet ist, — daß Einem zugemuthet wird zu bejahen, daß die Zeugnißpflicht in Criminalsachen so lange nicht anerkannt werden soll, bis die Untersuchung die Richtung gegen eine bestimmte Person genommen hat. Man fragt sich an der Hand vielfacher wichtiger Sachen, die Einem obgelegen haben, mit vollem Rechte nach meiner Ansicht: wie soll da die Justizhoheit in Criminalsachen wirksam ausgeübt werden? Ich übergehe die doctrinäre Erörterung der Frage, was eigentlich die Pflicht der Ablegung des Zeugnisses ist und worauf sie sich gründet. Es ist das nach meiner Ansicht überflüssig, denn man mag die alten und neuen Rechte fragen, man mag noch so gelehrt forschen in den verschiedenen Rechtssystemen, man wird stets gefunden haben, daß die Obrigkeit gezwungen hat, Zeugniß abzulegen, daß die gesellschaftliche Mittheilung an sich frei ist, daß aber die Obrigkeit ihr Explorationsrecht ausübt, wo die summa salus in Frage kommt, wo die Criminaljustiz, die nicht blos Handlangerin der Polizei ist, in Rede steht. Ich gehe also davon aus: es steht fest, daß Zeugniß abgelegt werden muß. Es fragt sich: soll eine Ausnahme gemacht werden, entweder allgemein oder zu Gunsten gewisser Verbrechen? Es ist nun gesagt worden, es soll eine allgemeine Ausnahme gemacht werden, es soll allgemein Niemand zum Zeugniß gezwungen werden, so lange die Untersuchung noch nicht die Richtung gegen eine bestimmte Person genommen hat. Was heißt das? Wir wollen es doch einmal juristisch fassen. Das heißt: Bevor ein bestimmter Beschluß gefaßt ist, daß die Untersuchung gegen eine bestimmte Person gerichtet werden soll — denn wir können uns doch nicht mit vagen Ausdrücken herumschlagen, namentlich wenn wir Gesetze vorbereiten wollen — daß gewisse Personen nur ins Auge gefaßt worden sind, daß man an diese und jene nur denkt, ist doch nicht gemeint, sondern es ist gemeint, wie es im alten preußischen Rechte war: Die Untersuchung wird „eingeleitet" gegen eine bestimmte Person, oder wie es in der neueren Zeit ist: es wird der Beschluß gefaßt: gegenwärtig wird die „Voruntersuchung eingeleitet" oder gegenwärtig wird „die Untersuchung eröffnet gegen eine bestimmte Person". Meine Herren! Wenn dann erst die Pflicht zum Zeugniß eintritt, so ist das gewißermaßen ein circulus vitiosus nach meiner Ansicht. Denn worin gliedert sich das, was wir erfahren wollen bei der Criminaluntersuchung? Es ist bekanntlich der doppelte Gesichtspunkt, der objective und der subjective Thatbestand, und beide Thatbestände müssen erörtert sein, bevor man übergehen kann dazu, eine Untersuchung gegen eine bestimmte Person zu eröffnen, das heißt der Untersuchung die Richtung, die officielle Richtung gegen eine bestimmte Person zu geben. Es ist vorhin schon bemerkt worden, daß man auch selbst zum objectiven Thatbestande der Vernehmung von Zeugen oft dringend bedarf. Die Beispiele sind treffend von unserm Herrn Vorsitzenden schon angedeutet worden. Ich erlaube mir, Sie noch darauf aufmerksam zu machen, daß man gerade bei den allerwichtigsten Verbrechen auch bei dem objectiven Thatbestande — wenn ich wissen will: was ist für ein Verbrechen verübt worden, und ist überhaupt ein Verbrechen verübt worden? — ohne Vernehmung von Zeugen, ohne eidliche Vernehmung von Zeugen gar nicht vorwärts kommt. Nehmen Sie das wichtigste, schwerste Verbrechen, das des Mordes: wie häufig sind Sie in Zweifel nach den verschiedenen Umständen: liegt Mord oder Selbstmord vor? Da, wo aus öffentlichen Blättern die Fälle zur Kognition kommen, wo namentlich Laien sie zuerst referiren — denn der Laie muß uns Hilfleistung geben, daß wir zur Feststellung unserer Thatbestände kommen — erkennt man, daß es häufig erst von den begleitenden Umständen abhängt, zu erkennen, ob überhaupt ein Verbrechen vorliegt. Bei dem Verbrechen des Einbruchs, bei Feuersgefahr verübt, müssen Sie häufig erst durch Zeugen feststellen, ob das Loch gemacht worden ist, um Hilfe beim Feuer zu leisten, oder ob es in verbrecherischer Absicht gemacht worden ist. Ich übergehe für Juristen die weitere Erörterung dieses Punktes.

Gehen wir zum subjectiven Thatbestande über, so ist es vollständig überflüssig, davon viel zu sprechen. Wenn ich erfahren will, ob dringender Verdacht gegen eine Person vorliegt, namentlich bei wichtigen Sachen, ist es häufig unabweislich, daß ich die Justizhoheit ausübe, den Einzelnen zu zwingen, Zeugniß abzulegen. Man hat gesagt, man leiste damit dem Denunciationswesen Vorschub. Ich glaube, ohne paradox zu sein, kann man das Gegentheil behaupten. Der Zeuge, der vom Richter aufgefordert wird, Zeugniß abzulegen, denuncirt nicht; wenn wir aber den hier verlangten Grundsatz sanctioniren werden, so wird die Folge sein eine gewisse Art von Lynchjustiz und eine Art Denunciationswesen; denn man wird die Nachtheile so tief und so schwer empfinden, daß gewiß, bei Aufsehen erregenden Verbrechen, wenn der Richter nicht in der Lage sein soll, Zeugen abzuhören, die Leute sich von selbst anbieten werden, wie Sie das in anderen Ländern sehen — da bieten sie sich mitunter von allen Seiten an. Nun, meine Herren, ist das nicht Denunciationswesen? Ich glaube also, die Consequenz, wenn man an der Hand der Erfahrung erwägt, wohin wir gelangen werden, wird sein, wie Herr Oberstaatsanwalt von Lauhn mit vollem Recht nach meiner Ansicht gesagt hat: wir entziehen uns vollkommen den Boden der Ausübung der Justizpflege, wenn wir einen solchen allgemeinen Satz, wie ihn Herr Stadtrichter Dr. Rubo vorgeschlagen hat, sanctioniren. Wir sollen Zeugen nicht vernehmen, bevor wir nicht die Untersuchung eröffnet haben gegen eine bestimmte Person, und doch ist die Vernehmung von Zeugen die hauptsächlichste Hilfsbrücke dazu. Verzeihen Sie, wenn ich ein etwas triviales Beispiel gebrauche: das kommt mir vor, wie die Inschrift an dem Thore einer Stadt, welche in ihrer Mitte auch ein Rathhaus hatte, — wenn auch nicht ein so schönes, wie dieses hier —: „Jeder Handwerksbursche, welcher die Stadt betreten will, muß sich vorher auf dem Rathhause legitimiren." Man war auch erstaunt, wie man das zu machen habe, und das ist etwas ganz Aehnliches, wie wenn man mir zumuthet, ich soll der Untersuchung die officielle Richtung gegen eine bestimmte Person geben, und man giebt mir nicht die Mittel dazu, die man zu allen Zeiten in der Regel dem Richter gewährt hat.

Ich würde so viele Worte darüber nicht verloren haben, wenn ich nicht Sorge hätte, daß, zum Schaden unserer Justizpflege, wenn auch nur eine bedeutende Minderheit für diesen Satz sich erklären könnte. Um darauf zurückzukommen: wenn ein Criminaljurist diesen Satz gesehen hat, so kommt er zu dem Gedanken: das kann wohl nicht so allgemein gemeint sein, das ist nicht möglich, und diesem Gedanken hat unser Herr Referent Ausdruck gegeben. Nämlich wenn man der Sache in die Stirn sieht, so ist es auch nicht eine allgemeine Ausnahme, die man hat treffen wollen, sondern man hat eine Ausnahme zu Gunsten der Presse machen wollen. Es fragt sich also: ist eine solche Ausnahme begründet? Ich werde über diesen Punkt schneller hinweggehen. Meine Ansicht muß ich allerdings dahin aussprechen, daß ich sage: es ist zu einer solchen Ausnahme auch kein Grund vorhanden. Die Ehrenhaftigkeit und das Recht Dessen, der möglicherweise selbst Theilnehmer bei Preßvergehen sein könnte, ist durch die allgemeinen Gesetze hinreichend geschützt. Aber man muß doch der Frage näher ins Auge sehen: was heißt das? Wenn der Ausfluß der Justizhoheit, der in der Vernehmung von Zeugen besteht, in der wichtigen Criminaljustiz auf eine bedeutende Weise eingeschränkt wird durch den Satz, wie er hier vom Referenten proponirt ist, wenn man also eine Ausnahme gestatten will zu Gunsten gewisser Verbrechen, so ist die Frage gerechtfertigt: hat die Ausnahme ihre Grundlage in der Wichtigkeit derjenigen Interessen, die durch die Ausnahme geschützt werden sollen? Es stehen sich hier also gewissermaßen Justizhoheit und Preßhoheit entgegen. Ich glaube — zwar nicht nach meiner Ansicht, aber nach Vieler Ansichten — das nicht ganz unrichtig zu bezeichnen. Man hat ja vielfach die Presse eine neue Großmacht genannt und gewiß nicht mit Unrecht; sie hat auch ihr berechtigtes Feld darin: mit Wahrhaftigkeit die öffentlichen Interessen zu erörtern; — wie das von ihr oft gehandhabt wird, ist allerdings eine andere Frage; aber darüber sind wir Alle einverstanden, der Presse unter den heutigen Zuständen einen sehr bedeutenden Spielraum, ja gewissermaßen einen Herrscherraum zuzugestehen. Allein es ist nun die Frage: soll sie dieses besondere Privilegium erhalten? Meine Ansicht ist nun die: Es ist vollständig genügend, ihre Wirksamkeit ist ihr vollständig gewahrt und gesichert, wenn sie nicht solche besondere Privilegien bezüglich der Zeugnißpflicht, sondern nur den Schutz der allgemeinen Gesetze erlangt. Diesen Privilegien hat ja auch der Vorredner, Herr Dr. Rubo, selbst widersprochen. Ich muß aber meine unmaßliche Ansicht dahin aussprechen, daß unwillkürlich bei Denen, die den Satz allgemein aussprechen, die Neigung obwaltet, gerade der Presse das Privilegium zu verschaffen, und ich spreche das offen aus, aber ich sage: nicht bewußt, sondern unbewußt ist dieses Bestreben da, und die Frage ist: sollen wir ein solches Privilegium sanctioniren? Ich bin der Meinung, wenn man beispielsweise die Stellung des Redacteurs nimmt: so lange ein Redacteur nach dem Preßgesetze in der Lage ist, daß er selbst als der Schuldige erscheint, versteht es sich nach den bestehenden Gesetzen schon von selbst, daß er nicht als Zeuge vernommen werden kann, jedenfalls nicht eidlich. Im Uebrigen aber muß ich sagen, wie schon ausgesprochen worden ist: Preßvergehen sind ebenfalls Vergehen, und Preßverbrechen, die die Sicherheit unserer Staaten untergraben, sind ebenfalls Verbrechen. Warum will man Diejenigen privilegiren, die dieser Verbrechen verdächtig sind oder Zeugniß ablegen sollen bezüglich dieser Verbrechen gegenüber Denjenigen, die hinsichtlich anderer Verbrechen Zeugniß ablegen sollen? Ich glaube, es ist kein Grund dazu vorhanden. Um zu schließen — es ist, glaube ich, mit Recht hervorgehoben worden: wenn der Juristentag eine Wirksamkeit üben kann, so kann er sie nur dann üben, wenn er mit einer gewissermaßen zwingenden, überwiegenden Majorität wissenschaftliche Grundsätze, neue Principien ausspricht. Zweitens aber glaube ich, muß er sich mit großer Vorsicht davor hüten, von einer gewissen Strömung getrieben, Fragen zu bejahen, Grundsätze festzustellen, denen im nächsten Augenblick die Praxis ins Gesicht schlagen kann, und das, glaube ich, würde bei dieser Frage der Fall sein. Sobald bewegte Zeiten eintreten, sobald wichtige Criminalfälle das ganze Publicum erschüttern, wird sofort die Neigung vorhanden sein, diesen — von Dr. Rubo aufgestellten — allgemeinen Satz zu einem formellen Gesetzesparagraphen zu machen zum Schaden der Justiz, es wird die Neigung vorhanden sein, in irgend welcher Weise den Paragraphen zu durchbrechen, und wir werden das Urtheil des Publicums hervorrufen, daß wir

Gesetze auf dem Papiere gemacht haben, welche die Praxis nicht vertragen, welche den Interessen des Lebens nicht entsprechen und welche den Interessen unseres Staatslebens nicht entsprechen. Ich stelle daher den Antrag, daß nicht der Satz des Herrn Dr. Rubo und auch nicht die Sätze des Herrn Referenten bejaht werden, sondern einfach der Satz ausgesprochen wird:

„Die allgemeine Zeugnißpflicht in Criminalsachen wird auch dann anerkannt, wenn die Untersuchung die Richtung gegen eine bestimmte Person noch nicht genommen hat."

Präsident: Meine Herren! Der jetzt formulirte Antrag ist nach meiner Anschauung Nichts weiter als eine Reproduction des ersten Satzes unseres Herrn Referenten, ebenso wie ich auch die Ausführungen des Herrn Oberstaatsanwalts von Lauhn nicht anders auffassen kann, denn als die Reproduction des ersten Satzes. Es sind auch specielle Anträge nicht gestellt. Was die Anschauung des Herrn Dr. Rubo anlangt, so fasse ich sie einfach als eine Negation des ersten Satzes auf. Also abgesehen von redactionellen Aenderungen wird der Satz des Herrn Referenten den alleinigen Antrag bilden.

(Ein Antrag auf Schluß der Debatte wird abgelehnt, dagegen ein solcher auf Schluß der Discussion über den ersten der vom Referenten formulirten Sätze angenommen, sodaß die weitere Discussion sich nur auf den zweiten und dritten Satz zu erstrecken hat.)

Staatsanwalt **Gordan** aus Frankfurt a. M.: Meine Herren! Ich spreche etwas in eigener Sache, denn ich bin Mitglied der Staatsanwaltschaft von Frankfurt a. M., und insofern ein wenig betheiligt bei dieser Erörterung; mit der Sache selbst, d. h. mit der Verfolgung der „Frankfurter Zeitung" habe ich aber amtlich Nichts zu thun gehabt. Ich habe das Wort verlangt hauptsächlich nur aus dem Gesichtspunkte, weil ich glaube, daß die Frage mir ziemlich nahe getreten ist, daß sie mir Anlaß gegeben hat, über die Sache etwas nachzudenken, und ich daher wohl berechtigt bin, hier, wenn ich so sagen darf, ein Wort mitzusprechen. Meine Herren! Ich bin der Ansicht, daß die Presse allerdings gewisse Privilegien verlangen darf, ich bin der Ansicht, daß sie geschützt werden muß in der freien Aussprache und in der Besprechung öffentlicher Angelegenheiten. Ich bin aber für's Erste nicht der Ansicht, daß die Erörterung von Privatangelegenheiten gleiche Privilegien in Anspruch nehmen kann, bei ihnen dürfte vielmehr eine größere Strenge am Platze sein. Aber, meine Herren, ich will dies nicht zum Gegenstande der Debatte machen. Ich will nur ein Bedenken hervorheben; ich habe das Wort verlangt, um gegen die Bestimmung zu sprechen, wonach im Falle des § 20 des Preßgesetzes nach dem Vorschlage des Herrn Referenten, wenn der verantwortliche Redacteur als Thäter haftet, alle Zeugnißpflicht fortfallen soll. Meine Herren! Ich meine, daß hierin doch ein Mißverständniß liegt, und ich kann nicht anders sagen, als daß dieser Vorschlag nicht, ich will sagen, wenigstens nicht reiflich überlegt ist. Was heißt denn das: „als Thäter haftet?“ Es ist allerdings in § 20 gesagt, der Redacteur soll als Thäter bestraft werden. Aber es entsteht hier die Frage: Wie kann man einen Redacteur als Thäter strafen, wenn er irgend eine über ihm ganz fremde Thatsachen handelnde Correspondenz veröffentlicht? Ich beziehe mich zum Beispiel auf die Geraer Correspondenz, von der so viel die Rede ist, worin über die Schuleinrichtungen in Gera falsche Thatsachen verbreitet sein sollen. Ja! Der Redacteur ist verantwortlich als der Thäter. Wir können ihn bestrafen wegen der Beleidigungen, die in einem Artikel seiner Zeitung enthalten sind, und das wird wohl in dem erwähnten Falle auch geschehen, denn der verantwortliche Redacteur ist als der Thäter in Betracht gezogen. Aber kann der Staatsanwalt ihn anklagen, kann das Gericht ihn verurtheilen wegen Verleumdung? Das ist nicht möglich, man kann ihn nicht auf Grund des § 187 des Strafgesetzbuchs zur Bestrafung ziehen. Es läuft durch alle Zeitungen die Nachricht, die Geraer hätten den Strafantrag zurückgezogen; das ist nicht wahr, er ist nicht zurückgezogen. Wäre es aber wunderbar, wenn es jetzt, nachdem das Einschreiten gegen den Verfasser nicht mehr zulässig ist, geschähe? Was haben denn die Geraer für ein Interesse daran, den Redacteur der „Frankfurter Zeitung“ zur Bestrafung zu bringen? Sie wollen denjenigen bestraft wissen, der den Artikel geschrieben hat. Giebt es aber kein Mittel, diesen zu ermitteln, so würde der, der im besten Glauben den Artikel abdruckt und doch verantwortlich ist wegen der Beleidigungen, die darin enthalten sind, mit einer kleinen Geldstrafe belegt werden können, der Urheber der frivolen Erfindungen aber gänzlich leer ausgehen. Ich kann ein solches Privilegium nicht anerkennen. Die Journalisten haben das zwar angenommen, aber wenn Interessenten darüber abstimmen, so kann das für mich kein Gewicht haben, es kommt mir vor, wie wenn Branntweinbrenner über die Erhöhung der Maischsteuer Beschluß faßten. Namentlich, da die Zeitungen absolut für die Scandalsucht des Publicums sorgen müssen — es ist das ihre Pflicht, ihr Beruf —

(Lebhafter Widerspruch.)

ich meine doch, es gehört zu ihrem Berufe und es geschieht. Sie müssen dem Publicum dann und wann etwas Interessantes bringen und können sich der Gefahr nicht aussetzen, ihre besten Correspondenten auf die Weise zu verlieren, daß sie dieselben bei einer Anklage namhaft machen. Meine Herren! Ich habe bei den fraglichen Erörterungen der Presse etwas vermißt; ich hätte gern gehört, daß eine Zeitung gesagt hätte: Der Zeugnißzwang ist ganz unnöthig; wenn frivole Anfeindungen oder Verläumdungen in einem Blatte vorgebracht werden, dann wird jeder ehrliche Redacteur schon von freien Stücken den Schuft nennen. Das hat Keiner gesagt. Wenn das gesagt worden wäre, dann könnte man mir vielleicht entgegnen: man kann ja auf die Moral der Herren rechnen, sie werden selbst den Verleumder der Verantwortung nicht entziehen wollen. Es ist aber kein Wort darüber gefallen. Also, wenn ich dem Antrage bezüglich des § 20 zustimmen soll, so verlange ich, daß der Zusatz gemacht werde:

„Wenn durch das Vorverfahren wahrscheinlich gemacht ist, daß die Thatsachen erdichtet oder wissentlich entstellt sind, so fällt die Befreiung von der Zeugnißpflicht fort. Sie fällt fort in den Fällen der §§ 187 und 131 des Strafgesetzbuches."

Generalsecretär Dr. **Alexander Meyer** aus Berlin: Indem ich mich nicht gezwungen, sondern freiwillig vordränge, Zeugniß abzulegen, muß ich damit beginnen, daß ich die Generalfrage nicht unbedingt verneinen kann. Auch ich spreche in eigener Sache, ich gehöre zu den Missethätern, die soeben von dieser Stelle aus charakterisirt worden sind. Ich bin Journalist von Beruf, ich bin aber, was vielleicht einen günstigen Eindruck machen wird, noch nicht bestraft, vielleicht ohne mein Verdienst.

(Heiterkeit.)

Ich stehe auf dem Standpunkte, Ihnen die Resolutionen des Herrn Dr. Jaques zur Annahme empfehlen zu können. Man hat uns mit Missethätern verglichen, denen man auf die Spur kommen müsse. Nun haben aber unsere Missethaten vor allen andern Verbrechen eine Eigenthümlichkeit voraus: man findet nie die äußeren Spuren. Wo ein verbrecherischer Artikel geschrieben ist, da werden Sie niemals Strangulationsmarken, niemals Blutflecken, niemals Diebstahlswerkzeuge finden. Die materia peccans sitzt hinter der Stirn, wo kein Forscherblick hinkommt. Wenn ein Redacteur gefragt wird: wer hat den Artikel geschrieben? und er erwidert: ich bekenne mich als den Verfasser — wo wollen Sie da die Möglichkeit hernehmen, nach einem andern Verfasser zu suchen? Das Strafbare liegt in der Conception eines Gedankens in einer strafbaren Form. Darüber ist keine Erhebung möglich, wer der Verfasser gewesen ist, der der Staatsanwaltschaft Veranlassung gegeben hat zur Unzufriedenheit; den Betheiligten selbst ist es oft unmöglich, hierüber ein richtiges Urtheil zu fällen. Sie werden den Begriff „Verfasser" doch nicht so äußerlich mechanisch fassen wollen, daß Sie sagen: derjenige ist der Verfasser, der den Artikel geschrieben hat, also im vorliegenden Falle derjenige, von dem das Manuscript bei der Redaction der „Frankfurter Zeitung" eingegangen ist. Man kann nicht wissen, ob die Redaction der „Frankfurter Zeitung“ den Artikel nicht geändert hat; das geschieht ja außerordentlich häufig, es können drei, vier Hände im Spiele gewesen sein, es kann denkbar sein, daß der erste Einsender mit dem besten Gewissen erklärt: hätte ich gewußt, daß die Redaction diese Aenderungen machen würde, so hätte ich mein Veto eingelegt gegen den Abdruck. Es ist möglich, daß der Redacteur einem Correspondenten Winke giebt: schreibe über den und den Gegenstand, bringe diese und diese Sachen hinein. Die Verhältnisse verwickeln sich noch mehr, wenn es sich um Mitarbeiter einer Zeitung handelt, die am Orte selbst sind. Die einzelnen Collegen treten am Abend zusammen und unterhalten sich; am andern Morgen hat Jeder eine Anzahl Einfälle und Gedanken, von denen Keiner weiß, wer sie ursprünglich gefaßt hat. Sie sind während des Gesprächs entstanden. Mir selbst ist es passirt, daß ich in einer Gesellschaft, in welcher ein hervorragender Gelehrter, der verstorbene Professor Häußer in Heidelberg, sich über einen Gegenstand in sehr erregender Weise unterhielt, die Feder nahm und sofort seine Ideen zu Papier brachte, und wie die Unterhaltung fertig war, da war der Artikel auch fertig, und Häußer wurde am Morgen des andern Tages gefragt, ob er den Artikel geschrieben hätte oder ich. Wo kommt die Möglichkeit her, den Verfasser weiter zu ermitteln, wenn ein Redacteur vor Gericht gesagt hat: ich bekenne mich zur Verfasserschaft? Herr Gordan hat die Frage aufgeworfen, ob das eine Genugthuung wäre, wenn Jemand frivole Verläumdungen ausgestreut habe und ein Anderer für ihn sitze. Nein, meine Herren, wenn Sie die Sache auf den Standpunkt der Ehrenhaftigkeit, der Moral zurückführen, so sage ich: ich verwerfe das Verfahren, aus dem Hinterhalte Pfeile abzuschießen, und ich würde nie eine Zeile der Oeffentlichkeit übergeben, für die ich nicht die volle Verantwortlichkeit übernähme. Es mag schlecht und unsittlich sein, aus dem Hinterhalte vergiftete Pfeile abzuschießen; aber erreicht man denn den Zweck, erhält man eine gar so große Genugthuung, wenn statt des verantwortlichen Redacteurs noch andere Individuen sitzen, die sich in ihrem Gewissen verpflichtet fühlen, das Zeugniß zu verweigern? Ich stehe nicht auf dem Standpunkte, für die Presse ein Privilegium zu verlangen; im Gegentheil, ich werde überall den Grundsatz vertreten: wer sich den Staatsgesetzen nicht fügt, gegen den muß der Staat einschreiten, und wer den Staatsgesetzen zuwiderhandelt, der mag die Folgen davon tragen. Aber ich schließe aus den einfachsten criminalistischen Prämissen, daß ein Zeuge nur über Thatsachen Auskunft geben soll, nicht darüber, wer der Verfasser ist; denn wer der Verfasser ist, das ist immer Gegenstand einer Beurtheilung, unter Umständen einer sehr schwierigen Beurtheilung. Deshalb hat das Preßgesetz praesumtiones juris und theilweise de jure, und ich glaube,

Sie werden den Satz: pater est, quem nuptiae demonstrant, getrost übersetzen können: Verfasser eines Artikels ist der Redakteur, der die Verantwortlichkeit dafür übernommen hat.

Advocat **Frankenburger** aus Nürnberg: Es wäre vielleicht gerecht, nachdem Sie den Ankläger gegen die Frankfurter Zeitung und gegen die Presse überhaupt gehört haben, auch den Anwalt der ersteren zu hören. Ich bin indeß nicht der Anwalt der Frankfurter Zeitung und enthalte mich jedes Eingehens auf die Aeußerungen des Herrn Staatsanwalts Gordan, weil ich fürchte, es würde ein sehr unerquickliches Bild des Juristentages bieten, wenn in der eingeschlagenen Weise auf die Polemik gegen die Presse überhaupt und gegen die „Frankfurter Zeitung" insbesondere erwidert und der Fall der „Frankfurter Zeitung" näher in Betracht gezogen und hier discutirt werden wollte.

(Bravo!)

Eins nur erlauben Sie mir zu bemerken. Die Presse hat unwidersprochen bis zum heutigen Tage behauptet, es sei der Artikel aus Gera nicht einmal objectiv injuriös, und deshalb war das Erstaunen über ein solches Verfahren um so größer. Ich habe eine nähere Kenntniß darüber nicht; der Herr Vorredner hat dies auch nicht berührt. Den Aeußerungen des Vorredners Herrn Dr. Meyer möchte ich nur beifügen, was ich aus seiner eigenen Motivirung der von ihm aufgestellten These entnehmen zu können glaubte. Er sagt, das Concipiren des strafbaren Gedankens sei eigentlich das Strafbare, damit stimmt aber seine Motivirung, welche weiter geht, nicht überein. Ich glaube seine Bemerkungen dahin fassen zu sollen, daß der Aeußerer des strafbaren Gedankens, derjenige, welcher den strafbaren Gedanken nicht nur gefaßt, sondern zur äußeren Wahrnehmung gebracht, ihn der Presse einverleibt hat, der Strafbare ist, und um deswillen schließe ich mich seinen Ausführungen an. Wenn der Redacteur als derjenige, der den Artikel in die Zeitung aufgenommen hat, die Verantwortung übernimmt, so rechtfertigt sich damit das, wovon auch das Reichspreßgesetz ausgegangen ist; es kann dann nur von ihm als Thäter und von keinem anderen Thäter mehr die Rede sein, weil durch die Einverleibung des strafbaren Artikels in die Zeitung allein das Vergehen begangen ist.

Aber, meine Herren, ich habe mich eigentlich nicht zum Zweck dieser Ausführung zum Wort gemeldet, ich wollte lediglich einen Gesichtspunkt betonen, welcher Sie bestimmen soll — mögen Sie über den ersten Satz des Herrn Referenten beschließen und befinden, wie Sie wollen — dessenungeachtet jedenfalls seine beiden andern Sätze anzunehmen. Denn es würde der Zweck, den wir anstreben mit der heutigen Discussion, nicht erreicht, wenn Sie nur den ersten Satz des Herrn Referenten, oder wenn

Sie den Antrag des Herrn Dr. Rubo annehmen würden. Ich darf darauf zurückkommen, weil der Antrag des Herrn Dr. Rubo zwei Seiten hat. Er beantragt, die erste Frage anders zu beantworten als der Herr Referent: er beantragt aber auch die Streichung der beiden andern Sätze. Die Anträge Rubo und des Referenten bezielen nicht dasselbe, und decken einander nicht. Die Beantwortung des Satzes 1 nach dem Antrage Rubo läßt die zweite Frage aus den vom Herrn Vorsitzenden trefflich entwickelten Gründen unentschieden, wenn sie dieselbe nicht gar zu Ungunsten entscheidet. Denn man kann sich ja auch einen Angeklagten schaffen, dann führt man nicht allein die Untersuchung, sondern alle die Personen, welche von der Zeugnißpflicht befreit werden sollen, können zum Zeugniß gezwungen werden. Sie werden sagen, das sei illoyal. Aber es ist auch Aufgabe, den möglichen Schutz gegen eine illoyale Anwendung des Gesetzes zu suchen. So lange man es in der Hand hat, darf man sich nicht damit begnügen, dahin zu wirken, daß Gesetze geschaffen werden, welche nur gut sind, wenn sie loyal angewendet werden; sondern man muß nach so gearteten Gesetzen streben, daß sie auch die Illoyalen nicht zu Ungunsten anwenden können. Deshalb ist mit dem, was Herr Dr. Rubo anstrebt, nicht das erreicht, was wir intendiren. Warum ist die Frage überhaupt aufgeworfen, die wir ventiliren? Die Ursachen waren allerdings die Ereignisse der neuesten Zeit, die die Presse berühren; außerdem wäre der Juristentag nicht in die Lage gekommen, diesen Gegenstand noch einmal und jetzt zur Erörterung zu ziehen. Wir müssen also den Gegenstand so vollständig klar und unzweideutig erledigen, wie es den Umständen, unter denen er an uns gekommen, angemessen ist, und deshalb bitte ich Sie, die Sätze anzunehmen, welche der Herr Referent vorgeschlagen hat. Ich füge noch hinzu: unser Votum wird am sichersten dann das Gewicht und die Bedeutung haben, welche wir ihm wünschen, wenn mit sehr großer Mehrheit oder vielleicht sogar mit Einstimmigkeit die Sätze zur Annahme gelangen. Ich möchte daher Sie dringend bitten, meine Herren, den beiden letzten Sätzen des Herrn Referenten jedenfalls zuzustimmen, womöglich Alle zuzustimmen, damit man weiß, was der deutsche Juristentag in dieser Frage denkt; denn ich bin überzeugt, daß der deutsche Juristenstand mit der großen Mehrheit des deutschen Volkes darin übereinstimmt, daß der Zeugnißzwang in der Weise, wie er jüngst geübt worden ist, nicht berechtigt ist, und daß derselbe darin übereinstimmt mit der Majorität des deutschen Reichstags, die den gleichen Satz aufgestellt hat, der leider unter den obgewalteten Umständen nicht zum Gesetze wurde, ohne daß jedoch das Princip, welches er aussprechen wollte, desavouirt worden wäre.

(Die Debatte wird geschlossen.)

Referent Dr. **Jaques** [zum Schluß]: Meine verehrten Herren! Ich hoffe kurz sein zu können. Die Wogen der Debatte sind etwas hoch gegangen. Was meine bescheidene Action in der Sache anlangt, so habe ich geglaubt, von wissenschaftlichen Sätzen ausgehen zu sollen; ich habe mich auf den speciellen Fall nicht eingelassen und daran halte ich fest, weil ich den Charakter dieser Versammlung nicht alterirt wissen möchte. Die erste Position in ihrer allgemeinen Form anlangend, nämlich die Frage, ob der Zeugenzwang schon Platz greifen solle, ehe die Untersuchung gegen eine bestimmte Person eingeleitet ist, so habe ich das Gefühl, als wäre es überflüssig, noch darüber zu reden; denn ich kann mich des Eindruckes nicht erwehren, daß es gerade soviel hieße, als die Untersuchung unmöglich machen, wenn man erst bis zu dem Momente warten wollte, da man eine bestimmte Person hat, um dann erst Zeugen zu vernehmen. Erwähnen will ich diesen Punkt nur noch, soweit er die Presse betrifft, weil da Mißverständnisse möglich sind in Bezug auf den Antrag des Herrn Collegen Dr. Rubo. Herr Dr. Rubo hat gewünscht, daß Sie den ersten Satz im Gegensatz zu meiner Resolution bejahen, respective aussprechen: es kann der Zeugenzwang erst dann Platz greifen, wenn die Untersuchung gegen eine bestimmte Person eingeleitet ist. Und damit soll dann alles Andere wegfallen. Es hat so ausgesehen, als ob damit ein wissenschaftliches Princip ausgesprochen werden sollte: ich halte gerade das Gegentheil für das Richtige. Ich glaube insbesondere, wenn Herr Dr. Rubo gemeint hat, auf diesem Wege in Form eines allgemeinen Princips Ihnen dieselben Grundsätze vorzulegen, die ich für die speciellen Fälle in Bezug auf die Presse vertreten habe, so war er irriger Ansicht. Denn es ist klar, daß nach Rubo der Richter im einzelnen Falle nur die Untersuchung gegen eine bestimmte Person einzuleiten hätte und dann berechtigt wäre, über alle diejenigen Personen, bezüglich deren ich behaupte, daß kein Zeugnißzwang stattfinden dürfe, den Zeugnißzwang zur Anwendung zu bringen. Wir hätten also, anstatt ein angeblich liberales Princip auszusprechen, das Gegentheil erreicht, und durch die Hinterthür die unzweifelhafte Zeugnißpflicht aller der Personen erst recht herbeigeführt, die nach wissenschaftlichen Grundsätzen die Zeugnißpflicht nicht haben können.

Ich komme nun auf die Ausführungen des Herrn Oberstaatsanwalts von Lauhn, soweit dieselben die Disciplinaruntersuchung betrafen. Er scheint der Meinung gewesen zu sein, als ob ich von vornherein abgelehnt hätte, daß bei Disciplinaruntersuchungen der Zeugnißzwang Platz greife. Dagegen habe ich ganz bestimmt auszusprechen, einmal, daß ich uns nicht für berufen erachte, über Disciplinarsachen ein Votum abzugeben, zweitens, daß der Zeugnißzwang, wie wir ihn kennen, wie er in der Strafprozeßordnung aufgestellt ist mit der Absicht der Anwendung in Criminalfällen, nicht unmittelbare Anwendung finden kann auf das Disciplinarverfahren. Was über jenes Gebiet hinausgeht, ist nicht unsere Sache; wir können nur aussprechen, daß wir den Zeugnißzwang, wie wir ihn verstehen, haben wollen dort, wo es sich um Strafrecht, um Strafprozeß und um den Strafrichter handelt. Daran halte ich fest, und wenn Herr von Lauhn gemeint hat, er spreche ein Argument für sich aus, indem er ausführte, daß eine Disciplinarsache leicht in eine Criminalsache übergehen könnte, so meine ich, er habe vielmehr ein Argument für mich ausgesprochen; denn sowie ein Disciplinarverfahren einmal in ein Criminalverfahren übergegangen ist, so findet selbstverständlich der Zeugnißzwang seine volle Anwendung und wir sind auf vollkommen sicherem Terrain. Die Normen in Betreff der Disciplinaruntersuchungen als solche, kommen also in meinem Antrage nicht vor, ich spreche vielmehr nur vom Strafrichter und von Strafsachen, weil wir eben nach unserer wissenschaftlichen Ueberzeugung den Zeugnißzwang nur da kennen können, wo es Strafrichter und Strafsachen giebt.

Ich komme zu den Aeußerungen des Herrn Kunowski. Wenn man sagen würde, der allgemeine Zeugnißzwang in Criminalsachen — das ungefähr will er aussprechen — soll statuirt werden, er finde statt, ehe die Untersuchung die Richtung gegen eine bestimmte Person genommen hat; so hätten wir damit den äußersten Gegensatz zu meinen Anträgen ausgesprochen. Zu bestimmen, daß der Zeugnißzwang hinsichtlich der Presse und der Preßdelicte vollständig nach den allgemeinen Strafgesetzen normirt werde, das ist eine Unmöglichkeit deshalb, weil in dem Momente, da das Reichspreßgesetz die specielle Position des Redacteurs in § 20 feststellte, es mit apodictischer Gewißheit gewollt hat, daß hinsichtlich seiner der allgemeine Grundsatz in Betreff der Zeugnißpflicht nicht gelten solle, sonst wäre ihm ja die specielle Position nicht gegeben worden.

Ich komme zu Herrn Gordan. Herr Gordan hat gemeint, es walte auf meiner Seite ein Mißverständniß ob, und der Antrag bezüglich des verantwortlichen Redacteurs scheine ihm nicht überlegt. Ich gestehe, mir ist es vorgekommen, als ob der Herr Redner sich wohl noch gar kein Urtheil gebildet hätte darüber, was der § 20 des Preßgesetzes eigentlich will. Derselbe sagt ja eben, der verantwortliche Redacteur sei der Thäter, und will nur einen Exceptionsbeweis zulassen, wenn besondere Umstände vorliegen, welche darthun, daß er nicht der Thäter sei. Correspondenzen, wie die, von denen die Rede war, befreien ja den Redacteur nicht im

Sinne des Preßgesetzes, er bleibt haftbar, so lange er nicht ganz andere besondere Umstände nachgewiesen hat als die, daß er die Correspondenzen erhalten hat. Es handelt sich ja um einen Exceptionsbeweis — der Ausdruck ist auch von Schwarze in seinem Commentar gebraucht. Der Richter hat sich um diese Umstände gar nicht zu bekümmern, er geht davon aus, im Sinne des Gesetzes mit vollem Rechte: der Redacteur ist der Thäter, und nur wenn der Redacteur den stringenten Nachweis führt, daß er nicht der Thäter sein kann, erst dann kann von einer anderweiten Thäterschaft die Rede sein. Ist Er aber einmal als Thäter anerkannt, dann ist die Criminalprocedur nach allen practischen und theoretischen Grundsätzen geschlossen. In dem vorliegenden speciellen Falle hat der Redacteur die Haftung zu übernehmen erklärt. Was soll da der Zeugnißzwang? Den Thäter habe ich ja schon. Man hatte also wohl die Absicht, die allgemeinen Strafgesetze noch darüber hinaus anzuwenden; aber der § 20 schließt das ja aus. Derselbe sagt: Du hast dich nicht zu bekümmern um den objectiven und um den subjectiven Thatbestand, sondern du hast die Person des Thäters vor dir, und nun ist die Sache vorüber.

Es handelt sich nunmehr für mich nur noch darum, zu meiner eigenen Beruhigung und Befriedigung darauf hinzuweisen, wie es rücksichtlich der Enthebung von der Zeugnißpflicht in dem dritten meiner Sätze steht, soweit es sich nämlich nicht um den verantwortlichen Redacteur nach § 20 handelt. Es ist ein interessanter Passus, den ich mir aus den Verhandlungen der Reichsjustizcommission bezüglich der Strafprozeßordnung notirt habe, worin einer der Regierungscommissare, Oberregierungsrath Honauer, gesagt hat, er gehe davon aus: „soweit das Preßgesetz eine strafrechtliche Haftbarkeit statuirt, könne der für den betreffenden Reat Haftende nicht angehalten werden, Zeugniß abzulegen.“ Nun werden Sie mir zugeben: von dem Momente an, wo der Redacteur nicht mehr im Sinne des § 20 als Thäter haftet, oder wenn es sich um eine nicht periodische Druckschrift handelt, haften nach dem Inhalte des § 21 des Reichspreßgesetzes die Einzelnen, die in dem Paragraphen genannt sind, entweder als Thäter oder mit Fahrlässigkeitsstrafen. Also der Bundescommissar anerkennt damit selbst: bezüglich dieser Personen kann es keinen Zeugnißzwang geben, denn sie sind eventuell haftbar entweder wegen der That oder wegen Fahrlässigkeit.

Und nun, meine Herren, lassen Sie uns zum Schluß dem, was wir da beschließen, auch die schöne Weihe geben, die darin liegt, daß wir uns an den vortrefflichen Mann erinnern, der 1862 schon in Preußen diese Grundsätze zur Geltung zu bringen gesucht hat, lassen Sie uns die Worte in unser Gedächtniß zurückführen, die Waldeck damals aussprach, und die folgendermaßen lauten:

„Meine Herren! Es ist ein sehr constanter Grundsatz, den Sie sowohl bei den älteren und neueren Criminalisten finden: es darf Niemand vernommen werden, der auch nur einen Schatten von Complicität hat. Wie sollen wir das nun nennen, wenn hier unterschieden wird zwischen den möglichen Strafen? Ja, meine Herren, ich will gewiß nicht den Redner oder Juristen tadeln, der eine so haarscharfe Unterscheidung einlegt" —

das bezieht sich auf einen früheren Redner —

„aber den Gesetzgeber, der nicht die Thür davor verschließt, den table ich."

Nun, meine Herren, ich table mit Waldeck den Gesetzgeber, der nicht die Thüre verschließt, um sophistischen Distinctionen den Eingang zu verwehren; verschließen wir die Thür!

(Bravo!)

Präsident: Wir gehen zur Abstimmung über. Es ist von einem der Herren Redner der Wunsch ausgesprochen worden, es besonders scharf zu accentuiren, daß in dem Antrage und den Ausführungen des Herrn Referenten und den Sätzen, die jetzt zur Beschlußfassung gebracht werden, nur von dem Zeugnißzwange in Criminalsachen die Rede ist, also die Frage, inwiefern der Zeugnißzwang in Disciplinarsachen zur Anwendung gelangen darf, eine völlig offene geblieben ist. Ich thue dies hiermit.

Der Präsident motivirt, daß er über die einzelnen Thesen des Referenten abstimmen lassen werde, jedoch allenthalben vorbehaltlich der Abstimmung über die folgende Thesis und vorbehaltlich einer definitiven Schlußabstimmung über das Ganze, wenn solche sodann verlangt werde.

Die Abstimmung über Satz 1:

„Die vor dem Richter in Straffachen bestehende Zeugnißpflicht wird wirksam, auch ehe die Untersuchung die Richtung gegen eine bestimmte Person genommen hat."

ergiebt eine an Einstimmigkeit grenzende Majorität für diesen Satz.

Auch der zweite Satz:

„Wenn bei einem durch eine periodische Druckschrift begangenen Delicte der verantwortliche Redacteur als Thäter haftet, entfällt jede Zeugnißpflicht."

wird mit einer an Einstimmigkeit grenzenden Majorität angenommen.

Der dritte Satz, welcher lautet:

„Ist das nicht der Fall, oder ist ein durch eine nicht periodische Druckschrift begangenes Delict in Frage, so sind der verantwortliche Redacteur, beziehungsweise der Verleger, Drucker, Verbreiter berechtigt, das Zeugniß zu verweigern."

wird mit überwiegender Majorität angenommen.

Eine Abstimmung über die nunmehr gefaßten Beschlüsse der Abtheilung in ihrer Gesammtheit wird nicht verlangt.

(Nachdem die Versammlung beschlossen hat, die gefaßten Beschlüsse dem Plenum zur Kenntnißnahme mitzutheilen und Hof- und Gerichtsadvokat Dr. Jaques aus Wien zum Berichterstatter für das Plenum bestellt worden ist, wird die Sitzung um 11½ Uhr geschlossen.)

Dritte Sitzung der dritten Abtheilung am 27. August 1875.

Präsident, Generalstaatsanwalt Dr. **von Schwarze** eröffnet die Sitzung um 12¼ Uhr Mittags und ertheilt zum Referat über die Frage:

„Kann die Privatklage im weiteren Umfange als für Beleidigungen in das deutsche Strafverfahren eingeführt werden?"

das Wort Herrn

Berichterstatter Professor Dr. **Gneist** von Berlin. Der für die Frage der Privatanklage ernannte Referent ist nach der gestrigen Mittheilung ernstlich erkrankt; ich bitte daher zu genehmigen, daß ich denselben vertrete. Ich hoffe, daß die Sache durch diese Vertretung nicht leiden wird, da wir Beide wohl wesentlich auf demselben Standpunkt stehen.

Trotz aller Gebrechen des alten Inquisitionsprocesses war eine der besten Seiten des deutschen Strafverfahrens der Schutz des persönlichen Rechtskreises gegen die Staatsgewalt. Die Hauptgefahr des absoluten Staats lag in der Allgewalt der Beamten. Gerade gegen Amtsüberschreitungen und Amtsmißbrauch gewährten aber die deutschen Strafgerichte ausreichenden Schutz durch ihr Einschreiten von Amtswegen. Der privilegirte Gerichtsstand der Beamten wirkte in dieser Beziehung keineswegs ungünstig. Denn es waren in Deutschland wohl hundert Obergerichte in collegialischer Verfassung und Selbständigkeit vorhanden, welche gegen höhere wie niedere Beamte einzuschreiten hatten, auch dem mächtigsten Minister zum Trotze, auch unabhängig von Rescripten oder Anweisungen des Landesherrn. Ebenso unbeschränkt war nach der gemeinrechtlichen Gerichtsverfassung die Schadensklage gegen den rechtswidrig handelnden Beamten.

Im 19. Jahrhundert gewöhnte man sich allmälig an den Gedanken, daß solche Klagen und Anklagen von der vorgängigen Prüfung einer anderen Amtsstelle abhängig sein sollten. Allein es war dies eine Neuerung. So lange die deutschen Reichsgerichte die Territorialstaatsgewalt zu controliren hatten, durfte kein Landesherr durch Hofrescripte in den ordentlichen Gang der Justiz eingreifen, und folgeweise auch durch keine unter irgend einem Namen geschaffene Verwaltungsstelle das Einschreiten der Strafgerichte hemmen. Erst nach der völligen Emancipation von den Reichsgerichten konnten Einrichtungen derart entstehen. Eine entschuldbare Veranlassung dafür konnte in Uebergangszuständen liegen, wo einschneidende Verwaltungsgesetze in die altständische Rechtsordnung eindrangen und man eine Hemmung des Reformwerks durch Gerichtssprüche fürchtete. Dies war auch der entscheidende Grund für solche Einrichtungen in Frankreich gewesen. Meistens war es aber wohl nur der Geist der Bureaukratie und eine äußerliche Nachahmung Frankreichs, welche zu solchen Einrichtungen führten. In Preußen pflegte in der Periode der Revision unserer Verfassung der Justizminister herkömmlich die Erklärung abzugeben, daß solche Einrichtungen „Consequenzen der constitutionellen Regierungsform" seien. In Summa sind alle Beschränkungen der Justiz an dieser Stelle verhältnißmäßig neue Anomalien, welche nur in einzelnen Staaten zur Geltung kamen. Gemeinrechtlich gilt bis heute die Civil- und Strafklage gegen den Beamten unbeschränkt.

Mit Einführung der Staatsanwaltschaft nach dem Muster Frankreichs wurde nun aber dies Verhältniß grundsätzlich geändert. Die Stellung des Strafrechts zum Verwaltungsrecht wird eine völlig neue; das Strafrecht hört auf, eine Schranke der Ministerverwaltung zu sein. Es schützt den Rechtskreis der Einzelnen nicht mehr gegen die Anweisungen der höchsten Verwaltungsstelle. Die alte Strafjustiz schützte eben so nach oben wie nach unten. Durch die neue Einrichtung erlosch die erstere Seite, der Rechtsschutz gegen den Mächtigen und den von der Macht Geschützten.

Es ist dies die unabänderliche Folge, wenn man die Strafverfolgung vom Richteramt trennt und einem ministeriellen Beamten ausschließlich anvertraut. Niemand hat dann mehr eine Strafverfolgung ex debito justitiae zu fordern. Die öffentliche Anklage ist „Verwaltungssache" geworden, abhängig vom Ministerrath, seinen Anweisungen, seinem Regierungssystem. Und zu diesen Anweisungen gehören nicht nur ausdrücklich formulirte Rescripte, welche eine Strafverfolgung vorschreiben oder verbieten, sondern viel weiter gehend die stillschweigenden Anweisungen, welche sich aus den öffentlichen Verhandlungen der Parlamente, aus der Stellung und aus dem Streite der Minister mit den Kammern ergeben, und welche für die ministeriellen Beamten selbstverständlich sind, wenn sie überhaupt ihre Stellung verstehen.

In Preußen und wohl überall in Deutschland ist diese Aenderung unseres Strafrechts bona fide vor sich gegangen. Ueber den Einfluß des Parteiwesens im constitutionellen Staate hatten wir bis dahin noch keine Erfahrungen im größeren Maßstabe. Wenn man im Jahre 1846 oder 1849 mit den Urhebern unserer preußischen Reformgesetze diese Seite der Staatsanwaltschaft erörterte, so nannten sie dies „theoretische Bedenken". Ich kann das sogar persönlich bezeugen; und ich muß anerkennen, daß in jenen Wendepunkten der Reform die Frage wirklich nicht recht praktisch war. Es war damals die Hauptsache, vor Allem die Gebrechen des Inquisitionsprozesses zu beseitigen durch Einführung eines lebensfähigen Anklägeramts. Das allein bekannte Muster Frankreichs hatte sich in den Rheinprovinzen zur allgemeinen Zufriedenheit bewährt. Man konnte sich auch auf die gewohnte Pflichttreue des Beamtenthums um so mehr berufen, als in gewöhnlichen Zeiten die daraus entstandene Lücke des Strafrechts nicht sichtbar wird. Die Verfolgung gemeiner Verbrechen wird in Deutschland auch ein starkgefärbtes Parteiministerium nicht unterlassen. Die Verfolgung der gewöhnlichen Fälle des Amtsmißbrauchs aus Eigennutz, Uebermuth und anderen individuellen Motiven des Beamten liegt ebenso im Interesse jeder anständigen Verwaltung. Die Lücke kommt erst zum Vorschein, wenn im Laufe schwerer Parteikämpfe eine Ministerverwaltung dahin gedrängt wird, im Widerspruch gegen Verfassung zu regieren, d. h. durch verfassungswidrige Verordnungen, durch neue willkürliche Auslegungen der vorhandenen Gesetze, durch ausdrückliche oder stillschweigende Anweisungen an die Beamten etwas durchzusetzen, was nach den Gesetzen nicht sein soll. Dann freilich wird es plötzlich sichtbar, daß unter einer rein ministeriellen Anklage die Verfassung schutzlos ist, und daß die Gerichte keine Mißdeutung der Verwaltungsgesetze zu hemmen vermögen. Und selbst dann sagt sich die öffentliche Meinung selten klar, wo der Schaden eigentlich liegt. Der heftige Parteikampf mit seinen Schlagworten dreht sich mehr um große Interessen, als um verletzte Rechte. Und ist der Interessenstreit in irgend einer Weise glücklich beigelegt, so wird auch der Conflict allmälig vergessen, und man lebt ruhig weiter, ohne an einen Schutz des öffentlichen Rechts für die Zukunft zu denken. Der Standpunkt eines Rechtsverständigen, der grundsätzlich eine dauernde Befestigung des staatlichen Grundbaues sucht, ist in der täglichen Bewegung der Gesellschaft wenig verständlich und unter kein Parteiinteresse unterzubringen. Es ist daher wohl erklärlich, wenn vor drei Jahrzehnten, in tiefbewegter Zeit, die heute zu erörternde Frage für ziemlich „unpraktisch“ galt. Neben der täglichen Arbeit der Rechtsanwendung im einzelnen Falle tritt auch uns Juristen das Bild der Gesammtstaatsordnung dermaßen in den Hintergrund, daß wir das ganze Staatsrecht entweder zur Theorie oder zur Politik zu rechnen pflegen.

Allein der Widerspruch blieb doch nicht lange aus. Als in den späteren Regierungsjahren Friedrich Wilhelm's IV. ein strammes, sogen. conservatives Parteiregiment sich entwickelte, begann in dem Jahrzehnt von 1850—1860 zunächst eine sporadische Opposition gegen das sogen. Anklagemonopol der Staatsanwaltschaft, freilich ohne sonderlichen Erfolg. Aller Widerspruch gegen fehlerhafte Einrichtungen des Staates beginnt aber von dem Gefühl verletzter individueller Rechte. Man empfand es zuerst als eine Verkürzung von Individualrechten, als eine „versagte Genugthuung“, daß eine Strafverfolgung nicht mehr ex debito justitiae gewährt werden solle. Es wurde für unerhört erklärt, daß bei Verbrechen an Leib und Leben, an Ehre und Vermögen dem „Verletzten“ gar kein Rechtsantheil an der Verfolgung zustehen solle. Bei den sog. Privatverbrechen namentlich sollte die Strafverfolgung nicht bloße Verwaltungssache sein, sondern einer bestimmten Rechtscontrole unterliegen, nach welcher man in verschiedenen Richtungen suchte. Auch in den Kammerverhandlungen tritt gelegentlich der Gesichtspunkt einer „versagten Genugthuung“ auf; jedoch unter lebhaftem Streite, ob die Kammern berufen seien, in solchen Fragen mitzusprechen, die man vom richterlichen Standpunkte aus immer noch als in den Kreis der Rechtsprechung gehörig ansah. In den Kreisen der Berufsjuristen hatte der Gedanke einer versagten Genugthuung jedenfalls einen weiten Anklang gefunden. Als der deutsche Juristentag in Dresden auf Gutachten des Herrn Dr. Schwarze und Bericht des Herrn Dr. Glaser mit der Frage befaßt wurde, kam man nach stürmischen Debatten schließlich zu dem nahezu einstimmigen Beschlusse,

> daß im Falle einer Ablehnung der Strafverfolgung seitens des Staatsanwalts der Beschädigte befugt sein müsse, die Sache vor Gericht zu bringen. (Subsidiäre Privatanklage.)

Die Verhandlungen ergeben, daß der Grundgedanke einer versagten Genugthuung für den „Beschädigten“ die ganze Debatte beherrschte, und daß der Gedanke, das Strafrecht als organisches Glied der Rechtsordnung wiederherzustellen, selbst den Antragstellern jener Zeit noch fern lag.

Seit dem Jahre 1861 ist jener Beschluß vielfältig erörtert worden. Jeder Entwurf einer deutschen Strafproceßordnung ist seitdem bemüht gewesen, dem ausgesprochenen Postulat gerecht zu werden. Zu einer Verständigung und befriedigenden Lösung aber ist sie in der Gesetzgebung noch nicht gekommen, und zwar aus Gründen, die wohl in den Mängeln jenes Beschlusses und in der Sache selbst liegen.

Wer soll denn der Beschädigte sein, der nach jenem Beschlusse die Privatanklage erheben darf? Gewiß ist es ein „historisch deutscher" Grundsatz, den Beschädigten sich als Subject einer Strafklage zu denken. Jahrhunderte lang galt es als die heiligste Pflicht und als das unentziehbare Recht der Familie, die Genugthuung für das geraubte Leben zu fordern, und dieser Gedanke hat sich selbst im Widerspruch mit der Gesetzgebung Jahrhunderte lang im Volksbewußtsein erhalten. Gerade an diesem Angelpunkte der Frage versagt aber der Beschluß des Juristentages; denn der „Beschädigte", der dann die Anklage erheben sollte, ist eben todt. Der Gesetzgeber, welcher den Gedanken der Genugthuung ausführen wollte, müßte hier positiv bestimmen, ob die Descendenten, Ascendenten, Vormünder, — welche Mitglieder der Familie überhaupt, — das Anklagerecht haben sollen, wie dies auch bei den Antragsverbrechen in analoger Weise positiv normirt ist. Sollte ferner bei Körperverletzungen außer dem Beschädigten nicht auch dem Vater und dem Vormund ein Recht auf Genugthuung zuzuerkennen sein? Bei Brandstiftungen und Vermögensbeschädigungen muß offenbar nicht nur der Eigenthümer, sondern auch der Nutznießer, der Miether, der Versicherer und jeder mittelbar Interessirte im weitesten Maße als Beschädigter gelten. Sollte aber ein solches mittelbare Interesse, mindestens der Angehörigen, nicht überhaupt bei Verbrechen gegen die Person, Freiheit und Ehre vorhanden sein? Sollte die Strafrechtsordnung wirklich auf einer so niedrigen Stufe der Entwicklung stehen, daß noch heute nur ein erweisbares Geldinteresse zur Sache legitimirte? Sollten alle Staats- und Sittenverbrechen den Privaten nur soweit angehen, als dabei eine individuelle Körper- oder Vermögensbeschädigung in Frage kommt?

Handelt es sich im Strafrecht überhaupt heute noch rechtsgrundsätzlich um eine Genugthuung des Beschädigten? Bei den Antragsdelicten ist allerdings ausnahmsweise, aus besonders gearteten Gesichtspunkten, diese Genugthuung vorangestellt und rechtlich begrenzt. Für die ordentliche Strafrechtspflege ist er völlig untergeordnet. Für sie ist das Gemeinwesen als solches der Beschädigte. Alle Grundsätze und Formen des Strafverfahrens sind danach gestaltet. Seit Jahrhunderten ist jeder namhafte Fortschritt des Strafverfahrens dadurch bedingt gewesen, daß man über die Idee der Privatgenugthuung im Strafrecht endlich hinauskam. Und heute sollten wir gewissermaßen wieder von vorn anfangen und die staatsrechtlich wichtigste Frage des ganzen Strafprozesses (wofür sie in den constitutionellen Ländern gilt) aus der ungenügenden und schiefen Idee eines Beschädigten entscheiden wollen?

Ich kann es in Erwägung dieser Sachlage nicht tadeln, wenn der Entwurf der deutschen Strafprozeßordnung es sich versagt hat, dem Beschluß des Juristentages von 1861 Folge zu geben. Bei dem Versuche der Ausführung hat man ohne Zweifel gefunden, daß eine Sachlegitimation zur Anklage bei der Tödtung wie bei den wichtigsten anderen Verbrechen juristisch nicht zu begrenzen, daß der Begriff eines „Beschädigten" überhaupt nicht Grundlage eines strafrechtlichen Hauptgrundsatzes sein kann. Man suchte vielmehr nach einem solchen Begriff, der zur Construction des heutigen Strafrechts paßt. Ein solcher bot sich bei den Antragsverbrechen dar. Man hat ihn aufgenommen, dem gesetzlich bereits feststehenden Antragsberechtigten die subsidiäre, in ein paar Fällen die principale Privatanklage gegeben, und damit die Frage für den Fachcriminalisten genügend und correct gelöst.

Allein das öffentliche Recht ist dabei völlig leer ausgegangen; denn für die staatsrechtliche Function der Anklage ist gerade das Gebiet der Antragsdelicte bedeutungslos. Ich kenne kaum ein Beispiel eines so beredten Schweigens, wie es die Motive des Reichsgesetzentwurfs in diesem Punkte darbieten. Daß der Staatsanwalt kein Richter, sondern ein ministerieller Beamte sei, ist im Entwurf vorausgesetzt. Daß der Beamte den ministeriellen Anweisungen Folge zu leisten hat, ist überall als selbstverständlich angenommen. Daß diese Vorgesetzten aber constitutionelle Minister sind, — in bestimmten, zum Theil sehr schwierigen Verhältnissen zu Kammern und Parteien, zur Reichsregierung und zur Reichsgesetzgebung, — ist mit keinem Worte berührt. Die Möglichkeit, daß in solcher Lage ein constitutioneller Minister und seine Beamten jemals in Conflict mit Verfassung und Gesetz kommen könnten, ist behandelt wie der Vatermord in der Solonischen Gesetzgebung. Die Möglichkeit verfassungs- und gesetzwidriger Verordnungen und Anweisungen, parteimäßiger Handhabung der Preß- und Vereinsgesetze und der Strafverfolgung gegen die Beamten wird als etwas Undenkbares bei Seite gelassen. Ebenso erscheint es als undenkbar, daß der vom Amt entlaßbare Beamte jemals den (ausdrücklichen oder stillschweigenden) Anweisungen seines Vorgesetzten folgen sollte, wo deren Gesetzmäßigkeit zweifelhaft ist. Es ist als ob man in guter Gesellschaft von anstößigen Dingen nicht sprechen dürfte; als ob in einer Versammlung von Aerzten über menschliche Gebrechen und Krankheiten nicht zu verhandeln wäre. Es giebt zwar in der europäischen Welt keinen constitutionellen Staat, der solche Lagen der Ministerverwaltung nicht bereits durchgemacht hätte. Es giebt auch in Deutschland wohl wenige Einzelstaaten, welche nicht ihren Hassenpflug oder doch einen hassenpflugartigen Justizminister in schwierigen Zeiten gehabt hätten. Alle diese Fragen sind indessen für den deutschen Entwurf nicht vorhanden; und das den Entwurf einführende Mitglied des Bundesraths warnte nur vor jedem Hinausgehen über das practische Bedürfniß.

Ich bin indessen überzeugt, daß gerade dieser extreme Standpunkt des Ignorirens der staatsrechtlichen Frage einen Widerspruch hervorrufen wird. Im deutschen Reichstage konnte darauf keine Antwort erfolgen, da es mir dort nicht gelungen ist, neben anderen Rednern das Wort zu erhalten. Die Antwort, welche hier zu geben war, lautet m. E. dahin: Die Herren Minister der einzelnen deutschen Staaten werden sich nicht dem Anerkenntniß entziehen, daß die deutschen Strafgesetze eine bindende Schranke für ihre eigene Verwaltung sein sollen; die Gesetze können dies aber nicht sein, wenn ihre Anwendung nur von den Ministern selbst abhängt. Kein deutscher Justizminister wird den Anspruch erheben, ganze Abschnitte und Paragraphen (z. B. § 180) des deutschen Strafgesetzbuchs durch Nichtbefolgung außer Kraft zu setzen; und doch liegt diese Befugniß in der Einrichtung, Anklagen ausschließlich durch ministerielle Beamte zu erheben. Der Bundesrath als solcher hat durchaus keine Veranlassung noch ein Interesse, den französischen Grundsatz von der „Selbständigkeit der Verwaltung" dem deutschen Grundsatz von dem Gebundensein der Verwaltung durch die Gesetze unterzuschieben. Wenn in dem letzten Jahrzehnt irgend ein Fortschritt in der staatsrechtlichen Einsicht aufzuweisen ist, so ist es die Anerkennung, daß im constitutionellen Staate (mehr noch als im absoluten) die Gesetze an erster Stelle Schranken der Ministerverwaltung sind. Daß der entgegengesetzte Grundsatz die gefährlichste Fälschung des constitutionellen Staatsrechts darstellt, unter welcher ein constitutionelles Parteiregiment so wenig moralisch wie rechtlich bestehen kann, hat der Verlauf der französischen Verfassungen selbst überzeugend dargethan. Ist dies alles richtig, so darf man sich auch den Folgesätzen nicht entziehen. Will Niemand bei uns eine „Kabinetsjustiz" welche den Lauf der Strafverfolgung durch Hofrescripte hemmen dürfte, so kann man noch viel weniger eine ministerielle Kabinetsjustiz wollen, welche durch unterlassene Verfolgung Strafgesetze außer Kraft zu setzen befugt wäre.

Die Verständigung über diese schwerwiegenden Fragen des deutschen Rechtslebens beruht auf einer Vorbedingung. Wir dürfen in der criminalistischen Tagesarbeit, welche sich nur in Einzelfällen bewegt und welche nur mit den erhobenen, nicht mit den unterlassenen Anklagen befaßt ist, nicht den Gesammtzusammenhang unseres Staatsbaues aus den Augen verlieren. Das Strafrecht läßt sich viel weniger als das bürgerliche Recht von seinem staatsrechtlichen Hintergrund ablösen. Eine solche Lostrennung war stets die Quelle der folgenreichsten Verirrungen und Mißverständnisse. Die relativen Strafrechtstheorien, welche so lange die deutsche Juristenwelt beherrscht haben, beruhten auf demselben Ideenkreise, aus welchem die Privatanklage des „Beschädigten" hervorgegangen ist.

Das Strafrecht enthält mehr als die gerechte Vergeltung der einzelnen Staats- und Privatverbrechen. Es war vielmehr in unserem deutschen Reichs- und Territorialrecht von Alters her die organische Grundlage des öffentlichen Rechts, die maßgebende Schranke der Ministerverwaltung und der wirksamste Rechtsschutz des Einzelnen auch gegen die Staatsgewalt. Mit einem Worte ausgedrückt: das Strafrecht war und ist ein integrirender Theil unseres Verwaltungsrechts.

Das Verkennen dieser Sachlage beruht lediglich auf der Gewohnheit der Arbeitstheilung, die auch in den Kreisen des Beamtenthums Wunder erzeugt. Wir haben beispielsweise in Berlin Staatsanwaltschaft und Strafgericht, Ortspolizei und Regierungsabtheilung nahezu unter einem Dach zusammengebracht. Allein selbst wenn man Mauer an Mauer arbeitet, bleibt man sich des Zusammenhanges der Staatsfunctionen nicht klar bewußt. Wenn die Staatsanwaltschaft monatlich oder jährlich ein paar Fälle von Anklagen wegen Amtsüberschreitung erhebt, so giebt man sich selten Rechenschaft, daß diese paar Fälle, dennoch Tag für Tag nicht nur die Polizei, sondern alle andere Verwaltung in fester Richtung halten, und daß mit grundsätzlicher Aufhebung dieses kleinen Gebiets der Geist und die Richtung der Verwaltung sich Schritt für Schritt umwandeln würde. Das jetzt sog. „Verwaltungsrecht" enthält in unabsehbar zahlreichen Normativbestimmungen die Schranken der Ministerverwaltung in der Polizei-, Finanz-, Justiz-, Militairadministration und ihren sonstigen Gebieten. Diese Schranken müssen erzwingbar sein, sonst wären sie eben nicht Recht. Die Erzwingbarkeit beruht aber in erster Stelle auf der Strafsanction gegen Ueberschreitung und Amtsmißbrauch. Dies ist der Nachsatz zu allen Verwaltungsgesetzen. Der Abschnitt 28 des D. Str. GB. stellt gewissermaßen das Verwaltungsrecht dar, übersetzt in die Sprache des Criminalisten. Hier liegt heute der Rechtsschutz eines jeden Deutschen gegen Rechtsbeugung an erster Stelle. Hier der Schutz gegen Körperverletzung und Freiheitsberaubung durch Beamtenwillkür, gegen Erpressung, Gebührenüberhebung, Verletzung des Briefgeheimnisses und unzählige andere Unbill von oben her. Der Name „Amtsmißbrauch" faßt unter einer Generalclausel alle bindenden Normativbestimmungen der Staatsthätigkeit zusammen. Und schließlich beruht auch bei Preßfreiheit, Vereinsfreiheit, Religionsfreiheit und jedes andere persönliche „Grundrecht" in seiner practischen Geltung auf Abschnitt 28. Wir übersehen über der Erscheinung des Einzelfalles leicht, daß jede Einzelbestrafung regulirend auf die Amtsthätigkeit aller öffentlichen Beamten zurückwirkt, und in täglicher Wechselwirkung die Richtung aller Staatsthätigkeit bestimmt. Wenn wir den Verwaltungsgesetzen der Einzelstaaten diesen Nachsatz (die Straffanction) entziehen, hört also das Verwaltungsrecht auf, Schranke der Ministerverwaltung zu sein.

Mehr noch als für das Verwaltungsrecht interessirt sich die öffentliche Meinung für Verfassungs- und Grundrechte. Allein, vergegenwärtigt man sich die Weise, in der diese Rechte erzwingbar, also praktisch wirksam werden, so kommt man wieder darauf zurück, daß hinter diesen Rechten ebenso Schranken der Ministerverwaltung liegen, auf welche die Gesellschaft ein besonders erhöhtes Gewicht legt. Erst die Zergliederung des Zusammenhangs zwischen der Verwaltung und jener Straffanction führt zu der Einsicht, daß alle hochwerthvollen Verfassungs- und Grundrechte, aller Schutz der „Minoritäten" und „schwächeren Parteien" im Staate, alle Unparteilichkeit in der Handhabung der Preß- und Vereinsgesetze, nur Theorie und precarium bleiben, wenn die Strafverfolgung ausschließliches Recht der ministeriellen Beamten wird, und daß die Ohnmacht der deutschen Gerichte zum Schutz verfassungsmäßiger Rechte wesentlich auf der Neugestaltung des Anklagerechts beruht.

So entscheidend die hier hervorgehobenen Gesichtspunkte bereits sind, so enthalten sie doch nur Hauptbeispiele. Alle Strafgesetze über den Widerstand gegen die Obrigkeit, alle Straffanctionen, welche die Kompetenz zu einer Amtshandlung als Voraussetzung haben, überhaupt die ganze Reihe der sog. Staatsverbrechen, führen zu einer selbständigen Entscheidung der Gerichte über das streitige öffentliche Recht, welche zu Gunsten der zeitigen Ministerverwaltung außer Kraft tritt, wo das Strafgericht nur durch ministerielle Beamte in Thätigkeit gesetzt werden darf.

Das Gesammtgebiet des öffentlichen Rechts hat also heute wie seit Jahrhunderten eine von den zeitigen Ministern unabhängige Strafgewalt zur Voraussetzung, ohne welche es aufhört, ein erzwingbares Recht, eine bindende Schranke der Verwaltung zu sein. Es ist richtig, daß die Beamtenverantwortlichkeit allein dafür nicht ausreicht. Als Schlußstein tritt dazu die rechtliche Verantwortlichkeit der Minister selbst. Als Ergänzung für das Gebiet der laufenden Verwaltungsdecrete tritt dazu die sog. Verwaltungsjurisdiction. Aber es sind das eben nur Ergänzungen: der eigentliche Knochenbau des Rechtsstaates beruhte in Deutschland jederzeit auf der Gestaltung der Strafjustiz. Es war fehlerhaft, dem Richteramt zugleich die verantwortliche Pflicht der Strafverfolgung aufzuerlegen: allein ebenso fehlerhaft ist es, die Trennung des Anklageamts vom Richteramt so zu gestalten, daß man die bisher von der Ministerverwaltung unabhängige Function zu einer ausschließlich ministeriellen macht, und sie damit allen Parteieinflüssen constitutioneller Verwaltung preisgiebt. Es ist sehr am unrechten Orte, sich dafür auf die „hergebrachten Verhältnisse" Deutschlands zu berufen. Die ausschließlich ministerielle Anklage ist ein völlig Neues, und die einzige Wurzel dieser neuen Stellung des ministère public ist die französische Theorie von der angeblichen „Selbständigkeit" der Verwaltung, welche aus den Interessenkämpfen der französischen Revolution wohl verständlich, aber mit deutschen Grundauffassungen über Recht und Gericht unvereinbar ist. Was wir verlangen, ist die Beseitigung dieser fremdartigen Einschiebung, zu der wir im Sturm und Drang einer überwundenen Zeit gekommen sind, — die Wiederherstellung einer selbständigen Strafjustiz als der herkömmlichen Schranke deutscher Ministerverwaltungen.

Eine selbständige, d. h. von der zeitigen Ministerverwaltung unabhängige Strafverfolgung läßt sich aber nur auf zwei Weisen herstellen:

entweder durch eine richterliche Stellung der Staatsanwaltschaft;

oder durch ein von der Staatsanwaltschaft unabhängiges Organ der Anklage.

Der erste Weg ist der uns zunächst liegende, da er sich an das alte System unseres Strafverfahrens unmittelbar anschließt. Es war eine sehr achtbare Regung des juristischen Gewissens, wenn man schon bei der ersten Opposition gegen das sog. Anklagemonopol darauf drang, die Anklage nicht als „Verwaltungssache", sondern im „richterlichen" Geiste zu handhaben. Zu diesem Zwecke stellte man das sog. Legalitätsprinzip auf, nach welchem der Staatsanwalt ohne jede Rücksicht auf die Geringfügigkeit der Sache und irgendwelche „Opportunitätsgründe" jeden Straffall ebenso verfolgen soll, wie früher die Gerichte von Amtswegen. Man war von der Ehrenhaftigkeit des Beamtenthums so überzeugt, daß man annahm, eine solche Vorschrift werde auch im Konflikt der Gewalten unverbrüchlich erfüllt werden, auch wenn es an einer richterlichen Controle dafür fehle. Man beanspruchte zu dem Zweck für den Staatsanwalt dieselbe persönliche Stellung, wie für den Richter. Man legte Gewicht darauf, daß er in die Categorie der Justizbeamten gehöre. Man verlangte, daß seine Entlassung nur durch Urtheil und Recht stattfinden dürfe. Man beanspruchte auch wohl die Unversetzbarkeit des Personals. — Wird denn aber die Selbständigkeit der deutschen Gerichtsverfassung blos dadurch hergestellt, daß man einer Kette einander persönlich untergeordneter Beamten in Etat und Gesetz die persönlichen Attribute eines Richters beilegt? Wir Alle wissen, daß dazu viel mehr gehört, — vor Allem noch die Collegialität und der geschlossene Instanzenzug. Wir müßten also Staats-, Oberstaats-, und Generalstaatsanwälte erst zu ständigen Criminalcollegien vereinigen. Geschähe dies aber, so würde sich alsbald ergeben, daß solche Behörden für die Strafverfolgung völlig ungeeignet sind. Jeder Schritt in dieser Richtung geschieht um den Preis der Handlungsfähigkeit und der praktischen Brauchbarkeit des Strafverfolgungsbeamten. Ueberdies würde aber auch so der Zweck nicht erreicht werden. Wir Alle wissen, daß der richterliche Geist unserer Behörden nicht blos aus der äußeren Etatsstellung und Formation der Beamten entspringt, sondern aus der Gewohnheit des Rechtsprechens, aus der Gewohnheit der Entscheidung auf contradictorische Verhandlung, aus der Gewohnheit, bürgerliche und die Strafsachen aus den dauernden Gesichtspunkten der Gerechtigkeit zu behandeln und die Entscheidung, nach Prüfung der widerstreitenden Parteianführungen, zu motiviren. Die eigentliche Quelle des richterlichen Geistes ist psychologischer und moralischer Art. Der „Geist der alten Rechtpflege" würde nur zurückkehren, wenn man den so geordneten Criminalcollegien auch die Rechtsprechung zurückgäbe. Die mit der Verantwortlichkeit der Anklage belastete Behörde kehrt dann wieder in die Stellung des Inquisitionsprocesses zurück. Was an der Selbständigkeit der Strafverfolgung gewonnen, wird im verdoppelten Maaße verloren an der Unbefangenheit und Unparteilichkeit des Richters. Die Einseitigkeit, die unüberwindliche Schwerfälligkeit und alle mühsam überwundenen Gebrechen des Inquisitionsprozesses kehren wieder, sobald man diesen Weg mit einiger Folgerichtigkeit verfolgt.

Es bleibt daher nur der zweite noch ältere Weg einer ergänzenden Strafverfolgung durch ein von der zeitigen Ministerverwaltung unabhängiges Organ. Ein solches ist aber nur zu finden in den nicht benannten Elementen der Gesellschaft, und führt zu einer ergänzenden Anklage durch Private. Das Sträuben dagegen beruht auf einem Vorurtheil, über das man sich heute unbefangen aussprechen darf. Noch vor zwei Jahrzehnten war es die Regel, daß man in Deutschland jede öffentliche Thätigkeit sich nur als Beamtenthätigkeit zu denken vermochte. Es war dies die Gewöhnung des absoluten Staates, in welcher die nichtbeamteten mit den beamteten Kreisen wetteiferten. Keine Staatsfunktion vermochte man sich zu denken ohne einen dafür besonders angestellten Beamten. — Inzwischen ist ein halbes Menschenalter verflossen, und das heutige Deutschland beginnt jenes Vorurtheil siegreich zu überwinden. Wir haben es von Frankreich gelernt, daß ein constitutioneller

Staat mit einer blos privatisirenden Gesellschaft nicht bestehen kann. Widerwillig, aber in immer weiteren Kreisen bricht sich die Ueberzeugung Bahn, daß der Privatmann, welcher ein Wahlrecht üben und an der Gesetzgebung und Regierung des Landes sich betheiligen will, nicht blos seine Privatinteressen wahrnehmen, nicht blos dem Genuß und Erwerb leben darf, sondern daß er berufen und verpflichtet ist, an der Arbeit des öffentlichen Lebens zu seinem bescheidenen Theile an seiner Stelle etwas mit zu thun. Das Schlagwort der Selbstverwaltung erfüllt die Reformgesetzgebungen der deutschen Staaten, und ist fast zu einem Modewort geworden, welches sich in manche kleine Verhältnisse eindrängt, welche man ohne jeden Nachtheil für die staatsbürgerliche Bildung dem Berufsbeamten überlassen sollte. Es giebt aber wesentliche Grundbedingungen der Rechtsordnung, in welchen ein freies Staatswesen keine absolute Arbeitstheilung duldet: und dazu gehört in erster Stelle die Strafverfolgung, die niemals ausschließliches Beamtenmonopol werden kann, ohne daß der Unfug einer systematischen Parteiverwaltung und eine schwere Gefährdung der staatlichen Entwicklung einer Nation daraus hervorgeht. Frankreich giebt auch in dieser Beziehung ein hervorragendes, aber keineswegs das einzige Beispiel. In Deutschland sollte man diese Wahrheit um so weniger verkennen, als sie jederzeit in der Thätigkeit unserer Strafjustiz anerkannt war.

Die Frage ist nur, innerhalb welcher Kreise die Gesellschaft sich an der Strafverfolgung zu betheiligen hat. Unverkennbar waltet dabei ein Unterschied ob. — Polizei-, Finanz-Gesetze, wie der größte Theil des Verwaltungsrechts überhaupt, stehen auf dem Boden des öffentlichen Wohls und der gesellschaftlichen Interessen. Deshalb ist es naturgemäß und genügend, daß man das Beschwerderecht in der Verwaltungsjurisdiction demjenigen beilegt, dessen Person oder Vermögen durch die Verfügung der Behörde betroffen wird. Im Strafrecht dagegen handelt es sich um die absoluten Gebote der Rechtsordnung, von welchen die Rechtsexistenz und Freiheit der Gesellschaft im Ganzen wie im Einzelnen abhängt. Die Aufrechterhaltung solcher Gebote zu fordern, hat eben deshalb Jedermann den Beruf, und fügen wir hinzu Jedermann das Verdienst, welcher diese Funktion übt. Dieser Gesichtspunkt führt darauf, daß das Anklagerecht von jeder im Besitz der Ehrenrechte befindlichen, proceßfähigen Person zu üben ist — in analoger Weise, wie seit Jahrhunderten die deutschen Strafgerichte einzuschreiten hatten auf den Antrag eines jeden ehrenhaften, glaubhaften Denuncianten.

Die Herstellung dieses Grundsatzes hat sehr wenig gemein mit der im Römischen Rechte vorkommenden actio popularis. Wer Beides verwechselt, verräth das Geheimniß, daß er sich weder mit deutschem, noch mit römischem Staatsrecht ernstlich beschäftigt hat. Das deutsche Denunciationsrecht wird unter Beschluß und Verantwortlichkeit des Gerichts geübt und bildet mit der gesammten Strafjustiz einen integrirenden Theil des deutschen Verwaltungsrechts. Die Römer kennen weder das Eine, noch das Andere: weder ein spezialisirtes Verwaltungsrecht, noch den Vorbeschluß eines Richtercollegiums über die Relevanz der Anklage. Die Erinnerung an eine römische actio popularis entbehrt daher fast jedes Zusammenhangs mit unserer Frage.

Dennoch können wir nicht einfach zu dem alten System der Privatdenunciation zurückkehren, weil unser Inquisitionsproceß zum Anklageproceß übergegangen ist. In dem alten Verfahren lag es dem Gerichte ob, nachdem der Anstoß durch eine Privatperson gegeben war, die weitere Verfolgung, d. h. die Last und Verantwortlichkeit der Anklage ex officio zu übernehmen. Wir haben längst erkannt, daß diese Doppelfunction mit dem wahren Beruf des Richters unvereinbar ist. Wir können also nicht umhin, diese dem Gerichte abgenommene Last im Anklageproceß dem Denuncianten selbst aufzuerlegen, nachdem das Richteramt die Relevanz der Anklage in alter Weise geprüft hat. Eine Gefährdung des öffentlichen Interesses durch praevaricatio und tergiversatio entsteht daraus nicht, da principaliter immer der Staatsanwalt selbst die Anklage erheben kann, und da kein Hinderniß obwaltet, neben dem Privatankläger auch den Staatsanwalt mit seinen Conclusionen zu hören.

Allerdings ist eine solche Verantwortlichkeit des Anklägers keine leichte, keine angenehme Sache, und ihrer Natur nach eine solche, zu der man sich in der Regel nur entschließen wird, wo eine sehr ernste Frage der Rechtsordnung, eine weittragende Streitfrage des öffentlichen Rechts zum Austrag zu bringen ist. Um so größer ist das Verdienst dessen, der es unternimmt. Es ist eine philisterhafte Anschauung, gegen welche sich Ihering's neue geistvolle Schrift mit durchschlagendem Erfolge wendet, wenn man in solcher Anklage eine zudringliche, unberufene, gehässige „Denunciation" zu sehen pflegt. Nein! Der Ehrenmann, welcher die Verantwortlichkeit, den Verdruß, die Mühe, die Kosten einer Anklage zum Schutz des Rechts gegen einen mächtigen Uebertreter des Rechts übernimmt, macht sich verdient um die Gesellschaft, und verdient eine Bürgerkrone mehr als mancher Testator durch seine Stiftung. Es ist und war das die berechtigte Anschauung der freien Völker der neuen, wie der alten Zeit. Es ist dies der wohlverstandene „staatsbürgerliche Beruf," dessen der Deutsche nur durch die Bequemlichkeit des absoluten Staats sich allmälig entwöhnt hat.

Da also die Privatanklage nichts weiter enthält, als die Wiederherstellung alter Grundsätze innerhalb der neuen Formen des Anklageprozesses, so erledigen sich damit auch die sog. practischen Bedenken, welche in Beamtenkreisen dagegen erhoben werden.

Die Einen sagen: die Privatanklage sei practisch unnütz, weil doch Niemand klagen würde.

Die Anderen sagen: sie sei practisch gefährlich, weil Jedermann grundlose Anklagen erheben werde.

Manche sehr Practische haben beide Bedenken zugleich, und bei jeder Debatte pflegen beide Argumente continuirlich durcheinander zu laufen.

Beide Bedenken sind bis zu einem gewissen Maße thatsächlich richtig: sie heben sich aber einander auf.

Es ist wahr, daß von der Privatanklage selten, unter guten Verwaltungen sehr selten Gebrauch gemacht wird. Sie wird aber wirksam in dem Augenblick, wo eine Ministerverwaltung in die Versuchung kommt, im Streite mit Parlamenten und Parteien die gesetzlichen Schranken der Verfassung und des Verwaltungsrechts zu überschreiten. Und eben die Gewißheit, daß sich in solchen Fällen ein Ankläger finden wird, ist das stillschweigend wirkende Hinderniß gesetzwidriger Parteiverwaltung. Sie ist täglich wirksam als Sicherheitsventil, ebenso wie die rechtliche Verantwortlichkeit der Minister, welche sich täglich wirksam erzeigt, auch wenn ein ganzes Menschenalter hindurch keine einzige Ministeranklage erhoben wird. Man verkennt das Wesen der Sache, wenn man nur die Tabellen der Criminalstatistik vor Augen hat. Man vergißt, daß dieser Theil der Strafjustiz es nicht mit dem unbesonnenen Uebelthäter zu thun hat, der in Noth, Uebereilung oder Leidenschaft das Gesetz übertritt, sondern daß hier die höchsten Regionen der Staatsverwaltung betheiligt sind, — die höchsten Diener der Krone, — welche in den Entschließungen des Ministeraths, umgeben von sachkundigen, besonnenen Rathgebern, nur in außerordentlichen Lagen überhaupt in die Versuchung kommen, mit den Gesetzen in Widerspruch zu treten. Hier handelt es sich nur darum, die Versuchung fern zu halten. Die practisch wirksamen Garantien der Verfassung beruhen überall auf einer stillschweigenden Wirkung der rechtlichen Verantwortlichkeit der Beamten, und die Einsicht in dies Verhältniß ist nicht etwa eine besondere Aufgabe der „Theorie", sondern jeder Rechtsverständige muß diese Einsicht in die Wechselwirkung der Factoren des öffentlichen Rechts bewahren, und die normalen Zeiten einer guten Regierung sind eben dazu bestimmt, dies normale Verhältniß herzustellen. Je geringer dann die Zahl der Privatanklagen, um desto ehrenvoller das darin liegende Zeugniß für die Ministerverwaltung und für die Staatsanwaltschaft.

Andererseits bleibt unverkennbar eine Gefahr der Privatanklage aus Motiven der Rachsucht, der Parteileidenschaft, des Eigennutzes stehen. Allein dieser Gefahr steht gegenüber der deutsche Grundsatz, der die Privatanklage nicht als actio popularis zuläßt, sondern sie der eingehendsten richterlichen Vorprüfung unterwirft. Die alte nicht verantwortliche Privatdenunciation war solchem Mißbrauche in stärkerem Maße unterworfen, und doch hat die richterliche Vorprüfung Jahrhunderte hindurch genügt. Die Aenderung, welche der jetzige Anklageprozeß in das Verhältniß bringt, ist nur die, daß er den alten Schutzmitteln gegen Mißbrauch eine Reihe neuer hinzufügt, wie dies auch der Entwurf der deutschen Strafprozeßordnung für seine Privatanklage thut. Der Anwaltszwang ist für die Privatanklage mindestens in demselben Maße gerechtfertigt, wie für den ordentlichen Civilprozeß; denn eine mangelhafte Führung der Anklage würde dem Gerichte von Neuem eine Offizialthätigkeit zumuthen, welche den Richter selbst zum Ankläger machte. — Eine strafrechtliche Verantwortlichkeit des Anklägers für calumnia und praevaricatio liegt selbstverständlich im Wesen des Anklageprozesses und der Anklagefunktion; jede Selbstverwaltung durch Private ist überhaupt nur zulässig unter derselben rechtlichen Verantwortlichkeit, wie sie der Berufsbeamte trägt. — Das Recht des Richters, in zweifelhaften Fällen von dem Ankläger auch noch eine Caution zu verlangen, ist sicherlich ebenso motivirt, wie die Cautionen im Civilproceß. Eine richterliche Vorprüfung bestimmt also zuerst, ob der Antrag zur Einleitung gerichtlicher Voruntersuchung genüge. Auf Grund gerichtlich erhobener Beweise beschließt das Gericht über die rechtliche Zulässigkeit und Relevanz der Anklage durch den Verweisungsbeschluß. Wir werden mit diesen alten Garantien auch um so gewisser ausreichen, wenn noch die Verantwortlichkeit für falsche Anklagen, der Anwaltszwang und die Cautionsleistung hinzutritt.

Auch zum Schutz des Beamten gegen frivole Anklagen aus Erfüllung seiner Berufspflicht werden diese Garantieen ausreichen. Eine Vorprüfung, ob die Voruntersuchung einzuleiten und ein gerichtlicher Verweisungsbeschluß auf Grund der in der Voruntersuchung erhobenen Beweise, hat sich im deutschen gemeinen Rechte als ausreichend erwiesen. Man kann noch hinzufügen ein Einspruchsrecht gegen den Verweisungsbeschluß an den Senat eines höheren Gerichts. Unsere Competenzgerichtshöfe haben oft wiederholt ausgesprochen, daß sie die rechtliche Verantwortlichkeit der Beamten nach einer strengrichterlichen Interpretation der bestehenden Gesetze handhaben. Ist dies gemeint, so wird eine doppelte oder dreifache Vorprüfung der Sache durch Landgericht, Oberlandesgericht, Reichsgericht denselben Erfolg haben. Die Verwaltungsbehörden vermögen auch diesen

Gerichten gegenüber den Sinn der Verwaltungsgesetze, das praktische Bedürfniß der Verwaltung, die Lage des bona fide handelnden Beamten, genügend darzulegen. Unsere Gerichtscollegien werden dabei um so unbefangener verfahren, da sie nur die alten, normalen Funktionen des deutschen Strafgerichts üben, während die nach dem französischen Muster geschaffenen Competenzbehörden sich des Gefühls nicht entschlagen können, daß man sie als ein uns fremdartiges praejudicium in die Ordnung der Gerichte eingeschoben hat.

Einige wirklichen Bedenken hat die Privatanklage bei gewissen Privatverbrechen, von denen ihre Gegner nicht zu sprechen pflegen, da sie die Praxis der Privatanklage aus den Ländern, in denen sie stattfindet, nicht kennen. Diese Bedenken gehören aber der speciellen Ausführung an. Es scheint genügend, hier nur das Princip auszusprechen, und in demselben die entscheidende Rücksicht auf das öffentliche Recht hervorzuheben, die in dem früheren Beschluß des Juristentages noch fehlt.

Die Grundsätze unseres positiven deutschen Staatsrechts sind durch die Umwandlung aller Formen, Interessen und Machtverhältnisse im laufenden Jahrhundert dermaßen verschüttet, daß sie selbst in der Beamtenwelt beinahe zu den „Rechtsantiquitäten" gerechnet werden. Es bedarf zu ihrer Fortbildung einer Wiederanknüpfung an das Alte nach erweiterten Gesichtspunkten, welche ich noch einmal zusammenfasse. — In einem consolidirten Staatswesen giebt es keine höhere Maxime der Staatsweisheit, als Regierung nach Gesetzen. — Es handelt sich dabei um die höchsten Interessen der deutschen Reichsregierung selbst; denn die Macht und Autorität des neuen wie des alten Reichs beruht auf seiner Gesetzgebung, und die Autorität steht auf schwachen Füßen, so lange es ein Reservatrecht der Landesministerien bleibt, die Reichsgesetze außer Kraft zu setzen durch Nichtverfolgung ihrer Uebertretung. — Es handelt sich um die Ehre unserer deutschen Monarchie; denn ihr ruhmvoller Bestand und ihr Vorzug vor der Republik beruht auf jener Stetigkeit des Verwaltungsrechts. Der deutsche Landesherr war niemals legibus solutus, seine Beamten galten von Alters her als verantwortlich für die Befolgung der von ihm gegebenen Gesetze; unter allen „hergebrachten" Schranken der Regierungsgewalt deutscher Landesherren ist diese wohl die älteste. — Es handelt sich um die moralische Unabhängigkeit der Minister selbst, nach oben wie nach unten; denn ihre Entbindung von den Schranken des Gesetzes macht sie auf die Dauer nur zu Dienern entweder des Hofes oder der Parteien. — Es handelt sich um die Berufsehre des Beamtenthums überhaupt; denn nur jene rechtliche Verantwortlichkeit hebt den Beamten im constitutionellen Staate über die Stellung eines willenlosen Dieners der herrschenden Partei hinaus und bewahrt ihn vor der Korruption des wechselnden Parteiwesens. — Alle diese Dinge liegen hinter dem unscheinbaren Wort der Privatanklage. So allgemein, wie die Frage gestellt ist, und im Anschluß an ihre Wortfassung beantrage ich die Resolution:

> Der D. Juristentag wolle es als seine Ueberzeugung aussprechen: die Privatanklage ist im Deutschen Strafverfahren nicht nur für Beleidigungen einzuführen, sondern als allgemeine Ergänzung der Anklage des Staatsanwalts zur Aufrechterhaltung des öffentlichen Rechts.

Professor Dr. **Schütze** (Kiel): Meine Herren, nachdem ich die „Vier Fragen" des geehrten Herrn Referenten gelesen hatte, und das Gutachten welches von Holzendorff uns ertheilt hat, ging ich von der festen Ueberzeugung aus, daß wir einen anders und viel weitergehend formulirten Antrag vor uns haben würden. Ich bin auch heute noch der Ansicht, daß unsere Resolution weiter gehen muß, als die des Herrn Referenten. Der Herr Referent beschränkt zunächst das staatsbürgerliche Anklagerecht — ich bediene mich dieses Ausdrucks, weil der Herr Gutachter ihn für passend erklärt hat —, daß wir also das staatsbürgerliche Anklagerecht nicht etwa als ein blos subsidiäres gestatten dürfen, sondern als ein concurrirendes mit dem Anklagerecht der Staatsanwaltschaft. Das ist der erste Punkt.

Der zweite Differenzpunkt ist dieser: Gleichviel ob wir ein concurrirendes oder subsidiäres Anklagerecht gestatten, wir werden immer über die Kreise des sogenannten öffentlichen Rechts hinausgehen müssen; wir werden uns unmöglich darauf beschränken können, bei den sogenannten Staatsverbrechen — überdies ein sehr unbestimmter Begriff — ein Anklagerecht des Privaten zu gestatten, wir werden nothwendig die sogenannten Privatverbrechen ganz allgemein in den Kreis unserer Resolution mit hineinziehen müssen. Also nach zwei Richtungen hin gehe ich weiter als der Herr Referent, indem ich im Uebrigen mit seiner Resolution einverstanden bin.

Also einmal: ich sage, es handelt sich hier um Abschaffung eines sogenannten Monopols der Staatsanwaltschaft, des Anklagemonopols, meine Herren! Wenn man ein Monopol abschaffen will, so führt man die freie Concurrenz ein. Was würden wir von Dem denken, der auf Ihren Antrag, es möge ein Bierbrauermonopol abgeschafft werden, Ihnen erwiderte: Das Monopol des X soll aufgehoben sein; aber Sie müssen immer erst hingehen und sehen, ob er Ihnen Bier liefern kann oder will, und nur für den Fall, daß er Ihnen nicht liefern kann oder will, dann können Sie selber brauen! Dann würden Sie erwidern: ja, ein Monopol reicht überhaupt nicht weiter, als die Zwangspflichtigen befriedigt werden. Das weiß ich selber, daß, wenn der Zwangsberechtigte mich nicht befriedigen kann oder will, daß dann sein Recht da seine Grenze hat, wo er seiner Leistungspflicht nicht nachkommt. Das ist also gar keine Abschaffung des Anklagemonopols der Staatsanwaltschaft, was Ihnen der Herr Referent vorschlägt. Es kann nur dadurch das Anklagemonopol der Staatsanwaltschaft wirklich abgeschafft werden, daß wir die freie Concurrenz der Privatanklage einführen; und in der That, meine Herren, die Sache ist ganz ungefährlich. Es wird außerordentlich selten irgend einem beliebigen Staatsbürger in den Sinn kommen, anstatt sich mit einer Denunciation an die Staatsanwaltschaft zu wenden, sofort etwa durch einen Anwalt (wenn wir den Anwaltzwang eingeführt wissen wollen) oder in eigener Person eine Caution für die Kosten zu hinterlegen und Gefahren und Odium einer öffentlichen Anklägerrolle selbst zu übernehmen. Es wird das gerade so selten sein, wenn wir das concurrirende Anklagerecht einführen, als wenn wir uns mit dem subsidiären begnügen. Es wird durchweg ein Jeder erst versuchen, ob die Staatsanwaltschaft geneigt ist, die Sache in die Hand zu nehmen, und wenn das nicht der Fall, so kann er immer seine Entschlüsse noch fassen, ob er dann selber als Ankläger auftreten will. Aber wir dürfen ihm nicht das Recht bestreiten, zunächst selbst aufzutreten, natürlich mit Interventionsrecht der Staatsanwaltschaft, wie das ja auch in § 311 ff. der neuen deutschen Strafprozeßordnung näher ausgeführt ist. So, meine Herren, kann ich mich gar nicht davon überzeugen, daß die Subsidiarität des Privatanklagerechts irgend eine rechtliche Nothwendigkeit sei. Im Gegentheil, ich beantrage eine Resolution, die ich Ihnen demnächst vorlegen werde, welche sich für das concurrirende Anklagerecht ausspricht.

Und nun der zweite Punkt. Wir dürfen uns nicht beruhigen bei den sogenannten Staatsverbrechen. Es giebt eine ganze Reihe von Fällen, in welchen die Staatsanwaltschaft die Anklage von sich weist, weil sie glaubt, die Sache sei nicht von der Bedeutung, daß eine Strafverfolgung eintreten müsse. Wir haben das beim sogenannten Gründungswesen gesehen; da hat man sehr häufig bei der Staatsanwaltschaft Anträge gestellt, es möchten doch die eingerissenen Schwindeleien endlich einmal vor Gericht gezogen werden. Wie lange hat es aber gedauert, bis endlich in der Sache etwas erfolgt ist. Wie ganz anders wäre es gewesen, wenn jeder Staatsbürger das Recht gehabt hätte, auf eigene Gefahr hin als Ankläger aufzutreten und dadurch die Intervention der Staatsanwaltschaft, die gewiß nicht unterblieben wäre, hervorzurufen. So, meine Herren, scheint mir, daß wir uns auch in dieser zweiten Beziehung durch den geistvollen Vortrag des Herrn Referenten nicht beschränken lassen dürfen. Es ist ganz gleichgültig, ob es sich um die sogenannten Privatverbrechen oder die öffentlichen Verbrechen handelt. Das concurrirende Anklagerecht kann getrost und ohne alle Gefahr im ganzen Umkreis der strafbaren Handlungen jedem Bürger eingeräumt werden; nur mit Einer Ausnahme, die freilich auch nach dem Gutachten sich von selbst versteht, nämlich daß bei den Antragsdelicten, soweit wir uns für deren Beibehaltung entscheiden werden, — worüber wir bekanntlich in Anlaß einer anderen Frage unserer Tagesordnung Resolutionen fassen werden — also daß bei den Antragsdelicten selbstverständlich nicht ein staatsbürgerliches Anklagerecht, sondern ausschließlich ein Anklagerecht des Verletzten eingeführt werde.

Durch diese kurzen Worte, meine Herren, um Sie nicht weiter zu ermüden, glaube ich folgenden Antrag, und zwar als unter Juristen hinreichend, motivirt zu haben:

„Eine mit dem öffentlichen Anklagerecht concurrirende Privatanklagebefugniß muß zustehen

1) bei allen Officialdelicten jedem Staatsbürger,
2) bei Antragsdelicten mit Ausschluß Anderer dem durch die strafbare Handlung Benachtheiligten."

Wenn ich sage: „dem durch die strafbare Handlung Benachtheiligten", so will ich den bedenklichen Ausdruck „Verletzten" von mir schieben, indem es bei einer ganzen Reihe strafbarer Handlungen im höchsten Grade bestritten sein kann, wer im technischen Sinne der Verletzte sei. Ich meine, es muß nachgewiesen werden, daß der Betreffende durch die strafbare Handlung in seiner Rechtssphäre direct benachtheiligt sei.

Professor Dr. **Bucker** aus Prag: Ich erbitte mir das Wort, um den Antrag des geschätzten Herrn Vorredners auf das Entschiedenste zu unterstützen. Ich glaube, die Differenz der Anschauungen zwischen dem Herrn Referenten und dem Herrn Vorredner liegt nur in dem Punkte, ob das Anklagerecht ein subsidiäres oder ein concurrirendes sein soll. In dieser Beziehung zögere ich keinen Augenblick, mich für das concurrirende auszusprechen, und ich glaube mich auf Erfahrungen stützen zu können, die vielleicht für die Sache von entscheidender Bedeutung sind. Wir haben im österreichischen Strafprozeß ein ziemlich umfangreiches subsidiäres Anklagerecht für Verletzte, und ich habe gefunden, daß die Ausübung des subsidiären Anklagerechts mit Schwierigkeiten verbunden ist, welche beseitigt werden würden, wenn der Antrag des Herrn Professor Schütze zur legislativen Frage erhoben würde. Nämlich wenn nur das subsidiäre Anklagerecht besteht, so kann das nicht anders sein, als daß man dem öffentlichen Ankläger eine gewisse Zeit, eine gewisse Thätigkeit läßt, bevor er sich über die Frage der Verfolgung ausspricht. Wenn nun diese Zeit gelassen wird, und nach, wie wir es nennen, durchgeführten Vorerhebungen der öffentliche Ankläger auf Grund der bereits gesammelten Thatsachen erklärt, er finde keinen Grund zur weiteren Verfolgung, so scheint in dem Auftreten der subsidiären Anklage oder der subsidiären Verfolgung schon eine gewisse Differenz, ich möchte sagen, ein gewisses Mißtrauensvotum gegen die Thätigkeit des öffentlichen Anklägers zu liegen, welches sich wenigstens in praktischen Fällen bei uns öfters geäußert hat und der Freiheit der Action unzuträglich ist. Erklärt nämlich der öffentliche Ankläger: ich habe keinen Grund zur weiteren Verfolgung, und tritt mit dieser Entscheidung vor den Richter, und sagt auf der andern Seite der subsidiäre Ankläger: mir genügt das nicht, so wirkt diese Differenz der Anschauungen zwischen dem Officialankläger und dem Privatankläger, wo der Officialankläger gewissermaßen das öffentliche Recht vertritt, abträglich auf den Richter, indem der Richter, da er über divergirende Anträge zu entscheiden hat, hierdurch in die Lage sich versetzt sieht, mit der Stattgebung des Verfolgungsantrages zu erklären, daß derjenige, der zur Rolle des öffentlichen Anklägers berufen ist, mit der Anklage ein Unrecht zu begehen glaubt. Dieser Differenz wird am besten die Spitze abgebrochen, wenn der Antrag des Herrn Professor Schütze angenommen wird: dann wird das gleiche Recht vollkommen sichergestellt, dann wird das gleiche Recht anerkannt. Darum werde ich für den Antrag Schütze stimmen und bitte Sie, demselben beizutreten.

Kreisgerichtsrath **Heinsheimer** aus Mannheim: Erlauben Sie mir, als einen Praktiker, nach drei Universitätsgelehrten ein paar Worte zu sagen. Ich bin ganz entschieden gegen den Antrag des Herrn Professor Schütze, und schließe mich demjenigen des Herrn Professor Dr. Gneist an. Ich fürchte, daß bei einer freien Concurrenz der Ankläger wir schließlich zu einem Zustand kommen, wo der Verletzte erst recht nicht zu seinem Rechte kommt. Wohin soll das führen? Die Staatsanwaltschaft, wie wir sie haben — wenigstens gehen meine Erfahrungen dahin — hat sich sehr gut bewährt. Es kommen allerdings Fälle vor, in denen Staatsanwälte bedenklich waren, Anträge zu erheben; das kommt aber auch davon her, weil derartige Anträge häufig freisprechende Urtheile zur Folge hatten, bei denen sie eine Verurtheilung erwartet hatten; sie werden infolge dessen von einer gewissen Schüchternheit erfaßt. Bezüglich der politischen Vergehen erkenne ich an, daß ein subsidiäres Anklagerecht für solche Fälle festgestellt werden muß; aber das genügt auch vollständig. Die Unabhängigkeit der deutschen Gerichte ist doch auch, glaube ich, ein genügendes

Aequivalent für die Unabhängigkeit der Staatsanwälte. Einen solchen Unterschied zwischen Ministergewalt und Rechtssicherheit, wie ihn der Herr Referent hervorgehoben hat, möchte ich doch in unsern deutschen Zuständen nicht besonders betont haben. Ich glaube, daß es vollständig genügt, wenn wir dem Antrage des Herrn Referenten beistimmen, und ich bitte Sie, den weitergehenden Antrag des Herrn Professor Schütze als unpraktisch zu verwerfen.

(Schluß der Debatte.)

Referent Professor Dr. **Gneist** [zum Schluß]: Meine Herren! Erlauben Sie mir gegenüber dem Herrn Collegen Schütze und dem Prager Collegen Folgendes auszusprechen. Von mir selbst rührt das Schlagwort her: wir brauchen eine „concurrirende Anklage“ neben dem öffentlichen Organe der Anklage, und können eine solche Concurrenz schaffen, wenn die dafür nöthigen Organe der Selbstverwaltung geschaffen sind. Ich gestehe Ihnen aber offen, ich habe Bedenken getragen, die Sache hier so weitgehend zu formuliren, weil ich glaube, wir müssen uns hier im Kreise der Praktiker — das bin ich ebenso wie der Herr Vorredner, im alten wie im neuen Verfahren — über einige Fragen erst verständigt haben, ehe wir so scharf formulirte Resolutionen annehmen. Es kommt dazu noch folgender Gesichtspunkt. Drücken Sie sich aus: „eine concurrirende“ oder „eine subsidiäre“ Anklage — subsidiär stellt sich die Privatanklage dem Erfolge nach immer heraus. Darum habe ich das Wort „ergänzend“ vorgezogen, was diese Frage offen läßt. Ein concurrirender Ankläger würde auch nur ergänzend wirken. Sodann wünschte ich nicht eine zu große Beengung der Staatsanwaltschaft zu befürworten; denn ich gehöre zu denjenigen, welche die politische Gefahr ihrer Ausschließlichkeit wohl einräumen, aber ich will den Staatsanwalt im vollsten Maße ausnutzen in freier Bewegung als Chef der Gerichtspolizei, zur Vereinfachung des Verfahrens, zur Verstärkung der Repression. Ich wollte das hier nicht zum Austrag bringen, glaubte vielmehr sicherer zu gehen, wenn ich einen Ausdruck wählte, der eine Verständigung über eine Reihe praktischer Punkte der Ausführung offen läßt. Ob und wie der Staatsanwalt eine erste Frist haben muß, in welcher er vorgehen kann: auch diese Frage wollte ich offen lassen. Der Satz: es bedarf einer Ergänzung der öffentlichen Anklage durch Private zum Schutz des öffentlichen Rechts, ist wohl geeignet, eine größere Majorität zu gewinnen, während ein principiell schärfer und specieller gefaßter Satz (wenn ich auch principiell Nichts dagegen habe) doch auf Bedenken in Einzelheiten stoßen könnte, welche die Majorität vermindern. Wir müssen sehr dankbar sein, daß Argumente, mit denen wir in Dresden gar nicht kommen durften (weil der ganze Ideenkreis damals innerhalb der Genugthuung des Verletzten sich bewegte), nach einem halben Menschenalter soweit gerückt sind, daß ich heute auf volle Zustimmung rechne, wenn ich sage: es handelt sich um den Schwerpunkt einer Garantie der Verfassung, unserer öffentlichen Sicherheit, und darin sind ja auch die Privatverbrechen mit eingeschlossen. Eine Beschränkung auf „Staatsverbrechen" liegt weder in meiner Resolution noch in ihrer Begründung. Ich glaube daher aus Opportunitätsrücksichten meine allgemeine Fassung empfehlen zu sollen; ich habe aber eventuell gegen den Schütze'schen Antrag principiell Nichts einzuwenden.

Der **Präsident** schlägt vor, zunächst über den Antrag des Dr. Schütze und im Falle seiner Ablehnung über den des Dr. Gneist abzustimmen.

Der Antrag des Dr. Schütze

„Eine mit dem öffentlichen Anklagerechte concurrirende Privatanklagebefugniß muß zustehen

1. bei allen Officialdelicten jedem Staatsbürger,
2. bei Antragsdelicten mit Ausschluß Anderer dem durch die strafbare Handlung Benachtheiligten."

wird abgelehnt.

Der Antrag des Herrn Referenten

„Die Privatanklage ist im deutschen Strafverfahren nicht nur für Beleidigungen einzuführen, sondern als allgemeine Ergänzung der Anklage des Staatsanwalts zur Aufrechthalung des öffentlichen Rechts."

wird mit großer Majorität angenommen.

(Die Abtheilung beschließt, auch diesen Beschluß dem Plenum zur Kenntnißnahme mitzutheilen und den Referenten Professor Dr. Gneist mit der Berichterstattung im Plenum zu beauftragen. — Sodann wird noch nach kurzer Debatte der Beschluß gefaßt, die noch ausstehende Frage über die Antragsdelicte in einer morgen früh abzuhaltenden Sitzung zu erledigen. Schluß der Sitzung 2 Uhr Nachmittags.)

Vierte Sitzung der dritten Abtheilung am 28. August, Morgens 8 Uhr.

Präsident: Meine Herren! Die Sitzung ist eröffnet. Durch Beschluß der gestrigen Versammlung ist die Tagesordnung bereits bestimmt. Sie betrifft die Frage wegen der Antragsdelicte. Der Herr Obertribunalsrath von Köstlin aus Stuttgart hat das Referat übernommen, und ich ersuche ihn, dasselbe uns zu erstatten.

Obertribunalsrath **von Köstlin** aus Stuttgart: Meine Herren! Die kurze Spanne Zeit, welche für den gegenwärtigen Gegenstand der Tagesordnung uns übrig gelassen ist, legt Ihrem Berichterstatter die Pflicht auf, sich möglichst kurz zu fassen. Ich werde mich daher einmal lediglich auf den eigentlichen Gegenstand der Tagesordnung, auf die Frage: empfiehlt sich eine Beschränkung der Antragsverbrechen und Vergehen des deutschen Strafgesetzbuchs? beschränken, und werde von dem uns vorliegenden großen Material nur die Ergebnisse, die Schlußfolgerungen Ihnen mitzutheilen im Stande sein, und hierauf die Anträge, welche ich mir vorzulegen erlauben werde, in aller Kürze begründen. Sie wissen, welch' reichhaltiges Material die Literatur der letzten Jahre über die Frage der Antragsdelicte geliefert hat. Sie haben die umfassenden und gründlichen Gutachten in unseren Verhandlungen gelesen, welche von dem Herrn Oberappellationsgerichtsrath Dr. John und von unserem Collegen, dem Herrn Obergerichtsrath Thomsen erstattet sind. Sie wissen ebensogut aus Ihrer eigenen Erfahrung, um welche Punkte es sich als der Abhilfe bedürftig vornehmlich handelt. Ich will mir erlauben, in Kürze die Ergebnisse der beiden Gutachten mitzutheilen. Das John'sche Gutachten geht von dem Satz aus, daß überhaupt kein einheitlicher strafrechtlicher Begriff existire, unter welchen die sämmtlichen Antragsvergehen subsumirt werden könnten. Er unterscheidet zwischen Antragsdelicten privatrechtlichen Charakters, durch welche lediglich dem Verletzten ein von diesem im Wege der Privatklage zu verfolgender Anspruch auf öffentliche Bestrafung des Verklagten entsteht und zwischen öffentlichen Antragsdelicten. Zu jenen, den von ihm sogenannten Privatdelicten, durch welche nicht die allgemeine Rechtsordnung, sondern nur das Privatinteresse des Verletzten beeinträchtigt erscheint, zählt John die Antragsübertretungen § 370, 4—6, den Ehebruch und die Beleidigungen mit Ausschluß der in § 196 erwähnten. Er folgert aus dem Charakter dieser Vergehen, daß der Antragsberechtigte seinen Anspruch auf öffentliche Bestrafung des Verklagten bis zum Beginne der Strafvollstreckung zurücknehmen könne. Im Gegensatz zu diesen Privatdelicten bezeichnet er die eigentlichen Antragsdelicte als diejenigen, durch welche die öffentliche Rechtsordnung gestört wird, deren Verfolgung im Wege der öffentlichen Klage stattfindet, aber erst nachdem der Staatsanwalt hierzu durch die Antragsberechtigten autorisirt sei. Die ersteren seien Antragsdelicte in Bezug auf die Strafvollstreckung, die letzteren in Bezug auf die Strafverfolgung. John definirt diese eigentlichen Antragsverbrechen als diejenigen, aus deren Begehung dem Staat ein strafrechtlicher Anspruch entsteht, auf dessen Geltendmachung derselbe jedoch im Interesse der betreffenden Privatperson verzichtet, falls nicht durch Stellung des Antrags auf Verfolgung, der Grund zu diesem Verzicht fortfällt. Es müsse also hier ein Conflict zwischen den öffentlichen und Privatinteressen vorliegen, in welchem die Privatinteressen als die überwiegenden anerkannt werden. Die Grenze möge im einzelnen Fall schwer zu ziehen sein. John beantragt, von den Antragsdelicten die Körperverletzungen, sowie Diebstahl, Unterschlagung und Betrug gegen solche Personen, in deren Kost oder Lohn der Thäter sich befindet, auszuschließen, und bei diesen Antragsdelicten die Zurücknahme des Antrags nur bis zum Beschluß der Einleitung der Voruntersuchung, beziehungsweise bis zur Erhebung der Anklage, zu gestatten. Bei leichten Körperverletzungen und geringfügigen Eigenthumsvergehen sollte Strafverfolgung nur eintreten, wenn das öffentliche Interesse für verletzt zu erachten ist, andernfalls wäre der Verletzte auf die Privatklage zu verweisen.

Unser College Thomsen in seinem sehr umfassenden Gutachten, welches ich wünschte noch näher darlegen zu können, fixirt zunächst den Unterschied zwischen Antragsrecht und Privatklage; jenes, das Antragsrecht, jus prohibendi, und die Privatklage, jus faciendi, die soviel in den Motiven und in gesetzgeberischen Verhandlungen verwischt erscheinen. Er bezeichnet in wesentlicher Uebereinstimmung mit dem John'schen Gutachten das Antragsrecht als die Befugniß, die an sich durch das Gesetz gebotene Verfolgung einer Missethat zu hindern; der Staat mißt hier dem Verletzten ein solches Interesse bei, daß derselbe dieses Verhinderungsrecht im einzelnen Falle ausüben kann. Es fragt sich also: worauf gründet sich dieses Interesse, und wie ist dieser Eingriff — wenn ich so sagen soll — in die allgemeine Rechtsordnung des Staates zu rechtfertigen? Als Princip wird von Thomsen aufgestellt: nur dann, wenn das Staatsinteresse an der Verfolgung der strafbaren That geringer ist, als das Privatinteresse an der Nichtverfolgung, ist ein Antragsrecht zu statuiren. — Thomsen geht die einzelnen Reate unseres Strafgesetzbuches durch und indem er von den staats- und völkerrechtlichen Beziehungen absieht, stellt er als Momente, welche hier in Betracht kommen, auf: die schonende Rücksicht auf den Verletzten und seine Angehörigen, oder auf das Familieninteresse, die Rücksichten auf die Heiligkeit der Familienbande, auf die Nachtheile für den Namen, den Ruf, das sittliche Gefühl des Verletzten und seiner Angehörigen, welche im Falle der öffentlichen Verfolgung der gegen dieselben verübten Verbrechen entstehen würden. Hiernach scheidet Thomsen von den Antragsdelicten aus, nicht blos wie John die Körperverletzungen und Diebstähle, Unterschlagungen und Betrügereien von Personen in Kost oder Lohn, sondern auch den strafbaren Eigennutz, Wild- und Fischdiebstahl, Sachbeschädigungen und die Uebertretungen des § 370 Z. 4—6, sofern bei allen diesen Vergehen kein berechtigtes Privatinteresse an der Nichtverfolgung sich entdecken lasse. Er beantragt, daß die Zurücknahme des Antrags auf Verfolgung nur bis zur Eröffnung des Hauptverfahrens zulässig sein solle, mit Ausnahme der Antragsdelicte unter Angehörigen, in welchen die Zurücknahme bis zur Verkündigung eines auf Strafe lautenden Erkenntnisses zulässig wäre.

Wenn wir nun der Frage, die uns vorliegt, näher treten, so glaube ich die allgemeine Bemerkung vorausschicken zu sollen, daß es sich um Bestimmungen handelt, über deren principmäßige Grundlage in unserem deutschen Strafgesetzbuch kein sicheres Criterium zu finden ist. Sie wissen, wie theilweise ziemlich zufällig bei den Berathungen des Reichstages mehrere Antragsdelicte statuirt wurden. Es hat namentlich hier auch wieder die Vermischung zwischen Antragsrecht und Privatanklage wesentlich mitgewirkt zur Ausdehnung der Antragsdelicte. Andererseits handelt es sich um Abänderung eines erst seit wenig Jahren in Wirksamkeit befindlichen Gesetzes, um Abänderung eines Reichsgesetzes, und es wird deshalb sehr am Platze sein, daß wir uns lediglich auf diejenigen Punkte beschränken, in welchen allgemein anerkannte Mißstände sich geltend gemacht haben. Die verschiedenen Ausstellungen, Klagen und Beschwerden, welche laut geworden sind, beziehen sich vornehmlich auf die Verbrechen der Nothzucht, der Unzucht mit Kindern, auf die Vergehen der Körperverletzung und auf Diebstähle, Unterschlagungen und Betrügereien der Personen in Kost oder Lohn. Ob Verbrechen der §§ 176 und 177 nur auf Antrag verfolgt werden sollen, war schon bei Berathung des Strafgesetzbuchs Gegenstand lebhafter Erörterungen. In neuester Zeit hat der österreichische Entwurf eines Strafgesetzbuchs bei diesen Verbrechen die Verfolgung von Amtswegen angeordnet. Meines Erachtens — und ich stimme hier mit den beiden Gutachten überein — wird jedoch bei diesen Verbrechen das Staatsinteresse auf Verfolgung von Amtswegen durch die schonende Rücksicht auf die hier berechtigten Privatinteressen überwogen; ich möchte deshalb eine Aenderung hier nicht vorschlagen. Anders bei den Körperverletzungen. Welche Mißstände dadurch hervorgerufen werden, daß nur die schwersten Fälle der Körperverletzungen von Amtswegen verfolgt werden, wie das Antragsrecht bei den übrigen Körperverletzungen, zu welchen ja in Wirklichkeit nicht blos die leichten, sondern recht erhebliche Beschädigungen der Gesundheit gehören, zu Erpressungen mißbraucht wird, wie dadurch ein Privilegium der Vermöglichen bewirkt, wie schließlich nur der bestraft wird, der nicht im Stande ist, sich loszukaufen, wie hierdurch die öffentliche Rechtsordnung und Sicherheit aufs Empfindlichste geschädigt wird, das werde ich wohl nicht weiter auszuführen brauchen, das ist in Aller Munde. Drastische Beispiele sind im Thomsen'schen Gutachten angeführt und Ihnen wohl aus eigener Erfahrung bekannt. — Der Vorschlag, zwischen den schweren und leichten Körperverletzungen unseres Strafgesetzbuches eine Mittelstufe einzuführen, ist practisch wegen der Schwierigkeit, die Grenze zu bestimmen, wohl kaum durchzuführen. Der österreichische Entwurf statuirt die Verfolgung von Amtswegen, wenn Körperverletzungen mit besonderen Qualen oder einer über eine Woche dauernden Gesundheitsschädigung oder Berufsunfähigkeit verbunden sind, desgleichen wenn sie mit Werkzeugen oder unter Umständen verübt sind, welche eine Lebensgefahr herbeiführen können. Ein anderer Vorschlag geht dahin, von Amtswegen einzuschreiten, wenn zur Beseitigung des der Gesundheit zugefügten Nachtheils keine gegründete Aussicht vorhanden ist. Die Bestimmung einer nach Tagen ausgemessenen Dauer der Krankheit oder Arbeitsunfähigkeit hängt wesentlich von den Anschauungen der Gerichtsärzte ab; und wie verschiedenartig sind die Anschauungen und Grundsätze, welche hier befolgt werden! Wie schwer ist überhaupt oft die Diagnose und Prognose, wie häufig stellen sich Verletzungen erst in der Folge als schwer heraus, und wie ist dann der Erfolg der in Ermangelung eines Antrags verspäteten gerichtlichen Einschreitung gefährdet! Meines Dafürhaltens kann diesem Uebelstand nur begegnet werden, wenn nicht nur die schweren, sondern auch die übrigen dolosen Körperverletzungen von Amtswegen verfolgt werden. In ganz leichten Fällen, in welchen eine Verletzung der öffentlichen Rechtsordnung nicht zu behaupten ist, würde ja die Staatsanwaltschaft nicht gehindert sein, die Einschreitung zu unterlassen. Die fahrlässigen Körperverletzungen würde ich als Antragsdelicte belassen.

Was sodann die Diebstähle, Unterschlagungen und Betrügereien der Personen, welche sich bei dem Verletzten in Kost oder Lohn befinden, betrifft, so wird sich gerade hier ein berechtigtes Privatinteresse bei der dermaligen Gestaltung unserer Gesindeverhältnisse nicht behaupten lassen. Früher waren diese Vergehen qualificirt, jetzt sind sie privilegirt. Auch hier hat Thomsen einige schlagende Beispiele angeführt. Die Schwierigkeiten in der Anwendung der gesetzlichen Bestimmung würden am besten durch deren Wiederbeseitigung gehoben. Die hiernach eintretende Verfolgung von Amtswegen wird ja doch in der großen Mehrzahl der Fälle, namentlich da, wo zwischen Dienstherrschaft und Gesinde noch eine Art Familienverhältniß besteht, durch die Anzeige des Verletzten immer bedingt sein.

Den Kreis der Antragsdelicte noch weiter einzuengen, wie Thomsen vorschlägt, durch Ausscheidung der Fälle des strafbaren Eigennutzes, des Wild- und Fischdiebstahles, der Sachbeschädigungen und der Uebertretungen des § 370, scheint mir, von dem Grundsatz ausgegangen, den ich mir voranzustellen erlaubte, nach den seitherigen Erfahrungen und bei der Art dieser Vergehen nicht dringend geboten. Dagegen wird, wie schon erwähnt, die Frist für Zurücknahme des Antrags abzukürzen sein. Ist einmal durch Stellung des Antrags der Schleier von dem Vergehen gehoben, der Fall öffentlich geworden, die Thätigkeit des Gerichts veranlaßt, so fallen die Rücksichten auf die persönlichen und Familienverhältnisse. Mit Beschränkung der Frist wird dem Feilschen um eine Loskaufsumme Einhalt gethan und, im Interesse der Würde des Gerichts, der Uebelstand beseitigt, daß noch nach Fällung des Erkenntnisses die ganze Thätigkeit des Gerichts nutzlos gemacht werden kann. Es ist vorgeschlagen, eine siebentägige Frist zur Zurücknahme des Antrages zu bestimmen; ich möchte mit Thomsen vorziehen, den Zeitpunkt dahin zu fixiren, daß nach Eröffnung des Beschlusses auf Vornahme des Hauptverfahrens, der Antrag nicht zurückgenommen werden kann, mit Ausnahme der Antragsdelicte unter Angehörigen, bei welchen die Zurücknahme bis zur Eröffnung eines auf Strafe lautenden Erkenntnisses statthaft wäre und natürlich auch mit Vorbehalt für die Privatklagen, in welcher Beziehung die Prozeßordnung maßgebend wäre. In dem Entwurf der deutschen Strafprozeßordnung ist hierfür als Termin die Verkündigung des Urtheils angenommen.

Hiernach erlaube ich mir folgende Resolution vorzuschlagen:

„Es empfiehlt sich bei einer Revision des deutschen Strafgesetzbuchs, die dolosen Körperverletzungen und die Diebstähle, Unterschlagungen und Betrügereien von Personen, welche sich bei dem Verletzten in Kost oder Lohn befinden, aus der Reihe der Antragsdelicte zu beseitigen, und die Zurücknahme des Antrages nur bis zur Eröffnung des Beschlusses auf Vornahme des Hauptverfahrens zu gestatten, mit Ausnahme der Antragsdelicte unter Angehörigen, bei welchen der Antrag bis zur Verkündigung eines auf Strafe lautenden Erkenntnisses zurückgenommen werden kann."

Präsident **v. Schwarze**: Ich glaube doch, daß, wenn ein Widerspruch aus der Versammlung nicht erhoben wird, es zweckmäßig sein würde, beide Anträge des Herrn Referenten gleichzeitig zur Discussion zu stellen und dann vom Gang derselben abhängen zu lassen, ob bei der Abstimmung die Anträge getheilt, beziehungsweise auch in denselben wieder Unterabtheilungen gemacht werden sollen. — Ich eröffne die Discussion.

Professor Dr. **Schütze** (Kiel): Meine Herren! Nur zwei Worte. Im Allgemeinen war ich bereits mit den Anträgen des Herrn Referenten einverstanden, ehe dieselben gestellt wurden, indem ich mich dem Gutachten unseres verehrten Collegen Thomsen in fast allen Punkten anschließen konnte. Nur auf Einen Punkt möchte ich aufmerksam machen; es betrifft derselbe nämlich die fahrlässigen Körperverletzungen. Meines Erachtens läßt es sich einer Körperverletzung in sehr vielen Fällen nicht ansehen, ob dieselbe fahrlässig oder vorsätzlich zugefügt ist. Es würde meines Erachtens daher nicht richtig sein, wenn wir das Antragsdelict streichen, es nicht mit Bezug auf alle Körperverletzungen zu thun. Wie gesagt, bei fahrlässigen Körperverletzungen soll nach Antrag des Herrn Referenten die Antragsnatur bestehen bleiben; es ist aber der Verletzte sehr häufig gar nicht in der Lage, mit Bestimmtheit beurtheilen zu können, ob die ihm zugefügte Körperverletzung auf Fahrlässigkeit oder Vorsatz beruht, und eben darum bin ich der Meinung, daß man entweder bei den Körperverletzungen die Antragsnatur überhaupt beibehalten oder überhaupt fallen lassen muß; und für das Letztere möchte ich mich erklären. Ich werde daher beantragen, im Vorschlag des Herrn Referenten das Wort „dolose" wegfallen zu lassen.

Was sodann die Uebertretungen betrifft, mit Bezug auf welche ebenfalls der Gutachter Thomsen sich geäußert hat, so finde ich, daß es nicht unangemessen wäre, auch dies mit in den Antrag des Herrn Referenten aufzunehmen. Ich werde aber in dieser Beziehung nicht einen besonderen Antrag stellen, sondern abwarten, ob mein Antrag von anderer Seite in

Bezug auf die Uebertretungen, welche im Gutachten von Thomsen namhaft gemacht sind, Unterstützung findet. Was aber die Körperverletzungen betreffen, so werde ich, wie gesagt, den Wegfall des Wortes „dolose" beantragen.

Appellationsgerichtsrath **Rüdel** aus Nürnberg: Ich möchte der hohen Versammlung auch den Vorschlag unterbreiten, aus dem Kreise der Antragsdelicte die Sachbeschädigungen nach § 303 auszuscheiden. Ich kann aus einer sehr reichen Praxis Zeugniß dafür ablegen, daß bei uns in Bayern keine Institution so wesentlich dazu beigetragen hat, daß sich das Reichsstrafgesetzbuch noch nicht so recht eingebürgert hat, als gerade die Institution der Antragsreate. Ich will nicht wiederholen, was der Herr Referent in der Beziehung bereits erörtert hat, Sätze, die überall ja reichlich ausgetragen worden sind: die Kränkung des allgemeinen Rechtsbewußtseins, die hierdurch provocirten Mißbräuche der Strafjustiz. Ein Umstand ist es aber, den ich den Herren Collegen namentlich ans Herz legen möchte, der auch eine Folge ist der Antragsreate nach dem Systeme des Reichsstrafgesetzbuches, es ist die Kränkung der richterlichen Autorität! Was soll der Private von der strafrichterlichen Autorität halten, wenn er sich sagen kann: jetzt setze ich den Strafrichter in Bewegung, sobald ich aber nicht mehr will, muß er wieder aufhören. Meine Herren, das ist eine unwürdige Stellung für uns!

Bravo!

Was mich aber speciell bestimmt, für die Sachbeschädigungen einzutreten und diese aus dem Kreise der Antragsreate gestrichen wissen zu wollen, das sind die Stimmen, die bei uns in Bayern wenigstens laut geworden sind auf allen landwirthschaftlichen Versammlungen, bei allen Landrathsversammlungen. Es ist namentlich das landwirthschaftliche Eigenthum, welches ich eben im Auge habe.

Meine Herren! Der Bauer calculirt einfach, wenn ihm sein Eigenthum beschädigt ist — in der Regel ist das Motiv solcher Beschädigungen die Rache — er sagt sich: stelle ich den Antrag jetzt gegen den, der mir eine geringe Beschädigung zugefügt hat, der mir vielleicht von meiner Baumpflanzung ein Stämmchen abgeschnitten hat, so fordere ich ihn zur Rache heraus. Der Thäter kündigt ihm dieselbe ohne Weiteres an, und steckt ihm das nächste Mal den ganzen Acker vor der Ernte in Brand. Sie glauben nicht, welche Stimmen der, welcher im Volke draußen lebt, darüber vernehmen kann, daß erst dann gegen diese Beschädigungen eingeschritten werden soll, wenn der Antrag vom Beschädigten gestellt worden ist. Ich glaube, es ist im Interesse unserer Landwirthschaft ein ganz dringendes Bedürfniß, auch diese Sachbeschädigungen aus dem Kreise der Antragsreate auszuscheiden, und dahin geht mein Antrag.

(Schluß der Debatte.)

Referent **von Köstlin**: Meine Herren! Wenn ich, da Niemand das Wort gegen den Antrag ergreift, daraus den Schluß ziehen darf, daß Sie im Wesentlichen mit diesem einverstanden sind, so gestehe ich, daß es mir vorkommt, als ob die Ausscheidung noch weiterer Fälle aus dem Kreise der Antragsdelicte lediglich sich nach den Erfahrungen bestimmt, welche namentlich die ausübenden Richter gemacht haben. Ich bin entfernt nicht gemeint, dem Herrn Vorredner irgendwie bestreiten zu wollen, daß es als wünschenswerth angesehen werden kann, auch die Sachbeschädigungen ex officio zu verfolgen. Desgleichen stimme ich Herrn Professor Dr. Schütze darin bei, daß die Grenze zwischen fahrlässiger und doloser Körperverletzung im einzelnen Falle sich häufig von Anfang an schwer wird bestimmen lassen. Ich glaubte blos von meinem Standpunkte aus, daß bei diesen beiden Vergehen ein so dringlicher Grund zu einer Aenderung des Gesetzes nicht vorliege, wie bei den übrigen, welche ich mir in meinen Antrag aufzunehmen erlaubt habe. Ich möchte, wenn Sie geneigt wären, auch die Sachbeschädigungen und fahrlässigen Körperverletzungen zu streichen, weiter darauf aufmerksam machen, ob es dann nicht, das Thomsen'sche Princip angenommen, richtig wäre, auch die weiter von Thomsen genannten nicht berechtigten Antragsdelicte zu streichen, also den strafbaren Eigennutz, den Wild- und Fischdiebstahl und die Uebertretungen des § 370, Zeile 4—6. Ich glaube aber, von meinem Standpunkte ausgehend, daß wir uns auf das Nothwendigste beschränken sollten, an meinem ursprünglichen Antrage festhalten zu sollen.

Der **Präsident** schlägt vor, die beiden Anträge des Referenten mit Rücksicht auf den Gang der Discussion ungetheilt zur Abstimmung zu bringen und motivirt im Uebrigen die Art der beabsichtigten Fragestellung. Es wird zur Abstimmung geschritten.

Die Frage, ob für den Fall der Annahme des vom Herrn Referenten gestellten Antrags im Uebrigen das Wort „dolosen" beibehalten werden soll? wird bejaht; der Antrag des Herrn Professor Schütze ist abgelehnt.

Die Frage, für den Fall der Annahme des Antrags des Referenten im Uebrigen auch die Sachbeschädigungen nach § 303 des Reichsstrafgesetzbuchs aus dem Kreise der Antragsdelicte auszuscheiden? wird mit großer Majorität bejaht.

Der Gesammtantrag des Herrn Referenten mit dem angenommenen Zusatze des Herrn Appellationsraths Rüdel lautet:

„Es empfiehlt sich, bei einer Revision des deutschen Strafgesetzbuchs die dolosen Körperverletzungen, die Sachbeschädigungen nach § 303 des Reichsstrafgesetzbuchs, die Diebstähle, Unterschlagungen, Betrügereien solcher Personen, welche sich beim Verletzten in Kost oder Lohn befinden, aus der Reihe der Antragsdelicte zu beseitigen und die Zurücknahme des Antrags nur bis zur Eröffnung des Beschlusses auf Vornahme des Hauptverfahrens zu gestatten, mit Ausnahme der Antragsdelicte unter Angehörigen, bei welchen der Antrag bis zur Verkündung eines auf Strafe lautenden Erkenntnisses zurückgenommen werden kann."

Derselbe wird mit überwiegender Majorität angenommen.

(Die Abtheilung beschließt hierauf noch, den gefaßten Beschluß dem Plenum nur zur Kenntnißnahme mitzutheilen und den Referenten, Obertribunalsrath v. Köstlin, mit der Berichterstattung zu betrauen. Nach einer persönlichen Bemerkung des Präsidenten votirt die Versammlung dem Letzteren auf Antrag des Professor Dr. Schütze durch Aufstehen ihren Dank für die Leitung der Geschäfte, worauf die Sitzung geschlossen wird.)

(Schluß der Sitzung 9 Uhr Vormittag.)

Erste Sitzung der vierten Abtheilung am 26. August, 11 Uhr Mittags.

Nachdem die Abtheilung einstimmig zum ersten Vorsitzenden den Kreis- und Hofgerichtsdirector von Stösser aus Mannheim, zu dessen Stellvertreter Oberappellationsgerichtsrath Dr. Becker aus Oldenburg gewählt und zu Schriftführern Verwaltungsgerichtsrath Wieland aus Carlsruhe, Advocat Gunzenhäuser aus Fürth, Advocat Dr. Ludwig aus Hamburg und Advocat Metz aus Straßburg ernannt worden waren, eröffnet der Präsident **von Stösser** die Verhandlung über die 10. Frage:

Ueber die rechtliche Natur, die Zuständigkeit und die Verhandlungsform der Verwaltungsjurisdiction.

Berichterstatter Professor Dr. **Gneist**: Der mir von der ständigen Deputation ertheilte ehrenvolle Auftrag einer Berichterstattung über das eben bezeichnete Thema unterliegt so großen Schwierigkeiten, daß ich vorweg um eine besondere Nachsicht bitten muß. Das Thema setzt eine zusammenhängende Kenntniß des öffentlichen Rechts und eine gewisse praktische Anschauung der Geschäftskreise der Staatsverwaltung voraus, welche in Folge unserer Arbeitstheilung in juristischen Kreisen nicht ohne Weiteres vorauszusetzen ist. Gerade für dies Thema wäre die Erstattung ausführlicher Gutachten wünschenswerth gewesen, an denen es bisher in unseren Verhandlungen gänzlich fehlt. Eine Berichterstattung muß also durch eine gewisse Ausführlichkeit den Mangel der Gutachten ersetzen, und unsere Darlegung muß sich vorweg bescheiden, daß es sich in der heutigen Erörterung nur um eine allgemeine Grundlegung handeln kann, daß alle vorzuschlagenden Resolutionen sich möglichst allgemein werden halten müssen, daß es sich eben nur um den bescheidenen Anfang von Erörterungen handelt, welche den deutschen Juristentag noch manches Jahr eingehender beschäftigen werden.

Die jetzt sogenannte Verwaltungsjurisdiction ist nur ein neuer Name für eine alte Sache. Es handelt sich bei der heutigen Reformgesetzgebung wesentlich darum, dem Verwaltungsdecernat in gewissen wichtigen Fragen eine solche Gestalt zu geben, daß den Betheiligten ein volles Gehör und die Garantien einer collegialischen Entscheidung im Wesentlichen so gegeben werden, wie unsere deutsche Gerichtsverfassung solche für Privatrechtsentscheidungen und Strafsachen gewährt. Einrichtungen dieser Art sind aber so alt, wie unsere deutsche Verwaltung und unsere Verwaltungsbehörden.

Das deutsche Verwaltungsrecht erscheint schon mit den ersten Anfängen staatlicher Gebote und Verbote in dem „Königsbann". Während das alte Volksrecht nur das Privatrecht und die strafrechtliche Genugthuung regelt, erscheint mit dem „Königsbann" ein neues Rechtsverhältniß des Unterthanen zur Obrigkeit. Unsere nationale Rechtsanschauung fügt sich widerstrebend solchen Geboten, und wenn sie sich fügt, verlangt Jeder bestimmt zu wissen, wozu er verpflichtet sein soll, und daß auch die Anderen in gleichem Maße verpflichtet und belastet werden. Diese nationale Grundrichtung hat frühzeitig schon zu allgemeinen Normativbestimmungen der Staatsgewalt geführt, das heißt zur Aufstellung allgemeiner Gebote für Heerbann, Gerichtshaltung und Königsfrieden, die schon in den Capitularien ein ziemlich umfassendes Verwaltungsrecht bilden, — zunächst ein Verwaltungsrecht durch Verordnung. Da aber die wichtigeren Gebote auch in das hergebrachte Volksrecht abändernd eingreifen, so müssen sie soweit dies eintritt, consensu optimatum ergehen, und erscheinen so als die ältesten Verwaltungsgesetze. In den Gebieten der größeren domini terrae wiederholt sich später derselbe Gang in abgeleiteter Bildung, und ebenso der Grundsatz, daß die Anordnung consensu optimatum ergehen muß, soweit es sich um Aenderung des Gewohnheitsrechts (nova jura condere) handelt. Bis zum Schluß des Mittelalters hat sich dieser Rechtsstoff ansehnlich gehäuft, und er erscheint consolidirt im XVI. Jahrhundert in Reichspolizeiordnungen, Reichsgerichtsordnungen, Wahlcapitulationen und in den Reichsbeschlüssen über das Kriegs-, Finanz- und Kirchenwesen.

In den größeren Territorien ist inzwischen der Gang der abgeleiteten Rechtsbildung nachgefolgt, und seit der Reformation rückt ihr Schwerpunkt allmälig in die Einzelstaaten. Verordnung und Gesetz erscheinen auch hier in dem alten Verhältnisse zu einander, so lange die Landstände thätig bleiben. Mit zahlreichen Variationen, doch im Ganzen immer fortschreitend, erscheint nun die Kriegs-, die Finanz-, die Gerichts-, die Polizeiverwaltung, die Kirchenhoheit, an Gesetz und Verordnung gebunden, welche einen dem Alterthum noch fremden festen Rechtskreis um den Einzelnen, um die Familie, die Genossenschaft, die Commune, die Kirche ziehen. Der große Umfang dieser Normativbestimmungen und ihre mühsame Vereinzelung in die kleinsten Verhältnisse bildet einen charakteristischen Gegensatz gegen das antike Verwaltungssystem, gegen die römische Gestalt des imperium.

Die Rechtsprechung über dies Verwaltungsrecht bietet schon im Mittelalter andere Gesichtspunkte dar, als die jurisdictio ordinaria in bürgerlichen und Strafsachen. Die Schöffengerichte hatten ihre Grundsätze über Mein und Dein und über die strafrechtliche Genugthuung aus dem Rechtsbewußtsein der Gesellschaft zu schöpfen. Wurde dagegen die sinngemäße Auslegung der staaatlichen Gebote streitig, so mußte man auf die Organe der Obrigkeit selbst zurückgehen. Man kam damit zu einer Beamtenjurisdiction, vergleichbar dem römischen judicium extraordinarium. Es tritt dies stets ein, soweit das Recht neue positive Quellen lediglich aus der obrigkeitlichen Gewalt erhält. Das Vorbild der neuen Jurisdiction war aber gegeben in der Kirche und im canonischen Recht. Die Kirche hatte in ihrem Gebiete eine volle Gesetzgebungs- und Verordnungsgewalt früher entwickelt, als der weltliche Staat, und diese Gesetzgebung hatte vorzugsweise öffentlich-rechtliche (kirchenstaatliche) Verhältnisse zum Gegenstand. Die Kirche hatte auch die dafür erforderlichen Amtsorgane am frühesten systematisch ausgebildet. Es wird nicht immer genügend gewürdigt, daß diese jurisdictio (im Unterschiede von den Schöffengerichten) ihr Recht nicht aus dem Rechtsbewußtsein des Volkes schöpfen kann, sondern daß ihr Gegenstand die sinngemäße Auslegung obrigkeitlicher Gebote darstellt, deren zuverlässiger Interpret die ständige Obrigkeit selbst ist. Die canonische jurisdictio ist also zum sehr großen Theile Verwaltungsjurisdiction. Das Vorbild des römischen Kaiserstaats, welches sonst für die Kirche maßgebend war, würde solche Angelegenheiten als Verwaltungssachen zum „imperium" gerechnet und kurzer Hand erledigt haben. Es war eine Concession an den germanischen Volksgeist, daß die Kirche in diesen Gebieten eine förmliche „Jurisdiction" formirte, das heißt, daß man durch die Ständigkeit der Behörden, den Instanzenzug und die contradictorische Verhandlung, wesentliche Garantien der Rechtsprechung bot, welche der germanische Volksgeist auch für die Handhabung der obrigkeitlichen Gewalt beansprucht. Alle Beamtenjurisdictionen des Continents haben deshalb im canonischen Recht ihre Hauptwurzel. Der Sprachgebrauch der englischen wie der französischen Verwaltungsgerichtsbarkeit ist noch heute im Wesentlichen der des canonischen Rechts.

Denselben Grundcharakter hat die Verwaltungsjurisdiction der deutschen Reichsverfassung. Seit dem Schlusse des Mittelalters erscheinen die beamteten Reichsgerichte als Hauptorgane des streitigen Verwaltungsrechts. Die Reichskammergerichtsordnung enthält zahlreiche Clauseln einer Verwaltungsjurisdiction. Die Reichshofrathsordnung enthält deren noch mehrere. Wieder andere sind in die einzelnen Reichsgesetze eingeschaltet. Als provinzielles Organ sollten in wichtigen Beziehungen die Reichskreise dienen, freilich äußerst dürftig und mangelhaft wie alle executiven Organe des Reichs. Trotz aller Mängel haben aber die Reichseinrichtungen das System und die Methode der Verwaltungsjurisdiction in Deutschland maßgebend bestimmt.

Ihre volle Entwickelung erhielt die Verwaltungsjurisdiction erst später in dem Territorialrecht der größeren deutschen Staaten. Die Decrete, durch welche die Ausübung der Staatshoheitsrechte geregelt wird (das sogenannte Verwaltungsdecernat), ergehen durch ständige Behörden, analog den Gerichtsdecreten. Die Partei, welche dadurch an ihrer Person oder an ihrem Vermögen verletzt zu sein behauptet, hat das Recht, dagegen dieselbe Amtsstelle oder eine höhere anzurufen. In höheren Instanzen geht das Beschwerderecht regelmäßig an collegialische Amtsstellen. Im 18. Jahrhundert haben die größeren Staaten auch für dies Gebiet das System der drei Instanzen entwickelt: in I. Instanz ständige Orts- und Bezirksbehörden; in II. Instanz die provinziellen Kammercollegien; in III. Instanz ein geheimer Staatsrath — jedoch mit Variationen, welche in jedem deutschen Lande ebenso verschiedene Namen wie Formationen darbieten. Die Zusammensetzung dieser Behörden beruht überwiegend auf rechtsverständigen Mitgliedern. Der Grundsatz der ständigen, thatsächlich lebenslänglichen Besetzung und der Collegialverfassung geht ebenso parallel den ordentlichen Gerichten wie der Instanzenzug. Die Rechtsmittel sind freie Nachbildungen der canonischen imploratio officii judicis und der appellatio extrajudicialis, mit Reminiscenzen an die römische querela. Das Verfahren entspricht dem damaligen schriftlich-summarischen Prozeß. — Die preußischen Verwaltungseinrichtungen im Anfange des 19. Jahrhunderts bilden wohl den vollständigsten Parallelismus zwischen Verwaltungs- und Gerichtsdecernat, allerdings aber mit fortschreitender Neigung zur Formlosigkeit. Wie der strafrechtliche Inquisitionsprozeß immer polizeilicher und formloser wurde, so haben alle Proceduren reiner Beamtenkörper die Neigung zur Formlosigkeit. Das contradictorische Element trat in den Verwaltungsbeschwerden durch ihre Formlosigkeit so zurück, daß in dem Geschäftsgange der Behörden die contentiöse mit der laufenden Verwaltung zusammenfloß. Noch weniger vermochte das Publikum von Außen her das Gebiet der einen und der andern zu scheiden. Im Unterschiede von England und Frankreich flossen daher beide Gebiete im deutschen Sprachgebrauche unter dem weiten Namen „Verwaltung“ zusammen. Die Fachjuristen, denen ebenso die Uebung wie das Interesse für diese Gebiete fehlte, schlossen sich dem gemeinen Sprachgebrauche an. Ja, im Kreise der Verwaltungsbeamten selbst, verlor sich ein klares Bewußtsein von einem Unterschied der beiden Gebiete in dem Maße, daß in der Reihe von Streitschriften über „Büreau- oder Collegialverfassung“ die zum Theil sehr tüchtigen Verfasser sich keine Rechenschaft geben, daß die eine die rechte Form der einfachen Executive, die andere die für das streitige Verwaltungsrecht geeignete Formation darstellt.

Mit diesem Sprachgebrauche und mit allen Vorstellungen, welche im Beamtenleben aus der fortschreitenden Arbeitstheilung hervorgehen, gingen die deutschen Einzelstaaten im 19. Jahrhundert, einer nach dem andern, in eine constitutionelle Verfassungsform über, und es treffen nun im laufenden Jahrhundert drei neue Momente zusammen, welche der Verwaltung eine völlig veränderte Stellung geben.

Das erste ist: die deutschen Verwaltungsbehörden verlieren langsam, aber im Ganzen stetig fortschreitend, ihre Collegialität und die richterliche Ständigkeit und Unabhängigkeit ihres Personals. Einfachheit und Schnelligkeit der Exekutive wird das Bedürfniß und Losungswort der Zeit mit jedem Fortschritt der industriellen Gesellschaft. Ueberall strebt man danach, die schwerfälligen Verwaltungscollegia durch einfache Organe zu ersetzen, die Vielheit der Instanzen zu beseitigen, und damit zugleich eine „billigere“ und wirksamere Verwaltung zu schaffen. Es zeigt sich ferner in der constitutionellen Ministerverwaltung das Bedürfniß einer strengeren Unterordnung der Beamten unter die verantwortlichen Minister. Es liegt dies an sich nicht im Interesse des Beamtenthums: aber die constitutionelle Praxis führt unabänderlich zu einer strafferen Unterordnung. In Preußen werden beim Uebergange zum constitutionellen Staate Landräthe, Regierungspräsidenten und Ministerialdirectoren mit einem Schlage in entlaßbare Beamte verwandelt und „zur Disposition“ der zeitigen Minister gestellt. Auch außer Preußen sah man dies neue Verhältniß häufig als eine Consequenz der constitutionellen Regierungsform an. Es ist aber klar, daß die Behörden durch solche Umwandlungen die Fähigkeit verlieren, als „Gerichtshöfe des öffentlichen Rechts" streitige Fragen selbständig und unabhängig zu entscheiden.

Das zweite neue Moment bildet die veränderte Stellung der Minister selbst. Indem durch die Volksvertretung die Interessen und Parteien der Gesellschaft in die höchsten Gebiete der Staatsgewalt eingeführt werden, erhält jede constitutionelle Regierung in gewissem Maße eine parteimäßige Richtung, welche für die Initiative neuer Gesetze unabänderlich, und insoweit berechtigt ist. Alle Parteiinteressen drängen aber dahin, diese Parteirichtung auch in die Auslegung und Handhabung der bestehenden Verwaltungsgesetze zu erstrecken. Die französische Doctrin hat aus solcher parteimäßigen Verwaltung sogar ein constitutionelles Dogma gemacht. Die guten Gewohnheiten des deutschen Beamtenthums leisten diesem Pseudoconstitutionalismus eine Zeit lang Widerstand. Die vollen Erfahrungen darüber aber machte man in dem Augenblicke, wo das durchgebildete Verwaltungsrecht eines Großstaats zusammentraf mit einem heftigen Streite unter den Parteien der Gesellschaft, — also in Preußen in den späteren Regierungsjahren Friedrich Wilhelms IV. Dies constitutionelle Verwaltungssystem, geknüpft an die Namen Hinkeldey, Westphalen u. a., verwandelt in kurzer Zeit die innere Verwaltung zu einem Parteiinstrument. Alle polizeilichen Concessionen und Consense, Pässe und Paßkarten, Alles, was die Obrigkeit zu gewähren oder zu versagen hat, die Beamtenanstellung und die Beamtendisciplin, gelegentlich sogar die Steuereinschätzung, werden systematisch zu Gunsten der Wohlgesinnten, zur Schädigung der Uebelgesinnten, als Mittel zur Förderung der ministeriellen Wahlen und zur Erreichung anderer ministerieller Zwecke gehandhabt. Die Controle gegen solche Mißbräuche hätten nach den bis dahin herrschenden Theorien die Kammern bilden sollen. Allein diese Controle erschien nicht nur wirkungslos, sondern die Parteimajorität der II. Kammer überbot womöglich noch die Minister, und das Herrenhaus wurde ein ständiger Fürsprecher einer solchen Verwaltung, gegen welche weder mein College Stahl, noch sonst einer der Großsprecher der conservativen Partei ein Wort zu sagen hatte. Es hat sich schon damals in weiten Kreisen die Ueberzeugung gebildet, daß unsere Ministerverwaltung einer Rechtscontrole bedürfe; nur war es unendlich schwer, eine solche mit den überkommenen Ideen von einer constitutionellen Regierung in Einklang zu bringen.

Als drittes neues Element kam durch die constitutionelle Staatsform noch Etwas hinzu, worauf die Gesellschaft ein sehr großes Gewicht legt. Durch die Wiedereinführung der Gesellschaft in den Staat und ihre maßgebende Betheiligung an der Staatsregierung durch die Kammern, gewinnen die lange verkümmerten politischen Ehrenrechte neues Leben und Bedeutung. Das Reichs- und Landesbürgerrecht, die Theilnahme an den Aemtern und Vertretungen der Gemeinde, das active und das passive Wahlrecht und gewisse persönliche „Grundrechte" gewinnen eine neue Gestalt, an allen Punkten jedenfalls eine weit erhöhte Bedeutung. Zu den privatrechtlichen Statusrechten, für die ein Rechtsschutz jederzeit beansprucht wurde, treten nun die politischen Statusrechte hinzu, für welche die Gesellschaft einen gesicherten Rechtsschutz und folgeweise eine „Rechtsprechung" verlangt, an Stelle einer parteimäßigen Handhabung, in welche sie hineinzugerathen drohten.

Die in Deutschland so lange eingebürgerten französischen Theorien hatten sich die neue Ordnung dieser Verhältnisse sehr einfach gedacht. Die Verantwortlichkeit der Minister und die Beschlüsse der Kammern über Verwaltungsbeschwerden sollten allen Mißständen abhelfen, und das Verwaltungssystem des absoluten Staates in jeder Richtung verbessern. Die Selbsttäuschung darüber konnte indessen nicht lange dauern, nachdem in Bayern, in Preußen, in Oesterreich und ziemlich der Reihe nach in den einzelnen deutschen Ländern eine Praxis constitutioneller Ministerverwaltungen sich consolidirte. Vor Allem wuchs in den Beamtenkreisen selbst die Einsicht, daß eine unparteiische Handhabung des Verwaltungsrechts im constitutionellen Staate noch dringenderes Bedürfniß geworden ist, als im absoluten, — daß sie die Lebens- und Characterfrage des deutschen Beamtenthums selber darstellt. Preußen war in der Lage, in Reformen dieser Richtung voranzugehen. Das Verwaltungsrecht und das Behördensystem war hier durchgreifend gleichmäßig entwickelt. Die Mißbräuche und Gefahren einer Parteiverwaltung waren hier im größten Maßstabe sichtbar hervorgetreten. Seit 1868 beginnt daher in Preußen eine tiefgehende Reform (im Sinne einer Fortsetzung der Stein-Hardenberg'schen Gesetzgebung) nach folgenden Maximen:

1) Scheidung der reinen Verwaltung von der Entscheidung wichtiger streitiger Verwaltungsrechtsfragen.
2) Für die reine Verwaltung wird der Grundgedanke der Vereinfachung der Instanzen, die Energie des Bureausystems, die strengere Unterordnung der provinziellen und örtlichen Exekutive unter die Ministerverwaltung weiter durchgeführt, jedoch mit Nebenordnung nichtbeamteter Elemente für einzelne Funktionen.
3) Für das streitige Verwaltungsrecht (oder doch die wichtigsten Gebiete desselben) wird das Collegialsystem mit ständigen, unabhängigen Beamten beibehalten und durch Ehrenämter verstärkt, welche dem Verwaltungsbeamtenthum die richterliche Unabhängig-

keit auf der Grundlage des Besitzes wiedergeben. Man hat dieser Wiederherstellung alter Verhältnisse in neuen Formen den Namen „Verwaltungsgerichte“ beigelegt, obschon mit Vermeidung des Namens vielleicht mancher Streit unter den Juristen vermieden worden wäre.

Das System der drei Instanzen kehrt nun in verjüngter Gestalt auch in der Verwaltungsjurisdiction wieder:

in I. Instanz: Kreisausschüsse und Ehrenämter;

in II. Instanz: provinzielle Verwaltungsgerichte aus ständigen und Ehrenbeamten;

in III. Instanz: ein Oberverwaltungsgericht an Stelle der bisherigen materiellen Beschwerdeinstanz bei den Ministern.

Wir hoffen auf diesem Wege eine dauernde Abhülfe des Grundgebrechens constitutioneller Staatsverwaltung zu finden. Wir erstreben damit aber zugleich eine neue Grundlegung für das Verhältniß zwischen Staat und Gesellschaft, in welchem nicht mehr blos die gesellschaftlichen Interessen in den gesetzgebenden Körpern vertreten werden, sondern die gesellschaftlichen Klassen in Verwaltung und Rechtsprechung auch die Pflichten des Staates wiederum üben lernen. Wir hoffen damit die innere Harmonie wieder zu finden, auf welcher alle freien Verfassungen ihrer Zeit beruht haben. In der neuen deutschen Reichsverfassung beginnt dasselbe System bereits Fuß zu fassen. In vielen Einzelstaaten beginnen die Nachbildungen. Ich darf in dem Nachfolgenden diese Grundrichtung der Reform der Kürze wegen als die „volle Reform“ bezeichnen.

Es liegt aber in der Natur der Sache, daß jede Verwaltungsreform auf lebhaften Widerspruch stößt, und nicht am Wenigsten im Kreise der Rechtsverständigen. Es liegt in der Neubildung unserer Verwaltungsgerichte etwas den juristischen Lebenskreisen Fremdartiges. Die Grundbegriffe, welche wir aus unserer wissenschaftlichen Vorbildung mitbringen, sind die Begriffe des allgemeinen Theils der Pandecten, welche (wie ich als alter Pandectist gestehe) Ansprüche auf Allgemeingültigkeit machen, die ihnen nicht zukommt. Einige Ermäßigung und Correctur erhalten diese Grundlagen durch das deutsche Privatrecht. Eine staatsrechtliche Vorbildung fehlt aber in der Regel ganz. Dies Verhältniß setzt sich fort in der Praxis. Unser ganzer Gedankengang bleibt ein civilrechtlicher, ergänzt nur durch die etwas untergeordnete Criminalpraxis. Es wird daraus erklärlich, daß der Berufsjurist ein „contradictorisches“ Verfahren nur kennt, wo subjective Rechte verletzt erscheinen. Daraus entsteht folgender Gedankengang, der in der Literatur der letzten Jahre sich immer weiter ausbreitet.

„Voraussetzung jeder Rechtsprechung", sagt man, ist, „daß zwei Subjecte über den Umfang ihres Rechtskreises mit einander streiten. Jede Rechtsprechung ist nur zu denken als Schutz subjectiver Rechte. Alle Verwaltungsjurisdiction kann deshalb nur zum Gegenstand haben: öffentlich-rechtliche Individualrechte". Nur soweit solche Individualrechte im öffentlichen Rechte construirbar sind, kann „eine Klage und ein Rechtsverfahren" zum Vorschein kommen. Alle anderen Proceduren können nicht Verwaltungsjurisdiction, sondern nur „Verwaltung" darstellen. Man muß daher in der Verwaltung unterscheiden: verletzte Rechte, und verletzte Interessen, — und dementsprechend eine „Verwaltungsklage" und eine „Verwaltungsbeschwerde".

Das Erste, die Verwaltungsklage, findet statt, wenn die Behörden in Ausübung der Hoheitsrechte die gesetzlichen Grenzen und Formen überschreiten, und damit eine Einzelperson in ihren rechtlich geschützten Interessen verletzen. Nur dieser Streit bildet das Gebiet der Verwaltungsjurisdiction. Der Haupturheber der Verwaltungsklage (Lorenz von Stein) will sie sogar nur auf Verletzung eigentlicher Gesetze beschränken, in der Regel nicht der Verwaltungsverordnungen. Die Mehrzahl der deutschen Juristen und das neue österreichische Gesetz begreift aber allgemein auch die Verwaltungsverordnungen ein.

Das Zweite, die Verwaltungsbeschwerde, soll eintreten, wenn die Behörden zwar innerhalb der Grenzen und Formen der Staatsgewalt handeln, aber einen nicht sinngemäßen, unbilligen, parteiischen Gebrauch von ihrer (formell vorhandenen) Gewalt machen. „Diese Beschwerde gehört lediglich der inneren Seite der Verwaltung an." „Hier entscheiden technische Regeln der Verwaltung und Maximen der Zweckmäßigkeit." Diese Fälle gehören also nicht zur Verwaltungsjurisdiction, sondern zur administration pure. Sie müssen daher dem Instanzenzug der gewöhnlichen Verwaltungsbehörden folgen, und nach dem deutschen System in dem Departements-Minister enden. Gewiß sind auch in diesem Gebiete mancherlei Mißbräuche möglich: aber es giebt dafür keine andere Abhülfe, als durch die Ministerverantwortlichkeit und die Controle der Volksvertretung.

Dieser wirkliche oder vermeinte Unterschied zwischen Verwaltungsklage und Verwaltungsbeschwerde, — zuerst scharf formulirt in der geistvollen Darstellung meines Freundes L. v. Stein, — hat eine Tragweite, welche für die Erörterungen der nächsten Zeit voraussichtlich den Schwerpunkt bilden wird. Mutatis mutandis findet sie eine Parallele in dem Unterschiede von nullitas und iniquitas des gemeinen Civilprocesses. Die Verwaltungsjurisdiction soll gewissermaßen nur die Nullitätsrechtsmittel, nicht die Iniquitätsrechtsmittel umfassen. Sie soll bei streitiger Grenzbestimmung, nicht bei blos streitiger Maßbestimmung in der Thätigkeit der Behörden stattfinden. Diese Theorie steht unverkennbar auch in einer gewissen Continuität mit dem alten Ausspruch von Stahl, daß die Verwaltungsgesetze nur die „Grenzen" der Staatsthätigkeit zu normiren haben, und daß es einen inneren Widerspruch enthalte, wenn man darüber hinaus verlange, daß die Behörden „nach Gesetzen verwalten" sollen (Zachariae).

Unzweifelhaft hat diese neue Lehre alle Eigenschaften an sich, welche ihr eine weite Ausbreitung sichern. Sie entspricht allen Grundanschauungen, die wir aus dem allgemeinen Theil des Civilrechts in die Praxis, und aus der Civilpraxis in unser Gesammtleben übertragen. Sie entspricht dem inneren Bau des Privatrechts, und es beginnen daher schon die Versuche, das römische System auf das Verwaltungsrecht anzuwenden. Auch hier läßt sich für den rechtsprechenden Juristen Alles auf ein jus quod ad personas, ad res, ad actiones pertinet zurückführen.

Das publicistische jus personarum, sagt man, umfaßt die öffentlich-rechtlichen Statusrechte, also das Staats- und Gemeindebürgerrecht, active und passive Wahlrechte, Theilnahmsrechte an Kirchengesellschaften, Advokateninnungen, Gewerbekammern und dergl.; das Versammlungsrecht, Vereinsrecht, Preßfreiheit und dergl. — Die Rechtsprechung über diese Verhältnisse würde den Gerichtsentscheidungen über die privatrechtlichen Statusrechten parallel gehen.

Das publicistische Recht an Sachen umfaßt die Theilnahmsrechte an öffentlichen Wegen, Flüssen, Kirchengebäuden, Begräbnißplätzen und dergleichen, parallel den Gerichtsentscheidungen über privatrechtliche Sachenrechte.

Die publicistischen obligationes und actiones sodann umfassen die Theilnahmsrechte an öffentlichen Instituten, Unterrichts-, Kranken-, Humanitäts-, Verkehrs-Anstalten und dergl. Es wäre dies also eine jurisdictio analog der privatrechtlichen über Schuldverhältnisse; und auf diesen Leisten bringt man dann auch die gesetzliche Schranken der Polizeigewalt, der Steuer- und Militärpflicht, die streitige Verpflichtung zum Ehrenamt, Geschworenendienst 2c. 2c., als ob dies quasi Forderungsrechte an den Staat wären, „nicht weiter zu gehen in solchen Ansprüchen, als soweit wie es das Gesetz vorschreibt." Es ist dies wohl ein Punkt, an welchen es äußerlich sichtbar wird, wie bedenklich es ist, aus den Gewohnheiten des Civilrechtsstreits querfeldein in das öffentliche Recht hinüber zu gehen.

Ist man aber einmal in die gewohnten Geleise des Civilrechts eingekehrt, so schließt sich die Verwaltungsgerichtsbarkeit auch leicht an die tägliche Arbeit unserer ordentlichen Gerichte. Sogut unsere Amts-, Kreis- und Landgerichte über die Personen-, Sachen- und Schuldrechte des

Privatrechts entscheiden, können sie doch auch über die öffentlich-rechtlichen judiziren? Wozu brauchen wir dafür besondere Gerichte? „Bewegen wir uns doch in der gewöhnlichen logischen Construction streitiger Gesetzauslegung," welche immer dieselbe ist, auch wenn wir die Erwägungsgründe aus den Gesetzen und Verordnungen der Verwaltung entnehmen. Wozu bedarf es überhaupt einer Reorganisation der Verwaltung für die Zwecke einer Verwaltungsjurisdiction? Kann man sich nicht die doctrinäre Liebhaberei für „Selbstverwaltung" ersparen, die ganze Verwaltung in Bezirksdirectoren und Bezirksamtmännern in einfachster Construction aufbauen? Man braucht dann nur einen Cassationshof der Verwaltung hinzuzufügen, welcher als Rechtscontrole hinzutritt, wenn Jemand behauptet, durch die rechtswidrige Verfügung einer Verwaltungsbehörde in seinen öffentlich-rechtlichen Befugnissen verletzt zu sein (wie in Oesterreich), — oder man kann diese Rechtsentscheidung auch den gewöhnlichen Gerichten in zwei oder drei Instanzen auftragen (wie in Italien).

Nimmt man hinzu, daß die neue Theorie von der Verwaltungsklage zugleich den Neigungen des Berufsbeamtenthums entgegenkommt, welches wenig Vertrauen auf die Lebensfähigkeit der Selbstverwaltung hat, welches überzeugt ist, daß auch der constitutionelle Staat nur durch Berufsbeamte sachgemäß verwaltet werden kann, und daß es dafür nur einer neuen Arbeitstheilung unter den Beamten bedarf; — nimmt man hinzu, daß die neue Theorie auch jener wirthschaftlichen Grundrichtung der Zeit entgegenkommt, welche das Gebiet der „freien Verwaltung" möglichst weit ausdehnt, um den gesellschaftlichen Problemen und Culturbedürfnissen der heutigen Zeit Rechnung tragen zu können; — nimmt man endlich hinzu, daß sie der deutschen Grundneigung entspricht, die sich immer nur für „eigene Rechte" erwärmt und begeistert, und jedem staatsrechtlichen Verhältniß eine privatrechtliche Seite abzugewinnen weiß: so treffen hier alle Bedingungen zusammen, um die neue Lehre in kurzer Zeit zur herrschenden zu erheben. Es kann sein, daß sie ähnliche Dimensionen annimmt, wie einst jene strafrechtliche Grundanschauung, welche länger als ein Menschenalter die relativen Strafrechtstheorien zur Herrschaft in Deutschland geführt hat.

Trotz alledem halte ich die neue Grundlehre für einen Irrthum von großer und folgenschwerer Bedeutung. Es soll damit kein persönlicher Vorwurf gegen ehrenwerthe Bestrebungen ausgesprochen sein. Im Gegentheil erkenne ich dankend an, daß die mehr privatrechtliche Anschauung der Dinge, welche beispielsweise Herr Dr. Bähr in seiner Schrift über den „Rechtsstaat" vertritt, die Frage der Rechtsprechung über das öffentliche Recht erst in die juristischen Kreise eingeführt und ein Interesse dafür angeregt hat, welches früher fehlte. Anknüpfungen an den privatrechtlichen Ideenkreis sind nach unserem Bildungsgange für jede staatsrechtliche Frage in Deutschland unvermeidlich: aber man muß auf diesen Wegen innehalten, sobald das Unzureichende und Widersprechende dieser Behandlung sichtbar wird.

Das Verwaltungsrecht ist heute, was es seit Jahrhunderten war: ein Inbegriff von Normativbestimmungen für die Ausübung der Staatsgewalt, abgeleitet vom Staate, nur existent durch und in dem Staate. Die sinngemäße Ausführung dieser Normen ist Pflicht und Recht der Obrigkeit selbst, und im monarchischen Staate gilt diese unparteiische Ausübung als eine besonders heilige, der Monarchie inhaerente Pflicht. Jede Ueberschreitung und parteimäßige Handhabung ist daher von den Behörden und ihren Aufsichtsinstanzen von Amtswegen zu verbessern, und schon aus diesem Grunde ist die „Verhandlungsmaxime" auf diesem Gebiete unanwendbar. Es handelt sich im Verwaltungsrecht um eine objective Rechtsordnung, welche auch unabhängig von Parteianträgen und über die Parteianträge hinaus, um des öffentlichen Rechts und Wohles willen, zu handhaben ist.

Der Kern der Frage liegt darin, daß die rechtmäßige Ausübung der Staatsgewalten überhaupt keine äußerliche mechanische Thätigkeit darstellt. Eine Verleitung zu solcher Vorstellung lag in dem Worte „Executive", welches, dem deutschen Staatsrecht fremd, erst durch französische Verfassungstheorien importirt worden ist. Selbst für die dienenden Beamten ist die Ausführung des Staatswillens nicht ohne Discretion und verständiges Ermessen möglich. Die Decrete der anordnenden Obrigkeit enthalten aber ein selbständiges Urtheil darüber, ob die Anordnung sinngemäß dem Gesetz und dem Staatszweck entspreche. Die Verwaltungsdecretur ist insofern an sich schon Rechtsprechung. Eben deshalb bezeichnet das englische Verwaltungsrecht das Decernat der „verwaltenden" Polizei und jedes höhere Verwaltungsdecernat als jurisdiction. Es ist dies nur Fortsetzung des canonischen Sprachgebrauchs, welcher das selbständige Urtheil der Behörde, ob der obrigkeitliche Zwang gegen Person und Vermögen eines Unterthanen innerhalb der sinngemäßen Ausführung des Gesetzes liege, als „Rechtsprechung" ansieht. Das contradictorische Element ist dabei noch latent, und kommt erst zum Vorschein, wenn der Betheiligte Einspruch erhebt; während im Privatrechtsstreit das contradictorische Element das principale ist, und nur in wenigen Fällen als bloße Form zurücktritt (jurisdictio voluntaria).

Wie kann bei dieser Lage der Sache überhaupt im Verwaltungsdecernat eine contradictorische Parteiverhandlung zur Erscheinung kommen? —

Unverkennbar in analoger Weise, wie im Strafprozeß eine „Parteistellung" neben der Pflicht der Obrigkeit, das Strafgesetz von Amtswegen zur Geltung zu bringen, dennoch ihren Platz findet. Erfahrungsmäßig nämlich genügt die Thätigkeit der Oberbehörden von Amts- und Aufsichtswegen niemals, um die gesetzmäßige Ausübung der Staatsgewalt zu sichern. Denn die Veranlassung zum Amtsmißbrauch liegt täglich an tausend Punkten, in welche das Auge keiner Aufsichtsbehörde eindringt. Es bedarf dafür vielmehr einer Mitwirkung der Betheiligten. Als solche „Betheiligte" ergeben sich von selbst Diejenigen, deren Person oder Vermögen durch die Verwaltungsverfügung betroffen wird. Man kann mit Sicherheit erwarten, daß im Falle des Mißbrauchs der Betheiligte sich in der Regel melden, und damit die practisch wirksamste Controle der Amtsthätigkeit herbeiführen wird. Der so Betheiligte ist eben damit zu einer imploratio officii judicis oder Extrajudicialappellation im canonischen Sinne legitimirt. Diese Sachlegitimation, welche der neuen Theorie ernste Sorgen macht, hat deshalb in der alten Praxis unserer Verwaltungsbeschwerden niemals eine Schwierigkeit bereitet; denn im letzten Hintergrund handelt es sich nur um die Initiative zu einer Correctur der Behördenthätigkeit, welche geeignetenfalls auch von Amtswegen eintreten könnte und sollte.

Dies „Beschwerderecht" der Betheiligten erscheint allerdings auch als ein „persönliches Recht", als ein „rechtlich geschütztes Individualinteresse", als eine formelle „Parteistellung", welche nothwendig ist, um für eine freie contradictorische Verhandlung Sonne und Wind gleich zu vertheilen. Aber dies Parteirecht erscheint doch nur als ein secundäres, aus dem Staatsgebot abgeleitetes, analog wie die sogenannte Parteistellung des Angeklagten und Anklägers im Strafverfahren als secundäre Rechte dem absoluten Gebote der gerechten Anwendung des Strafgesetzes sich unterordnen. In der Civilklage dient die Staatsgewalt nur zur Sicherung des Parteirechts: im Verwaltungsstreit dient das formelle Parteirecht zur Regelung der Staatsgewalt. Diese sogenannten Beschwerderechte sind keine selbständigen Individualrechte, wie Eigenthum- und Familienrecht, welche um des Individuums willen anerkannt werden, sondern es sind aus dem staatlichen Gebot abgeleitete Rechte, welche zu dem Zwecke einer gesetz- und sinngemäßen Ausübung der Staatsgewalt abgezweigt sind. Diese secundäre Seite darf man nicht zur Grundlage des Verwaltungsrechts und der Verwaltungsjurisdiction machen. Man würde damit das öffentliche Recht in Einzelklagerechte der Privaten gegen die Obrigkeit auflösen, und in einen analogen Fehler verfallen, als ob man den Strafprozeß in einzelne Klagrechte des Staatsanwalts und einzelne Vertheidigungsrechte des Angeklagten aufzulösen anfinge. Jede Einseitigkeit dieser Richtung beruht (im Verwaltungs- wie im Strafrecht) auf der festgewurzelten Gewohnheit, jeden Rechtsstreit wie einen Civilprozeß anzusehen. So wenig man im Strafverfahren den Anspruch des Angeklagten auf ein gerechtes Maß der Strafe innerhalb des Strafgesetzes als ein selbständiges „Individualrecht" behandeln kann: ebenso wenig läßt sich die Verwaltungsjurisdiction in einzelne publicistische Individualrechte und Klagen auflösen, ohne dem Wesen der Sache Gewalt anzuthun.

Die Natur des öffentlichen Rechts ist und bleibt dieser Grundauffassung widerstrebend. Die Verwaltungsgesetze bleiben Verwaltungsgesetze, — das Verwaltungsdecernat bleibt Verwaltungsdecernat, — die Verwaltungsbeschwerde bleibt Verwaltungsbeschwerde, — auch wenn man aus guten Gründen die Verhandlungsformen der Gerichte und die persönlichen Garantien der Gerichtsverfassung darauf anwendet. Freilich ist es in Folge unserer Arbeitstheilung nicht leicht, über diese in Wissenschaft und Leben tief eingreifenden Fragen sich in einer kurzen Spanne Zeit zu verständigen. Aber meinen verehrten Collegen aus der juristischen Praxis möchte ich die nachfolgenden drei Gesichtspunkte zur Erwägung an das Herz legen, von denen der eine oder der andere wohl als durchschlagend anerkannt werden wird.

Der erste Gesichtspunkt ist, daß im Verwaltungsrecht eine feste Scheidung zwischen Grenzbestimmungen und Maßbestimmungen nicht durchführbar ist. Wenn man sagt, die Verwaltungsklage solle stattfinden, sobald die Behörde die „gesetzlichen Grenzen ihrer Befugnisse" überschritten hat, so paßt dies allerdings äußerlich auf eine erhebliche Zahl von Streitigkeiten, namentlich über publicistische Statusrechte, auch auf manche publicistische Sachenrechte. Auch in dem Gebiete der Polizei paßt es allenfalls, soweit ein Polizeigebot sich als mandatum oder interdictum formuliren und unter Uebertretungsstrafen stellen läßt. Für das gewaltige und maßgebende Gebiet einer Rechtscontrole über Polizeiverfügungen und Polizeiresolute ist aber jenes Merkmal völlig unzureichend und sachwidrig. Die Maßbestimmung ist hier zugleich Grenzbestimmung: Beides fließt unscheidbar in einander. Beispielsweise hat die Polizeiverfügung einzuschreiten „gegen die gesundheitswidrige Anhäufung schädlicher Substanzen". Mit einer solchen Verfügung könnte aber jeder Privatmann alltäglich in grundloser und chicanösester Weise belästigt werden; denn in jedem Hausstand findet Etwas derart statt, jeder Mensch häuft täglich etwas Gesundheitswidriges auf. Aehnlich verhält es sich mit den Polizeiverfügungen über „gesundheitsgefährliche Wohnungen", mit der Erzwingung einer „Wegereparatur," für die zuletzt jeder Weg eine schadhafte Stelle irgendwo darbietet. Die Verwaltungsjurisdiction würde uns schutzlos gegen den flagrantesten Polizeimißbrauch lassen, wenn sie „auf Ueberschreitung der Grenzen der Staatsgewalt" sich beschränken sollte. Jedes erste beste Dutzend von Polizeiresoluten wird ergeben, wie Grenz- und Maßbestimmungen hier ineinander fließen, wie die sinngemäße Anwendung des Gesetzes erst bei einem gewissen Maße beginnt, welches sich erst in der Verwaltungspraxis ergiebt, und dessen Gerechtigkeit erst an der stetigen Vergleichung mit anderen Fällen innerhalb der täglichen Ausübung erscheint. Aehnlich verhält es sich mit den Streitfragen über die Steuereinschätzung, über die Ablehnungsgründe für Geschworenendienst und Ehrenämter, mit den Entschuldigungsgründen für versäumten Schulbesuch und mit der großen Mehrzahl aller Fragen, mit denen die Verwaltungsgerichte regelmäßig befaßt werden. Ein Gerichtshof, der nur zu entscheiden hätte, ob die Obrigkeit innerhalb der gesetzlichen „Schranken" gehandelt hat, würde der offenkundigsten Willkür und Parteilichkeit gegenüber machtlos bleiben, und sich in einem Formalismus bewegen. Nur für den Schutz der politischen Statusrechte läßt sich mit jenem Begriffe auskommen, und selbst bei diesen laufen immer noch Maßbestimmungen unter, wie die eines „selbständigen Hausstandes", welche nicht sowohl durch logische Interpretation, als durch die Verwaltungspraxis jure aequo zu begrenzen sind.

Der zweite Gesichtspunkt der Frage ist: die Unterscheidung von Verwaltungsklage und Verwaltungsbeschwerde führt zu einer Beschränkung und Verkümmerung des Rechtsschutzes auf denjenigen Gebieten der Verwaltung, wo dieser Schutz im constitutionellen Staat nothwendig ist. Jene Verwaltungsklage läßt uns im Stich, sobald eine systematische Parteiregierung wirklich beginnt. Fragen wir nämlich, wo der Unfug einer Parteiverwaltung seinen Schwerpunkt hat, so ist es die parteiische Maßbestimmung in Ertheilung oder Versagung der zahlreichen Gewerbsconcessionen, der obrigkeitlichen Consense, parteimäßige Handhabung der Ordnungspolizei, parteiische Einschätzung zur Einkommen- und Gewerbesteuer, parteimäßige Berücksichtigung im Militärdienste. In der ganzen uns bekannten Musterkarte eines solchen Unfugs spielt aber die von der neuen Theorie erdachte „Verwaltungsklage" so gut wie gar keine Rolle, und die ordentlichen Gerichte mit ihrer „logischen Interpretation" der Gesetze werden dagegen wenig ausrichten, wenn nicht in der collegialischen Formation und in der Besetzung der Verwaltungsbehörden I. und II. Instanz ein Schutz dagegen zu finden ist. Wir werden nicht privatrechtlichen Begriffen zu Liebe das entscheidende Gebiet des constitutionellen Parteimißbrauchs ungeschützt liegen lassen wollen, um dagegen eine civilrechtlich construirte Verwaltungsklage einzutauschen. Alle Erfahrung lehrt eben, daß die Parteiverwaltung ihren Schwerpunkt in keiner Weise in jenem

Gebiete hat, welches die neue Theorie der „Verwaltungsklage“ anweist; denn eine Ueberschreitung der gesetzlichen Schranken fällt zum größten Theile schon in die Competenz der ordentlichen Gerichte, oder läßt sich indirect durch Gerichtssprüche constatiren. Vor offenkundigen Ueberschreitungen der gesetzlichen Grenzen scheut auch eine leidenschaftliche Parteiregierung in der Regel zurück.

Als dritte Erwägung lege ich meinen verehrten Herrn Collegen an's Herz: die Erfahrung aller bisher bewährten Systeme der Verwaltungsjurisdiction. Im deutschen Reichs- wie im deutschen Landesstaatsrecht ist das System der Verwaltungsbeschwerden seit Jahrhunderten gehandhabt worden ohne die spitze, civilistische Unterscheidung zwischen Verwaltungsklage und Verwaltungsbeschwerde. Die canonischen Begriffe der Extrajudicialappellation und der römischen querela sind viele Menschenalter hindurch angewendet worden, ohne daß Jemand aus dem practischen Leben der Verwaltung heraus auf jene Unterscheidung gekommen wäre. Die noch ältere, weltberühmte englische Verwaltungsjurisdiction hat denselben gleichartigen Charakter und denselben weiten Umfang bis heute bewahrt, ohne Scheidung in eine Verwaltungsklage und Beschwerde. Das französische Gebiet des Contentieux ist zwar sehr eng und nach deutschen Begriffen sehr engherzig begrenzt; aber selbst in Frankreich hat man das Wesen der Verwaltungsjurisdiction keineswegs auf das Merkmal einer Ueberschreitung der gesetzlichen Schranken gestellt. Die neue badische, die neue preußische und andere neuere deutsche Gesetzgebungen sprechen von „Verwaltungsbeschwerden“, zuweilen von „Verwaltungsklagen“: aber auf einen systematischen Unterschied der beiden Begriffe ist, soviel ich sehe, keine dieser Gesetzgebungen gebaut. In diesen neuen Gesetzgebungen fällt die große Mehrzahl der den Verwaltungsgerichten überwiesenen Gegenstände nicht in das enge Gebiet der Verwaltungsklage, sondern unter den weiten Begriff der Verwaltungsbeschwerde in dem alten Sinne. Der Grund, aus welchem alle bisher bewährten Systeme jenen Unterschied nicht kennen, liegt wohl nicht in der geringeren Einsicht, sondern in der größeren practischen Erfahrung über die Bedürfnisse einer constitutionellen Staatsverwaltung. Wir Alle legen ein Gewicht darauf, daß wir unsere Urtheile über Civil- und Strafprozeß aus vieljähriger Uebung in der Praxis gewonnen haben. Ich meine, daß es auch für die Organisation der Verwaltung einer langjährigen Thätigkeit in größeren und kleineren Verhältnissen, und womöglich einer Vergleichung anderer Verwaltungssysteme aus eigener Anschauung bedarf. Ohne das sollte man mit einiger Zurückhaltung unsere neuen preußischen Reformgesetze beurtheilen, und nicht so freigebig mit dem Vorwurf einer „schiefen“ Behandlung, einer „Verwechslung“

zwischen Verwaltungsklage und Beschwerde umgehen. In jedem Falle dürfen wir uns darauf berufen, daß wir in unseren Reformen in Preußen an die alten Begriffe und an die alten Bedürfnisse der Verwaltung angeknüpft haben, während die neue Theorie eine practisch bewährte Ausführung noch nicht aufzuweisen hat.

Darf ich schließlich meine drei Gesichtspunkte noch unter einen zusammenfassen. Die neue Theorie geht davon aus, daß es sich um Rechtsprechung nur handeln könne, wo die gesetzlichen „Grenzen und Formen" der obrigkeitlichen Gewalt überschritten sind. Alles, was darüber hinausliege, könne nur aus „technischen Maximen der Verwaltung", nur aus Gesichtspunkten der „Zweckmäßigkeit", der „Opportunität" beurtheilt werden. Dieser Gegensatz ist aber unvollständig und für den Schutz des öffentlichen Rechts in keiner Weise erschöpfend. Zwischen den beiden Gebieten liegt vielmehr ein drittes Gebiet einer Behördenthätigkeit, die sich zwar formell in gesetzlichen Schranken bewegt, aber durch parteiische Maßbestimmung den Sinn der Verwaltungsgesetze dem Einen zu Lieb, dem Anderen zu Leid verkehrt (iniquitas). Gerade in diesem mittleren Gebiet liegt der Schwerpunkt der Verwaltungsjurisdiction, ihre Hauptbestimmung als Gegenorganismus gegen die Mißbräuche der constitutionellen Parteiverwaltung und gegen die Corruption des Beamtenthums durch die Parteien. Daß man dies mittlere Gebiet übersieht, und von einer Ueberschreitung der gesetzlichen Schranken sogleich in das Gebiet der sogenannten „freien Verwaltung" hinüberspringt, hat seinen Hintergrund in den alten Theorien des französischen Constitutionalismus, der eine parteimäßige (das heißt eine nur der Majorität der zeitigen Volksvertretung verantwortliche) Verwaltung als die Quintessenz constitutioneller Regierungsweise ansah. Die ältere Theorie (Stahl, Zachariae u A.) stand unter dem festgewurzelten Einfluß dieser Vorstellungen. Aber auch die Zeitgenossen vermögen sich schwer von liebgewordenen Voraussetzungen zu trennen.

Aus der treibenden Wurzel dieser zwiespältigen Grundauffassung ergiebt sich aber eine Reihe von Streitfragen, welche die deutschen Juristenkreise noch manches Jahr hindurch beschäftigen werden. Ich beschränke mich auf folgenden status causae et controversiae, der nur eine Auslese darstellen kann.

I. Ueber das Gebiet der Verwaltungsjurisdiction. Sie umfaßt nach der alten Lehre als zulässiges Gebiet das ganze Gebiet der „Verwaltungsbeschwerden", einerlei ob eine Ueberschreitung der gesetzlichen Grenzen und Formen, oder ob eine parteiische Maßbestimmung und Handhabung der Staatsgewalt behauptet wird. Nach der neuen Theorie beschränkt sie sich grundsätzlich auf das erstere, engere Gebiet. Ich bemerke hier in

Kürze, daß das neue österreichische Gesetz sich auf dies engere Gebiet beschränkt, aber nicht aus allgemein giltigen Gründen, sondern nur aus solchen, die in der besonderen Natur des dortigen Kaiserstaates liegen.

II. Die Formation der Behörden. Umfaßt die Verwaltungsjurisdiction alle Beschwerden über ein parteiisch ungleiches Maß des obrigkeitlichen Zwangs, so ist sie der Natur der Sache nach von der Ausführung nicht zu trennen. In allen positiven Systemen erscheint sie daher als eine jurisdiction attributive, verbunden von unten herauf mit den Verwaltungsbehörden selbst: in I. Instanz nur als Enklave der Executive; in II. Instanz immer noch theilweise verbunden mit den Verwaltungsoberbehörden. Die höheren Exekutivbeamten werden in diesem Geschäftskreis verstärkt durch die collegialische Mitwirkung anderer Beamten; nach dem französischen System durch einen Präfecturrath, nach dem neuen preußischen System durch unabhängige Ehrenämter in der gesellschaftlichen Unabhängigkeit des Richteramts (analog wie in England). — Beschränkt sich dagegen das Gebiet auf eine logisch-juristische Interpretation der Schranken und Formen, so kann man sie den ordentlichen Collegialgerichten übertragen, wie in Italien, oder man kann sich auch auf einen einzigen Verwaltungsgerichtshof beschränken, wie jetzt in Oesterreich.

III. Der Instanzenzug. Umfaßt die Verwaltungsjurisdiction das alte Gebiet der Verwaltungsbeschwerden, so folgt sie im Wesentlichen der Abstufung der Verwaltungsbehörden selbst. Die I. Instanz bildet daher die verwaltende Polizei (im Unterschiede von den blos exekutiven Polizei-Beamten) und die übrigen höheren Verwaltungsämter, welche in selbständigem Decernat über die sinngemäße Anwendung der Verwaltungsgesetze maßgebende Verfügung treffen. Erst durch den erhobenen Widerspruch eines Betheiligten trennt sich das streitige Gebiet von dem unstreitigen. Das neue preußische System bildet nun (nach englischem Vorgang) schon im Kreisverbande einen collegialischen Kreisausschuß als Beschwerdeinstanz, und überträgt demselben auch gewisse dem Parteimißbrauch besonders ausgesetzte Funktionen (Concessionsertheilungen ꝛc.) zur ersten Beschließung. Die II. Instanz bildet ein gemischtes Collegium, bestehend aus einem höheren Verwaltungsbeamten, einem Rechtsverständigen und drei Ehrenbeamten. Die Beschwerden über ungleiche Maßbestimmungen (iniquitas) müssen aber aus praktischen Gründen in dieser Instanz endgültig entschieden werden, denn diese Messung ist nur aus Kenntniß der persönlichen und Ortsverhältnisse heraus innerhalb der Verwaltungspraxis möglich, — nach einer alten Erfahrung, wie sie für große Staaten gleichmäßig in England, Frankreich und Deutschland gemacht ist. Erst in III. Instanz läßt sich ein ständiges Beamtencollegium in richterlicher Stellung von der

Centralverwaltung äußerlich ablösen, um im Namen der höchsten Verwaltung principielle Fragen zu entscheiden, welche bisher von den Ministern selbst entschieden wurden. Ein fernstehender Centralgerichtshof kann und muß in der Regel auf eine revisio in jure oder eine Cassation beschränkt werden. — Nach der neuen Theorie ist das System viel einfacher auszuführen, mit einem einheitlichen Verwaltungsgerichtshof, wie in Oesterreich.

IV. Die Streitfrage, ob es der Specialisirung der Einzelfälle bedarf, um das Gebiet der Verwaltungsjurisdiction zu begrenzen, hängt wieder von der allgemeinen Vorfrage ab. Beschränkt man sich auf das engere Gebiet, so kann man sich, wie das neue österreichische Gesetz, mit einer Generalclausel begnügen, wonach der Gerichtshof eintritt, „wenn Jemand durch Verfügung der Behörden in seinen öffentlichen Rechten verletzt zu sein behauptet." Wird dagegen in voller Reform die I. und II. Instanz mit Einfügung der Ehrenämter umgestaltet, so wird es praktisch nothwendig, durch Specialbestimmung die Competenz der neuen Organe genau zu ordnen, die freie und rasche Bewegung der Exekutive als Regel stehen zu lassen, und nur die wichtigeren, erfahrungsmäßig der Willkür und dem Parteimißbrauch ausgesetzten Verfügungen (Polizeiverfügungen, Steuereinschätzungen, Militäraushebungen ꝛc.) dem schwerfälligeren Gange der Collegialentscheidung vorzubehalten. Durch eine Generalklausel kann dann eine Erweiterung der Fälle den Verordnungen oder Beschlüssen der höheren Behörden überlassen werden. Nach längerem Zweifel habe ich mich nach den in Preußen gemachten Erfahrungen von der Nothwendigkeit der Specialisirung überzeugt.

V. Als Prozeßmaxime der Verwaltungsjurisdiction ergiebt sich die sogenannte Inquisitionsmaxime aus der Natur des öffentlichen Rechts. Vom Standpunkte der neuen Theorie aus, und in ihrem engeren Gebiete, läßt sich aber auch die Verhandlungsmaxime vertreten, wie dies von einem sehr namhaften und hochverdienten Verwaltungsrechtsverständigen neuerdings geschehen ist. Es zeigt sich, daß man mit Aufstellung des neuen Begriffs der Verwaltungsklage alsbald in eine Reihe von civilistischen Folgesätzen von Verzicht, contumacia ꝛc. hineingeräth.

Ich fasse schließlich meine Gesichtspunkte zusammen.

Die sogenannte Verwaltungsjurisdiction besteht in einer erweiterten Formation der Verwaltungsbehörden in collegialischer Gestalt und richterlicher Unabhängigkeit. Es bedarf einer solchen, um nicht nur die Gesetzmäßigkeit, sondern auch die Unparteilichkeit (gerechte Maßbestimmung) der Verwaltung im constitutionellen Staate zu sichern. Vermag man solche nicht auf den Leisten der Rechtsprechung unserer ordentlichen Civil- und Strafgerichte zu bringen, so nenne man sie anders und sehe sie meinetwegen als ein Stück „Verwaltung" an. Aber auf jene Sache kommt es an, die in jedem Falle der deutschen Justiz keinen Abbruch thun wird.

Denn die Competenz der ordentlichen Gerichte bleibt dabei unbeschränkt. Sie entscheiden, wie bisher, nach dem deutschen System, über alle mit dem Verwaltungsrecht collidirenden Privatrechtstitel im Civilproceß, über alle Contraventionen im Strafproceß. Sie entscheiden selbständig über jeden staatsrechtlichen Grundsatz, wo derselbe den Obersatz einer Gerichtsentscheidung bildet. Und diese Competenz der ordentlichen Gerichte läßt sich noch um etwas erweitern, wie auf Entscheidung über politische Statusrechte, und auf andere Fragen, in welchen nur die gesetzlichen Grenzen und Formen der obrigkeitlichen Gewalt streitig sind (z. B. die Gesetzmäßigkeit einer Steuer). Einzelne geeignete Functionen der Verwaltung haben die deutschen Gerichte jederzeit bereits geübt.

Daneben ist aber eine umfassende Controle für die Gesetzmäßigkeit und Unparteilichkeit der Behörden in ihrem Verwaltungsdecernat nur zu finden durch eine Attributiv-Jurisdiction collegialischer Verwaltungsbehörden in richterlicher Unabhängigkeit mit einem contradictorischen Verfahren (sogenannte Verwaltungsgerichte).

Das mögliche Gebiet dieser collegialischen Verwaltungsbehörden (Verwaltungsgerichte) deckt sich mit dem hergebrachten Gebiete der deutschen Verwaltungsbeschwerden. Um aber der Verwaltung die heute mehr als jemals nothwendige Beweglichkeit und Energie zu wahren, ist dies Collegialsystem der Verwaltung positiv zu beschränken auf die bestimmten Gebiete, in welchen die Gefahr eines Parteimißbrauchs erfahrungsmäßig hervortritt, — Polizeiresolute, Steuereinschätzungen, Militäraushebungen, politische Statusrechte, Handhabung des Aufsichtsrechts über die Kirchen, die kirchlichen und weltlichen Gemeindeverbände und Corporationen.

Der Schwerpunkt dieser Verwaltungsjurisdiction für das tägliche Leben liegt wie bei den ordentlichen Gerichten in der I. Instanz; während der entfernt stehende oberste Gerichtshof nur eine Cassation oder eine revisio in jure handhaben kann.

Es entsteht dadurch eine Doppelreihe von judiziellen Entscheidungen der ordentlichen und der Verwaltungsgerichte, und es ist deshalb ein „Competenzgerichtshof" kaum zu entbehren, so lange die Justiz- und die Verwaltungsgesetzgebung in den deutschen Territorien noch auf einer Linie der gesetzgeberischen Autorität steht. Wenigstens entstehen sonst schwer lösbare Conflikte. Sobald dagegen die Civil-, Straf- und Prozeßgesetzgebung des deutschen Reichs vollendet sein wird, ist es Sache der höheren Reichsgewalt, die Grenzen ihrer Befugnisse und die Ausführung ihrer Gesetze zu sichern. Der künftig maßgebende oberste Competenzgerichtshof ist also das deutsche Reichsgericht.

Dieser allgemeinen Grundlegung entsprechend beschränke ich mich auf den Vorschlag folgender Resolution:

„Der deutsche Juristentag wolle es als seine Ueberzeugung aussprechen: Es bedarf in Deutschland zur Aufrechterhaltung des öffentlichen Rechts neben den ordentlichen Gerichten noch eines ergänzenden Systems der Verwaltungsgerichtsbarkeit für Fälle einer rechtswidrigen oder ungerechten Ausübung der Staatshoheitsrechte.

Präsident **v. Stößer**: Meine Herren! Sie haben durch Ihren lebhaften Zuruf schon Ihren wärmsten Dank dem verehrten Herrn Referenten ausgesprochen für seinen so geistreichen wie lehrreichen Vortrag. Bei dem allgemeinen Charakter des Vortrags und der vorgeschlagenen These wird es zweckmäßig sein, eine allgemeine Discussion zu eröffnen. Vorerst hat noch das Wort der Herr Advocat Dr. von Kißling als Correferent:

Advocat Dr. **v. Kißling** aus Linz: Meine Herren, ich hätte recht gerne den Irrthum des Herrn Präsidenten benutzt, der geglaubt hat, daß nur Herr Professor Gneist Referent ist; denn so sehr ich es für eine Ehre halte, mit ihm über ein Thema zu referiren, so halte ich es doch auch für eine sehr große Gefahr, umsomehr als Herr Professor Gneist nicht dazu gekommen ist, mir seine Thesis und seine Ausführungen früher bekannt zu geben und nur gestern eine halbe Stunde die Freundlichkeit hatte, mich darüber zu unterrichten, was er denn beantragen wolle. Die Gefahr ist auch deshalb eine sehr große, weil gar kein Gutachten vorliegt und die Frage von Seiten der Deputation ziemlich allgemein formulirt worden ist.

Die Ursache, warum man mich neben eine solche Autorität das öffentlichen Rechts gestellt hat, ist die, daß wir in Oesterreich eine andere Formation der Verwaltungsgerichtsbarkeit haben, als in Preußen und ich mich mit dieser Frage theoretisch lange Zeit beschäftigt habe, was der Deputation bekannt war; man wollte auch, daß eine andere Stimme als aus Preußen über diese Frage gehört werde. Ich bin also gerade so neu den Ausführungen des Herrn Professor Gneist gegenüber, wie Sie, und Sie werden Nachsicht üben müssen bei der Beurtheilung dessen, was ich Ihnen bringe.

Ich kann mich mit dem, was der Herr Professor Gneist bezüglich des Unterschiedes zwischen Beschwerde- und Klagerecht ausgeführt hat, insofern vollkommen einverstanden erklären, als ich zwar theoretisch richtig eine solche Unterscheidung anerkenne, sie aber praktisch für in den Unterinstanzen der Verwaltung höchst bedenklich halte, und daher sehr erfreut bin, daß uns Herr Professor Gneist einen Weg vorschlägt, der die Gefahr solcher Unterscheidung in den unteren Instanzen vermeidet. Sein Vorschlag ist das Ideal eines Verwaltungsorganismus, der allerdings immerhin schwer zu erreichen sein wird, aber erreichbar ist, und wie sich zeigt, in Preußen bereits nahezu erreicht worden ist.

Ich kann mich mit seinem Satz im Allgemeinen auch deshalb einverstanden erklären, als, wenn man auch darüber streiten wollte, ob denn eine Entscheidung gegen eine parteiische Ausübung der Staatsgewalt wirklich eine Rechtscontrole sei, schließlich es doch auf dasselbe herauskommt, wenn nur irgend ein Organ über solche parteiische Ausübung der Staatsgewalt durch Entscheidung oder Verfügung der Verwaltungsbehörde entscheidet, ob man das richterliche oder Verwaltungsentscheidung nennt.

Ich kann mich aber besonders deshalb mit ihm einverstanden erklären, als er die höchste Spitze der Verwaltungsjurisdiction, die er als nothwendig uns dargestellt hat, mit dem Ideal der Rechtscontrole in Uebereinstimmung bringt. Er verlangt selbst, daß die dritte Instanz, also das höchste Verwaltungsgericht, nicht berufen sein kann zur Entscheidung über eine parteiische Ausübung der Staatsgewalt, sondern nur zur Entscheidung über eine rechtswidrige Ausübung, daß also der oberste Gerichtshof in Verwaltungsgerichtssachen nur zu entscheiden hat, ob Grenze und Form verletzt ist, nicht, wie er sich ausdrückt, ob das Maß innegehalten ist oder nicht. Es ist deshalb nothwendig, daß dies auch in der Thesis seinen Ausdruck erhält, — was ich Herrn Professor Gneist zu thun überlasse, — weil das die einzige Art und Weise ist, wie man auch in den Staaten, die noch nicht eine im Sinne der preußischen Reform organisirte Verwaltung haben, jetzt schon, ehe noch solch eine Verwaltungsorganisation eintritt, zu einer Jurisdiction im Verwaltungsrecht kommen kann. Wir haben in Oesterreich diesen Weg, wie Herr Professor Gneist angedeutet hat, bereits eingeschlagen, und ist es von Fachmännern anerkannt, daß der Weg, den wir eingeschlagen, mehr oder weniger zum Ziele führen wird, unter den Voraussetzungen, unter welchen wir eben in Oesterreich den Verwaltungsgerichtshof organisirt, die Verwaltungsgerichtsbarkeit eingeführt haben. Ich will mir erlauben, Ihnen in Kurzem anzudeuten, wie das Ziel der Einführung der Verwaltungsgerichtsbarkeit in Oesterreich erreicht werden soll. Es ist im Artikel 15 des Staatsgrundgesetzes über richterliche Gewalt, al. 2 ausgedrückt, daß, wenn Jemand sich durch eine Entscheidung oder Verfügung der Verwaltung in seinen Rechten verletzt findet, er das Recht hat, den Verwaltungsgerichtshof anzurufen. Damit ist der jetzigen Regierung bereits, ich möchte sagen, das Ziel und die Grenze gegeben worden, innerhalb welcher sie die Verwaltungsgerichtsbarkeit zu organisiren hat. Es ist daher vor Allem damit gegeben, daß es nur ein Gerichtshof sein darf, nicht eine in Instanzen gegliederte Verwaltungsgerichtsbarkeit, nur ein Gerichtshof für die im Reichsrath vertretenen Länder, welche streitige Fragen des öffentlichen Rechts zu entscheiden haben. Damit ist von selbst gegeben, daß dieser Gerichtshof sich nur damit befassen kann, in Fällen rechtswidriger Entscheidungen, d. h. in Fällen der Verletzung von Grenze und Form bei Entscheidungen und Verfügungen der Verwaltung einzuschreiten, und es bestimmt daher §. 1 des Gesetzes über den Verwaltungsgerichtshof, daß derselbe in allen Fällen zu erkennen hat, in welchen Jemand durch gesetzwidrige Entscheidung oder Verfügung einer Verwaltungsbehörde in seinen Rechten verletzt zu sein behauptet.

Es wird weiter in §. 6 des Gesetzes bestimmt, daß der Verwaltungsgerichtshof sich an den Thatbestand, den die Verwaltungsinstanzen festgestellt haben, zu halten hat, und nur wenn er findet, daß der Thatbestand nicht genau und richtig ist, den Act zurückleiten kann an die Verwaltungsinstanzen, damit er dadurch vollständig wird. Er hat die Beschwerde, wenn er sie begründet findet, — ich bemerke hier, daß man bereits das Wort „Klage" in unsrem Gesetz hat fallen lassen, — zu erledigen und die Entscheidung der Verwaltungsbehörde als gesetzwidrig aufzuheben, er hat eine reine Cassationsstellung; er hat, wie es jetzt in der deutschen Civilproceßordnung für die letzte Instanz beantragt ist, die revisio in jure zu üben. Die Verwaltungsbehörden sind an seine Entscheidung so gebunden, daß, wenn die Entscheidung oder Verfügung nicht bereits vollzogen ist, sie von der Vollziehung abzustehen haben; wenn sie aber bereits vollzogen ist, die Partei, welche sich verletzt glaubt, klaglos zu stellen, also unter Umständen Schadenersatz zu leisten haben, wodurch ein vom Juristentag früher angenommener Satz praktisch werden wird, daß der Staat für Delicte, die durch seine Organe begangen werden, haften soll.

Die Motive des Gesetzes haben ausgeführt, daß eine andere Stellung des Verwaltungsgerichtshofs nicht möglich ist unter den vorhandenen Umständen und Verhältnissen. Und es ist sonderbar, daß gerade diese Bestimmung, welche sich so klar aus unsren Verhältnissen, aus einer nicht im Sinne der preußischen Verwaltung organisirten Verwaltung, von selbst ergibt, mit ungeheurer Heftigkeit angegriffen worden ist, und man der Regierung den directen Vorwurf gemacht hat, daß sie nicht den guten Willen hat, die Verwaltungsgerichtsbarkeit einzuführen und eine Rechtscontrole auf dem Gebiet des öffentlichen Rechts herzustellen. Da man eben in Oesterreich nicht blos, wie Herr Professor Gneist gesagt hat, eine büreaukratische Verwaltung hat, sondern einen Dualismus einer Verwaltung, in welchem auf der einen Seite die staatliche Verwaltung in den Händen der Staatsbeamten ruht, und auf der andern vorzüglich in den Gemeindesachen die Autonomie auf Organen beruht, die auf einem Parteistandpunkte stehen — denn unsre Gemeindeverwaltungen, Landesausschüsse u. s. w. sind vom Parteistandpunkte gewählte Organe — dann ist es nicht möglich, mit solchen irgend eine Verwaltungsgerichtsbarkeit in erster und zweiter Instanz zu schaffen, denn man würde wahrscheinlich Leute zu Richtern machen und mit der Glorie richterlicher Unabhängigkeit und Unparteilichkeit bekleiden, welche kein Zeug zum Richter haben. Das ist eben der Ruin der Verwaltung, wenn sie von Leuten ausgeübt wird, die blos nach politischen Gesichtspunkten gewählt sind. Es stimmt diese Formation des österreichischen Verwaltungsgerichtshofs, der noch nicht ins Leben getreten ist, aber wahrscheinlich mit dem 1. Januar ins Leben treten wird, weil die Regierung das Gesetz am 1. October publiciren wird, mit ähnlichen Bestimmungen in anderen Ländern überein. So ist meines Wissens das Oberverwaltungsgericht in Preußen nach §. 5 und 64 gerade so auf den Kassationspunkt beschränkt. Im hessischen Entwurf §. 6 ist dasselbe der Fall, desgleichen der Verwaltungsgerichtshof in Baden nach §. 5 auch, insofern er nicht als zweite Instanz erscheint. Was darum Oesterreich bietet, ist unter Umständen das allein Erreichbare, und ich möchte Ihnen empfehlen, insofern Sie in Ihren Ländern in der gleichen Lage sind, das Gleiche anzustreben, damit wir überall in den beiden großen Culturgebieten, in Deutschland und Oesterreich, zu einer Controle auf dem Gebiete des öffentlichen Lebens kommen.

Deshalb also, weil ich mit Herrn Professor Gneist in der Richtung bezüglich der höchsten Instanz harmonire, kann ich mich mit seiner These vollkommen einverstanden erklären. Ich bitte ihn nur, einen Beisatz zuzufügen, der das ausdrückt. Thut er dies nicht, so will mich wenigstens reservirt und erklärt haben, warum ich trotzdem, daß ich für die österreichische Einrichtung der Verwaltungsgerichtsbarkeit bin, seinen viel weiter gehenden Thesen beistimme.

Ich bitte Sie um Entschuldigung, daß ich förmlich ex abrupto Ihnen referirt habe.

Präsident: Soweit ich den Herrn Correferenten verstanden habe, hat er nur bezüglich des Instanzenzuges, mit Rücksicht auf die in Oesterreich bereits eingeführte Verwaltungsgerichtsbarkeit eine etwas andere Ansicht. Es darf aber daran erinnert werden, daß es sich nicht um die nähere

Organisation der Verwaltungsgerichtsbarkeit handelt, sondern nur um die allgemeine Frage, ob eine besondere Verwaltungsjurisdiction, gegenüber Verfügungen und Entscheidungen von Verwaltungsbehörden, nothwendig sei. Ich wiederhole den Antrag unseres Herrn Referenten:

Der Juristentag wolle seine Ueberzeugung dahin aussprechen: Es bedarf neben den ordentlichen Gerichten einer ergänzenden Verwaltungsjurisdiction für Fälle einer rechtswidrigen oder parteiischen Anwendung der Staatsgewalt in Entscheidungen und Verfügungen der Verwaltungsbehörden.

Correferent **von Kißling**: Ich meine nicht, daß nur darum, weil in Oesterreich zufällig die Verwaltung so organisirt ist, das Bedenken zu erheben ist, daß die dritte Instanz wohl berufen sein dürfte zur Entscheidung in Fällen parteiischer Ausübung der Staatsgewalt, sondern es liegt in der Natur der Verwaltung, daß man dies Bedenken überall haben muß. Deshalb habe ich auch gezeigt, daß das in allen Ländern, in welchen die Verwaltungsgerichtsbarkeit organisirt ist, der Fall ist, und darum wünschte ich den Beisatz. Jedoch ich begnüge mich, dies gesagt zu haben.

Präsident: Ein Antrag wird vom Herrn Correferenten nicht gestellt; der Vorschlag des Herrn Referenten bedarf also eines Zusatzes nicht.

Ich eröffne nunmehr die Generaldiscussion. Herr Ministerialdirector Körner aus Dresden hat das Wort.

Ministerialdirector **Körner** aus Dresden: Ich glaube, meine Herren, wir können unserm Herrn Präsidenten Professor Gneist nur in hohem Grade dankbar sein, daß er einen so wichtigen Gegenstand uns vorgetragen und zum Gegenstand der Verhandlung gemacht hat. Er hat in seinem Vortrag sehr genau und richtig unterschieden zwischen denjenigen Fällen, wo es sich um Beschwerden oder Klagen über gesetzwidrige oder nicht competenzmäßige Entscheidungen oder Verfügungen der Behörden handelt, die ein Einzelner erhebt, und zwischen solchen Fällen, wo verschiedene Parteien, verschiedene Personen über ihre Rechte und Verbindlichkeiten different sind.

Ich glaube, das, was er als Antrag uns vorgelegt hat, bezieht sich, wenn ich die Sache richtig aufgefaßt habe, blos auf die erste Categorie von Gegenständen, nämlich auf solche Fälle, wo eine Person durch eine Verfügung der Obrigkeit sich in ihrem Rechte gekränkt findet, nicht aber auf solche, wo zwei verschiedene Parteien über Verwaltungsgegenstände, das heißt über Gegenstände des öffentlichen Rechts streitig sind. Ich glaube aber, es ist die Frage wegen der Bildung der Verwaltungsjurisdiction auch auf die letzteren Gegenstände mit zu erstrecken. Dies müßte nun entweder in den Antrag mit aufgenommen werden oder, wenn man sich heute über den ganzen Antrag, der uns allen unerwartet kommt, noch nicht sofort schlüssig machen will, wäre die Deputation zu ersuchen, noch ein besonderes Gutachten sich darüber erstatten zu lassen, und auf dem nächsten Juristentag diese Frage in ihrer ganzen Ausdehnung und namentlich in dieser doppelten Richtung zur Entscheidung zu bringen. Ich glaube also den Antrag stellen zu dürfen,

> daß der Antrag des Herrn Präsidenten Professor Gneist noch dahin ausgedehnt wird, daß die Bildung einer besonderen Verwaltungsjurisdiction mit den nöthigen Instanzen auch ausgedehnt werde auf solche Fälle, wo Parteien unter sich über Gegenstände des öffentlichen Rechtes streitig sind.

Verwaltungsgerichtsrath **Wielandt** aus Carlsruhe: Ich würde mir nicht erlauben, über einen so wichtigen Gegenstand und über einen Gegenstand, über den ein so vortreffliches Referat vorliegt, in dieser Versammlung, in der ich zum ersten Male erscheine, zu sprechen, wenn ich nicht eine Entschuldigung dafür in dem Umstande fände, daß der Gegenstand der Tagesordnung zu meinem speciellen Beruf seit einer Reihe von Jahren gehört und daß vorhin der Einrichtung von Baden gedacht worden ist, sowohl seitens des Herrn Referenten, als des Herrn Correferenten; und nur in Bezug auf die badische Einrichtung will ich mir erlauben, einige Worte zu sagen.

Die badische Einrichtung ist doch nicht ganz diejenige, welche dem Vortrag und der Resolution, die der Herr Referent uns vorgeschlagen hat, entspricht. Sie scheidet in der That zwischen Verwaltungsklage und Verwaltungsbeschwerde. Unsere äußere Einrichtung ist die, daß im ersten Rechtszug als Verwaltungsgericht besteht ein Bezirksrath, gebildet aus dem Vorstand des Bezirks, dem rechtsgelehrten Verwaltungsbeamten und einer Anzahl von ehrenamtlich von der Regierung ernannten Männern, den sogenannten Bezirksräthen. Diese Behörde, der „Bezirksrath", ist in erster Instanz sowohl Verwaltungsgericht als Verwaltungsbehörde. Allein das ist doch nichts anderes als eine gewisse — ich kann es nicht anders bezeichnen — Personalunion. In der That sind die Zuständigkeiten ganz genau bezeichnet, nach der Richtung als Verwaltungsgericht, und nach der Richtung des Bezirksamts beziehungsweise Bezirksrathes als Verwaltungsbehörde. Da, wo der Bezirksrath entscheiden soll als Verwaltungsgericht, liegt der Gedanke zu Grunde, daß Jemand in seinem Rechte, und zwar in seinem auf das Gesetz oder auf eine mit Gesetzeskraft ausgestattete Verordnung gestützten Rechte, verletzt sei, daß es sich hier, um mich des

Ausdruckes des Herrn Referenten zu bedienen, um eine Grenzverletzung handelt. Wo aber der Bezirksrath in seiner Eigenschaft als Verwaltungsbehörde in Dingen des öffentlichen Interesses beschließt oder, richtiger gesagt, handelt, dort ist er nichts Anderes, als eben nur Organ der reinen Verwaltung, und der Zug der Beschwerde geht von ihm nicht etwa an den oberen Verwaltungsgerichtshof, sondern an das vorgesetzte Ministerium. Der Verwaltungsgerichtshof ist die zweite Instanz in denjenigen Streitigkeiten, in denen es sich darum handelt, ob die Verwaltung, sei es Selbstverwaltung oder Staatsverwaltung, das Recht eines Einzelnen oder einer Körperschaft durch ihre Handlungen verletzt habe. Der Verwaltungsgerichtshof entscheidet — und das wollte ich bemerken zu dem, was der Herr Correferent über die badische Einrichtung angedeutet hat — in zweiter Instanz nicht blos als Kassationshof, auch nicht da, wo er erste und letzte Instanz zugleich ist — auch dieser Fall kommt vor — sondern auch dort in der Sache selbst. Es kommt nämlich vor, — und dieses stellt ganz genau die Auffassung des badischen Gesetzgebers dar — daß die Verwaltung als Beklagte erscheint, daß sie bis in die obere Instanz hinauf eine bestimmte Entschließung gegeben oder an ihr festgehalten hat. Wenn der Betheiligte mit dieser Entschließung nicht einverstanden ist, kann er einen doppelten Weg ergreifen. Er kann entweder von dem Ausspruch der Verwaltungsbehörde — sei es nun untere oder Mittelbehörde — an die obere Behörde sich wenden — und das ist das Beschwerderecht innerhalb der Verwaltung, das ihm gegeben ist — oder er kann — ohne das zu thun oder gleichzeitig — mit einer förmlichen Klage gegen die Verwaltung sich an den Verwaltungsgerichtshof wenden, der in diesem Falle als erste und letzte Instanz entscheidet. Es ist durch Specialgesetze eine Anzahl Streitigkeiten, die in dieser Weise behandelt werden, bestimmt Dazu gehört das Gesetz über die Verwaltung der Stiftungen. Das ist hierfür charakteristisch. Es kann dort z. B. vorkommen, daß Jemand behaüptet, er sei durch eine Entschließung der Verwaltungsbehörde in seinem Recht auf die Mitverwaltung einer Stiftung verletzt worden. Er kann sich in diesem Falle an die obere Verwaltungsbehörde wenden und es muß sogar seine Beschwerde in der oberen, je nach Lage des Falles zum Mindesten in der mittleren Instanz ausgetragen sein und jedenfalls der oberen Instanz durch den Verwaltungsgerichtshof von der Erhebung der Klage Kenntniß gegeben werden. Diese obere Instanz, das Ministerium des Innern, ja unter Umständen sogar das Staatsministerium, ist es alsdann, deren Entschließung als die Grundlage der Klage gilt, und diese Klage wird unmittelbar an den Verwaltungsgerichtshof gerichtet. Es stehen sich also hier als Parteien gegenüber einerseits der Betheiligte, andererseits die Staatsverwaltungsbehörde.

Ich wollte nur diese thatsächliche Bemerkung inbezüglich auf die badische Einrichtung machen, um wenigstens das Eine zu zeigen, daß in einer und zwar schon seit 11 Jahren bestehenden Verwaltungseinrichtung eine Scheidung gemacht ist — und zwar ohne daß sich seither irgend welche Unzuträglichkeiten ergeben hätten — zwischen Verwaltungsklage und Verwaltungsbeschwerde; allerdings — ich muß das gleich erwähnen — nicht mit voller Folgerichtigkeit; denn unser Gesetz selbst behandelt einige Gegenstände als in den Bereich der Streitigkeiten des öffentlichen Rechts gehörig, welche, worüber man jetzt wenigstens in Baden ganz einig ist, Gegenstände der reinen Verwaltung sind, und andererseits einzelne Gegenstände als solche der reinen Verwaltung, welche zweifellos Gegenstände eines Verwaltungsrechtsstreites sein würden, wenn man consequent wäre. Man blieb allerdings, da die ganze Einrichtung damals, als sie eingeführt wurde, überhaupt noch neu war, in dieser Beziehung nicht vollständig folgerichtig. In der Hauptsache kann ich es aber, gerade weil ich mich selbst mit diesem Gegenstande beruflich schon seit Jahren beschäftigen mußte, nur mit großer Freude begrüßen, daß der Juristentag sich einer so außerordentlich wichtigen Frage bemächtigt hat, wie diejenige der Verwaltungsrechtspflege ist. Es ist für die Verwaltung selbst eben so wichtig wie für die einzelne Person, daß für die öffentlichen Rechte ein richterlicher Schutz gegeben werde, und diese Erfahrung haben wir in Baden gemacht. Es ist durchaus kein Eingriff in die Verwaltung, wenn sie durch eine Controle in ihrer Thätigkeit auf die genaue Handhabung des Gesetzes beschränkt wird. Es ist im Gegentheil für die Verwaltung nur eine Stütze, wenn sie ihrerseits wieder durch die Aussprüche der Verwaltungsgerichte, daß sie in ihrem Rechte gewesen sei, von jedem Schein parteiischer oder ungerechter Behandlungsweise befreit wird; und gerade hierin ist man bei uns in Baden vor allen Dingen einig: Für den Staatsbürger ist es geradeso von hohem Werth, daß er da, wo es sich um die höchsten idealen Rechte handelt, einen Rechtsschutz erhalte. Und gerade weil ich die Durchführung einer Verwaltungsrechtspflege für etwas äußerst Wichtiges halte, glaube ich mich in Einzelheiten, in denen ich mit dem Herrn Referenten vielleicht nicht ganz übereinstimmen würde, jetzt nicht einlassen, sondern auch meines Theils dem Juristentage empfehlen zu sollen, der von unserem Referenten vorgeschlagenen Resolution beizustimmen.

(Bravo!)

Präsident: Da sich Niemand weiter zum Worte meldet, so wird die Discussion vorbehaltlich des Worts für den Herrn Referenten und Correferenten als geschlossen zu betrachten sein.

Ich frage nun, findet der von dem Herrn Ministerialdirector Körner gestellte Antrag, nemlich:

„Daß der Antrag des Herrn Referenten noch dahin zu erweitern sei, daß die Bildung einer besonderen Verwaltungsjurisdiction mit den nöthigen Instanzen auch ausgedehnt werde auf solche Fälle, wo Parteien unter sich über Gegenstände des öffentlichen Rechtes streitig sind.

Unterstützung.

Da dieser Antrag nicht unterstützt ist, so kann er nicht Gegenstand der Berathung und Abstimmung werden; vorbehaltlich fernerer Erörterungen, wenn der allgemeine Grundsatz nicht Gegenstand weiterer Verhandlungen auf künftigen Juristentagen werden wird.

Referent Professor Dr. **Gneist**: Wollen Sie mir ein paar Schlußworte gestatten. Ich bin dafür sehr dankbar, daß schon jetzt vorhandene Differenzen hervorgehoben werden. Es wird dringend wünschenswerth sein, daß auch durch Correspondenz mit der Deputation angeregt werde, was wir für den nächsten Juristentag an Gutachten rathsam erachten.

Meine Differenz mit Herrn Dr. von Kißling erklärt sich sehr naheliegend aus den verschiedenen Bedürfnissen und Voraussetzungen zweier Staaten, wie Oesterreich und Preußen, die ein sehr verschiedenes Verwaltungsrecht haben. Ich erkenne an, daß die heutige österreichische Gesetzgebung für das Bedürfniß ihres Landes auf dem richtigen Wege ist. Die deutschen Einzelstaaten haben ein einheitlich durchgebildetes Verwaltungsrecht und starke Elemente einer Selbstverwaltung, welche eine durchgreifende Reform der reinen, wie der streitigen Verwaltung von unten herauf ermöglichen. Oesterreich hat bisher nationalgeschiedene Ländercomplexe, denen es vor Allen auf eine Erweiterung örtlicher und provinzieller Autonomie ankommt, welche allerdings leichter zu erreichen ist, als ein mühsames Selbstthun der Staatsgeschäfte, worin das Wesen der Selbstverwaltung besteht. So lange diese Verwechslung von Autonomie und Selbstverwaltung dauert, sind durchgreifende Reformen der Verwaltung von unten herauf unausführbar. Wohl aber ist es möglich, von oben herab die Ministerverwaltung auch hier an eine feste Beobachtung der Grenzen und Formen der Verwaltungsgesetze zu binden. Ein Verwaltungsgerichtshof in diesem Sinne war in den österreichischen Verfassungsgesetzen seit Jahren zugesagt, und das jetzige Ministerium hat diese Zusage loyal eingelöst. Ich bestreite nicht, daß auch in dieser engeren Gestaltung eines Verwaltungsgerichtshofs ein dankenswerther Fortschritt liegt: es liegt aber nicht darin der volle Umfang und Zweck der ganzen Institution. Für die künftige Gestaltung der Verwaltung I. und II. Instanz ist damit in Oesterreich nichts entschieden, — und so möchte ich auch für unsere Erörterung diesen Punkt offen lassen.

Was der Herr Ministerialdirector Körner anregt, will ich nicht zum Gegenstande einer Discussion machen, sondern nur eine Declaration geben, die, glaube ich, dem Herrn Antragsteller genügen wird. Wenn sich zwei Parteien über einen Gegenstand des öffentlichen Rechts streiten, so kann das geschehen im Verlauf des Civil- und des Strafprozesses; denn sehr häufig sind Civilentscheidungen von der Auslegung des öffentlichen Rechts abhängig. Dann sind wir gewiß einig, daß das dem ordentlichen Gerichte gehört. Eben so gehört jeder Privatrechtstitel in Kollision mit dem öffentlichen Recht zur Entscheidung der ordentlichen Civilgerichte. Liegt dieser Fall aber nicht vor, dann ist der Streit über die Auslegung des Verwaltungsrechts in meiner Resolution schon einbegriffen; denn ich betrachte jede Entscheidung der Verwaltungsgerichte als eine Entscheidung über die sinngemäße Handhabung der öffentlichen Rechtsordnung. Darunter gehören auch die Fälle, wo zwei verschiedene Parteien über diese Auslegung nach entgegengesetzten Gesichtspunkten streiten. Es muß die öffentliche Rechtsordnung gehandhabt werden auf Anordnung jedes Interessenten, also auch zweier in ihren Interessen collidirenden Parteien.

Die von Herrn Verwaltungsgerichtsrath Wieland angeregte Differenz ist mehr terminologischer als sachlicher Natur. Ich erkenne an, daß das badische Gesetz den Ausdruck „Verwaltungsklage“ braucht, und wo er gebraucht ist, da muß das Gericht ihn natürlich anwenden. Für mich de lege ferenda kam es darauf an: Ist der badische Gesetzgeber wirklich davon ausgegangen: vor die Verwaltungsgerichte gehören nur die Fälle, wo Jemand durch Ueberschreitung der Grenzen und Formen verletzt ist? Das ist für mich nicht sichtbar, sondern die badischen Fälle gehen weit hinaus über die enggesteckte Grenze der neuen Theorie. Die badischen Verwaltungsgerichte entscheiden auch über Fälle der iniquitas, und nicht blos über Verletzung der Grenzen der Gesetze. Ebenso ist es mit der preußischen Gesetzgebung. Wenn Sie die Fälle durchgehen, die der Kreisausschuß und das Verwaltungsgericht II. Instanz entscheiden, so hat sich der Gesetzgeber nirgend beschränkt auf die Grenzbestimmungen, sondern alle wichtigen Gegenstände des alten Gebiets der Verwaltungsbeschwerden sind einbegriffen.

Ich wünsche aber nicht, daß in die neue Gesetzgebung das Wort

„Klage" eingeführt wird, weil diese Bezeichnung unrichtige privatrechtliche Folgerungen herbeiführt. Ich glaube also, daß wir der späteren specielleren Formulirung das Weitere überlassen können. Für jetzt liegt darin wohl kein Hinderniß der Annahme der Resolution.

(Der Präsident verschreitet hierauf zur Abstimmung über den Antrag des Referenten Professor Gneist, welcher einstimmig angenommen wird. Die noch zu erledigenden Gegenstände werden eingetretener Umstände halber sämmtlich auf die nächste Sitzung vertagt.)

(Schluß der Sitzung 1/2 2 Uhr Mittags.)

Zweite Sitzung der vierten Abtheilung am 27. August, Vormittags 9 Uhr.

Präsident Hofgerichtsdirector v. **Stößer**: Meine Herren! Ich eröffne die Sitzung. Bevor wir zur eigentlichen Aufgabe des heutigen Tages übergehen, habe ich die Ehre, Ihnen mitzutheilen, daß infolge des gestern mir ertheilten Auftrags, Ihnen Vertrauensmänner vorzuschlagen, nachdem aus Ihrer Mitte selbst keine Namen bezeichnet worden sind, durch das von Ihnen frei gebildete Büreau folgende Herren als Vertrauensmänner für die Wahl der ständigen Deputation vorgeschlagen werden: Dr. Heinsen aus Hamburg, v. Holzschuher aus Stuttgart, Professor Meyer aus Jena, Dr. v. Kißling aus Linz, Ministerialdirector Körner aus Dresden, Dr. Mayersohn aus Aschaffenburg, Verwaltungsgerichtsrath Wieland aus Carlsruhe, Advocat Gunzenhäuser aus Fürth, Präsident Kühne aus Greifswald und Director von Stößer aus Mannheim. Ich glaube Ihnen zunächst den Vorschlag machen zu dürfen, daß das nur zu einstweiliger Kenntniß Ihnen gebracht wird und für den Fall, Sie wollten im Laufe des heutigen Vormittags d. h. nach Erledigung der ersten auf der heutigen Tagesordnung stehenden Sache andere Vorschläge machen, daß das dann der geeignete Zeitpunkt hiezu ist, weil wir am Schlusse der heutigen Sitzung diese Vertrauensmänner dem Präsidenten des Plenum mittheilen müssen. Ich werde nach der ersten Verhandlung wiederholt die Frage an Sie richten, ob Sie mit dieser Liste einverstanden sind. Ist das Ihnen so recht?

(Ja!)

Sie haben ferner gestern beschlossen, daß heute angefangen werden soll mit der Frage:

Soll eine Reform des Zwangsversteigerungsverfahrens dahin erstrebt werden, daß der Zuschlag nicht ertheilt werden darf, wenn das Gebot den Betrag der dem betreibenden Gläubiger vorgehenden Hypotheken nicht übersteigt?

Als Referenten sind bezeichnet Herr Präsident Dr. Drechsler und Herr Präses Albrecht.

Ich bitte Herrn Präsident Drechsler uns Vortrag zu erstatten.

Referent Präsident Dr. **Drechsler**: Meine Herren, meine Aufgabe als Referent über die vom Herrn Präsidenten bezeichnete Gesetzgebungsfrage ist eine sehr angenehme; denn ich befinde mich in der Lage, mit den Gutachten, welche Ihnen über diese Frage erstattet worden sind, im Wesentlichen übereinzustimmen. Insbesondere ist das Gutachten des Herrn Appellationsgerichtsrath Dr. v. Salpius ein in jeder Beziehung von den Gesichtspuncten aus, die die Gesetzgebung zu nehmen hat, die Frage erschöpfendes, und Herr Dr. Heinsen hat beachtungswerthe Einzelheiten zu diesem Gutachten hinzugebracht, so daß, wenn die Herren, die sich für diese Frage interessiren, beide Gutachten eingesehen haben, viel Neues über die Sache schwerlich noch gesagt werden kann. Zu bedauern ist es, daß der Tod uns Herrn Dr. v. Salpius entrissen hat, sonst würde er an dieser Stelle Ihnen die Ansichten, die er schriftlich ausgeführt hat, wahrscheinlich selbst noch näher entwickelt haben. Zunächst bemerke ich über die Stellung der Frage, daß die Meinung wohl nur sein kann, von einer Zwangsversteigerung in Ansehung von Grundstücken zu reden. Es ist nicht die Meinung, mit der Frage das Executionsverfahren in Ansehung der Mobilien überall zu berühren. Es wird aber kaum nöthig sein, dies noch besonders auszusprechen. Die Frage selbst ist von großer Bedeutung; denn wenn auch eine neue Civilproceßordnung und eine neue Concursordnung bevorsteht, so ist doch in denselben die Frage, welche wir heute zu entscheiden haben, ganz offen geblieben. In diesem Puncte ist der Entwurf der deutschen Civilproceßordnung von der Reichstagscommission bereits angenommen, und es lautet die Bestimmung dahin, daß die Zwangsvollstreckung in das unbewegliche Vermögen sich nach den Landesgesetzen bestimmen, daß also die bunte Mannigfaltigkeit der Landesgesetze über diese Frage einstweilen fortbestehen soll. Es ist mithin die Aufgabe des deutschen Juristentags stehen geblieben, in diesem für den Realcredit höchst wichtigen Puncte eine einheitliche Gesetzgebung herbeizuführen. Wie mannigfaltig und verschiedenartig die Landesgesetze die Frage normiren, ergiebt sich aus der sehr dankenswerthen Zusammenstellung im Gutachten des Dr. Heinsen. Ich mache Sie aufmerksam auf Seite 147 der gedruckten Verhandlungen des XII. Juristentags. Da finden Sie eine höchst bunte Musterkarte. Es wäre von großer Bedeutung und für die Förderung eines gesunden Realcredits von größter Wichtigkeit, wenn das nach meiner Ueberzeugung verwerfliche System, welches bis jetzt noch in den meisten Landesgesetzen sich findet, durch die Bemühungen und auf Anregung des Juristentags verworfen würde und ein gesundes System an dessen Stelle treten könnte. Die Sache selbst ist folgende: Das jetzige Subhastationsverfahren auch in den Particularrechten der neuern Zeit, namentlich im preußischen, österreichischen u. s. w. hat sich entwickelt aus dem römischen Rechte und zwar aus einer verwerflichen Praxis des römischen Rechtes, welche, ob mit Bewußtsein oder nicht, dasselbe mißverstand und die Anwendung im größten Theile der deutschen Länder so gestaltete, wie wir sie jetzt noch vorfinden. Das römische Recht kennt ein unbeschränktes Verkaufsrecht des Hypothekars nicht. Der Käufer, welcher von einem Nachhypothekar kauft, bleibt den Ansprüchen der Vorhypothekare ausgesetzt. Die italienische Praxis des Mittelalters setzt an die Stelle des Privatverkaufs den öffentlichen Verkauf durch den Richter, verbunden mit einer öffentlichen Ladung. Jetzt wurde der Grundsatz angenommen: der Richter verkauft pfandfrei, falls nicht ein besserer Pfandgläubiger intervenirt. Die Mängel des gemeinrechtlichen Pfandsystems, insbesondere die vielfachen privilegirten Hypotheken, führten allmälig die Praxis dahin, das Recht des Vorhypothekars einzuschränken. Man ließ ihn nicht mehr zu zur Verhinderung des Verkaufs, sondern seine Intervention führte nur dahin, daß er als besserer Pfandgläubiger, wenn der Erlös soweit reichte, zur Befriedigung gelangte. Es wurde also angenommen ein System, welches man auch so ausgedrückt hat: es geschieht der Verkauf, die Subhastation, ganz im Wege des Concurses. Die meisten Gesetzgebungen zwingen sogar die Hypothekarier, sich in den Concurs einzulassen, und wenn ein bloßes Subhastationsverfahren vor sich ging, so wurde das als Specialconcurs behandelt. Herr v. Salpius führt nun mit Recht aus, daß dieses Verfahren über den Zweck weit hinausgeht. Der Zweck soll lediglich Befriedigung des Gläubigers sein. Wenn also der Erlös aus dem Grundstücke nicht einen solchen Betrag aufbringt, daß der betreibende nachhypothekarische Gläubiger zur Befriedigung gelangt, so fällt er mit seiner Forderung ganz aus. Er hat also in der That ein Interesse an dem Verkaufe nicht, wenn er nicht hoffen kann, zur Befriedigung zu gelangen. Sein Interesse beim Verkaufe besteht in diesem Falle lediglich darin, daß aus dem Verkaufserlöse die Kosten der Subhastation ihm abgenommen werden und daß er in die Lage kommt, das Grundstück möglicherweise selbst zu kaufen. Es ist die Frage, ob dieses Interesse, welches er beim Verkaufe hat und welches anerkannt werden muß, einen rechtlichen Schutz verdient. Ich bemerke, daß unser berühmtes Mitglied, der Oberappellationsgerichtsrath Bähr die uns beschäftigende Frage inzwischen selbst behandelt hat in Iherings Jahrbüchern. Er ist einmal zu dem Resultate gelangt, welches wir schon auf dem vorigen Juristentage angenommen haben, daß es nicht angemessen ist, daß durch den Verkauf des Grundstücks im Subhastationsverfahren auch die Hypotheken, welche durch den Verkauf völlig gedeckt werden, fällig werden. Er ist ferner der Meinung, daß, so lange die vorstehenden Hypothekengläubiger durch das Meistgebot nicht gedeckt werden, ohne deren Zustimmung auf Antrag des nachstehenden Gläubigers der Zuschlag nicht erfolgen kann, und begründet letztere Ansicht damit, daß für den nachstehenden Gläubiger ein Interesse an dem Verkaufe, aus dem er Befriedigung doch nicht zu erwarten hat, nicht bestehe, also ein rechtliches Interesse, welches geschützt werden müsse, nicht vorhanden sei. Ich kann das, wie ich schon bemerkte, in diesem Umfange nicht zugeben, vielmehr muß ich annehmen, daß ein Interesse beim Verkaufe insofern für den Nachhypothekar bestehe, als er befreit wird von den Kosten der Subhastation und in die Lage kommt, das Grundstück möglicherweise selbst zu erwerben. Die Frage kann blos sein, ob dies Interesse einen rechtlichen Schutz verdient und diese Frage muß ich verneinen mit den beiden Gutachtern; denn sollen die Kosten des Subhastationsverfahrens, welches herbeigeführt wird von dem Gläubiger, der auf Befriedigung nicht rechnen kann, aus dem Verkaufserlöse gedeckt werden, so wird damit nicht das Resultat herbeigeführt, daß die Verkaufskosten als Accessorium der Nachhypothek, wie sie nur betrachtet werden können, die Stelle der Nachhypothek haben, sondern sie werden ganz und gar behandelt wie Concursposten und werden als der privilegirteste Posten vorweg berichtigt. Es ist damit angenommen worden, daß diese Kosten, (was doch das höchste wäre, was rechtlich statuirt werden dürfte) nicht blos dieselbe Priorität haben, wie der Hauptposten, sondern man giebt ihnen eine privilegirte Hypothek auf Kosten der *vorstehenden* Pfandgläubiger; daß dies keinen rechtlichen Schutz verdient, bedarf keiner besondern Begründung weiter. Die Frage ist nur die, ob man der Nachhypothek insoweit aufhelfen will, daß man dem Nachhypothekar die Gelegenheit giebt, das Grundstück möglicherweise selbst zu kaufen. Meine Herren, man hat zur Begründung gesagt, wenn auch nicht nach römischem Rechte die Nachhypothek ein selbstständiges Verkaufsrecht giebt, so ist dies doch nach jetzigem Rechte der Fall. Ich halte das für unrichtig auch nach dem jetzigen Rechte; denn der Schuldner, der eine Nachhypothek bestellt, kann dem Gläubiger nur diejenigen Rechte einräumen, welche er selbst noch hat. Freilich ist der Nachhypothekar nicht mehr an die Einwilligung oder vorherige Befriedigung der bessern Pfandgläubiger gebunden. Er hat ein selbständiges Verkaufsrecht, aber doch nur salvis pignoribus, es kann sich also sein Recht nicht auf mehr erstrecken, als auf den Erwerb des Grundstücks mit den bestehenden Hypotheken. Die von mir als fehlerhaft bezeichnete Rechtsentwickelung ist nur entstanden daraus, daß es bei dem früheren Pfandsysteme unmöglich war, vorweg zu bestimmen, wie hoch der Erlös eines Grundstücks sich belaufen müsse, um die Frage zu beantworten, ob der betreibende Nachhypothekar ganz oder theilweise zur Befriedigung gelangen könne. Nachdem jetzt die Entwickelung des Hypothekenrechts in Ansehung der Grundstücke in Deutschland durch das Specialitätsprincip eine solche geworden ist, daß mit der größten Genauigkeit sofort bestimmt werden kann, ob der Nachhypothekar zur Befriedigung gelangen wird aus dem Gebote, das für das Grundstück im Subhastationsverfahren abgegeben worden ist, ist es verwerflich, noch länger das festzuhalten, was sich aus einem früheren Nothstande entwickelt hat und nur aus einem solchen erklärt werden kann.

Es ist hiernach wohl unzweifelhaft, daß vom juristischen Standpunkte aus es sich nicht rechtfertigen läßt, daß der Nachhypothekar es dahin bringen kann, gegen den Willen des Schuldners und gegen den Willen der bessern Pfandgläubiger eine Veräußerung des Grundstückes im Wege des Zwangsverfahrens herbeizuführen, die ihm nichts nützt und lediglich zum Schaden der bessern Pfandgläubiger ausfällt. Aber auch vom wirthschaftlichen Standpunkte aus ist eine Abänderung der jetzigen Gesetzgebung dringend rathsam; denn wie Salpius und Heinsen näher ausgeführt haben: der Realcredit erstrebt vor Allem die Sicherstellung der ersten Hypothek, der Hypothek, die gedeckt wird durch den Werth des Grundstücks selbst. Diese Hypothek wird gefährdet nach dem jetzigen Systeme, wenn unter Benutzung vorübergehender Conjuncturen ein Verkauf unter dem Werthe, und das wird der regelmäßige Verlauf auch unter gewöhnlichen Verhältnissen beim Verkaufe im Wege der Subhastation sein, auf Grund der Nachhypothek erzwungen werden kann. Das jetzige System enthält eine ungerechte Bevorzugung der Nachhypothek, während eine Beförderung der soliden Capitalanlage erstreben muß eine Befestigung der Rechte der ersten Hypothek, nicht eine Beförderung der Nachhypotheken, welche lediglich dem Schwindelcredit dienen. Dr. Heinsen hat in dankenswerther Weise, wie ich schon anführte, Ihnen die Gesetzgebung, wie sie in Deutschland besteht, vorgeführt. Zu meiner Freude kann ich Ihnen mittheilen, daß doch noch in einzelnen Theilen Deutschlands dasjenige Rechtens geblieben ist, was ich Ihnen als wünschenswerth empfehle, das System nämlich, nach welchem der Zuschlag nur dann ertheilt werden darf, wenn die dem betreibenden Gläubiger vorgehenden Hypotheken durch den Kaufpreis vollständig gedeckt werden. Es gilt, soweit dies von Dr. Heinsen ermittelt ist, noch in Frankfurt a. M., im früheren Herzogthum Nassau, im Großherzogthum Hessen-Darmstadt, in Lübeck, in Neuvorpommern und Rügen, in Hamburg, auch in der Praxis in Lauenburg. Das großherzogl. hessische Gesetz vom Jahre 1858 spricht Dasjenige aus, was die Bejahung unseres Antrags enthält, nämlich: hat ein nachstehender Pfandgläubiger auf Zwangsversteigerung angetragen, so kann der Zuschlag ohne Einwilligung der bessern Pfandgläubiger nur erfolgen, wenn aus dem Erlöse die dem Antragsteller vorhergehenden Ansprüche völlig gedeckt werden. Meine Herren, das Einzige, was für das entgegengesetzte in die Gesetzgebung der größern Staaten eingedrungene System gesagt werden kann, ist, daß eine Beschränkung des Rechts des Nachhypothekars eine Erschwerung des Credits der Grundstücksbesitzer herbeiführen werde. Aber, meine Herren, ich glaube, daß diese Aufstellung nach dem, was ich schon ausgeführt habe, eine unrichtige ist, nachdem die neuern Gesetzgebungen dahin gelangt sind, daß sie den Inhalt des Hypothekenrechts an Grundstücken (mögen die Gesetzgebungen das Hypothekenrecht noch als ein Accessorium einer Forderung, oder als eine selbständige Realobligation construiren) feststellen, daß der Gläubiger, wenn der Besitzer des verhafteten Grundstücks im Zahlungsverzuge ist, zur Befriedigung seiner Forderung den zwangsweisen Verkauf des Grundstücks begehren kann, daß also nicht blos der erste, sondern jeder nachstehende Hypothekar befugt ist, die Befriedigung aus der Hypothek zu suchen.

Hiernach hat das Recht des Hypothekars lediglich den Inhalt, daß er seine Befriedigung aus dem Grundstücke *an einer bestimmten Stelle* begehren darf. Jeder Hypothekenbrief oder jeder Auszug aus dem Grundbuche enthält die Stelle, die für die eingetragene Hypothek maßgebend ist. Es wird ausgedrückt, daß das Capital von 1000 Thlr. z. B. nach 20,000 Thlr. zur Erhebung gelangen soll. Daraus folgt ohne Weiteres, daß die Forderungen, welche vor dem Posten des die Subhastation beantragenden Gläubigers stehen, von der Subhastation nicht berührt werden; denn das Recht des Nachhypothekars geht nicht auf Befriedigung aus dem Grundstücke an sich, *sondern nur auf Befriedigung aus dem Grundstücke an der ihm von vornherein angewiesenen Stelle.* Die eine Consequenz dieses Grundsatzes, daß die vorhergehenden Posten, soweit sie durch den Kaufpreis gedeckt sind, unverändert stehen bleiben und unter Anrechnung auf den Kaufpreis auf den neuen Erwerber übergehen, haben wir durch unsern Beschluß in Hannover gezogen. Lassen Sie uns heute mit großer Majorität die andere Consequenz ziehen, daß der nachstehende Gläubiger, welcher Befriedigung aus dem Grundstücke nur an einer bestimmten Stelle, d. h. nach den vorstehenden Gläubigern zu begehren hat, eine wirksame Zwangsversteigerung nur herbeiführen kann, wenn ein Kaufpreis erzielt wird, der seine Forderung ganz oder theilweise deckt. Es muß, so lange nicht ein solches Gebot auf das verhaftete Grundstück abgegeben wird, die Sache so angesehen werden, als würde überall ein Gebot auf das Grundstück nicht abgegeben. Ich gelange also aus den entwickelten Gründen zur Bejahung der gestellten Frage und bemerke nur noch eins. Die Concursordnung, wie sie dem Reichstage vorgelegt ist, weis't das Subhastationsverfahren, gleichviel, ob zugleich der Concurs über das übrige Vermögen des Schuldners eröffnet ist oder nicht, aus dem Concursverfahren hinaus. Es wird das Subhastationsverfahren als ein selbständiges Verfahren demnächst anzusehen sein und so bedarf es einer Modification unserer Frage nicht, wie sie von Dr. Heinsen angeregt wird. Dr. Heinsen beantwortet die Frage so, daß er sagt, abgesehen vom Concurs bejahe ich die Frage. Salpius bejaht sie unbedingt. Das Letztere wird das Richtige sein, wenn die Gesetzgebung, die ja gewiß bevorsteht, dahin sich gestaltet, daß das Subhastationsverfahren vom Concursverfahren überall nicht berührt wird. Ich möchte die Herren nur noch darauf aufmersam machen, daß die Gründe, welche gegen die von mir vertretene Auffassung etwa aus dem Zustande der Hypothekengesetzgebung der einzelnen Länder, namentlich aus dem unvollkommenen Zustande der Hypotheken- und Concursgesetze der einzelnen Länder hergenommen werden könnten, für uns nicht maßgebend sein dürften. Wir setzen eben voraus, daß die Zwangsvollstreckung in das unbewegliche Vermögen demnächst ein selbständiges Verfahren in Deutschland sein wird und daß der Zustand des Hypothekenrechts ein so geordneter ist, wie er in den meisten Ländern und besonders auch in Preußen durch das neue Grundbuchsgesetz schon jetzt sich findet. Wenn beide Voraussetzungen sich finden, dann kann die Reichsgesetzgebung dazu schreiten, zu bestimmen, daß das Zwangsverfahren dahin geordnet wird, daß der Zuschlag nicht ertheilt werden darf, wenn das Gebot den Betrag der dem betreffenden Gläubiger vorgehenden Hypothekengläubiger nicht übersteigt.

Präsident: Wir können nur dankbar sein für den klaren und gründlichen Vortrag des Herrn Referenten. Den Herrn Präses Albrecht bitte ich um sein Correferat.

Correferent Handelsgerichtspräses Dr. **Albrecht**: Meine Herren, ich kann mich auf eine kurze Anzeige, wie ich glaube, beschränken. Ich befinde mich nämlich den abgegebenen Gutachten gegenüber in derselben Stellung wie der Herr Referent. Ich halte auch meinestheils die Motivirung dieser Gutachten für überzeugend und die Conclusionen für richtig. Ich wüßte daher auch für jetzt den Ausführungen des Herrn Referenten nichts weiter hinzuzufügen. Was die Formulirung des von uns zu fassenden Beschlusses anlangt, erlaube ich mir jedoch auf zwei Punkte aufmerksam zu machen: einmal, da wir eine Versammlung von Juristen sind, daß wir correct sprechen müssen und nicht von Zwangsversteigerungen, sondern von Zwangsversteigerungen von Grundstücken zu reden haben, da diese allein in Frage stehen. Dann, meine Herren, glaube ich, daß es nicht richtig ist, wenn wir die Frage, die gestellt ist: soll die Reform des Zwangsversteigerungsverfahrens dahin erstrebt werden, daß ꝛc. einfach bejahen; denn wir haben nicht in allen Theilen Deutschlands, wie wir vom Vorredner gehört haben, eine Reform zu erstreben. Das, was beantragt wird von beiden Gutachtern und dem Herrn Referenten ist für einige Staaten Deutschlands bereits Rechtens. Wir haben deshalb, wie ich glaube, ganz einfach auszusprechen: das Zwangsversteigerungsverfahren soll in der Weise eingerichtet sein, daß ꝛc. Der Herr Referent wird, wie ich meine, gegen diese Fassung nichts einzuwenden haben.

Präsident: Meine Herren! Sie haben gehört, daß die beiden Referenten in der Sache vollständig übereinstimmen. Der Herr Referent Drechsler erklärt sich auch damit einverstanden, daß die Erklärung der Abtheilung 4 also erfolge: das Zwangsversteigerungsverfahren in Liegenschaften soll dahin festgesetzt werden, daß der Zuschlag nicht ertheilt werden darf, wenn das Gebot den Betrag der dem betreibenden Gläubiger vorgehenden Hypotheken nicht übersteigt. Das ist aber lediglich eine Redactionsfrage. Ich eröffne also die Discussion.

Dr. **Mayersohn** aus Aschaffenburg: Ich erlaube mir, meine Ansicht, die ich schon bei Verhandlung einer früheren Frage am Juristentage in Frankfurt, welche zur vorliegenden Frage die Veranlassung gegeben hatte, zur Geltung gebracht habe, hier nochmals vorzuführen. Ich kann heute ganz kurz sein, nachdem die Gründe dafür und dawider von beiden sehr gelehrten Herren Vorrednern mit einer ausgezeichneten Klarheit Ihnen vorgeführt worden sind, denen ich in dieser Richtung etwas Weiteres beizufügen nicht im Stande wäre. Ich erlaube mir aus der Praxis, die mir viele Gelegenheit gegeben hat, mich über die Beschaffenheit dieser Frage in deren Anwendung und insbesondere über deren Folgen zu unterrichten, einige Worte über meine Erfahrung hinzuzufügen. Es ist meines Erachtens nicht richtig, wenn man sagt, vom rechtlichen und vom wirthschaftlichen Standpunkte aus sei die Frage, so, wie sie Ihnen vorgelegt worden ist, zur Annahme zu empfehlen. Woher dieser rechtliche Standpunkt sich bilden sollte, ist mir nicht ersichtlich. Man hat die angeblichen Grundlagen Ihnen angeführt; allein wir wissen recht gut, daß diese Frage sich befaßt erstens mit dem Kaufvertrage, zweitens mit dem Pfandvertrage. Auch ich setze rücksichtlich des letzten Punktes ein vollständig geordnetes Hypothekenwesen voraus. Von Seiten des Kaufvertrages ist nicht abzusehen, warum hier eine Ausnahme von der Rechtsregel gemacht werden soll, daß ein Pfandgläubiger sein Pfand im Nichtzahlungsfalle verkaufen lassen darf. Sie wissen, der Zwangverkauf ist nichts als ein gewöhnlicher Verkauf unter anderen Modificationen. Wenn wir aber sagen, in diesem Falle darf der Pfandgläubiger nicht verkaufen, das heißt es darf ihm, wenn er nicht so und so viel bietet, nicht zugeschlagen werden, was eben so viel ist, so machen wir eine Ausnahme. Was die zweite Frage vom Pfandrechte betrifft, so haben wir noch weit weniger rechtliche Veranlassung zu einer Ausnahme. Der Pfandgläubiger ist berechtigt, vermöge des ihm eingeräumten Rechts, im Nichtzahlungsfalle sein Pfand versteigern zu lassen. Hier soll diese veranlaßte Versteigerung des Pfandes wirkungslos bleiben, wenn ein gewisser Erlös nicht erzielt worden ist!

Diese Ausnahme hat keine Berechtigung. Die Rücksichtnahme, die man dem Gläubiger gegenüber beobachten will, auf daß er keinen Schaden nimmt wegen des zu geringen Erlöses, und daß deshalb nicht zugeschlagen werden soll, weil von dem Erlöse auf seine Forderung nichts kommt, entspringt einer Rücksicht, die der Gläubiger nicht haben will, auf die er keinen Anspruch macht. Er findet es in seinem Interesse, daß das Pfand zugeschlagen werde, obgleich er nicht hoffen darf, seine Forderung aus dem Erlöse berichtigt zu erhalten, dazu hat er ein Recht. Niemand ist aber befugt zu sagen: ja, lieber Freund, Du erreichst nichts daraus, jedenfalls nicht so viel, daß auch Etwas für Dich übrig bleibt, deshalb verbieten wir Dir, das Pfand zu verkaufen und gestatten nicht, daß es in diesem Falle zugeschlagen werde. Meines Erachtens liegt darin keine Logik. Man verkennt die nachtheilige Lage des Gläubigers nicht, allein man sagt, es verdiene der Gläubiger keinen Schutz, warum hat er so viel darauf gegeben, er hätte weniger auf das Pfand leihen sollen. Gerade das, meine Herren, was man hier sagt, muß uns hinweisen auf die wirthschaftliche Seite dieser Frage. In wirthschaftlicher Beziehung wird diese projectirte Bestimmung vom größten Nachtheile sein. Man sagt, man wolle dem Schwindel dadurch vorbeugen. Ich aber sage, man schneidet dem soliden Manne die Gelegenheit ab, bei einem bestimmten Geschäfte, was er machen kann, sich weiteres Geld zu verschaffen. Man schneidet dem Besitzer von Grundstücken die Gelegenheit ab, wenn er mehr braucht, als die erste Hypothek beträgt, die er auf seinem Anwesen hat, weiteres Geld aufzunehmen. Ich frage Sie, wird sich ein Gläubiger, der ein Pfand im Nachgange nach einer bereits bestellten Hypothek erhalten soll, herbeilassen, weiteres Geld zu leihen in dem Bewußtsein, daß er, wenn irgend eine Conjunctur kommt, nicht im Stande ist, sein Pfandrecht zur vollen Geltung zu bringen? Nehmen wir doch an, es habe Einer auf einem Objecte auf erste Hypothek 10,000 Gulden genommen, er kommt in die Lage, in seinen wirthschaftlichen Einrichtungen, in seinem Industriezweige die Vergrößerung seines Etablissements herstellen zu müssen und zu diesem Behufe weitere 8000 Gulden aufzunehmen. Das Geschäft geht seinen Gang, es kommt eine Conjunctur, wie wir sie eben durchlebt haben, es wird Alles werthlos; ein Jeder greift nach seinem Objecte, um sich selbst die Mittel zu verschaffen und um sich durch die Conjunctur durchzubringen. Der zweite Hypothekengläubiger greift in dieser Lage zu dem Hilfsmittel, sein Pfandrecht zur Geltung zu bringen, um sich sein Geld zu erholen und läßt deshalb das Pfand versteigern. Nun werden nur 7000 Gulden und zwar vom Nachhypothekengläubiger geboten. Nun heißt es, Du bekömmst trotz Deines Gebotes das Object nicht zugeschlagen, die Versteigerung kann nicht genehmigt werden, Du bezahlst die Kosten, die nicht unbedeutend sind, und der Schuldner behält sein Object. Nun frage ich, der zweite Hypothekengläubiger, der die Versteigerung beantragte, hat Gelegenheit das Object, aus freier Hand, nicht in öffentlicher Auction, etwa um 9000 Gulden weiter zu veräußern; er hat ein großes Interesse daran, daß ihm das Object um 7000 Gulden zugeschlagen werde, denn er kann ja auf diese Weise von seiner Forderung wenigstens 2000 Gulden retten, warum soll dieses nicht gestattet sein?

Oder der Nachhypothekengläubiger wünscht aus einem anderen Grunde das Object zu erwerben, er will nämlich selbst den weiteren Betrieb des Geschäftes fortführen, um bei besseren Conjuncturen das Object wieder anzubringen, um dadurch seine Befriedigung wieder zu erreichen. Das darf er nicht. Er muß das Object dem Schuldner lassen. Sein Pfand, das er hat, ist ohne alle Wirkung, weil er gegenwärtig nicht so viel erlösen wird, als die erste Hypothek beträgt. Er weiß nicht, wann die Zeit wiederkommen wird, wo dieses Object wieder einen höheren Erlös ergiebt. Er muß zusehen, wie sein Schuldner im Besitz des Grundstückes bleibt, er muß sogar sehen, wie das Haus weiter entwerthet wird und darf sich nicht regen, und warum? Blos allein, um, wie man hier sagt, dem Schwindel vorzubeugen. Wie dieses geschehen soll, weiß ich nicht; ebenso nicht, ob der andere hier vorgezeigte Weg nicht einen weit größeren Schwindel hervorbringen kann. Unter allen Umständen muß hierdurch der Bodencredit leiden, und diese wirthschaftliche Rücksichtnahme verbietet mir, für die angeregte Frage zu stimmen. Meine Herren, es ist nicht nothwendig, daß ich Ihnen weitere Gründe vorführe, sie sind ausführlichst von den Herren Vorrednern mitgetheilt worden, ich wollte Ihnen nur den practischen Standpunkt angeben, den ich einnehme, und von welchem aus ich glaube, daß nach meinen Erfahrungen diese Frage zu verneinen sei. Ich stimme deshalb dagegen.

Dr. **Heinsen** aus Hamburg. Meine Herren, ich möchte auf das vom Herrn Vorredner Angeführte einige Worte zur Entgegnung sprechen. Der Herr Vorredner hat gemeint, sich gegen die Ansicht erklären zu müssen, welche in den beiden Gutachten entwickelt ist und welche die Zustimmung der beiden Referenten gefunden hat, und er hat dafür angeführt, einmal, der Pfandgläubiger dürfe verkaufen an und für sich und es würde eine Ausnahme also constituirt, wenn man ihm dies Recht nehmen wolle. Ich glaube, daß das ein Irrthum ist. Der Pfandgläubiger darf verkaufen, er soll es dürfen nach wie vor, aber er soll nur verkaufen dürfen zur Realisirung seines Rechts, und da fragt es sich, welches Recht hat er. Der Pfandgläubiger an erster Stelle hat ein unbedingtes Recht zum Verkauf, er wird nicht beschränkt durch irgend einen Andern. Wer aber eine Hypothek erwirbt, um das Beispiel Mayersohns beizubehalten, nach 20,000 Gulden, der hat kein Recht zu verkaufen unter 20,000 Gulden. Der Eigenthümer, der ein Grundstück hat, beschwert mit 20,000 Gulden, der würde doch niemals verkaufen dürfen mit der Rechtsfolge der Löschung der Hypotheken unter 20,000 Gulden. Also der Eigenthümer, von dem der spätere Pfandgläubiger sein Recht ableitet, der darf nicht verkaufen mit der Consequenz, daß die früheren Hypothekenposten gelöscht werden. Wie aber soll dies denn derjenige können, der einen Hypothekenposten vom Eigenthümer erwirbt nach 20,000 Gulden, woher soll er das Recht haben? Er hat ein Recht erworben, nicht so ohne Weiteres an dem Grundstücke, sondern er erwirbt, indem er die spätere Hypothek nimmt, ein Recht an einem mit 20,000 Gulden *beschwerten* Grundstücke. Er hat gar kein Recht, ohne Weiteres an dem Grundstücke ohne Hypothek, sondern nur ein Recht an dem mit 20,000 Gulden beschwerten Grundstücke, und so gut wie, wenn Servituten auf einem Grundstück lasten, man nicht sagen kann, wenn der Pfandgläubiger von seinem Rechte Gebrauch macht, muß die Servitut erlöschen, so kann man das Grundstück auch hier nur cum onere verkaufen. Das ist keine Ausnahme, sondern sein Recht wird nur innerhalb der Grenzen gehalten, in welchen es überall nur besteht. Der Pfandgläubiger soll ein Recht auf den Verkauf haben, aber er soll dieses Recht nur ausüben können in den Grenzen, in welchen ihm das Recht überhaupt zusteht. — Sodann ist angeführt worden, in wirthschaftlicher Beziehung sei die diesseitige Meinung schadenbringend; denn sie beraube den Eigenthümer der Gelegenheit, auf spätere Hypotheken Geld zu bekommen. Nun, es scheint mir zunächst sehr zweifelhaft, ob denn das Interesse, wenn es wirklich vorhanden ist, wirthschaftlich richtig ist, einen Eigenthümer in die Lage zu bringen, auf spätere Hypotheken Geld zu bekommen unter Schädigung der früheren Hypotheken. Angenommen aber die Thatsache der leichteren Begebung späterer Hypotheken sei richtig, glaube ich doch nicht, daß es im wirthschaftlichen Interesse ist, zu sagen, wir müssen dem Eigenthümer die Gelegenheit bieten, später Geld aufnehmen zu können, wenn auch auf Kosten der ersten Hypotheken. Es würde ihm erleichtert werden, die Aufnahme späterer Hypotheken, aber es würde ihm erschwert die Aufnahme der ersten Hypothek; denn wenn der spätere Hypothekeninhaber das Recht erwirbt, unangesehen der früheren Hypotheken zu verkaufen, so wird der Gläubiger an früherer Stelle, der Inhaber der ersten Hypothek nicht mehr so gesichert sein; man wird zwar weniger bedenklich sein, eine spätere Hypothek zu nehmen, wie man das sein wird nach dem diesseits vertretenen Systeme, aber man wird sehr viel mehr Bedenken haben, die frühere Hypothek zu nehmen und ich glaube, daß das nicht wirthschaftlich ist, die sichern Posten preiszugeben und zu gefährden, nur um dem Eigenthümer die Gelegenheit zu geben, später noch Geld zu bekommen. Dann aber glaube ich die behauptete Thatsache nicht, daß Jemand deshalb leichter auf eine spätere Hypothek Geld bekommt, weil man der spätern Hypothek das Recht einräumen will, von einer Chicane Gebrauch zu machen; denn weiter ist dies nichts, sobald der Gläubiger nicht zu seinem Gelde kommen kann durch den Verkauf, dann ist es nur eine Chicane gegen den Eigenthümer, ihn von Haus und Hof zu jagen, verbunden mit einer völlig nutzlosen Gefährdung der früheren Hypothekenposten. Der bei dem Ausleihen von Geld maßgebende Gesichtspunkt ist denn doch der, die Wiedererlangung des Geldes möglichst zu sichern, und diese Sicherung wird nicht dadurch wesentlich gesteigert, daß man Einem das Recht einräumt, möglicherweise auf den Schuldner eine Pression auszuüben, nicht durch das Grundstück sich mehr Geld zu verschaffen, sondern anderweit das Geld aufzutreiben, um den Verkauf zu verhindern. Dazu hat man andere Zwangsmittel. Wenn man kein Gebot erreicht, wird man persönlich gegen den Schuldner vorgehen können und der Concurs wird wahrscheinlich ein ebenso starkes Compelle sein für den Schuldner, anderweit Geld zu schaffen, als es die Bedrohung mit dem Verkauf des Grundstücks ist. — Endlich drittens ist gesagt, der Pfandgläubiger habe ein großes Interesse daran, zu verkaufen, auch wenn er keine Deckung findet, weil er dann billig kaufen könne, um später vielleicht bessere Conjuncturen abzuwarten und das Pfand mit Nutzen wieder zu realisiren. Ich gestehe zu, das ist möglich, das ist aber ein Interesse, das nicht begründet ist in der Pfandforderung, sondern das ist eine Speculation, die jeder Mensch mit Nutzen oder Risico machen kann, der dazu Lust hat. Das hängt nicht mit der Pfandschuld zusammen, das ist nichts, was enthalten ist in des Gläubigers Pfandrechte, in seinem Privatrechte. Wenn man dieses Interesse berücksichtigen, wenn man sagen will, man protegire diese Speculation, billiger Grundeigenthum zu kaufen, um es später vortheilhaft verwerthen zu können, so müßte man das Verkaufsrecht jedem Dritten einräumen, der da denkt, es ist eine schlechte Zeit für Grundstücke, denn es paßt mir vielleicht recht sehr, gleichviel ob ich Hypothekeninhaber bin oder nicht, wenn ich dieses oder jenes Grundstück kaufen könnte, es ist billig, ich behalte es eine Zeit lang, später kann ich es vortheilhaft verkaufen, dann werde ich es mit Nutzen wieder los. Das Interesse, das ich als Käufer, als Speculant habe, ist etwas anderes als das Interesse des Pfandgläubigers. Das ist ein Interesse, das existiren kann, es kommt aber hier nicht in Frage. — Ich glaube deshalb, daß sämmtliche Bedenken, welche von Seiten des Vorredners geäußert worden sind gegen die von mir vertretene, von dem Referenten gebilligte Ansicht, nicht stichhaltig sind.

Präsident: Wenn sonst Niemand sich zum Worte meldet, so erkläre ich vorbehältlich des letzten Worts der beiden Referenten die Verhandlung über diese Frage für geschlossen.

Ich frage, ob die Herren Referenten das Wort wünschen?

Referent Dr. **Drechsler**. Ich kann mich auf das beziehen, was Herr Dr. Heinsen zur Widerlegung des Vorredners gesagt hat.

Correferent Dr. **Albrecht**: Ich verzichte auf das Wort.

Präsident: Ich bemerke, daß ich die beiden Verneinungen, im Einverständniß mit Herrn Dr. Drechsler in eine positive Fassung gebracht habe. Ich bringe den Antrag der beiden Herren Referenten dahin zur Abstimmung:

> Der Juristentag, Abtheilung 4, spricht seine rechtliche Ueberzeugung dahin aus: bei Zwangsversteigerungen von Grundstücken ist der Zuschlag nur dann zu ertheilen, wenn das Gebot den Betrag der dem betreibenden Gläubiger vorhergehenden Hypotheken übersteigt.

Ich bitte Diejenigen, die mit diesem Antrage einverstanden sind, sich gefälligst zu erheben.

(Geschieht.)

N. N. Meine Herren, dürfte es nicht Zweifel erregen, daß man blos das Wort „Hypotheken" gebraucht. Man könnte annehmen, die Kosten und Zinsen seien dabei nicht berücksichtigt. Ich würde anheimgeben, ob es nicht besser sei, zu sagen „Hypothekenansprüche".

Referent Dr. **Drechsler**: Wir haben niemals strengen Werth darauf gelegt, gesetzgeberisch zu formuliren. Das würde für unsere Versammlungen nicht sehr leicht sein.

Dr. **Mayersohn**: Aus dem Beschlusse würden auch die Worte „4. Abtheilung" zu streichen sein; denn die Abtheilung spricht für den Juristentag.

Präsident: Es ist früher immer so gehalten worden. Der Antrag ist angenommen. Es wird sich noch fragen, ob dieser Antrag zur Erörterung oder nur zur Kenntnißnahme an das Plenum gelangen soll und ich eröffne hierüber die Discussion.

Präsident **Kühne**: Es schien mir ein Zweifel erhoben zu werden, ob es die Majorität war, die sich für den Antrag erhoben hat.

Präsident: Dann bitte ich diejenigen Herren, die gegen den Antrag sind, sich zu erheben.

(Geschieht.)

Das ist offenbar die Minorität. Es ist vom Herrn Referenten beantragt, gerade mit Rücksicht auf den Zweifel, der vorher angeregt worden statt „übersteigt" zu sagen: „deckt". Dadurch läßt sich dieser Zweifel beseitigen. Darf ich nun annehmen, daß die Majorität, welche sich vorhin für den Antrag erklärte, damit einverstanden ist, daß das Wort übersteigt umgeändert wird in „deckt".

(Widerspruch.)

N. N. Das dürfte nicht statthaft sein; denn wenn blos die vorhergehenden Hypotheken gedeckt werden und der Gläubiger, der die Subhastation betreibt, nicht zu seinem Theile gelangt, hat er kein rechtliches Interesse, den Verkauf zu erzwingen.

Präsident: Also bleibt es bei „übersteigt". Nun eröffne ich die Discussion darüber, ob die Frage zur Kenntnißnahme oder zur Erörterung in das Plenum gebracht werden soll.

(Zur Kenntniß!)

Darf ich den Herrn Referenten bitten, den Vortrag auch im Plenum zu übernehmen.

(Zustimmung!)

Wir gehen, meine Herren, über zur zweiten Frage der Tagesordnung, nämlich:

Wie ist die Zulässigkeit der Klageänderung in der deutschen Civilproceßordnung sachgemäß zu bestimmen?

Herr Präsident Kühne wird die Güte haben, uns Vortrag zu erstatten. Vorher muß ich Sie aber noch bitten, Ihre endgültige Erklärung bezüglich der Vertrauensmänner abzugeben. Die vorgeschlagenen Mitglieder sind: Dr. Gunzenhäuser aus Fürth, Dr. Heinsen aus Hamburg, v. Holzschuher aus Stuttgart, Dr. v. Kißling aus Linz, Ministerialdirector Körner aus Dresden, Präsident Kühne aus Greifswald, Professor Dr. Meyer aus Jena, Dr. Mayersohn aus Aschaffenburg, Gerichtsdirector v. Stösser aus Mannheim nd Verwaltungsgerichtsrath Wielandt aus Carlsruhe. Wird diese Liste genehmigt?

(Ja!)

Wir werden dieselbe zur Kenntniß des Präsidiums bringen und nun bitte ich Herrn Präsident Kühne der Vortrag zu erstatten.

Referent Präsident **Kühne** aus Greifswald: Meine Herren! Die ständige Deputation hat die Frage gestellt: Wie ist die Zulässigkeit der Klageänderung in der deutschen Civilprozeßordnung sachgemäß zu bestimmen? Der Antrag, den ich bei der ständigen Deputation eingebracht habe, ist schon vor fast zwei Jahren gestellt worden. Es wurde damals davon abgesehen, Gutachten über die Frage einzuholen, weil noch viele Gutachten über andere Fragen eingefordert waren, so daß es zweifelhaft war, ob alle in die Drucksachen aufgenommen werden könnten. Es wurde deshalb damals beschlossen, die Sache aufzuschieben. Da aber jetzt die Reichstagscommission in der Berathung über den Entwurf der Civilprozeßordnung begriffen ist, so ist die Frage auf die Tagesordnung des jetzigen Juristentages gestellt, ohne daß vorher ein Gutachten erstattet worden wäre. Ich bedauere, daß sich die Sache so gestaltet hat; denn diese Frage kann nicht vollständig erörtert werden, ohne daß die Verhandlung darüber durch Gutachten vorbereitet ist.

Meiner Ueberzeugung nach muß die Sache auch rechtsgeschichtlich behandelt werden; es würde aber nicht passend sein, wenn ich alle einschlagenden Stellen des corpus juris und andere Rechtsquellen Ihnen mittheilen und ihre Bedeutung für das mündliche, heutige Prozeßrecht prüfen wollte. Ich muß um Entschuldigung bitten, daß ich in dieser Beziehung ein gewisses Vertrauen für mich in Anspruch nehme, indem ich darlege, welche Bedeutung die Frage hat nach römischem Rechte und nach gemeinem Civilprozeßrechte. Meine Herren, die Veranlassung, weshalb ich diese Frage in Anregung gebracht habe, sind lediglich practische Erfahrungen, die ich in verschiedenen Orten gemacht habe, wo verschiedene Prozeßordnungen in Geltung sind. Ich bin ursprünglich Richter gewesen an einem Orte, wo das gemeine Recht galt, an demselben Orte, an dem ich seit Kurzem wieder bin, in Greifswald; ich bin nachher Appellationsrath in Magdeburg gewesen, in einem Landestheile, wo die preußische allgemeine Gerichtsordnung gilt und bin sechs Jahre lang in Hannover Vorsitzender bei zwei Gerichten gewesen. Die Erfahrungen, welche ich in Hannover über diesen Punkt gemacht habe, sind diejenigen, welche mich zu dem Antrage veranlaßt haben. In Hannover habe ich die Erfahrung gemacht, daß es etwa in zwei oder drei Prozessen mindestens einmal vorkommt, daß sehr weitläufig die Frage der Klageänderung plaidirt wird, daß lange Zeit damit verloren und daß darüber entschieden wird schließlich, ich kann nicht anders sagen, als nach richterlichem Ermessen, weil die Normativbestimmungen doch in den meisten Fällen im Stiche lassen. Die hannoversche Prozeßordnung giebt, wie mir scheint, sehr unzweckmäßige casuistische Bestimmungen über Klageänderung. § 203 der bürgerlichen Prozeßordnung für Hannover bestimmt:

> „Der Kläger kann im Laufe der mündlichen Verhandlung seine Klageanträge verbessern. Für eine Verbesserung ist es zu halten, wenn, unter Beibehaltung der thatsächlichen Grundlagen des Hauptanspruchs und der Nebenforderungen, das Vorbringen erläutert und näher oder richtiger bestimmt, desgleichen wenn der Betrag des Hauptanspruchs oder der Nebenleistungen erhöht oder vermindert, sowie ferner, wenn statt der ursprünglich in Anspruch genommenen Sachen wegen Veräußerung oder Unterganges derselben die Leistung der Entschädigung gefordert wird.
>
> Jede weitere Abweichung von den schriftlichen Klageanträgen (Klageänderung) ist zwar nicht von Amtswegen zu beachten; dagegen steht dem Beklagten das Recht zu, im Wege einer, jedoch sofort zu erhebenden verzögerlichen Einrede die Unzulässigkeit der Abweichung zu rügen, und demgemäß die Zurückweisung der Klageanträge in dem angebrachten Maße beziehungsweise die Fortführung der Verhandlung auf Grund der ursprünglichen Klageanträge zu begehren."

Ich will den Herren, die nicht mit der hannoverschen Prozeßordnung näher bekannt sind, bemerken, daß das Wort Klageanträge genau dasselbe bedeutet, was anderwärts Klage oder Klageschrift genannt wird. Es ist nicht das Petitum, um das es sich handelt, sondern es ist die ganze Klage. Es hängt das mit dem System der hannoverschen Prozeßordnung zusammen, welche die vorbereitenden Schriftsätze immer Anträge nennt. Wenn nun in der mündlichen Verhandlung die Klage vorgetragen ist, so geschieht es, wie ich vorher gesagt habe, in zwei oder drei Fällen mindestens einmal, daß der Beklagte sagt, der Kläger hat jetzt etwas anderes vorgetragen, als in der schriftlichen Klage steht, ich behaupte, daß das eine Klageänderung ist Der Erfolg ist jedesmal, daß eine Masse unnützer Worte gesprochen werden über die Klageänderung. Die Bestimmungen der Prozeßordnung sind schwankend und dehnbar; deshalb fallen die Urtheile sehr verschieden aus, und wenn auch bei der Mehrzahl der Gerichte die Einrede der Klageänderung sich keiner besonderen Gunst erfreut, so ist doch der Nachtheil unzweifelhaft, daß in Hannover eine große Menge von unnützen Verhandlungen über die Einrede der Klageänderungen vorkommen und daß sie eine Menge Abweisungen „in dem angebrachten Maße“ herbeiführen, welche der Gesetzgeber hätte unmöglich machen sollen. — Ich habe das anders gefunden in anderen Gebietstheilen. In Greifswald gilt, was das materielle Prozeßrecht betrifft, das gemeine Recht, ganz unbedeutend modificirt durch einige pommersche Gerichtsordnungen. Dort kommt die Einrede der Klageänderung äußerst selten vor, weil der Richter ein freies Ermessen darüber hat und die Praxis die Einrede der Klageänderung so selten zuläßt, daß von ihr nur in Ausnahmefällen Gebrauch gemacht wird. Die preußische allgemeine Gerichtsordnung bestimmt: eine unzulässige Klageänderung sei vorhanden, wenn das Fundament der Klage geändert werde. Die einschlagenden Vorschriften geben in der Anwendung häufig zu Zweifeln Veranlassung. Deshalb ist man in vielen preußischen Gerichten auch dahin gekommen, daß man das Ermessen des Richters für maßgebend erklärt: für dieses wird wesentlich der Umstand entscheidend erachtet, ob eine neue Vertheidigung durch die neuen Anführungen des Klägers nöthig wird oder nicht. Davon habe ich mich in Altpreußen überzeugt, daß mit der Bestimmung: „wenn das Fundament der Klage nicht geändert wird“, wenig anzufangen ist, weil die Meinungen in Wissenschaft und Praxis darüber verschieden sind, was zum Klagefundament gehört und was nicht. Ich glaube, daß ich Ihnen noch mittheilen darf dasjenige, was ich nicht aus eigener practischer Erfahrung weiß, sondern aus Mittheilungen von Freunden, die längere Zeit an andern Orten gewirkt haben. Ich habe gehört, daß den rheinischen Gerichten, überhaupt den Gerichten des französischen Rechts, die Einrede der Klageänderung fast unbekannt ist. Die rheinischen Gerichte gehen auf diese Einrede, als auf eine chicanöse, kaum jemals ein; sie kommt deshalb so gut wie nicht vor. Dieser Zustand ist, wenn wir mündliches Verfahren mit einheitlicher mündlicher Verhandlung haben, der einzig richtige.

Erlauben Sie mir nun, daß ich Ihnen auseinandersetze, wie die Einrede der Klageänderung und ihre Behandlung historisch sich gestaltet hat. Ich glaube, daß man bisher die geschichtliche Entwickelung nicht genügend berücksichtigt, und deshalb diese Einrede im neueren Prozesse, namentlich in der hannoverschen Prozeßordnung, allzu schonend behandelt hat. Meine Herren, die Stellen, welche wir im corpus juris, überhaupt in den Quellen des römischen Rechts über Klageänderung finden, sind im höchsten Grade einander widersprechend. Ich kann Ihnen die Pandectenstellen hier nicht anführen, sondern Ihnen nur sagen, daß ich bei näherer Prüfung gefunden habe, daß alle Stellen, welche in den Digesten von der Unzulässigkeit der Klageänderung reden, den altrömischen Prozeß vor Augen haben; sie beruhen auf der Theilung des Verfahrens: vor dem magistratus und vor dem judex. Sie wissen, daß der alte römische Prozeß auf einem strengen Formelwesen beruhte. Deshalb war es unmöglich, die Klage zu ändern, wenn der Magistrat die Formel gegeben und gesagt hatte: wenn Du das findest, so erkenne so. Darauf beruhen alle Stellen der Digesten, welche von der Unzulässigkeit der Klageänderung handeln. Als das Verfahren ein anderes geworden war, eine extraordinaria cognitio, als das Verfahren vor dem Magistrat und vor dem judex, diese Zweitheilung, abgeschafft, und vor dem Magistrat der Prozeß bis zu Ende verhandelt wurde, hatten die alten Grundsätze über die Klageänderung ihre Bedeutung verloren. Deshalb findet sich in den Digesten eine Minderzahl von Stellen, die eine demgemäße Entwickelung erkennen lassen. Letztere ist zum Abschlusse gebracht durch Justinian. Er hat in § 35 Inst. de actionib. (4, 6) bestimmt:

> „Si quis aliud pro alio intenderit, nihil eum periclitari placet, sed in eodem judicio cognita veritate errorem suum corrigere permittimus, veluti si is qui hominem Stichum petere deberet, Erotem petierit, aut si quis ex testamento sibi dari oportere intenderit, quod ex stipulatu debetur."

Also Justinian ging sogar soweit, daß er diese Aenderung des Anspruchs dem Objecte nach zuließ; denn er sagt, wenn Einer den Sklaven Stichus vindicirt hat, und er findet, daß er sich geirrt hat im Namen, und er hat den Eros vindiciren wollen, so kann er die Klage noch ändern. Ferner aber: es soll dem Kläger nicht schaden, wenn er auf Grund eines Testaments einen Anspruch geltend gemacht hat und er ändert seine Klage später dahin, daß er den Anspruch nun auf Grund eines Vertrages verfolgt.

So stand die Frage im römischen Rechte. Bei der Disharmonie in den Quellen standen die Glossatoren vor dieser schwierigen Frage und wußten sie nicht zu beantworten. Buchka in seinem Buche „über den Einfluß des Prozesses auf das materielle Rechtsverhältniß" sagt, die Frage sei unter den Glossatoren eine der allerbestrittensten gewesen. Nach seiner Mittheilung geht eine Meinung der Glossatoren dahin: die Klageänderung ist zulässig nach Justinians Vorschriften bis zum Erkenntniß. Nach der zweiten Meinung ist die Klageänderung zulässig bis zur litis contestatio, einem gewissen formellen Acte des italienischen mittelalterlichen Prozesses, welcher abweicht von der römischen Litiscontestation. Nach der dritten Ansicht ist die Klageänderung nicht mehr zulässig, wenn die oblatio libelli erfolgt ist, das heißt die Zustellung oder Insinuation erfolgt ist. Die herrschende Meinung unter den späteren Glossatoren war die, daß bis zur litis contestatio die Klageänderung zulässig sei, dann aber nicht mehr, und diese Ansicht ist noch heutzutage die herrschende.

Um Mißverständnissen zu begegnen, bemerke ich, daß unsere Schriftsteller unter Klageänderung nicht allein den Fall behandeln, daß die Klage in demselben Prozesse geändert wird, sondern es wird unter dem Begriff Klageänderung auch der Fall mitbegriffen, wenn Abstand von dem Prozesse genommen und dann eine neue Klage über denselben Anspruch angestellt wird. Dieser Fall beschäftigt uns nicht, sondern nur der andere, wenn in eodem judicio die Klage geändert wird.

Nach gemeinem deutschen Civilprozeßrechte ist die Klageänderung nach der Litiscontestation nicht mehr zulässig. Aber weshalb nicht? Der Grund ist unzweifelhaft der, daß die Eventualmaxime entgegensteht. Bei der Eventualmaxime, nach welcher das Verfahren in bestimmte Staffeln zerfällt und von einer Staffel zur andern vorschreitet, ist es nicht möglich Klageänderungen in weiterem Umfange zu gestatten, weil der Prozeß in vollkommene Unordnung gerathen würde. Wenn z. B. nach Verhandlung der Duplik die Klage in der Weise geändert würde, daß der Beklagte sich auf die neue Klagebegründung vertheidigen müßte, so würde man eine neue Exceptionsschrift zulassen müssen. Dem steht die Eventualmaxime entgegen. — Und dies ist auch der Grund, weshalb man die von mir mitgetheilte Vorschrift Justinians bei Seite schieben mußte. Es hat den Juristen noch des vorigen Jahrhunderts viel Kopfbrechen gekostet, wie die verschiedenen Pandectenstellen in Einklang zu bringen seien mit der Institutionenstelle. Der Grund der Abweichung scheint ihnen nicht ganz klar geworden zu sein. Aber sie fanden sich damit ab. Cocceji z. B. erörtert die anstößige Institutionenstelle und fertigt sie damit ab: „Haec correctio Justiniani usu non obtinet.“ Er setzt hinzu: „Jus Digestorum in foro obtinet.“ (Cocceji, jus civ. controversum Lib. II. Tit. 13. Qu. 6.)

Meine Herren, so ist es gewesen im schriftlichen Prozeß bis auf die jetzige Zeit. Erwähnen will ich noch, daß Buchka in seinem bereits erwähnten Werke die Unstatthaftigkeit der Klageänderung abgeleitet hat aus der passiven Prozeßobligation des Klägers. In Bezug auf unsere Frage hat das keine große practische Bedeutung; die passive Prozeßobligation des Klägers, welche ihn verpflichtet, die Klage auch wider seinen Willen fortzusetzen, hat ihre große Wichtigkeit für die Frage: wie lange kann Jemand seinen Prozeß fallen lassen, ohne seinen Anspruch aufzugeben? aber sie ist nicht von Wichtigkeit für die Frage: wie weit kann in eodem judicio die Klage geändert werden? Ich will aus der neueren Zeit nur eine einzige Ansicht noch mittheilen, die diejenige ist, welche man in dem Bezirke, in dem ich bin, und in dem Appellationsgericht, dessen Mitglied ich die Ehre hatte zu sein, schließlich wegen der Unzulänglichkeit der Bestimmungen in der preußischen Prozeßordnung in der Praxis befolgt hat. Wir haben da die Meinung befolgt, welche von Bayer in seinen Vorträgen über den Civilprozeß vertheidigt wird, die übrigens auch anderwärts vielfach vertreten ist. Ich erlaube mir, Ihnen die Stelle der Vollständigkeit wegen aus Bayer vorzulesen. Er sagt, nachdem er auseinandergesetzt hat, wie die Sache mit der Klageänderung sich früher verhielt, und nachdem er mitgetheilt hat, daß sich widersprechende Stellen in den Quellen des römischen Rechts finden:

> „Heutzutage kommt es darauf an, ob sich der Beklagte schon auf die früher erhobene Klage in der Hauptsache eingelassen hat oder nicht. In dem letzteren Falle ist die Abänderung der Klage keinem Anstande unterworfen, weil der Beklagte dadurch in seiner Vertheidigung nicht verkürzt wird. Nur ist der Kläger verpflichtet, dem Beklagten diejenigen bisher erlaufenen Streitkosten zu erstatten, welche nicht entstanden sein würden, wenn die Klage schon anfänglich in ihrer jetzigen veränderten Gestalt erhoben worden wäre. Ob übrigens die Veränderung einen wesentlichen oder außerwesentlichen Theil des früheren Klagvortrags betrifft, ist in diesem Falle gleichgiltig. Wenn aber der Kläger die Veränderung erst nach erfolgter Einlassung und Vertheidigung des Beklagten vornehmen will, so ist zu unterscheiden, ob die Veränderung so unbedeutend ist, daß sie zu keiner neuen Vertheidigung Anlaß geben kann, oder ob sich in Folge der Veränderung eine andere Vertheidigung denken ließe, als welche der Beklagte gegen die erste Klage geführt hat. In dem ersten Falle ist die Veränderung wieder zuläßig, und zwar ohne daß um deswillen das bisherige Verfahren aufgegeben und der Prozeß von vorne angefangen werden müßte. In dem zweiten Falle aber kommt es darauf an, ob dem Kläger, wenn er nach dem rechtskräftigen Verluste des ersten Prozesses mit der veränderten Klage auftreten würde, die exceptio rei judicatae ent-

gegenstehen würde oder nicht. — Stände ihm diese Einrede nicht entgegen, so ist die Veränderung zwar zulässig, aber nicht mit Beibehaltung des bisherigen Verfahrens, sondern nur in der Art, daß der Kläger mit dem veränderten Angriffe ein neues Verfahren beginnt, und dem Beklagten die ihm durch den bisherigen Prozeß verursachten Kosten vergütet. Die Bestimmung des § 35 Inst. de actionibus (4, 6), welche eine solche Veränderung in eodem judicio gestattet, ist auf unser gegenwärtiges Verfahren nicht mehr anwendbar, weil in demselben vermöge des Eventualprincips zur Vertheidigung des Beklagten eine Frist festgesetzt wird, nach deren Ablauf der Beklagte keine weiteren Einwendungen mehr vorbringen darf; also demselben die durch die Veränderung veranlaßte Vertheidigung abgeschnitten, oder die regelmäßige Ordnung des Verfahrens zerstört werden müßte. Nur dann, wenn der Beklagte selbst erklären sollte, daß er seine bisher geführte Vertheidigung ohne weitere Einrede auch gegen den veränderten Angriff gelten lassen wolle, und wenn auch die klare Auffassung der Streitfrage von Seiten des Richters dadurch nicht getrübt würde, könnte das bisherige Verfahren von Neuem angefangen, in Bezug auf die veränderte Klage fortgesetzt werden. Stünde aber der veränderten Klage nach der rechtskräftigen Entscheidung des bisherigen Prozesses die exceptio rei judicatae entgegen, so ist die Abänderung unzulässig, wenn sich auch der Kläger bereit erklärt, das bisherige Verfahren fallen zu lassen, und dem Beklagten die bisherigen Kosten zu vergüten. Denn wenn man in diesem Falle die Klageänderung unter den angeführten Bedingungen gestattete, so könnte sie leicht von dem Kläger als ein Mittel gebraucht werden, um dem Beklagten gewisse Vortheile, welche er in dem bisherigen Verfahren bereits erlangt hatte, z. B. durch Geständnisse, Versäumnisse des Klägers, wieder zu entziehen. Der Beklagte wird daher einem Versuche dieser Art mit der exceptio litis pendentis entgegentreten können."

Wesentlich für uns ist in dieser Ausführung von Bayer, daß er zu dem Resultate gelangt: in eodem judicio ist die Klageänderung in so weit unstatthaft, als die Aenderung mit dem Eventualprincip in Conflict gerathen würde; sonst ist sie statthaft. — Die übrigen Ausführungen des Rechtslehrers betreffen den uns hier nicht interessirenden Fall der Anstellung einer neuen veränderten Klage, nachdem der frühere Prozeß fallen gelassen war.

Damit scheint mir die Sache für das gemeine Recht genügend erörtert. Meine Herren, ich glaube, daß schon die geschichtlichen Mittheilungen, die ich gemacht habe, den Satz rechtfertigen, daß die ganze Lehre von der Klageänderung, wie wir sie in den Quellen des römischen Rechts behandelt finden, zusammenhängt mit den Prozeßformen des römischen Rechts und neuerlich mit dem Eventualprincip, welches der schriftliche Prozeß aufgenommen hat. Nun finden wir sowohl in der hannoverschen Prozeßordnung als auch in dem neuen deutschen Entwurfe das Verfahren auf anderen Principien aufgebaut; die Eventualmaxime ist fallen gelassen, im hannoverschen Prozeß wenigstens insoweit, als es sich um die Anführungen vor dem Beweisurtheil handelt. Das ganze Verfahren ist Ein abgeschlossener Act in der Weise, daß die mündliche Verhandlung als eine einheitliche angesehen wird; ob etwas zunächst angeführt worden ist vom Kläger oder vom Beklagten, oder ob der Kläger eine seinen Anspruch stützende Behauptung erst am Ende der Verhandlung vorgebracht hat, ist gleichgültig. Das Sachverhältniß wird ohne Rücksicht darauf, wann die Parteien ihre Behauptungen vorgetragen haben, ob namentlich der Kläger seine Behauptungen aufgestellt hat, als er zuerst das Wort nahm oder später, festgestellt und beurtheilt. Die mündliche Verhandlung ist ein einheitlicher Act, der nicht in verschiedenen Stadien — Klage, Einlassung, Replik, Duplik — getrennt werden kann. Nun glaube ich, nachdem man diesen Grundsatz als leitenden anerkannt hat, muß man consequent die bisherige Lehre von der Klageänderung als bedeutungslos aufgeben und man muß grundsätzlich die neuen Anführungen, welche früher vielleicht eine Klageänderung enthalten haben würden, ebenso behandeln, wie andere in der mündlichen Verhandlung vorgetragene Nova. Es ist zur Rechtfertigung der Beibehaltung von Bestimmungen über die Klageänderung angeführt worden, die Klagschrift habe den Charakter nicht blos eines vorbereitenden, sondern eines bestimmenden Schriftsatzes für den Prozeß. Meine Herren, das ist vollkommen richtig; sie hat einen bestimmenden Charakter, aber nur insoweit, als sie den Anspruch fixirt, um den es sich handelt. Wir werden allerdings nicht mit Justinian sagen, wenn der Kläger zuerst den Stichus gefordert hat, kann er später doch auch den Eros fordern, aber wenn er zuerst ein Haus gefordert hat, kann er dann noch ein Pferd fordern.

Weshalb wir aber nach den Grundsätzen des neuen Verfahrens nicht zulassen sollen, daß der Anspruch geändert werden kann in seiner Begründung, das vermag ich durchaus nicht abzusehen. Trotz der Beseitigung der Eventualmaxime, und obgleich kein neues Princip der Beseitigung aller Bestimmungen über die Klageänderung entgegensteht, bestimmt der Ent=

wurf einer Prozeßordnung, der unserer Reichstagscommission vorliegt, in Betreff der Klageänderung:

„§ 222. Die Erhebung der Klage erfolgt durch Zustellung eines Schriftsatzes.

Derselbe muß enthalten:

2) Die bestimmte Angabe des Gegenstandes und des Grundes des erhobenen Anspruchs, sowie einen bestimmten Antrag."

Im Anschluß an diese Bestimmung ist über die Klageänderung im Entwurfe einer Civilproceßordnung § 227 Folgendes gesagt:

„Durch die Erhebung der Klage wird die Rechtshängigkeit der Streitsache begründet.

Die Rechtshängigkeit hat folgende Wirkungen:

3) Der Kläger ist nicht berechtigt, ohne Einwilligung des Beklagten die Klage zu ändern."

„§ 232. Als eine Aenderung der Klage ist es nicht anzusehen, wenn ohne Aenderung des Klagegrundes

1) die thatsächlichen und rechtlichen Anführungen ergänzt oder berichtigt werden;

2) der Klageantrag in der Hauptsache oder in Bezug auf Nebenforderungen erweitert oder beschränkt wird;

3) statt des ursprünglich geforderten Gegenstandes wegen einer später eingetretenen Veränderung ein anderer Gegenstand oder das Interesse gefordert wird."

Dann kommt § 233:

„Die Einwilligung des Beklagten in die Aenderung der Klage ist anzunehmen, wenn derselbe, ohne der Aenderung zu widersprechen, sich in einer mündlichen Verhandlung auf die abgeänderte Klage eingelassen hat."

Es hängt also vom Beklagten ab, ob er sich die Aenderung gefallen lassen will. Läßt er sie sich gefallen und erhebt er nicht die Einrede der Klageänderung, so wird auf Grund der neuen Anführungen weiter verhandelt. Im andern Falle wird geprüft, ob eine nach diesen Bestimmungen unzulässige Klageänderung vorliegt oder nicht. Nun vermag ich vor allen Dingen nicht abzusehen, weshalb es von der Willkür des Beklagten allein abhängen soll, ob er in den Fällen, die unter § 232 nicht begriffen sind, sich die Klageänderung gefallen lassen will oder nicht. Ich glaube, daß jede richtige Gesetzgebungspolitik auf dem Felde des Civilprocesses davon ausgehen muß, den Proceß so zu gestalten, daß möglichst die Vervielfältigung der Processe vermieden wird, daß also in demjenigen Verfahren, das einmal anhängig ist, auch der Streit zwischen den Parteien seine definitive Erledigung findet, soweit das überhaupt möglich ist. Wenn der Richter findet, daß eine Klageänderung da ist, daß diese Aenderung aber dem Andern nicht präjudicirt, so sehe ich nicht ein, weshalb es vom Beklagten abhängen soll, ob er sich die Aenderung gefallen lassen will oder nicht; der Richter muß eine Cognition darüber haben, ob überhaupt die Aenderung dem Beklagten schaden kann oder nicht. Ich glaube, daß nur auf diese Weise die unglückliche Abweisung angebrachtermaßen, die leider Gottes bei uns hauptsächlich im gemeinrechtlichen Processe, besonders im Königreich Sachsen, wie ich gehört habe, eine so unglückliche Rolle spielt, beseitigt werden würde, wenn man ein derartiges Ermessen des Richters zuläßt. Nun steht freilich, meine Herren, in den Motiven, die ganze Geschichte komme schließlich blos darauf hinaus, daß man prüfen sollte, ob der Klagegrund derselbe geblieben wäre oder nicht. Die Motive sagen ausdrücklich:

> „In einem freigestalteten mündlichen Verfahren ist es unbedenklich, dem Kläger Aenderungen der Klage in weitem Umfange zu gestatten. Eine solche Befugniß vermindert die Zahl der Prozesse und schränkt die mit großen Uebelständen verbundenen, in der bisherigen Praxis zahlreichen Abweisungen der Klage im angebrachten Maße ein. Der Entwurf hat daher im Anschlusse an neuere Prozeßgesetze und Entwürfe die Berichtigung, Ergänzung und Aenderung der Klage so weit zugelassen, als es ohne Schädigung der Interessen des Beklagten geschehen konnte. Diesem Standpunkte entspricht es, daß die in § 232 Nr. 1—3 aufgeführten Berichtigungen, Ergänzungen und Aenderungen als Aenderungen der Klage nicht angesehen werden sollen, wenn durch dieselben der Klagegrund (§ 222) nicht geändert wird. Hieraus folgt, daß im Sinne des Entwurfes die Aenderung des Klagegrundes stets eine Klageänderung enthält, welche ohne Einwilligung des Beklagten unzuläßig ist."

Ja, meine Herren, das ist recht gut und schön, wenn wir damit auskämen, wenn mir Einer sagen könnte, was in jedem einzelnen Falle eine Aenderung des Klagegrundes wäre und was nicht. Ich glaube, daß die Meinung, welche die Juristenfacultät der Universität Halle in einem im Jahre 1865 dem Preußischen Justizminister erstatteten gründlich motivirten Gutachten über den preußischen Entwurf einer bürgerlichen Prozeßordnung von 1864 ausgesprochen hat, die richtige ist. In diesem Gutachten ist ausgeführt, man solle die Ausdrücke: Klagegrund oder Klagefundament in Gesetzen ganz vermeiden; denn die Bedeutung dieses Ausdrucks sei in Wissenschaft und Praxis eine so bestrittene und unklare, daß man damit um keinen Schritt weiter komme. Die Juristenfacultät zu Halle schlug deshalb vor, daß man überall, wo in jenem Entwurfe vom Klaggrunde die Rede war, dieses Wort streichen und durch einen andern Ausdruck ersetzen solle. Ich glaube, daß das vollkommen richtig ist; denn wer jemals in der Praxis gewesen und über die exceptio mutati libelli discutirt hat, wird wissen, daß man nie mit der Geschichte zu Ende kommt. Ich habe diese Erfahrung namentlich im preußischen Rechte gemacht. Die allgemeine Gerichtsordnung für Preußen bestimmt ausdrücklich: der Klaggrund darf nicht geändert werden. Sie können sich darauf verlassen, daß die Stimmen darüber, ob im concreten Falle der Klaggrund geändert sei oder nicht, fast immer getheilt sind, daß es rein zufällig ist, ob die Frage bejaht oder verneint wird. Die Motive zu dem neuesten Entwurfe der deutschen Prozeßordnung definiren freilich an einer anderen Stelle den Klaggrund dahin, daß darunter zu verstehen seien „diejenigen Thatsachen, welche nach Maßgabe des bürgerlichen Rechts an sich geeignet sind, den erhobenen Anspruch als in der Person des Klägers entstanden und zugleich als durch den Beklagten verletzt erscheinen zu lassen". Erstens aber, meine Herren, habe ich gegen diese Definition das Bedenken, daß sie überhaupt den Richter niemals binden wird, wenn blos das Wort Klaggrund im Gesetze steht. Er wird sich nicht immer erkundigen danach, was die Redactoren darunter verstanden haben. Er wird jedenfalls aus der Wissenschaft interpretiren, was Klaggrund ist, was nicht. Dann ist es aber auch schon vielfach gesagt worden, daß alle diese Definitionen niemals das Ermessen des Richters überflüssig gemacht haben. Insbesondere hat Dernburg in seinem Handbuche des preußischen Rechts darauf aufmerksam gemacht, ein richterliches Ermessen sei bei Beurtheilung der Frage: was zu den rechtsbegründenden Thatsachen, welche das Klagfundament bilden, gehöre, nie ganz zu entbehren. Dieses Ermessen müsse durch den Gedanken geleitet werden, daß der Richter nur das Vorbringen derjenigen Thatsachen zu fordern habe, welche nach dem Urtheil eines verständigen, die Lebensverhältnisse klar überschauenden Mannes zur Annahme des Bestehens des fraglichen Rechts führen müssen. Also dieses Ermessen soll ergeben, was der Klaggrund ist. Mit dem Ausspruche: der Klaggrund darf vom Kläger nicht geändert werden, ist folglich wenig geholfen. Nun aber lassen die Bestimmungen des Entwurfs, wie sie jetzt vorliegen, auch noch viel Raum für unnütze Zänkereien darüber, was überhaupt eine Aenderung sei oder nicht; sie schreiben vor, daß die in der Klageschrift enthaltenen Anführungen ergänzt oder berichtigt werden dürfen. Wo aber fangen diese Ergänzungen oder Berichtigungen an, und wo hört eine neue Anführung auf, Ergänzung oder Berichtigung zu sein? Das kann kein

Mensch bestimmen. Da ist es also richtig wieder nur das Ermessen des Richters, was Auskunft geben kann. Der Präsident des Juristentags, Professor Gneist, hat deshalb mit Recht in der Reichstagscommission, als das hochverehrte Mitglied des Juristentags, Dr. Wolfffon aus Hamburg, den Antrag stellte, man solle die Worte streichen, daß mit Einwilligung des Beklagten die Klage geändert werden dürfe, erwidert: das passe zu den Principien des Entwurfes nicht; für den mündlichen Prozeß, in welchem die Klagschrift nicht die Bedeutung der Prozeßgrundlage, sondern mehr einer Information des Richters habe, und das Hauptgewicht in der unmittelbaren mündlichen Verhandlung liege, passe das Wolfffon'sche Amendement absolut nicht. Professor Gneist hat damit ganz Recht, wenn er auch vielleicht in der Begründung zu weit greift. Meines Erachtens ist es nicht ganz richtig, daß die Klage nur zur Information des Richters diene; die Klagschrift ist etwas mehr. Aber Gneist hat den richtigen Gesichtspunkt meines Erachtens getroffen; nur hat er dann die Consequenz nicht gezogen, die er hätte ziehen können; denn wenn er von seinem Gesichtspunkte aus weiter hätte gehen wollen, hätte er sagen müssen: die Bestimmungen über die Unzulässigkeit der Aenderung der Klage müssen überhaupt gestrichen werden, weil sie in unser mündliches Verfahren nicht hineinpassen. Er sagt mit Recht an einer andern Stelle, in derselben Berathung: „ob eine Verbesserung oder Aenderung des Klagelibells vorliege, sei ein Streit ohne Ende." Ich muß sagen, daß ich diesem Ausspruche mit vollem Herzen beistimme, gerade aus meiner hannöverschen Erfahrung, und ich glaube, daß man diesem Streite ohne Ende nur wirklich ein Ende machen kann, dadurch, daß die bisherigen Vorschriften aufgehoben werden und daß man das Ermessen des Richters eintreten läßt zu dem Zwecke, daß dem Kläger nicht gestattet werde, den Prozeß durch neue Anführungen, welche eine neue Vertheidigung nothwendig machen, in die Länge zu ziehen. Ich glaube, daß die Bestimmungen, wie sie im jetzigen Entwurfe vorliegen und in frühern Entwürfen enthalten waren, weiter nichts sind, als Reminiscenzen aus dem alten Verfahren, an denen wir Juristen leider immer viel mehr festhalten, als es gerechtfertigt ist. Ich glaube, wir müssen diese Reminiscenzen verbannen, und dafür aussprechen, daß die Klageänderung unbedingt zulässig ist, und wir können, meines Erachtens, nur aus Zweckmäßigkeitsgründen die Beschränkung beibehalten, die Klageänderung ist dann nicht zulässig, wenn sie den Beklagten zu einer neuen Vertheidigung veranlaßt. Ich gebe zu, daß der Grund, weshalb ich das vorschlage, ein ganz anderer ist, als der, welchen Bayer für den gemeinen Prozeß angegeben hat. Er folgert aus dem Eventualprincipe. Ich glaube, daß sich für unsern beabsichtigten neuen Prozeß diese Bestimmung rechtfertigen läßt aus einem andern Principe, nämlich dem, daß der Kläger nicht gegen den Willen des Beklagten ein Klagfundament nach dem andern vorbringen darf und deshalb bin ich der Meinung, sowie der Richter findet, daß eine Verweitläufigung des Prozesses herbeigeführt wird, soll er das abschneiden können. Es ist freilich gesagt worden: es lasse sich, wenn eine neue Thatsache vom Kläger vorgetragen sei, nicht übersehen, ob eine Verweitläufigung des Prozesses durch Zulassung derselben entstehen werde, ob eine neue Vertheidigung sich als nothwendig herausstelle oder nicht. Ja, meine Herren, darauf kann ich weiter nichts erwiedern, als, ich habe oft nach diesem Princip geurtheilt und, wo das Princip von mir und meinen Collegen irgend zur Anwendung gebracht worden ist, hat es uns nie im Stiche gelassen; ich glaube, es wird kaum ein Fall vorgekommen sein, wo unser Ermessen in dieser Beziehung ein unrichtiges gewesen ist. Ich halte es deshalb für durchaus zulässig und räthlich, diese Beschränkung zuzulassen.

Meine Herren, ich will nur noch Eins hinzufügen. Es wird derartigen Bestimmungen, wie die des Entwurfes es sind, vielfach entgegengehalten, die Sache habe keine große Gefahr beim mündlichen Verfahren; wir bekommen die Redensart fortwährend zu hören: im mündlichen Verfahren werden keine chicanösen Einwendungen gebracht. Diese kämen blos da vor, wo das Verfahren schriftlich sei nach dem Satze: charta non erubescit. Das ist eine Schwärmerei. Es kommt nicht darauf an, ob das Verfahren ein mündliches oder schriftliches ist, sondern darauf, ob man einen anständigen Advocaten vor sich hat oder nicht. Sie hören, wie ich aus Erfahrung sagen kann, aus dem Munde von weniger scrupulösen Advocaten in Hannover, wo das Verfahren ein mündliches ist, genau so viele frivole Einwendungen, als Sie solche im schriftlichen Verfahren des alten Prozesses finden. Die Mündlichkeit an sich bessert hierin nichts. Das Princip, welches die frivolen Einwendungen abschneiden wird, ist ein ganz anderes; es ist das der freien Beweiswürdigung. Ein Mensch, der frivole Einwendungen vorbringt, steht im Gericht schlecht angeschrieben, ihm glaubt man nicht gern; sein Beweis wird mit kritischer Brille geprüft; das hält die Leute ab, frivole Einwendungen zu bringen. Die Erfahrung am Rhein ergiebt, daß auf solche Einwendungen nichts gegeben wird. Ein Advocat, der sie oft bringt, verdirbt seine Stellung beim Gerichte, weil der Richter in der Lage ist, den Leuten zu sagen, ich glaube Euch nicht; was Ihr anführt, ist höchst unwahrscheinlich. Was aber die Einrede der Klageänderung anbetrifft, so versichere ich Ihnen, daß diese Einrede nach meinen hannöverschen Erfahrungen nicht allein von schlechten, frivolen Advocaten, sondern auch von ehrenwerthen und den besten häufig vorgebracht wird, weil sie sagen, frivole und schlechte Einwendungen seien nur solche, von denen sie wüßten oder überzeugt seien, daß sie aus der Luft gegriffen sind. Wenn ihnen aber durch das Gesetz selbst die Möglichkeit geboten werde, ihre Clienten vorläufig von einem vielleicht unbegründeten Anspruche zu befreien, den Gegner zu ermüden, dann fänden sie darin keine Unanständigkeit, sondern ein Mittel loyaler Rechtsvertheidigung. Das läßt sich meines Erachtens sehr gut hören. Ich habe diese Auffassung öfter von sehr anständigen Advocaten geltend machen hören, von solchen, die mir gesagt haben: wenn wir etwas zu sagen hätten de lege ferenda, dann würden wir den ganzen Kram mit der Klageänderung über den Haufen werfen, weil wir gar nicht sehen, wozu die ganze Geschichte eigentlich nützt.

Meine Herren, es ist mir auch noch entgegengehalten worden, man käme bei dieser unbedingten Zulassung der Klageänderung in die Klemme mit der exceptio rei judicatae. Das verstehe ich nicht. Wenn Sie die Klageänderung mit Bewilligung der Parteien zulassen und Sie kommen dann nicht mit der exceptio rei judicatae in die Klemme, dann ist es auch nicht der Fall, wenn Einer widerspricht und der Richter die neue Anführung zuläßt. Ob res judicata vorliegt, muß beurtheilt werden nach dem Inhalt des Erkenntnisses; man kann möglicherweise in einem einzelnen Falle, wo es zweifelhaft ist, das Urtheil aus der Klageschrift einigermaßen interpretiren; aber die Klageschrift an sich und die Verhandlungen ergeben für die spätere Beurtheilung der exceptio rei judicatae nichts; nur durch das Urtheil ergiebt sich, welches Klagfundament durch den vorigen Prozeß consumirt ist.

Meine Herren, ich will Sie nicht länger ermüden; ich weiß, daß ich das, was ich begründen wollte, nicht vollständig wissenschaftlich habe begründen können, weil dazu die Anführung der Belegstellen, die Interpretation von Gesetzen, mehr als ich Ihnen habe vorführen können, nothwendig wäre, aber ich glaube, daß ich Ihnen ungefähr die allgemeinen Gesichtspunkte, von denen meines Erachtens auszugehen ist, vorgetragen habe, und deshalb stelle ich den Antrag:

> Der Juristentag wolle seine Rechtsüberzeugung dahin aussprechen, daß die Bestimmungen im Eingange des § 232 des Entwurfs der deutschen Civilprozeßordnung und in Nr. 1 dieses Paragraphen wegen der Zweifel über die Bedeutung derselben und der darnach für die Prozeßverhandlung zu befürchtenden unnützen Weiterungen nicht zweckmäßig seien, und daß es sich empfiehlt, an Stelle dieser Bestimmungen die folgenden zu setzen:

„Als eine Aenderung der Klage ist es nicht anzusehen, wenn unter Festhaltung des geltendgemachten Anspruchs (Identität des Objects):

1) die neuen thatsächlichen oder rechtlichen Anführungen des Klägers den Beklagten nicht zu einer neuen Rechtsvertheidigung nöthigen."

Ich glaube, daß diese Beschränkung der sonst allgemeinen Zulässigkeit der Klageänderung nicht bedenklich ist, und ich will nur darauf aufmerksam machen, daß, wenn ich gesagt habe: „unter Festhaltung des geltend gemachten Anspruchs", damit gesagt ist: es kann die Klage nicht auf ein ganz neues Object ausgedehnt werden, es muß die Identität der Sache, auf die die Intention des Klägers hingeht, festgehalten werden. Ich meine damit, es kann nicht etwa ein ganz neues, fremdes Object anstatt des früheren gefordert werden.

Präsident: Meine Herren! Wir stehen zwar hier nicht vor einer sogenannten großen allgemeinen Frage, aber doch vor einer höchst wichtigen Einzelfrage, und es erscheint deshalb nur höchst verdienstvoll von dem Herrn Referenten, daß er diese Frage angeregt und uns darüber einen so gediegenen Vortrag erstattet hat. Zunächst hat sich zum Worte gemeldet Herr Justizrath von Wilmowski.

Justizrath **von Wilmowski**: Ich stehe im diametralen Gegensatze zum Herrn Vorredner, und um sofort das Ziel zu bezeichnen, so möchte ich eine Lanze einlegen für das angegriffene Princip des Entwurfs der Civilprozeßordnung. Ich halte den Grundsatz für ganz richtig, daß eine Aenderung des Klagfundaments nach der Einlassung auf die Klage ohne Einwilligung des Gegners nicht zulässig ist. Geschichtlich ist es richtig, daß die Zulassung und Nichtzulassung der Klageänderung im römischen Rechte, im gemeinen Rechte und bis in die neueste Zeit, wesentlich mit den Prozeßformen zusammenhing, aber Formen sind zur allseitigen Rechtswahrung nöthig, und bei keiner Prozeßform sollte es zulässig sein, über solche Cardinalfragen nur das Ermessen des Richters entscheiden zu lassen. Dem Richter kann es gar nicht einmal erwünscht sein, daß seinem alleinigen Ermessen die Zulässigkeit der Klageänderung überlassen bleibt. Subjectives Ermessen wird der Richter nicht wünschen können. Es kann sich nur um objectives Ermessen handeln. Das hat aber für jeden Prozeß seine sachgemäße Grenze am Klagegrunde. Im Vorschlage des geehrten Herrn Vorredners ist an Stelle des Klagegrundes der geltend gemachte „Anspruch" gesetzt. Der Anspruch wird aber eben durch seine Grundlage bestimmt. Eine Aenderung im Objecte würde ich eher für unwesentlich halten; aber die Basis des Anspruches muß festgehalten werden, sonst wird es ein anderer Prozeß, für welchen jeder Theil sein Recht auf die Wahrung der vollen Form haben muß.

Die Maßgabe, welche als Norm für das Ermessen des Richters in dem vorgeschlagenen Antrage aufgestellt ist, beruht darauf, daß der Vertheidigung des Verklagten keine Grenze gezogen werde und keine Beschädigung erwachsen soll. Meine Herren, nach einer sechsundzwanzigjährigen Anwaltspraxis muß ich erklären: die Herren Richter vermögen gar nicht zu beurtheilen, ob und wann die Vertheidigung geschädigt werden kann. In sehr vielen Fällen ist der Anwalt selbst gar nicht in der Lage, nur zu sagen, noch weniger nachzuweisen, daß und weshalb diese Aenderung der Vertheidigung schädlich ist; und selbst nur für die Frage und dem Umfang der Fristertheilung das nöthige Material zu unterbreiten. Er kann ohne Informationseinziehung die Thatsachen nicht vollständig kennen, die bei wesentlich veränderten Thatumständen eine vollständige Aenderung der Vertheidigung nöthig machen können. In vielen Fällen würde er genöthigt sein, mit halber Information vor den Richter zu treten, die Amtsgeheimnisse, die ersten Spuren für eine weitere Information preiszugeben, nur damit der Richter einen Anhalt für sein Ermessen bekomme.

Das Hauptgewicht gegen den Vorschlag der Civilprozeßordnung ist darin gefunden worden, daß der Begriff des Klaggrundes ein zweifelhafter ist. Aber welcher Grundsatz innerhalb der Jurisprudenz hätte das Glück, über allen Zweifel erhaben zu sein? Gerade hier ist der Punkt, wo sich die Thätigkeit des Richters scheiden muß von der Thätigkeit des Gesetzgebers. Der Gesetzgeber spricht natürlich Grundsätze aus, und für unsere Frage finden wir keinen richtigeren, als den Grundsatz: eine Aenderung des Klagfundaments darf in demselben Prozesse nicht erfolgen. Wenn im einzelnen Falle eine Aenderung des Klagfundaments vorliegt, das zu beurtheilen, ist dagegen Sache des Richters, und darüber mag er das freieste Ermessen haben. Die wenigen Specialbestimmungen, die in dem Entwurfe der Civilprozeßordnung enthalten sind, sind gerade nur deshalb hingestellt, um den Richter darauf aufmerksam zu machen, er solle bei der Prüfung nicht zu ängstlich zu sein. Wenn etwa ein anderes Object, eine höhere oder geringere Summe gefordert ist, so soll er dies zulassen; ebenso wenn Thatsachen ergänzt und berichtigt werden, die nicht das Wesentliche betreffen oder doch nicht den Klaggrund ändern.

Für den Antrag des Herrn Referenten spricht auch nicht das, was aus den Verhandlungen der jetzigen Reichsjustizcommission mitgetheilt ist. Nach dem Grundsatze des Entwurfs soll eine Klageänderung nach der Einlassung auf die Klage ohne Einwilligung des Gegners nicht zulässig sein. Der von einem Mitgliede, dem Herrn Dr. Wolfffon, in der Reichsjustizcommission gestellte Antrag, die Worte „ohne Einwilligung des Gegners“ zu streichen, stellt ein ganz anderes Princip auf. Darnach würde die Klageänderung überhaupt nicht zulässig sein. Das würde freilich zu einem Formalismus führen, welcher das Rechtsbedürfniß der Parteien überschreitet; und hiergegen hatte unser geehrter Präsident des Juristentages, Gneist, mit Recht opponirt. Mit Einwilligung des Gegners soll eine Aenderung erfolgen können. Der Gegner ist in der Lage zu beurtheilen, ob ihm eine Aenderung schade und ob er in der Möglichkeit ist, sich sofort einzulassen. Es ist auch nichts dagegen einzuwenden, daß, wenn die Aenderung des Klagfundaments erfolgt ist, und der Gegner sich stillschweigend auf die Aenderung einläßt, er nicht in einem späteren Stadium Widerspruch erheben kann. Falls jedoch der Gegner zeitig widerspricht, dann mag der Kläger die Klage zurücknehmen und eine andere anstrengen, wenn er einen Anspruch aus einem anderen Fundamente geltend machen will. Er kann aber nicht das Recht haben, sich selbst die Vertheidigung seiner Rechte zu erleichtern und dem Gegner die Vertheidigung zu erschweren, wenn auch nur in dem Punkte, daß der Gegner genöthigt wird, Verhältnisse aufzudecken, die ihm oder seinem Vertreter noch nicht vollständig klar sind. Ich würde deshalb einen Antrag dahin formuliren,

> daß der Juristentag seine Ueberzeugung dahin aussprechen möge, eine Aenderung des Klaggrundes im Civilprozesse ist nach der Einlassung auf die Klage ohne ausdrückliche oder schweigende Einwilligung des Gegners für unzulässig zu erklären.

Referent Präsident **Kühne**: Ich wünsche nur drei thatsächliche Berichtigungen vorzutragen. Der Herr Vorredner hat mich in drei Punkten mißverstanden. Erstens hat er gesagt, nach meinem Antrage müsse der Anspruch festgehalten werden; demnach werde auch das Petitum nicht erhöhet oder vermindert werden können. Das ist unrichtig: ich habe nur eine Aenderung der Nummer 1 des § 232 des Entwurfs der deutschen Civilprozeßordnung vorgeschlagen; Nr. 2 soll demnach unverändert bleiben, und hier ist bestimmt: als eine „Aenderung der Klage ist es nicht anzusehen, wenn der Klageantrag in der Hauptsache oder in Bezug auf Nebenforderungen erweitert oder beschränkt wird“. Diese Einwendung ist also eine unbegründete. Der Herr Vorredner hat einen zweiten Irrthum begangen, indem er gesagt hat: sobald der Kläger sein Klagfundament unrichtig dargestellt habe, möge er die Klage zurücknehmen und eine andere anstellen. Der Vorredner steht auf dem Standpunkte des preußischen Rechts. Da kann die Klage ohne Weiteres zurückgenommen werden. Diesen Standpunkt haben wir verlassen, und dieser ist insbesondere nicht der des Entwurfes der Prozeßordnung. Der Abstand vom Prozesse ist nicht nach freier Willkür zulässig, sondern nur so lange sich der Beklagte nicht eingelassen hat auf die Klage, und darin liegt die Gefahr für den Kläger bei beschränkter Befugniß zur Aenderung der Klage, welche der Vorredner vollkommen übersehen hat. Drittens hat der Vorredner seine Ausführungen gestützt auf seine Erfahrungen. Ja, meine Herren, da steht Erfahrung gegen Erfahrung. Ich habe Erfahrungen aus drei verschiedenen Prozeßrechtsgebieten, und ich gebe zu, daß die Erfahrungen, welche ich im Gebiete des preußischen Rechts gemacht habe, mich schwerlich zu meinem Antrage veranlaßt haben würden. Aber hören Sie einmal vierzehn Tage hintereinander Prozeßverhandlungen in Hannover, und wenn Sie dann nicht nausea vor der exceptio mutati libelli bekommen, dann können Sie mehr vertragen als ich.

Kreisrichter Dr. **Meisner** aus Thorn: Meine Herren! Ich glaube, daß wir uns im Wesentlichen den Ansichten anschließen können, welche Herr Präsident Kühne entwickelt hat. Es läßt sich heutzutage mit dem Begriffe Klagfundament und mit einer darauf gegründeten Bestimmung bezüglich der Klageänderung nichts machen. Wir haben auszugehen von einem mündlichen Verfahren, welches den Schwerpunkt des Prozesses eben in die mündliche Verhandlung legt. Dabei ist aber meines Erachtens festzuhalten, daß jeder Prozeß, wenn er nicht ganz ins Unbestimmte sich verlieren und verschwinden soll, von vornherein in der Klage einer gewissen Begrenzung bedarf, und diese Begrenzung wird zunächst gegeben werden durch den Anspruch an sich, mit den nach dem deutschen Prozeßentwurfe zulässigen Aenderungen des Anspruchs, und ferner auch durch die ihn begründenden Thatsachen. Diese Thatsachen sind, darüber werden wir wohl alle im Wesentlichen einverstanden sein, bei den meisten Prozessen oder wenigstens bei der sehr großen Mehrzahl einfach. Sie können aber durch eine geringe Modification eine ganz andere juristische Bedeutung bekommen. Wenn die Parteien beispielsweise einig sind über die Hergabe einer Summe Geldes zu einer bestimmten Zeit, und es wird dasselbe eingeklagt als Darlehn, so ist die Sache juristisch ganz anders, wenn es sich herausstellt, daß es ein Depositum oder ein Vorschuß auf ein Lieferungsgeschäft ist, — während doch die Thatsachen sehr einfach geblieben sind. — Soll nun in solchen Fällen die Zulassung der Klageänderung vom Willen des Verklagten abhängen? Nach dem deutschen Prozeßentwurfe würde dies aber der Fall sein. — Meines Erachtens hat der Gesetzgeber davon auszugehen: Der Verklagte muß so gestellt werden, daß er von vornherein weiß, was will der Kläger eigentlich von mir, von welcher Seite aus, so zu sagen, ergeht der Angriff gegen mich. — Es ist dies nöthig im Interesse der Vertheidigung des Verklagten und im Interesse der Ordnung des Verfahrens. Die Entscheidung hierüber aber darf, da es sich um eine fundamentale prozessuale

Bestimmung handelt, nicht der Willkür der einen Partei überlassen bleiben. Das Prozeßrecht gehört zum jus publicum. Daraus ergiebt sich meines Erachtens, daß die Bestimmung, ob eine Klageänderung statthaft sein soll, im concreten Falle dem Willen des Verklagten entzogen, und dem durch die Sachlage geleiteten richterlichen Ermessen überlassen werden muß. Wollen wir lediglich den Willen des Verklagten entscheiden lassen, so setzen wir den Kläger in vielen Fällen der Gefahr der Chicane aus. Wenn der Verklagte sich selbst vertritt, oder andererseits, wenn ein Anwalt — wie dies ja in großen Prozessen zwangweise geschehen soll — den Verklagten vertritt, so wird der Anwalt — vermöge der Gewöhnungen, die einmal der Anwaltsstand angenommen hat — ich kann mich dabei auch auf die in dieser Beziehung auf dem altpreußischen Prozeßgebiete gemachten Erfahrungen berufen — nur gar zu gern erklären: „Hier ist zu contumaciren, das ist ein Novum, eine Klageänderung“ &c. — Das darf meines Erachtens nicht sein. Der Kläger muß gegen derartige chicanöse, respective im Interesse des Verklagten gutgemeinte, vielleicht in einer zu großen Gewissenhaftigkeit gestellte Anträge gesichert werden. Befürchten Sie nicht, meine Herren Anwälte, daß der Richter im Allgemeinen nicht in der Lage sei, zu ermessen, ob der Verklagte sich auf das, was neu vorgebracht wird, vertheidigen kann. Wollte man dem Richter die Fähigkeit dazu absprechen, so würde man, glaube ich, in erheblicher Weise auch in andern Fällen eine Einschränkung seines Ermessens bei Beurtheilung von Rechtsfällen für geboten erachten müssen. — Allerdings sind dem Ermessen des Richters gewisse Schranken zu setzen und ihm auch eine gewisse Richtung anzuweisen. Diese Richtung kann meines Erachtens nur dadurch gegeben werden, daß die Klageänderung dann noch für statthaft erklärt wird, wenn der Schwerpunkt des Verfahrens stattfindet, und das ist meines Erachtens die erste mündliche Verhandlung. Wollen wir eine Klageänderung ohne Weiteres für statthaft erklären in jeder mündlichen Verhandlung, so setzen wir uns meines Erachtens der Gefahr aus, daß die nöthige Festigkeit des Prozeßganges verloren geht. — Ein Analogon für das, was meiner Ansicht nach zweckmäßig ist, haben wir bereits, in Preußen wenigstens, im Criminalprozesse. Hier besteht nämlich die Bestimmung, daß, wenn sich in der mündlichen Verhandlung herausstellt, daß die Anklage mit Rücksicht auf die veränderte Sachlage von einem rechtlichen Gesichtspunkte aus begründet erscheint, unter welchen sie in der Anklageschrift nicht gebracht ist, daß alsdann auf Antrag des Angeklagten eine Vertagung anzuordnen ist, wenn dies im Interesse der Vertheidigung des Angeklagten nothwendig erscheint, — oder daß die betreffenden Anschuldigungspunkte einem besonderen Verfahren vorzubehalten sind. — Ich glaube, daß sich diese Bestimmungen analog, ohne Gefahr practischer Unzuträglichkeiten, auch auf den Civilprozeß anwenden lassen, und zwar etwa in folgender Weise: Wenn in der ersten mündlichen Verhandlung Thatsachen angeführt werden, welche in Verbindung mit den bereits in der Klage angeführten Thatsachen (mit allen oder einzelnen) den klägerischen Anspruch aus einem andern rechtlichen Gesichtspunkte begründet erscheinen lassen, als worunter er in der Klagschrift gebracht worden, so sind diese Thatsachen bei der Entscheidung zu berücksichtigen, falls nicht im Interesse der besseren Vertheidigung des Verklagten die Verweisung der Sache zu einem besonderen Verfahren geboten erscheint. Es kann auch vorkommen, daß Letzteres nicht geboten erscheint, sondern nur ein neuer Termin. Es würde sich für diesen Fall empfehlen, auszusprechen, daß, wie der Prozeßentwurf für ähnliche Fälle bestimmt, alsdann die Kosten der Terminsverlegung dem Kläger zur Last fallen. — Ich meine also, der Juristentag möge sich dahin aussprechen: Es empfiehlt sich durchaus nicht, die Klageänderung abhängig zu machen von der Einwilligung des Verklagten; es ist das vielmehr zu überlassen dem Ermessen des Richters. Es liegt aber im Interesse der Ordnung des Verfahrens, damit dasselbe nicht zu sehr unbestimmt und verschwommen wird, daß eine solche Aenderung nur statthaft ist im ersten Termin zur mündlichen Verhandlung. — Ich bitte Sie, meine Herren, in diesem Sinne Ihr Votum abzugeben.

Präsident: Es ist der Wunsch ausgesprochen worden, daß der Antrag des Referenten nochmals verlesen werde. Er lautet:

> Der Juristentag wolle seine Rechtsüberzeugung dahin aussprechen, daß die Bestimmungen im Eingange des § 232 des Entwurfs der deutschen Civilprozeßordnung und in Nr. 1 dieses Paragraphen wegen der Zweifel über die Bedeutung derselben und darnach für die Prozeßverhandlung zu befürchtenden unnützen Weiterungen nicht zweckmäßig seien, und daß es sich anempfiehlt, an Stelle dieser Bestimmungen die folgende zu setzen:
>
> > „Als eine Aenderung der Klage ist es nicht anzusehen, wenn unter Festhaltung des geltendgemachten Anspruchs (Identität des Objects) erstens die neuen thatsächlichen oder rechtlichen Anführungen des Klägers den Beklagten nicht zu einer neuen Rechtsvertheidigung nöthigen."

Referent Präsident **Kühne:** Ich glaube, daß diese Beschränkung der Klageänderung nicht bedenklich ist, und ich will nur darauf aufmerksam machen, daß, wenn ich gesagt habe, unter Festhaltung des geltendgemachten Anspruchs werde so und so verfahren werden, damit gesagt ist, es kann die Klage nicht auf ein ganz neues Object ausgedehnt werden, es muß die

Identität der Sache, auf die die Intention des Klägers hingeht, festgehalten werden.

Oberappellationsgerichtsrath **Becker** aus Oldenburg: Mit der historischen Begründung, mit dem Tadel gegen den bisherigen Prozeß, gegen den hannöverschen Prozeß, gegen die crux der exceptio mutati libelli überhaupt, bin ich, die Ausführungen des Herrn Referenten anlangend, vollkommen einverstanden, dennoch nicht im Resultate, und ich bitte Sie einfach, seinen Antrag abzulehnen. Der Herr Referent hat zwar so gethan, als könnten wir die ganze Lehre von der Klageänderung zur Seite werfen, die crux ganz vermeiden; den Weg dazu hat er aber nicht gezeigt, und sein Antrag enthält nur ein Substrat der Erkennung der Klageänderung für das andere. Wir können leider die crux nicht ganz entbehren, weil wir meines Erachtens fester Regeln über die Klageänderung bedürfen, einmal da, wo ein fester Abschnitt im Prozesse eintritt, also wenigstens bei den Rechtsmitteln, und zweitens für res judicata. Durchaus richtig ist, daß das Object der res judicata, wie der Referent auch angeführt hat, sich bestimmt nach dem Urtheile, aber der Beklagte seinerseits will, daß durch Urtheil dasjenige getroffen wird, was in der Klage von ihm gefordert wird. Er will dem Kläger, und er hat ein großes Interesse daran, nicht das beliebige Recht geben, an Stelle eines von ihm geltend gemachten Anspruchs, mit dem er sich jetzt nicht durchzukommen traut, einen anderen zu setzen, mit dem er durchzukommen hofft und damit die res judicata über den zuerst erhobenen Anspruch zu vermeiden, diesen Anspruch aufzuschieben für eine neue Verhandlung. Der Herr Referent sagte: ich gebe zu, eine Grenze muß sein, ich will auch nicht eine ganz neue Klage zulassen: dann aber, muß sich doch der Herr Referent sagen, bedarf es wieder gesetzlicher Bestimmungen darüber, wann anzunehmen sei, daß eine ganz neue Klage vorliege. Eine neue Klage ist nicht blos dann vorhanden, wenn ich das Object, sondern wenn ich das historische Klagfundament ändere, und ich bedarf fester Normen dafür, zu bestimmen, wann soll der Prozeß derselbe bleiben, auf den das Urtheil sich erstrecken soll. Diese festen Normen zu finden, ist auf verschiedene Weise versucht worden. Ich halte es für das Richtigste, zu sagen: der historische Klaggrund, das ist das historisch thatsächliche Fundament, welches den gestellten Rechtsanspruch begründen soll. Das giebt dem Richter einen festen Halt. Es wird fast in allen Fällen mit dem subjectiven Momente der Beurtheilung, wo eine neue Vertheidigung nothwendig ist, zusammenfallen. Es fragt sich nur, was ist richtiger für den Gesetzgeber aufzustellen, das mehr subjective Ermessen, ob neue Vertheidigung geboten, oder das mehr objective Klagfundament, was wir ja auch in Strafprozessen ebensowenig entbehren;

denn obgleich der Gesichtspunkt für die Nichtbeschränkung der neuen Vertheidigung mitentscheidend ist, wird doch immer niemals gegen den Angeklagten an Stelle des historischen Fundaments, auf dessen Grund er angeklagt ist, ein neues Fundament und damit eine neue Anklage im Hauptverfahren zugelassen. Gerade das will der Entwurf der Civilprozeßordnung. Nun gebe ich zu, auch das läßt ein beschränktes Ermessen zu und kann zu Streit Veranlassung geben. Ich will aber einmal dahingestellt sein lassen, was an sich richtig sei, und mehr zu Streit führe. Dann frage ich, sind wir jetzt in der Lage, einen Antrag auf Aenderung des Entwurfs der deutschen Civilprozeßordnung in einem so erheblichen Punkte einzubringen? Ich für meine Person, der ich die Ehre habe der Reichstagscommission anzugehören, bin davon ausgegangen, daß wir dieses in so langer Dauer der Zeit von den bedeutendsten Juristen durchgearbeitete und wohl zu Stande gekommene Werk acceptiren sollen in seinen wesentlichen Grundlagen, und nur dann zu Abänderungsanträgen zustimmen, wo evident unser Rechtsgefühl verletzt wird und wir das System im Großen und Ganzen nicht zerstören. In zweifelhaften Punkten, wie der gegenwärtige, wo sich für das Eine, wie für das Andere, viel sagen läßt, kann ich Sie nur bitten, geben Sie nicht Ihre Zustimmung dazu, daß der deutsche Juristentag noch in der jetzigen Zeit, wo es zunächst darauf ankommt, eine einheitliche Grundlage des Civilprozesses zu schaffen, an dem Werke eine solche Aenderung vornimmt. Vollkommen einverstanden wäre ich mit einer geringen Aenderung. Die Mißstände sind vergrößert worden durch den neuen Prozeß, weil der neue Prozeß das gesammte Prozeßmaterial erst erledigt haben will, ehe es an die zweite Instanz geht. Früher konnte die Exception der Klageänderung im Instanzenzuge vor Aufnahme des Beweises wenigstens erledigt werden. Der neue Prozeß macht es möglich, daß wenn der erste Richter die Exception verwirft, und über das ganze Material den Beweis aufnehmen läßt, eine zweite Instanz kommen kann und sagen, es war doch eine Klageänderung und Alles, was bisher verhandelt ist, ist unnütz. Das allerdings möchte ich gern vermeiden, und es wäre mein Wunsch, daß die Commission des Reichstags einen Antrag annähme, daß, wenn der Richter erster Instanz eine Klageänderung zugelassen, die Einrede einer Klageänderung verworfen hat, jedes Rechtsmittel unzulässig sein soll. Zu einer solchen Aenderung könnte ich meine Zustimmung geben, den Antrag des Referenten bitte ich abzulehnen.

Appellationsgerichtsrath **Vielhaber** aus Cöln: Meine Herren! Ich fühle mich veranlaßt das Wort zu ergreifen infolge einer Bemerkung, die der Herr Referent vorhin gemacht hat in Bezug auf das rheinisch-französische Prozeßrecht. Er hat nämlich herorgehoben, daß ihm bekannt geworden sei, daß am Rhein die Einrede der Klageänderung fast gar nicht vorkomme. Ich kann das als rheinischer Richter vollständig bestätigen. Ich füge ergänzend noch hinzu, daß, wenn die Einrede der Klageänderung vorkommt, sie in der Regel dem Richter wenig Schwierigkeiten macht, und zur weiteren Vervollständigung will ich hier noch Einiges anführen darüber, was dem rheinpreußischen Richter in der Prozeßordnung, die er hat, als Anhaltpunkt dient, um die Frage, ob eine Klageänderung vorliegt oder nicht, zu entscheiden. Ich bin erfreut, schon im Voraus sagen zu können, daß die Bestimmungen, die das französische Prozeßrecht in dieser Beziehung enthält, im Wesentlichen, wie mir scheint, dem Antrage congruent sind, den der Herr Referent auf Abänderung der bezüglichen Paragraphen des Entwurfes der deutschen Civilprozeßordnung gestellt hat. Direct spricht sich die französische Prozeßordnung darüber nicht aus, was eine Klageänderung ist und wie es überhaupt mit einer Klageänderung gehalten werden soll. Maßgebend sind aber für den rheinischen Richter zwei Bestimmungen seiner Prozeßordnung, nämlich erstens, daß jeder bei den Landgerichten anhängig zu machenden Klage — die im Gesetze aufgeführten Ausnahmsfälle abgerechnet — ein Vergleichungsversuch vor dem Friedensrichter vorhergehen muß und zweitens die Vorschrift in dem Titel von dem Berufungsverfahren, daß in der Berufungsinstanz keine nouvelle demande, kein neues Gesuch angebracht werden darf, wenn dasselbe etwas mehr als eine bloße Vertheidigung gegen die Hauptklage oder die Exceptionen des Verklagten oder ein Accessorium zu dem früher bereits erhobenen Anspruche darstellt.

An diese ausdrücklichen positiven Vorschriften sich anschließend, folgen Theorie und Praxis des rheinischen Prozeßrechtes ganz logisch, daß eine Aenderung des Klagegegenstandes, oder wie der Herr Referent dies in seinem Antrage ausgedrückt hat, des Klageanspruches, auch in erster Instanz nicht zulässig ist und dehnen mit Recht diesen zugleich in der Natur der Sache begründeten Satz ebenso auf die nicht appellabeln und dem Vergleichungsversuche nicht unterworfenen Sachen, also auch auf das forum extraordinarium der Friedensgerichte und Handelsgerichte aus. Es kann nun auch meiner Ansicht nach keinem Zweifel unterliegen, daß nicht das Klagefundament, wovon die betreffenden Paragraphen des Entwurfes der Civilprozeßordnung ausgehen, sondern, wie der Herr Referent es will, der Klageanspruch für die Frage, ob eine unzulässige Klageänderung vorliegt oder nicht, entscheidend sein muß. Es kann sich allerdings auch schon mit dem Klagefundamente das Object der Klage ändern, aber das trifft nicht immer zu. Bei Obligationen wird durch einen anderen Entstehungsgrund auch die Forderung eine andere, aber bei dinglichen Rechten ist das nicht der Fall. Wenn ich eine Vindication anstelle, so kommt es wenigstens in Bezug auf Beurtheilung der res judicata nicht darauf an, ob ich mich auf einen Kaufvertrag, auf Verjährung oder einen anderen modus acquirendi stütze.

Das rheinische Prozeßrecht verlangt aber auch, daß die Einrede der unzulässigen Klageänderung stets von der betreffenden Partei ausdrücklich geltend gemacht wird, wenn nicht die im Interesse der öffentlichen Ordnung erlassenen, einen geregelten Gang des Verfahrens verbürgenden, prozessualischen Vorschriften die Supplirung der Einrede von Amtswegen erheischen. Das rheinisch-französische Recht giebt ja überhaupt den Parteien die Führung des Civilprozesses vollständig in die Hände, es huldigt dem Princip des Selfgovernment dabei und das wollen wir ja jetzt auch bei unserem neuen Prozeßrechte als grundlegende Maxime festhalten. —

Theoretisch und practisch ist wohl unzweifelhaft auch die Auffassung die einzig richtige, daß zwischen den Parteien, die vor Gericht mit einander streiten, durch den Gegenantrag auf die Klage eine Art Vertragsverhältniß entsteht, und daß es also ihnen überlassen sein muß, von dem, was sie untereinander contrahirt haben, auch wieder abzugehen und andere Bestimmungen an die Stelle zu setzen, wie das denn überhaupt in der Natur des Vertrages liegt. Die einzige Schranke, die den Parteien dabei zu setzen ist, ist das öffentliche Interesse.

Wie der Herr Referent schon erwähnt hat, muß man aber, um die Sache, wie sie sich am Rhein abwickelt, sich anschaulich zu machen und damit Manches, was auf den ersten Blick für die eine oder andere Partei gefährlich erscheint, seinen gefährlichen Charakter verliert, im Auge behalten, daß das Verfahren dort ein rein mündliches ist. Wenn also z. B. etwas Neues vorgebracht wird, was eine Klageänderung darstellen könnte, und die Gegenpartei übersieht es, so ist es in die Hand des Vorsitzenden und des Richtercollegiums gelegt, durch eine einfache Frage die Sache aufzuklären und festzustellen, ob die Gegenpartei wirklich die Absicht hat, auf die Einrede der unzulässigen Klageänderung zu verzichten oder nicht.

In meiner Stellung als rheinpreußischer Richter glaubte ich mich zu diesen Bemerkungen hier berufen, und füge bei, daß ich von meinem Standpunkte aus dem Antrage des Herrn Referenten nur beitreten kann.

Oberappellationsgerichtsanwalt **Haarmann** aus Celle (Provinz Hannover): Meine Herren! Ich glaube, daß der Antrag des Herrn Referenten noch nicht weit genug geht. Ich bin der Meinung, daß die Klageänderung in erster Instanz unbedingt zuzulassen ist und in zweiter unbedingt zu verbieten, und, wenn die geehrte Versammlung dem nicht beitreten sollte, da bin ich doch der Meinung, daß die Entscheidung des Gerichts über die Klageänderung, welche in der ersten Instanz abgegeben wird, unbedingt maßgebend und keinem Rechtsmittel unterworfen sein darf, wenn das Prozeßverfahren nicht durch die Bestimmungen über die Klageänderung in einer unerträglichen Weise verweitläufigt werden soll. Die Vorschriften wegen Unzulässigkeit von Klageänderungen können nur Sinn haben in dreierlei Beziehungen: einmal insofern, als das Recht des Beklagten auf genügende Vertheidigung in Frage kommt. Es läßt sich dies Recht eben sehr leicht dadurch wahren, daß dem Beklagten die Befugniß beigelegt wird, einen neuen Termin zu verlangen. Es wird in diesem Falle immer sein Recht vollständig gewahrt werden. Es kann die Klageänderung in Frage kommen bezüglich der Rechtshängigkeit. Es lassen sich die etwaigen Bedenken in dieser Beziehung sehr leicht dadurch erledigen, daß in der betreffenden Gesetzgebung festgestellt wird, es solle die Rechtshängigkeit erst entstehen, wenn die neue Klage erhoben, respective also schriftlich oder mündlich vorgetragen ist. Es können endlich die Vorschriften über Klageänderung in Frage kommen in der Beziehung, daß es sich fragt, ob nicht das Gericht in die Lage komme, nicht sofort entscheiden zu können. Aber auch in dieser Beziehung ist das Recht des Vorsitzenden, die entsprechenden Verhandlungen auszusetzen oder zu theilen, vollständig genügend, um etwaigen Bedenken entgegenzutreten. Im Uebrigen aber ist das auf Mündlichkeit begründete Verfahren genügend dehnbar, um eine Klageänderung in jeder Beziehung vollständig zuzulassen. Läßt man die Klageänderung nicht zu, so kann ich aus meiner Praxis bestätigen, daß fast in jeder einzelnen Sache die Frage über die Klageänderung vorkam (Hört, hört!), und daß dies zum Bedrucke sowohl der Richter als der Anwälte gereicht, und ich habe noch nicht gefunden, daß irgend ein Nutzen aus den Bestimmungen über die Klageänderung entsprungen wäre. Anders dagegen, meine Herren, scheint die Sache zu liegen, wenn etwa eine zweite Instanz in der bürgerlichen Prozeßordnung eingeführt werden sollte. Die zweite Instanz muß sich in dem durch die erste gegebenen Rahmen vollständig fest bewegen. Hier muß die Klageänderung in der Weise ausgeschlossen sein, daß sie selbst nicht mit Bewilligung der Parteien vorgenommen werden darf. Ich glaube, die Sache liegt so, daß man einen neuen Prozeß in demselben Verfahren zulassen würde, wenn man die Klageänderung in zweiter Instanz zulassen wollte. Ich bin daher der Meinung und beantrage auszusprechen: In erster Instanz soll die Klageänderung bis zum Schlusse der mündlichen Verhandlung, worauf das Urtheil erfolgt, unbedingt zulässig sein, vorbehaltlich des Rechts des Beklagten, einen anderen Termin zu verlangen und vorbehaltlich der Befugniß des Richters, eine Aussetzung der Sache herbeizuführen, und mit der Modification, daß die Rechtshängigkeit in solchen

Fällen erst eintritt mit dem Augenblicke, wo die neue Klage erhoben ist. Dagegen soll in zweiter Instanz die Klageänderung ausgeschlossen sein.

Justizrath **von Wilmowski**: Ich wollte mir nur einen kleinen thatsächlichen Zusatz erlauben. Meine Ansicht, daß der Richter nicht immer in der Möglichkeit wäre, vollständig zu beurtheilen, ob eine Vertheidigung geschädigt würde durch eine Klageänderung, beruht sicherlich nicht darauf, daß er wegen Mangels an Urtheilsfähigkeit nicht in der Lage sei, sondern darauf, daß er die Thatsachen nicht kennt; und diesem Uebel kann dadurch nicht abgeholfen werden, daß die Entscheidung in sein freies Ermessen gestellt wird. Er weiß nicht, ob er dasjenige genügend kennt, was seinem Ermessen unterbreitet werden muß, damit er ein vollständiges Urtheil habe. Der Schluß dreht sich im Kreise. Becker hat ganz richtig ausgeführt, daß es unmöglich ist, ohne alle Grundsätze in Bezug auf die Klageänderung einen Prozeß zu construiren. Er wird dann ganz formlos und, so wenig wir unter übermäßigem Formalismus leiden wollen, ebensowenig wollen wir darunter leiden, daß die Formlosigkeit eingeführt wird. Gerecht ist es nicht, mit einer Sache keinen oder kurzen Prozeß zu machen, das heißt nicht die nöthigen Formen zu beobachten, welche Jedem die Wahrung seines Rechts ermöglichen.

Dann wollte ich noch zur Berichtigung bemerken: Bekannt ist mir, daß nach dem Prozeßentwurfe die Zurücknahme der Klage dem Kläger ohne Einwilligung des Gegners nur freisteht, wenn er dem Anspruche entsagt; aber darunter kann nur gemeint sein, dem Anspruche aus dem Fundamente, welches er vorgebracht hat, und nun fallen lassen will. Damit wird ihm auch nicht zu viel zugemuthet, wenn er selbst sein bisheriges Fundament für hinfällig hält. Andernfalls mag er darüber entscheiden lassen. In jedem Falle bleibt ihm die Möglichkeit, aus anderm Fundamente von Neuem zu klagen.

Ich würde mich mit dem verneinenden Antrage des Herrn Oberappellationsgerichtsrath Becker vollständig begnügen und lege kein besonderes Gewicht darauf, daß positive Grundsätze heute ausgesprochen werden. An sich würde ich die Annahme des Entwurfs der Civilprozeßordnung, wie er vorliegt, wünschen. Wenn aber nach der Art und Weise des Juristentages ein Princip ausgesprochen werden soll, dann kann es nur das Princip sein, daß eine Aenderung des Klagfundaments nach der Einlassung auf die Klage nicht mehr zuläſſig sein soll, ohne ausdrückliche oder stillschweigende Einwilligung des Gegners, weil nur darin die Möglichkeit eines objectiven Maßstabes für den Richter liegt, um zu beurtheilen, ob der Gegner geschädigt wird.

Advocatanwalt Dr. **Drewke** aus Cöln: Ich habe bei der heutigen

Debatte den Eindruck gewonnen, als ob Sie von der Klageänderung im ersten Schriftwechsel reden. Für mich ist die Sache erst nach stattgefundenem Beweisverfahren practisch. Man überzeugt sich dann als Anwalt und als Richter, daß eine Omission oder ein Versehen vorliegt. Gerade in solchen Fällen finde ich es für durchaus nothwendig, daß die Klageänderung bis zum letzten Moment zulässig ist. Nun denken Sie sich ein mündliches Verfahren, wo zwei Anwälte da sind: soll Ihnen da zugemuthet werden, die Klage abzuweisen? Ich glaube nicht, daß die Advocaten auf lange Zeit solche Einreden geltend machen werden. Wir am Rhein hegen nicht einmal Bedenken, im ersten Stadium die Klageänderung zuzulassen. Ich halte daher den Antrag des Herrn Referenten für den einzig richtigen.

Präsident: Wenn sich Niemand weiter zum Worte meldet, gebe ich das Schlußwort dem Herrn Referenten und erkläre dann die Verhandlung über diesen Gegenstand für geschlossen.

Referent Präsident **Kühne:** Meine Herren, ich kann eigentlich nichts Neues hinzufügen und wollte nur eine kurze Erläuterung geben. Ich habe die Bestimmungen über die Klageänderung allerdings zunächst nur dahin verstanden, daß sie sich auf eine Aenderung der Klage in der ersten Instanz beziehen. Und mit dieser Annahme habe ich Recht nach dem Entwurfe der deutschen Civilprozeßordnung, in dessen zweitem Buche sie stehen. Dasselbe ist überschrieben: Verfahren in erster Instanz. Inwieweit in der zweiten Instanz eine Klageänderung noch statthaft sein soll, habe ich vorläufig dahingestellt sein lassen; aber ich würde damit einverstanden sein, wenn es beliebt würde zu sagen, daß die Aenderung der Klage, vorbehaltlich der Bestimmungen wegen der zweiten Instanz in der und der Weise zulässig sei. Ich glaube jedoch, daß die Erläuterung, die ich hier gegeben habe, vielleicht ausreicht. Ich bin auf eine Aenderung meines Antrags augenblicklich nicht vorbereitet. Ferner möchte ich nur noch einige Worte hinzufügen. Ich glaube, daß der Antrag des Herrn Kreisrichter Meisner ungefähr auf dasselbe hinausgeht, was ich beantragt habe. Der Antrag liegt mir in seiner Wortfassung nicht vor, aber auf eine Bestimmung oder auf einige Worte in diesem Antrage möchte ich hinweisen, die nicht zum System des Entwurfs passen. Der Herr hat nämlich gesagt, in der ersten mündlichen Verhandlung könnte geändert werden. Eine erste mündliche Verhandlung im Sinne des Herrn Antragstellers giebt es nicht. Die mündliche Verhandlung ist nach dem System des Entwurfs, so oft sie wieder stattfindet, immer eine erste. Das folgt aus der Beseitigung der Eventualmaxime. Außerdem möchte ich darauf hinweisen, daß dasjenige, was der letzte Redner, Herr Anwalt Drewke aus Cöln, angeführt hat, vollkommen richtig ist. Wir würden einen großen Vortheil dadurch entbehren, daß wir, wenn ein anderes Fundament aus der Beweisaufnahme sich ergiebt, diese Aenderung nicht zulässig erklären wollten. Es wird z. B. aus einem Darlehen geklagt, und es ergiebt sich aus dem Beweise, daß es ein Depositum gewesen ist; da kann es unter Umständen ganz gefahrlos sein, daß über das Fundament des Depositum doch erkannt wird, und das würde man nach dem Antrage des Herrn Meisner nicht mehr können. Was der Herr Justizrath v. Wilmowski gesagt hat, daß das Fundament nicht geändert werden könne, darauf kann ich nur erwidern, was ich schon angeführt habe, es ist keine Einigkeit darüber für alle Fälle zu erlangen, was das Fundament sei. Wenn der Herr behauptet, das sei leicht zu erkennen, so muß ich behaupten, es ist oft schwierig zu erkennen, welche Behauptungen nothwendig zum Klagefundament gehören und welche nicht. Ebenso muß ich den Ausführungen des Oberappellationsgerichtsrath v. Becker widersprechen, der sagt, er wolle das Fundament im Ganzen und Großen nicht verändert wissen; er gebe zu, daß die Beurtheilung im einzelnen Falle dem richterlichen Ermessen zustehe; aber dieses solle geleitet werden durch diese positiven Bestimmungen. Bleiben aber diese Bestimmungen bestehen, so werden immer Zänkereien darüber vorkommen, ob die thatsächlichen Anführungen nur ergänzt oder berichtigt sind. Wo ist da die Grenze? Ich habe keinen Grund aus dem, was angeführt ist, entnehmen können, von meinem Antrage abzugehen. Ich glaube, wenn wir eine gute Prozeßordnung haben wollen, müssen wir dem richterlichen Ermessen einen großen Spielraum einräumen; ich bitte Sie, sich besonders im vorliegenden Falle nicht davor zu fürchten; es ist, glaube ich, gerade hier sehr ungefährlich.

Präsident: Bevor wir zur Abstimmung schreiten, wird es nothwendig sein, den Wortlaut der einzelnen Anträge nochmals in Erinnerung zu bringen.

Kreisrichter Dr. **Meisner:** Ich wollte mir nur noch folgende Bemerkung erlauben. Es ist mir sehr wohl bekannt, daß der neue Prozeßgesetzentwurf davon ausgeht, daß jede mündliche Verhandlung als eine neue, für sich bestehende betrachtet werden soll. Der Grundsatz ist aber schon dadurch beschränkt, daß es dem Kläger nur dann gestattet sein soll, Neues, welches eine Klageänderung enthält, anzuführen, wenn der Verklagte es gestattet. Insofern ist die Eventualmaxime in gewisser Weise eingeführt. Mein Antrag bezieht sich nun darauf: Der Kläger darf nicht in jedem Stadium des Verfahrens bis zur letzten Verhandlung eine Klageänderung vornehmen. Wenn bei der Beweisaufnahme etwas Anderes sich herausstellt, so kann der Richter, wie schon jetzt unter Umständen geschehen kann, nach Lage der Verhandlungen entscheiden. — Indessen ziehe ich meinen principalen Antrag, da er zu weit gehend und in das Verfahren zu sehr einschneidend erscheint, zurück.

Präsident: Zunächst hat noch Oberappellationsgerichtsanwalt Haarmann folgenden Antrag gestellt:

Die Aenderung der Klage ist im ersten Rechtszuge unbedingt bis zum Schluß der Verhandlung, auf welche das Urtheil erfolgt, zulässig, vorbehaltlich des Rechts der beklagten Partei, die Vertagung der Verhandlung für ihre Vertheidigung zu verlangen und mit der Bestimmung des Eintritts der Rechtshängigkeit; eine weitere Klageänderung in der zweiten Instanz ist unzulässig.

Eventuell ist hinzugefügt: die richterliche Entscheidung über die Zulässigkeit der Klageänderung ist durch ein Rechtsmittel nicht anfechtbar.

Ich frage, wird dieser Antrag unterstützt?

(Geschieht.)

Den Herrn Referenten möchte ich bitten, über seine Stellung zu dem Antrage sich zu äußern:

Referent Präsident **Kühne:** Ich hatte vorher vergessen, über den Antrag Haarmann zu sprechen. Ich möchte dem Herrn vor allen Dingen meinen Dank sagen; es ist mir erfreulich, daß ein Anwalt, der in der Provinz Hannover anerkannt zu den ersten gehört, in der Weise meine thatsächlichen Anführungen bestätigt hat, wie es von seiner Seite geschehen ist. Ich habe gesagt, die Einrede der Klageänderung werde in Hannover in jedem zweiten oder dritten Falle erhoben; Herr Haarmann sagt, sie komme in *jedem* contradictorischen Falle vor. Ich will über die Zahlenverhältnisse nicht streiten; jedenfalls sehen Sie, daß der Mißbrauch, der mit der Einrede getrieben wird, sehr groß ist. Ich bin in einiger Verlegenheit, ob ich mich dem Antrage Haarmann gegenüber befürwortend oder widersprechend verhalten soll. Ich glaube, im Principe sind wir einig; nur soll nach dem Antrage Haarmann, in Folge neuer Anführungen des Klägers, auf Antrag des Beklagten stets vertagt werden, während nach meinem Antrage die nova nur berücksichtigt werden sollen, wenn sie eine neue Vertheidigung des Beklagten erfordern. Ich glaube der Antrag Haarmann geht zu weit, wenn er sagt: bei jeder neuen Anführung muß die Verhandlung unter allen Umständen vertagt werden; ich glaube aber, daß die Modification, die ich beigefügt habe, aus Zweckmäßigkeitsgründen, damit die Prozesse nicht allzusehr in die Länge gezogen werden, gerechtfertigt ist. Ich glaube, dem Kläger gegenüber kann man die Härte wohl rechtfertigen, daß man sagt: was Du zu bringen hast, bringe möglichst schnell Du kannst Deine Klage aus langer Hand vorbereiten; wenn Du es nicht gethan, ist es Dein Schaden. Ich möchte aus diesem Grunde, weil ich fürchte, daß durch die fortwährende Zulassung von neuen Klagfundamenten Unzuträglichkeiten entstehen, und nur aus diesem Grunde, dem ersten Antrage Haarmann nicht zustimmen, während ich mich seinem zweiten eventuellen Antrage unbedingt anschließe. Ich glaube überhaupt, daß da, wo das richterliche Ermessen entscheidet, man möglichst das Ermessen des ersten Richters als maßgebend hinzustellen hat.

Oberappellationsgerichtsrath **Becker**: Zur Geschäftsordnung. — Weil ich es nicht für zweckmäßig halte, in die Debatte wieder einzugehen, beschränke ich mich, zur Geschäftsordnung zu bemerken, daß meiner Ueberzeugung nach beide Anträge etwas ganz Verschiedenes enthalten und selbständig nebeneinander stehen. Der Antrag des Referenten will ein anderes Erkennungsmittel, als der Entwurf der deutschen Prozeßordnung hat, statuiren für die Veränderung der Klage. Davon sagt Antrag Haarmann kein Wort. Dieser bezieht sich nur auf die Zeit des Vorbringens; ich bat nur, gegen den Antrag des Herrn Referenten zu stimmen.

Präsident: Ich habe weiter mitzutheilen den Wortlaut des Antrags des Herrn Referenten:

> Der Juristentag wolle seine Rechtsüberzeugung dahin aussprechen, daß die Bestimmungen im Eingange des § 232 des Entwurfs der deutschen Civilproceßordnung und in Nr. 1 dieses Paragraphen wegen der Zweifel über die Bedeutung derselben und der danach für die Proceßverhandlung zu befürchtenden unnützen Weiterungen nicht zweckmäßig seien und daß es sich empfiehlt, an Stelle dieser Bestimmungen die folgende zu setzen:
>
> „Als eine Aenderung der Klage ist es nicht anzusehen, wenn unter Festhaltung des geltend gemachten Anspruchs (Identität des Objects), 1) die neuen thatsächlichen oder rechtlichen Anführungen des Klägers den Beklagten nicht zu einer neuen Rechtsvertheidigung nöthigen."

Wird dieser Antrag unterstützt?

(Geschieht.)

Wir kommen nun zu dem Antrage des Dr. Meisner, der also lautet:

> Der Juristentag spricht seine Ueberzeugung dahin aus, die Zulassung der Aenderung der Klage in der ersten Instanz ist nicht von der Einwilligung des Verklagten abhängig zu machen, sondern dem Ermessen des Richters zu überlassen.

Wird dieser Antrag unterstützt?

(Geschieht.)

Endlich der Antrag des Herrn v. Wilmowski, welcher dahin lautet:

Die Aenderung des Klaggrundes ist nach der Einlassung auf die Klage ohne ausdrückliche oder stillschweigende Einwilligung des Gegners nicht mehr zulässig.

Wird auch dieser Antrag unterstützt?

(Geschieht.)

Nach Erörterung über die Reihenfolge der zur Abstimmung gelangenden Anträge wird solche dahin beschlossen, daß zunächst der erste Antrag Haarmann's, dann der des Referenten, hierauf der Antrag Meisner, sodann der Antrag v. Wilmowski, und endlich, wenn einer dieser Anträge angenommen ist oder nicht, noch der eventuelle Antrag Haarmann's zur Abstimmung zu bringen.

Bei der hierauf folgenden Abstimmung werden der erste Antrag Haarmann's, die Anträge des Referenten, und die Anträge von Meisner und v. Wilmowski abgelehnt; dagegen wird der zweite Antrag Haarmann's, welcher lautet:

„Die richterliche Entscheidung über die Zulässikeit der Klageänderung ist durch ein Rechtsmittel nicht anfechtbar."

mit überwiegender Majorität angenommen und weiter beschlossen, das Ergebniß der Verhandlung durch den Referenten dem Plenum zur Kenntniß zu bringen, worauf die Sitzung um 12¼ Uhr Nachmittags auf kurze Zeit unterbrochen wird.

(Nach der Pause.)

Präsident: Meine Herren! Ich darf Ihnen vorschlagen, daß wir noch zu unsrem letzten Gegenstande übergehen.

Für unsren Gegenstand, die Einführung der Civiljury betreffend, hatten wir als Referenten zu erwarten: die Hrn. Proff. Dr. Marquardsen aus Erlangen und Dr. Seuffert aus Gießen. Herr Dr. Seuffert hat eine schriftliche Entschuldigung eingebracht, wonach er verhindert ist, zu erscheinen. Herr Dr. Marquardsen ist noch nicht ausfindig gemacht worden.

Das Wort hat Herr Dr. Levy aus Hamburg zur Geschäftsordnung sich erbeten.

Advokat Dr. **Levy** aus Hamburg: Meine Herren! Der einzige Gegenstand, um den es sich für uns noch handelt, ist die Einführung der Civiljury und wahrscheinlich Alle, die Sie hier sind, theilen mit mir den Wunsch, daß dieser Gegenstand durch einen Beschluß der Abtheilung endlich einmal seine Erledigung finde, damit er nicht fortwährend auf der Tagesordnung bleibe. Ich fürchte nur, dieser Wunsch ist, wie so mancher Wunsch der Juristen, ein frommer. Er wird schwer zu erreichen sein und namentlich deshalb, weil, wenn Sie die Geschichte dieses Antrags genau verfolgen, Ihnen klar werden wird, daß der ganze Gegenstand erst nach einer Seite eine Beurtheilung gefunden hat.

Die Frage, ob die Civiljury in den Civilproceß eingeführt werden soll, ist aufgeworfen worden von Männern der theoretischen Wissenschaft und auch nur von solchen begutachtet worden. Es fehlt bis jetzt gänzlich an einem Urtheil von Praktikern, gänzlich an Gutachten praktischer Juristen. Angesichts dieser Thatsache werden wir zu keinem Ziele gelangen, da, so wenige auch hier versammelt sind, dennoch es eine Anzahl unter Ihnen geben wird, welche sich bezüglich der Frage wegen Zulassung des Laienelementes bei dem Gerichtshof ein Urtheil gebildet haben, welches mit demjenigen möglicherweiser nicht übereinstimmt, was die sogenannte communis opinio als das erklärt, was man momentan für das Richtige hält; aber dies nur darum, weil wunderbarer Weise bis zu unserem jetzigen XII. Juristentage keiner der Herren Juristen die Courage gehabt hat, ordentlich und klar seine Meinung zu sagen.

Nach den Erlebnissen, die wir mit dem Geschworenengerichte in Hamburg gemacht haben, habe ich mir wenigstens die Ueberzeugung verschafft, daß der sogenannte humane, ich möchte sagen nervöse Zug, der in den Juristen liegt in Bezug auf diese Frage, doch mit der Zeit uns mit ganz eminentem Nachtheil droht. Ich kann mir nämlich nicht denken, daß es auch auf die Dauer dem Publikum eine Beruhigung gewähren kann, sich zu sagen: eine große Garantie gibt mir die Zusammensetzung von Rechtsverständigen und von Rechtsunverständigen. Ich will nicht näher auf diese Frage eingehen. Angesichts dieser Thatsache aber möchte ich Ihnen empfehlen und stelle hiermit den Antrag, in Bezug auf diesen Gegenstand dem Plenum mitzutheilen, es möchte angesichts der schwachbesuchten Versammlung und weil nur einseitige Beurtheilungen vorliegen, die ständige Deputation ersuchen, sich ein Gutachten von sogenannten praktischen Juristen, Richtern und Anwälten einzuholen, um auf einem der nächsten Juristentage diese Frage zur Discussion zu stellen. Ich glaube, es empfiehlt sich angesichts der werdenden Gesetzgebung gar nicht, jetzt ein Urtheil abzugeben, namentlich auch, damit wir kein Dementi erfahren. Es wird kein großes Gewicht auf uns gelegt werden, selbst wenn wir sagen, wir wollen weder Geschworenen- noch Schöffengerichte.

Appellationsgerichtsrath **Becker** aus Oldenburg: Unter Betonung des in den Antrag mitaufgenommenen Satzes, einem der nächsten Juristentage den Gegenstand nochmals vorzulegen, trete ich, jedoch unter Widerspruch gegen die Grundanschauung des Herrn Antragstellers, indem ich gerade die Civiljury für ein Sicherungs- und Bethätigungsmittel der bürgerlichen Freiheit halte, aus dem Grunde zumeist, weil ein Beschluß von Werth jedenfalls von einer größeren Versammlung, wie wir hier augenblicklich den deutschen Juristentag vertreten, gefaßt werden muß, dem Antrage bei.

Kreisrichter Dr. **Meisner** aus Thorn: Es ist gewünscht worden, daß von praktischen Richtern und Anwälten Gutachten abgegeben werden möchten. Ist aber, — ich bin darüber wohl nicht genug informirt — die Civiljury schon irgendwo in Deutschland eingeführt, sodaß von praktischen Juristen ein Gutachten auf Grund ihrer praktischen Erfahrungen zu erwarten ist?

Dr. **Drewke**: Ich möchte dem Herrn Vorredner bemerklich machen, daß der frühere Tribunalspräsident Götze eine ganz ausgezeichnete Schrift über Civiljury geschrieben hat. Er ist Praktiker.

Dr. **Meisner**: Ich meine, ob es deutsche praktische Juristen gibt, welche aus praktischer Erfahrung sagen können: so und so gestaltet sich die Civiljury.

Dr. **Drewke**: Insofern der Herr Vorredner unter Civiljury dasjenige Institut versteht, welches, getrennt vom Richtercollegium, aus Laien zusammengesetzt, nur über den ersten Theil des Prozesses sein Urtheil abgiebt, so haben wir in Deutschland ein solches nicht. Was wir haben, ist eine Analogie der Schöffengerichte, ein Compositum aus Richtern und Laien zu einem einheitlichen Gericht. Wir haben diese Einrichtung in Württemberg, in den Handelsgerichten, ebenso in Bayern. Die Civiljury haben wir lediglich in England und Amerika als ein Institut, welches selbständig, höchstens vom Richter geleitet, über die Fragen, die aus dem Civilprozeß ausgeschieden dieser Körperschaft übergeben werden, sein vollständiges, den Richter bei Abmessung des Urtheils bindendes Verdict abgiebt. Insofern kann also die Frage des Herrn Vorredners nur dahin beantwortet werden: Ein Jurist in Deutschland, welcher aus deutschen Anschauungen ein solches Institut kennt, wird wohl nicht zu finden sein. Wir haben aber Juristen — und in unsrer Mitte befindet sich einer, der die Civiljury aus englischen Verhältnissen kennt, und insofern wird ein solcher Praktiker wohl zu finden sein, der, wenn er auch nicht ein englischer Jurist ist, doch die englischen Einrichtungen kennt.

Dr. **Levy**: Es existirt eine längere Abhandlung von Gonde in Nienburg, in Betreff der Zulassung des Laienelements bei den Gerichten überhaupt.

Ich glaube übrigens nicht ganz verstanden worden zu sein. Mir liegt es nicht an den Praktikern, die in Bezug auf die Civiljury Erfahrungen gemacht haben, sondern an dem Urtheil der sogenannten praktischen Juristen, der Richter und Anwälte, die Erfahrungen mit der Zulassung des Laienelements gemacht haben, z. B. eines Handelsgerichtspräsidenten, der mit Kaufleuten zusammen Urtheile gefällt hat, auch solcher Anwälte, die vor Geschworenengerichten plädirt haben. Ich weiß, daß die Civiljury in Deutschland noch nicht existirt. Ich bin gegen die Civiljury noch aus anderen Gründen. Ich bin durchaus gegen eine Trennung von factum und jus im Civilprozeß.

Dr. **Meisner**: Die Mitwirkung des Laienelements kann zusammen mit dem Richter erfolgen, oder, — was man im gewöhnlichen Sprachgebrauch unter Civiljury versteht, — das Urtheil wird von Nichtjuristen über die That, respective die Rechtsfrage abgegeben, über letztere vielleicht mit gewissen Beschränkungen, — so daß die Nichtjuristen allein urtheilen und nur unter Leitung des Richters stehen. Ich möchte anheimstellen, die Frage etwas allgemeiner für einen der nächsten Juristentage zu formuliren, etwa „über die Zuziehung des Laienelements bei der Civilrechtspflege;" denn bei dem Ausdruck: „Civiljury" wird immer gleich ins Auge gefaßt, daß die Nichtjuristen getrennt von den Juristen entscheiden sollen. Es würde sich vielleicht empfehlen, die Frage überhaupt zu erörtern und zur Entscheidung zu bringen, ob die Zuziehung des Laienelements bei der Civilrechtspflege überhaupt sich empfiehlt. Vielleicht wäre auch aus Württemberg, wo, soviel mir bekannt, die Zuziehung von Laien bei den Oberamtsgerichten stattfindet, ein Gutachten zu erhalten, wieweit sich diese Zuziehung als förderlich bewährt hat. Was bezüglich der Gutachten von Handelsgerichtspräsidenten angeregt worden, — so möchte ich daran erinnern, daß wir darüber schon bei dem V. deutschen Juristentag sehr umfassende Aeußerungen erhalten haben, insbesondere von Dr. Versmann aus Hamburg, — die dann wohl auch seiner Zeit Berücksichtigung finden werden.

Präsident: Da kein weiterer Antrag gestellt ist, so darf ich wohl die Erörterung über den Antrag des Herrn Dr. Levy als geschlossen erachten und zur Abstimmung über denselben verschreiten. Er geht dahin:

> Der deutsche Juristentag setzt in seiner zwölften Tagung die Frage bezüglich der Einführung der Jury in den deutschen Civilprozeß ab mit dem Ersuchen an die ständige Deputation, noch weitere Gutachten zu erheben und die Frage einem der nächsten Juristentage wieder vorzulegen.

Die Versammlung erklärt sich einstimmig für diesen Antrag und wird dieser Beschluß, wie die Abtheilung bestimmt, an das Plenum zur Kenntniß gebracht werden. Damit erklärt der Vorsitzende, unter

Aeußerung des Dankes für die freundliche Unterstützung bei Leitung der Verhandlungen, die Sitzungen der vierten Abtheilung für geschlossen.

Appellationsgerichtsrath **Becker**: So wenige wir auch noch hier übrig geblieben sind, so bringen wir gewiß auch im Sinne und im Namen der Abwesenden unsren Dank dem Herrn Präsidenten hierdurch dar für die vortreffliche Leitung unsrer Abtheilungssitzungen.

(Zustimmung.)

(Schluß der Sitzung 1/2 2 Uhr Nachmittags.)

Zweite Plenarsitzung

des

Zwölften Deutschen Juristentages

im Saale des Rathhauses zu Nürnberg

am 28. August 1875.

(Beginn: Vormittags 10 Uhr.)

Präsident **Gneist**: Meine Herren! Ich eröffne die zweite Plenarsitzung unsres XII. Juristentages.

Das Protokoll über die erste Sitzung liegt zur gefälligen Prüfung der Mitglieder zu meiner Linken aus. — Das Schriftführeramt für die heutige Sitzung des Plenum bitte ich übernehmen zu wollen einerseits Herrn Advokat Josephthal für die Meldungen zum Wort, andererseits Herrn Bürgermeister Heinemann für die Protokollführung.

(Es folgt Mittheilung über einige Eingänge, sowie die Mittheilung, daß wegen plötzlicher Erkrankung des Herrn Appellationsgerichtsraths Dr. Hauser aus München das von diesem zu erstattende Referat von einem andern Herrn übernommen werden muß, worauf beim Gegenstand selbst zurückgekommen werden soll.)

Nach Erledigung dieser Mittheilungen gehen wir zum Hauptgegenstand der heutigen Sitzung über, zur Mittheilung der Beschlüsse der Abtheilungen. Dieselben sind diesmal *sämmtlich nur zur Kenntnißnahme* mitzutheilen; ich stelle also den Herren Referenten anheim, das Maß der Mittheilungen zu geben, welches wir bei der Kenntnißnahme in der Regel inne gehalten haben. Wir folgen der Reihenfolge der Abtheilungen, wie sie Ihnen in der Tagesordnung bereits gedruckt vorliegt.

Es beginnt die erste und zweite Abtheilung mit der Mittheilung ihrer Beschlüsse, und zwar Nr. 1 der Beschlüsse über eheliches Güterrecht durch Herrn Professor Schröder (Würzburg).

Referent Professor Dr. **Schröder** aus Würzburg: Meine Herren! Im XI. deutschen Juristentag, der vor zwei Jahren tagte, war die Frage vorgenommen: „Ist das eheliche Güterrecht auf der Grundlage der Güterverbindung zu codificiren?“ Unter Güterverbindung verstand man dasselbe, was auch — wenngleich nicht ganz passend — Gütereinheit, oder besser Verwaltungsgemeinschaft genannt wird, das heißt dasjenige System, welches das ganze Vermögen der Frau für die Dauer der Ehe in die Verwaltung und Nutzung des Mannes giebt, mit dem Verfügungsrechte über die Mobilien und mit der Verpflichtung, bei Verfügung über die Immobilien der Frau ihre Zustimmung zuzuziehen. Nach diesem Systeme der Güterverbindung besteht blos eine Verwaltungsgemeinschaft während der Ehe; nach Auflösung der Ehe gehen die beiden Vermögensmassen nach der ursprünglichen Zuständigkeit wieder auseinander. Es war also die Frage: soll das eheliche Güterrecht auf dieser Grundlage codificirt werden? Es lag dem XI. Juristentage ein Gutachten des Herrn von Beaulieu-Marconnay vor, welches diese Frage bejahte. An weiteren Gutachten gebrach es; dagegen hatte Herr Dr. Binding aus Frankfurt a. M. zwei Abhandlungen im Archiv für civilistische Praxis veröffentlicht, in welchen er mit größter Entschiedenheit für das System der Errungenschaftsgemeinschaft eintrat, als dasjenige System, dessen unser zukünftiges Civilgesetzbuch nicht würde entrathen können. Es standen sich also zwei von angesehenen practischen Juristen verfaßte Voten schroff gegenüber. Der XI. Juristentag beschloß deshalb, noch keinen entscheidenden Beschluß zu fassen, vielmehr die Sache dem nächsten, unserm Juristentage vorzubehalten, und mittlerweile, um die Frage weiter zu klären, noch anderweitige Gutachten einzufordern. Solche Gutachten sind denn auch noch eingegangen von Herrn Justizrath Dr. Euler zu Frankfurt a. M., von Professor Dr. Paul Roth in München, von Herrn Geheimrath Dr. Agricola in Eisenach und von mir. Das Gutachten des Herrn Dr. Euler kam in der einen Hauptfrage auf dasselbe hinaus, wie das von Herrn Beaulieu-Marconnay. Auch Herr Dr. Euler wünschte als das eigentliche gesetzliche System des ehelichen Güterrechts die Verwaltungsgemeinschaft, das heißt also die Gütertrennung mit Verwaltungsgemeinschaft für die Dauer der Ehe. Aber Herr Dr. Euler erklärte es gleichzeitig für unerläßlich, daß das Gesetzbuch nach dem Vorgange des französischen Civilgesetzbuches auch noch weitere Codificationen für den Fall, daß die Ehegatten sich doch einem anderen System unterwerfen wollten, aufzunehmen habe. Sein Antrag geht hiernach dahin: die Verwaltungsgemeinschaft als gesetzliches System aufzustellen, für den Fall aber, daß die Ehegatten ein anderes System vereinbaren sollten, noch zu codificiren das System der Errungenschaftsgemeinschaft und der allgemeinen Gütergemeinschaft.

Die drei anderen Gutachten von Roth, Agricola und mir gingen auf etwas Anderes hinaus. Die statistischen Untersuchungen haben ergeben, daß die drei Systeme der Verwaltungsgemeinschaft, der particularen Gütergemeinschaft und der allgemeinen Gütergemeinschaft fast gleichmäßig über Deutschland vertheilt sind. Es leben vierzehn Millionen Seelen in Deutschland in particulärer Gütergemeinschaft, je elf Millionen Seelen ungefähr in der allgemeinen Gütergemeinschaft, respective in Verwaltungsgemeinschaft, während der Rest von ungefähr fünf Millionen Seelen nach römischem Dotalrecht lebt, das aber nur in einzelnen Gegenden vollständig zur Anwendung kommt, in den meisten Gegenden Deutschlands, wo es überhaupt gilt, nur bedeutend modificirt Anwendung findet. Auf Grund dieser statistischen Ergebnisse gingen diese drei Gutachten darauf hinaus, daß man nicht berechtigt sei, ein einheitliches System, welches bis jetzt geltendes Recht für $^1/_3$ der Bevölkerung gewesen, als gesetzliches Recht aufzustellen, um es den andern $^2/_3$ zu octroyiren, daß man vielmehr ein Regionalsystem eintreten lassen solle, wonach die drei Systeme in verschiedenen geographischen Geltungsgebieten eintreten sollten. Ich selbst habe, nachdem dieses Gutachten vor circa $1^1/_2$ Jahren von mir abgegeben war, meine Ansicht in dieser Beziehung vollständig geändert und mich zu der Ansicht bekehrt, daß ein einheitliches System absolut nothwendig ist, daß die beiden anderen Systeme dagegen codificirt werden müssen, um den Ehegatten die Möglichkeit zu bieten, durch einfache Erklärung darauf zu provociren, sich diesem Systeme zu unterwerfen. Die erste Abtheilung, welche nun vorgestern zu berathen hatte, sollte sich schlüssig machen über die Frage:

> „Ist es wünschenswerth und ausführbar, das eheliche Güterrecht für ganz Deutschland durch ein einheitliches Gesetz zu codificiren? und auf welcher Grundlage?"

Also die erste Frage, ob ein einheitliches Gesetz wünschenswerth und ausführbar sei, und die zweite Frage, welches System die Grundlage zu bilden habe.

Die Abtheilung hat sich, vornehmlich weil es an der nöthigen Zeit mangelte, auf die mehr secundäre Frage, ob die drei Systeme zu codificiren seien, das heißt ob neben einem gesetzlichen zwei Systeme für den Fall der Eheverträge zu codificiren seien, nicht weiter eingelassen. Die Frage ist offen gelassen, sie ist nicht zur Abstimmung gekommen; sie spielte ja auch nur eine secundäre Rolle gegenüber der viel wichtigeren Frage: Soll überhaupt und respective welches System das gesetzliche für das ganze Reich sein? —

Es trat nun eine erfreuliche Uebereinstimmung der Versammlung hervor in der Richtung: Das Regionalsystem, welches Deutschland wieder wenigstens in drei Theile zerlegen würde, ist unanwendbar; wir bedürfen unter allen Umständen eines einheitlichen Systems, das für Deutschland überall dort gilt, wo durch Ehevertrag nichts anderes beliebt ist; denn darin stimmen wiederum Alle überein, daß der Ehevertrag den Ehegatten freigelassen werden müsse, wenn man auch in einzelnen Beziehungen, namentlich in Bezug auf Beschränkung der gesetzlichen Schuldhaft, dem Ehevertrage Zügel anlegen müsse. Ein System soll das allgemeine gesetzliche System für ganz Deutschland sein, soll überall eintreten, wo kein Ehevertrag vorliegt, und als dieses System ist nun festgestellt worden durch Majoritätsbeschluß der Versammlung das System der Verwaltungsgemeinschaft, aber mit einer Modification von so großer Bedeutung, daß man nach meiner unmaßgeblichen Ansicht das System dann kaum noch Verwaltungsgemeinschaft nennen kann; es neigt sich das, was die Versammlung beschlossen hat, vielmehr der particulären Gütergemeinschaft zu. Es herrschte nämlich bei der Majorität Uebereinstimmung darin: wir wollen keine allgemeine Gütergemeinschaft als Principalsystem, weil die allgemeine Gütergemeinschaft die Frau zu sehr in die Hände des Mannes giebt, weil die Frau außerordentlich gefährdet ist durch die absolute Mithaftung für die Schulden des Mannes. Und die zweite, ebenfalls von der großen Majorität getheilte Ansicht, und zwar nicht blos von der Majorität, die für den Beschluß gestimmt hat, sondern auch von vielen, die der Minorität angehörten; ich sage, es herrschte Uebereinstimmung der großen Majorität darin, daß, wenn wir auf der einen Seite keine allgemeine Gütergemeinschaft mit unbedingter Haftung der Frau für die Schulden des Mannes haben wollen, so wollen wir auf der andern Seite auch nicht das System der reinen Verwaltungsgemeinschaft, wonach die Frau für die Schulden des Mannes gar nicht einzustehen braucht. Man wollte nicht absolute Schuldengemeinschaft, man wollte auch nicht absolute Schuldentrennung, man wollte ein vermittelndes System, und so ist denn beschlossen, das System der Verwaltungsgemeinschaft, das heißt also das System der innerlichen Gütertrennung mit dem Nutzungsrecht des Mannes an dem Vermögen der Frau, als das gesetzliche System zu empfehlen, aber mit der Hinzufügung, daß die Frau mit ihrem Vermögen für die Schulden des Mannes mit haftbar sei, soweit ihr Vermögen nicht auf ihren oder ihrer Rechtsvorgänger Namen eingetragen ist. Die Frau soll also nicht haften für die Schulden ihres Mannes mit ihren eingebrachten, während der Ehe ererbten oder durch Schenkung erworbenen Immobilien, wenn sie auf ihren oder ihres Erblassers oder ihres Geschenkgebers Namen eingetragen sind. Sie soll nicht haften desgleichen mit ihren auf Hypothekgrundschulden oder Renten angelegten Kapitalien, wenn sie auf ihren Namen eingetragen sind. Sie soll vielleicht auch nicht haften mit Actien oder anderen Werthpapieren, wenn sie auf ihren Namen lauten. Dagegen soll sie mit dem gemeinsamen Mobiliarvermögen, auch mit Werthpapieren, die auf den Inhaber lauten, für die Schulden des Mannes haften. — Das ist das Princip, das von der großen Majorität als das empfehlenswertheste anerkannt wurde und dem ich mich für meine Person, obwohl ich nicht für die Formulirung des Antrages gestimmt habe, vollständig anschließen kann. Dieses System wird sich aber, meiner unmaßgeblichen Meinung nach, in der practischen Ausführung in einer Richtung wesentlich modificiren müssen. Wenn die Frau mit einem großen Theil des Vermögens — denn bedenken Sie, wie wichtig ist heute der Besitz von derartigen Papieren auf den Inhaber für das Kapital! — für die Schulden des Mannes einstehen soll, der Mann dagegen für die Schulden der Frau, namentlich auch für ihre vorehelichen Schulden, nur mit der Substanz ihres Vermögens, aber nicht mit den Früchten und mit seinem eigenen Vermögen haften soll, so stellen wir ja dadurch die Gläubiger der Frau außerordentlich zurück gegen die Gläubiger des Mannes. Denken Sie sich den Fall: die Frau verfällt in Concurs während der Ehe, ihre Gläubiger kommen, wollen ihr Vermögen in Beschlag nehmen, der Mann nimmt für sich weg, als nicht haftend, sein Vermögen und alle Früchte, die aus dem Vermögen der Frau inzwischen gezogen worden; dagegen sollen die Gläubiger des Mannes mit den Gläubigern der Frau bei dem Vermögen der letzteren concurriren. Diesem Mißverhältnisse vorzubeugen, ist es nothwendig für die practische Ausführung, daß mit der Mithaftung der Frau für die Schulden des Mannes eine Betheiligung derselben (respective ihrer Gläubiger) an dem in der Ehe erzielten Gewinne, also eine Errungenschaftsgemeinschaft stattfinde, oder auch daß eine beschränkte Schuldenhaftung des Mannes für die Schulden der Frau concedirt werde. Nun, das sind Dinge, die bei der weiteren Ausführung erst in Frage kommen. In Bezug auf das Hauptprincip hat vollständig Einstimmigkeit der großen Majorität geherrscht über das Princip: wir wollen ein einheitliches gesetzliches System haben, nicht das römische Dotalrecht, das nur ganz vereinzelt in Deutschland gilt; wir wollen ein einheitliches System haben, wir wollen den Ehevertrag frei haben mit gewissen Schranken, die man ihm auferlegen kann; wir wollen ein System haben, das die Frau mit einem großen Theil ihres Vermögens, mit Ausschluß des Immobiliarvermögens und der Gegenstände, die wir den Immobilien gleichstellen, haftbar macht für die Schulden des Mannes. Das sind die Punkte, über die sich die Abtheilung geeinigt hat; die andern Punkte sind von mehr secundärer Bedeutung.

(Bravo!)

Präsident: Wir sagen unsern Dank dem Herrn Referenten, dem wir auch für sein Gutachten zu besonderem Danke verpflichtet sind.

Wir kommen zu dem zweiten Gegenstande, zu dem Beschlusse über die väterliche Gewalt, über die uns Herr Dr. v. Kießling Bericht erstatten wird.

Hof- und Gerichtsadvocat Ritter **von Kießling** aus Linz: Meine Herren! Die Frage:

> „Soll die väterliche Gewalt, insbesondere als Grund der Beschränkung der Handlungsfähigkeit, kraft des Gesetzes mit der Großjährigkeit des Hauskindes erlöschen?“

ist eigentlich schon auf dem II. Juristentage, wenn auch nur per incidens, verhandelt und bejaht worden. Sie wurde diesmal abermals gestellt, weil es für die Gesetzgebungen, welche sich über das Vormundschaftswesen jetzt verbreiten, von höchster Wichtigkeit erschien, daß der Juristentag noch etwas ausführlicher über die Frage verhandelt und sich ausspricht. Es sind zwei Gutachten erstattet worden, und zwar von Professor Dr. Pfaff in Wien, Seite 158 der diesjährigen Verhandlungen, und von Obertribunalsrath Struckmann in Berlin, Seite 268 daselbst. Beide sind für die Bejahung der Frage, und zwar kurz aus folgenden Gründen. Erstens sei die väterliche Gewalt nach der Auffassung des deutschen Rechts nicht ein Recht, sondern eine Pflicht des Vaters, es sei ein Schutzverhältniß, und wenn der Grund dieses Schutzverhältnisses aufhöre, müsse dasselbe auch aufhören, mithin die väterliche Gewalt mit dem Momente ein Ende nehmen, in welchem die Gesetzgebung annimmt, daß der Sohn zur Verwaltung seines Vermögens befähigt ist. Es sei aber auch wirthschaftlich nothwendig, daß diese Beschränkung aufgehoben werde, weil es im Verkehr von bedeutenden Schwierigkeiten ist, wenn man sich nicht blos darum kümmern muß, ob Jemand großjährig ist, sondern auch darum, was noch schwerer zu erheben ist, ob Jemand noch unter väterlicher Gewalt ist. Das entzieht sich noch viel mehr der Untersuchung, weil das von Verhältnissen abhängig ist, die weniger nach außen sich manifestiren. Es sei aber auch vom sittlichen Standpunkte erwünscht, daß diese Beschränkung aufhört, weil die Fortdauer der väterlichen Gewalt und die Conflicte, welche sich durch diese Fortdauer ergeben, insbesondere gegen den widerstrebenden Willen des Vaters, seine Zustimmung zu der Auflassung derselben zu ertheilen oder den Sohn ein Verhältniß eingehen zu lassen, in welchem er selbständig wird und daher die väterliche Gewalt aufhört — für die Familie von großem Nachtheil sind. Aus diesen Gründen habe ich mich als Referent ebenfalls für die Bejahung der Frage ausgesprochen, umsomehr als wir in Oesterreich durch das allgemeine bürgerliche Gesetzbuch, welches bekanntlich 1811 in Wirksamkeit trat, diese Aufhebung der Beschränkung der Handlungsfähigkeit haben und ich in Uebereinstimmung mit allen praktischen Juristen Oesterreichs bestätigen kann, daß das gar keine Nachtheile, sondern nur Vortheile gehabt hat. Der Correferent, Herr Rechtsanwalt Leonhard aus Breslau, hat sich im gleichen Sinne ausgesprochen, und die Abtheilung hat einstimmig die Bejahung der Frage beschlossen, nämlich den Satz:

„Die väterliche Gewalt, insbesondere als Grund der Beschränkung der Handlungsfähigkeit, soll kraft des Gesetzes mit der Großjährigkeit des Hauskindes erlöschen."

Ich bitte, das zur Kenntniß zu nehmen.

Präsident: Mit dem Danke für den Herrn Referenten melde ich den dritten Gegenstand an, über welchen in Abwesenheit des erkrankten Berichterstatters der Herr Vorsitzende der ersten und zweiten Abtheilung uns Rechenschaft geben wird.

Reichsoberhandelsgerichtsvicepräsident Dr. **Drechsler** aus Leipzig: Meine Herren! Ich bedauere, daß durch die Erkrankung des Herrn Dr. Hauser Ihnen der Genuß entgeht, von ihm eine Motivirung seiner Anträge zu hören, die er sich gewiß nicht versagt haben würde, wenn ich Ihnen auch mittheilen kann, daß eine eigentliche, ins Detail gehende Discussion über die bezüglichen Anträge nicht stattgefunden hat. Es machte mir den Eindruck, als wenn die Abtheilung, nachdem soeben das preußische Gesetz über das Vormundschaftswesen erlassen worden ist, nicht die Neigung hatte, noch detaillirte Modificationen zu beschließen, vielleicht in der Meinung, daß doch, wenn demnächst die Sache zur Beschlußnahme des Reichstags gelangen werde, um als Theil des großen Gesetzgebungswerks ins Leben geführt zu werden, eine ganz andre Grundlage gewonnen werden müßte, als die allgemeinen Gesichtspunkte, die in den Fragen, welche wir in der Tagesordnung lesen, sich darbieten. Der Herr Referent hatte beantragt:

„Die Obervormundschaft ist durch Einzelrichter auszuüben."

Dieser Antrag ist ohne alle Discussion einstimmig zum Beschluß der

Abtheilung erhoben worden, ebenso mit großer Mehrheit dasjenige, was Sie unter 2) der Tagesordnung lesen, daß es sich zur Beaufsichtigung der vormundschaftlichen Geschäftsführung empfiehlt, eine Mitwirkung der Familie und der Gemeinde eintreten zu lassen im Interesse der Sorge für den Mündel. Differente Ansichten traten hervor bei dem dritten Punkte. Die Abtheilung beschloß als Antwort auf die Frage, ob das Institut eines beaufsichtigenden Gegen- oder Ehrenvormunds überhaupt einzuführen sei:

„Die Aufstellung eines Gegenvormundes ist nicht zu empfehlen."

und verwarf alle Anträge, auch die des Herrn Referenten, der für gewisse Geschäfte der Vermögensverwaltung neben dem Vormunde noch die Mitwirkung einer andern Person, sei es aus dem Familienrathe oder aus dem Waisenrathe, nothwendig erachtete. Sie verwarf auch den Antrag andrer Mitglieder, welche bei Vermögensverwaltungen den Vormund durch einen Gegenvormund controliren und beaufsichtigen wollten. Die nächste Frage:

„Empfiehlt sich die Beibehaltung der Depositalverwaltung für Mündelgelder?"

ist ohne Discussion in der Abtheilung verneint, es ist aber auch nicht beliebt worden zu bestimmen, daß andre Maßregeln angedeutet würden, die an die Stelle der Depositalverwaltung zu treten hätten, um nicht die Selbständigkeit der Verwaltung eines Vormunds in irgend einer Weise zu beschränken. Es wurde verworfen der Antrag, daß eine bloße Verwahrung stattfinden soll bei einer hiefür bestimmten Kasse, und ebenso ist der Zwang zur Sicherheitsleistung der Vormünder beseitigt, und beschlossen, daß ein solcher Zwang nicht zu rechtfertigen sei. Eine gewiß tief einschneidende Maßregel, da, wie bekannt, die meisten großen Gesetzgebungen eine Cautionsleistung des Vormunds nicht entbehren zu können glauben.

Das habe ich mitzutheilen.

Präsident: Die Gegenstände der ersten und zweiten Abtheilung sind erschöpft.

In der dritten Abtheilung beginnt die Mittheilung der Beschlüsse über die Entschädigungspflicht. Als Berichterstatter wird Herr Generalstaatsanwalt Dr. v. Schwarze fungiren.

Generalstaatsanwalt Dr. **von Schwarze** aus Dresden: Meine Herren! Die dritte Abtheilung hat bei ihren diesmaligen Berathungen sich zunächst mit einer Frage beschäftigt, welche bereits früher Gegenstand der Discussion auf dem Juristentage gewesen ist, damals aber nicht zum Austrage gebracht und anderweit auf die Tagesordnung gesetzt wurde. Es ist dies die Frage:

„Soll im Falle der Freisprechung (oder der Nichterhebung der

Anklage) für die Untersuchungshaft eine Entschädigung gewährt werden?"

Die dritte Abtheilung hat mich als ihren Vorsitzenden und nicht den Referenten mit der Berichterstattung über die gefaßten Beschlüsse beauftragt, aus Gründen, die aus dem Vortrage selbst, den ich Ihnen jetzt zu halten die Ehre habe, hervorgehen werden. Der Herr Referent hat über die Frage sowohl in ihrer geschichtlichen Entwickelung als in ihrer materiellen Bedeutung auf Grund der erstatteten Gutachten sowohl als der sonst in der Literatur hervorgetretenen Erscheinungen uns einen sehr ausführlichen und gründlichen Bericht erstattet. Der Antrag, den der Herr Referent an seinen Vortrag geknüpft hat, ist jedoch von der Abtheilung abgelehnt worden; dasselbe Schicksal hatten sämmtliche übrige Anträge, welche von Mitgliedern der Abtheilung gestellt und discutirt worden sind. Es ist daher von Seiten der Abtheilung über die Frage selbst ein den materiellen Inhalt derselben betreffender Beschluß nicht gefaßt worden.

Ich habe Ihnen in Bezug auf die einzelnen Anträge nunmehr einen kurzen Bericht zu erstatten, wobei ich vor der Conclusion warnen möchte, als ob die dritte Abtheilung gewissermaßen unfertig in der Beurtheilung der Sache gewesen sei, als ob wir über eine Sache lange discutirt hätten und schließlich rathlos auseinandergegangen wären. Es zog sich durch die ganze Discussion der Gedanke, daß Fälle vorhanden sein können, in denen eine Entschädigungspflicht des Staates begründet sei, wenn gegen den Angeschuldigten, der in Haft genommen worden, eine Anklage nicht erhoben oder der Angeklagte freigesprochen worden sei. Allein ein Antrag des Herrn Professor Dr. Schütze in Kiel, darauf gerichtet, daß die Versammlung über die Frage zur Tagesordnung übergehen solle, berührte bereits den Zweifel, der als Motiv dieses Antrages auf Uebergang zur Tagesordnung benutzt wurde, ob es nämlich überhaupt angemessen sei, die Frage in dieser Isolirung, wie sie uns hier gestellt worden, zu behandeln, oder ob es nicht nothwendig, mindestens nützlich sei, die Frage in Zusammenhang mit der allerdings einer Regulirung bedürfenden Frage über den Ersatz der Criminalkosten, sowie mehreren andern, den Strafprozeß betreffenden, ebenfalls noch nicht festgestellten Fragen zu erledigen. Dieser Antrag des Herrn Professor Dr. Schütze wurde von der Versammlung abgelehnt, und zwar ging aus der Discussion hervor, daß die Majorität von der Meinung geleitet war, daß, wenngleich diese Continuität der soeben berührten Fragen nicht zu verkennen, man recht wohl im Stande sein würde, eine die materielle Seite der Frage berührende Entscheidung schon heute zu geben.

Was nun die Anträge anlangt, welche sich auf die materielle Seite der Frage bezogen, so habe ich zunächst die Anträge des Herrn Referenten mitzutheilen, die jedoch bei der Abstimmung zuletzt zur Entscheidung der Versammlung gestellt wurden. Der Herr Referent hatte beantragt, daß der Juristentag seine Ueberzeugung folgendermaßen ausspreche:

„Im Falle der Nichterhebung oder Zurückziehung der Anklage oder der Freisprechung hat der Staat für die erlittene Untersuchungshaft Entschädigung zu leisten.

Der Entschädigungsanspruch entfällt, wenn der Beschuldigte erweislich lügenhafte Angaben, Collusions- oder Fluchtversuche gemacht hat, oder wenn sein Verhalten vor dem Richter aus der erweislichen Absicht hervorgegangen ist, die Untersuchungshaft herbeizuführen oder zu verlängern."

Gegenüber diesem Antrage des Herrn Referenten, der in seinem ersten Satz das allgemeine Princip etablirte, in seinem zweiten Satz aber Ausnahmen dieser principiell anerkannten Entschädigungspflicht feststellte, wurden von dem Herrn Dr. Rubo sowie von dem Herrn Oberstaatsanwalt v. Lauhn Anträge gestellt. Der Antrag des Herrn Dr. Rubo war allgemeinerer Art, er lautete:

„Im Falle der Nichterhebung oder Zurückziehung der Anklage oder der Freisprechung hat der Staat für die erlittene Untersuchungshaft Entschädigung zu leisten, insofern eine solche nach den allgemeinen Vorschriften über Schadensersatzpflicht begründet ist."

Dieser Antrag ist abgelehnt worden, weil, wie in der Discussion hervorgehoben wurde, durch diesen allgemeinen Satz ein wirklich greifbares, klares Princip nicht gegeben sei, beziehentlich nur eine allgemein anerkannte Wahrheit ausgesprochen werde, bezüglich deren man bereits in der Praxis sich überzeugt habe, daß sie nicht ausreiche, um die speciell hier in Frage kommenden Fälle principiell und gleichmäßig zu erledigen. Es ist dies wenigstens die Ansicht Derer gewesen, die gegen den Antrag sprachen. Ein anderer Antrag war gestellt, wie bereits bemerkt, vom Herrn Oberstaatsanwalt von Lauhn. Derselbe lautet:

„Eine Entschädigung für die Untersuchungshaft kann nur beansprucht werden, wenn im Falle der nicht erhobenen Anklage oder der erfolgten Freisprechung die Unschuld des Angeklagten nachgewiesen ist."

Diejenigen Herren, welche bei der Discussion gegen diesen Antrag sich erklärten, machten namentlich zwei Argumente geltend. Einmal wurde materiell geltend gemacht, daß auf diesen Fall, welchen der Antrag speciell hervorhebt, die Entschädigungspflicht zu beschränken eine viel zu enge Fassung des ganzen Gedankens sei und schließlich die ganze Entschädigungspflicht hier in Frage gestellt sei, auf ein Minimum herabgedrückt werde. Andererseits wurde aber auch geltend gemacht, daß dieser Antrag unausführbar sei, wenn man sich vergegenwärtige, daß namentlich im Falle des Verdicts der Geschworenen auf „Nichtschuldig" es aus dem Verdict ja nicht erkennbar sei, ob das „Nichtschuldig" sich darauf stütze, daß der Anklagebeweis nicht zureiche zur Verurtheilung, wenn immerhin er erheblich sei, oder aber, daß das „Nichtschuldig" hervorgegangen sei aus der Ueberzeugung der Geschworenen beziehungsweise Richter, daß die Unschuld des Angeklagten dargethan sei. Wenn also solche Ungewißheit über die materielle Begründung des Nichtschuldig gegenüber dieser Frage sich herausstelle, würde man schließlich genöthigt sein, ein besonderes Verfahren einzuführen, in welchem diese Frage, ob das Nichtschuldig erfolgt sei wegen ungenügenden Belastungsbeweises oder ob wegen vollständig erbrachten Entlastungsbeweises, erörtert werden müßte, also ein neues Verfahren einzuführen, über dessen Construction man sich in der That nicht klar werden kann.

Was nun speciell die Anträge des Herrn Referenten anlangt, so möge derselbe mir verzeihen, wenn ich eine Bemerkung aus meiner Anschauung Ihnen vortrage; ich kann sie nicht als Ansicht der Abtheilung Ihnen referiren. Ich glaube, der Antrag ist mit dadurch gefallen, daß er sich in große Specialitäten ergangen hat. Es wurde auch von mehreren der Herren Redner, die sich gegen die Anträge des Herrn Referenten erklärten, zwar im Princip den Anschauungen des Herrn Referenten vollständige Anerkennung gewährt, gleichzeitig aber hervorgehoben, daß in den speciellen Ausnahmefällen, deren Bedeutung und Wichtigkeit der Herr Referent selbst wiederholt betonte, ein bestimmtes, greifbares Princip nicht enthalten sei, und daß es namentlich für eine Versammlung, wie der Juristentag, nicht angezeigt sei, in derartigen Specialitäten sich zu ergehen, statt ein bestimmtes, einfaches, gesetzgeberisches Princip in voller Präcision und Klarheit aufzustellen.

Das Resultat, meine Herren, war, daß die Anträge des Herrn Referenten zwar abgelehnt wurden, daß aber die Abstimmung eine zweifelhafte blieb und daß bei einer itio in partes, die vorgenommen werden mußte, sich herausstellte, daß die Majorität, die gegen die Anträge des Herrn Referenten sich erklärte, eine Stimme betrug. Ich möchte auch in diesem Resultat eine Bestätigung der Anschauung wiederfinden, daß in der diesmaligen Versammlung die Frage *in ihren Specialitäten* noch nicht soweit erörtert erschien, um durch einen Beschluß des Juristentages eine communis opinio doctorum zum Ausdruck zu bringen, und daß wir uns hüten müssen, Fragen, die so zweifelhafter Natur sind, daß sie schließlich mit der Majorität einer Stimme entschieden werden, mit der Anforderung so zu entscheiden, daß man unserer Entscheidung die Gerechtigkeit widerfahren lassen müsse, sie stelle eine communis opinio doctorum dar. Auf mich wenigstens hat die Verhandlung den Eindruck gemacht, als ob man sich nicht getraut habe, auf diesen speciellen Gängen, die der Herr Referent mit großem Geschick und Gewandtheit gezeigt hatte, ihm zu folgen und in diesen Specialitäten zugleich eine communis opinio doctorum zum Ausdruck zu bringen.

So ist, meine Herren, die dritte Abtheilung zwar zu keinem Beschluß gelangt, ich möchte aber glauben, daß diese Verhandlungen immerhin sehr wichtig und lehrreich in den angedeuteten Richtungen gewesen sind und sehr viel Material bieten, um die Frage endlich einmal zum Austrag zu bringen und zwar dermaßen, daß ein bestimmtes, klares, einfaches Princip, das in die Gesetzgebung aufgenommen und in der Praxis verwerthet werden kann, gefunden würde.

Das ist der Vortrag, den ich vor Ihnen zu halten die Ehre hatte.

(Bravo!)

Präsident: Dr. Schütze aus Kiel hat zur Geschäftsordnung beantragt:

„Die Frage der Entschädigungspflicht ist wiederum auf die Tagesordnung des nächsten Juristentages zu setzen."

Er hat das Wort.

Professor Dr. **Schütze** aus Kiel: Meine Herren! Zur Begründung dieses meines Antrags, die Frage der Entschädigungspflicht auf Seiten des Freigesprochenen oder bei Nichterhebung der Anklage wieder auf die Tagesordnung des nächsten Juristentages zu setzen, also im Wesentlichen denselben Beschluß hier zu fassen, welcher auf dem vorigen Juristentage beziehentlich dieser Frage gefaßt wurde, brauche ich eigentlich nach den Ausführungen des Herrn Referenten kaum noch Etwas hinzuzufügen. Sie haben daraus ersehen, daß die diesmaligen Verhandlungen, wenn sie auch wiederum zu gar keinem Resultat geführt haben, nichts destoweniger ein Material zu Tage geschafft haben, welches vielleicht, verbunden mit dem früheren, das nächste Mal einen Austrag der Frage erleichtern wird. Ich hatte schon in der Abtheilungsberathung einen Ausweg geboten — wenn ich das hier bemerken darf —, diese Frage wegen ihres Zusammenhanges mit anderen Fragen in eine ganz andere Fassung zu bringen, und es dürfte daher der ständigen Deputation anheimzugeben sein, etwa durch eine Verallgemeinerung der Frage die Auffindung eines Princips für ihre Entscheidungen möglich zu machen. Die Verhandlungen bieten dazu das nöthige Material. Es ist nicht meine Sache, hier einen Antrag in dieser Beziehung zu stellen. Auch das vorige Mal wurde die ursprünglich gestellte Frage für den diesmaligen Juristentag erweitert. Eine noch fernere Erweiterung würde vielleicht eine principielle Lösung auf dem nächsten Juristentage herbeiführen. Ich beschränke mich auf diese Bemerkungen, indem ich meinen Antrag wiederhole, es möge der ständigen Deputation empfohlen werden, diese Frage der Entschädigungspflicht wiederum auf die Tagesordnung des nächsten deutschen Juristentages zu setzen.

Präsident: Ich bringe diesen Antrag zur Abstimmung, da ein weitere Discussion über denselben geschäftsordnungsmäßig nicht zulässig ist. Ich bitte diejenigen Herren, welche dem Antrage des Herren Dr. Schütze zustimmen wollen, die Hand zu erheben.

(Geschieht.)

Es ist die große Majorität für den Antrag. Ich ersuche nun Herrn Dr. Jaques aus Wien, uns seinen Bericht zu erstatten.

Hof- und Gerichtsadvokat Dr. **Jaques** aus Wien: Meine Herren! Die Beschlüsse, welche die dritte Abtheilung in Bezug auf die Zeugnißpflicht gefaßt hat, lauten:

„Die Zeugnißpflicht vor dem Richter in Strafsachen wird wirksam, auch ehe die Untersuchung die Richtung gegen eine bestimmte Person genommen hat.

Wenn bei einem durch eine periodische Druckschrift begangenen Delicte der verantwortliche Redakteur als Thäter haftet, entfällt jede Zeugnißpflicht.

Ist das nicht der Fall, oder ist ein durch eine nicht periodische Druckschrift begangenes Delict in Frage, so sind der verantwortliche Redakteur, beziehungsweise der Verleger, Drucker, Verbreiter berechtigt, das Zeugniß zu verweigern."

Die Frage der Zeugnißpflicht ist an die Abtheilung in der Form herangetreten, daß man darüber schlüssig werden möge, ob die Zeugnißpflicht in Criminalsachen so lange nicht anerkannt werden solle, bis die Untersuchung die Richtung gegen eine bestimmte Person genommen hat?

Diese Frage war schon auf einem früheren Juristentage, dem V., im Zusammenhang mit anderen, die Zeugnißpflicht betreffenden Fragen, zur Erörterung gekommen, und schon damals war die Entscheidung der Abtheilung und der Plenarsitzung dahin gegangen, daß die Untersuchung noch nicht gegen eine bestimmte Person eingeleitet sein müsse, wenn man die Zeugnißpflicht in Anwendung bringe. Dies war in der Wesenheit der

Inhalt des Beschlusses auf Grund der Interpretation, welche von unsrem verehrten damaligen Präsidenten von Wächter demselben gegeben worden war. Wollte die Abtheilung also auch nur an der Continuität der Beschlüsse des Juristentages festhalten, so hatte sie schon einen sehr erheblichen Grund, wieder auf diesen Beschluß zurückzukommen.

Sie mußte aber auf den Beschluß zurückkommen aus dem anderen weit schwerer wiegenden Grunde, weil sie die Ueberzeugung haben mußte, das strafprozessualische Verfahren würde vollständig paralysirt werden, falls man etwa die Bedingung aufstelle, daß die Zeugnißpflicht erst dann zur Geltung komme, wenn schon die Untersuchung gegen eine bestimmte Person eingeleitet worden sei. Alle die Praktiker der dritten Abtheilung waren von dieser Ueberzeugung durchdrungen und von der weiteren, daß man, falls ein solcher Beschluß gefaßt würde, in die Alternative käme, entweder dem strafprozessualischen Verfahren die Lebensadern zu unterbinden oder aber den Beschluß zu einem ganz unpraktischen und gegenstandlosen zu machen, weil die Gerichte, durch die absolute Nothwendigkeit gedrängt, sich das Beweismaterial auch durch Anwendung der Zeugnißpflicht zu verschaffen, die Untersuchung immer so früh als möglich gegen eine bestimmte Person einleiten würden, damit sie auf diesem Wege auch die Möglichkeit gewännen, von der Zeugnißpflicht Gebrauch zu machen. Es konnte also für die Abtheilung darüber ein Zweifel nicht bestehen, daß man dem Richter die Befugniß einräumen müsse, auch im Vorverfahren — zumal denn doch in sehr vielen Fällen der objective Thatbestand erst durch Beweisführung hergestellt werden kann — von der Zeugnißpflicht Gebrauch zu machen, und ich darf mit den Worten unsres verehrten Abtheilungspräsidenten sagen, daß mit einer an Einstimmigkeit grenzenden Majorität der erste Passus in derjenigen Form angenommen wurde, wie er Ihnen gedruckt vorliegt, resp. die Frage, welche von der ständigen Deputation gestellt worden war, verneint wurde. Ja man hat sich sogar wohl vielfach der Ueberzeugung hingegeben, daß die wiederholte Aufstellung der Frage nicht sowohl im Zweifel über die Art ihrer Beantwortung zu suchen sei, als vielmehr in dem Gedanken, daß man angesichts einer Reihe von eklatanten Fällen, die im Laufe der Jahre, bezüglich der Anwendung der Zeugnißpflicht vorgekommen waren — ich erinnere an den berühmten Fall Otto Hagen in Insterburg, an Dr. Kruse, Blank, Fritsche —, nach Mittel suchen müsse, um gegen solche Vorgänge eine Schutzwehr zu finden, und daß vielleicht ein solches Mittel darin liege, die Zeugnißpflicht erst anzuwenden, wenn die Untersuchung schon gegen eine bestimmte Person eingeleitet worden sei.

Ebenso, meine Herren, war aber die Abtheilung davon durchdrungen, daß, wenn diese Frage an sie herantrete und gerade im heutigen Augenblick, da wir wieder von eklatanten Vorkommnissen in der Richtung der Frage gehört haben, daß es schon der Würde des Juristentages widerstreiten müßte, wenn derselbe sich nicht auch mit den weiteren Seiten des Gegenstandes beschäftigte, resp. mit derjenigen, die mit den Preßdelicten zu thun hat. Die Abtheilung war also darüber mit sich im Reinen, daß es ihre Aufgabe sein müsse, zu fixiren, in welchem Umfang und in welchen Grenzen die Zeugnißpflicht bei Preßdelicten und andern, die mit der Presse zusammenhängen, zu statuiren sei.

Zwei Punkte waren es in dieser Richtung, auf welche die Abtheilung ihre Aufmerksamkeit zu lenken hatte. Der eine betraf die Frage von den Disciplinaruntersuchungen, die Frage, inwieweit, wenn wegen Verletzung des Amtsgeheimnisses und einer darauf folgenden Veröffentlichung durch die Publicistik eine Disciplinaruntersuchung eingeleitet würde, da ein Recht und eine Pflicht begründet sei, den Zeugnißzwang zur Anwendung zu bringen. Nach der Anschauung, die sich in der Abtheilung in dieser Richtung manifestirt hat, war die Sache so zu fassen, daß wir die Ueberzeugung aussprächen, der Zeugnißzwang, wie wir ihn als prozessualisches Mittel kennen und wie er uns hier zu beschäftigen hat, stehe mit dem Disciplinarverfahren selbst in keinem Zusammenhange, sondern sei auszuüben im Sinne unserer Wissenschaft, im Sinne unserer Gesetze und Grundsätze in denjenigen Fällen, wo der Strafrichter amtirt und wo es sich um criminelle Delicte handelt.

Die Abtheilung konnte andererseits nicht verkennen, daß der Bruch des Amtsgeheimnisses, eine Verletzung der amtlichen Pflichten in dieser Richtung, ein schweres Delict begründe, und daß es zweckmäßig sei, da nicht etwa leichthin den Wegfall jeder Zeugnißpflicht auszusprechen. Dies aber umsomehr, als es sich in solchen Fällen nicht um eigentliche Preßdelicte handele, indem das Delict, analog den gemeinen, ganz außerhalb der Presse begangen werde, während die Verbreitung der durch den Bruch des Amtsgeheimnisses bekannt gewordenen Thatsache in dem Journal, ein neues Delict nicht mehr begründe, so daß also die Gründe, die dafür sprechen, den Zeugenzwang nicht gelten zu lassen (Selbstanzeige u. dgl.), rücksichtlich solcher Fälle nicht Platz greifen.

Die Abtheilung glaubte also sich vom Standpunkte unserer Wissenschaft und der heutigen Sachlage darauf beschränken zu sollen, die Fassung der Resolution in solcher Weise vorzunehmen, daß klar werde: Wir sind alle davon überzeugt, daß eben nur in Criminalsachen, rücksichtlich der Criminaldelicte, und vor dem Strafrichter von der Anwendung der Zeugnißpflicht die Rede sein könne, vorbehalten, welche anderen der Anwendung der Zeugnißpflicht nahekommenden Bestimmungen etwa in Bezug auf Disciplinaruntersuchungen und was dahin einschlägt, zu treffen sein könnten.

Der eigentliche Kernpunkt der Aufgabe war nun für die Abtheilung der, sich zu fragen und zu einem Beschlusse darüber zu kommen, wie es hinsichtlich der durch die Presse, durch periodische oder nichtperiodische Druckschriften begangenen Delicte stehe, und in welcher Weise da die Zeugnißpflicht zu begrenzen sei.

Meine Herren! Die Aufgabe der Abtheilung war nach meinem Erachten, und ich glaube nach der Stimmung, wie sie in der Versammlung selbst zu Tage getreten ist, eigentlich im Wesentlichen darauf gerichtet, eine wissenschaftlich begründete, von politischen und Opportunitätsrücksichten vollständig freie, durch letztere gar nicht influencirte Anwendung des Reichspreßgesetzes zu sichern. Das Reichspreßgesetz hat nun in § 20 ausdrücklich erklärt, daß bei periodischen Druckschriften der verantwortliche Redacteur als Thäter anzusehen sei, und es hat nur dem verantwortlichen Redacteur das Recht eingeräumt, im Wege eines von ihm zu führenden Exceptionsbeweises — ich will die kurze Formel gebrauchen, weil sie die Sache scharf charakterisirt und den verehrten Herren geläufig ist — etwa den Nachweis zu führen, daß er in dem einzelnen Falle der Thäter nicht sein könne. Wenn aber das von Seiten des Reichspreßgesetzes statuirt wird, und wenn im einzelnen Falle der verantwortliche Redacteur auf Grund dieser Bestimmungen des Gesetzes wirklich die Thäterschaft hat oder freiwillig auf sich nimmt, in solchen Fällen — das war die Anschauung der Abtheilung — hat die Ausübung der Zeugnißpflicht absolut keine Berechtigung mehr und zwar deshalb nicht, weil ja das Gesetz erklärt hat, in allen solchen Fällen frage es nicht mehr nach dem subjectiven Thatbestand des Delicts, sondern halte an der Präsumtion fest: der verantwortliche Redacteur ist der Thäter, womit denn auch alles dasjenige geschehe, was die Strafjustiz zu verlangen berechtigt ist. Es ist also gar kein practischer, gar kein wissenschaftlicher Grund mehr vorhanden, dann noch im Wege der Zeugnißpflicht irgend welche weiteren Beweismittel zu suchen, weil ja Alles vollständig erreicht ist, was im Interesse der Gerechtigkeit, im Interesse der Strafjustiz grundsätzlich erreicht werden soll, erreicht werden muß. Und hat man im Reichspreßgesetz zu Ungunsten des verantwortlichen Redacteurs, respective zu Gunsten — sage ich richtiger — der Anonymität der Presse, eine Ausnahme von den allgemeinen Strafgesetzen gemacht, so ist ja gar kein logischer Grund dafür aufzufinden, daß man etwa auf Umwegen wieder in das allgemeine Strafgesetz zurückkehrt und die Sache, indem man nach weiteren Zeugen frägt, eine weitere Zeugnißpflicht anwendet, so behandelt, als hätte man den verantwortlichen Redacteur nicht als Thäter erklärt und suche noch nach dem Thäter. Die Abtheilung war also mit einer an Einstimmigkeit grenzenden Majorität davon durchdrungen, daß die Zeugnißpflicht dann vollständig zu entfallen habe, wenn der verantwortliche Redacteur auf Grund des § 20 des Reichspreßgesetzes als Thäter haftet. — Zwei Fälle sind nun noch übrig geblieben, für die weitere Bestimmung zu treffen war; nämlich derjenige Fall, daß infolge „besonderer Umstände", wie es wörtlich in § 20 des Reichspreßgesetzes heißt, der verantwortliche Redacteur von seiner Haftung enthoben sei. Da trifft also die Specialbestimmung des Reichspreßgesetzes nicht mehr zu und die Frage war demnach, wie ist nun, die Wiederanwendung der allgemeinen Strafgesetze vorausgesetzt, rücksichtlich der Zeugnißpflicht zu verfahren? Der letzte Fall endlich war der, wo es sich gar nicht um periodische Druckschriften handelt, sondern um andere, wo also von verantwortlichen Redacteuren nicht die Rede ist und wo § 21 des Reichspreßgesetzes normirt, daß in solchen Fällen — sowie in dem Falle, wo der verantwortliche Redacteur periodischer Druckschriften auf Grund der besonderen Umstände nicht als Thäter haftet — der Verleger, Herausgeber, Drucker, Verbreiter entweder als Thäter oder aber als Theilnehmer oder endlich wegen Fahrlässigkeit mit Strafen zu belegen sind. Da war nun wieder die Frage: wie ist es in solchen Fällen mit der Zeugnißpflicht zu halten? Die Antwort auf die Frage war nach der Anschauung der Abtheilung eine einfache, naheliegende; sie war gegeben, wenn man nur in strikter und consequenter Weise den Grundsatz zur Anwendung brachte, daß Niemand verpflichtet ist, sich selbst anzuklagen; daß in allen denjenigen Fällen, wo man in causa propria eine Aussage zu machen hat, von einer Zeugnißpflicht und von einem Zeugeneide nicht die Rede sein könne. Es ist von Seiten der Abtheilung als eine Abnormität erkannt worden, daß man eine derjenigen Personen, die in einem solchen Falle eventuell als Thäter, Theilnehmer oder wegen Fahrlässigkeit strafbar sind, daß man eine solche Person durch Anwendung des Zeugnißzwanges solle zwingen können, eventuell gegen sich selbst Zeugniß abzulegen, oder auch eventuell einen Meineid zu leisten, um dies nicht zu thun; und es erschien weiter als eine Abnormität anzuerkennen, was ja auch wirklich vielfach behauptet ist, daß es nämlich in solchen Fällen auch eine Straflosigkeit des Meineids soll geben können. Die Abtheilung war endlich der Meinung, daß die Thür von vornherein zu verschließen sei gegen solche Möglichkeiten, indem man den Grundsatz ausspreche, daß allen denjenigen, die eventuell als Thäter, als Theilnehmer oder wegen Fahrlässigkeit strafbar sein sollen, eine Zeugnißpflicht nicht obliege, und das ist der Grund der dritten Position der Beschlüsse, wo wieder mit einer an Einstimmigkeit grenzenden Majorität der Satz angenommen ist:

„Ist das nicht der Fall (das heißt also der Redacteur nicht haftbar), oder ist ein durch eine nicht periodische Druckschrift begangenes Delict in Frage, so sind der verantwortliche Redacteur beziehungsweise der Verleger, Drucker, Verbreiter berechtigt, das Zeugniß zu verweigern."

Meine Herren! Die Abtheilung hat sich nicht dem Glauben hingegeben, daß mit der eventuell anzuhoffenden, sehr wünschenswerthen Durchführung dieser Grundsätze in der Gesetzgebung und in der Praxis das Ideal dessen, was wir in dieser Beziehung zu wünschen haben, erreicht sei. Es ist der Gedanke zu Tage getreten, und ich glaube er hat Zustimmung von allen Seiten gefunden, daß das letzte Ziel in dieser Beziehung eigentlich das sein möge, daß man nicht mehr in der Nothwendigkeit — ich möchte sagen in der peinlichen Nathwendigkeit sei, um die Anonymität der Presse zu wahren, Einschränkungen, Modificationen, Privilegien gegenüber der bestehenden Strafgesetzgebung, die ja doch auf den Principien der Gerechtigkeit basirt, eintreten zu lassen. Aber nicht verkennen konnte die Abtheilung, daß, wie die Verhältnisse nun einmal heute liegen, wo die Traditionen einer glücklicherweise vergangenen Zeit denn doch noch auf die Presse einwirken, wir für jetzt den Anschauungen folgen müssen, welche den deutschen Reichstag bewogen haben, die erwähnten Bestimmungen zu treffen, welche ferner die Reichsjustizcommission vor Kurzem bewogen haben bei der Strafprozeßordnung, eine analoge Bestimmung zu beschließen. Nicht verkennen konnten wir, daß wir uns hier zunächst noch der Macht der Verhältnisse zu fügen haben und auf den Moment geduldig warten müssen, wo es endlich vielleicht möglich sein wird, den dem deutschen Wesen so vollkommen entsprechenden Grundsatz zur Verwirklichung zu bringen, daß Jeder mit seinem Namen und seiner Person für das einzustehen hat, was er thut, was er sagt, was er veröffentlicht!

(Bravo!)

Vicepräsident Dr. **Drechsler**: Wir gehen weiter zur Berichterstattung über das Thema der Privatanklage.

Berichterstatter Professor Dr. **Gneist**: Meine Herren! Ich habe die Ehre Ihnen über den Beschluß auf das Thema der Privatanklage zu berichten!

Bei der Einführung unserer Staatsanwaltschaft ist seiner Zeit etwas übersehen worden. Man hat nicht daran gedacht, daß die Strafverfolgung auch ein integrirender Theil unseres öffentlichen Rechtes ist. Mit allen Gebrechen des deutschen Inquisitionsprozesses haben wir eine starke Seite vor Frankreich und selbst vor England voraus gehabt; es war der gesicherte Rechtskreis des Einzelnen mit Hilfe des Strafgerichts. Die Hauptgefahr unseres ancien regime war die Allgewalt des Beamtenthums, und dagegen gerade hatten unsere Strafgerichte ex officio einzuschreiten. Der eximirte Gerichtsstand machte die Obergerichte zu Controlbehörden, die in vollkommener Selbständigkeit auch gegen mächtige Minister und ihre Beauftragten Respect vor dem Gesetze erzwingen konnten, auch ohne eine Erlaubniß des Landesherrn. Wer denkt jetzt in weiten Kreisen an eine Erlaubniß der Verwaltungsbehörde, wenn ein Beamter verfolgt wird. Allein eine solche moderne Einrichtung ist in einzelnen Ländern erst in einem Uebergangszustande der Verwaltung eingeschoben, meist aus französischem Vorbilde hervorgegangen. Ein ex officio Einschreiten der Strafgerichte gegen Beamtenvergehen und die Unbeschränktheit der Schädensklagen gilt noch heute als „gemeinrechtlich".

Dieses Verhältniß des Strafrechts zum Staatsrecht wird aber geändert, wenn man die Functionen der Strafverfolgung vom Richteramt trennt und einem ministeriellen Beamten ausschließlich überträgt. In normalen Zuständen freilich wird ein Unterschied wenig bemerkbar, ob das Anklagerecht ex debito iustitiae besteht, oder ob ausschließlich ein ministerieller Beamter anklagt. Gemeine Verbrechen wird jedes Ministerium (in Deutschland wenigstens) verfolgen; — auch Beamtenverbrechen in der Regel, schon „im Interesse des Dienstes". Die Lücke kommt immer erst zum Vorschein in Situationen, die außerhalb der täglichen Praxis der Strafgerichte liegen: wenn ein Ministerium in schweren Parteikämpfen dahin gedrängt wird, sich über die Verfassung und die Verwaltungsgesetze hinweg zu setzen, und gesetzwidrige Verordnungen zu erlassen, um sich zu behaupten. Dann erst kommt es zum Vorschein, daß die neue Einrichtung unsere Verfassungen schutzlos gemacht hat.

Der Gedanke an solche Conflictszustände hat dem deutschen Juristentag in Dresden wohl den nächsten Anstoß gegeben, sich mit der Frage zu beschäftigen. Man hat damals das sogenante „Monopol" der Staatsanwaltschaft für unzulässig erklärt und gemeint, neben dem Staatsanwalt müsse jedenfalls dem „Verletzten" subsidiär eine Privatanklage zustehen zur Ergänzung des deutschen Strafrechts. Wenn man nun aber versucht, diesen früheren Beschluß auszuführen, so stößt man überall auf Incongruenzen, weil der Begriff des „Verletzten" diese Rolle im Strafrecht gar nicht spielen darf. Wer soll z. B. im Falle der Tödtung des Verletzten sein, der die Anklage erhebt? Der Gesichtspunkt der Genugthuung für den Beschädigten, der den Dresdener Beschluß beherrscht, hat seine Berechtigung bei den Antragsverbrechen; für alle übrigen ist er ein untergeordneter Gesichtspunkt. Alle Fortschritte des Strafrechts und Strafverfahrens beruhen seit dem dreizehnten Jahrhundert darauf, daß wir endlich den Begriff des Verletzten herausgeworfen und uns überzeugt haben, daß der Verletzte im Strafrecht die Gesammtheit der Gesellschaft primo loco ist.

Der deutsche Entwurf hat das bis zu einem gewissen Maße anerkannt. Eine Anklage des Verletzten ist nicht wohl zu begrenzen; wir wollen daher nur bei Antragsverbrechen dem „Verletzten" das Recht der Privatanklage geben. Damit ist die Sache in Ordnung für den Criminalisten. Aber, meine Herren, vollkommen ignorirt ist die wesentliche staatsrechtliche Bedeutung des Anklagerechts.

Eine so bedeutende staatsrechtliche Frage läßt sich sicherlich nicht in der Weise todtschweigen, daß man in sämmtlichen Motiven des Entwurfs kein Wort davon sagt, daß wir heute constitutionelle Ministerien haben, daß ein constitutionelles Ministerium nur zu leicht in die Gefahr und in die Versuchung kommen kann, gegen die Verfassung und gegen die Verwaltungsgesetze zu regieren. Wir können uns nicht auf den idealistischen Standpunkt stellen, als ob in einem solchen Falle die dem Ministerium „zur Disposition gestellten" Beamten gegen die Maßregeln ihrer Vorgesetzten strafrechtlich einschreiten würden. Wir können solche Verhältnisse unmöglich als nicht vorhanden ansehen, während doch jeder europäische Staat seinen Conflict und sein Conflictchen gehabt hat. Wollten uns die Herren Minister einen Gesetzentwurf bringen mit dem Vorbehalt, daß keine Anklage erhoben werden dürfe ohne Erlaubniß des Landesherrn, so würde Jeder sagen, das ist eine unzulässige Cabinetsjustiz. Aber, meine Herren, unter heutigen Verhältnissen wäre das vielleicht weniger gefährlich, als was der Entwurf bringt! Dies ist eine Cabinetsjustiz zu Gunsten jeder augenblicklichen Parteiverwaltung in jedem deutschen Staat. Die Ministerverwaltung der einzelnen deutschen Staaten ist damit in der Lage, ganze Abschnitte unseres Strafgesetzbuches außer Activität zu setzen durch ausdrückliche oder stillschweigende Anweisung an die Staatsanwaltschaften.

Unsere Forderung dagegen ist, einfach wiederherzustellen was man uns entzogen hat, und anzuerkennen, daß das Anklagerecht heute dasselbe ist, was es von jeher war: ein integrirender Theil unserer Verfassungs- und Verwaltungsgesetze. Wenn Sie das Verwaltungsrecht der Einzelstaaten in criminalistische Sprache übersetzen, dann wird daraus Abschnitt 28 des deutschen Strafgesetzbuchs. Hier finden Sie den Schutz der Unterthanen gegen Freiheitsberaubung, Erpressung, gegen die ganze Kette der Beamtenmißbräuche. Meine Herren, das ist ein Nachsatz, der hinter jedem preußischen, bayerischen, badischen Verwaltungsgesetz steht. Zwischen diesen Strafgesetzen und jenen Verwaltungsgesetzen besteht ein täglich wirksamer Contact so, daß, wenn Sie diesen Nachsatz wegnehmen, das Verwaltungsrecht seinen Charakter als erzwingbares Recht verliert. Wesentlich dasselbe gilt von den Verfassungsrechten und von den Grundrechten, auf die wir so großes Gewicht legen, wenn sie nicht mehr erzwingbar sind gegen die zeitige Ministerverwaltung, deren Rechtsschranke sie sein sollen. Es ist richtig, daß die Anklage allein dazu nicht genügt; es gehört dazu als Schlußstein die Ministerverantwortlichkeit, und als Ergänzung für die einzelnen Verwaltungsverfügungen die Verwaltungsjurisdiction. Aber der Knochenbau unseres Rechtsstaates beruht noch heute darauf, daß die Gerichte einzuschreiten haben gegen jede Gesetzwidrigkeit und Ueberschreitung, auch wenn sie auf Anweisung eines derzeitigen Ministers geschieht.

Meine Herren, im deutschen Reichsrecht, in der ganzen Entwickelung unseres territorialen Rechts ist keine Grundlage zu finden, um einen solchen Zustand zu rechtfertigen, sondern diese Ausschließlichkeit der ministeriellen Anklage gehört lediglich dem französischen Constitutionalismus an, durch ein Mißverständniß der constitutionellen Grundeinrichtungen. Der constitutionelle Staat erfordert gerade eine von den Ministern unabhängige Strafverfolgung im doppelten Maße, weil der französische Grundsatz jede constitutionelle Verwaltung in seinen weiteren Consequenzen demoralisirt. Frankreich selbst giebt uns die Antwort, daß man ein Parteiregime nicht einführen soll, ohne eine von den ministeriellen Beamten unabhängige Anklage.

Wenn wir also zu dem alten Grundsatze zurückkehren sollen, so giebt es nur zwei Wege: Entweder wir machen die Staatsanwaltschaft zu einer rein richterlichen Behörde, daß sie mit derselben „Selbständigkeit" einschreite, wie früher die Gerichte, auch gegen den Willen der Minister: Oder wir geben die Initiative, d. h. das Recht, eine Sache an die Strafgerichte zu bringen, den Privaten zurück, wie dies früher bestand.

Der erste Weg hat viel Bestechendes; er wird sich aber als unausführbar erweisen. Denn wenn wir auch den Staatsanwalt unabsetzbar machen, so machen wir ihn damit nicht zu einem Obergerichte im alten Sinne. Wir müßten die Staatsanwaltschaft vielmehr zu Collegien in mehreren Instanzen formiren, und um ihr den richterlichen Geist zu geben, müßten wir ihr auch die Urtheilssprechung wiedergeben. Kurz, wir kommen, wenn wir nicht auf halbem Wege stehen bleiben wollen, damit zurück auf den alten Inquisitionsproceß. Was wir gewinnen an Selbständigkeit, das verlieren wir an Unbefangenheit des Gerichts, und wir fallen zurück in alle Gebrechen des Inquisitionsprocesses.

Also kehren wir lieber zurück zu dem 300 Jahre alten Satze: jeder Privatmann hat das Recht, das Gericht zu befassen mit der Anzeige eines strafbaren Falles. Aber hier tritt ein Unterschied des jetzigen Anklageprocesses ein. Nach dem alten Rechte mußte das Gericht selbst die Verantwortlichkeit für die Strafverfolgung übernehmen Das ist heute nicht mehr zulässig d. h. mit Form und Geist des Anklageprocesses unvereinbar. Können wir aber den Gerichten nicht mehr die Verantwortlichkeit aufbürden, so müssen wir sie den Privaten selbst auflegen, also die Verantwortlichkeit des „Anklägers" wieder herstellen. Das ist die einzige Aenderung, die durch die heutige Proceßmaxime bedingt wird. Daß wir diesen einfachen Ausweg verfehlt haben, beruht nur darauf, daß man damals annahm, jede öffentliche Function müsse durch Beamte versehen werden. Von diesem Vorurtheil sind wir mit fortschreitender Einsicht in das Wesen der Selbstverwaltung zurückgekommen, und ich berufe mich dafür auf die Schrift von Ihering: es ist die Erfüllung der bedeutungsvollsten Bürgerpflicht, welche dem Privatmann obliegt.

Schließlich noch von den Bedenken, welche dagegen geltend gemacht werden. Es sagen die Einen: die Privatanklage ist ganz unpraktisch, kein Mensch wird sie erheben. Die Andern sagen: sie ist gefährlich, denn Jedermann wird sie erheben ohne Grund. M. H.! solche Bedenken heben sich selbstredend auf. Selten wird die Privatanklage freilich erhoben; aber, m. H., sie tritt unfehlbar ein in dem Augenblick, wo eine Minister-Verwaltung in Versuchung kommt, in Conflikt mit der Verfassung zu regieren. Dann wird die Privatanklage in Deutschland sicherlich stattfinden wie in jedem anderen Lande, und diese Gewißheit genügt, um die Minister innerhalb der verfassungs- und gesetzmäßigen Schranken zu halten. Es ist dasselbe Verhältniß wie bei der Ministerverantwortlichkeit, die ebenfalls wirkt, wenn auch durch Menschenalter keine Ministeranklage eintritt.

Und was die Gefährlichkeit anlangt, so hat man doch 300 Jahre lang die Gerichte auf Privatdenunciation ohne Verantwortlichkeit für den Denuncianten einschreiten lassen. Jetzt fügen wir nur die Garantie hinzu, daß der Ankläger verantwortlich wird für calumnia, wir fügen den Anwaltszwang und eine Caution hinzu. Wenn wir erwägen, daß in jedem Falle das Gericht vorher zu prüfen und zu beurtheilen hat, ob die Anklage zu erheben sei, so dürfen wir sagen: wenn erhebliche Gefahren 300 Jahre lang ohne diese Zusatzgarantien nicht hervorgetreten sind, so riskiren wir nicht allzuviel, die Privatanklage in's Leben treten zu lassen mit den Zusatzgarantien.

Die gefaßte Resolution betont wesentlich die staatsrechtliche Seite der Frage, die bei den Dresdener Verhandlungen zu kurz gekommen ist. Es kommt weniger darauf an, ob die Privatanklage „subsidiär" heißt; subsidiär de facto wird sie immer sein. Von einer Seite wurde beantragt, daß bei Fragen des öffentlichen Rechts quilibet ex populo die

Anklage erheben kann, bei Antragsdelikten aber nur der Benachtheiligte. Es wurde das Letztere als selbstverständlich anerkannt, und mit großer Majorität die Resolution in ihrer Allgemeinheit angenommen, welche ausdrückt: es ist nicht blos eine Frage des Verletzten, sondern eine nothwendige Garantie des ganzen öffentlichen Rechts, die wir mit der Privatanklage zur Geltung bringen.

(Bravo!)

Vicepräsident: Es folgt nun die Mittheilung betreffend die Antragsdelicte. Herr Obertribunalsrath Dr. v. Köstlin wird uns darüber Bericht erstatten.

Obertribunalsrath Dr. **v. Köstlin** aus Stuttgart: Die dritte Abtheilung hat in ihrer Sitzung heute morgen diese Frage noch berathen und mit überwiegender Majorität nachfolgende Resolution angenommen:

> „Es empfiehlt sich, bei einer Revision des deutschen Strafgesetzbuches die dolosen Körperverletzungen, die Diebstähle, Unterschlagungen, Betrügereien solcher Personen, welche sich bei dem Verletzten in Kost oder Lohn befinden, und die Sachbeschädigungen aus der Reihe der Antragsdelikte zu beseitigen und die Zurücknahme des Antrags nur bis zur Eröffnung des Beschlusses auf Vornahme des Hauptverfahrens zu gestatten, mit Ausnahme der Antragsdelikte unter Angehörigen, bei welchen der Antrag bis zur Verkündigung eines auf Strafe lautenden Erkenntnisses zurückgenommen werden kann."

Ueber die Frage, welche die Abtheilung in einer kurzen Sitzung heute noch beschäftigt hat, war bekanntlich ein reiches literarisches Material vorhanden; der verehrte Herr Vorsitzende unserer Abtheilung hat insbesondere dazu seine höchst werthvollen Beiträge geliefert, und der Abtheilung war es vergönnt, zwei sehr gründliche und eingehende Gutachten zu Grunde legen zu können, sodaß eigentlich von einer langen Berathung keine Rede mehr war, sondern die Resolution, die ich Ihnen vorzutragen die Ehre hatte, nach einigen kurzen Bemerkungen beschlossen wurde. Die beiden Gutachter, Herr Oberappellationsgerichtsrath Dr. John und Herr Obergerichtsrath Thomsen, kommen, nachdem sie die ganze Lehre des Antragsrechts und die vielen bedenklichen und schwierigen Seiten, welche die Bestimmungen unseres Strafgesetzbuchs über das Antragsrecht darbieten, erörtert und in ihren Consequenzen verfolgt haben, beide in dem Antrage überein, die Körperverletzungen, sowie den Diebstahl, die Unterschlagung und den Betrug gegen solche Personen, in deren Lohn oder Kost sich der Thäter befindet, aus der Reihe der Antragsdelikte zu streichen; weiter aber verlangt der Herr College Thomsen diesen Strich auch bei dem Vergehen des strafbaren Eigennutzes, bei Wild- und Felddiebstahl, bei Sachbeschädigungen und bei den Uebertretungen des § 370, Ziffer 4—6. Das Referat über diese Frage ging von dem Grundsatz aus, daß, da es sich um Abänderung eines kaum einige Jahre in Giltigkeit befindlichen Reichsgesetzes handle, man sich darauf zu beschränken haben werde, in denjenigen Fällen abzuhelfen, in welchen sich nach allgemeiner, ungetheilter Ansicht erhebliche und nicht länger zu duldende Mißstände wirklich herausgestellt haben, und Ihr Referent kam aus diesem Grunde auf die Beschränkung seines Antrags, welcher von der Abtheilung angenommen wurde, blos mit Hinzufügung der Sachbeschädigungen, deren Strich aus der Mitte der Abtheilung beantragt worden ist. Dagegen wurde ein anderer Antrag, nicht blos die dolosen Körperverletzungen, sondern auch die culposen aus der Reihe der Antragsdelikte zu entfernen, von der Abtheilung nicht angenommen. Es ist Ihnen wohl Allen bekannt, wie gerade über den Mißbrauch des Antragsrechts bei Körperverletzungen viel Klage geführt wird, daß die Folgen dieser Antragsbefugniß in den häufig vorkommenden Erpressungen zu erblicken sind, in den unwürdigen Diatriben um Loskauf, in dem Erfolge, daß schließlich blos noch der Arme bestraft wird, während es für den Reichen und Vermögenden — namentlich auf dem Lande hat man dies erlebt — gewiß ist, daß er durch Leistung einer wenn auch noch so großen Summe schließlich frei davon kommt, mag er auch die großartigsten Verheerungen an der Gesundheit seines Nächsten angerichtet haben. Es ist nicht anders möglich, als daß durch diese Verschiedenheit das Gefühl der Rechtsgleichheit und der Heiligkeit der Rechtsordnung überhaupt, also das Rechtsbewußtsein selbst sehr empfindlich geschädigt wird. Eine Remedur wollte darin gefunden werden, daß zwischen die schweren Körperverletzungen im Sinne unseres Strafgesetzbuches und die übrigen, die sogenannten leichten, zu welchen aber recht schwere bekanntlich gehören, eine Mittelstufe eingefügt wird. Die Schwierigkeiten der Abgrenzung aber wurden von der Abtheilung als überwiegend angesehen, um von dem Antrage auf Einfügung einer Mittelstufe abzusehen, und es wurde beschlossen, sämmtliche dolose Körperverletzungen zu streichen. Dabei wurde als selbstverständlich angesehen, daß der Staatsanwaltschaft die Befugniß verbleiben müsse, in ganz leichten Fällen, durch welche die Rechtsordnung nicht beeinträchtigt erscheint, von Erhebung einer Anklage abzusehen, und falls ja ungerechtfertigter Weise abgesehen würde, so existirt die subsidiäre Privatanklage des Verletzten. Was die Betrügereien, Diebstähle und Unterschlagungen von solchen Personen, die sich in Lohn oder Kost des Verletzten befinden, betrifft, so ist ihnen gleichfalls bekannt, zu welcher verschiedenartigen Auslegung und Gesetzesanwendung im einzelnen Falle die diesbezügliche Bestimmung geführt hat. Dieselbe ist überhaupt als eine nicht gerechtfertigte nach dem gegenwärtigen Stande der Verhältnisse zwischen Dienstherrschaft und Gesinde anzusehen; es wird auch, wenn dieses Delict aus der Reihe der Antragsdelicte beseitigt wird, immerhin zu erwarten sein, daß es zu einer gerichtlichen Verfolgung blos kommen wird, wenn die Dienstherrschaft Anzeige macht. Wo wirklich ein eigentliches Familienverhältniß zwischen Gesinde und Dienstherrschaft besteht, wird also dieses Verhältniß in Wirklichkeit nicht geschädigt werden. Die Sachbeschädigungen wurden aufgenommen auf das Amendement eines geehrten Mitgliedes aus dieser Stadt auf Grund der Erfahrungen, welche gerade in Bayern in dieser Hinsicht gemacht worden sind.

Neben diesen Einschränkungen des Kreises der Antragsdelikte wurde sodann namentlich für erforderlich erachtet, daß die lange Frist zur Zurücknahme des Antrags eingeschränkt werde, und es wurde als der richtige Zeitpunkt hierfür angenommen die Zeit, wo über die Vornahme des Hauptverfahrens von dem Gericht entschieden und dieser Beschluß dem Angeschuldigten eröffnet ist. Nur die Antragsdelikte unter Angehörigen wurden hier ausgenommen; natürlich bleibt auch die Privatanklage ausgenommen, für welche der Entwurf der deutschen Strafprozeßordnung die Frist bis zur Verkündigung des Strafurtheils festsetzt.

Vicepräsident Dr. **Drechsler**: Es folgen die Berathungsgegenstände der vierten Abtheilung: zunächst die Frage der Verwaltungsjurisdiction.

Professor Dr. **Gneist** aus Berlin als Berichterstatter: Meine Herren! Wenn ich Ihre Geduld noch einmal auf eine Viertelstunde in Anspruch nehmen muß, so kann ich zu meinem größten Bedauern kaum kürzer sein, weil uns hier die Grundlage eines Gutachtens fehlt.

Die Verwaltungsgerichtsbarkeit, wie das Verwaltungsrecht ist nur ein neuer Name für eine alte Sache. Sie ist so alt wie die deutschen Verordnungen über die Handhabung des Heerbannes, Gerichts, der Friedensbewahrung. In Gestalt zahlreicher Gesetze erscheint sie im Reiche als geschriebenes Recht. Die Reichskammerordnung hat eine Reihe Clauseln der Verwaltungsjurisdiction, die Reichshofrathsordnung hat eine noch größere Menge Clauseln zur Regelung der Staatshoheitsrechte. Das Verfahren, das wir heute Verwaltungsjurisdiction nennen, ist so alt wie das kanonische Recht. Die Kirche war frühzeitig in der Lage, allgemeine Normen aufzustellen für Ausübung ihrer Hoheitsrechte, und Beschwerden darüber in contradictorischer Verhandlung durch ein quasi-gerichtliches Verfahren zu entscheiden. Diese auf die Territorialgewalten übertragenen Einrichtungen bestanden darin: Unsre Verwaltungsbehörden hatten für gewisse streitige Fragen eine Entscheidung analog den Gerichten. Sie wurden analog besetzt wie die Gerichte. Sie hatten ihre zweite und dritte Instanz in größeren Kollegien. Das Verfahren war kanonisch-rechtlich in erster Instanz eine imploratio officii judicis, in zweiter Instanz eine appellatio extrajudicialis. Die reine Beamtenprocedur hat freilich immer die Gefahr, formlos zu werden. Das contradictorische Element wurde (wie im Inquisitionsproceß) allmälig absorbirt. Die Parteirollen verschwammen in dem allgemeinen Officialverfahren; das Publicum, selbst die Verwaltungsbeamten, wußten zwischen contradictorischen und einfachen Administrationssachen keinen bestimmten Unterschied.

Wenn nun in neuerer Zeit von Verwaltungsjurisdiction die Rede ist, so liegt dahinter ein neues Bedürfniß, beide Dinge organisch zu scheiden. Es beruht dies auf drei Momenten. Erstens, unsre neueren Verwaltungsbehörden sind so umgestaltet, daß sie nicht mehr selbständig quasi-gerichtliche Entscheidungen gegenüber den zeitigen Ministern abzugeben vermögen. Wenn man die Behörden aus praktischen Gründen so organisirt, wie es in Oesterreich, wie es zum Theil auch schon durch die Stein-Hardenbergsche Gesetzgebung in Preußen geschehen ist, so sind sie viel weniger als früher geeignet, richterliche Behörden darzustellen. Seitdem man aber in Preußen alle Landräthe, Regierungspräsidenten, Ministerialdirectoren „zur Disposition" gestellt hat, dürfen wir nicht mehr durch Verwaltungsbehörden allein eine „Jurisdiction" üben wollen.

Andererseits ist das Bedürfniß stetiger, unparteiischer Entscheidung verdoppelt; denn jede constitutionelle Regierung kommt durch ihre Stellung zu den Kammern in eine gewisse parteimäßige Richtung. Diese Richtung dehnt sich von der Gesetzgebung auf die Verwaltung aus und führt zu parteiungleicher Handhabung des Verwaltungsrechts.

Das Dritte ist: Mit unserer constitutionellen Verfassung entstehen neue Statusrechte, neue politische Rechte, die früher keine große praktische Bedeutung hatten: das Recht der Landesangehörigkeit, Gemeinderecht, Wahlrechte, active sowohl als passive, Religionsfreiheit 2c. Es sind das bedeutungsvolle jura status, die einen Rechtsschutz haben müssen, während unsere überkommene Gerichtsverfassung diesen Rechtsschutz nicht gewährt.

Dies sind die Gründe, die uns nöthigen, aus der unklaren Masse, die wir „Verwaltung" nennen, gewisse wichtige Streitfragen wieder auszuscheiden. Um für diese contentiösen Fälle die richterliche Unabhängigkeit der Entscheidung wieder zu gewinnen, haben wir uns in Preußen entschlossen, die Berufsbeamten zu verstärken, durch Collegialverfassung und durch das „Ehrenamt" eine richterliche Unabhängigkeit wiederzuschaffen.

Diese durchgreifenden Reformen in Kreis- und Provinzialverwaltung sind nicht ohne Widerspruch geblieben, namentlich auch in juristischen Kreisen, für welche diese Neuerung etwas fremdartiges war. Man wollte nicht anerkennen, daß das eine Rechtsprechung wäre, was die Kreisausschüsse und Verwaltungsgerichte bei uns thun, weil wir Juristen gewohnt sind, nur an die römische Jurisdiction und die Civilklage, aber nicht an die weiteren kanonischen Begriffe der Jurisdiction zu denken. Die Franzosen und Engländer haben Jahrhunderte hindurch diese Verwaltungsentscheidungen mit dem alten Namen Jurisdiction bezeichnet. Wir in Deutschland haben sie gewohnheitsmäßig unter die „Verwaltung" subsumirt. Wir kennen bisher ein klar entwickeltes contradictorisches Verfahren nur in Gestalt des Streits über selbständige Individualrechte. Ein Rechtsstreit, sagt man, ist nur vorhanden, wo zwei Subjecte über eine Collision ihrer Rechte streiten. Also sagen unsere Juristen nach Vorgang meines geistreichen Freundes Lorenz von Stein: wir müssen, um die Sache in Schick zu bringen, nunmehr unterscheiden Verwaltungs*klage* und Verwaltungs*beschwerde*.

Die Verwaltungs*klage* findet statt, wenn Jemand in seinen rechtlichen Befugnissen verletzt zu sein behauptet, also wenn behauptet wird, die Behörden haben *Grenzen* und *Formen* ihrer gesetzlichen Befugnisse überschritten. Nur das ist Verwaltungs*klage*, und nur so weit geht der Begriff der Verwaltungsjurisdiction. Stein geht so weit, daß er sagt, das müßt Ihr noch technischer machen: Nur Klagen wegen Verletzung des *Gesetzes* sind Verwaltungsklagen; Streitigkeiten aus Verordnungen sind in der Regel nur Verwaltungsbeschwerden.

Die Verwaltungs*beschwerde* dagegen findet statt, wenn Jemand an seinem öffentlichen *Interesse* verletzt zu sein behauptet. Dahin gehören alle Fälle, wo Jemand zwar nicht sagen kann, die Behörde hat Grenze und Form überschritten, wo er aber sagt: ich bin hart und parteiisch behandelt worden, namentlich im politischen Streit parteimäßig traktirt worden. Alles das ist kein Gegenstand eines Rechtsstreits, das muß man den Beschwerden innerhalb der Verwaltung überlassen. Das gehört der inneren Ordnung der Verwaltung an. Darüber entscheiden „Opportunitäts- und Zweckmäßigkeitsgründe". Die Verwaltungsbeschwerde ist nur „Verwaltungssache".

Man kommt durch den Begriff der Verwaltungsklage dahin, das Gebiet der Verwaltungsjurisdiction nach Analogie des Privatrechts zu gestalten. Man fängt auch schon an, einen „allgemeinen Theil" zu machen. Das öffentliche Recht zerfällt dann weiter in Personen-, Sachen-, Obligationen- und Actionenrecht ꝛc. Es schließt sich das so nahe an die Gewohnheiten der Civiljustiz, daß es etwas ungemein Ansprechendes hat. Wozu braucht man denn überhaupt besondere Verwaltungsgerichte? Wie unsere Kreisgerichte über Privatrecht, können sie auch über politisches Recht entscheiden. Und wenn man (wie Oesterreich) nicht in der Lage ist, von unten auf eine neue Organisation zu machen, so gewinnt man mit dem neuen engeren Begriff der Verwaltungsjurisdiction die Möglichkeit, das Nöthige zu schaffen durch einen einzigen Verwaltungsgerichtshof, der sich als „Cassationshof der Verwaltung“ an die bestehenden Behörden anschließt.

Dies ist der Streitpunkt, um den wir auch in den Juristentagen wahrscheinlich noch manches Jahr uns bewegen werden. Ich sage aber schon heute: diese Theorie halte ich für eine irrige und verderbliche. Sie wird uns die politische Bedeutung des Instituts verkümmern; ähnlich wie der Grundsatz der Privatanklage unter juristischer Technik verkümmert.

Die neue Lehre, die mit großem Selbstvertrauen auftritt, scheint mir der Natur des öffentlichen Rechts widersprechend und deshalb nicht durchführbar. Die Ausscheidung einer Verwaltungs*klage* aus dem Kreise der Verwaltungsbeschwerden beruht meines Erachtens lediglich auf der Gewohnheit des contradictorischen Verhandelns über Privatrechte. Aber, meine Herren, das jus publicum, was die jetzigen Verwaltungsbehörden und Verwaltungsgerichte handhaben, ist seit Jahrhunderten dasselbe: ein Inbegriff von Normen über die *Ausübung der Staatsgewalt*. Findet es sich also, daß die Unterbehörde unrichtig verfährt, so muß die Oberbehörde ex officio einschreiten, möge die Grenze überschritten oder mag materiell inique verfahren sein. Wenn wir im Kreise dieser Verwaltung Beschwerden der Betheiligten annehmen, so ist das nur eine adminiculirende Ergänzung der Staatsfunctionen. Da die Behörden nämlich durch bloße Aufsicht von oben niemals die unzähligen parteiischen, ungerechten Maßregeln der unteren Verwaltung verhindern können, so müssen sie den Betheiligten anheimstellen, sich zu beschweren. Die Verwaltungsbeschwerde ist nur ein Anstoß für die Behörden um ex officio ein decretum justum zu erlassen, ähnlich wie die Anträge des Staatsanwalts und Vertheidigers für das Strafgericht. Das Verhältniß liegt also umgekehrt, wie in der Civiljustiz. In der Civiljustiz haben wir mit Eigenthum und Familienrechten zu thun, das heißt mit Individualrechten, die eine absolute Selbständigkeit gegen die ganze Welt haben, — hier ist das obrigkeitliche Einschreiten nur Mittel zum Zweck, um das Privatrecht zu schützen. In der Verwaltungsjurisdiction ist die Aufrechterhaltung der *öffentlichen* Ordnung in ihren Grenzen und ihrem Maß Selbstzweck; daß wir Privaten das Beschwerderecht geben, ist nur eine ergänzende Handhabe der öffentlichen Verwaltung, um eine allseitige Erwägung der ratio legis zu erzwingen. Die Analogie des Verwaltungsrechts liegt vielmehr im Strafprozeß. Im Strafprozeß ist Hauptsache die Aufrechterhaltung der gesetzlichen Ordnung, und die Parteirechte des Staatsanwalts und Defensor sind nur abgezweigte, subjective Seiten des Verhältnisses, die man in parteigleicher Form gestalten muß, die aber nicht Selbstzweck sind.

Meine Herren! So verführerisch die neue Theorie ist, so sind ihr jedenfalls folgende Erwägungen entgegenzusetzen:

Erstens ist im Verwaltungsrecht Grenze und Maß nicht abstrakt zu trennen. Es liegt das im Wesen des öffentlichen Rechts. Die Polizeiverfügungen fangen erst an gesetzlich gerechtfertigt zu sein, wenn ein gewisses Maß erreicht ist. Bei den Decreten der Gesundheitspolizei können Sie dies jeden Tag ad oculos demonstriren. Ebenso sind vom Maß die Grenzen abhängig, wie weit zu gehen ist im Zwang zu Ehrenämtern, bei Dispensation vom Schulbesuch, bei Steuereinschätzungen, bei Armenunterstützungen 2c. Die neuesten Schriften umgehen das, indem sie sich um die Polizeiverfügungen herumreden, während die Polizeiverwaltung stets das Hauptgebiet ist, wo wir einen Schutz durch Verwaltungsjurisdiction bedürfen.

Ebendeshalb läßt die neue Theorie uns im Stich gerade, wo wir die Verwaltungsjurisdiction für das tägliche Leben des constitutionellen Staats brauchen. Wenn Sie sich fragen, wo bildet sich der Parteiunfug constitutioneller Ministerverwaltung, so liegt der Schwerpunkt desselben in Maßbestimmungen der Verwaltung. Man fängt an, Concessionen zu gewähren oder dieselben zu versagen, weil der eine gut, der andere übel gesinnt ist. Das ganze Gebiet der Polizeiconsense wird parteiisch gehandhabt. Die Verfügungen der Ordnungspolizei, der Gesundheitspolizei werden zur Chikane gegen Uebelgesinnte benutzt. Die Steuereinschätzungen erfolgen verschieden gegen Wohl- und gegen Uebelgesinnte u. s. w. In allen diesen Fällen handelt die Behörde innerhalb der Grenzen ihrer Befugniß, aber sie verfährt parteiisch. Wir haben unser altes deutsches Verwaltungssystem in seiner collegialischen Schwerfälligkeit nur deshalb aufgebaut, um diese Fälle zu treffen, die eine engherzige, civilistische Construction der parteimäßigen Handhabung preisgeben will.

Ebendeshalb, meine Herren, kennen alle bewährten Verwaltungssysteme den specifischen Unterschied zwischen Verwaltungsklage und Verwaltungsbeschwerde nicht. Wir haben ein vollentwickeltes Reichsrecht und Territorialrecht mit Verwaltungsbeschwerde in drei Instanzen gehabt; es ist uns aber nicht eingefallen, actio und querela zu unterscheiden. Das englische System — die technisch am meisten entwickelte Verwaltungsjurisdiction in Europa — hat an die neue Erfindung der Verwaltungsklage und Verwaltungsbeschwerde niemals gedacht. Die neueren deutschen Gesetze, die badischen, die preußischen, österreichischen, sprechen theils von Verwaltungsklage theils von Verwaltungsbeschwerde. Das, worauf es hier ankommt, ist eben die Frage: Ist diese neue deutsche Gesetzgebung basirt worden auf den Gedanken, die Verwaltungsjurisdiction dürfte nur soweit gehen, wie die neue Theorie sich den Begriff der Verwaltungsklage zurechtlegt? Das ist nirgends geschehen. Die badischen Fälle umfassen keineswegs blos Grenzüberschreitungen, und die preußische Gesetzgebung hat die Fälle bunt durcheinander geworfen. Das practische Bedürfniß ist aber heute dasselbe, wie immer. Wir brauchen einen Schutz gegen die parteimäßige Staatsverwaltung, nicht blos wenn sie die Grenzen überschreitet, sondern auch wenn sie das gerechte Maß überschreitet — gegen die systematische Parteiregierung, auch wenn sie innerhalb der formellen Gesetzesschranken bleibt.

Damit komme ich denn zu dem Resumé: Wir haben vorweg die alte Competenz unserer deutschen Gerichte festzuhalten. Unsere Gerichte sind und bleiben competent, wo sie es bisher waren, also weiter als sie es jemals in England gewesen sind. Sie entscheiden über jeden Privatrechtstitel in Collision mit dem Verwaltungsrecht. Sie entscheiden über die jura fisci. Sie entscheiden selbständig über jede staatsrechtliche Frage, wo sie als Obersatz eines Civil- oder Straffalles auftritt. Man kann auch die ordentliche Gerichtsbarkeit noch ausdehnen, wo es sich in der That nur um Schranken der Behördenthätigkeit handelt, z. B. über die Gesetzmäßigkeit der Steuern und einzelne politische Statusrechte. Wo aber die Maß- und Grenzbestimmungen in der Verwaltung sich nicht trennen lassen, da kommen wir mit den ordentlichen Gerichten nicht aus; da bedürfen wir der ergänzenden Verwaltungsjurisdiction, die auf einer collegialischen, die Garantien der richterlichen Unabhängigkeit bietenden Verfassung der Verwaltungsbehörden beruht. Sie ist und bleibt unentbehrlich zur Controle der Polizeiverfügungen, der Steuereinschätzungen, der Militäraushebungen, zur Regelung des Aufsichtsrechts der Staatsbehörden über die Kirche, über die kirchlichen wie die politischen Gemeinden, deren „Selbständigkeit" immer nur darauf beruht, daß das Aufsichtsrecht jurisdictionell gehandhabt wird unabhängig von einem Wechsel der Minister. In diesem Sinne ist die Resolution der IV. Abtheilung ganz allgemein dahin gefaßt:

> Es bedarf neben den ordentlichen Gerichten einer ergänzenden Verwaltungsjurisdiction für Fälle einer gesetzwidrigen oder parteiischen Ausübung der Staatsgewalt durch Entscheidungen oder Verfügungen der Verwaltungsbehörden.

Der Herr Correferent hatte sich die Aufgabe gestellt, den Standpunkt des neuen österreichischen Gesetzes zu vertreten und zu rechtfertigen. Das neue österreichische Gesetz folgt dem engeren Begriff der Verwaltungsjurisdiction, und auch ich habe anerkennen müssen, daß in der heutigen Lage, wo Oesterreich nicht im Stande ist, Kreisverfassungen und Provinzialverfassungen auf dem Boden einer durchgearbeiteten, für das ganze Reich geltenden Verwaltungsgesetzgebung zu machen, es ein bedeutungsvoller und dankenswerther Fortschritt ist, auch eine engere Verwaltungsjurisdiction zur Rechtscontrole für die Ministerverwaltung zu haben. Ich meine nur, daß wir in Preußen, Bayern und den meisten Territorien, wo man eine einheitliche Verwaltungsorganisation hat, recht thun, sie in der vollen, alten Bedeutung unserer Verwaltungsjurisdiction zu wahren und die Abtheilung ist dem beigetreten.

(Lebhafter Beifall.)

Erster Präsident Professor Dr. **Gneist**: Indem ich den Vorsitz wieder übernehme, ersuche ich Herrn Dr. Drechsler uns sein Referat, das Zwangsversteigerungsverfahren betreffend, zu erstatten.

Reichsoberhandelsgerichtspräsident Dr. **Drechsler**: Meine Herren! Die Frage, inwieweit die bestehende Gesetzgebung über die Zwangsversteigerung von Grundstücken zu verbessern und zu reformiren sei, beschäftigt den deutschen Juristentag schon zum dritten Mal. Das Resultat der Berathungen des X. und XI. Juristentags war das, daß man annahm, es sei das jetzige System, das mit wenig Ausnahme insbesondere in den größeren Gesetzgebungen Deutschlands sich finde, der Reform dringend bedürftig. Es wurde gefordert, daß nachdem das Hypothekenrecht in Deutschland in dem weitaus größten Theil reformirt ist auf den Grundlagen der Specialität und Publicität der Hypotheken am Grundstück, mag diese Hypothek nun construirt sein als accessorisches Recht der Forderung oder als selbständige Realobligation, daß — sage ich — nachdem die Reform der Hypotheken beinahe gänzlich und übereinstimmend gelungen ist, endlich die Consequenzen zu ziehen seien aus diesen für den gesunden Realcredit gemachten Errungenschaften. Es wurde vom letzten Juristentage dafür gehalten, daß, da das Recht des Hypothekariers lediglich auf Befriedigung aus dem Grundstücke an bestimmter Stelle gehe, es consequent sei, zu bestimmen, daß die Forderungen, welche vor dem Posten des die Subhastation veranlassenden Gläubigers stehen, von der Subhastation nicht berührt werden, daß also diese Posten, soweit sie durch den Kaufpreis gedeckt sind, unverändert stehen bleiben und unter Anrechnung auf den Kaufpreis auf den neuen Erwerber übergehen. Zur Anregung kam schon bei den Verhandlungen des XI. Juristentages, ob es nicht zweckmäßig sei auch die weitere Consequenz aus dem Hypothekenrecht, wie es die neuen Grundbuchordnungen regulirt haben, zu ziehen, die Consequenz, daß der nachstehende Gläubiger, der eine Befriedigung aus dem Grundstück nur an bestimmter Stelle, das heißt also nach den vorstehenden Gläubigern zu begehren ein Recht hat, eine wirksame Zwangsversteigerung nur herbeiführen kann, wenn ein Kaufpreis erzielt wird, der seine eigene Forderung ganz oder theilweise deckt. Ueber diese Frage sind zwei Gutachten ergangen: das eine ausgezeichnet durch die uns bekannte gründliche Kenntniß des römischen Rechts von Herrn Oberappellationsgerichtsrath Dr. von Salpius, der leider bald nach der Abgabe dieses Gutachtens uns durch den Tod entrissen ist, das andere Gutachten von Herrn Dr. Heinsen in Hamburg. Beide Gutachten enthalten eine so treffliche Begründung für die Bejahung dieser Frage, und entwickeln die Gründe, die nicht blos, wie schon angedeutet, eine juristische Consequenz sind, sondern unterstützen diese Gründe auch durch die Bezugnahme auf den wirthschaftlichen Standpunkt, welcher sich angelegen sein lassen muß, den ersten Hypothekarier zu sichern und nicht den nachstehenden Hypothekarier auf Kosten des ersten Hypothekariers zu bevorzugen.

In der Abtheilung ist nach einem von mir erstatteten Referate, in dem ich die Ansichten der beiden Gutachten zusammenfaßte, ohne irgend welche Discussion, gegen den Widerspruch eines einzigen Redners, sonst beinahe einstimmig beschlossen worden, daß die Ansicht des Juristentages dahin geht:

> „Bei der Zwangsversteigerung von Grundstücken ist der Zuschlag nur zu ertheilen, wenn das Gebot den Betrag der dem betreibenden Gläubiger vorangehenden Hypotheken übersteigt."

das heißt also, um den etwas kurz gefaßten Ausdruck zu erläutern, daß die vorstehenden Hypotheken nebst den Zinsen, welche die Priorität des Kapitals haben, und den Kaufskosten gedeckt sein müssen, ehe der nachstehende Hypothekarier begehren darf, daß dem Käufer der Zuschlag ertheilt werde.

Appellationsgerichtspräsident **Kühne** aus Greifswald: Meine Herren! Ihre ständige Deputation hat auf die Tagesordnung des gegenwärtigen Juristentages die Gesetzgebungsfrage gebracht:

> „Wie ist die Zulässigkeit der Klageänderung in der deutschen Civilprozeßordnung sachgemäß zu bestimmen?"

Ich will thatsächlich mittheilen, daß diese Frage auf meinen Antrag auf die Tagesordnung gekommen ist, und zwar bin ich veranlaßt worden, den Antrag zu stellen durch die Erfahrungen, welche ich in Hannover gemacht habe. Die Bestimmungen der hannoverschen Prozeßordnung über Klageänderung haben dort zu großen Mißständen geführt. Ich habe aus meiner hannöverschen Erfahrung mitgetheilt, daß in ungefähr jedem zweiten bis dritten Prozesse die exceptio mutati libelli erhoben wird und daß dadurch jedes Mal die langweiligsten und nutzlosesten Verhandlungen entstehen. Ein Mitglied der Abtheilung Herr Oberappellationsgerichtsanwalt Haarmann aus Celle schilderte den Zustand statistisch noch schlimmer; er meint, in jedem contradictorischen Prozesse werde in Hannover die exceptio mutati libelli erhoben.

Ich habe als Referent in der Abtheilung auszuführen gesucht, daß solche casuistische Bestimmungen, wie sie in der hannöverschen Prozeßordnug enthalten sind, unzweckmäßig seien und nothwendig zu jenem Unfug führen müssen, und daß man auch Bestimmungen vermeiden müsse, wie diejenigen, welche im Entwurf der deutschen Civilprozeßordnung enthalten sind. Ich will Ihnen die casuistischen Bestimmungen der hannöverschen Prozeßordnung nicht mittheilen; aber ich muß Sie daran erinnern, was der Entwurf der Civilprozeßordnung, der jetzt zur Berathung der Reichstagscommission vorliegt, darüber enthält, wenn auch nicht wörtlich. Es ist darin gesagt: Die Klage wird erhoben durch Zustellung der Klagschrift; unter den Folgen der Zustellung der Klagschrift ist aufgeführt: es kann nun die Klage nicht mehr verändert werden. In einem anderen Paragraphen ist gesagt: „es ist als Klageänderung nicht anzusehen, wenn unter Beibehaltung des Klaggrundes die bisherigen Anführungen" — ich weiß nicht, ob ich es ganz wörtlich sage — „ergänzt oder berichtigt werden." Dann in einer weiteren Bestimmung darüber: „Der Klagantrag kann verringert werden oder höher gestellt werden in Bezug auf die Summe", ferner: „es kann wegen Veränderungen während der Zeit des Prozesses statt des ursprünglich geforderten Gegenstandes Entschädigung verlangt werden." Die letzteren beiden Bestimmungen interessiren uns, wie ich ausdrücklich bemerke, nicht; die Bedenken regeln sich nur aus der vorher erwähnten Bestimmung: es solle als eine Aenderung der Klage nicht angesehen werden, wenn ohne Aenderung des Klagegrundes die in der schriftlichen Klage enthaltenen Anführungen ergänzt oder berichtigt werden — woraus sich ergiebt, daß der Klagegrund nicht geändert werden darf und daß die neuen Anführungen, welche nicht Ergänzungen und Berichtigungen sind, ebenfalls unter die Kategorie der unzulässigen Klageänderung fallen. Ich glaube, daß diese Vorschriften mit dem System des Entwurfs nicht in Einklang stehen; sie werden zu denselben Mißständen führen, wie wir sie in der hannöverschen Praxis haben. — Ich habe in der Abtheilung historisch auszuführen gesucht, daß die ganze Lehre von der Klageänderug auf Gründen beruht, welche bei dem mündlichen Verfahren, wie es der neueste deutsche Entwurf construirt hat, nicht mehr in Betracht kommen. Im römischen

Recht hingen alle Bestimmungen, welche wir in den Digesten über Klageänderung vorfinden, zusammen mit der Scheidung des Prozesses in das Verfahren vor dem Magistrat und vor dem judex. Ich habe das in der Abtheilung etwas näher ausgeführt; ich will hier nur kurz darauf hinweisen, daß, wenn der Magistrat seine Formel gegeben hatte, sie vor dem judex nicht mehr geändert werden konnte; er mußte sich nothwendig daran halten. Als in der Folge das Verfahren ein anderes wurde und in der Kaiserzeit die Zweitheilung des Verfahrens vor Magistrat und judex aufhörte, da hat man auch unzweifelhaft, wie schon Pandectenstellen ergeben, die Klageänderung zugelassen. Justinian hat in mehreren Bestimmungen, von denen die wesentlichste in § 35 Inst. de actionibus enthalten ist, ausdrücklich gesagt: „Die früheren Bestimmungen über Klageänderungen passen nicht mehr jetzt, nachdem das Verfahren ein einiges geworden ist" und — wie wir jetzt nach unsern Begriffen es ausdrücken dürfen — nachdem die mit dem Abschlusse des Verfahrens vor dem magistratus früher begründet gewesene Eventualmaxime nicht mehr gilt, kann die Klage geändert werden bis zum Ende des Prozesses. Justinian sagt u. A. in dem angeführten Paragraphen der Institutionen ausdrücklich weiter: „wenn Jemand etwas gefordert hat ex testamento und es findet sich nachher, daß dieses Fundament seinen Anspruch nicht rechtfertigt, daß aber dieselbe Forderung ihm zusteht ex stipulatu, so soll ihm das nicht schaden; die neue Begründung soll zugelassen werden." — Nachher unter den Glossatoren ist ein größerer Streit über die Sache gewesen; — ich übergehe das! Es bildete sich der deutsche schriftliche Prozeß aus. Nach diesem müssen in der Klage, in der Exceptionsschrift oder wie wir es auch wohl nennen, in der Klagebeantwortung, in der Replikschrift und in der Duplikschrift ganz bestimmte Anführungen gemacht werden, welche an diese Stadien gebunden sind, widrigenfalls sie präcludirt werden. Es leuchtet ohne Weiteres ein, daß bei solchen Vorschriften, wenn nicht der Prozeß in Unordnung kommen soll, eine Klageänderung nur in beschränkter Weise zugelassen werden kann; denn wenn der Kläger seine Klage neu begründet, so muß auch eine neue Exceptionsschrift zugelassen werden und es ginge das Verfahren von vorne an. Daher war es möglich, die Bestimmungen über die Klageänderung, wie sie in den Digesten enthalten sind, auf das schriftliche Verfahren zu übertragen und anzuwenden, welches sich in Deutschland ausgebildet hat. Deshalb sagen auch die Praktiker noch des vorigen Jahrhunderts: wir befolgen das Recht der Pandecten und wir sehen ab von den Bestimmungen, welche Justinian in den Institutionen getroffen hat, weil sie zu unserem schriftlichen Verfahren durchaus nicht passen. Ich behaupte nun, der Grund für die Unzulässigkeit der Klageänderung, welcher die früheren Bestimmungen sowohl des altrömischen Prozesses als des deutschen Prozesses herbeigeführt hat, ist nicht mehr vorhanden, sondern, nachdem die mündliche Verhandlung eine einige geworden ist, nachdem es gleichgiltig ist, ob der Kläger etwas vorn oder hinten anführt, ob er es anführt nachdem der Beklagte schon gesprochen hat oder früher, nachdem das ganze Verfahren der mündlichen Verhandlung ein einziger, in keine Stadien auseinanderfallender Act geworden ist, hat die Lehre von der Klageänderung absolut keine Bedeutung mehr. Die neuen Anführungen des Klägers müssen grundsätzlich eben so behandelt werden wie die des Beklagten. Es ist nicht einzusehen, weshalb der Kläger rücksichtlich seines neuen Vorbringens beschränkt wird, wenn der Beklagte bis zum Urtheile neue Einreden, Widerklagen u. s. w erheben kann. Ebenso wie rücksichtlich der Zulassung von neuen Anführungen des Beklagten muß dem Richter meines Erachtens auch rücksichtlich der neuen Anführungen des Klägers eine discretionäre Gewalt eingeräumt werden. (§ 242 des Entwurfs.) Denn allerdings muß dann, wenn die Nova des Klägers unbeschränkt für zulässig erklärt sind, der Beklagte in Folge der Anführung solcher Nova das Recht unter Umständen haben, die Vertagung der mündlichen Verhandlung zu verlangen.

Bei meinem Antrage bin ich nicht so weit gegangen, die Nova des Klägers für *unbeschränkt* zulässig erklären zu wollen, sondern, von der Erwägung ausgehend, daß der Kläger immer Gelegenheit hat, seine Klage gehörig vorzubereiten, soll nach meinem Vorschlage der Beklagte das Recht haben, der Vertagung des Termins dann zu widersprechen, wenn er durch neue Anführungen des Klägers Veranlassung hat, eine neue Vertheidigung eintreten zu lassen. Dieser Grundsatz ist schon nach dem gemeinen Recht, besonders von Bayer und anderen Rechtslehrern vertheidigt worden, hat aber dort eine andere Bedeutung als in meinem Antrage. Ich meine, es soll diese Bestimmung nur deshalb aufgenommen werden, damit verhütet werde, daß der Kläger in einer den Beklagten belästigenden Weise den Prozeß verschleppen könne. Deshalb stellte ich den Antrag:

> Der Juristentag wolle seine Rechtsüberzeugung dahin aussprechen, daß die Bestimmungen im Eingange des § 232 des Entwurfs einer deutschen Civilprozeßordnung und in Nr. 1 dieses Paragraphen — das sind die Bestimmungen, die ich vorhin angeführt — wegen der Zweifel über die Bedeutung derselben und der danach für die Prozeßverhandlung zu befürchtenden unnützen Weiterungen nicht zweckmäßig seien und daß es sich empfehle an die Stelle dieser Bestimmungen die folgende zu setzen:

„Als Aenderung der Klage ist es nicht anzusehen, wenn unter Festhaltung des geltend gemachten Anspruchs (Identität des Objects)

1. die neuen thatsächlichen oder rechtlichen Anführungen des Klägers den Beklagten nicht zu einer neuen Rechtsvertheidigung nöthigen;"

wobei ich wiederholt bemerke, daß die Bestimmungen unter Nr. 2 über Erweiterung des Petitum und unter Nr. 3 daneben bestehen bleiben sollen. Ich will nachträglich noch bemerken, daß ich in der Abtheilung ausgeführt habe, daß die Lehre vom Klaggrunde für das Gesetz absolut nicht zu brauchen sei, weil darüber, was Klaggrund sei, sowohl unter den Gelehrten Streit ist, als in der Praxis im einzelnen Falle immer Zweifel entstehen. Es wird diese Erwägung aber nicht so sehr in Betracht kommen, als die andere, daß die Bestimmungen über Klageänderung überhaupt nicht zum System des Entwurfes passen. — Ein anderes Mitglied der Abtheilung fand diesen meinen Antrag zu beschränkt. Der Herr Kreisrichter Meisner aus Thorn stellte den Antrag:

„Der Juristentag spricht seine Ueberzeugung dahin aus: Die Aenderung der Klage in erster Instanz ist nicht von der Einwilligung des Beklagten abhängig zu machen, sondern dem Ermessen des Richters zu überlassen."

Das nämlich will ich noch hinzufügen, daß allerdings in der Prozeßordnung gesagt wird, daß, wenn Jemand die Klage ändert und der Beklagte willigt ausdrücklich oder stillschweigend ein, dann der Richter sich ex officio nicht darum zu kümmern habe, ob eine Klageänderung vorliegt. Der Redner führte aus, daß kein Grund vorhanden sei, hier die Einwilligung des Beklagten entscheidend sein zu lassen.

Ein anderer Antrag, der aber noch viel weiter ging, wurde von Herrn Oberappellationsanwalt Haarmann aus Celle gestellt: dieser Antrag will unbeschränkt jede Aenderung für zulässig erklären. Er sagte: „Die Erfahrungen, die wir in Hannover gemacht haben, sind der Art, und die im Entwurfe vorgeschlagenen Bestimmungen passen so wenig in das System, daß ich die Klageänderung in I. Instanz nur für unzulässig erklären möchte; ich will es aber auch dem Ermessen des Richters nicht überlassen, ob er noch Zeit zu neuer Vertheidigung geben will oder nicht; sondern ich will den Grundsatz rein haben: es soll, wenn eine Klageänderung vorgebracht wird, der Beklagte blos das Recht haben, die Vertagung der Verhandlung zu verlangen, damit er seine Vertheidigung besser vorbeiten könne." Deshalb hat er den Antrag gestellt:

„In erster Instanz soll die Klageänderung bis zum Schlusse der mündlichen Verhandlung, worauf das Urtheil erfolgt, unbedingt zulässig sein, vorbehaltlich des Rechts des Beklagten, einen andern Termin zu verlangen und vorbehaltlich der Befugniß des Richters, eine Aussetzung der Sache herbeizuführen und mit der Modification, daß die Rechtshängigkeit in solchen Fällen erst eintritt mit dem Augenblicke, wo die neue Klage erhoben ist; daß dagegen in zweiter Instanz die Klageänderung ausgeschlossen wird."

Eventuell wenn dies nicht angenommen werden sollte, stellte derselbe Herr Haarmann den Antrag:

„Die richterliche Entscheidung über die Zulässigkeit der Klageänderung ist durch ein Rechtsmittel nicht anfechtbar."

Ich muß hierbei bemerken, weil dieser Antrag angenommen worden ist, welche Bedeutung er hat. Ich habe schon von verschiedenen Mitgliedern gehört, daß er mißverstanden worden ist. Herr Haarmann hat diesen Antrag gestellt — veranlaßt durch einen in der Provinz Hannover ziemlich bekannten Fall. Derselbe war folgender: Es erhob Jemand eine zu sehr weitläufigen Verhandlungen führende Klage; der Beklagte erhob die Einrede der Klageänderung. Der erste Richter verwarf die Einrede der Klageänderung und legte Beweis auf; das Beweisverfahren wurde durchgeführt mit sehr großen Kosten und dann der Beklagte verurtheilt. Der Beklagte appellirte und beschwerte sich unter Anderem auch darüber, daß seine Einrede der Klageänderung in erster Instanz verworfen, also der Kläger mit seinen neuen Anführungen zugelassen sei. Das Appellationsgericht in Celle ging auf die Sache selbst nicht ein, sondern nahm an, daß in dem, was der Kläger in der mündlichen Verhandlung erster Instanz vorgebracht, eine Klageänderung liege, und wies deshalb die Klage ab. Der Erfolg war, daß die Partei Kosten im Betrage von etwa 600 Thalern weggeworfen hatte. Es soll dieser Antrag nur bedeuten: wenn der erste Richter die Einrede der Klageänderung verworfen hat, so soll das dieselbe Bedeutung haben, als ob der Beklagte in die Klageänderung eingewilligt hätte. Also der Antrag ist enger zu verstehen als nach der Wortfassung; es soll heißen: in der zweiten Instanz steht die Sache gerade so, als ob der Beklagte in die Klageänderung eingewilligt hätte. — Diesen Anträgen gegenüber hat Herr Justizrath von Wilmowski die Ansicht aufrecht erhalten, es müßte auch nach dem neuen Verfahren die Klageänderung unbedingt davon abhängig gemacht werden, ob der Klagegrund sich geändert habe durch die neue Anführung, und deshalb hat er den Antrag gestellt:

„Die Aenderung des Klaggrundes ist nach der Einlassung auf die

Klage ohne ausdrückliche oder stillschweigende Einwilligung des Gegners nicht mehr zulässig."

Er hat auszuführen gesucht, daß sonst das Verfahren in Unordnung kommen würde, daß der Beklagte wesentlich in seinem Rechte beeinträchtigt werden würde, wenn man die Klageänderung noch später zuließe, und daß deshalb an diesem Grundsatze festzuhalten sei. Diesem Antrage ist beigetreten Herr Oberappellationsgerichtsrath Becker. Er suchte auch auszuführen: man solle bei solchen Bestimmungen nicht gar zu ängstlich sein und nicht das Zustandekommen der Prozeßordnung durch Monita gefährden oder wenigstens hinausschieben, denen er — wie dem vorliegenden — großes Gewicht nicht beimessen könne. Außerdem führte er aus: sowohl nach dem Entwurfe als nach meinem Antrage werde auf das richterliche Ermessen hingewiesen, nur in etwas verschiedener Richtung. Der Unterschied sei deshalb unerheblich. Letzteres kann ich keineswegs zugeben. Nachdem so über die Sache discutirt war, wurde zur Abstimmung geschritten in der Weise, daß zuerst über den Antrag des Herrn Haarmann abgestimmt wurde und dann über die anderen Anträge; als eventueller Antrag zu allen Anträgen aber wurde der zweite Antrag des Herrn Haarmann wegen der Nichtanfechtbarkeit der Entscheidung des ersten Richters über die Klageänderung in der zweiten Instanz zur Abstimmung gebracht. Das Resultat war folgendes: Mit einer ganz geringen Majorität, mit der Majorität von — wenn ich nicht irre — nur zwei Stimmen ist der erste Antrag des Herrn Haarmann abgeworfen worden. Ganz ähnlich ging es meinem Antrage, den ich Ihnen vorhin vorzulesen die Ehre gehabt habe; er wurde mit gleicher Majorität ebenfalls verworfen. Dann ist zur Abstimmung gekommen der Antrag des Herrn Kreisrichter Meisner aus Thorn, der dahin geht, es sollte die Klageänderung in der ersten Instanz ganz nach dem Ermessen des Richters zulässig sein; er wurde ebenfalls mit geringer Majorität verworfen; und endlich ist der Antrag des Herrn Justizraths v. Wilmowski, der die Aenderung des Klagegrundes nach der Einlassung nicht mehr zulassen wollte, ebenfalls verworfen worden, so daß keiner von den Principalanträgen acceptirt worden ist. Dagegen ist der Antrag angenommen worden, den Herr Haarmann eventuell gestellt hatte, dahingehend, daß die richterliche Entscheidung über die Zulässigkeit der Klageänderung durch ein Rechtsmittel nicht anfechtbar ist. Ich declarire denselben noch einmal dahin: wenn der erste Richter die Anführungen, welche eine Klageänderung enthalten sollen, einmal zugelassen hat, so soll sich in zweiter Instanz der Beklagte nicht darüber beschweren können.

So ist der Verlauf der Sache gewesen. Ich muß sagen — wenn ich mir aus meiner eigenen Anschauung noch einige Worte erlauben darf

— daß ich das Resultat in hohem Grade bedauere. Ich fürchte, daß wir die alte Reliquie der Klageänderung, welche ich für wenig verehrungswürdig halte, hinübertragen in die neue Prozeßordnung; wir werden dieselben Mißstände bekommen, die wir in Hannover so schwer empfunden haben; Anwälte und Richter werden sich über langweilige und unnütze Verhandlungen zu beklagen haben; die Parteien werden sich zu beklagen haben darüber, daß sie unnütze Kosten aufwenden mußten. Diese Unzuträglichlichkeiten aber sind leicht zu vermeiden, wenn man Bestimmungen in die Prozeßordnung aufnimmt, welche besser zu dem Systeme passen als die gegenwärtig von dem Entwurfe adoptirten.

Präsident: Zur Geschäftsordnung ist eingegangen folgender Antrag des Herrn Präsidenten Dr. Drechsler:

> Die Frage wegen der Klageänderung nach Erforderung von Gutachten dem nächsten Juristentage zur nochmaligen Berathung zu überweisen.

Zur Begründung dieses Antrages ertheile ich Herrn Dr. Drechsler das Wort.

Reichsoberhandelsgerichtsvicepräsident Dr. **Drechsler** aus Leipzig: Es bedarf nur weniger Worte zur Begründung meines Antrages. Der Herr Referent hat das Ergebniß der Berathungen der vierten Abtheilung mitgetheilt. Auch nach der Erläuterung des Beschlusses ist ein bedeutender Grundsatz nicht acceptirt, sondern nur eine Einzelheit beschlossen worden. Da nun bisher über die wichtige Frage, wie die Klageänderung in dem mündlichen Prozeßverfahren, das die neueren Entwürfe und auch der deutsche Entwurf anstreben, behandelt werden soll, Gutachten nicht vorgelegen haben und es zu fürchten ist, daß auch die Bestimmungen des deutschen Entwurfs diese Frage nicht befriedigend lösen, so möchte ich anheimgeben, Gutachten zu erfordern, welche vom Standpunkt des deutschen Entwurfs aus die Frage nochmals in Erwägung ziehen, so daß Sie Gelegenheit haben, eine gründliche sachliche Berathung auf dem nächsten Juristentage wiederholt vornehmen zu können.

Präsident: Da Niemand über diesen Antrag das Wort verlangt, so bringe ich denselben zur Abstimmung.

(Dieselbe erfolgt.)

Der Antrag ist mit großer Majorität angenommen.

Ueber den letzten Gegenstand wird das Referat erstatten Herr Kreisgerichtsdirector von Stößer.

Kreis- und Hofgerichtsdirector **von Stößer** aus Mannheim: Meine Herren! Der Abtheilung 4 war die Berathung der Frage vorgelegt:

„Soll die Jury in den deutschen Civilprozeß eingeführt werden?"

Als die Sache zur Verhandlung in der Abtheilung kommen sollte, waren jedoch die Reihen der Theilnehmer schon erheblich gelichtet. Mit Rücksicht auf diesen äußeren Umstand und in weiterer Erwägung, daß diese Frage immer noch nicht genügend vorbereitet sei, erschien es den anwesenden Mitgliedern zweckmäßig, noch weitere Gutachten erheben zu lassen namentlich auch von practischen Juristen, das heißt von solchen Juristen, welchen bei ihrer regelmäßigen Uebung der Rechtspflege im Verein mit dem sogenannten Laienelemente eine reichere Erfahrung in dieser Frage zustehen dürfte. Außerdem wurde der Wunsch geäußert, daß bei dieser wiederholten Begutachtung nicht blos die Frage, wie sie jetzt der Abtheilung 4 zugewiesen war, einer Erörterung bedürfe, sondern auch die weitere Frage, ob überhaupt und wie das Laienelement in den deutschen Civilprozeß eingeführt werden soll. Hiernach haben die Theilnehmer der vierten Abtheilung beschlossen zu erklären:

> „Der deutsche Juristentag setzt in seiner XII. Tagung die Frage bezüglich der Einführung der Jury in den deutschen Civilprozeß ab, mit dem Ersuchen an die ständige Deputation, noch weitere Gutachten zu erheben und die Frage einem der nächsten Juristentage wieder vorzulegen."

Ich bin beauftragt, dies zu Ihrer Kenntniß zu bringen.

Präsident Dr. **Gneist**: Wir haben noch eine sachlich wichtige Beschlußfassung über die Neubildung der ständigen Deputation, die sich in mancher Beziehung als eine schwere Geburt darzustellen pflegt, weil wir eine Reihe collidirender Gesichtspunkte wahrnehmen müssen. Wir haben seit Stiftung des Juristentages Rücksichten auf die Beschaffenheit der Rechtsgebiete nehmen müssen, gewisse Rücksichten auch auf die Größe der Territorien, und damit haben wir vereinbaren müssen den Wunsch, bestimmt hervorragende Kräfte zu gewinnen oder zu bewahren In Beziehung auf den letzteren Punkt haben wir immer das berechtigte Bestreben hervortreten sehen: es soll „neues Blut" in die Deputation kommen. Auf der andern Seite ist wieder hervorgehoben worden: wir sind ein loser Verein von mehr als 2000 Mitgliedern; das Verwaltungssystem muß also so beschaffen sein, daß wir in der ständigen Deputation das hauptsächlichste Verbindungsorgan haben. Diese Gesichtspunkte haben diesmal folgende Vorschlagsliste herbeigeführt, die ich alphabetisch citire:

Dr. Albrecht, Handelsgerichtspräses,
Becker, Appellationsgerichtsrath,
Dr. Borchardt, Ministerresident,
Dr. Drechsler, Vicepräsident des Reichsoberhandelsgerichts,

Dr. Hauser, Appellationsgerichtsrath,
Hohenadel, Oberstaatsanwalt,
Dr. Jaques, Hof- und Gerichtsadvocat,
Dr. Jung, Fiskal,
Dr. Ritter von Kißling, Hof- und Gerichtsadvocat,
Dr. von Köstlin, Obertribunalsrath,
Dr. Kühne, Appellationsgerichtspräsident,
von Kunowski, Vicepräsident,
Makower, Justizrath,
Dr. Meyer, Geheimer Oberregierungsrath,
Dr. von Schwarze, Generalstaatsanwalt,
von Stößer, Kreis- und Hofgerichtsdirector,
Thomsen, Obergerichtsrath,
Dr. von Wächter, Wirkl. Geheimrath und Professor,
von Wilmowski, Justizrath.

Die Deputation fand es dringend rathsam, mindestens ein hiesiges Mitglied zu proponiren in der Person unseres hochgeschätzten Herrn Oberstaatsanwalts Hohenadel. Da aber die Zahl der Mitglieder auf neunzehn beschränkt ist, so handelte es sich darum, ein älteres Mitglied auszuscheiden. Dabei zeigte es sich, daß für die kleineren Staaten eine Verminderung der Zahl kaum zulässig ist. Man kam also auf die einzige Möglichkeit, da auszuscheiden, wo eine größere Vertretungszahl ist — in Preußen und allenfalls in Bayern, welches jetzt eine größere Mitgliederzahl erhalten hat, als es früher gehabt. Um der Schwierigkeit der Auswahl aus dem Wege zu gehen, wurde beschlossen, zu loosen unter den sechs preußischen und den zwei bayerischen Mitgliedern. Das Resultat war: die Weisheit oder Unweisheit des Looses hat uns gerade unser ältestes bayerisches Mitglied herausgenommen, Herrn Advocat Dr. Stenglein. Das ist der Hergang, den Niemand ändern kann. Wir werden bei Annahme der Liste uns mit Bedauern fügen müssen, auf ein Jahr unsern Collegen Dr. Stenglein zu entbehren.

(Die vorgeschlagenen 19 Herren werden hierauf durch Acclamation gewählt.)

Wenn kein weiterer Gegenstand aus der Versammlung angeregt wird — und es geschieht nicht — so erlauben Sie mir folgende Schlußworte zu unserer diesjährigen Berathung.

Es ist uns jetzt, seit der fruchtbaren, erfolgreichen Thätigkeit der Reichsgesetzgebung, nicht selten auch in unserem Kreise schon das Bedenken entgegengetreten, es könnte „des Guten zu viel" werden. Die Reichsgesetzsammlung wächst mächtig an Umfang; sie wetteifert mit den umfangreichsten Landesgesetzsammlungen, und von Jahr zu Jahr treten uns neue bedeutungsvolle Entwürfe entgegen. Ich glaube aber, meine Herren, hier ein Beruhigungsargument immer wiederholen zu dürfen. Wir sind so unabsehbar lange im Rückstande mit einer Reihe gemeinsamer Aufgaben der Gesetzgebung, daß wir gewärtig sein müssen, die nach 100, 200 Jahren wieder fruchtbar gewordene Quelle des gemeinen Rechtes in raschem Tempo fließen zu sehen. Sodann aber glaube ich auch aus parlamentarischen Kreisen die Beruhigung geben zu dürfen: Eine übertriebene Leidenschaft, Gesetze zu geben, ist dem Bundesrath eben so fremd, wie dem großen Körper des Parlaments. Sie können glauben, es ist des „Guten" auch für die Mitglieder selbst manchmal schon „zu viel". Und im Gefühl einer solchen Hitze, wie wir sie heute empfinden, hat eine so große Versammlung wirklich keine Passion, länger als drei bis vier Monate im Jahre zu sitzen. Ein Correctiv für das Zuviel liegt also schon in der zahlreichen, etwas schwerfälligen Construction des Parlaments. Sollte aber die Gesetzgebung wirklich in einigen Jahren die Physiognomie annehmen, des Guten zu viel zu thun, so bin ich versichert, daß unsere deutsche Liebe zur Besonderheit das Correctiv recht bald in unserer eigenen Mitte finden wird.

Nun, meine Herren, im Großen und Ganzen wird man anerkennen, daß auch der Juristentag trotz der drückenden Hitze dieser Tage seine Functionen ebenso treu versehen hat, wie unser Richterthum, die Staatsanwaltschaft, die Advocatur auch in heißen Tagen ihr Amt versehen. Es bleibt mir im Namen unseres Vereins noch die angenehme Pflicht übrig, unsere Danksagung auszusprechen zunächst dem Localcomité und den Nürnberger Collegen für die umsichtige Weise, mit der sie unsere Versammlung eingerichtet haben, für die maß- und geschmackvolle Weise, in der sie für alle unsere Bedürfnisse gesorgt haben. Sodann den verbindlichsten Dank zu sagen den Herrn Bürgermeistern und den Bürgervertretungen dieser Stadt, daß sie es uns ermöglicht haben, in diesem Local unsere Sitzungen zu halten — einem Local, wie es würdiger, schöner, practisch zweckentsprechender der Juristentag niemals gehabt hat. Dem Magistrat und den Bürgervertretungen insbesondere aber auch für die wohlwollende, herzliche Weise, mit der die Stadt Nürnberg uns in den weitesten Kreisen entgegengetreten ist, für die herzerfreuende, den Kunstsinn der Nürnberger immer wieder in verjüngter Gestalt darstellende Weise der uns zu Ehren gegebenen Feste. Ich glaube in Aller Sinn zu sprechen, wenn ich die Nürnberger Herren Collegen und die Gemeindevertreter bitte, den Vätern der Stadt, wie den Müttern, den Frauen wie den Töchtern, die Versicherung auszusprechen, daß der Tag in Nürnberg die angenehmsten Rückerinnerungen in allen Theilnehmern zurücklassen wird, und daß wir die warme, herzliche Aufnahme, die wir hier gefunden, uns als eine werthvolle Anerkennung der Thätigkeit des deutschen Juristentages anrechnen. Mir persönlich bleibt noch die Pflicht des Dankes für die große Nachsicht, mit der Sie die formelle Geschäftsführung des Juristentages meinen Collegen und mir so leicht gemacht haben.

(Generalstaatsanwalt Dr. von Schwarze bittet um das Wort.)

Generalstaatsanwalt Dr. **von Schwarze**: Da Niemand der anwesenden Herren das Wort ergreift, so gestatte ich mir, dem allgemeinen Gefühle noch in einigen Worten Ausdruck zu geben, das uns beherrscht, wenn wir unseren sehr verehrten Herrn Präsidenten heute wieder von seinem Präsidentenstuhle abtreten sehen. Die liebenswürdige und sichere, rasche und entschiedene, stets sachgemäße und ruhige Weise, mit der unser sehr verehrter Herr Präsident Dr. Gneist immer unsere Verhandlungen geleitet hat und auch die diesmalige, verlangt unsere einmüthige und dankbarste Anerkenntniß. Ich erlaube mir daher, Ihnen den Vorschlag zu machen, unsern Dank an den Herrn Professor Gneist, den altbewährten Präsidenten des Juristentages, dadurch auszudrücken, daß wir uns von unseren Sitzen erheben.

(Die Versammlung erhebt sich von ihren Sitzen.)

Präsident Professor Dr. **Gneist**: Ich erlaube mir darauf eine kurze Erwiderung. Ich habe geglaubt, daß diese freundliche Portraitirung meinem lieben Collegen Dr. von Schwarze selber gelte in seiner altbewährten Leitung der immer schwierigen dritten Abtheilung. Ich muß meinerseits die mir zugedachten Ehrenprädicate, für die ich in mancher Beziehung ein bescheidenes Bestreben gehabt habe, dennoch ablehnen. Vor allen Dingen muß ich *Eins* geltend machen. Die Leitung der Juristentage war sonst nicht eine so leichte Sache, wie sie es heute ist. Sie hat schwere Zeiten durchgemacht, als die Gegensätze in unseren Gewohnheiten und in unseren territorialen Strömungen größer waren. Die ersten Präsidenten der Juristentage haben recht heiße Tage gehabt, und es wird das unvergeßliche Verdienst unseres hochberühmten *Wächter* bleiben, daß er diese *schweren* Zeiten durch seinen Namen und seine Autorität zu Ehrentagen für uns gemacht hat. Die Sache ist allmälig leichter geworden, und immer leichter geworden, seitdem unserer aller Herzen und Sinne aneinandergekettet sind durch die Neubildung unserer politischen Verhältnisse. Was durch alle Zeiten hindurchgegangen, das ist allerdings ein collegialisches Wohlwollen für das Präsidium. Und dies Wohlwollen, verbunden mit der jetzt viel größeren Congruenz unserer Bestrebungen: das ist es, was mein Verdienst in der formellen Geschäftsleitung gerade diesmal zu einem recht kleinen macht. Dagegen erlauben Sie mir einen Dank zu acceptiren für die 19 Mitglieder der Deputation, die allerdings nächst den Gutachtern die arbeitsamsten Collegen des Juristentages sind, und deshalb darf ich auch wohl persönlich Ihnen einen Dank aussprechen, daß Sie die alten, lieben, bewährten Collegen durch Wiederwahl uns gesichert haben!

(Lebhaftes Bravo!)

(Schluß der Sitzung um 1 Uhr 15 Minuten Nachmittags.)

Druck von G. Jansen in Berlin.

FSC
www.fsc.org
MIX
Papier | Fördert gute Waldnutzung
FSC® C083411

Kolibri 360 GmbH
Ferdinand-Jühlke-Straße 7
99095 Erfurt, Deutschland
produktsicherheit@kolibri360.de